역사지리로 보는 성경

신약편 1 | 신약 개관-사복음서

역사지리로 보는 성경

지은이 | 이문범
초판 발행 | 2017. 3. 8
17쇄 | 2025. 3. 14
등록번호 | 제1988-000080호
등록된 곳 | 서울특별시 용산구 서빙고로65길 38
발행처 | 사단법인 두란노서원
영업부 | 2078-3333　FAX | 080-749-3705
출판부 | 2078-3331

책 값은 뒤표지에 있습니다.
ISBN 978-89-531-2811-8 04230
ISBN 978-89-531-2810-1 04230(세트)

독자의 의견을 기다립니다.
tpress@duranno.com　www.duranno.com

두란노서원은 바울 사도가 3차 전도여행 때 에베소에서 성령 받은 제자들을 따로 세워 하나님의 말씀으로 양육하던 장소입니다. 사도행전 19장 8~20절의 정신에 따라 첫째 목회자를 돕는 사역과 평신도를 훈련시키는 사역, 둘째 세계선교(TIM)와 문서선교(단행본·잡지) 사역, 셋째 예수문화 및 경배와 찬양 사역, 그리고 가정·상담 사역 등을 감당하고 있습니다. 1980년 12월 22일에 창립된 두란노서원은 주님 오실 때까지 이 사역들을 계속할 것입니다.

역사 지리로 보는 성경

신약편 1

신약 개관
-
사복음서

이문범 지음

GEO-HISTORICAL PANORAMA BIBLE

두란노

프롤로그

그 땅이 주는 복음

1995년 여름, 여리고 성에서 요단 강 쪽을 하염없이 바라보았다. 유학생활 1년에 언어와 학업의 한계 상황에 이르러, 답답함을 못 이기고 예루살렘의 대학에서 피신하듯 여리고까지 내려왔다. 그러나 피할 수 없었다. 이스라엘에서는 어딜 가도 성경을 생각할 수밖에 없다. 내 눈에 갑자기 요단 강에서 건너오는 여호수아와 그 일행이 보였다. 그들이 지나간 자리에서 세례 요한이 예수님께 세례를 주는 장면이 그려졌다.

"어, 왜 여호수아와 예수님의 사역지가 만나지?"

갑자기 내 심장이 뛰었다. 여호수아와 예수님은 둘 다 그 이름이 '구원'이라는 뜻을 가지는 데다 요단 강과 깊은 관련이 있는 인물들이다. 여호수아는 요단 강을 건넘으로써 이스라엘을 가나안으로 이끌었고, 예수님은 요단 강에서부터 인류를 참 가나안으로 이끄셨다. 요단 강 앞에 여호수아가 섰을 때 그 강이 열렸듯이, 예수님이 세례받으실 때 하늘이 열리며 참 가나안 문이 열렸다.

"아, 예수님이 아무 데서나 사역하신 것이 아니었구나!"

예수님은 구약의 유명한 주제가 있는 세겜, 예루살렘/모리아 산, 벧세메스, 갈릴리 바다 등의 장소를 다니시면서 역사-지리적인 성취를 이루셨던 것이다. 이 깨달음은 나의 유학생활을 다시금 힘 있게 시작할 수 있는 동력이 되었다. 그리고 지난 20년간 내가 목회자로서, 학자로서 사명을 수행할 수 있도록 이끌었다. 나는 예루살렘에서 한국인 최초로 성경지리 박사가 되었다.

성경은 역사다. 역사는 현장에서 일어났다. 그 현장인 땅과 문화를 알지 못하면 성경을 오해하기 쉽다. 그 땅이야말로 성경 해석의 가장 객관적인 자료가 되기 때문이다. "산천은 의구한데 인걸은 간 곳 없다"라는 말이 있듯이 산천은 쉽게 변하지 않는다. 2천 년 전의 땅이 지금의 그 땅이고 그때 일어났던 사건의 배경이 지금 우리에게 주어진 배경과 다를 바 없다.

그러나 하나님의 말씀이 펼쳐진 '성지'는 우리의 문화와 문명과는 너무 다르다. 그래서 성지에 대한 이해와 연구 과정을 거치지 않고서는 성경 이해가 완전할 수 없다. 과거나 현재나 지리적 조건이 비슷한 지역에서는 문화도 유사하게 창출된다. 그러므로 성경을 입체적으로 이해하기 위해서는 역사와 지리, 문화 그리고 고고학 등을 바탕에 두고 성경을 바라보는 시도가 필요하다.

예루살렘대학(Jerusalem University College)에서 제임스 만슨(James, M. Monson)이 쓴 《The Land Between》으로 성경지리를 공부할 때 신선한 충격을 받았다. 그리고 성경의 사건을 직접 현장을 보고 지리로 접근해서 이해하면 얼마나 좋을까 생각해서 신약편 교재를 집필하기 시작했다. 지난 20년간 이 성경지리 교재를 수정하고 보완해 왔다. 그리고 이제 때가 되어 두란노가 《역사지리로 보는 성경》이라는 책으로 출간해 대중화에 나섰다.

첨부된 사도행전 이전까지의 지도는 예루살렘대학(JUC)에서 사용하던 학생용 지도(Student Map Manual - Historical Geography of the Bible Lands, Pictorial Archive Near Eastern History, 현재 절판)를 참고하여 우리 상황에 맞게 그린 것이다. 신약의 지형도와 지도, 아이콘들은 두루문화원과 합작하여 만들었다. 오랫동안 물질과 시간을 들여 한국교회에 도움이 될 만한 콘텐츠를 개발해 온 두루투어의 김원길 대표님과 눈에 이상이 올 정도로 수고한 김은숙 전도사님께 진심으로 감사

드린다.

목회자로서, 교수로서 하나님의 일을 하면서 나는 '그 땅'이 주는 복음을 더 깊게 체험하고 있다. 강의와 말씀을 선포할 때마다 성령님이 많은 부분을 코치해 주셨다. 그러므로 이 책의 참 저자는 나의 코치님, 성령님이시다. 또한 이 책은 내가 목회하는 사랑누리교회 성도들 덕분에 완성할 수 있었다. 뿐만 아니라 총신대학원, 총회신학원, 총신평생교육원, 한영신학대학원, 연합신학원, 성서대학의 성서지리를 공부한 학생들, 10년 넘게 스터디를 같이하는 정릉의 봉숭아학당, 만나지도 못했는데 사이버로 열심히 공부하는 모든 분들이 나의 제자이자 스승이요 이 책의 저자다.

이 책이 나오기까지 물심양면으로 수고를 아끼지 않으신 하늘에 계신 내 아버지, 늘사랑교회 고(故) 이종열 원로목사님과 어머니, 나의 영성의 근원이 되는 사랑누리교회 가족, 학문적 코치이신 정연호 교수님, 사진작가 김한기 집사님, 염태공 목사님, 그리고 현지에서 필요한 사진을 조달해 주신 유바울, 양동균 목사님께 감사를 드린다. 무엇보다 인내와 사랑으로 끝까지 후원해 준 내 살 중에 살이요 뼈 중에 뼈인 아내와 가족에게 감사한다. 모든 영광을 하나님께 드린다.

2017년 3월

이문범 목사

감람산에서 본 예루살렘

목차

1권 |

복의 근원지 이스라엘, '그 땅'은 몇 천 년 전이나 지금이나 크게 다르지 않다. 그 땅을 살펴봄으로써 하나님이 왜 성경의 땅으로 가나안을 택하셨는지, 하나님의 구원 계획을 살펴본다.

PART 1 구원을 위한 하나님의 물밑 작업

중간기

part 2 그 땅이 주는 복음

사복음서

2권 |

part 3 땅에서 땅으로 퍼져가는 복음

사도행전

사복음서의 순서
예수님의 생애는 연대기 순을 존중하되 특히 유월절을 기준하여 사건을 구분하였다. 여기에 예수님이 움직인 장소 이름을 더하였다. 그래서 지명과 사건을 같이 파악할 수 있도록 구성했다.

사도행전-계시록의 순서
사도행전에서는 사도 바울이 전도할 때마다 방문한 장소에서 역사적으로 사건을 바라보고, 그곳에서 쓴 바울서신들을 개관하였다. 마지막으로 일반서신을 각 책의 저자가 처한 시대와 장소에서 정리하고, 요한계시록은 7교회와 함께 역사-지리적인 관점에서 정리하였다.

역사와 묵상
중요한 사건이 끝날 때 <역사와 묵상>으로 나눔을 할 수 있도록 구성했다. 개인 묵상도 좋고 소그룹이나 성경공부 모임에서 활용해도 좋다.

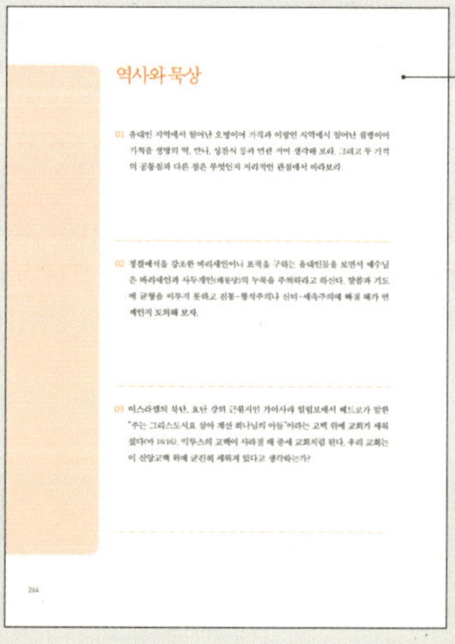

일러두기

사건이 일어난 연대와 해당 성경 본문, 역사적 사건, 지도 수록

마인드맵
핵심만 요약한 것으로 성경의 맥을 잡을 수 있다.

30일 신약 통독
이 책은 통독을 위한 안내서는 아니지만, 신약을 일독할 수 있도록 30일로 나누었다. 일일 가이드를 통해 성경의 맥 잡기, 신구약 연결 포인트, 묵상 가이드 등 성경을 깊이 이해할 수 있도록 도왔다. 책과 함께 성경을 읽는다면 신앙의 성장은 물론 깊은 깨달음도 얻을 수 있을 것이다.

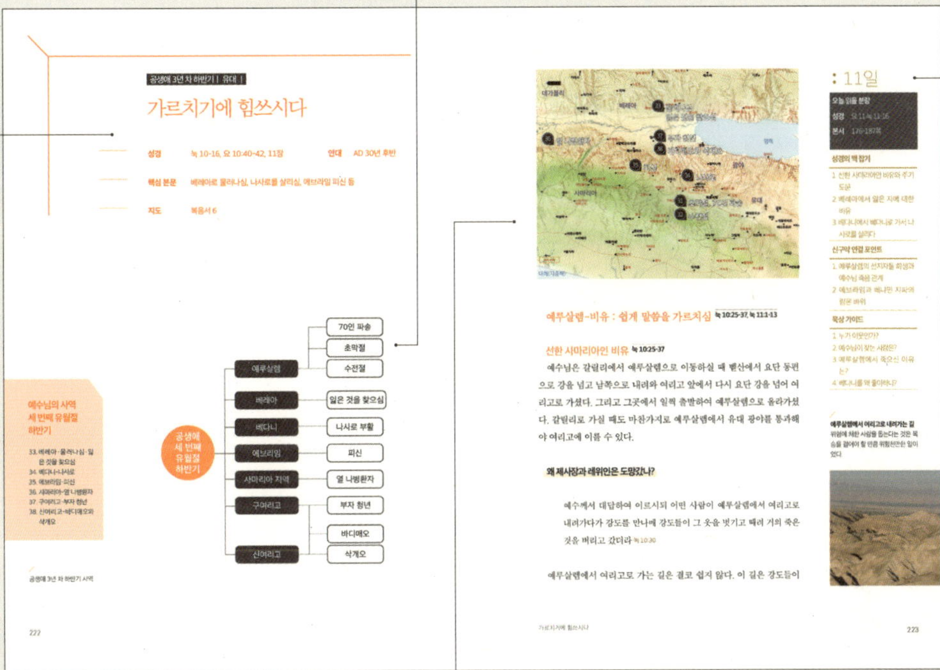

지도의 방향
보통 지도에서 북쪽은 위쪽에 표시한다. 그러나 성경은 동쪽을 앞이나 위로 표시한다. 아브라함이 롯을 구하러 '다메섹 왼편 호바까지' 갔다고 나오는데 여기서 '왼편'은 북쪽이다. 그러므로 오른쪽은 남쪽, 위는 동쪽이 된다. 이 책은 이런 성경적인 관점에서 그렸다. 다양한 지리적인 배경을 이해하기 위해서는 입체지도를 옆에 두고 그릴 것을 추천한다.

지도의 표시
건조한 지역은 갈색으로 표시하고, 녹지는 녹색으로 했다.

지도와 사건을 한번에 파악하도록 순서대로 구성
지도와 사건을 하나로 묶어 지도를 보며 그 땅에서 일어난 사건을 한눈에 볼 수 있도록 구성했다.

지도와 사진으로 성경의 숲과 나무를 보라
본서에는 25년간 모아 정리한 사진들을 올렸다. 지도로 숲을 본 후 사진을 통해 골짜기와 나무를 보는 시간을 가지라. 그리고 그 지역에서 겹쳐서 일어나는 사건들을 주목하라. 비슷한 주제가 한 지역에서 반복되어 일어나는 것을 발견할 것이다. 구약의 사건들이 예수님 때 성취되는 장면을 마주치게 될 것이다. 이것이 역사-지리적인 성취다.

지도를 직접 그리도록 구성
성경의 사건들은 읽기만 해선 안 되고 손으로 직접 그려야 입체적으로 다가온다. 성경 땅의 지리적인 배경을 이해하기 위해서는 입체지도를 옆에 두고 그릴 것을 추천한다(《성경 이스라엘 입체지도》(구입 문의: 두란노몰). 부록에는 직접 그릴 수 있도록 지도를 실었다. 예수님의 사역 루트, 사도 바울의 전도여행 루트 등을 스스로 그리고 따라가 보라. 자세한 사항은 [부록]의 일러두기를 참고하라.

장소와 사건으로 본 신약 파노라마

예수님의 생애 순서를 유월절을 기초하여
지리적으로 재구성했다

	요한	누가	마가	마태
유년기				
1. 베들레헴-탄생		눅 1-2		마 1-2
2. 애굽-피신				
3. 나사렛-목수				
4. 예루살렘-12세				
공생애 시작				
5. 요단 강-세례	요 1	눅 3		마 3
6. 광야-시험				
7. 가나-혼인 잔치	요 2			
첫 번째 유월절				
8. 예루살렘-성전 청결, 거듭남	요 2	눅 4		마 4
9. 사마리아-우물가 여인	요 3-4		막 1	
10. 나사렛-배척				
11. 갈릴리-네 제자		눅 5	막 2	마 8-9
12. 가버나움-귀신, 장모, 나병, 중풍 고침				
두 번째 유월절				
13. 예루살렘-38년 된 병자	요 5		막 3	마 12
14. 갈릴리-안식일 논쟁, 팔복산-12제자, 산상수훈		눅 6		마 5-7
15. 가버나움-백부장		눅 7-8		마 10, 11
16. 나인 성-부활				
17. 갈릴리 바다-풍랑			막 4-5	마 13
18. 거라사-군대귀신				
19. 가버나움-야이로의 딸				
20. 나사렛-두 번째 배척,12 제자 파송				
세 번째 유월절				
21. 벳새다-오병이어	요 6		막 6	마 14
22. 가버나움-물위를 걸으심				
23. 게네사렛-책망				
24. 두로-수로보니게 여인			막 7-8	마 15-16
25. 데가볼리-칠병이어				
26. 막달라-요나의 표적				
27. 벳새다-누룩, 맹인				
28. 가이사랴 빌립보-신앙 고백		눅 9	막 9	마 17-18
29. 변화산-별세				
30. 가버나움-반 세겔				
31. 예루살렘-초막절-70인 파송	요 7-9	눅 10		
32. 예루살렘-수전절	요 10	눅 11-13		
33. 베레아-물러나심-잃은 것을 찾으심		눅 14-16		마 19
34. 베다니-나사로	요 11	눅 17-18		
35. 에브라임-피신		눅 19	막 10	마 20
36. 사마리아-열 나병환자				
37. 여리고-부자 청년				
38. 신여리고-바디매오와 삭개오				
네 번째 유월절				
39. 토요일-기름부음	요 12	눅 20	막 11	마 21
40. 주일-승리의 입성				
41. 월요일-성전 청결				
42. 화요일-논쟁, 심판			막 12	마 22-23
43. 수요일-침묵, 배신		눅 21	막 13	마 24-25
44. 목요일-최후의 만찬, 기도	요 13 요 14-17	눅 22	막 14	마 26
45. 금요일-고난-죽으심	요 18-19	눅 23	막 15	마 27
46. 토요일-무덤				
47. 주일-부활	요 20-21	눅 24	막 16	마 28
48. 갈릴리-네가 나를 사랑하느냐				
49. 감람산-승천				

	사도행전	서신서
50. 아겔다마-가룟 유다	1-4	
51. 마가 다락방-성령 강림		
52. 미문-일어나 걸으라		
53. 바나바-아나니아와 삽비라	5-8	
54. 일곱 집사-스데반		
55. 사마리아-빌립		
56. 가이사랴-고넬료	9-12	
1차 전도여행-2년-갈라디아	13-15	갈 1
57. 안디옥-그리스도인		
58. 바보-바울		
59. 버가-마가 떠남		
60. 비시디아 안디옥-첫 교회		
61. 이고니온-박해		
62. 루스드라-돌맞음		
63. 더베-제자		
64. 예루살렘-공회		갈 2-6
2차 전도여행-3년-마게도냐, 아가야-데살로니가전후서		
65. 안디옥-분열		
66. 루스드라-디모데	16-18	
67. 드로아-환상		
68. 빌립보-감옥		
69. 데살로니가-저자		
70. 베뢰아-성경		
71. 아덴-아레오바고		
72. 고린도-갈리오		살전 1-5, 살후 1-3
3차 전도여행-5년-아시아-고린도전후서, 로마서		
73. 에베소-두란노서원	19-21	
74. 빌립보-고린도후서		고전 1-16, 고후 1-13
75. 고린도-로마서		롬 1-16
76. 드로아-유두고		
77. 밀레도-작별		
78. 가이사랴-빌립		
79. 예루살렘-체포		
4차 전도여행-로마 1차 투옥-6년-에베소서, 골로새서, 빌레몬서, 빌립보서		
80. 가이사랴-재판	22-25	
81. 미항-유라굴로	26-28	
82. 멜리데-독사		
83. 로마-옥중서신		엡, 골, 몬, 빌
5차 전도여행-로마 2차 투옥-6년(62-67)-디도서, 디모데전후서		
84. 서바나-전도		
85. 그레데-디도		딛 1-3
86. 에베소-디모데		딤전 1-6
87. 드로아-옷과 책		딤후 1-4
88. 로마-순교		
일반서신		
89. 예루살렘-히브리서, 야고보서와 유다서		히 1-13, 약 1-5, 유
90. 로마-베드로전후서		벧전 1-5, 벧후 1-3
요한서신		
91. 에베소-요한복음, 요한 1, 2, 3서		요일, 요이, 요삼
92. 밧모 섬-계시록, 마라나타		계 1-22

파노라마에 대한 간략한 해설

1. 예수님은 **베들레헴**에서 **탄생**했다.
2. 동방박사의 예방을 받고 헤롯을 피해 **애굽으로 피신**하셨다.
3. 어려서 **나사렛**의 **목수**로 일하셨다.
4. **열두 살** 때 유월절에 **예루살렘**을 방문하셨다.
5. 30세에 **요단 강**에서 **세례**를 받으시고
6. **광야**에서 40일간 금식하고 마귀에게 **시험**을 당하셨다.
7. 첫 번째 이적으로 **가나**의 **혼인 잔치**에서 물을 포도주로 만드셨다.

| AD 27년 | 사역 기간 첫 번째 유월절에

8. **예루살렘**에 가 성전에서 장사하는 자들을 쫓아내시며 **성전 청결**을 행하시고 니고데모를 만나 **거듭남**의 비밀을 알려 주셨다.
9. 갈릴리로 가시는 길에 **사마리아** 수가 성에서 **우물가 여인**을 전도하셨다.
10. 고향 **나사렛**에 가셨으나 **배척**을 당하셨다.
11. **갈릴리**에 이르러 **네 제자**-베드로, 안드레, 야고보, 요한을 부르셨다.
12. **가버나움**에서 **귀신 들린 자**와 베드로 **장모**의 열병을 고치시고 **나병환자**와 **중풍병자**를 고치셨다.

| AD 28년 | 두 번째 유월절에

13. **예루살렘**에서 **38년 된 병자**를 고치셨다.
14. 이후 **갈릴리** 사역 중에 **안식일 논쟁**이 많이 일어났다. **12제자**를 부르신 예수님은 팔복산에서 **산상수훈**을 말씀하셨다.
15. 복음의 본거지인 **가버나움**에서 **백부장**의 하인을 말씀으로 고치셨다.
16. 모레 산 북쪽에 위치한 **나인** 성의 과부 아들을 살려 **부활**하게 하셨다.
17. **갈릴리 바다**를 건너가실 때 **풍랑**을 잠잠케 하셨다.
18. **거라사** 지방에서 **군대귀신** 들린 자를 고치셨다.
19. 다시 오시어 **가버나움**에서 혈루증을 앓는 여인을 고치시고 죽은 **야이로의 딸**을 살리셨다.
20. **나사렛**에 가셨으나 **두 번째 배척**을 받으셨다. 이곳에서 **12제자를 파송**하셨다.

| AD 29년 | 세 번째 유월절에

21. **벳새다**에서 제자들을 모으신 후 **오병이어** 기적으로 5천 명을 먹이셨다.
22. 그곳에서 **가버나움**으로 오는 길에 예수님은 **물 위를 걷기도** 하셨다.
23. **게네사렛**으로 넘어올 때 믿지 못하는 유대인들을 **책망**하셨다.
24. 유대인의 거절을 받으신 예수님은 **두로와 시돈**으로 가서 **수로보니게 여인**의 딸을 고치셨다.
25. 둘러 **데가볼리**에 도착해 **칠병이어** 기적으로 4천 명을 먹이셨다.
26. 배를 타고 **막달라**에 이르러 표적을 구하는 이들에게 **요나의 표적**밖에 보일 것이 없다 하셨다.
27. **벳새다**로 넘어가던 예수님은 배에서 사두개인과 바리새인의 **누룩**을 조심하라고 하시고 벳새다에 이르러서는 **맹인**의 눈을 뜨게 하셨다.
28. **가이사랴 빌립보**로 올라가 그곳에서 베드로의 **신앙 고백**을 받으셨다.
29. 이후 헤르몬 산으로 여겨지는 높은 산에 올라가 **변화**되시고 모세와 엘리야와 함께 **별세**에 대하여 말씀하셨다.
30. 갈릴리 지역을 들르신 뒤 **가버나움**에 와 **반 세겔** 받는 자와 대면하셨다.
31. 갈릴리 사역을 마치신 후 **예루살렘**에서 **초막절**을 지키셨다. **70인 파송**으로 복음을 전하셨다.
32. 얼마 후 **예루살렘**에 와서 **수전절**을 지키셨다.
33. 유대인의 위협으로 **베레아**로 잠시 **물러나** 계셨다.
34. 그때 **베다니 나사로**가 죽었으나 예수님이 살리셨다.
35. **에브라임**으로 **피신**한 예수님은
36. **사마리아**에서 또 열 명의 **나병환자**를 고치셨다.
37. **여리고**에서 **부자 청년**에게 따르라고 하셨지만 청년은 물질 때문에 거절했다.
38. **신약 시대 여리고**로 가는 길에 맹인 **바디매오**의 눈을 뜨게 하셨고 **삭개오**를 만나 식사하셨다.

| AD 30년 | 네 번째 유월절에

39. **토요일**에 마리아에게 **기름 부음**을 받고
40. **주일** 나귀 타고 예루살렘에 **입성**하셨다.

41. **월요일** 다시 성전 안에 장사치들을 쫓아내어 **성전 청결**을 행하셨다.
42. **화요일**-**논쟁**이 끝없이 일어났으며
43. **수요일**-**침묵**하셨다.
44. **목요일**-**최후 만찬**을 가진 뒤 겟세마네 기도를 마치고 잡히셨다.
45. **금요일** 빌라도에게 재판받은 후 **고난**받으시고 십자가에서 우리 죄를 위해 **죽임**을 당하셨다.
46. **토요일** 군사들이 지키는 가운데 **무덤**에 계셨으며
47. **주일** 사망 권세 이기고 **부활**하셨다.
48. 제자들을 **갈릴리**로 부르신 예수님은 베드로에게 **네가 나를 사랑하느냐** 물으신 후 산에 올라 제자 삼으라는 명령을 주셨다.
49. 마지막으로 **감람산**에 올라 사람들이 보는 가운데 **승천**하셨다.

| 사도행전-서신서 |

50. 예수님을 배신한 **가룟 유다**는 힌놈의 골짜기 남쪽 **아겔다마**에서 목매어 죽었다.
51. 예수님의 명령대로 **마가 다락방**에서 기도하던 120명에게 **성령이 강림**했다.
52. 성령 충만한 사도들이 성전 **미문**에서 앉은뱅이에게 **"일어나 걸으라"**고 명령하자 앉은뱅이가 뛰며 주님을 찬양했다.
53. 교회가 부흥할 때 **바나바**는 드리고 **아나니아와 삽비라**는 헌금을 속였다가 죽임을 당했다.
54. 교회가 커져 **일곱 집사**를 뽑았고 그중 **스데반** 집사가 순교했다.
55. 스데반의 순교로 **사마리아**로 피신한 **빌립** 집사는 그곳을 전도하고 에티오피아 내시에게도 세례를 주었다.
56. 욥바에서 도르가를 살린 베드로는 환상을 보고 **가이사랴**에 가서 **고넬료**에게 복음을 전했고 이때 성령님이 임하셨다.

| AD 47-48 | 제1차 전도여행은 2년 동안 갈라디아 지방을 중심으로 이루어졌다.

57. **안디옥**에서 **그리스도인**이라는 칭호를 받고 선교를 시작했다.
58. 구브로의 **바보**에서 총독 서기오 **바울**을 전도했고 사울의 이름도 **바울**이 되었다.
59. 밤빌리아 **버가**로 갈 때 **마가가 떠났다**.
60. **비시디아 안디옥**에서 복음을 전할 때 드디어 **첫 교회**가 세워졌다.
61. **이고니온**에서 말씀을 전할 때 반대가 심하여 **박해**가 일어났다.
62. **루스드라**에서는 앉은뱅이도 고쳤지만 원정 박해단이 와서 바울이 **돌맞음**을 당했다.
63. 죽은 줄 알았던 바울은 일어나 **더베**로 갔고 그곳에서 많은 **제자**를 세웠다.
64. 안디옥에 돌아온 바울 일행은 '이방인이 율법을 지켜야 하는가'라는 문제 때문에 **예루살렘**에서 열린 전체 **공회**에 참여했다.

| AD 49-51 | 제2차 전도여행은 3년 동안 마게도냐-아가야에 집중되었다. 이 기간 중 데살로니가전서, 후서를 기록했다.

65. 수리아 **안디옥**에서 바울과 바나바가 마가 문제로 갈라서 **분열**되었다.
66. 갈라디아의 **루스드라**에서 **디모데**를 제자로 선택했다.
67. 아시아로 가고자 했지만 무시아의 **드로아**에서 **환상**을 보고 마게도냐 지방으로 갔다.
68. 네압볼리를 거쳐 **빌립보**에 이르러 루디아를 전도하고 귀신 들린 여인을 고치다 **감옥**에 들어갔다.
69. **데살로니가**에서 3주 전도할 때 **저자**에서 폭동이 일어났다.
70. **베뢰아** 사람들은 신사적이어서 **성경** 말씀을 잘 받았다.
71. 다시 **아덴**(아테네)으로 피신했을 때 그곳에 많은 우상이 있어 **아레오바고**에서 논쟁했다
72. **고린도**에서 사역할 때 로마에서 온 브리스길라와 아굴라와 총독 **갈리오**를 만났다.

| AD 52-56 | 제3차 전도여행은 5년 동안 아시아에 집중되었다. 이 기간 중 고린도전서, 후서, 로마서를 기록했다.

73. **에베소 두란노서원**에서 매일 말씀을 전해 아시아 지역의 부흥이 일어났다.
74. **빌립보**에서 어려운 상황에서 **고린도후서**를 기록했다.
75. **고린도**에서 겨울을 지내는 중 **로마서**를 써 뵈뵈 편에 보냈다.
76. 유대인의 위협으로 마게도냐를 거쳐 **드로아**로 간 바울은 늦게까지 복음을 전하다 **유두고**가 이층에서 떨어져 죽었다 살아났다.
77. **밀레도**에서 에베소 장로들과 **작별** 인사를 하였다.
78. **가이사랴**에 도착한 바울 일행은 **빌립** 집사 집에 머물렀다.
79. **예루살렘**에 올라간 바울은 유대인의 폭동으로 인해 **체포**되었다.

| AD 57-62 | **4차 전도여행은 2년 동안 가이사랴에 구금되었다. 그 후 2년간 로마 옥중에서 에베소서, 골로새서, 빌레몬서, 빌립보서를 기록했다.**

80. **가이사랴**에 이송된 후 2년간 구류상태에서 **재판**을 받았다.
81. 로마로 항소하여 호송 중 **미항**에서 **유라굴로** 폭풍을 만난다.
82. 난파하여 **멜리데** 섬에 도착하였으나 **독사**에 물렸다.
83. 보디올에 도착해 **로마**로 들어가서 연금상태에서 **옥중서신**을 기록했다.

| AD 62-67 | **5차 전도여행은 1년간 감옥에서 디도서, 디모데전·후서를 기록하였다.**

84. 로마에서 풀려난 바울은 **서바나**에서 **전도**했다.
85. 이어서 **그레데** 섬을 들러 전도한 후 **디도**를 남겨 두었다.
86. **에베소** 사역은 수제자 **디모데**에게 맡겼다.
87. 골로새와 에베소를 거쳐 **드로아**에 들러 **옷과 책**을 남겨 두었다.
88. **로마**에 들어간 바울은 네로에 의해 **순교**하였다.

| 일반서신 |

89. 디모데의 동역자는 **예루살렘** 성전을 기초한 **히브리서**를 기록하고, 예수님의 동생 **야고보와 유다**는 예루살렘에서 디아스포라 유대인에게 편지했다.
90. **로마**에서는 베드로가 **베드로전후서**를 통해 박해받는 그리스도인을 격려했다.

| 요한서신 |

91. 요한은 **에베소**로 이동하여 **요한복음**과 **요한 1,2,3**서를 기록하였다.
92. 박해로 **밧모** 섬에 유배된 요한은 요한**계시록**을 기록하였다. "**마라나타** 주 예수여 어서 오시옵소서."

사마리아 들어가는 길

신약 한 달 완독표

성경 읽기 전 1분 기도

사랑하는 주님! 제가 읽을 이 성경이 성령으로 감동된 하나님의 말씀임을 믿습니다. 성경의 내용을 나의 지식으로 이해하지 않고, 성령님께서 조명해 주셔서 정확하게 깨닫고 말씀이 삶이 되는 하루를 살도록 도와주옵소서. 예수님의 이름으로 기도드립니다. 아멘.

사복음서는 순서대로 동일한 사건을 입체적으로 바라볼 수 있도록 하였습니다.

사도행전은 전도여행과 함께 기록한 서신서를 순서대로 배열했습니다.

일반 서신과 요한 서신은 바울 서신 뒤에 관계있는 것을 함께 묶었습니다.

통독일	날짜	요일	오늘의 말씀	교재 읽기	성경 읽기	문자 보냄
			서론 · 중간기			
1일			참고, 마 1:1-17(역사)			
2일			참고, 수 14-17장(구약)			
3일			단 1-8장			
4일			단 9-12장			
			복음시대			
5일			요1-2, 눅 1-4, 마 1- 4			
6일			요 3-4, 눅 5, 막 1-2, 마 8-9			
7일			요 5, 눅 6, 막 3, 마 5-7			
8일			눅 7-8, 막 4-5, 마 10-13			
			세 번째 유월절			
9일			요 6, 막 6-8, 마 14-16			
10일			요 7-10, 눅 9-10, 막 9, 마 17-18			
11일			요 11, 눅 11-16			
12일			눅 17-19, 막 10, 마 19-20			
			네 번째 유월절			
13일			요 12, 눅 20, 막 11-12, 마 21-23			
14일			요 13, 눅 21-22, 막 13-14, 마 24-26			
15일			요 14-19, 눅 23, 막 15, 마 27			
16일			요 20-21, 눅 24, 막 16, 마 28			
			사도행전			
17일			행 1-12			
18일			행 13-15, 갈 1-6			
19일			행 16-18, 살전, 살후			
20일			행 19-21, 고전 1-5			
21일			고전 6-16			
22일			고후 1-13			
23일			롬 1-16			
24일			행 22-28			
25일			엡, 골, 몬, 빌			
26일			딛, 딤전, 딤후			
27일			히 1-13			
			일반 서신			
28일			약, 유, 벧전, 벧후			
			요한 서신			
29일			요일, 요이, 요삼			
30일			계 1-22			

| 신약 개관 |

지리와 역사로 읽는 성경의 땅 구석구석

성경 이야기는 하나님이 택하신 성지인 이스라엘에서 일어난 역사적 사건이다. 하나님은 아브라함을 택하여 그에게 '지시하는 땅'(창 12:1), '지시하는 산'(창 22:2)으로 가라고 명령하셨다. 가나안 땅으로 아브라함을 보낸 이유는 큰 문명과 대륙의 중간에 위치하여 다리 역할을 하는 이 땅을 복의 근원지로 삼기 위함이었다(창 12:2). 그 계획은 수천 년간 아브라함, 다윗 등을 통해 이어 오다 예수님이 이 땅에 오셔서 복 중의 복인 '천국 복음'을 전함으로써 이루어졌다. 예수님은 영

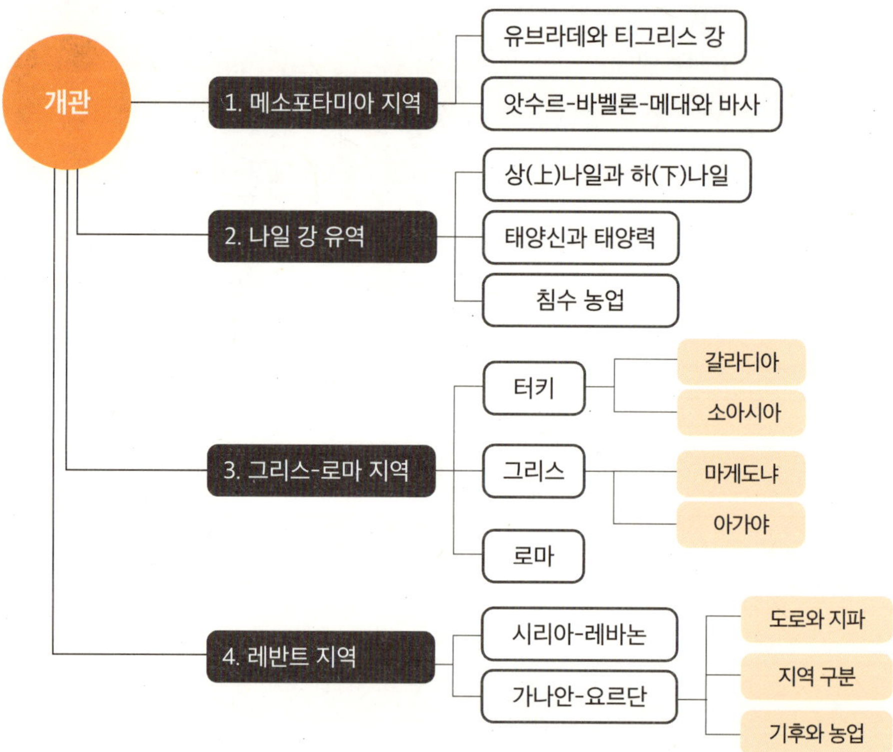

왜 지리와 역사를 알아야 하는가?

예나 지금이나 변하지 않는 객관적 자료가 '그 땅' 바로 지리다.

지리와 역사를 알아야 말씀을 입체적으로 볼 수 있다.

성경의 많은 사건과 예언의 성취가 지리와 밀접한 관계가 있다.

원한 생명을 주는 복을 이곳에서 선포하고 이루셨다.

성경 지리를 알아야 하는 이유

'그 땅' 이스라엘은 복의 근원지다. 베드로를 비롯한 제자들이 이 복을 가지고 아시아, 아프리카, 유럽으로 전파함으로 이스라엘은 복의 근원이 되었다. 에스겔이 보았던 환상처럼 성령의 물줄기가 사방으로 흐르게 되었다. 하나님이 아브라함에게 약속하신 "복이 되리라"는 말씀대로 이스라엘에서 시작된 복음이 사방으로 퍼지게 되었다. 박해만 받던 그 땅이 바로 복음을 전하는 보석 같은 곳이 된 것이다.

성경 말씀을 바르게 해석하기 위해선 성경의 배경인 지리와 역사를 제대로 알아야 한다. 예나 지금이나 우리에게 분명히 주어진 자료가 바로 '지리'다. 몇 천 년 전의 그 땅은 지금과 크게 다르지 않다. 문화와 지리는 밀접한 관계가 있는데, 지리적 조건이 비슷한 지역에서는 유사한 문화가 창출되었다.

가슴 벅찬 성경의 역사가 시작되다

성경의 사건은 오늘날 근동이라 불리는 이집트, 이스라엘, 요르단, 사우디아라비아, 레바논, 시리아, 이라크, 이란, 터키에서 일어났다. 이 지역을 '비옥한 초승달 지역'(레반트)이라 부른다. 이는 세계 4대 문명 발상지 중에서 메소포타미아(메소보다미아) 문명과 나일 강(이집트) 문명을 연결하면 초승달 모양의 녹지가 나오는데 그 모양을 따서 부르는 명칭이다.

'레반트'는 십자군 시대 이후 '동쪽'이란 뜻이 함축된 말로 '해가 뜨다'라는 프랑스어 'lever'에서 유래했으리라 본다. 유럽인들이 동부 지중해 연안의 레바논과 시리아를 지칭하는 지명이지만 지금의 이스라엘까지 포함하기도 한다. 때로는 '아나톨리아'라는 말과 혼용한다.

: 1일

오늘 읽을 분량
성경 참고, 마 1:1-17(역사)
본서 18-28쪽

성경의 맥 잡기

1. 3대 문명이 만나는 성경의 땅 위치
2. 메소포타미아 문명, 이집트 문명, 그리스-로마 문명 스캔하기

신구약 연결 포인트

1. 구약의 배경이 애굽(이집트)에서 메소포타미아로 이동한다.
2. 신약의 배경은 그리스(헬라), 로마 문명으로 이동한다.

묵상 가이드

1. 왜 하나님은 성경의 땅으로 가나안 지역을 택하셨는가?
2. 문명을 통해 배우는 '헝그리 정신'은?

예수님, 여호수아
'구원'이란 뜻

세계 4대 문명의 발상지 중 두 곳이 이스라엘의 남과 북에 있다. 남쪽에는 이집트의 나일 강 문명이, 북쪽에는 메소포타미아 문명이 있다. 메소포타미아는 아시아이고 나일 강 유역은 아프리카다. 그렇다 보니 이스라엘은 두 개의 문명과 두 대륙의 다리 역할을 했다. 후에는 유럽과 아프리카를 잇는 역할도 했다. 후발 주자이긴 하지만 서쪽으로 가면 유럽의 헬라와 로마가 나온다.

레반트

1. 3개 대륙과 3개 문명의 중앙에 위치한 성경의 땅
2. 비옥한 초승달 지역의 다리 역할을 했다.
3. 신약시대 그리스 로마 문명의 중간지대 역할을 했다.

고대 근동을 크게 나누면 다음과 같다.

| 메소포타미아 문명 지역: 아시아에 위치
| 나일 강의 이집트 문명 지역: 아프리카에 위치
| 그리스와 로마 문명 지역: 유럽에 위치
| 레반트(Levant 해 뜨는 곳) 지역 : 아시아, 아프리카, 유럽 사이에 위치. 이스라엘, 아람, 암몬, 모압, 에돔, 시내 반도

하나님은 세 문명의 중심에서 믿음의 사람들을 훈련시킨 후 성령을 부어 파송시킴으로써 복의 근원이 되는 땅으로 만드셨다.

아브라함에게 복이 되리라는 약속을 하나님은 세 문명의 중심이 되는 레반트, 그것도 이스라엘의 예루살렘을 '여호와 이레'('여호와께서 준비하신다'는 뜻)로 삼고 이루어 가셨다. 믿음의 역사인 성경을 기준으로 보면, 모든 대륙의 강대 세력

조차 이 땅에서 일어날 가장 중요한 일, 즉 복음을 완성하고 전파하는 일을 위해 준비하는 도구였다.

문명의 대이동

이집트 문명 → 메소포타미아 문명 → 그리스·로마 문명

구약 시대	신약 시대

메소포타미아 지역: 두 강 사이의 화려한 문명

메소포타미아에서 '메소'는 '중간', '포타미아'는 '강들'이라는 뜻으로, '강들 사이'에 위치한 땅이라는 뜻이다. 히브리어로는 '아람-나하라임'(대상 19:6)이라고 부른다. 즉 티크리스와 유브라데(유프라테스) 강 사이와 주변을 말한다. 현대의 이라크, 시리아 북쪽과 터키의 남동쪽 등지다.

메소포타미아 지방은 창세기 초반부터 아브라함이 등장하는 배경이 되며, 왕국 시대 후반기의 권력이 미치는 지방이다. 메소포타미아는 창세기와 열왕기상·하, 역대상·하, 에스라, 느헤미야 그리고 예언서 대부분의 배경이다.

예루살렘을 세 대륙의 중심으로 그린 세 꽃잎 지도
가나안 땅이 중요한 이유는 3개 대륙을 연결하는 중심에 위치하기 때문이다.
(Heinrich Bünting's Cloverleaf Map, 1581.)

앗수르에 잡혀간 북이스라엘 사람들은 메소포타미아 상류에 머물렀고, 남유다의 예루살렘에서 잡혀간 포로들은 메소포타미아 하류에 해당하는 바벨론 강변 근처에서 지냈다. 이 사건으로 인해 '디아스포라' 유대인들이 생겼다. 포로로 잡혀간 이들은 회당을 만들고 공동체를 이루어 살다가 훗날 복음의 징검다리 역할을 한다. 초대교회의 오순절 사건 이후 복음은 이 공동체를 기반으로 흘러갔으며 사도 바울은 이 징검다리를 가장 잘 이용한 선교사였다.

티그리스(힛데겔)와 유브라데 강: 도시의 밥줄을 움켜쥐다

메소포타미아 문명의 근간을 이루는 두 강은 터키의 동쪽 아라랏 산이 있는 산지에서 발원하여 남동쪽으로 흘러 페르시아 만까지 흘러간다. 평행으로 흐르는 두 강은 바그다드에서 32km 이내로 가까워졌다가 다시 멀어져 페르시아 만 가까이에서 합류한다. 그러나 고대에는 독자적으로 페르시아 만까지 흘러간 것으로 보인다. 두 강 사이의 비옥한 땅이 메소포타미아 문명을 만들었다.

메소포타미아 문명권의 대도시는 모두 이 물길을 따라 세워졌다. 그러므로 물길의 변화는 도시의 흥망성쇠를 결정했다. 창세기에서부터 언급된 대표적인 도

시는 유브라데 강 남쪽부터 우르, 에렉, 바벨론, 하란 등이다. 티그리스 강 연안에는 악갓, 갈라, 레센, 앗수르, 니느웨와 현 이라크의 수도 바그다드가 있다. 남쪽 지류인 카르케 강에서 흘러오는 중간에 한때 바사(페르시아)의 수도였던 수산(수사)도 위치한다.

메소포타미아 지방
'강들 사이'에 위치한 땅이란 뜻으로, 창세기, 열왕기상·하, 역대상·하, 느헤미야 및 많은 예언서의 배경이 되었다.

북쪽의 앗수르 제국: 헝그리 정신으로!

메소포타미아 지방은 대략 바그다드를 기점으로 남북으로 나뉜다. 둘 사이에는 지형뿐 아니라 민족, 종교의 차이도 심하다.

바그다드 북쪽은 앗수르 제국이 위치하던 지역으로 남쪽과 달리 높은 산지와 언덕이 많다. 강수량은 남쪽보다 많아 500mm가 넘는 곳도 있다. 여름은 덥지만 겨울은 지독한 추위로 견디기 힘들 정도다. 그러나 풍부한 겨울비는 좋은 초지를 만들어 유목민이 살아가게 해 준다. 이를 바탕으로 앗수르는 제국을 건설하고 부족한 양식을 제공해 줄 남쪽 바벨론으로 통치권을 확장했다. 헝그리 정신을 기초한 유목민 정신은 넓은 제국을 만드는 토대가 되었다.

앗수르는 이집트까지 영토를 확장하려고 남하정책을 폈는데, 이때 중간 지점에 있는 북이스라엘을 정복하게 된다. 임진왜란 때 일본이 중국으로 진출하려고 조선을 친 것과 비슷한 상황이다. 앗수르 입장에서 보면 이스라엘은 국제도로인 해변길에 위치했기에 정복할 수밖에 없었다. 그러나 유다는 정복하지 않았는데, 유다의 주요 도시들이 정복로에서 벗어나 있었기에 굳이 정복할 이유가 없었다. 앗수르는 바벨론보다 오랫동안 제국을 이룰 수 있었다.

주요 도시로는 티그리스 강 중류에 위치한 앗수르, 니느웨, 갈라(니므롯으로 추정)가 지속적인 발전을 이루었다. 건축 재료는 산지에서 목재와 석재를 구할 수 있었지만 서민은 남쪽 지방과 마찬가지로 여전히 흙벽돌을 사용했다.

남쪽의 바벨론 제국: 등 따습고 배부른 비옥한 땅

바벨론 제국은 바그다드에서 남쪽으로 560km 하류 지방에 위치해 있었다. 이곳은 상류에서 운반되어 온 퇴적물로 인해 땅이 기름졌다. 고온 건조한 기후대에 속하여 강수량이 적으므로 주로 관개농업에 의존했는데, 지나친 관개농업은 자칫 염류를 집적시키기 쉬우므로 도시의 흥망성쇠를 결정하기도 했다. 우르 같은 도시를 예로 들 수 있다. 건축 재료는 진흙을 사용했다. 이 남부 지역을 시날 땅이라고 부르는데 다음 구절이 이 지역의 건축 재료를 잘 말해 준다.

티그리스, 유프라테스 강 유역
우르, 바벨론, 하란, 앗수르, 니느웨 등 문명 도시가 강을 사이에 두고 세워졌다. 따라서 물길의 변화는 도시의 흥망성쇠를 결정했다.

> 시날 평지를 만나 거기 거류하며 서로 말하되 자, 벽돌을 만들어 견고히 굽자 하고 이에 벽돌로 돌을 대신하며 역청으로 진흙을 대신하고 창 11:2-3

관개농업은 풍요를 가져와 건축 재료와 사치품을 맘껏 수입할 수 있었다. 이곳에 위치한 바벨론은 요한계시록에서도 풍요로 세상을 꾀는 음녀의 상징으로 묘사되었다.

강과 습지대에서는 생선을 얻었을 뿐 아니라 농업으로 풍요로운 양식을 얻어 최초의 문명을 만들었다. 시날 땅의 바벨탑, 수메르 문명, 아카드와 바벨론 문명은 이 땅의 풍요로움을 증명한다. 그러나 바벨론 제국이 세계를 장악한 기간은 짧았다. 헝그리 정신이 있어야 오래 지속되는데 풍요에 빠져 70년도 유지하지 못했던 것이다. 그렇지만 그들의 물질문명은 어떤 강력한 적들도 집어삼키는 힘이 있었다. 알렉산더도 음녀의 도시 바벨론에서 죽음을 맞았다. 이 땅은 헝그리 정신을 가진 메대와 바사에게 정복당했다.

동쪽의 바사 제국: 악바리 산악 민족

메대는 악메다를 수도로 하고 산지를 중심한 산악 민족에 가깝다. 현재 쿠르드족이 메대의 후예다. 바사(페르시아)의 수도는 에스더서를 보면 수산(수사)으로 보이지만 실제로는 페르세폴리스가 중심지 역할을 했다.

위 세 나라의 풍요 순은 바벨론, 앗수르, 메대와 바사다. 그러나 제국을 이루고 유지한 기간 순은 바사, 앗수르, 바벨론 순이다. 역사가 토인비는 역사를 '도전과 응전'으로 그렸다. 헝그리 정신을 가질 수밖에 없는 지역에 사는 사람들이 더 오랜 기간 권력을 차지했음을 알 수 있다.

이집트 지역: 나일이 선물한 특혜

이집트는 아프리카 대륙의 동북단에 위치하여 동서 문화의 교량 역할을 하면서 찬란한 문명을 꽃 피웠다. 이집트의 가장 중요한 자원은 나일 강인데, 이 강을 따라 문명이 발달했다. 나일 강 문명의 주인공 역할을 한 이집트는 헤로도토스가 말한 대로 '나일의 선물'을 누린 자들이다.

나일 강
이집트는 나일 강의 선물이다. 주변이 모두 사막인데 강물이 흘러 안정된 문명을 이룰 수 있었다.

이집트는 지중해에서 불어오는 시원하고 부드러운 계절풍으로 인해 연중 화창하고 건조한 기후를 유지한다. 이집트의 북쪽은 지중해이고 남쪽은 나일 강을 제외하고 모두 광활한 사막이며 북동쪽은 시내 광야가 위치한다.

이렇게 사방이 바다와 사막으로 둘러싸이다 보니 외적의 침입이 대단히 어려웠다. 그래서 이집트는 메소포타미아보다 전쟁이나 외부의 침략이 훨씬 적었고 통일된 왕국을 지속할 수 있었다. 많은 문화재가 파손되지 않고 보존되어 연대 계산의 기초로 사용할 수 있는 것도 이런 지리적인 장점 때문이다.

고대 그리스·로마 지역: 복음이 멀리 뿌려지다

사도행전에 들어서면서 역사의 배경이 유럽으로 넓어진다. 메소포타미아에서 북쪽으로 확장된 배경은 지금의 터키를 1차와 3차에 걸쳐 여행한 바울의 전도여행 때 다루기로 한다. 2차 전도여행 때는 배경이 그리스로 확대되고 4차 로마 호송 때는 지중해 전체와 로마까지 나아간다. 서신서는 이 배경 지식 없이 이해하기 힘들다. 개관에서는 필요한 부분만 요약해 본다.

터키: 1·3차 전도여행의 중심지

로마 시대에 이 지역 이름은 아시아였다. 이것이 후에 아시아 대륙을 일컫는 명칭으로 변한다. 터키는 아시아 외에도 내륙 중부에 갈라디아, 동부에 갑바도기아(現 아나톨리아)를 아우른다. 아시아 해변에서 동쪽으로 루기아, 밤빌리아, 길리기아가 늘어서 있다. 북쪽 흑해 주변에는 비두니아와 본도가 위치한다. 사도 바울의 전도여행에서 집중적으로 언급된 갈라디아와 아시아에 초점을 맞추어 보자.

갈라디아 지방

갈라디아는 지리적으로 소아시아의 중앙 고원 북부에 위치한다. 지중해 해변에서 내륙으로 들어와 위치한 고원 지대는 물이 풍족하여 경작 가능한 농경지가 많다. 그러나 교통이 용이하지 못해 로마와 교역에 장애가 있어 세바스테 길을 만들기도 했다.

역사적으로 헷(Hittite, 히타이트) 왕국의 수도가 있었던 하투샤(現 보아즈칼레)는 터키 수도 앙카라에서 약 230km 떨어져 있으며 화려한 문명의 흔적이 남아 있다. 헷 왕국은 블레셋으로 추정되는 해양 민족에 의하여 완전히 궤멸되면서 사방으로 흩어졌고 헷 왕국을 이은 브루기아 왕국 이후 이렇다 할 정부가 들어서지 못했다. 소아시아의 사데에서 크로에수스 왕이 리디아 왕국을 일으켜 팽창한 때도 있었다. 그러나 이것도 바사(페르시아) 왕 고레스에 의해 저지되면서 헬라, 로마 시대로 이어지는 식민지가 되었다.

갈라디아는 로마 시대 브루기아와 갑바도기아 등지를 포함하는 로마 제국의 영토로 편입되었다. 로마가 행정구역으로 묶은 갈라디아는 동쪽으로 갑바도기아, 서쪽으로 소아시아 경계에 이르고 북쪽으로 흑해에 위치한 본도, 남쪽으로 버가가 있는 밤빌리아, 지중해변을 따라 다소가 있는 길리기아에 이르는 광범위한 지역이었다.

이곳에는 켈트, 브루기아, 루가오니아 세 부족이 함께 거주하며 나름대로의 언어를 사용했다. 그러나 로마의 아구스도(아우구스투스)가 BC 25년 흡수하면서 그리스, 로마 문화에 점차로 흡수되어 갔다. 갈라디아서의 수신자가 어디인지는 확실치 않으나 전도여행의 결과라면 남쪽 갈라디아일 것이다.

아시아 지방

고대 헷 왕국과 브루기아, 리디아 왕국에 이어 페르시아(바사) 왕국이 이 지방을 점령했다. 페르시아가 이곳을 점령했을 때는 도시국가인 아테네 등지에 이오니아인이 살고 있었다. 헬라의 도움을 입은 이오니아인은 페르시아에 대항해 독립운동을 일으켰다. 페르시아가 헬라를 향해 두 번 원정 온 것은 이 때문이다. 이에 대한 반격으로 마게도냐와 헬라를 통일시킨 알렉산더의 동방원정이 이루어져 헬라 문명이 아시아 지방에 영향을 미치게 되었다.

아시아 지방은 북쪽부터 남쪽으로 늘어선 해안이 발전한 곳이다. 바울이 로마로 갈 때 탔던 배가 지나갔던 아드라뭇데노(행 27:2) 만과 버가모를 거쳐 동쪽 내륙으로 들어가는 계곡과 서머나의 멜레스 강을 따라 가는 계곡, 서머나를 따라 들어가는 계곡이 있다.

아드라뭇데노 해안 북쪽으로는 앗소가 위치하고 버가모를 따라 동남쪽 내륙으로 들어가면 두아디라가 나온다. 두아디라는 서머나에서 북동쪽 계곡으로 가면 만나고, 동쪽 계곡으로 가면 사데가 나온다. 사데에서 동남쪽 계곡으로 계속 가면 빌라델비아, 라오디게아 교회가 나오고 라오디게아 주변에 히에라볼리와 골로새가 위치한다.

그리스 지역: 2차 전도여행의 중심지

바울 일행이 도착한 유럽(Europe)이라는 땅의 명칭은 메소포타미아 사람들이 서쪽의 땅 혹은 해지는 곳을 가리키는 히브리어 에레브(ereb, '저녁'이라는 뜻)에서 유래되었다고 한다. 신화에 의하면 제우스와 유로페 사이에 태어난 아들이 미노아인데, 그는 그레데에서 왕이 되어 미노아 문명을 일으켰다. 이 문명은 헬라 문명의 모체가 되었지만 주도권이 미케네 문명으로 넘어가면서 유럽 본토로 옮겨졌다. 그리스 신화의 신들의 이름과 문화적인 면을 고려할 때 유럽의 문명은 동쪽의 바벨론, 바사(페르시아), 베니게(페니키아-옷감 빛깔과 알파벳)에서 유래했다고 할 수 있다.

마게도냐

마게도냐(=마케도니아)는 그리스 북쪽에 위치한다. 현재는 그리스의 데살로니가 지방과 마게도냐 왕국을 포함한 곳이다. 약 6만 6355km^2 규모의 넓이로 지형은 거의 구릉지와 산지로 이루어져 있다. 4대 강은 알리아크몬, 바르다르, 스트루마, 네스토스다.

북
본도
비두니아
비잔티움/이스탄불
갑바도기아
길리기아
다소
갈라디아
앙기라
브루기아
무시아
아시아
루기아
밤빌리아
비시디아 안디옥
이고니온
루스드라
더베
세바스테길
히에라볼리
빌라델비아
라오디게아
골로새
사데
두아디라
버가모
아드라뭇데노
서머나
에베소
밀레도
트로이
드로아
버가
앗달리아
무라
바다라
니도
로도
사모
밧모
기오
미둘레네
마게도냐
빌립보
네압볼리
에그나티아길
데살로니가
베뢰아
아가야(헬라)
아덴
/아테네
고린도
미케네
스파르타
그레데
미항
뵈닉스
가우다
구브로
살라미
바보
안디옥
실루기아
수리아
갈그미스
알렙포
다메섹
헬몬산
갈릴리
시돈
두로
돌레마이
가이사랴
예루살렘
유대
가사
랍바암몬/암만
길하레셋
애굽
알렉산드리아
라암셋
구레네
방가지
바리

그리스, 로마 지역

알렉산더
아리스토텔레스의 제자로 헬라철학을 가지고 헬라제국을 만들었다.

성경에 나타난 히브리어 명칭인 '야반'(Javan)은 랍비에 의해 '마게도냐'로 번역되었다.

마게도냐는 알렉산더의 아버지 빌립 2세가 등장하기까지는 그리스 북쪽의 군소 지방에 불과했다. 빌립 2세가 주변을 통합하고 남쪽 아테네와 스파르타까지 손에 넣으면서 화려하게 부상했다. 그리고 뒤를 이어 그의 아들 알렉산더가 3년 반 만에 페르시아 제국을 정복하면서 헬라 제국을 이뤘다. 그러나 BC 323년 알렉산더의 죽음으로 헬라 제국은 안티고누스 가(家), 프톨레미 가, 셀류쿠스 가로 나뉘었다. BC 276년까지 안티고누스 가문의 안티고누스 고나투스는 마게도냐를 통치했다.

이 왕국은 신흥 로마 세력과 수십 년에 걸쳐 분쟁에 휘말렸다가 BC 168년 피드나에서 패했다. 그 후 로마에서 가이사를 죽인 브루투스 등이 마게도냐로 피신하여 전투하던 중 안토니우스와 아우구스투스 연합군에게 패했다. BC 27년 아우구스투스는 그리스를 마게도냐(북)와 아가야(남), 두 개의 주로 나누었다.

로마에게 정복된 뒤 BC 146년에 에그나티아(Via Egnatia) 길이 놓이면서 로마와 소아시아를 잇는 통로가 되었다.

아가야 · 로마

아가야 지방과 로마는 사도 바울의 서신과 전도여행에서 언급된다. 이곳의 역사와 지리는 사도행전에서 다루기로 한다.

: 2일

오늘 읽을 분량

성경 참고, 수 14-17장(구약)

본서 28-41쪽

성경의 맥 잡기

1. 레반트의 지형 구분
2. 레반트의 도로, 기후, 농업, 방향 감각 등 배우기

신구약 연결 포인트

1. 야곱의 축복(창 9)과 갈렙의 비전이 성취되어 구약 이스라엘인이 바벨론 포로 이후 유대인이 된다.
2. 사 9:1의 예언대로 해변길에서 예수님 사역이 시작된다(마 4:15).

묵상 가이드

1. 광야에서 훈련 받은 사람들은?
2. 예수님이 '길'과 '기후'에 대해 어떤 언급을 하셨나?(눅 12:54, 요 14:6)

레반트 지역: 시리아와 레바논 2일

레반트 북쪽은 시리아와 레바논이 해당된다.

1) 지형적인 특성으로 가장 눈에 띄는 점은 큰 산맥이 남북으로 길게 뻗어 동쪽과 서쪽을 갈라놓았다는 것이다. 북쪽부터 산맥이 해안을 따라 시리아 서쪽으로 연속해서 내려오다가 레바논 산맥과 안티레바논 산맥이 만나는 헤르몬 산(2814m, 헬몬 또는 헐몬 산)에서 꼭짓점을 이룬다.

헤르몬 산의 남쪽에서 흘러나오는 물은 이스라엘로 흘러 요단 강이 되고 동쪽으로 흐르는 물은 시리아(수리아)의 다메섹으로 흘러 바라다 강(왕하 5:12에는 아바나 강)이 된다. 북쪽으로 흐르다 서쪽으로 흘러가는 물은 오론테스 강이 되어 안디옥을 적신다.

아마누스 산지(Amanus, 2100m 이상)는 시리아의 북쪽 경계다. 이 산지의 서쪽으로 가면 길리기아 다소에 이르러 현재 터키 동부로 갈 수 있다. 바울이 전도여행 때 주로 사용한 길이다. 아마누스 산에 이르기 전 알레포에서 동쪽으로 가면 메소포타미아(메소보다미아)로 간다. 해변길의 연장이다.

2) 중요 도시로 레바논 해변 쪽으로 고대 바알 신화 내용이 발견된 우가릿과 시돈 족속이 살던 두로와 시돈이 있다. 이 두 도시를 합쳐 페니키아(베니게)라고 불렀다.

산맥 동쪽에 위치한 내륙에는 해변길이 지나면서 북쪽부터 안디옥, 알레포, 에블라, 하맛, 팔미라(다드몰), 다메섹 등지가 유명하다.

3) 무역로는 이집트에서 해변길을 따라 다메섹까지 올라와 다메섹-다드몰(팔미라)-마리-바벨론으로 연결하여 메소포타미아 남부 바벨론으로 가는 길이 있는가 하면, 다메섹-에블라-알레포-갈그미스-하란으로 향하여 메소포타미아 북부 앗수르로 가는 길이 있다.

시리아 남쪽에 나타나는 레바논 산맥은 독특하다. 남쪽 헤르몬(헬

몬) 산까지 지속적으로 뻗은 3000m가 넘는 산맥은 특이하게도 안티레바논 산맥이라는 병행 산맥과 나란히 달린다. 두 산맥 사이의 고원 지대와 베카 계곡은 신약 시대에 이두래와 칼키스로 불렸다.

'레바논'이라는 이름이 '희다'라는 뜻을 가진 것도 이런 산지와 고원에 쌓인 눈에서 연유한다. 레바논 산맥에서 산출되는 백향목은 최고급 나무로 300년까지는 똑바로 자라다가 이후로 구부러지는 특성이 있는 침엽수다. 이 백향목 때문에 비블로스 항구가 발전했다. 두 산맥 사이에 위치한 베카 계곡의 중심 도시는 바알벡이라 할 수 있다. 시리아에 해당되는 권역의 주도권은 주로 아람 사람들이 잡았다. 그러나 서쪽 해안가는 베니게인이 거주했다. 농사에 적합하지 않은 자연환경은 자연히 해상 무역을 발전시켜 페니키아 문명을 이루기까지 했다. 그 유명한 카르타고의 한니발도 베니게의 후손이다.

가나안(이스라엘)과 요르단: '큰 힘'들이 탐내는 사이 땅

레반트 중 가나안 땅은 대륙과 문명 사이에 위치하여 교량 역할을 했는데, 고대 문명의 발상지인 나일 강(아프리카)과 메소포타미아(아시아)를 연결했다. 동쪽은 사막, 서쪽은 해안으로 이루어져 이스라엘로 교통이 집중되었다. 이외에 유럽에서는 그리스(헬라)인, 로마인, 십자군 등이 들어왔다. 그야말로 열방에 둘러싸인 땅이다.

> 주 여호와께서 이와 같이 이르시되 이것이 곧 예루살렘이라 내가 그를 이방인 가운데에 두어 나라들이 둘러 있게 하였거늘 겔 5:5

작은 땅일지라도 상업적, 정치적으로 중요하여 '큰 힘'들이 탐을 냈다. 그러므로 이 땅의 거민은 안전을 위하여 하나님을 의지할 수밖에 없었다. 이것은 그들을 훈련하는 도구이기도 했다(신 4:27, 28:63, 왕하 17:5-7, 대하 36:15-20).

경계

지역의 경계는 지리적인 경계와 거주지 경계를 따로 나누어 생각할 수 있다.

지리적으로는 애굽(이집트) 시내에서부터 유브라데(유프라테스)까지를 이상적인 경계로 생각해 왔다(창 15:18-21). 그러나 북쪽의 경계는 한정하기 어렵다. 오늘날 시리아와 이스라엘은 역사적으로 하나의 지형적 통합체로 여겨 왔고 북쪽 경계 지점으로 표기된 하맛(하마, 민 34:8)은 다메섹과 레바논의 베이루트를 포함하는 것을 의미한다. 그러나 이스라엘 사람들이 거주하는 이스라엘의 현실적인 거주지 경계는 다르다. 이스라엘의 실제 경계는 단에서부터 브엘세바까지(삿 20:1, 삼상 3:20), 동(東)으로는 요단 강, 서(西)로는 지중해(민 34:7, 수 9:1, 신 11:24)이다.

성경은 동쪽을 앞이나 위로 본다. 이 관점에서 성경을 읽어야 그 의미를 제대로 알 수 있다.

방향 감각

지역 구분을 하기 전에 방향을 정하는 일이 중요하다. 보통 지도에서 북쪽은 위쪽에 표시한다. 그러나 성경은 동쪽을 앞이나 위로 표시한다. 창세기 14:15에 아브라함이 롯을 구하러 '다메섹 왼편 호바까지' 갔다고 나오는데 여기서 '왼편'은 북쪽이다. 그러므로 오른쪽은 남쪽, 위는 동쪽이 된다. 성전의 정문도 동쪽을 향한다. 이런 관점에서 앞으로 지도는 가능하면 성경적인 관점으로 그리도록 하겠다. 이 시도는 말씀을 내 관점이 아닌 성경적인 관점에서 보는 첫걸음이 될 수 있다.

지역 구분

이스라엘은 우리나라 강원도 크기의 작은 땅이다(240x75km). 그러나 이스라엘은 약 50개의 독특한 지형을 가진 지역으로 이루어졌다. 지형적인 다양성, 분할, 격리 등이 종종 그 주변 땅과 완전히 다른 특성을 가지게 했다. 이스라엘 땅은 조상들이 지어 준 이름, 지파의 거주지, 지형의 특징 등을 참고하여 구분되었다.

먼저 지명을 만드는 데 가장 큰 영향을 준 사람은 야곱이다. 야곱은 요단 동편에 증거의 무더기를 쌓고 '갈르엣'이라 불렀는데 여기서 '길르앗'이 유래했다. 이후에 야곱의 열두 아들의 후손이 분배받은 땅은 12지파에서 따왔다.

12지파 중 르우벤, 갓, 므낫세 반지파는 가나안에 들어오기 전에 요단 동편에서 분배를 받았다.

가나안 정복 시 여호수아가 속한 에브라임 지파와 갈렙이 속한 유다 지파가 조상 덕에 가장 안전한 에브라임 산지와 유다 산지를 받았다. 유다는 남쪽의 넓은 땅 중 네게브를 시므온에게 주었고, 에브라임 지파는 그의 형제 므낫세에게

지역 구분

지역을 구분하는 기준은 주로 지파의 이름이지만 때로 지파의 힘이 약할 때는 예전에 불리던 지역 이름을 사용한다. 신약 시대에 이르면서 그 이름(주황)도 일부 바뀌었다.

북쪽을 내주었다. 에브라임과 유다의 이권이 겹치는 완충지대에는 베냐민과 단 지파가 분배를 받았다. 그 외 분배받지 못한 약한 지파들은 모두 북쪽으로 갔다. 가장 북쪽 땅은 납달리 지파가, 나사렛이 속한 지방은 스불론 지파가, 이스르엘 골짜기는 잇사갈 지파가, 악고 평야는 아셀 지파가 분배받았다.

거기에 단 지파가 블레셋에 밀리면서 헤르몬 산 아래 요단 강이 터져 나오는 단(고대의 라이스)으로 이동했다. 북쪽에 5개 지파가 몰려 있기에 지파를 구분하여 부르기 애매하므로 '그 땅' 혹은 '그 지역'이라는 뜻의 갈릴리(하갈릴)라 불렀다. 우리나라 단어로 부르자면 전라도 사투리인 '거시기'가 갈릴리라는 단어와 가장 흡사할 것이다.

지파 구분을 기초로 가나안은 남북으로 크게 4개 권역으로 나눌 수 있다. 중앙 산지, 해안 평야, 요단 계곡, 요단 동편이 그것이다. 중앙 산지는 네게브와 이스르엘 골짜기에 의해 크게 3등분된다.

1) 중앙 산지

가) 광야(신 광야, 바란 광야)

나) 유다 산지(유대 광야, 쉐펠라)

다) 베냐민 산지

다) 에브라임 산지(신약의 사마리아 산지)

라) 갈릴리

마) 갈멜 산지

2) 해안 평야

가) 블레셋 평야

나) 사론 평야

다) 악고 평야

3) 요단 계곡(대협곡, 지구대)

가) 아라바 광야

나) 염해(사해)

다) 요단 계곡

(신약 때는 요단 동편을 '베레아'라 부름)

라) 갈릴리 바다

마) 훌라 분지

바) 헬몬 산

4) 요단 동편

가) 에돔

나) 모압

다) 암몬

라) 길르앗

(신약 시대에는 고원을 '데가볼리'라 부름)

마) 바산(골란)

(신약 시대에는 이 지역도 '데가볼리'라 부름)

바) 아람(수리아)

5) 중앙 산지를 세 구역으로 나누는 지점

가) 네게브(남방)

나) 이스르엘 골짜기

도로

양 대륙과 문명에 교량 역할을 하던 이스라엘의 모든 경제는 도로에 의존한다고 해도 과언이 아니었다. 가장 중요한 도로망은 남북 도로(이집트-메소포타미아를 연결하는 대로)다.

1) 남북 도로

가) 해변길

남북 도로에서도 으뜸은 '해변길'(Via Maris, 사 9:1-2, 19:23, 마 4:15)로 이집트-가사-해안 평야-아벡-므깃도-이스르엘 평야-와디 아르벨-갈릴리 바다(막달라 평지)-훌라 분지(하솔, 단)-다메섹-바벨론으로 이어진다. 해변길은 근동의 여러 문화권을 연결했으며 때로 군사도로로도 사용되었다. 이집트와 메소포타미아 제국이 영토 확장을 위해 서로의 영역을 침범하려 할 때 유일하게 사용한 통로이기도 했다. 이런 이유로 이집트는 영토 확장이나 자신의 지역을 선제적으로 방어하기 위해 해변길을 따라 수비대를 두었고, 때로는 그 지역이 북쪽 가나안과 수리아 지역까지 이르기도 했다.

이스라엘의 지파와 주요 도로

12지파 중 11개 지파가 분배받았다. 그러나 요셉 지파가 2개 지파로 분리되면서 12개 지역이 되었다. 므낫세는 동쪽과 서쪽에 모두 분배받았다. 가나안 땅은 요단 강 서쪽만을 의미한다. 도로는 남북으로 3개, 동서로 4개가 있다.(점선 표시 부분)

나) 왕의 대로

요단 동편 왕들에 의해 건설된 왕의 대로(King's Highway, 민 20:17)는 요단 강 동편에 위치하여 엘랏-에돔-모압-암몬-길르앗-바산-다메섹-바벨론으로 연결된다.

다) 족장의 도로

두 국제도로보다 성경에서 중요시하는 도로가 있다. 비록 국제적인 길은 아니지만 유목민이던 아브라함과 이삭, 야곱 그리고 이스라엘 사람들이 가장 많이 이용하던 족장의 도로(Patriarchs' Road)다. 이 도로는 세겜-실로-벧엘-미스바-라마-기브아-(예루살렘)-베들레헴-헤브론-브엘세바를 연결하는 길이다.

2) 동서 도로

남북 도로를 연결하는 네트워크 역할을 하는 도로가 동서로 놓여 있다. 이스라엘은 남북으로 길게 늘어선 산맥이 가로막고 있어 일부 특이 지형 외에는 동서로 이어지는 교통로를 허락하지 않는다. 그 도로는 다음과 같이 나눌 수 있다.

가) 길르앗-벧산-이스르엘-해변길(이스르엘 골짜기 길)

나) 브누엘-아담-디르사-세겜-사마리아-해변길(에브라임 산지 길)

해변길

근동의 여러 문화권을 연결, 때로 군사도로로도 사용되었다.
예수님도 해변길에 있는 갈릴리에서 주로 사역하셨다.

왕의 대로

요단 강 동편에 위치.
사도 바울이 회심 후 아라비아로 갔을 때 이용했을 것이다.

족장의 도로

아브라함, 이삭 등 성경 인물들이 가장 많이 이용했다.

동서도로

동과 서를 잇는 4개의 도로. 이스르엘 골짜기 길, 에브라임 산지 길, 베냐민 산지 길, 네게브 길이 있다.

다) 암몬-여리고-라마-벧호론-아얄론-욥바(베냐민 산지 길)

라) 보스라-염곡-아랏-브엘세바-그랄-가사(네게브 길)

기후

이스라엘의 기후는 건기(여름)와 우기(겨울)로 나뉜다. 이 중간에 전환기적인 계절이 있다. 기후는 지리와 밀접한 관계가 있는데, 이스라엘의 서쪽은 바다, 동쪽은 광야이기에 비구름은 서쪽에서만 불고, 동쪽에서는 아라비아로부터 건조하고 더운 바람이 불어온다. 지중해 서쪽이나 북쪽에서 부는 바람이 산에 부딪치면서 서쪽 부분에 비를 내린다(유대 산지 단면도 참조). 이 비 때문에 유대 산지의 서쪽은 울창한 숲을 이루고, 그 숲에 여우나 곰, 사자 등의 짐승이 산다. 하지만 동쪽은 우기인 겨울에 흩뿌리듯 내릴 뿐 비가 거의 오지 않아 유대 광야를 형성한다(신 11:8-18, 8:7-10). 하지만 그 비로 인해 풀이 자라 광야에서 목축을 한다.

계절 구분은 비와 깊은 관계가 있다. 근동에서는 비가 오고 그치는 시기가 매우 중요하며 이스라엘도 우기를 중심으로 계절이 구분된다.

봄은 전이계절(4~5월)로 늦은 비(말코쉬)가 내려 추수 전에 마지막 수분을 공급하는 시기다(신 11:14, 약 5:7, 렘 3:3, 슥 10:1). 유월절은 첫 열매인 아몬드(성경에는 살구꽃)를 수확하는 시기로 이스라엘의 종교력이 시작된다(출 12:2). 주로 온화한 날씨(21~23℃)를 보이나 때로 동/남의 바람은 뜨겁고 먼지가 많은 날씨를 만든다. 이런 날씨를 함신(샤라브 또는 시로코, 4월 말~5월 초)이라 부르며 1년 중 50일가량 나타난다. 풀과 꽃은 여전히 있으나 곧 말라 버린다(시 40:6-8).

여름은 오랜 건기로 이어진다. 5~10월에는 비가 전혀 내리지 않는다(아 2:11, 잠 26:1, 삼상 12:16-18). 이스라엘에서는 초여름에 곡식을 수확하는데 이 시기가 오순절(칠칠절, 샤브옷, 출 23:16)이다. 공기층은 매우 안정되며 계속되는 청명한 날씨에 물이 많이 필요하나 샘물과 우물, 작은 몇몇 시내에 의존할 수밖에 없다. 더욱이 동쪽 아라비아 사막에서 불어오는 더운 바람은 요단 계곡의 기온을 49℃, 예루살렘을 40℃까지 이르게

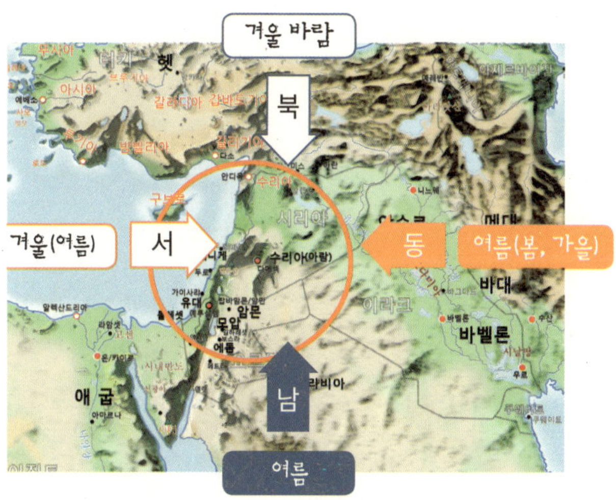

동서로 자른 유대 산지 단층도
서풍은 바다에서 비구름을 가져와 분수령의 서쪽에 푸른 초장을 만들지만 그 동쪽은 광야가 된다.

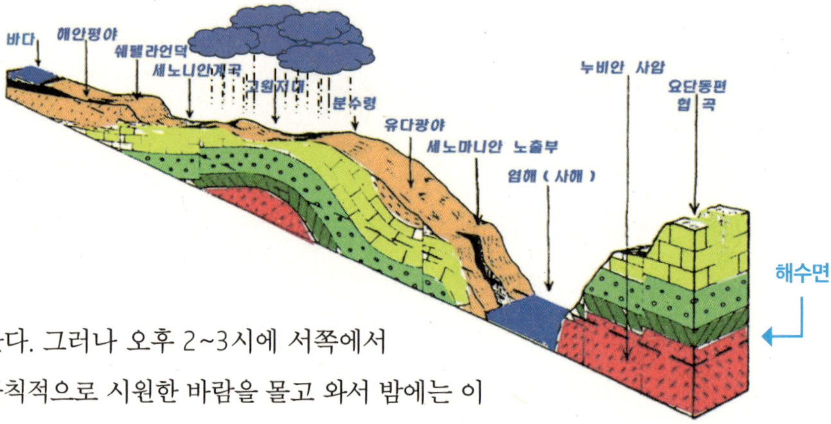

한다. 그러나 오후 2~3시에 서쪽에서 규칙적으로 시원한 바람을 몰고 와서 밤에는 이슬이 내리기도 한다(아 5:2). 7~8월에는 포도 수확을 시작으로 여름 과실을 거둔다.

가을은 전이계절(10~11월)로 감람, 포도, 기타 과일과 견과류 열매를 수확한다. 첫 비가 내리는 이 시기를 숙곳(초막절, 수장절, 장막절)이라고 부른다. 숙곳 15일 전은 신년이 시작되는 나팔절(로쉬 하 샤나)이다. 이때 파종을 하고 우기, 즉 겨울 동안 곡식이 자란다. 일반적으로 사람이 살기에 알맞은 계절이다.

겨울철 우기에 자주 내리는 소나기(12월~이듬해 2월)는 땅의 물 저장고를 채운다. 소나기는 주로 강한 바람과 추위를 동반하며 때로는 며칠 동안 계속되기도 한다. 이런 폭풍우에 밖에 나가면 비에 젖은 생쥐 모양이 되기 십상이다. 산지에는 싸라기눈이 내린다. 예측할 수 없게 궂은 날씨와 맑은 날씨가 엇갈린다. 우기에는 춥고 습하며 살아가기 힘들지만, 이때 내린 비와 눈이 농사를 가능하게 하고 다가오는 여름을 살아가는 데 필수적인 물을 공급하는 것을 알기에 오히려 기뻐한다. 겨울 중반에 들어서면 광야조차도 푸른 초지로 변한다. 목자들은 산지의 추위 때문에 이 시기에는 해발고도가 낮은 장소를 선호한다. 헤롯은 해발 -260m인 여리고에 겨울 궁전을 만들었다.

서쪽
비구름이 내려 울창한 숲 형성

동쪽
서쪽 비구름이 고원지대에 막혀 비가 거의 안 옴. 유대 광야 형성

이스라엘의 사계절

봄 늦은 비: 유월절. 21-23℃
여름 건기: 오순절. 40-49℃
가을 이른 비: 초막절, 수장절, 장막절, 나팔절. 열매 수확
겨울 우기

바람	특징	관련 성구
북풍	겨울에 비를 동반하는 찬바람	욥 37:9, 22, 잠 25:23
남풍	여름에 사막의 더운 바람	사 21:1, 슥 9:14, 행 27:13
동풍	봄·가을에 덥고 건조한 바람	출 10:13, 시 48:7, 욘 4:8
서풍	여름: 시원한 바람 / 겨울: 비 동반	왕상 18:44, 눅 12:54

여름

겨울

가이사랴 빌립보의 여름과 겨울
이스라엘 땅은 여름에 비가 오지 않는다. 그 결과 시냇가의 나무는 무성하지만 산에는 풀이 나지 않는다. 반면에 겨울에는 비가 와서 풀이 나지만 추위에 낙엽이 져 숲은 휑하다.

매년 이스라엘 사람들은 물이 하늘에서 온다는 것을 되새긴다. 이스라엘의 물의 근원은 강을 이용한 수리시설이 아니라 하늘에서 오기 때문이다. 하나님께서 겨울 우기에 비를 내리시지 않으면 샘은 말라 건기인 여름을 지날 수 없다. 그러므로 이스라엘의 반역과 불신 앞에 하나님의 훈련은 두 형태로 나타난다.

| 훈련 혹은 징벌에는 비와 이슬을 거두심 : 왕상 18:1-2, 렘 3:3
| 결정적인 징계는 외래의 침략과 땅에서의 추방을 이용하신다.

지질

이스라엘은 대부분 석회암으로 덮여 있으나 석회암의 강도와 강수량의 차이 때문에 다양한 지형이 발달했다. 석회암은 다른 돌보다 자르기 쉬워 돌로 된 집을 많이 지었다. 반면에 나무가 귀했는데, 가장 귀한 집은 '레바논 백향목'으로 지은 궁전이었다. 특이하게 갈릴리 지방 북쪽 바산 지역은 화산이 폭발할 때 나온 현무암으로 덮여 있어 우리나라의 제주도와 비슷한 경관을 연출한다. 예수님이 사역하신 갈릴리 북쪽은 검은 현무암으로 이루어져 맷돌의 주산지였다.

이스라엘은 고도차가 크다. 헤르몬 산은 2814m인데 염해는 -410m이다. 거리로는 차로 세 시간이면 갈 수 있는데 이렇게 큰 차이가 있다. 그래서 3~4월에 가면 염해에서 해수욕을 하고 헤르몬 산에서 스키를 탈 수 있다. 이러한 고도 차이 때문에 다양한 민족이 살 수 있었다.

이스라엘 땅엔 비가 별로 안 와서 동쪽에 집을 지으면 수천 년 지나도 그대로 있는 경우가 많다. 지진으로 무너져 흙먼지로 덮여 있다가 고고학 발굴 때 발견되곤 한다. 대표적인 것이 쿰란 사본이다. 2천 년이 지났어도 건조한 모래에 파묻혀 있어서 전혀 손상되지 않았다. 우리나라는 2천 년 전 유물을 발견하면 큰 이슈가 되는데, 이스라엘 사람들은 3천 년 전 유물은 좀 오래되었다고 생각하고, 8천 년 전쯤 되어야 진짜 오래된 고고학적 유물이라고 말한다. 대표적인 것이 여리고 성인데 8천 년 전 유물이다. 여리고는 동쪽에 위치하고 있기 때문에 먼지에 덮여 있다가 발견되었다.

지중해 주변에는 연석회암, 모래들이 있고, 산지 위에는 강한 석회암이 주로 있다. 산 위가 평평해서 대부분의 도시들이 여기에 형성되었다. 광야 쪽으로는 풀이 조금 나기 때문에 목축을 하고, 서쪽에서는 과일 농사와 보리와 밀 농사를 짓는다. 그 대표적인 도시가 베들레헴이다.

보아스가 베들레헴에서 보리 농사를 지었고, 다윗은 광야에 나가 목자 생활을 했다. 베들레헴 바로 옆 도시가 드고아다. 드고아의 선지자인 아모스는 '목자요 뽕나무 재배자'라고 자신을 소개했다. 둘 다 겸해서 할 수 있는 곳이 산 능선이다. 예루살렘, 베들레헴, 드고아, 헤브론, 세겜 등 우리에게 익숙한 도시는 산지 위에 있었다.

석회암은 강알카리성 물을 만들어 식생활에도 영향을 주었다. 강알칼리성 물을 마시면 산성이 강한 위가 상하게 되고, 혈관이 막히는 하지정맥류가 자주 일어나므로 산성으로 중화시켜야 한다. 하나님은 이곳에 레몬나무와 포도나무가 잘되게 하셔서 강알칼리성의 석회암 물을 중화시키도록 하셨다.

사도 바울도 디모데에게 이렇게 권한다.

> 이제부터는 물만 마시지 말고 네 위장과 자주 나는 병을 위하여는 포도주를 조금씩 쓰라 딤전 5:23

사해사본이 발견된 쿰란 동굴과 여리고 성 터
유대 동쪽은 건조하여 흙이 바스라진다.

그가 이렇게 말한 이유는 물만 먹으면 위장병이 걸리기 쉽기 때문이다. 그래서인지 이스라엘은 안식일마다 포도주를 마시는 의식을 한다.

서쪽
삼손이 여우 꼬리에 불붙여 블레셋 밭 불사름: 밀과 보리 농사

동쪽
유대 광야의 다윗: 목자

동서 중간지대
드고아의 아모스: 목자이자 뽕나무 재배자

농목업

이스라엘의 주업은 농사와 목축이다. 모세가 말한 젖(목축)과 꿀(농업)이 흐르는 땅이 이런 면을 잘 보여 준다.

> 밀과 보리의 소산지요 포도와 무화과와 석류와 감람나무와 꿀의 소산지라 신 8:8

1) 농업: 신명기 8:7-10에서 가나안의 7가지 대표 식물이 나온다. 지역적인 다양성(신 11:11-12)으로 인해 곡식(밀, 보리)은 주로 평지와 계곡에서 재배하고, 포도와 무화과, 석류, 감람, 꿀(대추야자)은 산지에서 키운다. 비록 생계를 위해 곡식이 중요할지라도 이스라엘의 주 생산품은 과실(곡식, 포도주, 기름이 종종 성경에 언급된다. 신 7:13)이다. 초목이 젖과 꿀(출 3:8, 민 13:27, 신 11:9)의 근원이 된다고 믿기도 한다. 가축을 포함한 달콤한 과일과 곡식 등은 고대 이스라엘 경제의 중추였다.

2) 목축: 젖과 꿀 중 젖에 해당한다. 히브리인들의 조상은 아브라함이나 이삭, 야곱과 같이 모두 목자였다(창 46:33-34). 그들의 부의 기준은 가축의 숫자와 관계가 있다(창 13:2, 5-7). 사실 이스라엘의 많은 땅은 농업에는 적합하지 않으나 목축에는 적합하다(시 104:14). 예를 들어 유대 광야, 바산 지방이 있다.

이스라엘의 대표적인 식물
밀과 보리, 포도, 무화과, 석류, 올리브(감람), 꿀(대추야자)

역사와 묵상

01 하나님께서 보여 주시고자 하는 땅이 있다. 당신의 이야기를 기록한 장소, 바로 성경의 땅이다. 아브라함을 부르시고, 복이 되라 하신 땅이다.

> 내가 너로 큰 민족을 이루고 네게 복을 주어 네 이름을 창대하게 하리니 너는 복이 될지라 창 12:2

아브라함의 여호와 이레-다윗의 아라우나 타작마당-솔로몬의 성전-예수님의 십자가-마가 다락방의 성령 강림의 관점에서 어떻게 예루살렘이 복된 땅이 되었는지 생각해 보자.

---

02 메소포타미아와 이집트 문명에서 보듯 강대한 국가의 기초를 이루는 것은 헝그리 정신이었다. 예수님도 팔복 중에 최고의 복이 '심령이 가난한 자, 애통하는 자, 의에 주리고 목마른 자'라고 하며 헝그리 정신을 말씀하셨다. '결핍'은 우리를 강하게 한다. 하나님이 가난하게 하신 부분이 무엇인가?

---

03 세례 요한 같은 선지자들은 광야에서 훈련을 받았다. 광야는 아무것도 없는 것 같지만 겨울에 흩뿌리는 비로 잠깐의 초지를 이루고 꽃이 만발한 초원을 이룬다. 계절의 극적인 전환은 이스라엘의 민족성과 문학, 종교에 많은 영향을 미쳤다. '사막에 샘이 넘쳐흐르리라'라는 복음성가도 이스라엘 민요다. 함께 부르면서 의미를 생각해 보자.

사막에 샘이 넘쳐흐르리라
사막에 꽃이 피어 향내내리라
주님이 다스릴 그 나라가 되면은
사막이 꽃동산되리
사자들이 어린양과 뛰놀고
어린이도 함께 뒹구는
참사랑과 기쁨의 그 나라가
이제 속히 오리라

---

04 이스라엘 농업의 특징은 다음 구절에서 잘 보여 준다.

> 17 비록 무화과나무가 무성하지 못하며(봄) 포도나무에 열매가 없으며(여름)
> 감람나무에 소출이 없으며(가을) 밭에 먹을 것이 없으며(겨울) 우리에 양
> 이 없으며 외양간에 소가 없을지라도
> 18 나는 여호와로 말미암아 즐거워하며 나의 구원의 하나님으로 말미암아 기
> 뻐하리로다
> 19 주 여호와는 나의 힘이시라 나의 발을 사슴과 같게 하사 나를 나의 높은
> 곳으로 다니게 하시리로다 합 3:17-19

무화과가 열리는 봄, 포도를 수확하는 여름, 감람(올리브)을 따는 가을, 밭농사가 가능한 겨울, 즉 사시사철의 농사가 망했다는 뜻이다. 계절을 타지 않은 목축까지도 피폐해 있는 그때에 여호와가 소망이 되고 그분으로 인하여 즐거워할 수 있는가?

신구약 중간기는 구약성경의 끝인 말라기 이후부터(BC 400경) 예수님이 오시기까지(BC 5년)를 말한다. 여기에서는 헬라 제국과 북방왕 남방왕 형성 과정, 다니엘의 큰 신상으로 본 중간기 상황, 하스모니아 왕가 이야기가 그려진다. 중간기를 통해 하나님이 복음을 위해 어떤 밑그림을 그리셨는지 추적할 수 있다.

PART 1

중간기

구원을 위한
하나님의 물밑 작업

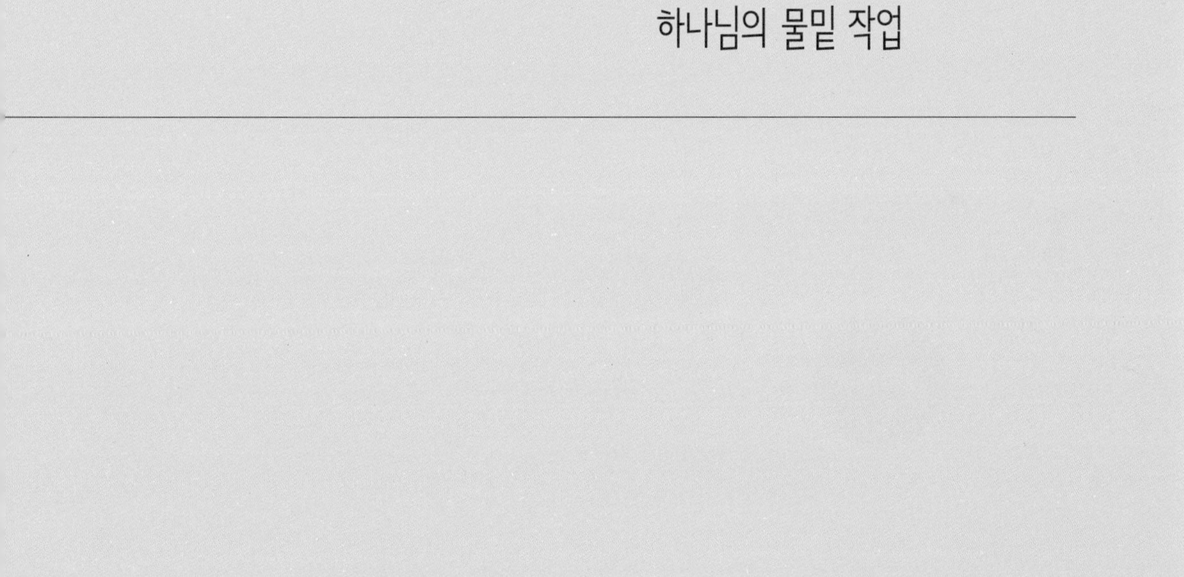

: 3일

오늘 읽을 분량

성경 단 1-8장

본서 44-57쪽

성경의 맥 잡기

1. 헬라 제국과 북방왕 남방왕 형성 과정
2. 다니엘의 큰 신상으로 본 중간기
3. 단 7장, 8장의 중간기 묘사

신구약 연결 포인트

1. 신약성경이 헬라어로 쓰이기까지의 하나님의 일하심
2. 헬라가 만든 안디옥, 실루기아, 돌레마이는 사도행전의 전도여행에서 언급된 도시이다.

묵상 가이드

1. 알렉산더의 점령 방향과 바울의 2차 전도여행 루트를 비교하라. 바울의 전도여행은 영적 원정이었다.

새로운 복음의 시대가 열리다

무대가 바뀌었다. 어마어마하게 커졌다. 메대와 바사(페르시아)가 막강한 위엄을 떨쳤고, 이어서 등장한 강대한 제국들은 신약을 여는 서막과 같은 역할을 했다. 이 시기를 '신구약 중간기'라 부른다. 신구약 중간기는 구약성경의 끝인 말라기 이후부터(BC 400경) 예수님이 오시기까지(BC 5년)를 말한다. 이 시대에 활동한 선지자나 기록된 성경이 없어서 중간기를 암흑기나 침묵기로 부르지만 구약과 신약을 연결하고, 예수님과 사도들의 사역 배경을 마련하는 중요한 기간이다.

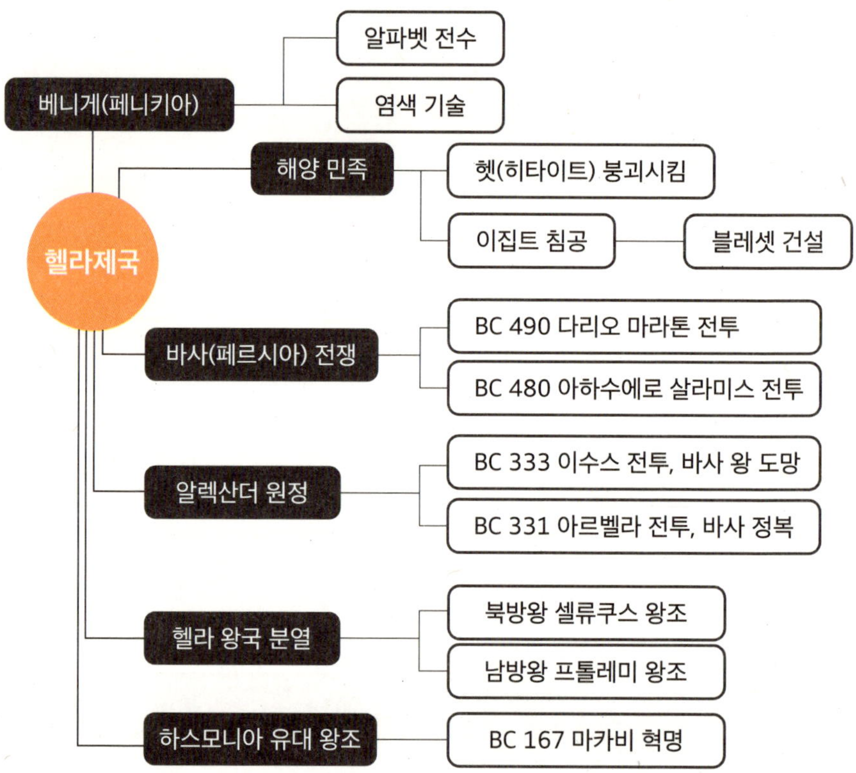

헬라의 등장: 페르시아와 헬라의 싸움에 빌립 2세는 훨훨 날았다

알렉산더 사후 제국은 안티고누스, 프톨레미, 셀류쿠스,리시마쿠스가 나눠 남쪽은 프톨레미, 북빙은 셀류큐스, 마게도냐는 카산더, 헬라 방향은 리시마쿠스가 정권을 잡는다.

바사(페르시아) 제국의 팽창 과정에서 성경의 무대에는 거의 등장하지 않던 헬라와 부딪치게 된다. 헬라는 BC 20세기경 아가야인과 이오니아인이 이주하여 그리스 본토에 정착하면서 시작되었다. 헬라 문명의 시조는 그레데(크레테 혹은 미노아) 문명이라고 보아야 한다. 한때 그레데는 에게 해 중심에 위치하며 해양 무역으로 번성했다. 그러나 본토 펠로폰네소스 반도에 자리 잡은 아가야인의 번성과 산토리니 근처의 화산 폭발로 그레데 문명은 완전히 소멸된 것으로 보인다.

베니게와 같이 함 족속에 해당하는 그레데 문명의 영향으로 헬라에 문자가 전수되었다. 그레데 문명이 무너질 즈음 그리스 본토에서는 미케네 문명이 일어났다. 미케네를 중심으로 도시국가들이 연합을 외쳤지만 '트로이'는 이 연합에 반대했다. 트로이는 바울이 마게도냐 환상을 본 신약의 드로아와 가깝다. 트로이 하면 떠오르는 게 트로이 목마다(BC 1250). 10년간 트로이 전투가 이어졌는데,

전설에 의하면 트로이에 패배한 잔여 세력이 도피하여 이탈리아 반도로 이주한 뒤 로마를 세웠다고 한다(BC 753).

미케네 문명은 알 수 없는 해양 민족에 의해 쇠퇴하고 BC 8세기까지 암흑기가 계속된다. 이때 나타난 해양 민족이 누구인가? 다양한 이론이 있을 뿐 확실한 이론은 없다.

이론 중 하나가 그레데를 중심으로 모인 해적 집단으로 보는 것이다. 그들의 기원은 몰라도 그들이 미친 영향력은 대단하다. 이 세력이 헷(히타이트) 왕국과 애굽(이집트)을 침략했다. 철기를 앞장세운 해양 민족은 헷 왕국과 이집트를 심각하게 약화시켰다. 이때 이집트 왕은 람세스 3세로 이스라엘이 출애굽한 직후의 왕이었다. 해양 민족이 이집트에 큰 타격을 주었지만 정복의 꿈을 이루지는 못했다. 해양 민족은 철기 문화로 무장했을 뿐 아니라 민족의 이동과도 같았다. 정복보다는 생존을 위한 정착지를 얻기 위해 떠도는 해양 민족의 힘은 강할 수밖에 없었다. 이집트는 가족을 뒤에 두고 전진하는 해양 민족과 지속적으로 싸울 수 없었기에 그들에게 다른 방향의 문을 열어 주었다. 그리하여 해양 민족은 이집트의 암묵적인 인정하에 가나안으로 흘러들었다. 그리고 그들은 구(舊) 블레셋을 누르고 신(新) 블레셋(팔레스타인)을 세웠다.

헬라 중흥

해양 민족이 휩쓸고 지나간 뒤 문명화된 도시들은 모두 약탈당해 폐허만 남았고 도시민은 이곳저곳으로 흩어졌다. 이런 문명의 공백 기간(BC 12~8세기)을 딛고 헬라가 BC 8세기에 도시국가 형태로 성장했다.[1]

해양 민족
강력한 철기 문화를 앞세워 블레셋 땅(=팔레스타인)에 정착했다. 블레셋 족속은 이후 이스라엘에 큰 괴로움을 주었다.

헬라는 알파벳을 베니게(페니키아)에서 받아 오고 올림픽 같은 축제도 개최했다. 헬라의 아덴(아테네)은 BC 6세기 전반의 솔론의 개혁에 힘입어 민주주의의 꽃을 피우다가 BC 5세기 페리클레스 시대에 최고 절정기에 이른다. 당시 활동하던 철학자는 소크라테스, 플라톤, 아리스토텔레스다.

마라톤 전투

아테네가 민주주의의 절정에 오르던 무렵 바사(페르시아)의 침공이 있었다. 도시국가로 구성된 헬라는 현재 소아시아 해안까지 영향력을 확대했고 이 지역을

1 이 영향은 몇 세기 전 근동과 가나안에 유목민이던 아모리 민족이 이주하면서 빚어진 것과 동일했다.

이오니아라 불렀다. 그런 이오니아가 바사(페르시아)에 정복당한 것이다. 그러자 아테네를 중심으로 한 그리스 본토의 도시국가들이 이오니아의 반란을 지원했다.

이를 견디지 못한 바사(페르시아)의 다리오(다리우스) 왕(참고 스 6:1)은 그리스에 대항하여 군대를 일으켰다. BC 490년 다리오 1세가 이끄는 군대가 그리스 본토 마라톤에 상륙했다. 아테네 군대는 수적으로 열세였지만 기적적으로 승리를 거두었다. 이 승전 소식을 한 병사가 마라톤에서 아테네까지 달려가 전했는데 그 거리가 42.195km로 올림픽의 마라톤 경기의 유래가 되었다.

역사를 바꾼 전투
바사(페르시아)-그리스 간에 벌어진 마라톤 전투(BC 490), 살라미스 전투(BC 480)는 역사를 바꾼 중요한 역할을 했다. 이 전투로 바사는 서쪽 진출이 좌절되었고, 그리스는 승리했지만 이후 내전으로 힘을 소진했다. 그 후 마게도냐가 당대 주도권을 차지했다.

300!

그러나 전쟁은 끝난 것이 아니었다. BC 480년 크세르크세스라 불리는 다리오의 아들 아하수에로(참고 에 1:1)가 더 많은 군대를 이끌고 북쪽부터 침략해 들어왔다. 이때 아테네와 스파르타가 연합하여 방어했으나 역부족이었다. 이 전쟁은 영화 〈300〉의 배경이다.

페르시아 군대는 아테네를 점령한 뒤 스파르타로 향했다. 그러나 살라미스 해전에서 페르시아가 결정적 타격을 입었다. 그리고 아하수에로 군대는 육상에서도 치명적인 패전을 당해 길어지는 전쟁으로 군수 물자가 부족해지자 전쟁을 포기해야 했다. 결국 그리스의 승리였다.

빌립보 아고라와 교회
빌립보는 마게도냐 왕 빌립이 세운 도시로 알렉산더의 고향이다. 교회 건물 뒤에 위치한 팡게오 산에서 나온 금광으로 부를 쌓아 헬라를 통일하는 기반을 마련했다.

마게도냐 부흥: 어부지리

헬라의 도시국가들은 외부의 위협이 없어지자마자 내부 분쟁에 휘말리더니 아테네와 스파르타가 30년 동안 전쟁을 치렀다. 스파르타가 승리하는가 싶으면 아테네가 이기고 서로 엎치락뒤치락하기를 반복하다 끝내 최후 승리는 어부지리를 이용한 북쪽 변방의 왕, 마게도냐(마케도니아, Macedonia) 빌립(필리포스 2세) 왕이 차지했다. 서로가 치고 박다 힘을 소진하는 사이 차분히 힘을 키워 온 북쪽의 마게도냐에 주도권을 내 주고 만 것이다.

알렉산더 대왕: 세계를 정복한 젊은 영웅

마게도냐의 빌립 왕은 전쟁으로 인한 내부 분열과 관심을 외부로 돌리기 위해

공공의 적이던 바사 제국에게 보복 전쟁을 벌이고자 했다. 그러나 그는 독살당하고 그리스가 통일될 때 태어난 알렉산더가 왕위를 이었다. 그는 아테네에서 도망쳐 온 철학자 아리스토텔레스의 제자로 군인이자 철학자였다. 왕위를 계승한 알렉산더는 이오니아 그리스인의 해방과 페르시아에 대한 보복을 주장하면서 4만의 군대를 이끌고 소아시아로 진격했다.

이수스 전투
헬라의 기병대는 긴 창으로 무장하여 페르시아의 대규모 군대를 효과적으로 공략할 수 있었다. 1세기에 그린 작품으로 화산으로 덮인 폼페이 유적에서 발견되었다.

그는 BC 334년 바다를 건너 소아시아의 그라니쿠스 강에서 페르시아와 첫 번째 격전을 벌였다. 결과는 트로이에서 동쪽으로 90km가량 떨어진 곳에서 알렉산더가 대승을 거두었다.

BC 333년 알렉산더는 길리기아 지방까지 진군하여 길리기아 다소(타르수스, Tarsus)를 지나 안디옥으로 돌아가는 피나루스 강의 이수스에서 페르시아 왕 다리오 3세와 대결한다. 이 이수스 전투(Battle of Issus)에서 알렉산더가 대승을 거두었고, 이때 다리오 3세의 가족까지 인질로 잡음으로써 페르시아 제국을 사실상 무너뜨렸다.

두로 성
베니게의 수도였던 두로는 가나안의 장남 시돈 족속의 수도로, 이세벨의 고향이기도 하다. 구약시대 두로는 육지에서 700m 떨어진 섬이었지만 알렉산더가 이곳을 점령하기 위해 바다를 메워 육지가 되었다.

그런데 알렉산더는 곧장 페르시아의 수도로 향하는 대신 남쪽의 이집트로 진격했다. 페르시아의 식민지로 있던 두로(티루스 Tyre)와 가사가 알렉산더에게 항전하자, 알렉산더는 바다에서 700m 떨어진 섬이던 두로를 정복하기 위해 7개월간 바다를 메워 육지로 만든 후 두로를 정복했다. 바벨론의 느부갓네살도 정복하지 못한 두로를 정복한 것이다.

이 사건을 스가랴는 이렇게 증언하고 있다.

> **3** 두로는 자기를 위하여 요새를 건축하며 은을 티끌같이 금을 거리의 진흙같
> 이 쌓았도다 **4** 주께서 그를 정복하시며 그의 권세를 바다에 쳐넣으시리니 그
> 가 불에 삼켜질지라 슥 9:3-4

다음 차례는 사마리아와 유대였다. 모두 순순히 알렉산더를 그들의 지배자로 맞아들였다. 사마리아인들은 더 적극적으로 알렉산더를 도와서 이득을 취했다. 마침내 이집트에 당도한 알렉산더는 멤피스를 정복하고 이집트 남쪽 지중해 만

알렉산더 원정

알렉산더는 먼저 아시아 지역으로 들어와 이수스 전투에서 승기를 잡고 남쪽 이집트 쪽으로 진군하여 유다와 이집트를 점령하고 다시 북쪽으로 와 아르벨라에서 페르시아를 완전히 패퇴시킨 뒤 바벨론을 거쳐 인도 방향으로 갔다가 바벨론으로 돌아와 죽는다. 알렉산더 사후에 제국은 4개로 나뉘었다.

에 알렉산더의 이름을 딴 알렉산드리아를 세웠다.

BC 331년 알렉산더 군대는 북쪽으로 다시 행군해 아르벨라 전투(혹은 가우가멜라 전투 Battle of Gaugamela)에서 다리오 3세를 패퇴시킨 후 바벨론과 페르시아의 수도 페르세폴리스를 3년 만에 점령한다. 그는 메소포타미아와 나일 강 사이에 위치한 대륙 간지를 차례로 정복하여 헬라 제국으로 병합했다. 가는 곳마다 승리의 깃발을 꽂던 알렉산더는 BC 323년 인도에 이르는 긴 원정을 끝내고 돌아오는 길에 바벨론에서 돌연 32세에 사망한다.

분열된 제국과 마카비 왕조의 등장

알렉산더는 죽기 전에 강한 자가 제국을 차지하라는 유언을 남겼는데, 사후 군인들이 서로 싸워 그중 4명이 남았다. 안티고누스, 프톨레미, 셀류쿠스, 카산더가 그들이다. 그중 가장 강한 사람이 안티고누스다. 그는 나라를 나누지 않고 연합하길 원했으나 프톨레미와 셀류쿠스는 나누길 원했다. 안티고누스가 이들을 몇 번이나 치려고 했으나 실패하고 결국 사망하고 만다. 헬라 제국은 네 개로 갈린다. 다니엘서는 그중 유다를 중심으로 한 북방의 셀류쿠스 왕조와 남방의 프톨레미 왕조를 자세히 언급한다(단 11장). 두 왕조는 오랜 기간 패권 다툼을 했고 그 사이에 낀 유다는 고래 싸움에 새우등 터지는 격이 되었다.

로마가 등장하면서 헬라 제국은 급격히 쇠퇴한다. 이 틈을 타 유다는 500년 만에 꿈같은 독립 국가를 세운다. 이때 큰 공을 세운 이가 '유다 마카비'로 그가 세운 왕조를 하스모니아 왕조라 부른다. 이후 유대는 100년 동안 힘들게 독립 국가를 유지했으나 BC 64년 자중지란에 빠져 로마의 폼페이를 자신들의 싸움에 끌어들였다가 예루살렘이 점령당하고 하스모니아 왕조 시대도 막을 내리고 만다. 이로써 유다의 짧은 독립 시대가 끝나고 다시 로마 제국의 식민 시대가 시작된다.

다니엘이 예언한 헬라 시대

성경 다니엘서, (참고, 요세푸스의 《유대인 고대사》) **연대** BC 334-167년

핵심 본문 헬라 알렉산더의 정복과 남방왕과 북방왕의 통치기

지도 헬라 1

다니엘이 본 세 번의 환상

제국 시대는 사실상 앗수르(앗시리아)부터 시작되었지만 다니엘서는 제국 시대의 개막을 바벨론부터 시작한다. 성경의 땅 이스라엘 주변을 통치하는 제국 시대가 지속될 것이라는 환상을 본 사람은 바벨론의 왕 느부갓네살이다. 다니엘은 다니엘서 2장에서 그가 꿈에서 본 환상을 해석하여 앞으로 이어질 세계를 예언했다.

신상 환상: 제국의 특징

32 그 우상의 머리는 순금이요 가슴과 두 팔은 은이요 배와 넓적다리
는 놋이요
33 그 종아리는 쇠요 그 발은 얼마는 쇠요 얼마는 진흙이었나이다
34 또 왕이 보신즉 손대지 아니한 돌이 나와서 신상의 쇠와 진흙의
발을 쳐서 부서뜨리매
38 사람들과 들짐승과 공중의 새들, 어느 곳에 있는 것을 막론하고

느부갓네살이 꿈에 보았던 신상
다니엘은 이 신상이 앞으로 올 제국 시대와 그 제국을 무너뜨릴 뜨인돌, 그리스도를 상징한다고 말했다.

그것들을 왕의 손에 넘기사 다 다스리게 하셨으니 왕은 곧 그 금 머리니이
다(바벨론)
39 왕을 뒤이어 왕보다 못한 다른 나라가 일어날 것이요(바사)
셋째로 또 놋 같은 나라가 일어나서 온 세계를 다스릴 것이며(헬라)
40 넷째 나라는 강하기가 쇠 같으리니 쇠는 모든 물건을 부서뜨리고 이기는
것이라 쇠가 모든 것을 부수는 것같이 그 나라가 뭇 나라를 부서뜨리고 찧
을 것이며(로마)
44 이 여러 왕들의 시대에 하늘의 하나님이 한 나라를 세우시리니 이것은 영
원히 망하지도 아니할 것이요 그 국권이 다른 백성에게로 돌아가지도 아
니할 것이요 도리어 이 모든 나라를 쳐서 멸망시키고 영원히 설 것이라(예
수 그리스도) 단 2:32-34, 38-40, 44

중간기는 성경에 직접 언급되진 않지만 구약의 묵시록과 같은 다니엘서와 스가랴서에서는 이때 상황을 눈에 본 것처럼 자세히 다루기 때문에 다니엘서만 보아도 중간기를 이해할 수 있다.

다니엘은 8장과 11장에서 중간기인 헬라 시대를 자세하게 설명하고 있다. 부족하다면 예수님 당대 역사가라 할 수 있는 요세푸스의 《유대인 고대사》를 읽으면 더 깊이 이해할 수 있다. 요세푸스는 구약뿐 아니라 예수님 당시의 상황을 가장 잘 표현했다.

동물 환상: 중간기에 일어날 나라들

다니엘은 이 장면을 7장에서 동물 환상으로 보았다.

4 첫째는 사자와 같은데(바벨론) 독수리의 날개가 있더니 내가 보는 중에 그
날개가 뽑혔고 또 땅에서 들려서 사람처럼 두 발로 서게 함을 받았으며 또
사람의 마음을 받았더라 또 보니
5 다른 짐승 곧 둘째는 곰과 같은데(바사) 그것이 몸 한쪽을 들었고 그 입의
잇사이에는 세 갈빗대가 물렸는데 그것에게 말하는 자들이 있어 이르기를
일어나서 많은 고기를 먹으라 하였더라
6 그 후에 내가 또 본즉 다른 짐승 곧 표범과 같은 것(헬라)이 있는데 그 등에

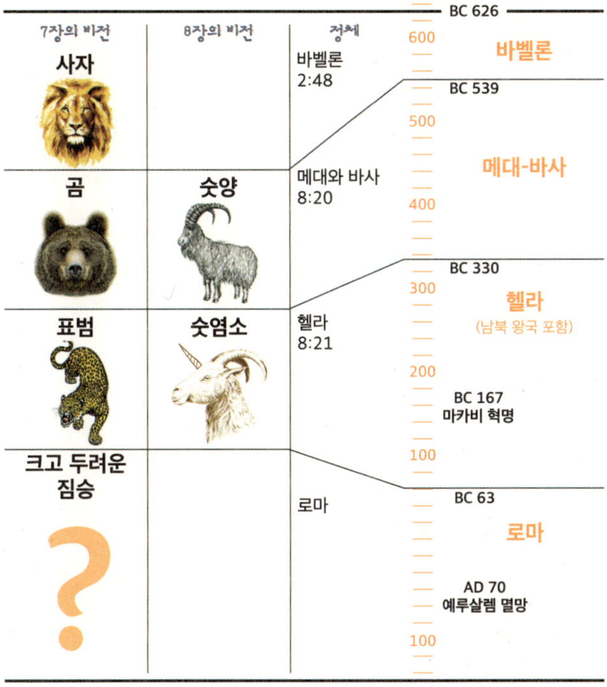

3차에 걸친 환상은 다가올 제국의 특징을 말해 준다. 7장에서는 짐승의 모습을 통해 중간기에 일어날 나라를 알려 준다. 8장에서는 바사와 헬라에 초점을 맞췄다. 큰 뿔이 난 숫염소는 알렉산더를 가리킨다.

는 새의 날개 넷이 있고 그 짐승에게 또 머리 넷이 있으며 권세를 받았더라
7 내가 밤 환상 가운데에 그 다음에 본 넷째 짐승은 무섭고 놀라우며 또 매우
강하며(로마) 또 쇠로 된 큰 이가 있어서 먹고 부서뜨리고 그 나머지를 발로
밟았으며 이 짐승은 전의 모든 짐승과 다르고 또 열 뿔이 있더라 단 7:4-7

동물 간 싸움 환상: 바사와 헬라의 싸움

8장에서는 제국의 흥망성쇠를 동물 간 싸움으로 묘사한다.

2 내가 환상을 보았는데 내가 그것을 볼 때에 내 몸은 엘람 지방 수산 성에 있
었고 내가 환상을 보기는 을래 강변에서이니라
3 내가 눈을 들어 본즉 강가에 두 뿔 가진 숫양이 섰는데 그 두 뿔이 다 길었
으며 그중 한 뿔은 다른 뿔보다 길었고 그 긴 것은 나중에 난 것이더라
4 내가 본즉 그 숫양이 서쪽과 북쪽과 남쪽을 향하여 받으나 그것을 당할 짐
승이 하나도 없고 그 손에서 구할 자가 없으므로 그것이 원하는 대로 행하
고 강하여졌더라

5 내가 생각할 때에 한 숫염소가 서쪽에서부터 와서 온 지면에 두루 다니되
땅에 닿지 아니하며 그 염소의 두 눈 사이에는 현저한 뿔이 있더라
6 그것이 두 뿔 가진 숫양 곧 내가 본 바 강가에 섰던 양에게로 나아가되 분노
한 힘으로 그것에게로 달려가더니
7 내가 본즉 그것이 숫양에게로 가까이 나아가서는 더욱 성내어 그 숫양을 쳐
서 그 두 뿔을 꺾으나 숫양에게는 그것을 대적할 힘이 없으므로 그것이 숫
양을 땅에 엎드러뜨리고 짓밟았으나 숫양을 그 손에서 벗어나게 할 자가
없었더라
8 숫염소가 스스로 심히 강대하여 가더니 강성할 때에 그 큰 뿔이 꺾이고 그
대신에 현저한 뿔 넷이 하늘 사방을 향하여 났더라 단 8:2-8

두 뿔 가진 숫양은 메대와 바사(페르시아)였다. 결국 페르시아의 뿔이 더 커져 메대를 차지했다. 그러나 갑자기 서쪽 헬라(그리스)에서 현저하게 큰 뿔을 가진 숫염소인 알렉산더가 나타났다. 숫염소는 숫양을 쳐서 이겼다. 그 발이 땅에 닿지 않을 정도라는 것은 그만큼 빨리 제국을 차지한다는 뜻이다(단 8:5). 3년 안에 페르시아 제국이 수중에 들어갔다.

예루살렘은 초기에 알렉산더에 대항하는 듯했으나 그가 가사를 무너뜨리고 진군해 오자 문을 열고 나와 맞았다. 알렉산더가 예루살렘 사람을 환대하여 안식년에 세금도 면제해 주었는데, 요세푸스는 그 이유를 이렇게 설명했다. 알렉산더가 전쟁 전 고민할 때 어떤 복장을 한 사람이 나타나 도와줄 테니 지체하지 말고 바다를 건너라고 하였다는 것이다. 그런데 예루살렘에 와서 그 복장을 한 사람을 보고 이것이 하나님의 인도였다는 것을 인정했기 때문이라는 것이다(《유대고대사》 11권 8장 5).

알렉산더는 페르시아 수도를 무너뜨리고 페르시아 왕국의 북쪽과 동쪽으로 원정을 떠났다. 거의 10년에 가까운 원정으로 군대도 지치고 자신도 병이 들어 결국 바벨론에서 병사하고 만다. 다니엘은 8:8에서 강성하여 갈 때에 그 뿔, 그 힘이 꺾였다고 말하고 있다.

헬라 왕국의 분열: 피 터지는 파워 게임

이후 헬라는 다섯 나라로 나뉜다. 그리스 본토의 아가야는 리시마쿠스가, 마게도냐는 카산더가, 소아시아는 안티고누스가, 이집트는 프톨레미가, 수리아와 바벨론은 셀류쿠스가 각각 차지했다. 그러나 얼마 지나지 않아 안티고누스가 프톨레미와 셀류쿠스를 상대한 이수스 전투에서 전사하면서 다섯 왕국에서 네 왕국으로 재편되었다. 이것을 8절에서 이렇게 말한다.

> 숫염소가 스스로 심히 강대하여 가더니 강성할 때에 그 큰 뿔이 꺾이고 그 대신에 현저한 뿔 넷이 하늘 사방을 향하여 났더라 단 8:8

헬라 왕국의 분열은 유다에게는 큰 위협이었다. 어디에 줄을 서야 할지 모르는 대륙간지의 위치 때문이다.

프톨레미 1세는 이런 애매한 유대인을 대거 포로로 잡아 이집트에 거주시켰다. 프톨레미 왕조는 알렉산드리아를 확장하여 나일 강 삼각주에서 나는 농산물과 파피루스 등을 수출하고 철 등을 수입하는 무역항으로 만들어 지중해 최고 도시 중 하나로 만들었다. 많은 유대인들도 이 번영에 자동으로 참여하여 거대한 정착촌을 형성했다.

프톨레미 2세(BC 285~246)는 특히 헬라의 지식의 상징인 도서관을 확장하기 위해 책 편찬을 장려하면서 유대인 최고의 책인 성경을 번역하게 했다. 각 지파에서 6명씩 72명이 뽑혀 성경의 히브리어를 헬라어로 번역했는데 이것이 70인경이다.

70인경
프톨레미 왕조는 히브리어 성경을 헬라어로 번역하여 성경을 세계화하였다.

여기서, 묵상

헬라 왕국의 성경 번역

알렉산더는 페르시아의 종교정책을 그대로 유지했다. 정복은 하지만 종교는 존중한 것이다. 그렇지만 헬라 문명을 전하기 위해 신도시를 건설했다. 그리고 그곳에 극장과 도로를 내고 스포츠를 장려했다. 이 문화의 중심에는 언어가 있었다. 헬라 제국의 공용어로 헬라어가 급속도로 퍼져 나갔다. 프톨레미 2세가 구약성경을 헬라어로 번역하면서 이방인들도 여호와의 종교를 대할 수 있게 된 것이다. 구약의 히브리어는 구전으로 암송하여 전하기는 좋으나 한 단어가 여러 가지 뜻을 품고 있다. 그래서 암기는 쉬워도 정확한 뜻을 알기 힘들어 문맥을 보아야 할 경우가 많다. 그러나 헬라어는 한 단어가 정확한 뜻을 품고 있는 경우가 많다.

예를 들어 이사야서 7:14의 "처녀가 잉태하여…"에서 '처녀'는 히브리어로 '알마'인데 젊은 여인들을 통칭하는 단어다. 그러나 이것을 헬라어로 번역할 때 '새댁'이라 해야 할지 아니면 '처녀'로 할지 판단하기 힘들다. 그런데 70인경을 번역한 장로들은 이 단어를 '처녀'인 '파르테나'(παρθένα)로 번역했다. 그 결과 예수님의 어머니가 젊은 새댁이 아닌 처녀라고 하는 사실을 BC 3세기 헬라 성경에서 확정한 셈이다. 이런 특징은 사도 바울이 복음을 세계화할 때도 도움이 되었다. 뜻이 모호한 히브리어로 신약이 기록되었다면 많은 오역을 남길 수 있었는데 헬라어를 사용함으로써 정확한 뜻을 전할 수 있게 된 것이다. 헬라 왕국의 성경 번역은 예수님이 오실 때를 위한 중요한 기초를 마련한 셈이다.

남방 왕조와 북방 왕조의 경쟁

알렉산더 이후 헬라 분열 왕국 시대에 유다에 영향력을 행사한 나라가 북쪽 셀류쿠스 왕조와 남쪽 프톨레미 왕조였다. 다니엘서는 이를 북방왕과 남방왕이라고 했다.

초창기 100년간은 프톨레미 왕조가 유다를 다스렸다. 그들이 다스리는 동안 구약의 '악고'가 '(프)돌레마이'로 바뀌었다. 즉 프톨레미라는 이름이 지명에 반영된 것이다. 후반기 100년은 셀류쿠스 왕조가 유다를 다스렸다.

셀류쿠스 왕조의 수도는 안디옥이었다. 이는 안티오쿠스 왕의 이름에서 유래한 도시명이다. 셀류큐스 왕조의 이름은 '실루기아'라는 항구에 남았다. 알렉산더에서 알렉산드리아가 나온 것처럼 지명에 왕조 또는 왕의 이름이 숨어 있다. 도시는 여성형 명사이기에 어미 '-아'로 바뀔 뿐이다. 영어와 함께 도시 이름을 보며 왕조의 이름을 외우면 쉽게 암기할 수 있다.

사도 바울이 안디옥을 출발하여 실루기아 항구로 향하는 말씀을 읽으며 지명을 기억해 보자.

> (바울 일행이) 두로를 떠나 항해를 다 마치고 돌레마이(Ptolemais)에 이르러 형제들에게 안부를 묻고 그들과 함께 하루를 있다가 행 21:7
>
> 그때에 스데반의 일로 일어난 환난으로 말미암아 흩어진 자들이 베니게와 구브로와 안디옥(Antioch)까지 이르러 유대인에게만 말씀을 전하는데 행 11:19
>
> 두 사람이 성령의 보내심을 받아 실루기아(Seleucia)에 내려가 거기서 배 타고 구브로에 가서 행 13:4

유다는 헬라의 두 왕국 사이에 위치했다. 남쪽 프톨레미 왕조가 강할 때는 남쪽을 섬기고, 북쪽 왕조가 강하면 다시 북쪽에게 승복해야 했다. 두 왕국 간의 싸움은 수백 년간 지속되었다. 다니엘서 11장은 이 전쟁을 아주 정확하게 이야기하기 때문에 후대에 기록된 것이 아니냐는 오해까지 받을 정도다. 그 이야기를 성경과 함께 추적해 보자.

두 사람이 성령의 보내심을 받아 실루기아(Seleucia)에 내려가 거기서 배 타고 구브로에 가서(행 13:4)

두로를 떠나 항해를 다 마치고 돌레마이(Ptolemais)에 이르러 형제들에게 안부를 묻고 그들과 함께 하루를 있다가(행 21:7)

북방 왕조의 이름과 남방 왕조의 이름이 성경의 지명에도 나타난다. 북방 왕조는 실루기아(=셀류키아)에 나타나고 남방 왕조의 이름은 돌레마이(프톨레마이)에 남아 있다.

: 4일

오늘 읽을 분량

성경 단 9-12장

본서 58-75쪽

성경의 맥 잡기

1. 단 11장의 중간기 묘사
2. 마카비 집안의 족보와 함께 마카비상 이해하기
3. 통치자들의 영토 확장 순서 연구

신구약 연결 포인트

1. 마카비 혁명과 수전절
2. 요한 힐카누스의 이두매와 사마리아 정복
3. 3대 종파 형성

묵상 가이드

1. 성전 회복을 기념한 수전절은 예수님과 어떤 관계가 있나?(요 10:22)
2. 수가 성 여인, 헤롯 왕가, 바리새-사두개인의 역사를 알고 예수님의 사역을 그려보라.

다니엘서 11장으로 본 중간기

메대와 바사

1 내(다니엘)가 또 메대 사람 다리오 원년에 일어나 그를 도와서 강하게 한
일이 있었느니라
2 이제 내가 참된 것을 네게 보이리라 보라 바사에서 또 세 왕들(고레스, 캄비
세스BC 529~522, 다리오BC 521~486)이 일어날 것이요 그 후의 넷째('아하수
에로'로 언급된 크세르크세스BC 486~465)는 그들보다 심히 부요할 것이며 그
가 그 부요함으로 강하여진 후에는 모든 사람을 충동하여 헬라 왕국을 칠
것이며(BC 480년 살라미스 전투에서 헬라에게 패배)

통일 헬라 제국

3 장차 한 능력 있는 왕(알렉산더 대왕)이 일어나서 큰 권세로 다스리며 마음
대로 행하리라
4 그러나 그가 강성할 때에 그의 나라가 갈라져 천하 사방에 나누일 것이나
그의 자손에게로 돌아가지도 아니할 것이요 또 자기가 주장하던 권세대
로도 되지 아니하리니 이는 그 나라가 뽑혀서 그 외의 다른 사람들에게로
돌아갈 것임이라(카산더, 리시마쿠스, 셀류쿠스, 프톨레미에 의해 분할)

분열 헬라 제국 : 프톨레미 1세-안티오쿠스 1세

5 남방의 왕들은 강할 것이나 그 군주들 중 하나는(프톨레미 1세) 그보다 강
하여 권세를 떨치리니 그의 권세가 심히 클 것이요

프톨레미 2세-안티오쿠스 2세

6 몇 해 후에 그들이 서로 단합하리니 곧 남방왕(프톨레미 2세)의 딸(베레네스)
이 북방왕(안티오쿠스 2세인 데오스)에게 가서 화친하리라 그러나 그 공주의
힘이 쇠하고 그 왕은 서지도 못하며 권세가 없어질 뿐 아니라 그 공주와 그
를 데리고 온 자와 그를 낳은 자와 그때에 도와주던 자가 다 버림을 당하리
라(전처인 라오디스가 베레네스와 그녀의 아이를 살해하고 결국에는 안티오쿠스 2
세마저 독살)

프톨레미 3세-셀류쿠스 2세

7 그러나 그 공주의 본 족속에게서 난 자 중의 한 사람(프톨레미 3세)
이 왕위를 이어 권세를 받아 북방왕(셀류쿠스 2세)의 군대를 치러
와서 그의 성에 들어가서 그들을 쳐서 이기고
8 그 신들과 부어 만든 우상들과 은과 금의 아름다운 그릇들은 다 노
략하여 애굽으로 가져갈 것이요 몇 해 동안은 그가 북방왕을 치지
아니하리라
9 북방왕(셀류쿠스 2세)이 남방왕(프톨레미 3세)의 왕국으로 쳐들어갈
것이나 자기 본국으로 물러가리라

프톨레미 4세-안티오쿠스 3세

10 그러나 그의 아들들(셀류쿠스 3세와 안티오쿠스 3세)이 전쟁을 준비
하고 심히 많은 군대를 모아서 물이 넘침같이 나아올 것이며 그
가 또 와서 남방왕(프톨레미 4세)의 견고한 성까지 칠 것이요
11 남방왕(프톨레미 4세)은 크게 노하여 나와서 북방왕(안티오쿠스 3세)
과 싸울 것이라 북방왕이 큰 무리를 일으킬 것이나 그 무리는 그
의 손에 넘겨준 바 되리라
12 그가 큰 무리를 사로잡은 후에 그의 마음이 스스로 높아져서 수만
명을 엎드러뜨릴 것이나 그 세력은 더하지 못할 것이요(프톨레미
4세는 그 승리의 교만으로 예루살렘 성전의 지성소에 들어감으로써 하
나님의 징계를 받아 원인 모를 죽음을 당하게 되었다. BC 203년)

지성소에는 언약궤가 있어야 했다. 그러나 예레미야 이후 언약궤가 사라졌다. 프톨레미 4세와 로마의 폼페이가 지성소에 들어갔지만 그들은 아무것도 없는 공간을 보아야 했다. 하나님은 영이시다.

프톨레미 5세-안티오쿠스 3세

13 북방왕(안티오쿠스 3세)은 돌아가서 다시 군대를 전보다 더 많이
준비하였다가 몇 때 곧 몇 해 후에 대군과 많은 물건을 거느리고
오리라
14 그때에 여러 사람이 일어나서 남방왕(프톨레미 5세)을 칠 것이요
네 백성 중에서도 포악한 자(친셀류쿠스파 유대인)가 스스로 높아
져서 환상을 이루려 할 것이나 그들이 도리어 걸려 넘어지리라
15 이에 북방왕(안티오쿠스 3세)은 와서 토성을 쌓고 견고한 성읍을

가이사랴 빌립보 폭포
요단 강의 근원지 중 하나인 가이사랴 빌립보는 유목민의 신인 '판'에서 유래하여 바니아스로 불린다. 북방왕 안티오쿠스 3세가 이곳에서 남방왕을 이겨 유다 지역을 북방 왕국의 통치하에 두었다.

점령할 것이요 남방 군대는 그를 당할 수 없으며 또 그가 택한 군대라도
그를 당할 힘이 없을 것이므로(가이사랴 빌립보로 알려진 바니야스 전투의 승
리로 유다 주변을 셀류쿠스 왕조하에 둠)
16 오직 와서 치는 자가 자기 마음대로 행하리니 그를 당할 사람이 없겠고 그
는 영화로운 땅(유대 땅)에 설 것이요 그의 손에는 멸망이 있으리라
17 그(안티오쿠스 3세)가 결심하고 전국의 힘을 다하여 이르렀다가 그와 화친
할 것이요 또 여자의 딸(클레오파트라)을 그에게 주어 그의 나라를 망하게
하려 할 것이나 이루지 못하리니 그에게 무익하리라(클레오파트라가 남편
프톨레미 5세와 결탁하여 그로 하여금 로마와 동맹)
18 그 후에 그가 그의 얼굴을 바닷가로(지중해 연안) 돌려 많이 점령할 것이나
한 장군(로마의 루키오스 스키피오)이 나타나 그의 정복을 그치게 하고 그
수치를 그에게로 돌릴 것이므로
19 그가 드디어 그 얼굴을 돌려 자기 땅 산성들로 향할 것이나 거쳐 넘어지고
다시는 보이지 아니하리라(바닥난 재정을 메우기 위해 시도한 엘리마이스의 벨
사원 약탈까지 실패)

셀류쿠스 4세

20 그 왕위를 이을 자(셀류쿠스 4세)가 압제자를 그 나라의 아름다운 곳(유대
땅)으로 두루 다니게 할 것이나(여러 지역을 순회하며 강제로 세금을 징수하고
예루살렘 성전까지 약탈하려 함) 그는 분노함이나 싸움이 없이 몇 날이 못 되
어 망할 것이요(독살)

프톨레미 6세-안티오쿠스 4세 에피파네스

21 또 그의 왕위를 이을 자는 한 비천한 사람이라(셀류쿠스 4세 동생으로 로마의
인질에서 돌아온 안티오쿠스 4세 에피파네스) 나라의 영광을 그에게 주지 아
니할 것이나 그가 평안한 때를 타서 속임수로(실질적인 왕위 계승자인 셀류
쿠스 4세 아들 '데메트리우스' 대신 왕위 계승) 그 나라를 얻을 것이며
22 넘치는 물 같은 군대가(셀류쿠스 4세 암살자인 헬리오도루스를 추종하는 무리)
그에게 넘침으로 말미암아 패할 것이요 동맹한 왕도(유다의 대제사장 오니
아스 3세?) 그렇게 될 것이며

23 그와 약조한 후에 그는 거짓을 행하여 올라올 것이요 소수의 백성을 가지
고 세력을 얻을 것이며
24 그가 평안한 때에 그 지방의 가장 기름진 곳에 들어와서 그의 조상들과 조
상들의 조상이 행하지 못하던 것을 행할 것이요 그는 노략하고 탈취한 재
물을 무리에게 흩어 주며 계략을 세워 얼마 동안 산성들을 칠 것인데 때가
이르기까지 그리하리라
25 그가 그의 힘을 떨치며 용기를 다하여 큰 군대를 거느리고 남방왕(클레오
파트라의 아들, 곧 조카 프톨레미 6세)을 칠 것이요 남방왕도 심히 크고 강한
군대를 거느리고 맞아 싸울 것이나 능히 당하지 못하리니 이는 그들이 계
략을(매수된 측근의 배신) 세워 그를 침이니라
26 그의(프톨레미 6세) 음식을 먹는 자들이(신임 받는 측근) 그를 멸하리니 그의
군대가 흩어질 것이요 많은 사람이 엎드러져 죽으리라
27 이 두 왕이(프톨레미 6세와 프톨레미 7세) 마음에 서로 해하고자 하여(분열을
통한 세력의 약화 유도) 한 밥상에 앉았을 때에 거짓말을 할 것이라 일이 형
통하지 못하리니 이는 아직 때가 이르지 아니하였으므로 그 일이 이루어
지지 아니할 것임이니라
28 북방왕(안티오쿠스 4세)은 많은 재물을 가지고 본국으로 돌아가리니 그는
마음으로 거룩한 언약을 거스르며 자기 마음대로 행하고('야손' 대신 지명
한 '메넬라우스'를 대제사장에 앉힘. 제사장직 매매로 재정을 메움) 본토로 돌아
갈 것이며
29 작정된 기한에 그가 다시 나와서 남방에 이를 것이나(2차 애굽 원정) 이번
이 그 전번만 못하리니
30 이는 깃딤의(로마) 배들이 이르러 그를 칠 것임이라 그가 낙심하고 돌아가
면서 맺은 거룩한 언약에 분노하였고 자기 땅에 돌아가서는 맺은 거룩한
언약을 배반하는 자들을(대제사장 메넬라우스와 추종자) 살필 것이며

마카비 혁명: 하스모니아 왕가

31 군대는 그의 편에 서서 성소 곧 견고한 곳을 더럽히며 매일 드리는 제사를
폐하며 멸망하게 하는 가증한 것을 세울 것이며
32 그가 또 언약을 배반하고 악행하는 자를 속임수로 타락시킬 것이나 오직

수전절(하누카) 촛대와 팽이
그리고 기름에 튀긴 음식
유다 마카비는 예루살렘을 회복하고 8일간 성전을 정결케 하여 8일간 하루에 하나씩 촛불을 켜면서 그날을 기념했다. 가운데 있는 촛대는 심지 역할을 한다. 촛대의 기름을 생각하며 튀긴 도넛을 먹었다.

자기의 하나님을 아는 백성은 강하여 용맹을 떨치리라
33 백성 중에 지혜로운 자들이 많은 사람을 가르칠 것이나 그들이 칼날과 불
꽃과 사로잡힘과 약탈을 당하여 여러 날 동안 몰락하리라
34 그들이(유다 마카비 가) 몰락할 때에 도움을 조금 얻을 것이나 많은 사람들
이 속임수로 그들과 결합할 것이며
35 또 그들 중 지혜로운 자 몇 사람이(마카비의 군사들) 몰락하여 무리 중에서
연단을 받아 정결하게 되며 희게 되어 마지막 때까지 이르게 하리니 이는
아직 정한 기한이(요나단이 안티오쿠스 4세 에피파네스 군대를 쫓아내고 요한
힐카누스가 강력한 독립 정부인 하스모니아 왕조를 세울 때) 남았음이라

다니엘서 11장을 본 후 남북 왕조를 요약하면 유익하다.

헬라 왕 안티오쿠스 4세 에피파네스

헬라 왕국에서 셀류쿠스 왕조의 안티오쿠스 4세가 한 일이 특히 주목받는다. 다니엘 8장에도 이렇게 강조한다.

9 그중 한 뿔에서 또 작은 뿔 하나가 나서 남쪽과 동쪽과 또 영화로운 땅을 향
하여 심히 커지더니
10 그것이 하늘 군대에 미칠 만큼 커져서 그 군대와 별들 중의 몇을 땅에 떨
어뜨리고 그것들을 짓밟고

11 또 스스로 높아져서 군대의 주재를 대적하며 그에게 매일 드리는 제사를
없애 버렸고 그의 성소를 헐었으며
12 그의 악으로 말미암아 백성이 매일 드리는 제사가 넘긴 바 되었고 그것이
또 진리를 땅에 던지며 자의로 행하여 형통하였더라
13 내가 들은즉 한 거룩한 이가 말하더니 다른 거룩한 이가 그 말하는 이에게
묻되 환상에 나타난 바 매일 드리는 제사와 망하게 하는 죄악에 대한 일과
성소와 백성이 내준 바 되며 짓밟힐 일이 어느 때까지 이를꼬 하매
14 그가 내게 이르되 이천삼백 주야까지니 그때에 성소가 정결하게 되리라
하였느니라

멸망의 가증한 것을 세워 헬라화하려는 안티오쿠스 4세의 시도는 결국 유다 마카비 혁명을 촉발시켰다.

지도 그리기

헬라 1

중간기

부록에서
지도를 찾아
그리세요

| 백여 년의 유대 독립 |

하스모니아 시대

성경 다니엘서, (참고, 마카비상, 요세푸스의 《유대인 고대사》)

연대 BC 167-63년

핵심 본문 헬라의 남방과 북방왕 경쟁, 마카비 혁명, 힐카누스 왕

지도 마카비 1

마카비 혁명: '헉' 소리 나는 악행자로 촉발되다

마카비 혁명은 맛다디아가 가족과 함께 시작한 북방왕 셀류쿠스 왕국에 대한 저항 운동이다.

마카비 1
하스모니아 왕들과 정복 지역

다니엘은 북방왕 안티오쿠스 4세 에피파네스가 어떤 사람인지를 자세히 다루고 있다.

프톨레미 왕조는 1세부터 7세까지 이름이 똑같다. 헬라 사람들은 하나의 이름을 쭉 사용하든지, 할아버지, 아버지 이름을 번갈아 사용한다. 그리스에서 아들이 태어날 때 제일 좋아하는 사람이 할아버지라고 한다. 자기 이름을 쓰기 때문이다. 셀류쿠스 왕조에서 셀류쿠스 1세 다음에 안티오쿠스 2세가 된 것은 할아버지 이름이 안티오쿠스이기 때문이다.

아무튼, 프톨레미 1~3세까지는 프톨레미 왕가가 힘이 셌다. 프톨레미 2세는 딸 베레네스를 안티오쿠스 2세에게 시집보냈는데, 안티오쿠스 2세의 정실이었던 라오디스 왕비가 이를 시기하여 그녀를 독살하고 그의 아들과 안티오쿠스 2세까지 죽인다. 그 후 세계의 주도권을 잡기 위해 두 왕조가 엎치락뒤치락한다.

프톨레미 5세는 딸 클레오파트라를 셀류쿠스 4세에게 시집 보내 셀류쿠스 왕조를 집어삼킬 계략을 꾸미지만 클레오파트라가 오히려 아버지를 등지고 남편을 따랐다. 이런 식의 역사가 계속되다 마카비 왕조 탄생의 원인을 제공한 안티오쿠스 4세가 등장했다.

안티오쿠스 4세는 원래 왕이 될 수 없는 사람이었다. 형 셀류쿠스 4세가 암살된 후 그 아들 데메트리우스가 왕이 되어야 했다. 그러나 형이 독살된 틈을 타서 안티오쿠스 4세는 인질로 잡혀 갔던 로마에서 돌아와 계략으로 정권을 잡는다. 그는 속임수의 명수였는데, 다른 왕국과 평화 조약을 맺은 뒤돌아서자마자 뒤통수를 치는 식의 비도덕적 공격을 했다. 약속을 중요시하던 헬라인으로선 비열한 행동이었지만, 그는 막대한 물량 공세로 휘하에 충성스런 부하들을 거느릴 수 있었다. 성경은 그를 '비천한 사람'이라고 칭한다.

> 또 그의 왕위를 이을 자는 한 비천한 사람이라 나라의 영광을 그에게 주지 아니할 것이나 그가 평안한 때를 타서 속임수로 그 나라를 얻을 것이며 단 11:21

안티오쿠스 4세는 재정을 보강하기 위해 이집트를 원정했다. 1차 원정에서는 큰 소득을 얻었는데, 이집트 내부에 분열을 일으키는 속임수를 써서 전쟁을 승리로 이끌었다.

한편, 안티오쿠스 4세는 아부하는 유대인에게 대제사장권을 주었다. 먼저 야손이 뇌물을 주자 대제사장으로 세웠다가 대제사장 계열도 아닌 메넬라우스가 더 많은 돈을 주자 그를 그 자리에 앉혔다. 한마디로 제사장직을 매매한 것이다.

그는 곧이어 2차 이집트 원정을 떠났으나 프톨레미 왕조가 로마에 도움을 청하자 빈손으로 돌아와야 했다. 이때 그는 유다에 들러 분풀이를 했다. 특히 지성소를 더럽혔으며 유대인도 헬라화할 것을 명령했다. 할례를 금지하고 유대인들이 혐오하는 돼지로 제사 드릴 것을 명령하는가 하면, 성전 안에 제우스를 위한 제단을 세우고 안식일도 지키지 못하게 했다. 또한 예루살렘 성전을 감시하기 위해 높은 요새를 지어 '아크라'라고 불렀다. 성전 제물도 두 차례나 약탈했다.

앞에서 본 것처럼 다니엘서 11:21-30은 그의 횡포를 잘 묘사했다.

마카비 혁명의 시작: 분노한 민중이 일어서다

안티오쿠스 4세의 압박은 모든 시민에게까지 미쳤다. 율법책을 불사르고 할례를 금하며 안식일을 금지시키자, 백성들이 들고 일어났다. 특별히 경건한 삶을 목숨처럼 여기던 하시딤(경건한 자들)이 적극적이었다. 안티오쿠스 군대는 비열하게도 전쟁할 수 없는 안식일을 골라서 공격했다.

하스모니아 가문 중 맛다디아라는 제사장이 유다 산지 모디인을 중심으로 봉기했다. 아이들이 팽이를 돌리며 왕의 관리가 오는 것을 감시하는 동안 그들은 몰래 율법책을 봤다. 왕의 대리자가 와서 왕에 대한 충성심을 떠보기 위해 이방 희생제사를 요구하자 맛다디아는 그들을 쳐 죽이고 고프나로 가서 봉기했다. 그의 다섯 아들이 이 일에 앞장섰다. 헬라에게 무기력하게 살해당했던 하시딤도 이에 동참했다. 이들은 후에 바리새파와 에세네파가 된다(단 11:31-35).

하스모니아 가문 족보: 백 년 독립국가의 찬란한 꿈

안티오쿠스 4세가 죽고 나서 북방에 혼돈의 시기가 왔다. 그때 제사장 맛다디아를 중심으로 한 혁명을 통해 100년 정도 독립 정권을 세우게 되었다. 맛다디아의 다섯 아들이 모두 지도자로 솔선수범했는데 그중 뛰어난 아들이 마카비(마카베오)라 불리는 유다와 막내아들인 요나단이다. 그러나 최후까지 살아 남은 시몬이 대를 이어 왕이 되었다. 시몬은 당시 어지러웠던 북쪽 헬라 왕국을 이용하여 세금을 면제받으면서 실질적인 독립국을 이룩했다.

마카비 가문의 무덤군
마카비 혁명은 제사장 맛다디아 가정에서 시작됐다. 유다 마카비가 지도자가 되어 제사와 율법 공부를 금지한 안티오쿠스 4세에 대항하여 일어났다.

유다 마카비(BC 164-161): 용감한 망치 ①

하스모니아 왕조에서 뛰어난 인물은 유다 마카비다. 마카비는 '망치'라는 뜻으로 용감하고 탁월했던 유다의 별명이었다. 유다는 성전을 수복하고 정결케 하여 '수전절'을 유래시킨 인물이다.

외경인 〈마카비상〉은 그 뒤에 동생 요나단 ②(BC 161-142)과 형 시몬③(BC 142-134)이 북왕국 셀류쿠스의 복잡한 정쟁에서 어떻게 나라를 세우는가를 보여 준다. 유다는 예루살렘 지역을 정복했다.

요한 힐카누스(BC 134-104): 독립 국가의 확립 ④

〈마카비상〉은 요한 힐카누스의 시작까지 다루고 있다. 그런 까닭에 힐카누스 이후는 요세푸스의 글을 참고해야 한다. 요세푸스의 《유대인 고대사》13-14권이 헤롯의 통치까지 다루고 있다.

힐카누스는 유대의 통치권과 대제사장권, 선지자권을 쥐고 막강한 권력을 누리

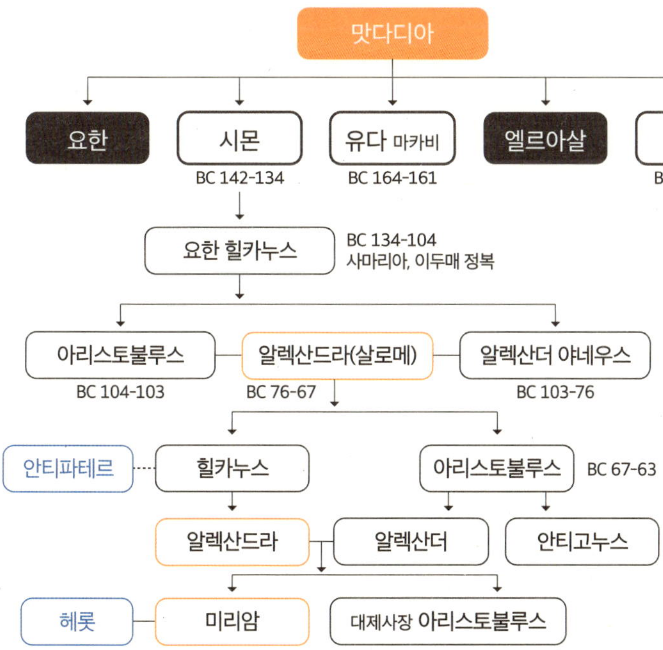

하스모니아 족보
파란색: 헤롯 가문
검정 박스: 왕이 되지 못한 자
주황색: 왕비들
년도: 재위 기간

던 인물이다. 아버지를 암살한 프톨레미를 몰아냈지만 셀류쿠스 왕 안티오쿠스에게 공격을 받아 고전하던 중 협약으로 포위를 풀었다. 이런 과정에서 다윗의 무덤을 열고 3000달란트를 꺼내 용병을 채용하기도 했다. 힐카누스는 요단 동편의 메드바를 6개월간 공략하여 정복했다.

그가 행한 일 중에 신약성경에까지 영향을 미친 두 가지 사건이 있다.

1) 힐카누스는 사마리아 성을 포위하고 1년간 줄기차게 공격하여 수중에 넣은 뒤 성의 기초가 드러나도록 완전히 파괴했다. 이어 세겜과 그 남쪽에 위치한 그리심 산을 정복하고 신전을 파괴했다. 예수님이 수가 성 여인을 만났을 때 사마리아 여인이 유대인을 싫어한 이유와 '우리 조상들은 이 산에서 예배하였는데'라고 말한 배경이 여기에 있다. 또한 2) 이두매의 도라와 마레사를 정복하고 강제로 여호와 신앙으로 개종시켰다. 후에 등장하는 헤롯이 이두매 출신이다. 그는 종교적으로 바리새파였으나 권력을 가지면서 사두개파와 가깝게 지냈다.

아리스토불루스 1세(BC 104-103): 이런, 패륜아! ⑤

아버지와 함께 전공을 세웠던 아리스토불루스는 힐카누스 이후에 실권을 잡기 위해 어머니를 감금하고 굶어 죽게 하는 패륜을 저질렀다. 동생들도 모두 옥에 가두었다. 다만 각별한 동생 안티고누스만은 좋은 관계를 가졌으나 중상모략에 말려 그마저 죽였다. 그는 1년밖에 통치하지 못하고 죽었지만, 그 짧은 통치 기간에도 상부 갈릴리와 이두래를 정복하여 영토를 확장했다.

알렉산더 야네우스(BC 103-76): 영토 확장의 달인 ⑥

아리스토불루스가 죽자 아내 살로메 알렉산드라가 옥문을 열고 왕의 동생들을 풀어 주고는 그중 가장 나이가 많은 알렉산더 야네우스에게 실권을 주었다. 그리고 야네우스와 결혼했다. 야네우스는 요단 동편과 남부 해안 평야의 가사를 집중 공략하여 진멸하고 사론 평야의 돌 지방과 스트라토 망대 등지를 차지했다. 또한 길르앗 북쪽과 골란 고원 전체를 차지함으로 영토를 크게 확장시켰다.

알렉산드라(살로메, BC 76-67): 번영과 평화

알렉산더 야네우스는 죽을 때 아내와 자녀들을 걱정하면서 평생 정적이던 바리새파와 화해하고 그들에게 권한을 이양했다. 바리새파는 야네우스의 장례를 성대하게 치러 준 뒤 권력의 핵심에 올랐다. 장남 힐카누스는 대제사장이 되었다. 권력의 실세였던 바리새인에게 불만을 품은 힐카누스의 동생 아리스토불루스는 사두개파였는데, 어머니가 병든 틈을 타 몰래 궁을 빠져나가 각 성을 두루 다니며 힘을 얻어 예루살렘으로 진격했다. 힐카누스는 평화 조약을 맺고 전권을 아리스토불루스에게 위임했다.

아리스토불루스 2세(BC 67-63): 다시 로마 식민지로

이때 힐카누스의 친구 이두매 출신의 안티파테르가 페트라로 가서 아레다 왕의 군대 5만 명을 거느리고 예루살렘을 포위 공격했다. 그러나 불경한 행동으로 뜻을 이루지 못하다가 로마의 폼페이 장군이 보낸 스카우루스가 아리스토불루스 2세에게 막대한 돈을 받고 힐카누스와 안티파테르 군대에게 포위 공격을 멈추라고 했다. 물러가는 틈을 타서 아리스토불루스는 아라비아의 아레다 왕과 힐카누스를 공격하여 물리쳤다.

이런 참에 BC 64년 다메섹에 온 폼페이에게 양 진영에서 바른 판단을 요청했다. 그러나 아리스토불루스가 교만하고 독자적으로 행동하다가 폼페이의 미움을 받고 예루살렘까지 정복당한다.

다행히 종교를 존중하였던 폼페이는 지성소까지 들어갔어도 성전을 약탈하지 않고 힐카누스를 대제사장으로, 이두매인 안티파테르를 행정관으로 세웠다.

BC 63년 형제의 분쟁으로 헬라 제국 속에서 명맥을 유지해 오던 하스모니아 왕가가 붕괴하고 유다는 로마의 식민지가 되어 버렸다.

프톨레미 왕조(남방왕)		셀류쿠스 왕조(북방왕)	
프톨레미1세		셀류쿠스1세	
프톨레미2세	베레네스	안티오쿠스2세	라오디스
프톨레미3세		셀류쿠스2세	
프톨레미4세		안티오쿠스3세	
프톨레미5세	클레오파트라		
		셀류쿠스4세 / 헬리오도루스	
프톨레미6세(조카)		안티오쿠스4세	
프토레미7세(동생)			

여기서, 묵상

하스모니아 시대는 중간기에 종교 종파의 틀을 만들어 놓았다. 요세푸스는 이때 형성된 종파들 중 사독 자손을 자처하는 사두개파와 경건주의자 하시딤에서 유래한 바리새파, 그리고 극도의 경건주의를 추구하여 신비주의에 가까운 에세네파를 소개한다. 중간기는 구약에서 듣지도 못했던 새로운 종파를 만들어 놓았다. 예수님은 이 종파 사이에서 사역하셨다. 예수님은 이들이 가진 사상 중 어떤 사상은 인정하고 얼마는 부인하면서 균형을 잡으라고 하신다.

예수께서 이르시되 삼가 바리새인과 사두개인들의 누룩을 주의하라 하시니

마 16:6

요세푸스의 3대 종파와 갈릴리 유다 종파 소개

《유대 고대사》 18권 1장

2절 모든 유대인들은 고대로부터 그들 나름대로 독특한 세 부류의 철학적 종파를 가지고 있었는데, 에세네파(the sect of the Essenes), 사두개파(the sect of the Sadducees) 그리고 바리새파(the sect of the pharisees)가 그것이다.

3절 바리새파 사람들은 생활의 수준을 단순화하고, 사치와 낭비하는 생활을 싫어한다. 그들은 생활에 유익한 것으로 선택된 율법을 철저히 따르며, 그들에게 주어진 계명에 순종하는 것을 무엇보다 중요한 일로 여긴다. 그들은 윗사람을 잘 공경하고 보호하며, 성급하게 추정하거나 자신의 제안을 부정하려 하지 않는다. 그들은 모든 것이 운명에 의해서 이루어지고 있다는 것을 당연하게 여기지만, 사람의 능력 안에 내재되어 있는 선을 추구하는 인간의 의지 자체는 포기하지 않는다. 왜냐하면 하나님께서는 인간의 의지와 운명이라는 이 양자가 융합하는 것을 기뻐하시며, 선악이 공존하는 인간의 의지는 그 자체가 운명의 장이기 때문이다. 또한 영혼에는 불멸의 힘이 있으며, 사람이 죽은 후에는 그 사람이 살아 있을 동안의 행위에 따라 상이나 벌을 받는다고 믿는다. 만일 악하게 살았으면 영원한 감옥에 갇히게 되고, 선하게 살았으면 새 삶을 살 수 있는 관문을 쉽게 통과하게 된다. 이런 교리 때문에 바리새인들은 유대인들을 설득하는 큰 힘을 가지고 있었다. 그래서 유대인들은 하나님께 예배드리거나 기도할 때나 제사를 드릴 때에는 바리새인들의 지시에 따라 행했다. 바리새인들은 말과 행동에서 온전한 도덕적인 모습을 보여 주었기 때문에 유대인들에게 큰 신뢰를 주었다.

4절 사두개파의 교리는 다음과 같다. 그들은 영혼이 몸과 함께 죽는다고 생각하며 철저하게 율법에 있는 것만 준수하려고 한다. 그리고 지혜를 추구하는 철학 교사들과 논쟁하는 것을 미덕으로 여긴다. 그러나 이러한 논쟁은 극소수만 이해했는데 그들은 최상류 계층에 속하는 사람들로 실제적으로는 거의 아무것도 성취하지 않는다. 그들이 관리직에 취임할 때에는 언제든지 바리새인들의 방식에 따라야 한다. 왜냐하면 그렇지 않을 경우 유대인들이 그들을 용납하지 않기 때문이다.

5절 에세네파의 교리는 모든 것의 근원을 하나님의 손에 두고 있다. 그들은 영혼이 불멸하다고 생각했으며, 의(儀)에 가까워지기 위해서는 끊임없이 노력해야 한다고 믿었다. 그들은 성전에서 제물을 바칠 때 예배를 드리지 않는다. 왜냐하면 그들은 다른 정결의식을 가지고 있기 때문이다. 이런 이유로 그들 모두는 자기들끼리 의식을 지내는 성전의 뜰에 모여서 제사를 드렸다.

한편, 그들의 삶의 내용은 다른 사람들보다 훨씬 건실하였으며, 오로지 농사일에만 전념하였다. 그들은 자기들이 행한 선의 대가를 요구하는 사람들과는 대조적으로 존경을 받을 만하다. 그들의 이러한 성품은 이전의 헬라인이나 야만인에게서는 찾아볼 수 없었으며, 나이가 많아서 그만둘 수밖에 없을 때까지 꾸준히 일을 했다. 그들은 모든 재산을 공동으로 소유하며, 부자라고 해서 재산이 없는 사람보다 재물 때문에 특별히 더 큰 기쁨을 누리지는 않는다. 이렇게 사는 사람들의 수는 4천 명이 넘는다. 그들은 결혼도 하지 않고 노예도 없다. 그들이 결혼을 하지 않는 이유는 결혼이 가정 불화를 많이 일으킨다고 생각했기 때문이며, 노예를 두지 않는 것은 불의(不義)의 소지가 있기 때문이다. 그 대신 그들은 빵과 음식을 제공해 주는 제사장과 그들의 세금과 땅의 생산물을 받는 적임자들을 거수로 뽑았다. 그들 삶의 방식은 다키아인(Dacian)들이 크티스타이(Ctistae)라고 부르는 사람들의 생활방식과 전혀 다르지 않고 매우 유사했다.

6절 유대 철학의 네 번째 학파는 갈릴리 사람인 유다가 창시했다.* 이 학파는 하나님만이 그들의 지도자요 주인이라고 확신했다. 그렇기 때문에 자유를 향한 억누를 수 없는 열정을 가지고 있다는 것 외에는 바리새파의 견해와 모든 면에서 같다. 그들은 하나님 외에는 누구도 주(主)라고 부르지 않았다. 그들은 어떤 상황에서든지 죽음을 두려워하지 않으며, 친구나 친척들이 죽임을 당해도 복수를 생각하지 않았다. 그러므로 그들의 확고부동한 결심은 더 이상 말하지 않아도 잘 알 수 있을 것이다. 나는 그들에 대해 서술한 내용들을 독자들이 믿지 않을 것이라고 염려하지 않는다. 오히려 그들이 고통을 이겨 내는 생생한 모습들을 평가절하 할 것 같아 두렵다. 유대인들의 로마 정부에 대한 이런 반항적 기질은 게시우스 플로루스(Gessius Florus)가 총독이 되어 백성들에게 고통을 주기 시작한 때부터 싹트기 시작했다. 그의 무분별한 무법통치와 인내의 한계를 넘어선 권력 남용이 유대인들로 하여금 로마에게 결사적인 저항을 하게 만들었다. 이것이 유대인 중에 있었던 학파 중 네 번째 학파인 것이다.

* 참고, "그 후 호적할 때에 갈릴리의 유다가 일어나 백성을 꾀어 따르게 하다가 그도 망한즉 따르던 모든 사람들이 흩어졌느니라"(행 5:37).

중간기에 기여한 역사가들

헤로도토스 (Herodotos, BC 484-425) : 그리스-페르시아 역사가

헤로도토스의 《역사》는 고대 이집트 역사와 BC 490년에서 480년경까지 이어진 그리스-페르시아 전쟁의 기원에 대한 '탐구'를 기록한 것이다. 그가 지중해와 흑해 주변을 널리 여행하면서 접한 여러 장소와 사람에 대한 여담은 다른 문헌에 거의 없는 귀중한 자료다.*

마네토 (Manetho, BC 3세기경) : 이집트 역사가

마네토(Manetho)는 프톨레미 1세 때 활약한 이집트의 역사가로서 헬리오폴리스의 대사제였다. 그리스어로 된 이집트 역사서 《이집트지》 3권을 저술했다고 하나 전해 오지 않고 다만 요세푸스 등의 저작에서 인용된 부분만 남아 있다. 그가 남긴 것으로 알려진 이집트 역대 파라오의 목록표는 일부 오류에도 불구하고 아직도 이집트학 연구의 중요한 기초 자료다. 특히 그의 왕조 분류법(고왕조, 중왕조, 신왕조 및 30왕조 구분법)은 현재까지 쓰인다.**

* Herodotus, Robin Waterfield, and Carolyn Dewald. *The histories*. Oxford: Oxford University Press, 2008.

** NIV Archaeological Study Bible: An Illustrated Walk Through Biblical History and Culture : New International Version. Grand Rapids, Mich: Zondervan, 2005. 939쪽

중간기 문학

절기뿐 아니라 문학이나 문화도 중간기 문학이 신약에 영향을 미쳤다. 유다서 1:14에 나오는 인용구("보라 주께서 그 수만의 거룩한 자와 함께 임하셨나니")는 우리가 사용하는 정경에는 없고 중간기에 기록된 외경에 나타나는 기록이다. 세례 예식도 당시 정결예식을 알지 못하면 이해할 수 없다. 예수님이 자주 말씀하신 "또 옛 사람에게 말한 바"(마 5:33) 같은 표현 뒤에 나오는 인용구는 당시 랍비의 말을 인용하신 것이다.

이 중간기를 이해하기 위한 유용한 자료가 많이 있다. 교부조차 읽으면 유익하다고 한 〈마카비상 · 하서〉 같은 외경, 요세푸스의 《이스라엘 전쟁사》, 《유대인 고대사》 같은 자료는 이 시대를 이해하는 중요한 기초 자료다. 가능하면 이 책들을 읽음으로 당시 상황에 좀 더 가깝게 접근할 수 있기를 바란다.

예수님과 동시대의 인물로 유대 역사를 기록하여 로마에 헌정한 요세푸스

역사와 묵상

01 중간기는 성경의 배경이 확대되면서 성경과 세계사를 연결시키는 역할을 한다. 다음 지명을 서로 연결해 보라.

성경 명칭	세계사 명칭
■ 애굽	이집트
■ 바사	페르시아
■ 베니게	페니키아
■ 블레셋	팔레스타인
■ 구브로	키프러스

02 알렉산더 원정 경로는 사도 바울의 2차 전도여행 경로와 흡사하다. 알렉산더는 아시아, 갈라디아, 길리기아, 수리아 지역을 지나 유대로 향했다. 바울은 알렉산더가 들어온 길을 역으로 가서 알렉산더의 고향 빌립보를 복음화했다. 알렉산더를 알았던 사도 바울이 성령에 이끌려 빌립보에 들어갔을 때 그 심정이 어떠했을지 나누어 보자.

03 히브리어로 기록된 성경이 헬라어로 번역됨으로 성경의 뜻을 정확히 드러낼 수 있었다. 히브리어와 헬라어가 성경의 이해에 어떤 영향을 주었을까?

04 유다 마카비가 성전을 회복하면서 만들어진 수전절은 성전되신 예수님과 어떤 연관성이 있을까?

- 빛의 절기의 빛(요 9:5)
- 성전 되신 예수님(요 2:21)
- 예수님의 성전 정화(요 2:13-22)

---

05 요한 힐카누스는 하스모니아 왕가의 중흥에 큰 역할을 했다. 그는 사마리아를 정복하고 그리심 산의 신전을 파괴했다. 남쪽으로는 에돔 족속의 후예인 이두매인들을 여호와의 종교로 개종시켰다(막 3:8). 힐카누스가 이루어 놓은 배경이 예수님의 사역에 어떤 영향을 미쳤는지 논해 보자.

- 이두매인 헤롯 왕가
- 사마리아 여인의 태도와 언급(요 4장)

사마리아 여자가 이르되 당신은 유대인으로서 어찌하여 사마리아 여자인 나에게 물을 달라 하나이까 하니 이는 유대인이 사마리아인과 상종하지 아니함이러라 요 4:9

우리 조상들은 이 산(그리심산)에서 예배하였는데 당신들의 말은 예배할 곳이 예루살렘에 있다 하더이다 요 4:20

헤롯 왕가는 이두매인이었고 예수님 시대의 근간이 된다.

유대와 예루살렘과 이두매와 요단 강 건너편과 또 두로와 시돈 근처에서 많은 무리가 그가 하신 큰 일을 듣고 나아오는지라 막 3:8

때가 차매 하나님은 그 아들 예수 그리스도를 이 땅에 보내셨다. 성경의 땅에서 일어난 예수님의 행적을 따라감으로써 예수님이 하신 일이 구약의 어떤 장소와 관계를 가지는지 알 수 있다. 지명과 함께 예수님의 사역을 따라가다 보면 당신의 백성을 향한 하나님의 크신 사랑을 깊이 체험할 수 있다.

PART 2

사복음서

그 땅이 주는 복음

예수님이 오시기 전 무대 준비

갈라디아서 4:4에 '때가 차매' 하나님이 그 아들을 보내셨다고 했다. 신구약 중간기는 예언도, 선지자도 없는 침묵의 시기였기에 영적인 면에서는 암흑기라 할 수 있지만, 높으신 구주 예수 그리스도가 등장하기 위한 무대를 마련하는 시간이었다.

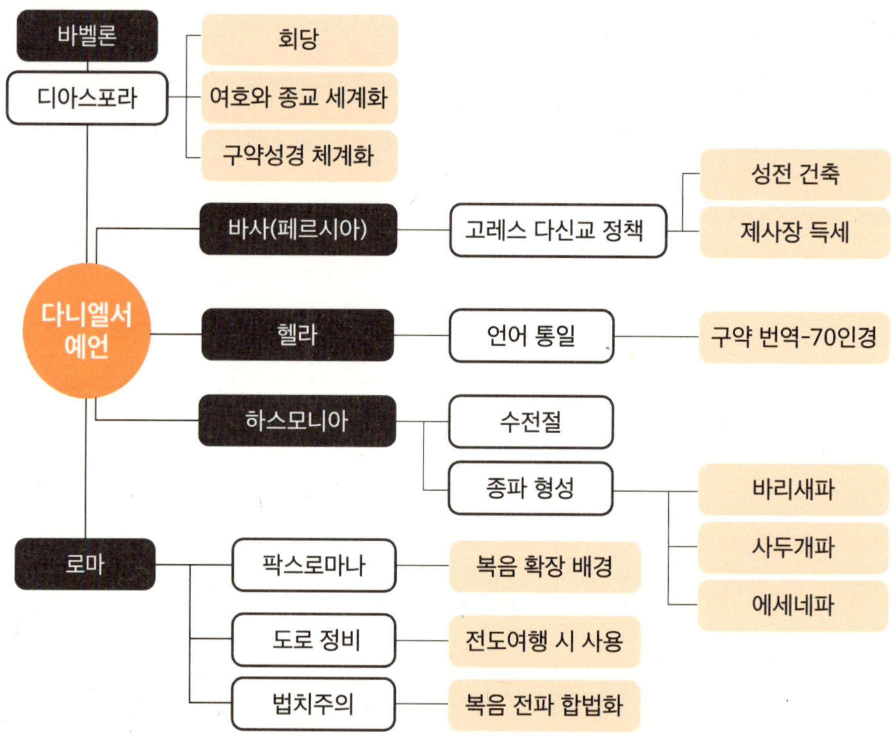

바벨론의 회당과 세계화: 여호와 신앙이 퍼지다

작은 공간에 갇힌 우물 안 개구리 같던 유대인들이 바벨론 포로로 끌려가면서 큰 세계로 나왔다. 그곳에서 눈물로 씨를 뿌리듯 신앙을 지킨 백성들은 여호와 하나님이 가나안 땅만의 하나님이 아니라 전 세계의 하나님임을 알게 되었다.

바벨론 때부터 포로로 잡혀간 사람들이 바벨론 델아빕(델아비브) 근처에 모여 모임 장소를 만들기 시작했는데, 이것이 회당이 되었다. 당시 회당은 공동체 신앙을 지키는 중요한 역할을 담당했다.

바사의 종교 자유: 다윗 후손의 쇠퇴와 제사장권 강화

메대와 바사의 고레스 왕이 바벨론을 꺾고 세계의 강자가 된 뒤 그는 바벨론의 신은 물론 다른 민족들의 신도 인정해 줬다. 이는 정치와 종교가 분리되었으며, 더불어 일신교에서 다신교로 정책이 바뀌었음을 의미한다. 그러나 정치는 여전히 바사의 지배 아래 있었다. 그 결과 다윗의 후손 스룹바벨과 제사장 예수아가 합력해 성전을 세웠지만 시간이 지날수록 정치적 후예인 다윗의 후손은 쇠퇴하고 제사장권이 공식적으로 인정받아 점점 세력이 커졌다. 그 결과 제사장 사독의 후예는 신약 시대에 사두개인이라는 기득권층이 된 반면, 다윗의 후손인 요셉은 시골 동네의 목수가 되었다.

헬라의 언어 통일: 70인경으로 성경의 세계화

프톨레미 2세의 주도로 최초의 번역 성경(히브리어를 헬라어로)인 '70인경'이 완성되었다. 바벨론 포로기부터 흩어져 살던 유대인들은 70인경의 도움을 받아 성경을 좀 더 쉽게 이해할 수 있었다. 신약성경의 인용문 대부분은 이 70인경을 인용한 것이다.

: 5일

오늘 읽을 분량

성경 요 1-2, 눅 1-4, 마 1-4

본서 78-118쪽

성경의 맥 잡기

1. 중간기에 준비된 배경들
2. 역사지리 관점에서 본 예수님의 탄생 연구

신구약 연결 포인트

1. 디아스포라로 구약 완성과 회당 준비
2. 바사의 종교 자유, 헬라의 구약 번역
3. 에돔 족속 신약 족보
4. 로마의 도로 정비, 법치주의

묵상 가이드

1. 하나님은 열강들을 사용하셨다. 지금은 어떻게 세상을 사용하시는가?
2. 예수님이 인구조사 때 오신 이유는?
3. 왜 예수님은 양 우리와 구유에 오셨나?

종파의 득세: 율법과 전통에 올인하다

바사 시대부터 제사장권이 강화되었다. 마카비 혁명을 주도한 세력도 맛다디아라는 제사장 가문이었다. 종교 정책으로 기득권을 가진 사람들은 이즈음에 '사두개파'라는 기득권 세력을 형성했다.

하지만 바벨론에서 귀환하던 당시 느헤미야보다 조금 일찍 돌아온 종교 지도자 에스라는 흩어진 성경을 모아 집대성하는 작업을 했을 뿐 아니라 철저한 율법 교육을 시작했다. 에스라의 영향으로 하시딤이라는 경건주의자들이 생겼고 바리새파라는 종파를 형성하여 중산층의 종파로 자리 잡는다. 율법과 전통을 중요시하는 바리새파에서 바울이라는 인물이 나왔다.

또한 예수님이 오시기 직전, 힐렐이라 불리는 훌륭한 율법학자가 나왔다. 힐렐 학파는 율법 해석에서 어느 정도 융통성을 인정한 반면, 샴마이 학파는 엄격한 율법 준수를 강조하여 예수님 시대에 쌍벽을 이루었다.

팍스로마나: 복음의 길을 넓히다

하스모니아 왕조는 BC 63년 로마의 폼페이 장군이 성전산을 점령하면서 로마 수하로 들어갔다. 로마는 팍스로마나라는 평화 정책으로 지역 자치제를 추진했다. 지역의 유력 인사가 지역을 다스리게 인정한 것이다. 폼페이는 예루살렘을 점령한 뒤 하스모니아 왕가의 후손을 대제사장으로 세운 반면, 정치적으로는 이두매(에돔) 출신인 안티파테르를 총독으로 임명했다. 그의 아들 헤롯은 로마에서 유다의 분봉왕 지위를 얻고 유다를 통치하게 되었다(BC 40).

로마제국의 위대한 업적은 도로를 잘 닦아 놓았다는 것이다. 사도 바울은 1차 전도여행 때 세바스테 길을 이용했고, 2차 전도 때는 에그나티아 길, 그리고 로마 호송 때는 압비오 길을 따라 압송되었다. 이렇듯 도로를 따라 복음이 확산되었다.

한편, 로마는 정치와 종교를 철저히 분리해 식민지들에 종교의 자유를 주었다. 그 결과 기독교 복음이 합법적으로 세계로 전파될 수 있었다. 옥타비아누스(가이사 아구스도)가 선포한 팍스로마나 정책으로 로마를 비롯한 식민지는 정치적으로 안정되었다. 로마는 각 식민지에 분봉왕을 세웠으며, 직접 관할하는 지역에는 총독을 세웠다. 친로마 도시는 시민권을 주기도 했는데, 사도 바울의 고향인 다소나 빌립보 같은 도시가 그 혜택을 받았다. 평화를 추구하는 로마의 정책 덕분에 문화와 교류가 평화롭고 활발하게 이루어졌다. 또한 로마가 부흥할 수 있는 힘은 체계화에 있었다. 모든 부분을 법으로 체계화했던 것이다.

중간기 시대가 신약 성경에 끼친 영향

종교
바사의 고레스부터 종교와 정치를 분리하여 종교의 자유를 주었다. 랍비들이 구약성경을 정비했다.

회당
바벨론 포로 이후 디아스포라가 된 유대인이 가는 곳마다 회당을 건축하고 말씀을 가르쳤다.

언어
헬라의 문화 정책으로 언어가 통일되어 있었다. 구약성경이 히브리어에서 헬라어로 번역되었다.

도로
로마가 길을 닦아 어디든지 갈 수 있었다.

법
로마의 정확한 법체계는 복음 전파를 보호했다.

정치
팍스로마나라는 평화 정책은 복음이 쉽게 확장되는 배경이 되었다.

로마의 통치와 헤롯의 등장

성경 사복음서 개관(참고, 요세푸스 〈유대 전쟁사〉) **연대** BC 63-4년

역사적 배경 로마의 포에니 전쟁, 폼페이 예루살렘 점령

핵심 본문 가이사 아구스도, 디베료, 헤롯의 생애

지도 복음서 1, 2

로마: 크고 무서운 짐승이 다스리는 시대

헬라 시대는 끝나고 로마 시대가 왔다. 다니엘이 보았던 철의 시대요, 크고 무서운 짐승이 다스리는 시대다.

로마 전승에 의하면 BC 753년 트로이 전쟁 영웅 중 한 명인 아이네이아스의 자손 로물루스가 로마를 세웠다.

포에니 전쟁

BC 509년 로마인은 로물루스로부터 이어져 온 왕권을 몰아내고 공화정을 열기 시작한다. 집정관 2명을 선출하고 원로원과 협력하는 제도를 만든 것이다. 한편, 로마는 수없이 많은 전쟁에 시달렸으나 전쟁의 실패를 통해 새로운 기술을 만들어 내는가 하면 승리를 통해 식민지를 넓혀 갔다. 로마가 발전하게 된 계기는 포에니 전쟁이었다. 카르타고의 베니게 사람들과 두 차례의 전쟁을 통해 로마는 막강한 군사력을 가지게 되었다. 이후에 동쪽의 헬라 왕국인 마게도냐와 맞서게 되었는데 BC 197년에 이르러서야 겨우 빌립 5세를 이기고 도시국가를 복속시킬 수 있었

포에니 전쟁
로마와 카르타고가 벌인 세 차례의 전쟁. 세 번의 전쟁에서 승리한 로마는 도시국가에서 지중해의 패권을 쥐는 대제국으로 발전하게 되었다.

다. BC 193년 셀류쿠스 안티오쿠스 3세가 한니발과 손잡고 헬라 왕국을 회복하고 로마의 확장을 막으러 그리스로 왔다. 로마의 루티우스 스키피오 장군은 그를 소아시아로 밀어붙이고 BC 190년 마그네시아에서 결정적 타격을 입혔다(단 11:18).

삼두체제

로마가 해적 소탕 작전이라는 명목으로 폼페이 장군을 파견하자 북왕국 셀류쿠스 왕국이 로마의 수중으로 떨어졌다. BC 64년 폼페이가 다메섹(다마스쿠스)에 당도했을 때 하스모니아 왕국은 힐카누스파와 아리스토불루스 2세파가 내전을 치르고 있었다. 폼페이를 끌어들인 힐카누스파는 결국 왕국 전체를 로마에게 내주고 말았다. 그 당시 로마의 뛰어난 장군 중 한 명이 후에 가이사(카이사르,시이저)라 불리는 율리우스 카이사르다. 그는 BC 71년에 일어난 노예 반란인 스파르타쿠스 반란을 제압하고 갈리아에서 명성을 떨쳤다. 3두 정치의 한 축을 담당한 크라수스는 바대(파르티아) 왕국을 치고자 출정하여 예루살렘 성전을 노략했으나 바대 전쟁에 패하여 전사하였다. 크라수스의 죽음으로 삼두체제는 무너지고 가이사와 폼페이의 권력 투쟁이 시작되었다. 원로원은 가이사의 권력이 지나치게 강해지는 것을 견제했지만 가이사는 갈리아 원정에서 돌아오는 길에 바로 로마를 급습해 정권을 잡았다. BC 46년 가이사는 로마의 독재관으로 임명되었다. 그러나 공화정의 지속을 원하는 세력이 BC 44년 가이사를 암살했다.

가이사 아구스도

가이사의 장군 안토니우스와 가이사의 양자 옥타비아누스가 BC 42년 빌립보 전투에서 가이사를 암살했던 군대를 물리쳤다. 이로 인해 빌립보는 로마의 직할 도시의 영예를 얻었고 로마의 퇴역 군인이 머무는 도시가 되었다. 빌립보 전투의 승리는 또 다른 갈등을 가져왔다. BC 31년 이 두 힘은 그리스의 악티움에서 충돌하여 옥타비아누스의 승리로 끝났다. 권력을 잡은 옥타비아누스는 원로원으로부터 '아우구스투스(아구스도)'라는 (존엄자라는 뜻) 칭호를 받고 황제에 올랐다. 성경은 그의 이름을 가이사 아구스도라 부른다. 그는 가이사의 양자이므로 성이 가이사가 되었다. 이후 가이사는 로마 황제의 명칭이 되었다. 누가복음에서 예수님 탄생 당시의 로마 황제 가이사 아구스도는 바로 옥타비아누스를 가리킨

예수님 탄생시 황제
옥타비아누스

예수님 공생애시 황제
티베리우스

다. 가이사 아구스도가 지향한 정책 중 중요한 하나가 '팍스로마나'다. 내전의 종지부를 찍고 모든 국가에 평화를 주는 정책을 말한다. 특히 신전을 보수하고 전통적인 종교를 존중했다. 로마의 종교 존중 정책은 복음을 전하는 데 매우 유리하게 작용했다.

디베료

가이사 아구스도는 그의 후계자로 양아들인 티베리우스(디베료)를 지명했다. 그가 살아 있는 동안 공동 통치를 하다가 AD 14년 8월 19일 세상을 떠나자 디베료가 바로 제국을 통치했다. 그는 현실을 도피하여 카프리 섬에 은둔하여 지냈고 그의 근위대장 세이아누스에게 실권을 위임했다. 은둔하면서 조용히 살기를 원했던 디베료는 예수님이 부활하여 승천하신 지 얼마 안 된 AD 37년에 죽었다. 디베료 통치기에 예수님의 공생애가 펼쳐진다.

근동의 실력자, 정치인 헤롯

거대한 로마 제국이 등장할 무렵 유다의 상황은 어떠했을까? 헬라 시대에서 로마로 넘어오는 중간기에 유대인은 하스모니아 왕가를 이루며 잠시 독립 국가를 이루었으나 로마의 폼페이 장군이 예루살렘을 정복하면서 로마 식민지 시대가 시작되었다.

로마의 폼페이 장군은 군대를 물리면서 에돔의 후예인 이두매 사람 안티파테르에게 행정권을 넘겨 행정장관, 즉 지역 총독 역할을 맡겼다. 안티파테르는 로마의 비위를 맞추면서 자신의 역할을 잘 감당했다. 특히 이집트에서 적들에게 포위되었던 가이사를 구출함으로써 로마에 좋은 인상을 남겼다.

안티파테르는 첫째 아들 파사엘에게 예루살렘과 그 주변 지역을, 둘째 아들 헤롯에게 갈릴리를 통치하게 했다. 예루살렘은 평온했으나 갈릴리는 시끄러웠다. 헤롯은 히스기야 반란을 무자비하게 진압했다. BC 43년 안티파테르가 독살되자 파사엘과 헤롯이 분봉왕으로 임명되었다.

BC 40년 바대가 로마 점령 지역이던 수리아를 거쳐 유대로 진격했다. 그때 로마에 의해 밀려났던 하스모니아 왕가 아리스토불루스 2세의 아들 안티고누스가 바대를 이용해 유대로 들어왔다. 헤롯의 형인 파사엘은 포로가 되었다가 자살했고, 헤롯은 예루살렘에서 맛사다로 피신했다가 가족을 거기에 두고 나바테아와 이집트를 거쳐 로마로 갔다. 그리고 옥타비아누스와 안토니우스의 도움을 받아 로마 원로원으로부터 유대 분봉왕으로 임명받았다. 그뿐 아니라 하스모니아 왕가의 힐카누스가 다스리던 갈릴리, 이두매, 사마리아, 이두래까지 다스리는 권한을 얻었다.

헤롯 시대 기둥들
헤롯 시대 기둥들이 성전 서쪽 벽 거리를 따라서 발견되었다. 요세푸스는 공장이나 가게가 두 번째 성벽 옆에 포함되어 있었다고 주장한다.

로마의 지지를 얻고 돌아온 헤롯은 바대가 남기고 간 안티고누스 세력을 몰아내고 BC 37년 예루살렘을 정복했다. 안티고누스와 그를 지지하던 사두개파는 안디옥에서 처형당했다. 그는 맛사다에 남겨 둔 가족의 안전을 확인하고 비상시 피난처로 삼고자 그곳에 궁전을 건축했다.

한편, 헤롯은 안티고누스를 몰아내는 전쟁 중에 하스모니아 왕가의 공주인 미리암과 결혼하여 정치적 정통성을 확보하려 했다. 그러나 그녀에게서 태어난 알렉산더와 아리스토불루스 1세가 유대인의 지지를 받고, 장모인 알렉산드라가 안토니우스의 연인 클레오파트라와 손잡고 헤롯을 몰아내려 하자, 헤롯은 그때까지 살아 있던 하스모니아 왕가의 힐카누스 2세(헤롯의 아버지 안티파테르의 친구)를 제거하고, 미리암에게 태어난 자신의 아들 아리스토불루스 1세조차도 권력의 찬탈자가 될까 봐 암살했다. 그러나 훗날 아리스토불루스의 아들 아그립바는 로마로 도망가 살던 중, 로마의 혼란기를 틈타 로마 황제를 옹립하는 중재의 공을 세워 유대 분봉왕이 되어 돌아온다. 그가 사도행전에 충 먹어 죽은 헤롯 아그립바다.

헤롯의 장단점

헤롯이 힘썼던 분야는 건축이다. 그는 아버지 덕택에 25세에 이미 갈릴리의 총독을 역임했고 탁월한 정치력으로 로마의 도움을 받아 반대 세력을 유다에서 완전히 축출했다. 그러나 허약한 정치 기반과 계속되는

헤로디움
헤롯은 베들레헴 남동쪽에 자신의 이름을 따서 헤로디움이라는 요새를 만들었다. 동쪽에서 오는 적을 막기 위한 요새였다. 생전에 사용하지 못하고 죽어서 그의 무덤으로 사용했다. 2007년 21세기의 최고 발굴이라 여기는 헤롯의 무덤이 발견되었는데 죽어서까지 예루살렘을 바라보도록 장사되었다.

로마 정권의 교체 속에서 자신의 위치를 지키기 위해 건축 사업에 몰두했다. 그는 성전과 여러 도시들과 요새를 세웠다. 고용 확대로 서민 경제가 조금 나아졌을지 모르지만, 서민들은 건축 자금을 충당하기 위해 막대한 세금을 내야 했다. 그런 중에도 그는 유대인의 환심을 사기 위해 예루살렘 성전 재건 사업을 계속했다. 헤롯과 그의 아들들은 BC 20년에 시작하여 AD 68년에 성전을 완성시킴으로써 유대인에게 어느 정도 긍정적인 평가를 받을 수 있었다.

그의 단점은 의심병이었다. 외부 단속을 잘한 헤롯이지만 가정불화가 끊이지 않았다. 아버지가 암살되었기 때문인지 신변 문제에 민감했던 그는 가족까지 의심하여 가장 사랑한 아내 미리암을 비롯하여 자식까지 죽였다.

예수님은 헤롯이 병들어 나날이 쇠약해져 갈 때 태어나셨다. 헤롯은 죽음을 앞두고도 도진 세력을 용납하지 않았다. 한번은 헤롯이 죽었다는 소문이 돌자 유대인들이 성전 입구에 세운 독수리상을 부숴 버렸다. 병중에도 헤롯은 이 일을 행한 사람들을 즉결 처단했다. 죽기 5일 전에는 왕세자로 아끼던 장남 안티파테르 2세도 죽일 정도였다.

이런 헤롯에게 동방(페르시아 방향)에서 박사가 찾아온 것은 충격이었다. 헤롯은 독기 서린 짐승과 같은 마음을 품었지만 정치 수완이 워낙 뛰어난지라 서두르지 않았다. 유대 학자를 불러 동방박사에게 선처를 베풀고 자신이 필요한 정보도 간곡히 부탁했다. 자기를 대신해 왕이 될까 봐 아들까지도 죽이던 헤롯이 다른 왕이 태어났다니 가만둘 리 없었다. 그래서 그는 잔인무도한 일까지 감행했다.

> 이에 헤롯이 박사들에게 속은 줄 알고 심히 노하여 사람을 보내어 베들레헴과 그 모든 지경 안에 있는 사내아이를 박사들에게 자세히 알아본 그때를 기준하여 두 살부터 그 아래로 다 죽이니 마 2:16

헤롯의 족보

'헤롯 왕'은 정통 유대인이 아니라 에서의 후손인 이두매 사람(Idumean) 안티파테르(Antipater)의 아들로서 BC 73년경에 태어났다. BC 40년경부터 AD 93년까지 유다와 인접 지역을 통치한 헤롯 왕조의 실질적인 창시자였다.

헤롯은 대제사장 시므온의 딸 미리암 2세를 세 번째 아내로 맞아 세례 요한의

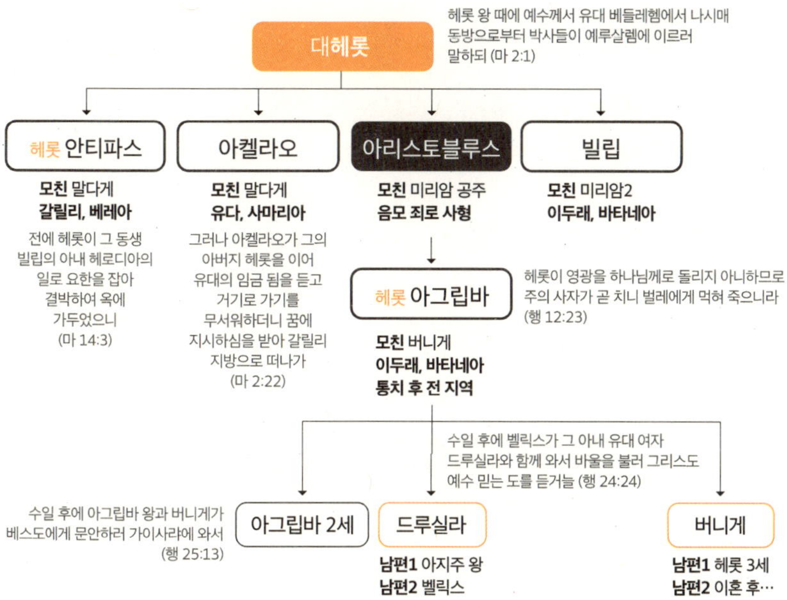

비난을 받은 헤로디아의 남편 빌립 1세를 낳았다. 한편 사마리아 출신의 넷째 아내 말다게에게서 아켈라오(마 2:22)와 헤롯 안티파스(헤롯, 마 14:1)를 낳았다. 그리고 예루살렘 출신의 다섯 번째 아내 클레오파트라에게서 이두래(현재 골란 고원) 분봉왕이 되는 빌립 2세를 낳았다. 빌립 2세는 헤로디아의 딸 살로메와 결혼했다.

헤롯은 마지막까지 절대적인 권력을 휘두르다가 BC 4년에 매우 치명적인 병에 걸려 70세를 일기로 여리고에서 최후를 맞았다. 베들레헴 남동쪽 헤로디움에 묻힌 그의 무덤이 2007년에 발굴되어 그의 삶을 재조명할 기회를 가질 수 있었다. 그의 자녀 중 분봉왕이 된 사람을 도표로 정리하면 위와 같다.

헤롯의 통치 구역 눅 3:1-2

헤롯이 로마로부터 분봉왕에 임명된 것은 솔로몬의 영화와 맞먹는다. 다만 그 권한이 독립된 지방자치 장관 정도로서 온전한 왕이라 할 수 없었다. 군사권이 없고 세금도 로마에 바쳐야 했다.

헤롯이 죽고 나자 후계자를 둘러싸고 잡음이 많았다. 앞에서 본 바와 같이 헤롯은 똑똑한 아들을 모두 죽였다. 살아남은 아들 간에도 문제가 많아 원로원은

헤롯 아들들 통치구역

헤롯이 다스리던 구역을 분할해 일부는 여동생 살로메에게, 대부분은 아들들에게 주었다.

유대와 이두매, 사마리아는 아켈라오가 위임받았다. 갈릴리와 베레아는 헤롯 안티파스(Antipas 안디바)가 다스렸다. 갈릴리 북쪽 이두래와 드라고닛은 빌립이 담당했다.

아켈라오가 실각하고부터는 로마가 직접 보낸 지방장관이 사마리아-유대-이두매를 다스렸다. 성경은 총독이라고 하지만 실질적으로는 군사권이 없고 행정권만 가진 지방장관이었다. 이 총독은 행정수도를 해안가 가이사랴에 두었다. 그리고 군사권이 없는 대신 자체 병사를 모집하여 예루살렘 등 요소에 배치했다.

지도 그리기

복음서 2

분리 통치 구역

부록에서 지도를 찾아 그리세요

> 디베료 황제가 통치한 지 열다섯 해 곧 본디오 빌라도가 유대의 총독으로, 헤롯이 갈릴리의 분봉 왕으로, 그 동생 빌립이 이두래와 드라고닛 지방의 분봉 왕으로, 루사니아가 아빌레네의 분봉 왕으로 눅 3:1

위 장소가 어디인지 지도 그리기를 할 때 자세히 살펴보라. 예수님 사역 전에 나라가 분리되었다.

예수님의 탄생

성경 마 1-2장, 눅 1-2장 **연대** BC 4-AD 8년경

핵심 본문 세례 요한과 예수님의 탄생, 예수님의 어린 시절 등

지도 복음서 2

사복음서의 저자(마태, 마가, 누가 요한)는 예수님 한 분을 각기 다른 관점에서 바라보고 집필했다. 성경의 완성이요 중심이신 예수님을 이렇게 사방에서 바라보면 보다 입체적으로 볼 수 있다. 에스겔과 계시록은 이를 이렇게 묘사했다.

> 그 첫째 생물은 사자 같고 그 둘째 생물은 송아지 같고 그 셋째 생물은 얼굴이 사람 같고 그 넷째 생물은 날아가는 독수리 같은데 계 4:7

어거스틴에 따르면 사복음서를 다음과 같이 요약할 수 있다.

| 마태복음: 왕으로 오신 예수님을 묘사한 사자 복음
| 마가복음: 인간으로 오셔서 활동하신 사람 복음
| 누가복음: 온 인류의 희생제물이 되신 송아지 복음
| 요한복음: 하나님으로 오셔서 일하신 독수리 복음

여기서는 성경의 저자가 주어진 환경과 은사를 사용하여 어떤 시각으

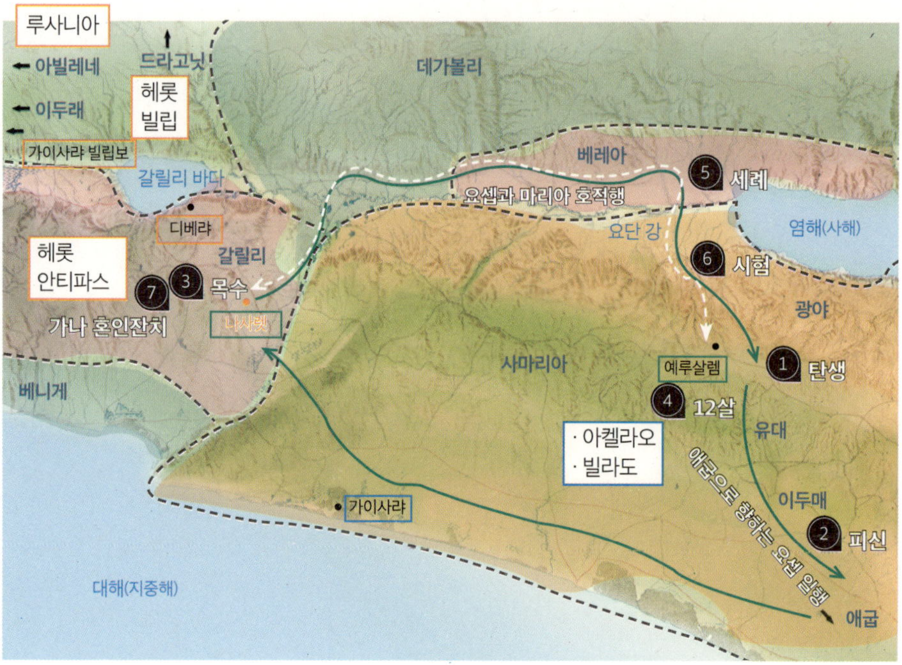

예수님의 탄생부터 가나 혼인잔치까지

로 성경을 기록했는지 역사와 지리적인 관점에서 살펴보겠다.

예수님 사역
탄생~첫 번째 유월절 전

1. 베들레헴-탄생
2. 애굽-피신
3. 나사렛-목수
4. 예루살렘-12살
5. 요단 강-세례
6. 광야-시험
7. 가나-혼인잔치

사복음서의 네 가지 시선

마태: 깐깐하게 구약의 성취에 초점

유세비우스와 많은 교부에 의하면 마태복음의 저자는 예수님의 제자인 마태라고 한다. 세리 출신인 마태는 유대인 공동체에서 사역하다가 멀리 떠날 때가 되자 복음서를 기록해 유대인에게 남겼다고 한다. 성경에서 마태는 레위라고 불리기도 한다(막 2:14).

그의 이름을 보고 추측하자면, 그는 레위 자손이었고 아마 피치 못할 사정이 있어 본분을 버리고 세리가 되었던 것 같다. 그러나 예수님의 부름을 받은 마태는 즉시 세리 생활을 청산하고 따랐다. 다른 부름 받은 사람들과 마찬가지로 마태의 직업도 주님의 사역을 돕는 데 기여했을 것이다. 바울의 학문이 서신을 통해 지식인을 전도하고 헬라 문명권 교회를 깨우는 데 귀히 쓰인 것처럼 마태는 레위 지파로서 어린 시절에 배운 성경과 장년에 세리로 활동하면서 배운 세밀함으로 주님의 말씀을 기록할 수 있었다. 그래서 마태복음은 다른 어떤 성경보다 구약을 많이 인용하는데 구약의 내용이 예수님을 통해 어떻게 성취되었는지에 초점을 맞추고 있다.

> 이 모든 일이 된 것은 주께서 선지자로 하신 말씀을 이루려 하심이니 이르시되 마 1:22
>
> 헤롯이 죽기까지 거기 있었으니 이는 주께서 선지자를 통하여 말씀하신 바 애굽으로부터 내 아들을 불렀다 함을 이루려 하심이라 마 2:15
>
> 나사렛이란 동네에 가서 사니 이는 선지자로 하신 말씀에 나사렛 사람이라 칭하리라 하심을 이루려 함이러라 마 2:23
>
> 이는 선지자 이사야를 통하여 하신 말씀을 이루려 하심이라 일렀으되 마 4:14

마가 교회
마가가 알렉산드리아에 세운 최초의 교회

마가: 사건 중심으로 꼼꼼히

히에라볼리의 감독 파피아스(Papias AD 140년경)는 장로 요한의 말을 인용하여 마가에 대하여 다음과 같이 말했다.

"장로 요한은 또 다음과 같이 말했다. 베드로의 통역관이었던 마가는 모든 것을 지극히 정확하게 기록했다. 그는 대단히 주의 깊은 사람이었으므로 들은 것을 하나도 지나치지 않았으며 또한 거짓된 것을 진술하지 않았기 때문이다."[1]

마가는 이 복음을 가지고 알렉산드리아에 최초의 교회를 세운다.

그러면 마가는 어떤 사람인가? 베드로와 가까이 지낸 마가가 신약성경에 나오는 요한 마가라는 해석이 일반적이다. 마가에 대한 첫 번째 언급은 그의 어머니가 예루살렘에 신자들의 집회 장소로 사용된 집을 가지고 있었다는 데서 나온다(행 12:12).

마가는 바울과 바나바의 제1차 전도여행도 함께 간다(행 13:5). 그러나 마가는 밤빌리아의 버가에서 예루살렘으로 돌아와 버렸다(행 13:13). 바울의 말년에 마가는 총애를 완전히 회복했다(딤후 4:11 참조).

1 유세비우스, 《교회사》, 186~187

마가는 바나바와 바울에게 꼭 필요한 사람이었을 뿐 아니라 베드로에게도 필수적인 인물이었다. 마가는 베드로의 설교를 통역해 주었고 사람들의 요구에 부응하여 로마에서 이 말씀을 정리하여 발간하였다고 한다.

> 택하심을 함께 받은 바벨론에 있는 교회가 너희에게 문안하고 내 아들 마가도 그리하느니라 벧전 5:13

예루살렘 출신의 지식인 유대인 마가는 여러 곳으로 흩어진 성도들을 대상으로 복음을 기록했다. 이 복음을 받는 사람들은 예루살렘의 환경에는 익숙할지 모르나 히브리어나 풍습은 잘 몰랐다. 따라서 마가는 마태와 달리 읽기 쉽게 사건 중심으로 서술하는 한편, 모르는 말이나 습관이 있으면 주(註)를 달았다. 그래서 마가복음은 구약을 잘 모르는 사람도 이해하기 쉽도록 박진감 넘치고 시원스럽게 전개된다. 특별히 유대인인 그는 지리 감각에도 뛰어나 사건의 흐름을 지역별로 자세히 설명하며 안내하고 있다. 지리적인 복음서 해석을 위해 기초가 되는 좋은 본문이다.

에베소의 누가 무덤

누가: 이방인이 읽기 쉽게

누가는 안디옥 태생으로 추정되며 의사로 누가복음을 기록했다. 이레니우스는 "바울의 동역자였던 누가가 바울이 전파한 복음을 기록하였다" 하였고[2] 오리겐은 "누가복음은 이방인 개종자를 위해 기록되었다"고 했다(유세비우스《교회사》340). "사도 바울은 그의 서신에서 특정한 복음을 이야기하면서 '나의 복음'이라고 말하였는데 이것은 일반적으로 누가복음을 언급한 것이라고 한다".[3]

이방인으로서 성경을 쓴 누가복음에는 몇 가지 특징이 있다.

첫째, 다른 저자들과 달리 '갈릴리 바다'를 '호수'라고 호칭한다. 히브리어에서 바다와 호수는 구분이 없다. 히브리 출신의 제자들은 갈릴리를 바다라고 했지만 누가는 이 구분을 확실히 한다.

둘째, 소외된 사람의 입장에서 예수님 사역을 살폈다. 당시 사람 취급도 못 받

2 유세비우스, 《교회사》 267

3 유세비우스, 《교회사》 135

던 여인의 이야기가 많고 죄인들 입장에서 기록했다.

셋째, 성경 지리를 역사 순으로 살필 때 누가복음을 기준 삼는 것이 좋다. 누가는 자기 신학을 따라 기록하지 않고 순서대로 기록했기 때문이다.

> 그 모든 일을 근원부터 자세히 미루어 살핀 나도 데오빌로 각하에게 차례대로 써 보내는 것이 좋은 줄 알았노니 눅 1:3

요한: 공관복음에서 빠진 사역을 중심으로

요한복음은 사복음서 중에 가장 늦게 기록되었을 뿐 아니라 성경 중에서도 마지막 기록으로 알려졌다. 마태, 마가, 누가는 예수님의 사역을 갈릴리와 예루살렘 사역으로 나누어 기록했는데 이들을 공관복음이라고 부른다. 요한은 에베소에서 세 복음서를 읽고 빠진 부분을 기록했는데 그들이 다루지 못한 예수님의 명절을 자주 언급했다. 명절마다 예루살렘에 올라오신 사역을 상세히 기록함으로써 예수님의 일생을 명절 중심으로 정리한 것이다.

예수님은 공생애 기간 중 네 번의 유월절을 지냈는데 그 행적을 보면 알 수 있듯이 후반기로 가면서 사역이 증가한다. 마지막 해에는 유월절과 유월절 사이 정확히 중간에 있는 초막절을 언급함으로써 사역을 정리했다.

요한은 예수님의 기적 중에 오병이어 기적만을 다시 언급하고 갈릴리 사역을 대부분 생략했다. 그러나 예루살렘의 구원 사역은 겹치더라도 더 강조함으로써 예수님의 십자가 구원이 얼마나 중요한 부분인가를 드러냈다.

사복음서 연대순 정리

마태, 마가, 누가복음은 '공통적인 관점'에서 기록된 '공관복음'이다. 공관복음은 전반부에는 갈릴리 사역을 다루고, 후반부에는 예루살렘 사역을 다룬다. 반면 요한복음은 공생애 기간 중에 예루살렘으로 올라간 사건을 자주 다룬다. 그러므로 사복음서를 연대순으로 정리하기 가장 좋은 방법은 차례로 기록한 누가복음에 명절에 일어난 일을 자주 다룬 요한복음을 합쳐 유대력 1월 중순에 있는 유월절별로 공생애의 사건을 나누는 것이다.

성경 지리를 역사 순으로 살필 때 누가복음을 기준 삼는 것이 좋다. 누가는 자기 신학을 따라 기록하지 않고 순서대로 기록했기 때문이다.

지리로 보는 예수님의 족보 마 1:1-17

복음서를 이해하기 위한 자료는 아주 많다. 다만 여기서는 신학적인 사건을 다루기보다 사실 자체에 초점을 맞추어 예수님의 행적을 추적해 볼 것이다. 그런데 그 행적이 모두 성경의 땅에서 일어났으므로 예수님이 하신 일이 구약의 어떤 장소와 관계를 가지는가에 주의를 기울여야 한다.

먼저 마태복음을 지명을 중심으로 훑어보자. 가능하면 지명에 가볍게 밑줄을 치며 읽어 보라. 전반기는 갈릴리 주변에서, 후반기는 예루살렘에서 사역하셨다. 당신의 지리 감각을 총동원하여 예수님의 동선(動線)을 그려 보라. 훑어보았으면 구체적으로 보기 위하여 마태복음 1:1-17을 읽어라.

신약을 공부하기 전 예수님의 배경을 알기 위해선 마태복음 1:1-17의 내용을 이해해야 한다. 아브라함에서 예수님에까지 이르는 성경의 역사가 없다면 신약은 생각할 수 없다. 여기서 각 사람의 사적을 모두 기록할 수는 없다. 다만 마태가 분류한 지리적 기준을 가지고 족보를 살펴보자.

> 1 아브라함과 다윗의 자손 예수 그리스도의 계보라 17 그런즉 모든 대 수가 아브라함부터 다윗까지 열네 대요 다윗부터 바벨론으로 사로잡혀 갈 때까지 열네 대요 바벨론으로 사로잡혀 간 후부터 그리스도까지 열네 대더라 마 1:1, 17

마태는 몇 사람을 고의로 생략하면서 아브라함부터 다윗까지 14대, 다윗부터 바벨론 포로기까지 14대, 바벨론 포로기부터 예수님까지 14대를 맞추었다. 여호람에서 웃시야로 연결되는 과정, 즉 여호람은 아하시야를 낳고 아하시야의 어머니 아달랴가 왕위를 찬탈했다가 아하시야의 아들 요아스가 왕위를 잇고 이어 아마샤가 왕이 되었다는 과정이 생략되어 있다. 아마 악인은 3대까지 벌하리라는 하나님의 말씀대로 아합의 딸과 결혼한 여호람의 아들 3대를 기록하지 않은 것으로 보인다. 이들은 한결같이 살해되었다.

이런 배경을 가지고 14대씩 4번 나눈 역사를 살펴보자.

> 2 아브라함이 이삭을 낳고 이삭은 야곱을 낳고 야곱은 유다와 그의 형제들을 낳고

예수님이 오시기까지
성경 역사 주도권 이동

3 유다는 다말에게서 베레스와 세라를 낳고 베레스는 헤스론을 낳고 헤스론
은 람을 낳고
4 람은 아미나답을 낳고 아미나답은 나손을 낳고 나손은 살몬을 낳고
5 살몬은 라합에게서 보아스를 낳고 보아스는 룻에게서 오벳을 낳고 오벳은
이새를 낳고 마 1:2-5

1. 아브라함에서 다윗 전까지는 이집트의 주권 아래 있던 시대다. 아브라함도 이집트에 내려갔고 이후 야곱에 이르는 족장 시대도 이집트가 가나안의 주도권을 잡았다. 이집트에서 생활하던 400년 기간은 물론 출애굽 후 사사 시대에 이르기까지 이집트가 가나안에 지대한 영향력을 미쳤다. 출애굽 후 메르넵타가 가나안을 정복하며 '이스라엘을 멸절하였다'라는 구절처럼 당시는 이집트가 가나안 주요부를 점령하거나 주요 도시(블레셋)를 봉신으로 삼았던 시대다.

6 이새는 다윗 왕을 낳으니라 다윗은 우리야의 아내에게서 솔로몬을 낳고
7 솔로몬은 르호보암을 낳고 르호보암은 아비야를 낳고 아비야는 아사를 낳고
8 아사는 여호사밧을 낳고 여호사밧은 요람을 낳고 요람은 웃시야를 낳고
9 웃시야는 요담을 낳고 요담은 아하스를 낳고 아하스는 히스기야를 낳고

마태가 분류한 족보
(지리적 기준)

아브라함~이새
남쪽 이집트 주도

다윗~요시야
가나안을 중심한 왕국 시대, 멸망 후 북쪽 바벨론, 앗수르 주도

여고냐~예수
북쪽 바사(페르시아), 헬라(그리스), 로마 주도

10 히스기야는 므낫세를 낳고 므낫세는 아몬을 낳고 아몬은 요시야를 낳고
11 바벨론으로 사로잡혀 갈 때에 요시야는 여고냐와 그의 형제들을 낳으니라
마 1:6-11

2. 이집트의 주도권을 전환시켜 이스라엘을 완전한 자주 국가의 위치로 올려놓은 사람이 다윗이다. 남북의 큰 세력이 일어서면 자주 국가를 이룰 수 없는 가나안 땅은 주변 강대국이 내정에 몰두하여 밖으로 세력을 팽창하지 못하는 것이 자주 독립의 필수 요건이었다.

하나님은 다윗이 왕국을 세울 시기에 남쪽 이집트가 내부 갈등으로 힘을 쓰지 못하게 하셨고 북쪽 메소포타미아도 마찬가지였다. 남쪽 이집트의 세력이 기울자 등장한 것이 북쪽의 세력이었다. 앗수르와 바벨론은 이스라엘 왕국을 계속 위협하였으며 결국 북이스라엘은 앗수르에게(BC 722), 남유다는 바벨론에게 멸망당했다(BC 586).

12 바벨론으로 사로잡혀 간 후에 여고냐는 스알디엘을 낳고 스알디엘은 스룹바벨을 낳고
13 스룹바벨은 아비훗을 낳고 아비훗은 엘리아김을 낳고 엘리아김은 아소르를 낳고
14 아소르는 사독을 낳고 사독은 아킴을 낳고 아킴은 엘리웃을 낳고
15 엘리웃은 엘르아살을 낳고 엘르아살은 맛단을 낳고 맛단은 야곱을 낳고
16 야곱은 마리아의 남편 요셉을 낳았으니 마리아에게서 그리스도라 칭하는 예수가 나시니라 마 1:12-16

3. 바벨론 포로는 이스라엘이 한동안 북쪽 세력의 지배를 받게 되었음을 의미한다. 바벨론이 멸망하고 등장한 바사(페르시아)가 이스라엘 자손을 가나안으로 돌아가게 하였으나 식민 지배는 계속됐다. 다음 등장한 헬라와 로마도 북쪽을 통해 들어왔다. 예수님 시대에도 가나안은 수리아 총독이 관할했다.

간단히 살펴보면 다윗 전까지는 남쪽 이집트가 주도하고 바벨론 이주 전까지는 가나안 땅을 중심한 자주 국가, 곧 왕국 시대였다. 왕국 멸망 후 그 주도권이 북쪽으로 옮겨 갔다. 바벨론, 페르시아, 헬라, 로마 모두 북쪽에서 들어왔다. 이

시점에서 예수님의 탄생을 살펴보자.

여기서,
묵상

다윗과 예수님의 관계는 마태복음 1장의 족보를 보더라도 매우 각별하다. 히브리어 각 단어에는 숫자가 있는데, 다윗(ד, 4+ו, 6+ד, 4=14)이라는 이름이 숫자로 14, 예수님을 상징한다. 마태는 예수님의 탄생 족보를 14단위로 나누어 계산했다. 예수님이 다윗이라는 숫자를 기초로 탄생했음을 보여 준다. 전통은 이를 받아들여 탄생 장소의 별도 14개의 뿔로 만들고 고난의 길도 14장소로 나누었다.

역사와 지리의 관점에서 보는 예수님의 탄생

세례 요한의 잉태: 소렉 골짜기의 엔케렘 눅 1:5-25

세례 요한의 탄생 기사는 누가복음에만 나온다. 세례 요한은 대헤롯 때 제사장 가문에서 태어났다. 사가랴는 아비야 반열의 제사장으로서 일생의 영광으로 여기는 지성소 앞 분향단에 향을 피우려고 성소에 들어갔다가 천사를 만나 세례 요한의 탄생을 통보받았다.

예수님이 태어난 장소
14개의 뿔 모양은 다윗을 상징하는 숫자다.

제사장은 성경 말씀을 따라 24반열로 구분하여 각 반열이 순서에 따라 일주일씩 성전에서 봉사했다. 그 24반열 중 아비야 반열은 8번째였다(대상 24:5-19).

제사장 중 그 해 봉사 임무를 맡은 제사장 가족이 1년에 두 번 일주일 동안(8일간, 안식일에서 안식일까지) 성전을 섬긴다. 그러나 제사장 개인이 상번제를 위해 분향단에 향을 피우는 기회는 일생에 한 번 주어지는 것조차 큰 행운으로 여겼다. 왜냐하면 당시 제사장의 수효(일설에는 약 2만 명이었다고 함)가 상당히 많았기 때문이다.

소렉 골짜기의 두 선지자

	삼손(구약)	세례 요한(신약)
	준비하는 자	
공통점	이스라엘을 블레셋에서 구원하기 시작했다.	예수님이 오시는 길을 준비했다.
차이점	세상 향락을 누리다 마지막에 사명을 이룸.	순교하기까지 사명을 다함.

10 모든 백성은 그 분향하는 시간에 밖에서 기도하더니 11 주
의 사자가 그에게 나타나 향단 우편에 선지라 12 사가랴가 보
고 놀라며 무서워하니 13 천사가 그에게 이르되 사가랴여 무서
워하지 말라 너의 간구함이 들린지라 네 아내 엘리사벳이 네게
아들을 낳아 주리니 그 이름을 요한이라 하라 눅 1:10-13

사가랴는 선택을 받아 분향했다. 그는 향을 피우는 일에 매우 신중하게 임했다. 향을 바꾸는 과정에서 아론의 아들 나답과 아비후가 다른 불을 드리려다 죽었고 웃시야 왕은 스스로 향을 피우려다 나병에 걸렸기 때문이다. 계시록은 이 향단이 번제단에서 드린 성도의 기도가 천사의 손에 들리는 장소라고 한다. 기도의 응답이 있는 하나님의 존전일수록 거룩함이 더 요구된다. 사가랴의 순전한 기도가 하나님 앞에 들린 바 되었다. 하지만 그는 기도하고 의심하여 벙어리가 되었다. 마리아처럼 '주의 여종이오니' 하면서 순종함을, 기뻐함을 몰랐다.

사가랴의 아내 엘리사벳은 아론 가문의 딸로, 이 부부는 늙을 때까지 슬하에 자녀가 없었다. 그들은 유대 산지, 전통에 의하면 소렉 골짜기가 시작하는 엔케렘에 살았다. 소렉 골짜기는 마노아 부부가 아이가 없다가 천사의 예고를 받고 삼손을 낳았던 장소다. 소렉의 이런 전통 때문인지 엔케렘의 메쭈자(문설주에 하나님의 말씀을 담아 놓는 길고 납작한 말씀 상자)가 아들을 낳는 데 효험이 있다는 소문이 현대 이스라엘 사람들 사이에 퍼져 있기도 하다.

엘리사벳(Elizabeth)이라는 이름도 흥미롭다. '내 하나님은 맹세이시다'라는 뜻으로 약속에 신실하신 분임을 나타낸다. 아론의 아내인 '엘리세바'와 같은 이름 뜻을 가졌다. '엘리사벳'이 이스라엘 최초의 대제사장인 아론의 아내 이름과 같다는 사실도 의미 있는 일치라 할 수 있다(출 6:23).

천사 가브리엘은 사가랴에게 나타난 지 6개월 후에 갈릴리 나사렛 사람, 다윗의 자손 요셉과 약혼한 마리아에게 나타났다. 마리아는 엘리사벳의 친척이었다. 천사는 마리아가 예수님을 낳을 것이라고 예언했다. 엘리사벳은 요한을 낳았고 성전 분향 때 닫혔던 사가랴의 입술도 풀렸

세례 요한의 아버지 사가랴가 계시를 받고 벙어리가 된 금향단이다. 향단 뒤에 언약궤, 앞에 촛대와 진설병이 위치한다.

다. 이 모든 일은 주변 사람들을 놀라게 했다(눅 1:65-66).

세례 요한의 출생은 기적 같은 일이지만 의심할 일은 아니었다. 어떻게 보면 그는 큰 환영을 받고 비범한 인물로 여겨지며 세상에 등장했다. 그러나 예수님은 달랐다. 목수의 약혼녀에게서 비정상적으로 태어났으니 환영은커녕 멸시의 대상이었다.

마리아와 엘리사벳의 만남교회

담장에는 마리아 찬가로 불리는 누가복음 1:42-55이 각국의 언어로 기록되어 있다.

마리아의 이동: 나사렛 → 엔케렘

마리아는 임신하리라는 계시를 듣고 나사렛에서 유다 산지에 위치한 엔케렘으로 갔다. 165km가 넘는 거리다. 그러나 이 거리를 성경은 간단히 묘사한다. 지리적인 감각이 없으면 오해하기 쉽다.

> 이때에 마리아가 일어나 빨리 산골로 가서 유대 한 동네에 이르러
>
> 눅 1:39

자그마치 165km에 이르는 여정에는 나사렛 산지에서 내려와 이스르엘 골짜기를 지나 요단 강을 넘고 베레아 길을 지나 다시 요단 강을 넘어 여리고에 이른 후 1천 m가 넘는 예루살렘으로 오르는 광야 길을 지나야 한다. 족히 일주일은 걸리는 길이었던 것이다. 이 길을 이렇게 간단히 묘사한 까닭에 우리는 자칫 몇 시간 내에 도착한 줄로 오해하게 된다.

엔케렘에 도착한 마리아는 석 달 동안 엘리사벳과 같이 지냈다. 마리아와 엘리사벳이 만났을 때 태에서 서로를 알아보았다. 이 점은 로마 가톨릭에서 태아를 영이 있는 생명으로 보는 중요한 근거가 되어 낙태를 죄악시한다. 마리아는 엘리사벳이 임신 8개월이 되었을 때 나사렛으로 돌아온다.

예수님이 나시다: 나사렛 →베들레헴 마 1:18-25, 눅 2:1-7

마태는 유대인 독자에게 초점을 맞추었으므로 이방인에게 익숙하지 않은 전체 소개(누가복음)나 문화(마가복음)를 설명해 주는 배려가 전혀 없었다. 예수님 탄생 기사도 남자 중심으로 시작한다. 마태는 사람 숫자를 셀 때도 여자를 고려하지 않았다.

마태복음에서는 누가복음과 달리 예수님 탄생에 주도적인 역할을 하는 사람이 요셉이다. 이는 유대인 사회라면 충분히 이해할 만한 서술이다. 요셉은 마리아와 정혼(약혼)한 사이였고 동침하지 않았어도 같은 집에 살았던 것이 분명하다. 마리아의 임신 사실을 알게 된 요셉으로선 마리아에게 어떤 태도를 취해야 했다. 정혼한 사람이 동침하지도 않았는데 임신하였으므로 간통으로 여길 수밖에 없는 상황이다. 당시 간음한 여인은 동네 사람들이 둘러싸고 돌로 쳐 죽이는 것이 상례였다. 그보다 자비로운 경우가 추방이었다.

요셉은 마리아를 추방하려 했다. 간음한 여자가 추방되면 친정에 돌아가 여생을 수치스럽게 지내야 했다. 그럼에도 죽음을 면한 것을 다행으로 여겨야 했다. 요셉은 의로운 사람이라 가능한 최고의 선처를 마리아에게 베풀고자 했다. 이때 천사가 요셉에게 자초지종을 설명했고, 요셉은 받아들이기 힘든 현실을 감내했다. 요셉의 자비가 없었다면 예수님의 탄생은 꿈에도 생각 못할 상황이었다. 그는 예수님의 탄생에 빼놓을 수 없는 공로를 세웠다.

탄생의 시간 : 인구조사

누가는 예수님의 잉태 사건이 일어난 장소를 나사렛이라고 증언한다. 그는 예수님이 태어난 시기와 상황을 자세히 기록하고 있다.

> **3** 모든 사람이 호적하러 각각 고향으로 돌아가매 **4** 요셉도 다윗의 집 족속이
> 므로 갈릴리 나사렛 동네에서 유대를 향하여 베들레헴이라 하는 다윗의 동네
> 로 **5** 그 약혼한 마리아와 함께 호적하러 올라가니 마리아가 이미 잉태하였더
> 라 **6** 거기 있을 그때에 해산할 날이 차서 **7** 첫아들을 낳아 강보로 싸서 구유
> 에 뉘었으니 이는 여관에 있을 곳이 없음이러라 눅 2:3-7

예수님의 탄생은 인구조사 시기와 맞물린다. 인구조사와 관계있는 특별한 사건은 사무엘하 24장의 아라우나 타작마당의 예배 사건이다.

이 사건에서 다윗은 생명의 속전을 내지 않았다가 큰 재앙을 당했다. 인구조사를 할 때 생명이 하나님께 속한 것임을 인정하는 표로 속전 반 세겔을 드리도록 되어 있다(출 30:12). 예수님이 이 시기에 오셔서 온 인류의 '생명의 속전'이 되셨다(마 17:24-27).

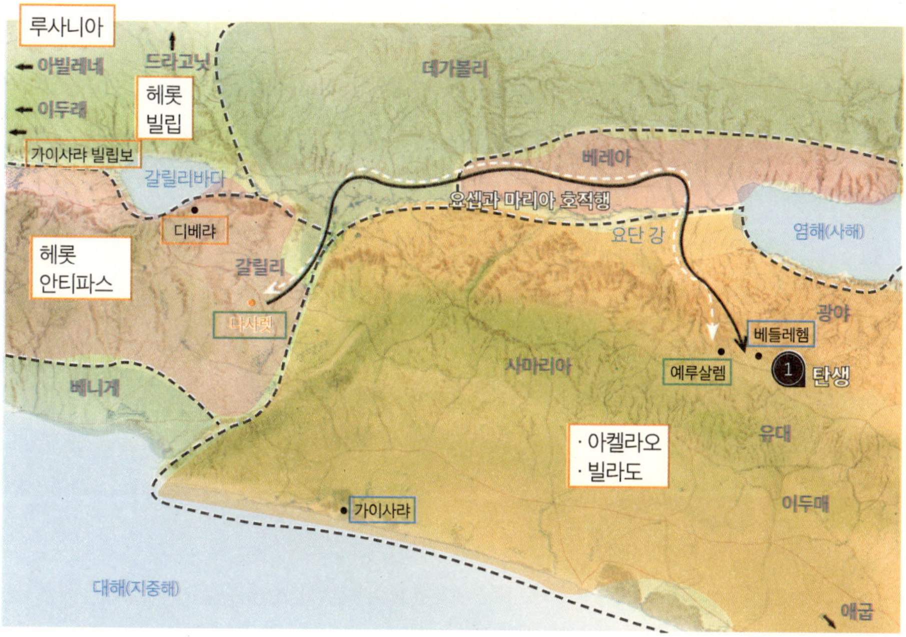

베들레헴 : 탄생 ①[4]

로마의 황제 가이사 아구스도(옥타비아누스)가 명령을 내려 모든 사람을 호적하라고 할 때 수리아의 총독 구레뇨를 언급한다(눅 2:2). 그 이유는 수리아 총독이 유다의 분봉왕이나 행정관을 관리했기 때문이다. 당시 각 사람은 고향에서 호적을 해야 하므로 요셉은 약혼녀 마리아와 원적지 베들레헴으로 함께 갔다.

그들이 가는 길은 직선이 아니었다. 갈릴리에서 베들레헴으로 가는 길에는 유대인과 적대 관계인 사마리아 사람이 살고 있었기 때문이다. 그래서 벧산(스구도볼리) 앞까지 가서 요단 강을 넘어 여리고 맞은편 베다니까지 간 다음 거기서 다시 요단 강을 넘어 여리고에 이르러야 했다.

그런데 진짜 문제는 여리고에서 베들레헴으로 가는 길이다. 이 길은 해발 1000m 이상을 올라가는 험한 지형이다. 예루살렘 근처를 돌아가는 그 길은 아무리 장정이라도 10시간 이상이 걸린다. 그리고 그 중간에 '유대 광야'가 펼쳐져 있다. 만삭이 된 마리아가 이 길을 어떻게 올라갔을까? 가난한 그들에게 나귀가 있을 리 만무했다. 그들은 다른 사람을 따라가기 버거워 밤늦게야 베들레헴에 도착했다.

요셉이 백방으로 수소문했으나 여관은 가득 찼고 어느 집도 만삭의 마리아를

4 사건이 일어난 순서를 지도와 제목에 표시했다. 사도행전까지 사건을 입체적으로 볼 수 있을 것이다.

받아 주지 않았다. 결국 한동안 머물 수 있는 곳은 길가 양 우리였다. 학자에 따라 요셉 가족이 머문 곳이 집이었고 집 아래 양 우리에서 태어났다고도 한다. 그러나 전통상 우리에게 전승되는 장소가 돌로 된 양 우리이므로 그것에 초점을 맞추어 해석해 보자.

> 5 그 약혼한 마리아와 함께 호적하러 올라가니 마리아가 이미 잉태하였더라
> 6 거기 있을 그때에 해산할 날이 차서 7 첫아들을 낳아 강보로 싸서 구유에 뉘
> 었으니 이는 여관에 있을 곳이 없음이러라 눅 2:5-7

아기 예수를 맞이한 사람들

예수님이 태어난 장소로 여겨지는 양우리는 동굴이었고, 아기 예수를 누인 구유는 돌로 되었을 것이라 추정된다. 예수님은 목자로 양 우리에 오셨고 목자이면서 양의 양식이 되기 위해 구유에 오신 생명의 떡이시다.

양 우리는 유대 광야에 있었다

베들레헴 동쪽에는 유대 광야가 위치하며 그곳은 양을 치기에 적합한 장소다. 건조하고 겨울에 간간이 나는 풀은 얼마간의 양 무리를 먹이기에 충분하다. 그리고 비탈길 이곳저곳에 형성된 자연 동굴은 양 우리로 적합하여 목자는 이런 곳 입구에 돌담을 쌓고 그 위에 가시덩굴을 올려놓아 양이 뛰어넘어 도망가는 것과 맹수들이 들어오는 것을 막았다.

예수님이 태어나신 계절은 겨울, 즉 비가 오는 우기였으므로 평생 한 번도 씻지 않은 양의 노린내가 축축한 우리에 진동했을 것이다. 하늘의 영광을 버리고 이 땅에 오신 예수님은 길거리 한 모퉁이에 위치한 어둑한 동굴, 최악의 장소에서 태어나셨다. 목수인 요셉은 아기가 어떻게 태어나는지도 몰랐다.

마리아는 신음하며 해산을 했다. 아기는 땅바닥 어디에 뒹굴며 '앙-' 소리를 냈다. 사방이 깜깜한데 한 소리가 들린다. 당황한 요셉은 소리 나는 쪽에 가서 아이를 주워 든다. 그 아이의 몸에 이미 양 털과 똥이 잔뜩 묻어 있다. 어쩔 줄 모르는 요셉은 헝겊 하나를 어디서 꺼내 두르고 바위를 파서 만든 여물통에 아기 예수를 놓는다. 그곳에는 먹다 남은 지푸라기와 양의 침이 검게 물들어 있다.

위층은 주거지, 아래층은 양 우리가 함께 있는 200년의 주거지
아기 예수가 이런 형태의 주거지에서 탄생했다고 추정하기도 한다.

분명 고요한 밤 거룩한 밤은 아닐 것 같은 상황이다.

여기서, 묵상

예수님은 이렇게 오셨다. 그래서 우리의 연약함과 사정을 모두 아실 수 있다. 자기 양을 하나도 잃지 않으려고 친히 목자로 오신 예수님이 낮고 천한 어린 양처럼 양 우리에 오셨다. 모든 양 무리를 구원하러 양과 함께하는 선한 목자로 오셨다. 그는 선한 목자이자 인류의 양식이 되기 위하여 자신을 여물통에 던지셨다. 그뿐인가? 가장 비참하게 오신 예수님은 또 가장 비참하게 죽으셨다. 그분이 이해 못 할 문제가 무엇이겠는가? 그분께 모든 것을 내어 놓자.

예수님을 맞이한 목자들 : 레갑 자손

베들레헴은 양치기 적합한 곳이어서 밖에서 자며 양을 지키는 유목민이 많았다. 당시 유목민 중에 최고의 영광을 맛본 사람이 있다.

> 오늘 다윗의 동네에 너희를 위하여 구주가 나셨으니 곧 그리스도 주시니라 눅 2:11

이들은 우연히 축복받은 사람들일까 아니면 은혜받을 만한 사람들일까? 성경은 원인과 결과를 중요시한다. 특별히 메시아 사건에는 어떤 행동보다 족보가 중요하게 다루어진다. 요셉은 다윗의 자손이고 마리아는 아론 자손인 엘리사벳

충성스런
목자의 족보

겐 사람 이드로
출애굽 때 모세와 함께
광야 여정 동행

겐 사람 헤벨-야엘
사사시대 때 적장 시스라를 죽임

레갑의 아들 요나답
예후 때 부귀를 마다하고 철저히
여호와 신앙 지킴

레갑 자손
금주와 집을 가지지 않는 유목민의 삶

레갑의 아들 말기야
성전재건 시 분문 중수

목자들
아기 예수 만남

의 친척이다. 그러면 목자들의 족보는 어떻게 될까? 가능한 모든 방법을 동원하여 그 족보를 추적해 보자.

목자의 족보는 출애굽까지 올라간다. 모세는 애굽에서 왕자로 살다가 애굽인을 죽인 일이 드러나자 미디안 광야로 도망했다. 미디안에 이른 모세가 겐 족속과 함께 40년을 살다가 하나님의 부르심을 받아 이스라엘 사람을 애굽에서 구원해 냈다. 모세는 40년 목자 경력에도 불구하고 광야 생활에 밝은 장인 이드로가 꼭 동행하기를 원했다. 이드로와 가족은 이를 기꺼이 받아들여 생활 터전을 버리고 방랑하는 이스라엘을 따라 가나안 입성까지 함께했다(삿 1:16).

사사기에 보면 겐 자손은 다말이라는 유다 남방 종려나무 성읍에 주로 살았지만 일부는 갈릴리 근처까지 올라왔다(삿 4:11).

특별히 가데스 부근에 살던 헤벨의 아내 야엘은 드보라와 바락이 가나안 군대장관 시스라와 싸울 때 시스라를 말뚝에 박아 죽이는 전공(戰功)을 세웠다. 드보라는 마지막 찬양에서 겐 사람 야엘을 다음과 같이 축복했다.

> 겐 사람 헤벨의 아내 야엘은 다른 여인들보다 복을 받을 것이니 장막에 있는 여인들보다 더욱 복을 받을 것이로다 삿 5:24

드보라의 축복대로 겐 사람 중에 출중한 인물이 많이 태어났다. 아합의 집안이 바알을 섬기며 여호와 하나님을 배반할 때도 여호와 신앙을 굳게 지킨 사람이 있었는데 그 사람이 여호나답, 즉 요나답이다. 그가 여호와를 얼마나 열심히 섬겼던지 예후가 반란을 일으켜 바알을 섬기는 아합 집안을 죽이고 있다는 말을 듣고 예후를 마중 나와 그 종교개혁에 동참했다(왕하 10:15).

아기 탄생 소식을 듣고 가장 먼저 찾아온 사람이 목자들이다. 그리고 일정한 시간이 지난 후 동방박사들이 찾아왔다. 그들의 예물은 선물인 동시에 피난 자금이었다.

예후가 바알 선지자를 모두 죽이고 왕이 될 때 분명 요나답은 나라를 세운 일등공신이었다. 그러나 요나답은 어떤 부귀와 영화도 원하지 않고 천막에서 생활하며 여호와 섬기기를 계속했다. 그 생활 태도가 후손까지 이어졌다. 그 후손의 입을 통해 그가 어떻게 살았는가를 알 수 있다(렘 35:1-7).

요나답은 아합 시대에 이르러 사람들이 풍요로워지자 바로 타락하는 모습을 보았다. 예후조차도 왕의 권력을 얻자 여로보암의 금송아지 죄를 버리지 못하고 행위가 온전치 못했다. 그래서 그는 철저히 재야에 들어가 자신을 얽어매고 우상의 유혹이 될 만한 것을 완전히 제거하며 살았다. 이 자손이 결국 하나님에게서 다음과 같은 축복을 받는다.

> 그러므로 만군의 여호와 이스라엘의 하나님께서 이와 같이 말씀하시니라 레갑의 아들 요나답에게서 내 앞에 설 사람이 영원히 끊어지지 아니하리라 하시니라 렘 35:19

하나님의 축복대로 레갑 족속은 북이스라엘이 멸망하고 바벨론이 예루살렘을 침공할 때도 살아남았다. 바벨론은 부유한 자를 잡아 가고 비천한 백성은 남겨 땅을 관리하도록 했다. 레갑 족속은 재산이 없는 비천한 족속이었으므로 남았을 것이다.

역대상 2:55은 이 자손이 베들레헴 근처에 살았다고 한다. 후대의 전승에 의하면 그들이 성전 봉사의 직분에 포함되었다고 한다. 즉 유대인의 성경 주석에 해당하는 미쉬나에는 '레갑의 아들 요나답의 자손'이 매년 일정한 시기가 되면 성전 제단에 사용되는 나무를 가져왔다고 한다. 유대인들이 바벨론 포로에서 돌아와 성전을 재건할 때도 벧학게렘 지방을 다스리는 레갑 자손이 일어나 예루살렘의 남쪽 문인 분문을 수리했다(느 3:14).

그러면 벧학게렘(포도원 집)은 어디인가? 몇 개의 후보지가 있지만 가장 유력한 곳이 라맛라헬인데 예루살렘과 베들레헴 중간이다. 예루살렘과 베들레헴이 직선거리로 4km이니 레갑 사람이 살던 벧학게렘에서 베들레헴까지는 한 시간이면 가는 2km 정도밖에 되지 않았다.

그들은 전통적으로 유목민이어서 집에서 사는 대신 양과 함께 살았다. 예수님이 베들레헴에서 탄생할 때 천사들의 탄생 소식을 전해들은 사람들이 바로 이 레갑 족속이었으리라. 천막에 살며 신앙의 전통을 순수하게 이어 오던 사람들, 즉 베들레헴 지경의 목자들은 하나님의 축복으로 예수님의 탄생 소식을 접할 수 있었다. 조상 대대로 내려오던 축복의 결과였고 성실히 지킨 신앙의 대가였다. 예수님은 이렇게 마음이 가난하고 주리며 살던 사람들의 예방을 받으셨다.

성전에서 만난 사람들: 노인과 여인

아기의 이름은 난 지 8일이 되어 할례할 때 주어진다. 아기의 이름은 '예수'가 되었다. 이는 보편적인 이름이다. 할례는 지역 랍비가 와서 의식을 행하지만 남자아이를 낳은 지 40일이 지난 후 여인의 정결 의식을 행할 때는 성전으로 가야 했다(눅 2:21-38). 예루살렘이 베들레헴에서 가까웠으므로 그리 부담되지 않는 거리였다.

> 2 이스라엘 자손에게 말하여 이르라 여인이 임신하여 남자를 낳으면 그는 이레 동안 부정하리니 곧 월경할 때와 같이 부정할 것이며 3 여덟째 날에는 그 아이의 포피를 벨 것이요 4 그 여인은 아직도 삼십삼 일을 지내야 산혈이 깨끗하리니 정결하게 되는 기한이 차기 전에는 성물을 만지지도 말며 성소에 들어가지도 말 것이며 레 12:2-4

마리아와 예수님이 성전에 왔을 때 두 사람이 예수님을 환영했다. 모두 소외된 지파의 사람들이었다. 한 사람은 유다 지파에 흡수된 시므온 지파 사람이었던 것 같고, 한 사람은 솔로몬이 두로 왕 히람에게 팔아넘겼던 땅에 살던 아셀 지파 여인이었다. 누가는 예수님이 이집트로 가신 일을 생략하고 바로 갈릴리 본동네 나사렛으로 간 것처럼 기록한다. 마태복음에 의하면 예수님이 동방박사의 예방을 받은 날짜가 최소한 생후 40일 이후에서 최장 2년 안이라는 것을 알 수 있다.

> 이에 헤롯이 박사들에게 속은 줄 알고 심히 노하여 사람을 보내어 베들레헴과 그 모든 지경 안에 있는 사내아이를 박사들에게 자세히 알아본 그 때를 기준하여 두 살부터 그 아래로 다 죽이니 마 2:16

여기서, 묵상

미가 선지자는 예수님이 베들레헴에서 탄생할 것을 예언했다. 왜 하나님은 예수님이 베들레헴에서 태어나야 한다고 말씀하셨을까? 하나님은 보아스의 자비(인애, 헤세드 חֶסֶד)가 있었고 하나님 마음에 흡족하였던 다윗이 태어나 자란 베들레헴을 메시아 탄생지로 정하셨다. 그러므로 하나님의 자비를 다시 온 세상에 나타내시며 오실 메시아가 다윗보다도 더 흡족한 하나님의 아들임을 보이셨다.

> 폐하시고 다윗을 왕으로 세우시고 증언하여 이르시되 내가 이새의 아들 다윗을 만나니 내 마음에 맞는 사람이라 내 뜻을 다 이루리라 하시더니 행 13:22
>
> 하늘로부터 소리가 있어 말씀하시되 이는 내 사랑하는 아들이요 내 기뻐하는 자라 하시니라 마 3:17

베들레헴에서 일어난 사건

- 룻과 보아스가 만나다
- 다윗이 유년기를 보내다
- 예수님이 탄생하다

이방인 대표: 동방박사

미가서 4-5장의 예언은 마태복음 2장에서 어느 정도 이루어졌다. 어수선한 분위기에서 이루어진 이 사건을 미가서와 비교하며 세밀하게 읽어 보자(마 2:1-12).

왜 베들레헴인가?

동방박사들이 찾아간 곳은 예루살렘에서 직선거리로 4km밖에 안 되는 **베들레헴**이었다. 베들레헴은 작지만 성경의 수많은 사건이 일어난 곳이다. 룻과 보아스의 사랑 이야기, 다윗의 유년 시절과 선택, 블레셋과의 전투가 펼쳐진 장소다. 무엇보다도 다윗의 고향인 베들레헴에서 태어난 예수님은 '다윗의 자손'과 친밀한 관계를 가지셨다. 예수님이 이곳에 태어난 것은 또한 쉐펠라에서 활동하던 선지자 미가의 예언이 성취된 것이다.

> 베들레헴 에브라다야 너는 유다 족속 중에 작을지라도 이스라엘을 다스릴 자가 네게서 내게로 나올 것이라 그의 근본은 상고에, 영원에 있느니라 미 5:2

베들레헴의 중요성은 왕국 시대에 일어난 사건들을 보면 알 수 있다. 베들레헴의 서쪽은 다윗이 골리앗을 죽인 엘라 골짜기로 통하고 동쪽은 아모스 선지자의 고향 드고아를 거쳐 엔게디로 통한다. 베들레헴은 다윗이 한동안 사울을 피해 있던 장소이고 여호사밧 왕이 모압 연합군을 상대하여 찬송으로 대승을 거두었던 곳이다. 북쪽으로 가면 예루살렘이(도로상 8km 정도) 나오고 남쪽으로 가면 갈렙의 영지 헤브론이 나온다.

곧 많은 이방 사람들이 가며 이르기를 오라 우리가 여호와의 산에 올라가서 야곱의 하나님의 전에 이르자 그가 그의 도를 가지고 우리에게 가르치실 것이니라 우리가 그의 길로 행하리라 하리니 이는 율법이 시온에서부터 나올 것이요 여호와의 말씀이 예루살렘에서부터 나올 것임이라 미 4:2

베들레헴 에브라다야 너는 유다 족속 중에 작을지라도 이스라엘을 다스릴 자가 네게서 내게로 나올 것이라 그의 근본은 상고에, 영원에 있느니라 미 5:2

미가서 4:2의 말씀대로 이방인 대표로 동방박사들이 먼저 율법에 나오는 예루살렘에 도착하였고 그 나라를 다스릴 어린 임금을 만나려고 베들레헴까지 왔다.

동방박사들은 베들레헴에 멈추어 비추는 별을 보고 그에게 경배하고 가져온 예물을 예수님께 드렸다. 이때 드린 예물의 종류를 잘 보라. 구약 어딘가에서 언급된 종류와 비슷하지 않은가?

그들이 앉아 음식을 먹다가 눈을 들어 본즉 한 무리의 이스마엘 사람들이 길르앗에서 오는데 그 낙타들에 향품과 유향과 몰약을 싣고 애굽으로 내려가는 지라 창 37:25

동방박사들이 가져온 예물은 요셉을 사간 동방 사람들의 물건들과 비슷했다.

형들이 요셉을 죽이려고 마른 샘 구덩이에 가둘 때 동쪽(길르앗)에서 오던 이스마엘(이삭의 형) 자손을 만난다. 그들은 황금을 제외한 유향과 몰약을 가지고 이집트로 가기 위하여 길르앗(가나안 동쪽)에서 가나안(정확히 도단)을 지나고 있었다. 요셉은 이들에게 은 20에 팔려갔다. 요셉과 예수님의 생애는 공통점이 많다. 유향과 몰약, 은 20, 애굽으로 감, 절대 권위, 이스라엘 구원, 용서 등이 그것이다.

예수님을 경배한 동방박사들은 천사의 지시를 받고 헤롯에게 어떤 정보도 주지 않은 채 본국으로 돌아갔다.

이 시점에서 동방박사들의 경로를 살펴보는 것이 필요하다. 성경은 동방박사들이 어디 출신인지, 어느 길로 예루살렘까지 왔는지 설명하지 않는다. 그러나 그 행로를 추정해 볼 수는 있다. 동방박사들은 분명 천문학을 연구하는 사람이고 메시아 사상을 잘 알았다. 헤롯에게 유대인의 왕을 찾아왔다고 말하는 데서 그 단서를 찾을 수 있다. 천문학에 조예가 깊은 민족은 바벨론 사람이기 때문에

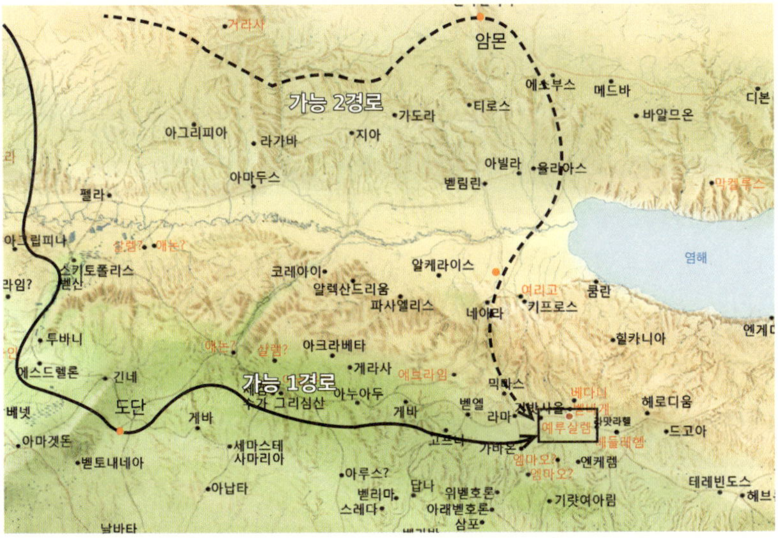

동방박사의 예루살렘행 경로

동방박사들은 바벨론에서 왔을 것이다. 그러면 어느 길을 통과해 왔을까? 구름기둥과 불기둥이 이스라엘을 인도하였듯이 박사들의 행로를 별이 좌우했다. 우리가 알 수 있는 것은 예루살렘 근방에 이를 때까지 박사들이 오던 길은 골짜기 길(요단 강 남북 도로)이나 해변길(사론 평야와 블레셋 평야 길)은 아니다. 별을 관찰하려면 산 능선을 타야 하기 때문이다.

그렇다면 두 가지 길이 가능하다. 하나는 요셉을 사서 이집트로 간 이스마엘 대상과 같이 길르앗에서 벧산을 거쳐 도단으로 오다 산 능선을 따라 난 족장의 도로를 따라 예루살렘으로 가는 길이다. 또 하나는 길르앗에서 가나안으로 향하지 않고 왕의 대로를 따라 계속 남쪽으로 가다가 빌라델비아(옛 랍바 암몬)를 거쳐 여리고로 내려가는 길이다. 이 길은 여리고 앞 요단 나루터를 지나는 길로 여호수아가 이스라엘을 이끌고 가나안에 입성한 의미 있는 길이다. 구름기둥 대신 별의 인도를 받은 박사들이 이곳을 지났다면 그것도 의미 있는 사건이다.

그런데 우리가 확실히 아는 길은 사실 예루살렘에서 베들레헴에 이르는 길이다. 이 길은 아브라함부터 수많은 사람들이 이용했다. 라헬이 이 길에서 베냐민을 낳다가 베들레헴 근처에서 죽었고, 한 레위 자손이 자기 첩을 데리러 오고갔다(삿 19장). 뿐만 아니라 다윗이 사울에게 음악을 들려주러 오가던 길이다. 그 외에 여호사밧의 군대가 모압과 맞서 싸우러 나아간, 유다 왕이면 한 번 정도 지나야 했던 길이다.

예루살렘-베들레헴 길에서 일어난 사건

- 라헬이 베냐민을 낳다 죽다
- 레위인이 첩을 데리러 오가다
- 다윗이 사울에게 가던 길이다
- 여호사밧 군대가 모압과 싸우러 나가다

아기 예수의 수난 마 2:13-18

라마의 통곡: 헤롯의 유아 살해

헤롯은 동방박사들이 돌아갈 때 예루살렘에 들르지 않은 것을 이상히 여기고 수소문한 끝에 속은 것을 알고 매우 노했다. 가족 간의 중상모략에 속아서 자신이 사랑하는 사람도 죽인 헤롯이 또 속은 줄 알았을 때의 그 기분이 어떤 것인지 이해할 만하다. 아들까지 죽인 헤롯은 잡은 권력을 놓치지 않기 위해 베들레헴의 어린 아이를 모두 살해한다.

> 라마에서 슬퍼하며 크게 통곡하는 소리가 들리니 라헬이 그 자식을 위하여 애곡하는 것이라 그가 자식이 없으므로 위로 받기를 거절하였도다 함이 이루어졌느니라 마 2:18

루벤스, 〈유아 대학살〉

이때 예수님은 천사의 도움을 받아 애굽으로 피신하지만 성경에서 암시한 한 아기가 위협을 받았는데 바로 세례 요한이다. 예수님과 6개월밖에 차이가 나지 않는 세례 요한은 유다 산중(전통적으로 엔케렘이라 알려짐)에서 재난을 감수해야 했다. 천주교 전통에 의하면 그때 세례 요한의 어머니 엘리사벳은 지금의 마리아방문교회(엔케렘)로 피신하였다고 한다.

애굽-피신 ②: 베들레헴 → 술길 → 고센

예수님이 어떻게 애굽으로 가셨는지, 이집트(애굽) 어디에서 사셨는지 성경은 말해 주지 않는다. 전통에 의하면 카이로 근처가 아닌가 한다. 요셉은 아기 예수와 막 산후조리가 끝난 마리아를 데리고 이집트로 향했다. 누가복음대로 예수님이 할례를 받고 마리아가 정결예식을 마쳤다면 적어도 40일(레 12:2-6)까지는 베들레헴 지경에 머물다가 이집트로 출발한 것으로 보인다. 요셉은 아기 예수의 안위를 위해 분명히 헤롯의 정보원이 깔린 길을 따라 이집트로 향하지 않고 유목민이 많이 이용하던 술길을 이용했을 것이다. 베들레헴에서 헤브론으로 향하

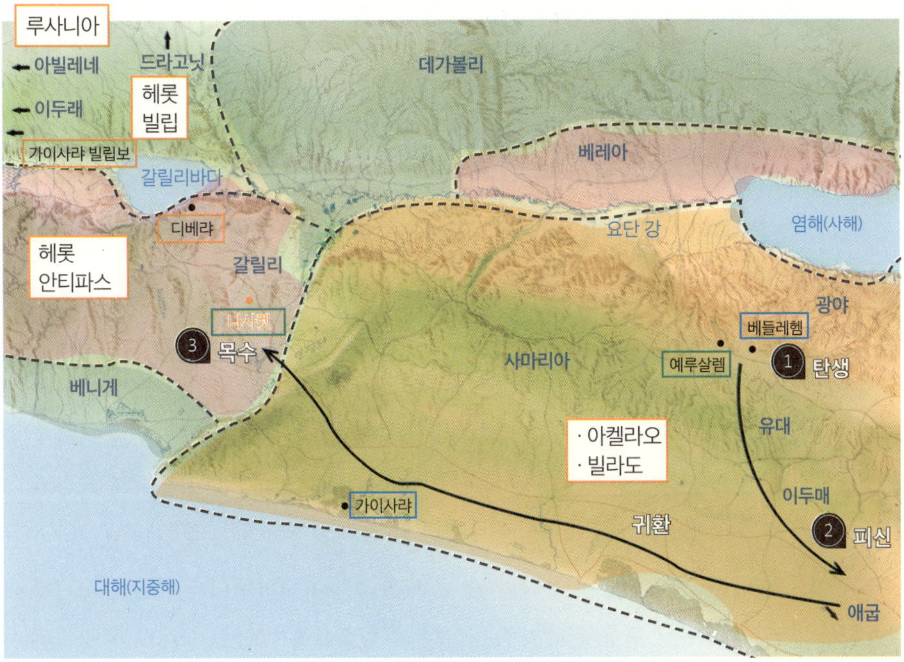

다 브엘세바로 내려가 가데스바네아 방향으로 가면 술길로 들어선다.[5] 다윗의 자손인 요셉은 그 길을 아브라함과 이삭, 야곱 등이 즐겨 이용한 것을 알았고 아기 예수는 이 의미 있는 길을 따라 출애굽의 현장으로 향했다.

이집트는 이스라엘이 400년 동안 종살이하고 모세가 태어나 활동한 지경이다. 예수님 가족이 얼마 동안 이집트에 사셨는지 정확히 알 수 없지만 2년은 넘지 않았을 것이다. 왜냐하면 대헤롯이 죽은 해가 BC 4년 봄이고 곧바로 아켈라오가 로마로 넘어가 유다를 다스릴 왕권을 얻어 왔다. 성경은 이 상황을 자세히 다룬다. 헤롯이 죽고 바로 유대로 돌아온 요셉 일행은 아켈라오가 왕이 되어 자신을 반대하던 유대인에게 폭정을 한다는 소문을 접하면서 갈릴리 땅에 들어선 것으로 보인다.

이때의 상황을 예수님은 헤롯의 겨울궁전이 있던 신약 시대의 여리고에서 비유로 언급하셨다. 이 비유를 들은 사람들은 쉽게 이해했을 것이다

> 1 예수께서 여리고로 들어 지나가시더라… 11 그들이 이 말씀을 듣고 있을 때

5 맥밀란 지도는 요셉 일행이 이집트로 가는 가장 편리한 길을 이용했을 것이라고 말한다. 산모가 걱정이지만 마리아가 벌써 정결 의식을 끝냈으니 40일이 지난 상황이었다(레 12:2-6). 편리한 만큼 위험한 길이다.

에 비유를 더하여 말씀하시니 이는 자기가 예루살렘에 가까이 오셨고 그들은 하나님의 나라가 당장에 나타날 줄로 생각함이더라 눅 19:1, 11

아켈라오는 헤롯이 죽은 후 로마에 갔으나 유대의 많은 지도자가 그가 왕이 됨이 부당하다고 로마에 상소를 올렸다. 그러나 아켈라오는 기어코 왕이 되어 돌아와 보복과 학정을 행했고, 이로 인해 그는 결국 9년 만에 왕위를 로마 총독에게 내주어야 했다.

12 이르시되 어떤 귀인(아켈라오)이 왕위를 받아 가지고 오려고 먼 나라로 갈
때에 13 그 종 열을 불러 은화 열 므나를 주며 이르되 내가 돌아올 때까지 장
사하라 하니라 14 그런데 그 백성이 그를 미워하여 사자를 뒤로 보내어 이르
되 우리는 이 사람이 우리의 왕 됨을 원하지 아니하나이다 하였더라… 27 그
리고 내가 왕 됨을 원하지 아니하던 저 원수들을 이리로 끌어다가 내 앞에서
죽이라 하였느니라 눅 19:12-14, 27

그러면 예수님 일행은 어떤 경로로 유대 땅에 왔을까? 고센 땅 부근을 출발한 예수님 일행이 출애굽 경로를 택하리라고는 상상하기 힘들다. 헤롯의 위험이 없어졌으니 가장 편리한 해변길을 이용했을 것이다. 그 길은 야곱의 아들 요셉이 애굽으로 잡혀간 길이다. 이 길을 또 다른 요셉이 이제 가족을 데리고 유대로 향하고 있다. 그는 자신의 고향인 유다에 터전을 잡고 싶었지만 아켈라오의 위협과 꿈에 지시함을 받고 가까운 친족이 모여 사는 나사렛으로 돌아갔다.

여기서, 묵상

예수님을 이끌고 갔던 육신의 아버지 이름이 요셉이라는 점과 야곱의 가족을 애굽으로 오게 한 사람이 동명이인인 요셉이라는 점은 우연일까?

헤롯이 죽기까지 거기 있었으니 이는 주께서 선지자를 통하여 말씀하신 바 애굽으로부터 내 아들을 불렀다 함을 이루려 하심이라 마 2:15

마태는 애굽에서 예수님이 나오는 장면을 출애굽과 연관시킨다. 예수님이 요셉에게 이끌려 출애굽한 나이도 유월절 어린 양의 나이와 비슷한 것 같다. 애굽에서 이스라엘 민족을 출애굽하게 한 어린 양의 피와 예수님은 어떤 관계일까? 이 관계는 예수님이 세례를 받고 요한으로부터 명명을 받을 때 또 유월절에 십자가에 못 박혀 돌아가실 때 확실해진다.

> 이튿날 요한이 예수께서 자기에게 나아오심을 보고 이르되 보라 세상 죄를 지고 가는 하나님의 어린 양이로다 요 1:29
> 유월절 전에 예수께서 자기가 세상을 떠나 아버지께로 돌아가실 때가 이른 줄 아시고… 요 13:1

나사렛-목수 ③ : 나사렛 → 세포리스 → 나사렛 눅 2:41-52

아기 예수가 젖을 뗄 무렵 예수님 가족은 나사렛에 정착했다. 예수님이 이스라엘에 오신 때는 헤롯이 죽고 왕국을 크게 4개의 지경으로 분할, 통치하던 시기다. 헤롯의 세 아들과 누이동생이 통치한 것이다.

갈릴리에 속한 나사렛은 헤롯 안티파스가 다스렸다. 그는 나사렛 옆 세포리스에 수도를 두었다. 나사렛은 200가구도 되지 않는 조그만 시골 마을이다. 갈릴리 가나 출신인 나다나엘조차 나사렛에서 선한 것이 날 수 없다고 할 정도로 작고 경멸받는 마을이었다(요 1:46).

> 나다나엘이 이르되 나사렛에서 무슨 선한 것이 날 수 있느냐 빌립이 이르되 와서 보라 하니라 요 1:46

이 조그만 마을에서 예수님은 목수의 아들로 자라셨다. 예수님의 어린 시절에 관한 기록은 누가복음의 예루살렘 방문 기사 외에는 없다. 나사렛의 지리적인 면과 당시 상황을 살펴보며 예수님의 어린 시절을 추측해 볼 수는 있다.

[부록-복음서 2 지도]에서 빨강색으로 표시된 나사렛을 보고 남쪽을 살펴보라.

이스르엘 골짜기 근처에서 일어난 일

드보라가 다볼 산 전투에서 승리하다

기드온이 모레 산지 골짜기에서 미디안 군대를 무찌르다

엘리야가 갈멜 산에서 바알에게 승리하다

엘리사가 수넴 여인의 아들을 살리다

예후가 이스르엘 성에서 아합 아들과 이세벨을 죽이다

요시야가 므깃도에서 전사하다

열왕기하에 나오는 엘리야와 아합의 사건이 나사렛 남서쪽에서 많이 일어났다. 이스라엘의 최고 농경지인 이스르엘 골짜기가 나사렛 능선 남서쪽으로 펼쳐진다. 이곳에서 일어난 사건을 모두 말하려면 구약의 많은 분량을 다루어야 한다.

대표적인 사건만 들어도 다볼 산에서 전투한 여자 사사 드보라, 모레 산지 골짜기에서 미디안 군대를 무찌른 기드온, 갈멜 산에서 승리한 엘리야, 수넴 여인을 살린 엘리사, 이스르엘 성에서 이스라엘 왕과 이세벨을 죽이고 종교를 개혁한 예후, 므깃도에서 전사한 요시야 왕 등이 있다. 모두 이스르엘 골짜기를 중심으로 일어난 사건이다.

예수님은 육신의 아버지 요셉을 따라 목수 일에 사용할 나무를 구하러 나사렛 산지를 돌아다니면서 사색에 잠기셨을 것이다. 전쟁과 개혁, 진정한 삶을 갈구한 이들의 사역을 생각하고 자신이 가야 할 사역의 방향을 계획하며 유년기와 청년기를 보내셨을 것이다. 엘리사가 수넴(모레 산 남쪽 위치) 여인의 아들을 살린 모레 산 북쪽인 나인에서 예수님이 과부의 아들을 살린 것은 이런 계획이 반영된 것이 아닐까?

나사렛 북쪽 세포리스는 예수님의 어린 시절 헤롯 안티파스가 다스리던 갈릴리의 수도였다. 예수님의 청년기에 디베랴(티베리아스)로 수도를 옮겼다 해도 세포리스는 계속 번창했음에 틀림없다. 예수님은 아버지를 따라 일을 보러 읍내에 자주 다니셨을 것이다. 예루살렘 멸망 후 산헤드린 공회는 자신들이 그리도 무시하던 갈릴리 세포리스까지 이동하여 경전 미쉬나를 완성한다. '갈릴리에서 선지자가 날 수 없다'고 한 유대인들이 예수님께서 청소년 시절에 드나들던 세포리스에 와서 경전을 완성시킨 것은 아이러니컬한 일이다. 한 치 앞도 모르는 우리가 누구를 멸시한다는 것은 말이 되지 않는다.

나사렛 목수 예수
나사렛은 산에 위치한다. 나사렛 산지에서 바라보면 이스르엘 골짜기가 보인다. 이스르엘 골짜기에서는 많은 전쟁, 특히 엘리야와 엘리사의 이야기가 있는 갈멜 산이 위치한다.

예루살렘-12세 : 예루살렘↔여리고 ④ 눅 2:41-52

요셉 집안은 해마다 유월절이면 예루살렘에 갔다. 요셉 집안뿐 아니라 모든 갈릴리 유대인이 행하던 관습이다. 움직이는 경로는 지도에서 보듯 마리아가 베들레헴으로 간 그 길이다. 이때는 대개 친척 단위로 움직이니까 아이에게 일일이 신경 쓰지 않아도 서로 안심할 수 있었다. 요셉과 마리아도 유월절 제사가 끝나고 돌아갈 때 성인식을 할 나이(13세)가 된 열두 살 예수가 당연히 친척 틈에 끼어 따라오리라 믿었다(눅 2:41-52).

요셉과 마리아 일행이 갈릴리로 가려면 먼저 예루살렘에서 여리고로 내려가야 한다. 적어도 9시간 거리이므로 일행은 아침 일찍 출발했을 것이다. 여리고에 이르러 겨우 잠을 자려고 몸을 뉘었을 때 소년 예수가 보이지 않았다. 당연히 친척 틈에 끼어 있으리라 생각했는데 어디에도 보이지 않았다. 마리아와 요셉은 하는 수 없이 그 밤은 여리고에서 유숙했다. 아무리 마음이 급해도 개별적으로 더구나 그 밤에 예루살렘을 향해 길을 나서는 것은 정말 위험천만한 일이었기 때문이다.

요셉 일행은 다음 날 하루 종일(9시간 정도) 예루살렘에 올라가서 일단 자고 다음날에야 아들을 성전에서 발견했다. 꼬박 3일이 걸려 예수님을 찾은 것이다.

> 사흘 후에 성전에서 만난즉 그가 선생들 중에 앉으사 그들에게 듣기도 하시며 묻기도 하시니 눅 2:46

나사렛에서 성장

예수님은 어린 시절을 나사렛에서 보냈다. 성장 후에 요셉이 언급되지 않는 것을 보면 일찍 소년 가장이 된 듯하다. 나사렛에서 자랄 때 갈릴리 지역의 수도는 세포리스였다. 갈릴리에서 5km 떨어진 곳에 위치한 세포리스가 한창 건설될 때 목수 요셉과 그의 아들 예수는 자주 이곳을 방문하였을 것이다. 뿐만 아니라 나무가 많은 산지에서 이스르엘 골짜기를 바라보면서 선지자의 사건들을 기억하며 자랐을 것이다. 그래서 성경은 예수님의 성장기를 이렇게 묘사한다.

> 예수는 지혜와 키가 자라가며 하나님과 사람에게 더욱 사랑스러워 가시더라
>
> 눅 2:52

예수님은 가장 건강한 소년기의 모범이다. 지혜인 지력, 키인 체력, 하나님 사랑인 영성, 사람의 사랑인 사회성 면에서 균형 잡인 성장이야말로 건강한 성장이라고 할 수 있다.

지도 그리기

복음서 1

성경 역사 주도권 이동

부록에서
지도를 찾아
그리세요

역사와 묵상

01 예수님이 오셨을 당시는 정치, 경제, 법, 도로, 문화 등 모든 상황이 준비되어 있었다. 하나님은 '때가 차매' 일하신다. '지금' 우리 앞에 일어나는 어떤 일이 하나님의 때가 차서 일어나는 일들이라고 볼 수 있을까?

02 헤롯 가문을 이해하기 위해서는 예수님 당시의 정치 구조를 이해해야 한다. 헤롯 가문의 시조인 대헤롯은 예수님이 태어났을 때 아기 예수를 죽이려 했고, 그의 아들 헤롯 안티파스는 세례 요한을 죽이고 예수님을 재판했다. 손자 헤롯 아그립바는 야고보를 죽이고 베드로를 죽이려다 실패하고 충에 먹혀 죽었다. 그리고 증손자 아그립바 왕은 사도 바울을 재판했다. 3명의 헤롯과 아그립바와 관련된 성경의 사건들을 더 찾아보자.

03 세례 요한은 소렉 골짜기의 엔케렘에서 태어난 것으로 전해진다. 소렉 골짜기의 유명한 인물 중 한 명은 '삼손'이다. 둘의 삶에는 공통점도 있고 차이점도 있다. 공통점은 둘 다 '준비하는 자'였다는 것이다. 삼손은 블레셋 사람에게서 이스라엘을 구원하는 사람으로 부름을 받았다(삿 13:5). 세례 요한은 예수님이 오시는 길을 준비하는 자의 사명을 받았다(막 1:3). 반면에 차이점은, 삼손이 세상의 향락을 누리다 마지막 죽음에 이르러 사명을 이루었다면, 세례 요한은 빈들로 나가 순교하면서까지 사명을 다해 예수님께 '여자가 낳은

자 중 가장 큰 자'라는 칭호를 얻었다.

우리 모두는 사명이 있다. 그러나 사명을 이루어 가는 과정과 삶은 각자 다르다. 당신은 어떤가?

---

04 예수님은 말씀이 육신이 되어 오셨다(요 1:14). 말씀으로 오신 그분을 기억하고 4세기에 한 사람이 이곳을 찾았다. 라틴어로 성경을 번역한 제롬이다. 제롬은 역사가이자 지리학자인 유세비우스와 파울라와 유스토키움 같은 여인들의 도움을 받아 평생 그곳에서 신구약 성경을 번역하고 성경 주석까지 남겼다. 벌게트 성경은 지금까지도 기독교 신앙에 큰 영향력을 미치고 있다. 우리가 주님의 말씀 전파를 위해 할 수 있는 일은 무엇인가?

---

05 예수님이 태어나실 때와 자라실 때를 보면 많은 의미들을 품고 있음을 알 수 있다. 이미 언급한 나사렛, 호적, 베들레헴, 목자, 구유, 동방박사, 피신, 지혜, 키, 하나님, 사람 등의 단어를 보면서 떠오르는 생각을 나누어 보자.

제롬의 무덤에 있는 모자이크와 동상. 제롬은 예수님이 탄생한 동굴에서 평생 성경 번역을 했다. 모자이크는 오른쪽부터 유세비우스, 제롬, 파울라(Paula), 유스토키움(Eustochium)

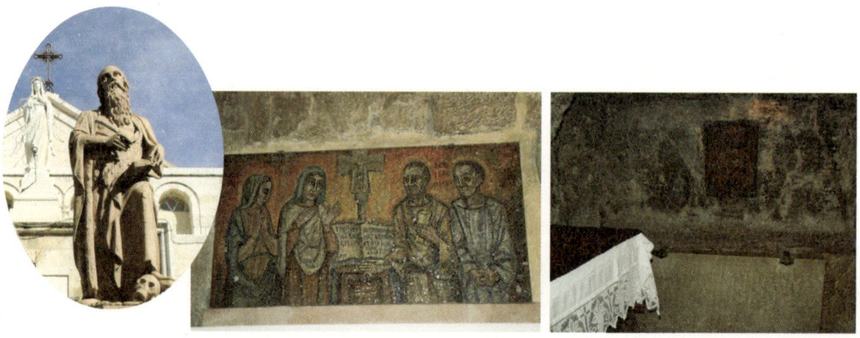

공생애 1년 차 | 사역 시작 |

'종'에서 '자녀'로 눈을 바꾸시다 6일

성경 마 3-4, 막 1, 눅 3-4, 요 1-2장 **연대** AD 8-28년경

핵심 본문 세례 요한의 활동, 예수님의 세례와 광야 금식, 가나 혼인잔치

지도 복음서 2

유대 광야

주의 길을 곧게 한 유대 광야의 사역자: 세례 요한

세례 요한의 사역: 누구나 와서 구원을 얻으라 **마 3:1-12; 막 1:2-14; 눅 3:1-20; 요 1:19-28**

예수님이 공식석상에서 활동할 수 있는 나이인 30세가 되었을 때 6개월 앞서 태어난 세례 요한이 유대 광야에 나타나 회개의 복음을 외쳤다. 당신의 눈을 예루살렘과 염해 사이 유대 광야로 돌려보라. 이 광야에서 다윗이 목동 생활을 했고 이사야와 예레미야 같은 선지자들이 영감을 얻었다. 예레미야의 고향 아나돗과 아모스의 고향 드고아는 유대 광야 가장자리에 위치한다. 그들의 고향을 찾아서 손으로 짚어 보라. 이사야는 메시아가 광야로부터 올 것을 암시하는 구절을 남겼다.

> 외치는 자의 소리여 이르되 너희는 광야에서 여호와의 길을 예비하라 사막에서 우리 하나님의 대로를 평탄하게 하라 사 40:3

대헤롯이 BC 4년경 이 광야에 세운 여리고 궁전에서 죽자 왕국은 그의 아들들이 분할 통치하게 되었다. 이두매, 유다, 사마리아는 아켈라오가, 갈릴리와 베레아는 안티파스가, 골란 고원 방면은 빌립이 통치했다.

아켈라오는 학정을 하다가 로마에 의해 통치 9년 만에 추방되었고, 유다는 로마 총독이 직접 다스리는 직할 통치 시대로 들어갔다. 총독 빌라도는 난폭한 인물이었다. 어떤 형상을 세우는 것도 금지된 예루살렘 성에 (황제) 형상을 몰래 가져왔다가 유대인과 심각하게 부딪친 것을 보면 그의 성격을 짐작할 수 있다.

로마의 간섭이 심해질 무렵 유다에는 3개의 종파가 있었다. 하나는 집권층에 해당하며 부활이 없다고 주장하는 사두개인이고, 또 하나는 구전 등 전통을 중요시하는 바리새인이다. 그러나 가장 철저한 유대 종파는 하스모니아 왕가 때부터 시작된 에세네파였다. 그들 중 일부는 어떤 정치적인 협상도 거부하고 광야 등지에서 경건 생활을 극단적으로 추구한 것 같다. 최근 고고학 발굴을 통해 에세네파의 영향을 받은 공동체가 유대 광야 쿰란에서 메시아를 기다리는 철저한 경건 생활을 했음을 알 수 있다. 이 공동체 중앙에는 도서관과 식당, 성경 사본학교가 있었고 그 주변으로 많은 사람들이 토굴을 짓고 생활했다. 이들의 생활 규범이 밝혀지면서 당시 세례 요한의 활동을 좀 더 정확히 이해할 수 있게 되었다.[6] 일각에선 세례 요한을 에세네파였을 것으로 추정하나 그것은 무리가 따르는 주장이라 생각한다.

여하튼 세례 요한은 에세네파 사람들처럼 유대 광야에 나와 극단적인 경건 생활을 했다. 그의 옷은 광야에서 운송 수단으로 이용하던 약대 털로 만들었고, 그가 먹은 음식은 메뚜기와 들의 꿀이었다. 그는 유대 광야 가장자리이자 염해 바로 북쪽인 요단 강가에서 회개의 복음을 전파했다. 메시아를 기다리던 많은 사람이 찾아왔다. 메시아가 곧 오시면 구원받기 힘들 것으로 여기던 이들이었다.

에세네파는 철저히 자기중심적인 사회를 만들어 규칙을 어기는 사람은 접근도 못하게 했지만, 세례 요한의 외침은 에세네파의 규율에 미치지 못하는 사람들에게 파격적인 것이었다. "누구나 오라, 와서 회개하고 참된 이스라엘 백성이 되라"는 그의 외침은 메시아를 갈망하지만 죄의식에 사로잡혀 있던 사람들에게 획기적인 뉴스였다. 예루살렘과 유대 지경과 요단 강 주변의 많은 이들이 세례 요한을 찾아왔다. 죄인들이었다. 아니 죄인이라고 고백하는 자들이었다. 반면 자칭 의인들은 회개하지 않다가 요한에게 신랄한 책망을 들었다.

7 요한이 많은 바리새인들과 사두개인들이 세례 베푸는 데로 오는 것을 보고
이르되 독사의 자식들아 누가 너희를 가르쳐 임박한 진노를 피하라 하더냐 8
그러므로 회개에 합당한 열매를 맺고 9 속으로 아브라함이 우리 조상이라고
생각하지 말라 내가 너희에게 이르노니 하나님이 능히 이 돌들로도 아브라함
의 자손이 되게 하시리라 마 3:7-9

여기서,
묵상

1947년 쿰란에서 사해사본이라 부르는 2천 년 전의 성경이 발견되었다. 성

6 최근 학자들은 쿰란 공동체를 에세네파로 확정할 수 없어 '야하드 공동체'라 부른다.

: 6일

오늘 읽을 분량
성경 요 3-4, 눅 5, 막 1-2, 마 8-9
본서 119-161쪽

성경의 맥 잡기
1. 세례 요한과 예수님 세례
2. 광야 시험
3. 갈릴리 공생애 첫 사역

신구약 연결 포인트
1. 여호수아의 요단 강 도하와 예수님의 세례 연관 관계
2. 수가(=세겜)의 예배들
3. 모세, 엘리사의 기적과 예수님의 세례, 물 변화 공통점 연구

묵상 가이드
1. 세례 요한을 통해 배울 점은?
2. 세례를 통해 보여 준 예수님의 역할은?
3. 수가에서 가르친 예배의 본질은?
4. 첫 표적을 통해 알려 주신 것은?

미크베라 불리는 쿰란의 정결탕
쿰란의 공동체는 정결예식을 귀하게 여겼고 세례의식과 같은 개념을 가졌다.

경과 함께 쿰란 공동체 규약도 발견되었는데 그들의 규약 중 일부는 세례 요한의 삶을 반영하는 듯했다. '야하드' 공동체라고 부르는 쿰란 공동체의 정체에 대해 확실하게 밝혀진 건 없지만, 세례 요한처럼 예루살렘 동쪽 광야에서 오실 메시아를 기다리며 '미크베'라는 정결탕에서 죄를 씻으며 정결한 삶을 추구하던 사람들이다. 요단 강에서 준 세례 요한의 세례는 이 정결예식에 기원을 두고 있다고 한다. 세례 요한은 여호수아가 가나안으로 향하기 전 정결예식을 행하던 곳에서 세례를 베풀었다. 예수님도 이곳에서 세례를 받기 위해 오셨다. 광야는 하나님의 은혜를 받기 위해 거룩함으로 나아오는 자들의 땅이었다.

세례 요한: 위대한 네 가지 사역 마 3:1-12, 막 1:1-8, 눅 3:1-18, 요 1:15-34

유대 지도층은 요한이 광야에서 회개의 세례를 전파할 때 사람을 보내 "네가 누구냐"고 물었다. 메시아를 갈망하던 시대에 요한의 출현은 이스라엘의 희망이었다. 요한은 제사장 집안 출신이며 특별하게 태어났다(눅 1장). 그의 출생 소식은 유대 산지에 잘 알려졌다. 그런 비범한 인물이 율법을 지키며 회개를 외치니 모든 사람이 메시아나 엘리야, 적어도 선지자로 생각할 만했다.

유대 지도자들의 이 질문에 요한이 '그렇다'고 한마디만 했어도 아니 침묵만 했어도 아니 엘리야나 선지자라고만 했어도 그에 대한 대우는 완전히 달라졌을 것이다. 그는 사생아 취급을 받던 예수님과는 출신부터 달랐다. 유대 광야에서 경건 생활을 하던 사람들은 레위 지파에서 메시아가 올 수 있다고 암시하기까지 했으니 세례 요한은 분명히 뜰 수 있는 인물이었다. 그러나 그는 자신을 철저히 낮추었다. 예수님조차 인정한 엘리야 직분도, 여자가 낳은 자 중에 가장 큰 자라는 칭호도 거절했다.

지리적으로 세례 요한이 사역한 장소의 중요성을 알아보자. 그가 사역한 장소를 요한은 이렇게 말한다.

> 이 일은 요한이 세례 베풀던 곳 요단 강 건너편 베다니에서 일어난 일이니라
> 요 1:28

신약성경에 나오는 베다니는 두 군데다. 하나는 세례 요한이 맨 처음에 세례를 주던 곳이고, 다른 하나는 나사로가 살던 베다니다. 예루살렘에 가까운 베다니(나사로의 동네)가 유명하지만 요단 강을 건너 여리고를 넘어가기 전에 베다니도 중요하다. 베다니는 벧+아니=가난한 자의 집, 즉 빈민촌이다. 세례 요한은 이런 가난한 곳에 와서 세례를 주었다. 그런데 이곳은 예루살렘에서도 접근하기 쉽고 특히 갈릴리 사람들이 명절을 맞아 예루살렘에 가려면 반드시 거치는 장소다. 이곳에서 세례 요한이 세례를 준 것은 다음과 같은 의미가 있다.

세례 요한이 세례를 주던 베다니는 유대 지역에서 가장 낮고 가난한 지역이다. 갈릴리 사람들은 예루살렘을 가려면 이곳을 반드시 거쳐야 했다.

1) 죄인 취급을 받던 이들에게 **회개의 세례**를 주었다.

요한은 바리새인이나 사두개인이 죄인 취급하던 군인이나 세리, 창기에게 세례를 주었다. 하나님께 가고자 하는 마음은 있어도 거절받던 소외 계층이 요한에게 나아와 세례를 받고 상쾌함을 얻었다. 이들은 예수님의 집중 전도 대상이기도 했다. 요한에게 세례를 받은 사람들은 예수님께 바로 마음을 열었다. 육신적으로 가난했을 뿐 아니라 마음도 가난한 사람들이었다.

2) 세례 요한은 **제자**를 양성했다.

세례 요한은 지나는 사람이 많은 이곳에서 회개하고 돌아오는 이들을 제자로 양성했다. 엘리야와 엘리사가 그랬던 것처럼 말이다. 세례 요한은 제자 중 일부에게 예수님을 따르게 했는데, 그중 안드레는 그의 형제 베드로를 예수님께 인도하기도 했다. 예수님의 핵심 제자는 세례 요한의 제자였던 것이다(요 1:35-42). '주의 길을 곧게 하는' 세례 요한의 작업이 없었다면 예수님의 사역이 그리 신속히 진행되었을까?

> **40** 요한의 말을 듣고 예수를 따르는 두 사람 중의 하나는 시몬 베드로의 형제
> 안드레라 **41** 그가 먼저 자기의 형제 시몬을 찾아 말하되 우리가 메시야를 만
> 났다 하고 (메시야는 번역하면 그리스도라) **42** 데리고 예수께로 오니 예수께서
> 보시고 이르시되 네가 요한의 아들 시몬이니 장차 게바라 하리라 하시니라
> (게바는 번역하면 베드로라) 요 1:40-42

3) 세례 요한이 집중적으로 사역한 대상은 **갈릴리 사람**이었다

여리고 앞 요단 나루터는 갈릴리 사람이 예루살렘으로 갈 때 반드시 들르는 장소다. 사마리아나 해변길은 이방인 때문에 지나기가 힘들어 갈릴리 유대인은 요단 동편 베레아 길을 이용했기 때문이다. 예수님이 갈릴리에 오셔서 사역하실 때 그곳에는 요한의 세례를 받은 사람이 많았다. 따라서 마음이 반 이상 열려서 예수님의 혁신적인 말을 수용할 수 있었다.

4) 세례 요한은 예수님의 **사역지를 평탄**케 했다

예수님은 베들레헴 남쪽으로는 가시지 않았다. 특히 헤브론이나 브엘세바 같은 곳은 아브라함을 비롯한 믿음의 조상들과 관련이 깊은데도 사역하신 기록이 없다. 역사적으로 중요한 장소가 많은데 왜 일부만 다니며 사역하셨을까? 그것은 세례 요한의 사역과 밀접한 관계가 있다. 세례 요한은 주의 길을 평탄케 하는 사람이었고 그가 평탄케 한 곳만이 왕이신 예수님이 가실 길이었다. 예수님이 세례를 받으시자 세례 요한은 살렘 가까운 애논으로 갔다. 그곳은 사마리아 지경이 가깝고 수가 성 사람도 나올 수 있는 곳이다. 세례 요한은 사마리아인 대상의 사역도 담당했던 것이다. 예수님도 사마리아에 가서 사역하셨다. 정리하자면 예수님은 세례 요한이 평탄하게 만들어 놓은 길만을 가시며 사역하셨다. 세례 요한은 순교하는 날까지 그 일을 충실히 이행했다.

세례 요한의 사역

① 죄인에게 회개의 세례를 줌
② 제자를 양성함
③ 갈릴리 집중 사역으로 주의 길을 평탄케 함

신·구약에 나타난 요단 강: 세례 요한-엘리야, 예수님-여호수아

세례 요한과 여호수아: 정결케 하다

요단 강은 여호수아가 이끄는 이스라엘이 가나안으로 입성한 길목이다. 세례 요한은 이제 새로운 가나안을 열기 위한 준비 작업에 착수했다. 여호수아가 요단 강을 건너기 전에 정결예식을 가진 것처럼 세례 요한은 천국이 열리기 전에 사람들에게 회개를 촉구하며 세례를 줌으로써 성결예식을 가졌다.

요한복음에는 세례 요한이 사역한 장소가 구체적으로 열거되는데 주로 요단 강 건너편 평지였다.

> 그후에 예수께서 제자들과 유대 땅으로 가서 거기 함께 유하시며 세례를 베푸시더라 요 3:22

여기서 유대 땅은 세례를 줄 수 있는 장소이므로 여리고 앞 요단 강 부근이나 여리고 근처가 아닌가 한다. 예수님은 세례를 받으신 건너편에서 사역하셨다. 요한은 베다니에 이어 살렘 가까운 애논에서 세례를 주었다고 한다(요 3:23). 위 두 지명이 오늘날 어느 지역인지는 분명하지 않다. '살렘'(Salim)은 '평화'라는 셈어에 기원을 둔 지명이며, '애논'(Aenon)은 '샘'이라는 아람어의 복수형이다. 4세기의 교회 역사가 유세비우스는 스키토폴리스(Scythopolis, 구약의 벧산) 남방(12km) 지점, 즉 요단 계곡의 동쪽으로 본다. 엘리사의 고향인 아벨므홀라와 가깝고 엘리사가 머물렀다고 보는 텔 르호봇 근처다.

세례 요한과 엘리야: 하늘나라를 열다

요한이 실제로 거주하며 사역한 곳은 엘리야가 승천한 장소다. 엘리야와 요한은 지리적으로나 성경적으로 깊은 관계를 가진다. 예수님도 그것을 인정하여 확실히 해석해 주셨다.

> 보라 여호와의 크고 두려운 날이 이르기 전에 내가 선지자 엘리야를 너희에게 보내리니 말 4:5
>
> 만일 너희가 즐겨 받을진대 오리라 한 엘리야가 곧 이 사람(세례 요한)이니라 마 11:14

이런 의미 있는 장소에서 겸손히 사역하던 세례 요한에게 예수님이 찾아오셨다. 요한은 즉시 예수님을 알아보았고 자신이 예수님께 회개의 세례를 줄 수 없는 죄인임도 알았다. 그러나 예수님은 그렇게 하는 것이 합력하여 선을 이루는 것이라고 하셨다.

왜 이것이 합당하고 의미 있는 일일까? 여기서는 신학적인 해석보다 지리적이며 역사적인 의미를 살펴보도록 하자.

엘리야의 고향은 디셉, 요단 동편 길르앗 산지다. 그의 생애는 요단 강 건너편에서 시작되고 끝맺는다. 엘리야가 승천한 곳은 여리고 앞 요단 강 너머 모압 평

세례 요한이 세례를 주던 베아치형 엘리야 승천 언덕
이곳이 신약의 엘리야인 세례 요한이 세례를 주던 지역이다. 멀리 여리고가 보인다.

지(여호수아가 가나안 입성 전에 머물던 곳)로 추정된다. 여기서 엘리야는 세상을 벗어나 진정한 가나안인 하늘나라 입성식과 진정한 출애굽을 행했다. 수세기 전 출애굽한 이스라엘 백성들이 이곳에서 모세의 마지막 교훈을 들었고 여호수아가 이스라엘 백성을 독려하여 가나안으로 향한 장소였다.

이런 신학적이고 역사적인 장소에서 세례 요한이 이스라엘을 향해 회개를 외친 것은 놀라운 일이 아니다. 이곳에서 승천한 엘리야가 다시 동일한 장소에서 사역하고 있다.

그뿐 아니라 세례 요한은 요단 강을 전략적으로 이용했다. 이곳에서 전도 대상을 예루살렘 근방의 유대인과 갈릴리 사람으로 삼았다. 그 유명한 헤브론과 브엘세바에 예수님이 가시지 않은 것도 이런 이유에서가 아닌가 한다. 준비 중 최고의 단계는 세례 요한이 제자를 준비하여 예수님께 넘겨준 것이다.

주의 길을 곧게 한 신약의 엘리야
예수님은 세례 요한이 평탄하게 만들어 놓은 길만을 가시며 사역하셨다. 세례 요한은 순교하는 날까지 그 일을 충실히 이행했다.

예수님이 사역을 시작하기 전 요한에게 세례를 받으신 것도 이런 맥락에서 이해할 수 있다. 같은 장소(모압 평지)에서 중요한 사건을 경험한 모세(신명기 기록), 엘리야(승천), 예수님(세례)이 말라기(4:4-5)와 마태복음(11:2-19)에서 조화롭게 접목되고 있는 것이다.

이 세 분의 형상 사이에 연결된 강한 고리가 예수님의 변화산 상에도 생생하게 나타난다. 모세와 엘리야 두 사람은 갑자기 예수님과 이야기한다. 이들은 영광 중에 나타나서 장차 예수님이 예루살렘에서 완성하실 일을 나누었다(눅 9:30-31).

요단 강-세례: 구원이 시작되다 ⑤ 마 3:13-17, 막 1:9-11, 눅 3:21-22, 요 1:29, 34

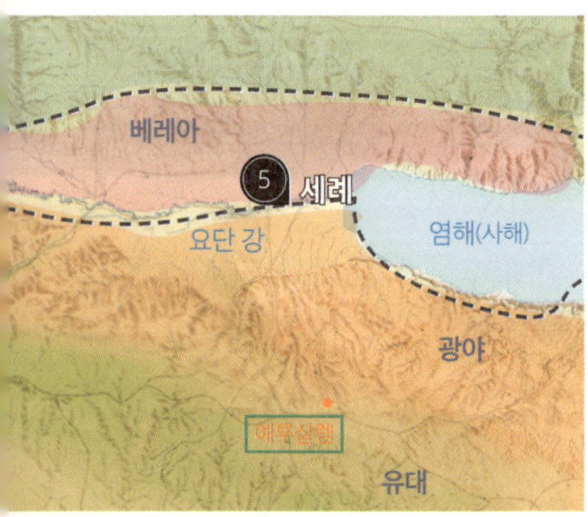

예수님이 세례받으신 요단 강을 통해 그 옛날 여호수아와 엘리사가 가나안으로 입성했다. 이들 이름의 뜻은 예수님과 같은 '여호와는 구원이다' 혹은 '나의 하나님은 구원이다'이다. '구원'이라는 뜻을 가진 사람들이 사역하던 그곳에 구원의 완성이 되시는 예수님(여호와는 구원이다)이 오셨다.

예수님이 세례 요한에게 세례를 받으시자 하늘이 갈라지며 성령이 임하셨다. 여호수아가 가나안으로 들어올 때도 물이 갈라졌다는 사실을 기억하라. 여호수아는 보이는 물을 갈랐지만 예수님은 하늘을 가르며 그림자 사건을 성취하셨다.

그때 앞장을 섰던 것이 무엇인가? 바로 제사장이 멘 법궤였다. 법궤의 대표적인 물건은 십계명이 새겨진 돌판이다. 한마디로 앞장선 것은 '말씀판'이다. 이제는 말씀이신 분(요 1:1-2)이 요단 강에 섰다.

예수님이 세례를 받은 요단 강 유역
세례 사건은 예수님이 요단 강이 갈라지는 것보다 더 큰 기적, 하늘이 열리는 하나님의 구원 역사를 이루시겠다는 선언적인 사건이다.

> 태초에 말씀이 계시니라 이 말씀이 하나님과 함께 계셨으니 이 말씀은 곧 하나님이시니라 요 1:1

말씀이신 예수님이 요단 강에 들어서실 때 여호수아 때처럼 요단 강이 갈라져 가나안 땅이 열리지는 않았다. 그것은 물리적인 예표에 불과했다. 그러나 진정한 가나안인 천국, 즉 하늘 문이 열렸다. 이곳에서 성부, 성자, 성령 삼위일체의 완벽한 만남이 아름답고 황홀하게 이루어졌다.

> 16 예수께서 세례를 받으시고 곧 물에서 올라오실새 하늘이 열리고 하나님의 성령이 비둘기같이 내려 자기 위에 임하심을 보시더니 17 하늘로부터 소리가 있어 말씀하시되 이는 내 사랑하는 아들이요 내 기뻐하는 자라 하시니라 마 3:16-17

예수님이 세례받으신 사건은 예수님의 사역에 대한 요약이다. 구약은 가나안에 들어가는 것이 천국에 들어가는 것처럼 예표되었지만 예수님이 그 실제가 되심을 알린 것이다. 예수님만이 천국에 들어가는 길이요 진리요 생명 되심을 첫 사역부터 선포하신 것이다.

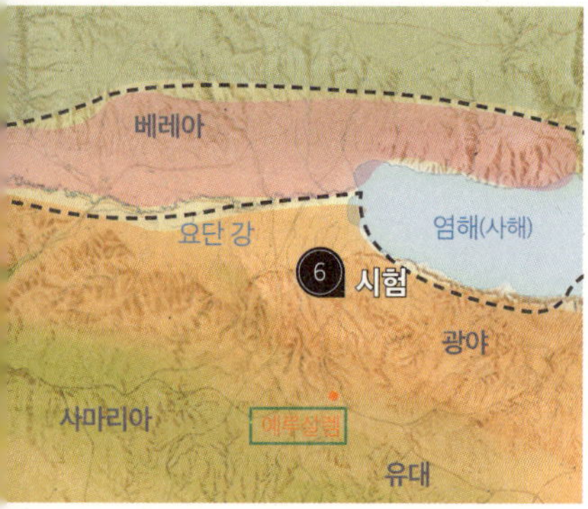

광야-시험: 공생애의 시작 ⑥ 마 4:1-11, 막 1:12-13, 눅 4:1-13

예수님은 광야에서 금식하시고 마귀에게 시험받으신 후 본격적인 공생애 사역을 시작하신다.

예수님은 광야로 가셨다. 물론 이 광야는 유대 광야다. 지도를 보며 예수님이 요단 강에서 어느 쪽을 향해 가셨는가를 상상해 보라. 예수님은 여호수아의 가나안 입성 때처럼 동쪽에서 여리고 방향으로 향하셨다. 시험을 받은 장소가 유대 광야라는 것뿐 정확한 장소는 알 수 없다. 전통에 의하면 여리고 서쪽 깎아지른 절벽이 시험산이라고 한다. 그 산은 오래전 여호수아가 보낸 정탐꾼이 라합의 도움을 받고 잠시 피신한 장소다.

여하튼 예수님은 유대 광야 어느 장소에서 40일을 금식하며 지내셨다. 이미 언급했지만, 유대 광야는 아무것도 없는 것 같아도 들짐승이 있는 등 엄연한 먹이사슬이 존재하는 곳이다. 지금도 엔게디 학습관에 가면 먹이사슬 관계가 잘 전시되어 있다. 그러니 예수님은 저녁이면 광야의 들짐승으로부터 위협을 받았을 것이고, 낮이면 작열하는 태양과 맞서야 했을 것이다. 예수님은 광야에서 외로이 남은 어린양의 심정으로, 또는 양을 치는 목자의 심정으로 광야의 시간을 보내셨다.

길갈, 어린양 예수

예수님이 광야에서 공생애를 시작하신 것은 구약을 생각할 때 의미가 있다. 여호수아가 가나안에 입성하여 유대 광야의 성읍 길갈에서 행한

/
예수님이 시험산 수도원 바위 산 중간에서 시험받으며 기도했다고 한다.

//
여리고 서쪽 시험산에서 여리고를 바라보면서 시험받는 예수님
마귀의 시험은 육신의 정욕, 안목의 정욕, 이생의 자랑을 시험하는 것이었다.

첫 명절 의식이 어린 양을 잡는 행사였다. 그는 유월절 어린 양을 잡는 의식을 엄숙하게 거행했다. 애굽을 나올 때만 해도 어렸던 그들이 그날 밤을 기억하며 가슴이 벅차지 않았을까? 이 어린 양은 약 1300년 후 그곳에 나타나실 예수님을 예표하는 것이었다. 어린 양의 피로 죽음을 면한 출애굽 전야의 사건은 예수님의 희생으로 온 인류가 구원받는 것을 예표한다.

사탄의 세 가지 시험

예수님이 시험받는 장면을 그려 보라. 마귀가 가장 먼저 접근한 시험은 돌이 빵(떡)이 되는 것이었다. 유대 광야에서 흔히 볼 수 있는 것이 돌이다. 이 돌은 또한 빵 색깔과 흡사하다. 마귀는 흔히 볼 수 있고 쉽게 접근할 수 있는 것부터 시험했다.

두 번째 시험은 마태와 누가의 순서가 다르다. 차례대로 기록했다는 누가에 따르면, 마귀가 예수님을 지극히 높은 산으로 데리고 가서 천하만국과 그 영광을 보였다. 그 모든 곳을 보일 수 없었다면 아마 광야와 극명히 구분되면서 이스라엘에서 가장 오래되고 풍요로운 여리고를 보였을지도 모른다. 이 지극히 높은 산은 예수님이 변화산에 올라가셨을 때 사용한 단어와 같다. 그 의미와 관련하여 생각해 보라.

세 번째는 예루살렘 성전에 데려가 거기서 가장 가파른 성전 남쪽 모서리에 세우고는 뛰어내리라고 시험했다. 이는 사람들이 가장 많이 모이는 장소에서 능력을 보이라는 것이었다.

여기서, 묵상

예수님이 돌을 떡으로 만드시는 것은 죄가 아니다. 그러나 그렇게 하지 않은 이유는 예수님은 자신의 뜻을 이루거나 욕심을 채우러 오신 것이 아니라 인류를 구원하기 위해 오셨음을 분명히 하기 위함이었다.

광야의 돌
예수님이 시험받은 광야의 돌은 빵(떡)과 색깔이 같아 유혹적이었을 것이다.

예수님은 자신을 위해서는 어떤 기적도 행하지 않으셨다. 십자가에서 모진 고통을 당하면서도 마취제와 같은 쓸개 탄 포도주를 마시지 않은 이유는 우리 고난을 그의 몸에 모두 채우시기 위함이었다. 예수님이 마귀에게서 받은 세 가지 시험은 에덴동산에서 하와가 받은 세 가지 정욕 시험과 같았다. 요한일서 2:16은 이 정욕을 이렇게 말한다.

> 이는 세상에 있는 모든 것이 육신의 정욕과 안목의 정욕과 이생의 자랑이니 다 아버지께로부터 온 것이 아니요 세상으로부터 온 것이라 요일 2:16

예수님은 육신의 정욕에 해당하는 돌을 떡으로 만들라는 유혹을 이기셨다. 예수님은 안목의 정욕인 모든 영광을 보여 주며 절하라는 유혹을 이기셨다. 예수님은 이생의 자랑인 성전에서 뛰어내려 네 능력을 자랑하라는 시험도 이기셨다. 예수님은 다윗도 실패한 유혹을 이김으로써 예수를 믿는 모든 사람이 이런 유혹을 이길 수 있는 길을 여셨다. 정욕의 유혹을 당할 때면 이렇게 외쳐 보라.

"예수 그리스도의 이름으로 명하노니 내 속의 정욕아 물러가라."

예수님이 광야의 시험을 이길 때 사용한 말씀이 신명기에서 모세가 여리고 맞은편(모압 평지, 얼마 전 세례받은 장소)에서 선포한 유언과 같다는 것이 의미심장하다.

갈릴리로 가시다

세례를 받고 금식기도를 마친 예수님은 한동안 세례 요한이 활동하던 유대 근처에 머물다가 그가 헤롯 안티파스에게 붙잡혔다는 소식을 듣고 갈릴리로 가셨다.

> 예수께서 요한이 잡혔음을 들으시고 갈릴리로 물러가셨다가 나사렛을 떠나 스불론과 납달리 지경 해변에 있는 가버나움에 가서 사시니 마 4:12-13

세례 요한은 갈릴리와 요단 동편을 다스리던 헤롯 안티파스가 로마에 머물던 동생 빌립 1세의 아내를 취한 것을 꾸짖다가 잡혔다. 전통에 따르면 요단 동편 마켈루스 요새에 갇혔다는데, 헤롯 안티파스는 잔칫날 헤로디아의 꾐에 빠져 세례 요한을 죽인다. 이 장면은 마태복음 14장에 생생하게 기록되어 있다.

요한복음에서는 예수님이 갈릴리로 가시는 길에 빌립에 이어 나다나엘을 부르셨다고 한다(요 1:43-51). 특히 나다나엘을 향하여는 그가 간사함이 없는 '참 이스라엘 사람'이라고 말씀하셨다. 요단 강 베다니에서 갈릴리로 가려면 반드시 거치는 곳이 얍복 강 하류다. 나다나엘이 이 근처 무화과나무 아래에서 씨름하듯 기도하였다면 예수님은 그 모습을 보시고 그가 무화과나무 아래서 기도할 때 보았다고 하셨을 수 있다. 그가 믿으면 더 큰 일, 즉 요단 강 세례에서 하늘이 열림 같은 환상, 벧엘의 환상을 보게 되리라고도 선언하셨다. 자신의 기도를 들으시고 보신 예수님을 향하여 나다나엘은 선언한다.

얍복 강과 브니엘(가운데 산)
아마도 나다나엘은 이 근처에서 야곱과 같이 씨름하며 기도한 후 갈릴리로 가시는 예수님을 만나지 않았을까?

> 당신은 하나님의 아들이시요 당신은 이스라엘의 임금이로소이다 요 1:49

가나-혼인잔치: 눈을 먼저 바꾸시다 ⑦ 요 2:1-12

세례 요한의 사역이 완전히 끝난 뒤 예수님이 향하신 곳은 갈릴리다. 갈릴리로 가던 중 예수님은 잠시 갈릴리 가나에 들르신다. 가나는 나다나엘의 고향이자 역사가 요세푸스의 고향이다. 전통적인 교회는 가나가 나사렛 근처에 있는 것으로 보지만 학자들은 그보다 북쪽 가나로 본다. 가나는 '갈대 마을'이라는 뜻으로 예수님은 유대에서 갈릴리로 가는 길에 자주 방문하셨다.

사흘 되는 날이란 갈릴리로 향한 날부터 사흘째가 되었다는 것으로 이해된다. 유대인은 일주일을 부를 때 '월 화 수…' 하지 않고 창세기의 표현을 따라 '첫째 날(주일), 둘째 날(월), 셋째 날(화)…'이라 한다. 이것이 요일을 가리키는 건지, 어떤 일을 하고 난 후 세 번째 날을 가리키는 건지는 분명하지 않다. 그러나 풍습으로 보면 화요일을 가리킬 가능성이 크다.

유대인은 셋째 날을 길일로 여긴다. 하나님이 천지를 창조하실 때 "보시기에

가나 혼인잔치교회 내부

더블 축복이 있는 셋째 날 결혼식이 주로 열린다. 정결예식 여섯 항아리가 전시되어 있다.

좋았다"고 말씀하셨는데 '좋았다'는 말을 두 번 반복하신 날이 바로 셋째 날이다. 그래서 유대인은 셋째 날을 우리로 말하자면 '손 없는 날'로 여겨 중요한 행사를 이 날 많이 치른다. 예를 들어 결혼 같은 예식이 주로 화요일에 열린다. 이를 보았을 때 가나의 혼인잔치도 화요일에 열렸을 가능성이 매우 높다.

이스라엘에서 포도주는 필수 음료다. 이스라엘은 석회가 많아 몸에 흡수된 석회를 중화시키려면 산성인 알코올이 필요한데 이 역할을 포도주가 한 것이다. 산성의 토양을 가진 우리나라에서는 산성인 알코올보다 알칼리성 음료를 마셔야 좋다.

예수님은 첫 이적을 가나의 잔치에서 행하셨다(요 2:1-11). 이 가나 혼인 잔치는 천국 잔치를 예표한다. 유대인은 정결함을 중요하게 여겨 손을 씻을 수 있게 항아리를 두었다. 이 정결 항아리 개념이 발전하여 세례가 되었다. 포도주가 부족하자 예수님은 음식을 먹기 전에 손을 씻는 정결 항아리에 물을 채워 포도주로 만드셨다. 정결예식에 쓰는 물은 흐르는 물로 채워야 한다. 즉 샘물에서 길어와야 하는 것이다. 샘물을 히브리어로 아인(עַיִן)이라고 하는데, 예수님이 이 '아인'을 변화시켰다는 것은 샘을 변화시켰다는 의미다. 이 일 후에 예수님은 본격적인 사역을 위해 갈릴리 바닷가 가버나움으로 내려가셨다. 그리고 며칠 후 유월절을 위해 다시 예루살렘으로 올라가셨다.

마라의 샘물과 거듭남

모세는 애굽에서 첫 번째 기적으로 물을 변화시켰다. 광야에서는 마라의 샘을 고치고 그곳을 '여호와는 치료자'라는 뜻을 가진 '여호와 라파'라 불렀다.

정결의식 항아리가 있는 대제사장의 집

정결 항아리의 물을 포도주로 바꾼 이적은 눈, 즉 가치관을 바꾸는 것이라 할 수 있다.

여기서, 묵상

광야 시절 하나님은 이스라엘에게 첫 이적으로 마라의 쓴물을 단물로 바꾸셨다. 예수님과 가장 많이 닮은 사역을 한 엘리사도 첫 이적으로 여리고에서 물을 바꾸었다.

이처럼 선지자들이 첫 이적으로 샘물을 바꾸는 데는 언어적인 유희(word play)가 있다. 히브리어 '아인'은 '눈'(eye)이라는 의미도 있다. '샘물'을 바꾸는 것은 곧 '눈'을 바꾸는 것이다. 종 되었던 '시각'에서 하나님을 향하는 눈으로 '가치관'을 바꾸는 것이다. 예수님을 믿는다는 것은 우리의 눈, 가치관을 바꾸는 것이다. 예수님은 물을 잔치의 도구인 포도주로 바꾸시면서 우리의 눈을 예수님과 함께하는 어린양의 혼인잔치 눈으로 바꾸고자 하셨다. 제자들도 이때부터 믿음의 눈을 갖게 되었다. 첫 표적은 제자의 눈, 그들의 아인을 변화시키는 사역이었다.

예수께서 이 첫 표적을 갈릴리 가나에서 행하여 그의 영광을 나타내시매 제자들이 그를 믿으니라 요 2:11

지도 그리기

복음서 2

유년 시절에서 광야시험까지

부록에서 지도를 찾아 그리세요

7. 가나 혼인잔치는 <공생애 3년차>에서 같이 그리도록 한다.

참 예배를 알려 주시다

성경 요 2-4장 **연대** AD 28년

핵심 본문 성전 청결, 니고데모, 우물가 여인

지도 복음서 3

첫 번째 유월절: 성전을 청결케 하심

예수님 사역
첫 번째 유월절

예루살렘
8. 예루살렘-성전 청결, 거듭남
9. 사마리아-우물가 여인

갈릴리
10. 나사렛-배척
11. 갈릴리-네 제자
12. 가버나움-귀신, 장모, 나병, 중풍병 고치심

AD 28년 첫 번째 유월절

세례 후 갈릴리에서 제자를 선택하신 예수님은 공생애 첫 번째 유월절을 맞으신다. 마태, 마가, 누가는 예수님의 첫 번째 유월절 방문에 대하여 어떤 언급도 없다. 그러나 요한은 그들이 기록한 복음을 모두 보고 예수님의 생애 중 빠진 부분을 기록했다. 그래서 명절 때면 예루살렘에 올라가 행하신 일을 많이 기록했고, 이를 통해 우리는 예수님의 첫 번째 유월절 사건을 알게 되었다.

예루살렘-성전 청결: 먼저 거룩하라 ⑧ 요 2:13-25

첫 유월절이 되어 예루살렘 성전에 올라가신 예수님은 성전 안에서 매매하는 장면을 보고 분을 못 참고 모든 상을 엎으셨다. 이 사건은 그리 신성하게 여기지 않는 이방인의 뜰에서 일어났다. 예수님은 '만민이 기도하는 집'이라고 하면서 이방인이 기도하는 장소도 동일하게 하나님의 전임을 선포하셨다.

공생애 1년 차 사역

원래 양과 비둘기를 파는 상점은 성전의 서쪽, 지금의 통곡의 벽 남쪽에 있었다. 스바냐는 예루살렘이 침략당할 때 다윗 성 서쪽 골짜기 부분인 막데스에서 적이 올라와 상점이 늘어선 장소를 치는 것을 상상하면서 침략당할 그곳을 '가나안'인이 있던 장소라고 했다. '가나안'은 상인을 장사치나 장돌뱅이 등으로 폄하하여 부르는 말이다.

> 막데스 주민들아 너희는 슬피 울라 가나안 백성이 다 패망하고 은을 거래하는 자들이 끊어졌음이라 습 1:11

예수님 시대의 헤롯 성전 모형 (동쪽에서)
성전의 서쪽 벽을 통곡의 벽이라 부른다. 이곳에 시장이 형성되었다. 예수님은 이곳에 취급되는 양과 제물을 성전 안에까지 들여 매매하는 모습을 보고 격분하셨다.

제사장은 상인과 결탁해 사람들이 집에서 가져온 물건을 불합격 처리해서 제사 제물로 사용하지 못하게 하곤 했다. 사람들은 비싸더라도 안전한 제물을 사기 위해 성전 근처 상점에서 제물을 구입했다. 그러자 상인 가나안인은 제사장에게 뇌물을 주고 성전 마당까지 상권을 확장시켰다.

모든 사정을 알면서도 묵인한 일반인과 다르게 예수님은 분노하셨다. 예수님이 이처럼 소신껏 행동하자 유대인들은 엉뚱하게도 예수님께 표적을 요구했다. 이때 예수님은 성전의 핵심이 말씀이고 말씀이 자신임을 드러내셨다. 그러면서 성전, 즉 예수님을 헐라고 말씀하신다. 그러자 유대인들은 눈에 보이는 헤롯 성전을 지금까지 46년간이나 짓고 있다고 말한다.

역사가 요세푸스에 의하면, 헤롯의 성전 건축은 BC 20년에 시작했다. 그렇다면 유대인들이 이 말을 한 때는 AD 27년경이다. 예수님이 공생애를 시작하시고 첫 번째로 방문한 유월절이 AD 27년임을 알 수 있다.

> 유대인들이 이르되 이 성전은 사십육 년 동안에 지었거늘 네가 삼 일 동안에 일으키겠느냐 하더라 요 2:20

여기서, 묵상

예수님이 예루살렘에 와서 하신 첫 번째 일이 성전 청결이었다는 점은 여호수아서와 비교할 때 '거룩'이 얼마나 중요한지를 알 수 있다. 하나님은 전쟁을 앞둔 이스라엘에게 할례를 행하라 하시고 여호수아에게 신을 벗으라 하셨다. 거룩하라는 말씀이다. 신약의 엘리야 세례 요한이 주님의 길을 평탄케 한 것도 회개의 세례를 주는 것이었다. 신약의 여호수아(=예수)는 먼저 청결을 요구하셨다. 예수님 앞에 나올 때 가장 먼저 행할 것이 거룩, 즉 회개다.

예루살렘-거듭남: 무엇으로 구원받는가? 8 요 3:1-21

대부분의 지도자들이 예수님을 견제했지만, 그중에는 예수님께 무언가를 배우려는 사람도 있었다. 니고데모는 유대인의 대표 기관인 산헤드린의 공회원이었지만 선한 의도를 가지고 예수님께 찾아와 영생을 얻는 방법을 물었다. 그의 질문이 없었다면 성경 전체를 요약하는 구절이 나오지 못할 뻔했다.

> 하나님이 세상을 이처럼 사랑하사 독생자를 주셨으니 이는 그를 믿는 자마다 멸망하지 않고 영생을 얻게 하려 하심이니라 요 3:16

니고데모는 예수님이 십자가에서 죽으실 때 다시 등장한다. 제자들은 예수님이 돌아가신 것을 보고 기겁하여 도망갔지만 그는 향유 600근을 가져와 예수님의 장례를 준비한다. 이때 시체를 만진 까닭에 니고데모는 1년에 한 번 유대인의 영광으로 여기는 유월절 식사를 하지 못했을 것이다. 그리고 무엇보다 공회원들의 눈 밖에 났을 것이다. 이로써 그는 마침내 예수님의 거듭난 제자가 되었다.

> 일찍이 예수께 밤에 찾아왔던 니고데모도 몰약과 침향 섞은 것을 백 리트라쯤 가지고 온지라 요 19:39

사마리아-우물가 여인: 참 예배란 무엇인가? 9 요 4:1-42

예수님은 요한보다 이름이 더 알려지자 유대를 떠나 갈릴리로 가시려 했다. 여기서 상식적으로 이해되지 않는 일이 벌어진다. 예루살렘에서 갈릴리로 가려면 여리고로 내려갔다가 베레아 길을 이용해야 하는데 예수님은 매우 위험한 사마리아 길을 이용하신다. 예수님은 분명히 어떤 의도를 가지고 사마리아 길로 가셨다. 성경은 '데이(δει)'라는 'must'의 뜻을 가진 조동사를 사용하면서 꼭 '가야 한다'는 의미를 강조한다.

> 유대를 떠나사 다시 갈릴리로 가실새 사마리아를 통과하여야(δει) 하겠는지라 요 4:3-4

만약 여리고에서 바로 사마리아로 간다면 라마나 벧엘로 올라가는 길을 이용하셨을 것이다. 이 길은 여호수아가 가나안 정복을 위해 아이 성으로, 아이 성 정복 후 말씀궤가 그리심 산과 에발 산으로 향하던 길이다. 예수님은 그 사건을 기억하시고 발자취를 따르셨으리라.

사마리아로 향하던 길은 족장의 도로로 알려졌다. 그러나 신약에 와서 유대인들은 적대 관계에 있던 사마리아인이 거주하는 에브라임 산지를 지나는 족장의 도로를 거의 이용하지 않았다. 예수님은 사마리아인의 위협에도 불구하고 그 길을 지나가셨다. 아니 지나가셔야 했다.

사마리아의 수가: 왜 하필 이곳에 가셨나?

사마리아는 도시 이름이었다. 그러나 BC 722년 앗수르가 이스라엘을 정복하고 행정 체계를 재편하면서 에브라임 산지를 이전 수도의 이름을 따서 '사마리아'라고 칭했다. 그러므로 앞으로 사마리아 지경과 도시 사마리아를 혼동하지 말아야 한다.

예수님은 벧엘에서 세겜(수가)까지 가셨다. 그 길에서 무수한 사건이 일어났다.

| 아브라함이 벧엘과 아이 사이에서 조카 롯에게 결단을 요구한 일
| 야곱이 돌베개를 베고 자다가 하늘의 사닥다리를 본 일
| 드보라가 바락과 함께 군사를 모아 이스르엘 골짜기로 향하던 일
| 실로의 법궤가 블레셋에 빼앗기고 실로 성전이 파괴된 일
| 사무엘이 벧엘과 라마 사이의 미스바에서 회개의 성회를 개최한 일

예수님은 힘들고 위험한 사마리아 산지 길을 택해 왕의 도로로 들어서서 세겜으로 여겨지는 수가 성을 방문한다. 이곳에서 예배에 대하여 말씀하면서 세겜의 예배 전통을 완성하고 성취하시는 분으로 드러내신다.

| 아비야가 여로보암과 전투한 일
| 유대 백성이 바벨론으로 끌려간 일

많은 사건이 그 길을 따라 벌어졌고 예수님은 무엇인가를 알리기 위해 수가 성(세겜)으로 가셨다.

수가가 어디인지는 논란이 많다. 세겜이라는 사람도, 세겜 근처 아스카(Askar)라는 사람도 있다. 어느 곳이라고 주장해도 수가는 세겜 지경에 포함된다. 그 기준점이 되는 곳이 전통적으로 내려오는 야곱의 우물인데 서쪽으로 480m 떨어진 곳에 고대 세겜 성이 위치한다. 야곱의 우물에서 430m 떨어진 곳에 아들 요셉이 장사되었다.

> 이스라엘 자손이 애굽에서 가져온 요셉의 뼈를 세겜에 장사하였으니 이곳은 야곱이 백 크시타를 주고 세겜의 아버지 하몰의 자손들에게서 산 밭이라 그것이 요셉 자손의 기업이 되었더라 수 24:32
>
> 사마리아에 있는 수가라 하는 동네에 이르시니 야곱이 그 아들 요셉에게 준 땅이 가깝고 요 4:5

야곱의 우물
수가 성 사람들이 식수원으로 사용하던 야곱의 우물은 야곱이 돈을 주고 산 곳으로 엘엘로헤이스라엘 제단을 쌓은 곳이자 아브라함이 첫 제단을 쌓은 곳과 관련이 있다.

사마리아의 수가 성 우물가에서 쉬던 예수님은 한 사마리아 여인을 만나 말을 건네신다. 유대인이 사마리아인에게 더구나 사마리아 여인에게 말을 붙인다는 것은 당시로선 상상할 수 없는 일이었다.

궁금해요!

사마리아인의 유래

북이스라엘이 멸망한 뒤 많은 사람들이 앗수르로 이주되자, 북이스라엘로 다른 민족이 들어와 살았다. 이때 앗수르로 끌려가지 않고 남아 있던 이스라엘 사람과 이주해 온 이방인이 결혼해 혼혈인, 즉 사마리아인이 생겼다. 반은 이방인이고 반은 이스라엘 사람인 사마리아인은 종교도 이방 종교와 여호와를 겸하여 섬겼다. 바벨론에서 돌아온 유대인들은 사마리아인의 삶을 인정할 수 없었으므로 그들과 갈등했다. 에스라서와 느헤미야서에 이들의 갈등이 잘 나타나 있다.

멸시받던 여인, 예배를 묻다

> 우리 조상들은 이 산에서 예배하였는데 당신들의 말은 예배할 곳이 예루살렘에 있다 하더이다 요 4:20

요세푸스에 의하면, 당시 느헤미야를 괴롭히던 산발랏과 같은 이름을 가진 후대의 사마리아 산발랏이 알렉산더가 위세를 떨치던 다리오 3세 때 그의 딸 니카소를 대제사장 므낫세와 결혼시켰다. 이방인 아내를 얻었다는 이유로 므낫세가 대제사장 자리에서 쫓겨날 위기에 처하자 산발랏은 자신의 딸과 살면 총독의 지위와 그리심 산에 예루살렘 성전과 같은 전을 지어 주겠다고 했다. 므낫세는 결국 쫓겨난 것 같으며 세겜의 그리심 산에는 성전이 건축되었다(요세푸스 11.8.2).

사마리아 사람들은 성전을 그리심 산에 세웠다(BC 388). 이곳은 헬라 시대에 제우스 신전 터로 사용되기도 했다. 그들은 모세오경만을 성경으로 인정하였는데, 사마리아 오경은 지금도 고전 중의 고전으로 보존되고 있다.

마카비 혁명이 있은 후 그리심 산 성전을 불편하게 생각하던 하스모니아 왕가의 힐카누스는 BC 107~104년에 세겜을 정복하고 세겜 남쪽에 위치한 그리심 산의 성전을 빼앗고 파괴했다. 이후 유대인이 이곳을 차지했으나 로마가 통치하면서 사마리아인이 다시 주도권을 잡게 되었다.

이런 긴 역사를 통해 갈등하던 유대인과 사마리아인은 예수님 시대에 이르러선 서로 상종하지도 않았다.

> 사마리아 여자가 이르되 당신은 유대인으로서 어찌하여 사마리아 여자인 나에게 물을 달라 하나이까 하니 이는 **유대인이 사마리아인과 상종하지 아니함이러라** 요 4:9

예수님은 이런 껄끄러운 관계를 알면서도 사마리아 여인에게 말을 걸더니 그녀의 사생활을 들춰냈다. 그리고 그 여인의 입에서 종교적인 문제가 나오도록 유도했다. 여인은 당시 유대인과 사마리아인이 가장 크게 충돌하고 갈등한 예배 장소에 대해 물었다. 유대인은 전통적으로 예루살렘이, 사마리아인은 그리심 산이 여호와의 성전이라고 주장했던 것이다. 지금도 사마리아인들은 그리심 산이 아브라함이 이삭을 드리고 솔로몬이 성전을 세운 모리아 산이라고 주장한다. 어디서 예배드리는 것이 옳은지를 묻는 여인에게 예수님은 예배의 태도와 때를 이야기하신다. 그리고 예배의 표준을 가르치신다.

예배의 본질을 깨달은 여인은 다시 메시아 문제를 들고 나왔다. 이때 예수님의 놀라운 대답이 나온다. 한 번도 자신의 입으로 메시아라고 말하지 않던 예수님이 이 여인에게 자신이 메시아라고 말하신 것이다.

왜 세겜에서 메시아를 선포하셨나?

예수님은 이렇게 중요한 문제를 왜 유대인이 그토록 혐오하는 사마리아의 중심인 세겜에서 말씀하셨을까? 예수님은 굳이 이곳을 거쳐 가는 길을 택해 사마리아 여인을 만난 뒤 예배에 대하여 말씀하셨는데 그 이유가 무엇일까? 그것을 알기 위해서는 먼저 세겜의 역사를 알아보는 것이 필요하다.

세겜의 역사를 말하자면 많은 지면이 필요하다. 성경의 역사만 요약해도 다음과 같다.

| 창 12:6-7 아브라함이 가나안 땅에 도착하여 첫 번째 제단을 쌓고 예배드림

| 창 33:18-35:5 야곱이 가나안 땅에 도착하여 첫 번째 제단을 쌓고 예배드림

| 수 8:30-35 세겜의 에발 산과 그리심 산에서 여호수아가 율법을 기록하고 축복과 저주를 선포

| 수 24:1-28 여호수아의 마지막 연설

| 삿 9:1-57 아비멜렉의 반란과 기드온의 막내 요담이 그리심 산에서 연설

수가 성은 구약의 세겜 지역이다. 수가 성 남쪽에는 사마리아인의 성전이 세워진 그리심 산이 위치한다. 예수님은 아브라함과 야곱이 제단을 쌓았던 곳에 찾아오셔서 예배에 대하여 말씀하신다.

세겜은 어떤 곳인가?

세겜은 남북으로 발달한 이스라엘의 등줄기 산맥 한가운데에 위치한다. 세겜(어깨라는 의미)이라는 이름이 말해 주듯이 남북으로 두 어깨와 같은 산이 버티고 있다. 북쪽에는 저주를 선포한 에발 산이, 남쪽으로는 축복을 선포한 그리심 산이 자리한다. 두 산 사이의 골짜기를 따라 서쪽으로 내려가면 해변길이, 동쪽으로 오면 넓은 세겜 들판이 나온다. 세겜에서 산 능선을 따라 북쪽으로 가면 솔로몬이 아름답다고 노래했고 북이스라엘의 두 번째 수도가 되었던 디르사가 나온다. 남쪽으로 가면 실로를 거쳐 벧엘과 예루살렘이 나온다.

앞에서 살펴보았듯이 세겜은 북쪽에서 이주해 온 사람들에게 매력적인 장소다. 아브라함과 야곱 모두 가나안에 들어온 뒤 세겜에서 제단을 쌓고 처음으로 예배를 드렸다. 세겜은 그만큼 풍요롭고 아름다운 땅이었다. 그리심 산에서 세겜을 바라보면 가장 아름다운 도시 중 하나라는 생각이 든다. 넓은 농경지뿐 아니라 편리한 교통, 풍부한 수량 등 도시를 형성하기 알맞은 조건을 거의 모두 갖추었다.

그러므로 세겜이 힘을 키우면 가나안 전역을 석권할 수도 있었다. 출애굽 직전 세겜의 왕이던 라바유가 이 같은 시도를 했다가 실패했고, 솔로몬 이후 여로보암이 이 점에 착안해 수도로 삼았다. 한 가지 단점이 있다면, 사방으로 뚫린 교통과 평평한 농경지가 적의 침략을 쉽게 허용한다는 것이었다. 이는 특히 세겜의 힘이 약할 때 치명적이었다. 방어에 취약한 세겜은 외부인과 적이 쳐들어올 때마다 수난을 겪고 파괴되었다.

예수님이 세겜에 오신 목적은 예배의 성취였다

세겜의 성경적인 전통은 매우 중요하다. 아브라함이 가나안에 들어와서 첫 예배를 드린 곳도, 야곱이 밧단아람에서 돌아와 첫 예배를 드린 곳도 세겜이었다. 심지어 야곱은 우물까지 사서 세겜에 얼마 동안 머물렀다. 요셉은 죽으면서도 이곳을 못 잊었던지 유언대로 세겜에 뼈를 묻었다. 뿐만 아니라 여호수아가 가나안을 정복하면서 가장 먼저 찾으려고 했던 곳도 세겜이다.

모세는 여호수아에게 세겜의 그리심 산과 에발 산에 가서 율법을 새롭게 하는 예배를 드릴 것을 요구했으며 여호수아는 그대로 행했다(신 11:29, 27:12-13). 출애굽한 이스라엘이 가나안에 들어왔을 때 첫 번째 예배 처소이기도 했다. 한때 실로나 예루살렘에 예배처의 영광을 내주었어도 가나안에서 예배의 처음이요 뿌리가 되는 곳은 세겜이었다.

여호와를 향한 예배의 기원이 된 세겜 땅에 예수님이 오셨다. 위험한 사마리아를 통과해 오셔서 예배를 오해하고 있는 대표적인 인물로 사마리아 여인을 택하셨다. 그리고 예배의 기원이 되는 땅에서 예배의 근본을 가르치셨다. 그 말씀은 의미 없이 전통과 형식에 젖어 예배하는 오늘날의 기독교인의 귀에도 메아리친다.

> 하나님은 영이시니 예배하는 자가 영(신령)과 진리(진정)로 예배할지니라
>
> 요 4:24

| 갈릴리 개관 |

복음 전파의 주무대, 갈릴리

성경 마 4, 막 3장 **연대** AD 28년

지도 복음서 5

유대의 북쪽에 위치한 갈릴리는 이방의 땅으로 불렸다. 갈릴리는 당시 수리아, 베니게, 데가볼리, 사마리아 등 이방인과 이방인 취급을 당하는 사람들에 둘러싸여 있었다. 그리고 국제도로인 해변길이 지나고 있어 이방인들에게 침략을 자주 받는 흑암의 땅이었다.

이방의 갈릴리: 예수님이 선택한 복음의 무대 마 4:12-16

갈릴리(Galilee, 그 지역 혹은 그 땅)는 천국 복음 전파 센터로서 예수님의 사역이 집중되었던 곳이다. 예수님은 복음을 전하기 가장 적당한 무

대로 갈릴리를 택하셨다.

> 나사렛을 떠나 스불론과 납달리 지경 해변에 있는 가버나움에 가서 사시니
> 마 4:13

위의 말씀을 보면, 나사렛은 도시로서 스불론 지역에 있고, 가버나움은 납달리 지경에 있다. 우리나라 식으로 말하면 '스불론에 있는 나사렛을 떠나 납달리 지경 해변에 있는 가버나움'에 가서 사셨다고 하는 게 이해하기 쉽다. 그런데 이스라엘은 이렇게 사용하지 않는다. A-B-B-A, 즉 수미상관법으로 표현한다. 이걸 염두에 두고 성경을 읽으면 이해하기 쉽다.

그러면 갈릴리 지역의 특징을 알아보자.

1) 아시아와 아프리카로 통하는 해변길이 갈릴리를 관통하고, 그 주변은 베니게, 수리아, 데가볼리, 사마리아 등 이방인들로 둘러싸여 있어 복음이 사방으로 퍼질 수 있었다. '그 지역'에는 잇사갈, 아셀, 스불론, 납달리, 단 지파가 살았으나 한 지파 이름으로 부르기가 애매했는지 보통명사 '갈릴리'라 불렸다.

2) 편의상 갈릴리 바다 북쪽 해발 500m가 넘는 지역을 상부 갈릴리, 남쪽 부분을 하부 갈릴리라고 부른다. 상부 갈릴리의 동쪽 세곡은 훌라 분지로 습지를 이루고, 하부 갈릴리의 동쪽은 갈릴리 바다와 요단 강 상류다. 하부 갈릴리 서쪽 해안에는 악고 평야가 있다. 구약 시대에는 이스르엘 골짜기도 갈릴리에 속했다.

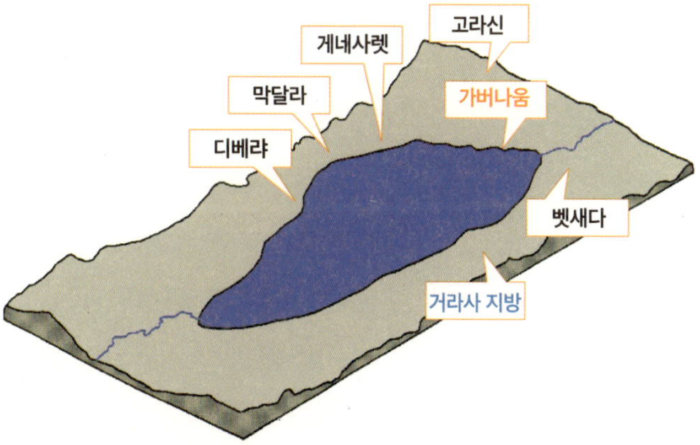

3) 갈릴리 바다는 긴네렛(=하프) 바다, 디베랴 바다, 게네사렛 호수로도 불렸는데 이는 주변의 지명과 모양에서 연원한 것이다. 헬라 문화에 익숙했던 누가만이 바다와 호수를 구분 지어 갈릴리를 호수라 불렀고 나머

지 유대인 저자들은 바다와 호수를 구분하지 않았다.

4) 북쪽과 남쪽의 차이뿐 아니라 갈릴리 바다와 다른 지역 사이에 확연한 차이가 있다. 신약 시대 북동쪽은 수리아, 북서쪽은 베니게, 남동쪽은 데가볼리, 남서쪽은 사마리아가 있어 갈릴리는 '이방인에게 둘러싸인' 곳이었다(마 4:15). 마태는 이사야 9:1-2을 인용하여 이곳에 사는 사람을 '흑암에 앉은 백성'이라 칭했고 '사망의 그늘에 앉은 자들'이라 했다. 예수님은 이런 지역에 오셔서 큰 빛이 되었다(마 4:13-16).

5) 해변길은 갈릴리를 관통한다. 이 길은 무역로로 번영을 누릴 수 있는 기회의 길이지만 군사들이 쳐들어오면 '사망의 그늘진 땅'이 되곤 하는 재앙의 길이기도 했다. 신약 시대 갈릴리 바다는 유대 지역과 이방 지역인 데가볼리를 오가는 교통로 역할을 했다. 예수님이 사역하신 가버나움과 벳새다, 막달라, 디베랴 등은 모두 항구였다.

갈릴리 바다냐, 호수냐?

갈릴리 바다는 해수면보다 약 200m 아래에 위치하며 바다가 아니라 민물인 호수다. 히브리어는 바다와 호수의 구분 없이 '얌'이라는 한 단어를 사용한다. 그래서 모두 갈릴리 바다라고 불렀다. 갈릴리 바다는 200m 이상 더 낮은 염해로 물이 흘러가면서 소금바다가 되는 것을 면했다. 화산이 폭발하면서 생성된 이 바다 주변은 제주도처럼 검은 현무암으로 둘러싸여 있다.

이스라엘의 유일한 민물 호수인 갈릴리 바다에 유대인 어부들이 살았다. 길이가 24km, 너비가 12km, 둘레가 50km인 갈릴리 바다는 북쪽 가운데 지점이 가장 깊다. 북쪽에서 내려오는 상부 요단 강이 유입하는 부근에 영양분과 고기가 많아 어부들의 주요 어장이다. 베드로와 안드레의 고향도 갈릴리 가장 북쪽 벳새다다. 이스라엘 사람들은 솔로몬 성전에 물을 많이 모아 둔 놋 수조(水槽)를 '놋 바다'(왕상 7:25, 왕하 25:13)라고까지 했다.

열린 갈릴리: 생기 있는 개방 도시

갈릴리는 생동하는 지방이었다. 끊임없이 출몰하는 수많은 이방의 문명에 자

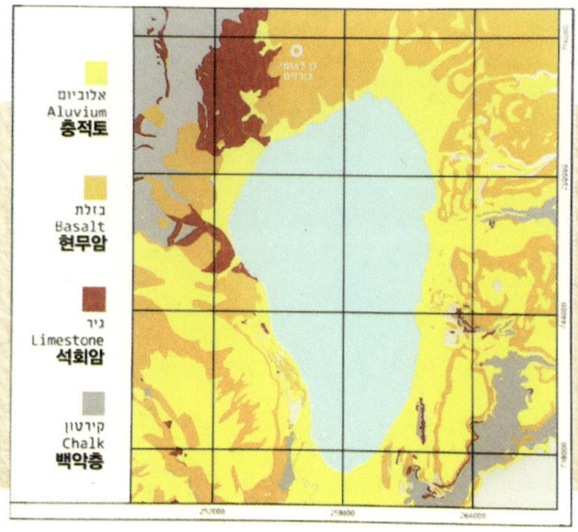

고라신에 게시된 갈릴리 지질도
갈릴리 북쪽이 현무암이기 때문에 갈릴리의 특산품 중 하나가 맷돌이다.

신을 방어하고 세우기 위한 노력이 남달랐던 곳이어서인지, 열심당원이 많았고 메시아 갈망 사상도 상당했다. 이런 열린 생각은 예수님이 오셔서 획기적인 교훈을 전하실 때 받아들일 수 있는 힘이었다.

갈릴리 바다는 이방인의 무역 중심지였다. 데가볼리, 두로와 시돈, 유대, 수리아 와서 배를 타고 움직였다. 당시엔 11개의 나루터가 있었는데 이는 당시의 번영을 말해 준다. 어떻게 보면 지금의 갈릴리보다 예수님 당시의 갈릴리가 더 부흥했다고 말할 수 있다. 정보 교환 장소였고 무역 센터였던 갈릴리는 그래서 예루살렘보다 훨씬 개방적이었다. 예수님의 말씀이 갈릴리에서 급속도로 퍼질 수 있었던 것도 갈릴리인의 개방성과 그곳에 난 해변길로 인한 빈번한 왕래 덕분이었다. 이런 갈릴리를 예수님이 택하셨다. 아니 때가 차서 갈릴리의 환경이 준비되었다.

예수님의 갈릴리: 유대인과 이방인 모두를 위한 복음 센터

예수님은 본격적인 사역을 위해 갈릴리 지역으로 향했다. 종교의 중심지인 예루살렘을 제쳐두고 멸시받던 갈릴리로 향하신 것이다. 성경은 예수님이 스불론과 납달리 땅과 갈릴리로 가신 것이 예언을 이루는 것이라고 한다.

> 전에 고통 받던 자들에게는 흑암이 없으리로다 옛적에는 여호와께서 스불론 땅과 납달리 땅이 멸시를 당하게 하셨더니 후에는 해변 길과 요단 저쪽 이방

이방의 갈릴리
이방에 둘러싸인 갈릴리는 짓밟히는 흑암의 땅이지만 동시에 열린 땅이었다.

의 갈릴리를 영화롭게 하셨느니라 사 9:1
14 이는 선지자 이사야를 통하여 하신 말씀을 이루려 하심이라 일렀으되
15 스불론 땅과 납달리 땅과 요단 강 저편 해변길과 이방의 갈릴리여 **16** 흑
암에 앉은 백성이 큰 빛을 보았고 사망의 땅과 그늘에 앉은 자들에게 빛이
비치었도다 하였느니라 마 4:14-16

과연 이사야는 이 예언을 왜 한 것일까? 또 갈릴리는 예수님의 사역에 어떤 의미가 있는 것일까?

흑암의 땅, 이방의 갈릴리

갈릴리는 예부터 적의 침략에 많이 노출된 땅이어서 약한 지파(단, 납달리, 스불론, 아셀, 잇사갈)가 분배받았다. 실제로 앗수르나 아람, 바벨론이 쳐들어올 때 가장 먼저 피해를 입은 지역이며, 거의 모든 시대에 침략 전쟁이 있었으므로 갈릴리에는 많은 이방인이 들어와 살았다. 유대인이 바벨론에서 돌아와 정착했을 때도 많은 이방인이 둘러싸고 있었다. 갈릴리 동쪽으로는 10개의 헬라 도시인 데가볼리가, 북서쪽으로는 바알의 고향 두로와 시돈이, 북동쪽으로는 수리아, 남쪽으로는 사마리아가 위치한다. 이들은 서로 왕래하며 혼혈을 일으키는 일이 허다했다.

예수님이 두로에 가서 '수로보니게' 여인을 만나 그녀의 딸에게서 귀신을 쫓

아내셨다. 여기서 '수로보니게'는 수리아와 베니게(두로와 시돈)의 합성어인데, 이를 보면 혼혈의 실태가 어느 정도인지 짐작할 만하다. 그러므로 갈릴리 유대인도 예외일 리 없다. 그들은 언어와 풍습에서 예루살렘 사람들과 차이가 났는데 이는 이방의 영향을 받은 탓이었다. 예루살렘 사람은 이런 갈릴리 사람을 무시했고, 선지자가 그런 곳에서 날 리 없다고 장담했다.

그런데 이렇게 힘든 땅에 예수님이 오셨다. 예수님은 베들레헴 양 우리에서 태어나셨고, 무시당하고 천대받던 갈릴리 지역에서 사셨고, 세례도 '판자촌'이란 뜻을 가진 베다니에서 받으셨다. 그리고 예루살렘에 올라가서도 예루살렘 근처 베다니에서 주로 머무셨다. 또한 예수님은 가장 고통스런 죽음을 당하셨다. 가장 높으신 분이 가장 낮은 곳으로 임하셔서 가장 낮은 삶을 사셨기 때문에 모든 인간들을 다 이해할 수 있다. 그래서 우리에게 오신 제사장은 우리의 연약함을 체휼하시기에 우리를 긍휼히 여기신다.

예수님은 베들레헴의 양 우리에, 흑암의 땅 갈릴리에 오셨다. 세례를 받은 곳도 빈민촌 베다니였고, 머무신 곳도 예루살렘의 빈민촌인 베다니였다. 그분은 가장 낮아지셨기에 연약한 우리를 이해하신다.

> 우리에게 있는 대제사장은 우리의 연약함을 동정하지 못하실 이가 아니요 모든 일에 우리와 똑같이 시험을 받으신 이로되 죄는 없으시니라 히4:15

'위로'의 마을 가버나움

예수님이 갈릴리에 오셔서 가장 먼저 찾은 마을이 가버나움이다. 가버나움의 본발음은 '케퍼르 나훔'인데, 케퍼르는 '마을'이고 나훔은 '위로'라는 뜻이다. 나훔 선지자의 이름이 그래서 '위로'다. 위로의 마을이 바로 가버나움이다. 죄와 사망의 법 아래 죽어 가는 사람들에게 예수님이 오셔서 위로의 메시지를 주시는 것이다. 지도에서 가버나움의 위치를 확인하라.

해변길이 지나는 갈릴리 바다 북쪽 길목에 위치하여 사람들이 많이 오가는 가버나움은 물고기 잡는 마을이었다. 어떻게 보면 헤롯 안티파스와 빌립이 다스리는 지경의 국경 마을이라 거주민보다 왕래하는 사람들이 더 많았다. 세리 마태도 국경을 지나가는 사람들의 세금을 걷다가 예수님을 만났다고 하는 학자도 있다.

예수님이 사역하신 가버나움 회당 상상도(4세기)
가운데 정문 방향은 예루살렘을 향하고 있고 아래는 남자들이 가운데 강단을 향해 둘러앉았다.

가버나움 마을의 중심에는 커다란 유대인 회당이 있었다. 회당 주변은 검은 현무암으로 연이어 만든 건물로 들

가버나움 전경

어차 있었다. 가버나움은 100명의 군인을 거느린 백부장이 거주할 정도로 번화하고 중요한 마을이었다. 예수님은 이 마을을 갈릴리 사역의 중심지로 삼고 이 마을 저 마을 다니며 사역하셨다.

가버나움 주변

예수님은 가버나움뿐 아니라 각 마을의 회당에서 가르치셨다. 가버나움 주변의 대표 마을이 고라신과 벳새다다. 두 곳 모두 회당이 있었고 많은 사람들이 거주하거나 무역 관계로 왕래가 잦았다. 이 마을의 길이 어디로 열려 있는지 보라. 해변길을 따라 수리아(두로와 시돈, 다메섹)와 요단 강 건너 데가볼리, 예루살렘, 유다로 이어진다. 갈릴리의 예수님 사역은 즉시 사방으로 전파되었다. 이방인과 유대인 모두에게….

> 갈릴리와 데가볼리와 예루살렘과 유대와 요단 강 건너편에서 수많은 무리가 따르니라 마 4:25
>
> 7 예수께서 제자들과 함께 바다로 물러가시니 갈릴리에서 큰 무리가 따르며
> 8 유대와 예루살렘과 이두매와 요단 강 건너편과 또 두로와 시돈 근처에서 많
> 은 무리가 그가 하신 큰일을 듣고 나아오는지라 막 3:7-8

공생애 1년 차 | 갈릴리 |

소외된 땅을 복음의 센터로

성경	마 4:18-22, 9:1-13, 막 1:16-20, 2:1-22, 눅 5:17-39	**연대**	AD 28년
핵심 본문	배척당하심, 네 제자를 부르심, 장모 · 나병 · 중풍 고치심		
지도	복음서 4		

나사렛-배척 ⑩ 눅 4:16-30

예수님이 예루살렘에서 수가 성을 거쳐 고향을 지나가신다. 누가복음은 예수님이 첫 번째로 갈릴리 나사렛을 방문한 사건을 다루었다. 그곳에서 선포하신 이사야서의 말씀에 귀를 기울여 보자.

> 18 주의 성령이 내게 임하셨으니 이는 가난한 자에게 복음을 전하게
> 하시려고 내게 기름을 부으시고 나를 보내사 포로 된 자에게 자유
> 를, 눈먼 자에게 다시 보게 함을 전파하며 눌린 자를 자유롭게 하고
> 19 주의 은혜의 해를 전파하게 하려 하심이라 하였더라 눅 4:18-19(참고,
> 사 61:1-2)

예수님은 이 말씀이 이루어졌음을 선포했지만 고향 사람들은 이를 받아들이지 않았다. 그러자 예수님은 선지자가 고향에서 환영받지 못한다고 말씀하시며 엘리야 시대의 사렙다 과부, 엘리사 시대의 나아만 장군 이야기를 예를 들어 사람들을 자극하셨다. 이 이야기의 배경이 되는 이

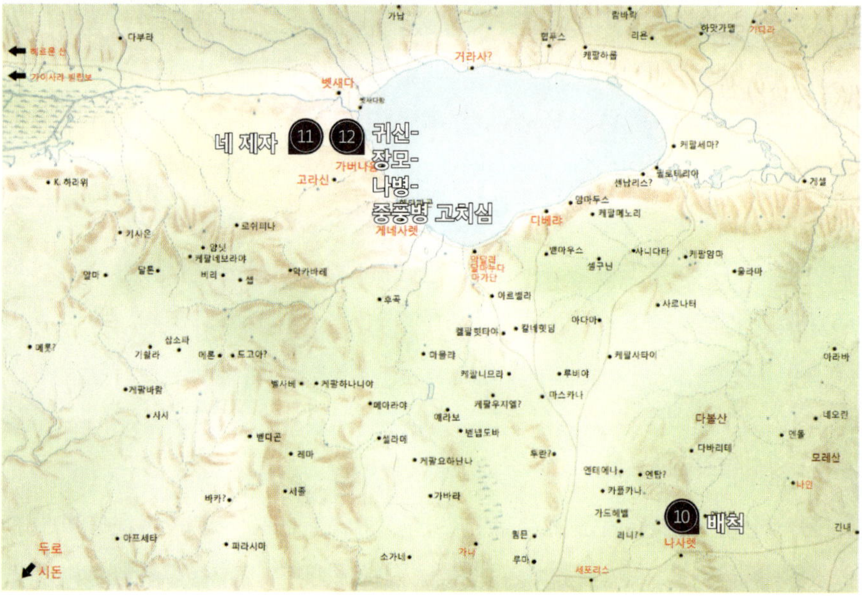

공생애 1년 차 갈릴리 사역

스르엘 골짜기를 보라. 나사렛에서 바라보면 엘리야가 활동한 갈멜 산이 보이고 엘리사가 나아만의 병을 고친 사역지가 눈에 들어온다.

사람들은 아주 익숙하고 인정할 수밖에 없는 사실에 분을 내며 예수님을 죽이려 했다. 마을이 건축된 곳의 북서쪽에는 낭떠러지가 있었는데 그곳으로 예수님을 몰고 가 죽이려 한 것이다.

여기서, 묵상

예수님이 예로 든 역사적 사실이 갈릴리 나사렛에서 훤히 보이는 이스르엘 골짜기를 배경으로 일어난 사건이라는 점을 기억하라. 엘리야와 엘리사는 모두 이스르엘 골짜기와 갈멜 산에서 활동했다. 예수님은 모두가 잘 아는 것을 예로 들어 설교하셨다.

갈릴리-네 제자: 든든한 동역자 ⑪ 눅 5:1-11, 마 4:18-22, 막 1:16-20, 요 1:35-42

갈릴리 사역의 첫 번째 작업이 제자를 부르는 것이었다. 바닷가를 거니시던 예수님은 베드로와 안드레를 부르셨다. 이 두 사람은 이미 예수님을 만난 경험이 있다.

> 예수께서 배에 오르사 건너가 본 동네에 이르시니 마 9:1

마태는 가버나움을 예수님의 본 동네라고 했다. 예수님은 어려서는 나사렛에서 사셨지만 장성해서는 가버나움에 머무셨다. 그러므로 오래전부터 베드로, 야고보, 요한을 잘 알고 계셨다. 예수님의 이모가 살로메인데 그의 두 아들이 바로 야고보와 요한이다. 식구 전도하기가 가장 어려운 것처럼 잘 알던 가까운 사람이 기꺼이 따르기란 정말 어려운 일이다. 고향 후배나 친구를 메시아로 따를 수 있겠는가? 이것은 분명한 확신 없이는 거의 불가능하다.

그런데 예수님을 따르도록 길을 예비한 사람이 세례 요한이다. 그는 회개하라고 외치며 사람들을 각성시켰다. 그리고 제자들을 양성하고 그들을 예수님께 보냈다. 그는 주의 길을 평탄케 했다. 우리가 하나님께 칭찬받는 길도 동일하다. 우리는 사람을 살릴 힘도 능력도 없지만 마음문을 열게 할 수는 있다. 우리는 착한 행실로써 그들의 마음을 열게 해야 한다. 그러면 예수님이 그들을 불러 하나님의 사람으로 만드신다. 세례 요한이 '주의 길을 예비하는' 그 역할을 했다.

바다에서 복음을 전하신 이유

예수님은 복음을 전하실 때 베드로의 배를 사용하셨다. 왜 배를 사용하셨을까? 그것은 그 시간이 아침이라는 점과 바람의 방향을 생각해 보면 알 수 있다. 현존하는 지중해 주변의 원형극장은 거의 바다를 바라본다. 그 이유는 아침에는 바다에서 바람이 불어오기 때문에 그 바람을 따라 소리를 전달하기 위함이다. 예수님은 갈릴리 바다의 아침 바람을 이용해 사람들에게 복음을 전하셨다.

이때 베드로는 고기도 못 잡았음에도 배를 사용하도록 내주었다. 베드로가 요한복음 1:40-41에서 예수님을 이미 만난 적이 있음을 기억한

갈릴리 바다 서쪽 아르벨 산에서 바라본 갈릴리 바다 북쪽
베드로가 부름을 받았던 곳은 요한복음 21장에서 고기를 잡다 부르심을 받은 곳과 같다.

다면 이 일이 어색한 것이 아님을 알 수 있다.

갈릴리 바다에서 가장 깊은 곳이란?

말씀을 마친 후 예수님은 깊은 곳에 가서 그물을 던지라고 명령하신다. 아침에, 그것도 고기를 잡기 힘든 깊은 곳에 가는 것은 모험이지만 베드로는 말씀에 순종했다. 그곳은 약간 북쪽에 있는 수심 50m인 구역이었다. 훗날 예수님이 부활하신 뒤 제자들을 부르시고 다시 만난 곳도 이곳이다.

그물이 찢어지도록 고기를 잡고 놀라는 베드로에게 예수님은 사람 낚는 어부가 되리라 하셨다. 베드로의 동역자 야고보와 요한도 예수님이 부르시자 모든 것을 버리고 좇았다.

세리 마태(=레위)를 부르시다 마 9:9-13, 막 2:13-17, 눅 5:27-32

마태는 세관에 앉아 있다가 예수님을 만났다. 이 세관은 헤롯 안티파스와 빌립의 영토 국경에 위치한 가버나움의 지리적인 면 때문에 생겨난 것일 수도 있고 어부들의 어획고에 대한 세금을 받기 위한 것일 수도 있다. 여하튼 가버나움은 세금 거두기 좋은 곳이었고 자금이 활발하게 회전하는 번화가였다. 마태는 자신을 소개할 때 세리와 죄인에 과감하게 포함시켰다.

식사는 예배다

마태까지 부르셔서 초기 5명의 제자가 완성되었다. 마태를 제자로 부른 뒤에 예수님은 그들과 함께 식사를 나누셨다. 당시 식사를 같이 나눈다는 것은 동류의 사람임을 의미하는 것이었다. 성경에 나오는 예배 제사는 제사 의식을 나누는 것

어부를 제자로 삼으신 이유

예수님이 처음으로 택한 제자 4명은 모두 어부였다(마 4:18). 그들의 직업에 맞게 '사람 낚는 어부'로 부르셨다. 이들의 직업과 자산은 예수님의 사역에 매우 유익했다. 이들은 모두 배의 주인이거나 주인의 아들이었다. 특히 야고보와 요한의 아버지 세베대는 예루살렘 대제사장 집과 거래가 있어 베드로가 예수님의 재판정에 들어갈 수 있도록 중재할 만큼 영향력이 컸다. 어부는 예수님이 갈릴리 바다를 중심으로 사역할 때 이곳저곳 다니는 배를 쉽게 조달하고 운전한 요긴한 사람들이었다. 물론 예수님이 사람의 재목을 보고 택하셨겠지만 그들의 일상적인 역할도 무시할 수 없다.

1세기 것으로 발견된 배는 젓는 노가 6개였다. 우스운 소리로 예수님의 제자가 12명이었고 당시 배의 노가 6개였으니까 예수님은 키를 잡으시고 제자들은 2교대로 노를 저으면 아주 적당한 숫자였다고 할 수 있다. 여하튼 예수님은 어부 출신의 제자를 많이 택하셨고 그들이 예수님 사역에 안팎으로 중요한 역할을 한 것만은 틀림없다.

2천 년 전의 배
갈릴리 바다 게네사렛 키부츠 앞에서 발견된 배를 통해 당시 예수님이 타신 배의 모양을 알 수 있다.

보다 끝난 뒤 먹는 식사 시간이 더 오래 걸렸다.

쿰란에서 발견된 의식서를 보면, 부정을 행한 사람에게 내리는 가장 큰 징계는 식탁 자리에 참여하지 못하게 하는 것이었다. 그들은 많은 그릇이 부정하게 되면 깨버렸다. 예수님 때는 식사 자리가 제사만큼 중요했다. 그러므로 죄인과 식사를 같이했다는 것은 예배를 같이 드려 한 백성으로 여긴다는 의미다.

이런 개념을 가진 유대인이 하는 말을 들어 보라.

유대인의 음식 규례 '코셔'가 기록된 상품

> 바리새인과 그들의 서기관들이 그 제자들을 비방하여 이르되 너희가 어찌하여 세리와 죄인과 함께 먹고 마시느냐 눅 5:30

이런 식사 자리는 예배의 한 모델이다. 예수님은 우리에게 최후의 만찬을 모본으로 보이고 예배의 중심에 자리 잡게 만드셨다. 성찬식이 예배의 공통분모인 것처럼 식사 자리는 '식구'(食口)로 인정하는 자리였다.

여기서, 묵상

잊지 말 것은 베드로나 야고보, 요한은 삯군이 아니라 배 주인이었다는 점이다. 더욱이 세베대는 예루살렘 대제사장 집안까지 통하는 사람이었다. 베드로가 성령을 받고 성경을 인용하는 것을 보면 무식하고 가난한 자가 아니었음을 알 수 있다. 그들의 배와 지식이 예수님 사역에 사용되었다.

베드로의 위대함은 그가 잡은 고기를 보지 않고 그 고기를 잡게 한 예수님을 보았다는 데 있다. 그는 이미 요한복음 1장에서 안드레와 함께 예수님을 만난 적이 있지만 이를 계기로 주님만을 따르는 제자가 되었다. 나는 현상을 보는가, 현상을 일으키는 본질을 보고 있는가를 생각해 보라.

세리 마태 또한 히브리 이름이 레위(눅 5:27)였다는 점에서 레위 지파였을 것이다. 그렇다면 그의 구약성경 실력은 제자들 중에 으뜸이었을 것이다. 그의 성경 지식은 신약을 기록하는 데 유익하게 사용되었다. 마태복음이 구약을 가장 적절하게 인용하고 있음을 보아도 알 수 있다. 또한 그는 세리답게 예수님 말씀을 꼼꼼히 기록했다. 우리의 비전을 찾는 길은 그리 어렵지 않다. 우리를 훈련시켜 오신 길을 돌아보면 앞이 보인다.

가버나움-귀신, 장모, 나병, 중풍 고침 ⑫ 마 8:1-17, 9:1-8, 막 1:21-45, 2:1-12, 눅 5:12-26

예수님은 가버나움 사역을 시작할 때 안식일마다 회당에 들어가셨다. 예수님의 가르침에는 권위가 있었다. 이 권위를 가장 먼저 알아본 것은 제자들이 아닌 귀신 들린 사람이었다.

> 나는 당신이 누구인 줄 아노니 하나님의 거룩한 자니이다 눅 4:34

예수님은 귀신이 나가도록 명령하셨고 그대로 되었다. 귀신도 아는 예수님을 사람이 모른다면 귀신만도 못한 것이다. 귀신은 아예 예수님을 알지 못하도록 불신자의 눈을 가려 아둔하게 만든다. 주의 은혜만이 믿음의 눈을 열게 하는 열쇠다.

베드로 장모를 고치심

안식일이면 회당에 가시던 예수님이 회당에서 나와 곧 시몬 베드로의 집에 가셨다. 베드로의 집이 회당 가까이에 있었다면 베드로는 부유층에 속하는 어부였을 것이다. 이스라엘은 회당을 중심으로 집을 짓기에 회당 가까이에 있었다는 것은 재력이 있다고 할 수 있다. 물론 자신의 배가 있었다는 것도 이런 점을 뒷받침한다. 예수님은 안식일에 베드로 장모의 병을 고치셨지만 바리새인과 같은 율법주의자의 눈치를 보던 일반인은 안식일이 끝나는 시점인 해가 저물 때 병자를 예수님께 데려왔다.

베드로의 집터
회당 가까운 곳에 위치한 것으로 보아 마을에서 부유한 편에 속했다. 그는 장모를 모시고 살았으며 후에 이 집은 교회로 사용되었다.

형식에 얽매여 눈치를 보던 일반 백성의 나약함을 개의치 않으시고 예수님은 모든 이를 고치신다.

나병환자를 고치심

마태복음은 산상수훈 바로 뒤에 이 사건을 기록하지만 누가는 순서대로 재배열하여 사역 초기에 일어난 사건으로 기록한다.

나병환자는 엎드려 겸손히 구하여 "원하시면 나를 깨끗하게 하실 수 있나이다"라고 믿음으로 나갔다. 이때 예수님이 의외의 행동을 하신다. 손을 내밀어 그에게 대신 것이다. 나병은 부정한 병이기에 환자가 사람에게 접근해도 안 되고 만약 건강한 사람을 만지면 돌에 맞아 죽을 수도 있었다. 다른 사람은 모두 피하는 병자를 예수님은 친히 손대신다.

왜 예수님은 부정한 나병환자에게 손을 대셨을까?

아마 이 병자는 나병이 든 이후 가족이나 친지의 손길을 느껴 보지 못했을 것이다. 그런데 예수님이 다가와 사랑의 손을 대시자 그의 마음이 먼저 녹았다. 육신의 병보다 마음의 병을 먼저 치료하시는 예수님의 모습이다. 이후로 예수님의 기적을 보면 먼저 사랑의 손을 대시고 치료하시는 모습을 볼 수 있다. 성경은 말씀한다.

> 1 내가 사람의 방언과 천사의 말을 할지라도 사랑이 없으면 소리 나는 구리와
> 울리는 꽹과리가 되고 2 내가 예언하는 능력이 있어 모든 비밀과 모든 지식을
> 알고 또 산을 옮길 만한 모든 믿음이 있을지라도 사랑이 없으면 내가 아무것
> 도 아니요 3 내가 내게 있는 모든 것으로 구제하고 또 내 몸을 불사르게 내줄
> 지라도 사랑이 없으면 내게 아무 유익이 없느니라 고전 13:1-3

중풍병자를 고치심

가버나움에서 다시 바쁜 사역이 시작되었다.

가버나움에 계실 때(막 2장, 눅 5:17-26) 네 사람이 한 중풍병자를 메고 예수님께 왔다. 그러나 사람들이 너무 많고 가버나움의 집들은 서로 이어져 있었으므로 입구가 막히면 도저히 들어갈 수 없는 구조여서 예수님께 접근할 수 없었다. 그래서 지붕으로 올라가 구멍을 내어 중풍병자를 달아 내렸다.

가버나움 집 지붕

갈릴리는 현무암으로 되어 있기 때문에 채석하기가 힘들다. 그래서 밭에 굴러다니는 작은 돌로 벽을 쌓기는 하지만 지붕을 올리는 일은 매우 어려웠다. 부유한 집은 기다란 현무암으로 지붕을 덮기도 했다. 하지만 일반적인 집은 주변에서 구하기 쉬운 재료로 지붕을 얹었는데 주로 종려나무 가지를 이용했다. 갈릴리의 집을 보면 폭이 종려나무 가지 정도가 되는 긴 직사각형 모양이다.

여기서, 묵상

네 명의 장정이 이런 집의 지붕을 뜯어내는 일은 그렇게 힘들지 않았을 것이다. 다만 예수님 일행이 마른 종려나무 가지에서 떨어지는 먼지와 부스러기를 뒤집어썼을 것이다. 예수님은 이런 열악한 환경이 아니라 그들의 중심을 보시고 질병의 원인을 지적하신다.

예수께서 그들의 믿음을 보시고 중풍병자에게 이르시되 작은 자야 네 죄 사함을 받았느니라 막 2:5

예수님은 환자더러 '나았으니 침상을 가지고 나가라'고 하지 않으시고 죄 사함을 받았다고 말씀하셨다. 이는 예수님의 사역이 육신만이 아닌 영혼에 초점이 맞춰져 있음을 잘 보여 준다.

내가 지붕 아래 있었다고 생각해 보라. 사람들이 예수님이 계신 집을 에워싸고 있는데 자기 먼저 봐 달라고 지붕을 뜯어 흙먼지를 내며 침상을 내리고 있다. 사람들은 그들을 보고 뭐라고 했을까? 욕하지 않았을까? 하지만 예수님은 흙먼지를 뒤집어쓰시고도 그들의 믿음을 주목하셨다. 중심을 보시는 예수님께 과감하게 나아가자. 때론 단순한 믿음을 가진 자들이 예수님의 놀라운 은혜를 체험할 수 있다.

고라신의 집 지붕
가버나움과 같은 환경을 가진 고라신의 주거지를 통해 당시 지붕 구조를 알 수 있다.

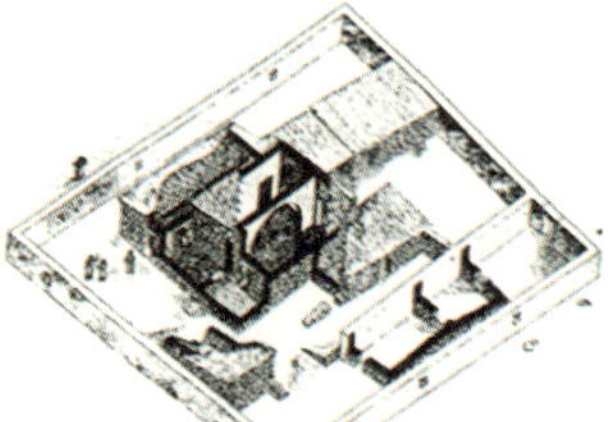

가버나움의 집터와 지붕 모양
지붕은 현무암으로 덮기 힘들었으므로 종려나무 등으로 엮어 만들었다. 이런 곳을 뜯어내고 들어가려면 먼지가 엄청나게 발생한다.

역사와 묵상

01 세례 요한은 자신을 철저히 낮추며 주의 길을 곧게 하는 사역을 감당했다. 그리하여 모든 것이 준비된 상황에서 예수님은 사역에 집중할 수 있었다. 현대에 사는 나는 예수님을 전파하기 위해 어떤 일을 할 수 있는지 나누어 보자.

02 갈릴리는 이방인에게 짓밟히는 땅이요, 사망의 그늘에 앉은 자들로 가득한 지역이었다. 갈릴리는 지치고 갈급하고 가난한 이들이 많았기에 예수님을 더 쉽게 그리고 간절하게 받아들일 수 있었다. 나는 이들처럼 예수님을 갈급해하는가?

03 예수님은 요단 강에서 세례를 받으면서 천국 입성의 주체가 되셨고 예배의 전통이 있던 수가 성(세겜)에서 참 예배를 알려 주셨다. 한 장소에서 구약의 중요한 주제가 반복되다가 예수님이 오셔서 그 주제의 뜻을 밝혀 주는 일은 역사-지리적인 성취라고 할 수 있다. 요단 강과 세겜(수가)에서 오래전부터 지속된 구원과 예배에 대한 주제를 예수님은 어떻게 성취하셨을까?

요단 강 세례

여호수아 → 가나안 입성

예수님 → 천국 입성

세겜
아브라함, 야곱, 여호수아, 사무엘 등 믿음의 선진들이 예배드린 곳

04 예수님이 샘물에서 떠 온 정결 항아리의 물을 변화시켰듯이 우리의 가치관도 변화시키신다. 예수님을 믿는다는 것은 '눈', 즉 가치관을 변화시키는 행위다. 내 생각에서 예수님의 생각으로 변화시키는 행위, 이것이 믿음이다. 나는 예수님을 인격적으로 만난 후 어떤 생각이 바뀌었는가?

믿는 자여, 눈을 뜨라

성경 요 5:1-47 **연대** AD 29년

핵심 본문 38년 된 병자 치료

지도 복음서 3

예수님 사역
두 번째 유월절

13. 예루살렘-38년 된 병자
14. 안식일 논쟁

두 번째 유월절: 안식일에 '자비'를 베풀다

갈릴리에서 예루살렘으로 갈 때 일반적으로 이용하는 길은 요단 동편 베레아 길이다. 요단 강을 건너 여리고에서 하루를 쉰 다음 예루살렘을 향해 하룻길을 올라간다. 예루살렘 동편 베다니와 감람산 벳바게를 거쳐 기드론 골짜기 너머 오른쪽으로 오르면 성전 문 바로 앞이 양문이다.

다음 지도의 베데스다 연못은 동쪽 성 밖에 위치한다. 그곳이 두 번째 유월절 사건이 일어난 곳이다. 성경은 이때가 유월절이라고 말하지 않는다. 사본에 따라 '그 명절'이라 함으로써 유월절을 암시할 뿐이다. 어쨌든 이날이 유월절이거나 오순절에 해당하는 한 해의 초기가 확실하니 2년 차 사역 첫 부분에 놓고자 한다.

> 그 후에 유대인의 명절이 되어 예수께서 예루살렘에 올라가시니라 요 5:1

: 7일

오늘 읽을 분량
성경 요 5, 눅 6, 막 3, 마 5-7
본서 175-186쪽

성경의 맥 잡기

1. 두 번째 유월절-38년 된 병자를 고치심
2. 배경으로 보는 산상수훈
3. 가버나움 중심 사역
4. 풍랑과 군대귀신 사건

신구약 연결 포인트

1. 구약의 안식일과 예수님이 완성한 신약의 안식일 의도와 개념
2. 산상수훈과 시편 1편의 복 관계

묵상 가이드

1. 38년 된 병자가 궁극적으로 고침 받은 것은?
2. 산상수훈의 교훈은?
3. 위로의 마을, 가버나움에서 주신 위로는?

예루살렘-38년 된 병자: 가치관을 바꾸심 ⑬ 요 5:2-18

베데스다(Βηθζαθὰ 자비의 집) 연못

요한복음 5장 2절의 "예루살렘에 있는 양문 곁에 히브리말로 베데스다라 하는 못이 있는데"라는 말씀에 의하면 베데스다 연못에 성문이 하나 있었고 그 이름이 '양문'이다. 이 양문은 느헤미야 시대 대제사장 엘리아십과 그의 형제 제사장들이 세운 곳이다(느 3:1). 현재는 성전 마당으로 들어가는 북쪽 문이 하나 있고 성벽에는 사자문 혹은 스데반 문이 위치한다.

사자문이라고 부르는 이유는 1538년 터키의 슐레이만 대제가 예루살렘 성을 세우고 꿈에 사자들이 괴롭혀 그들을 위해 이곳에 조각상을 세운 데서 유래한다. 사자들이 괴롭힌 이유 중 하나가 예루살렘 성의 설계자가 가장 중요한 다윗성 등 남쪽을 빼먹었기 때문이라고 전해진다. 실제로 슐레이만 때 세운 성벽이 지금까지 이어지고 있는데 남쪽의 다윗 성과 마가 다락방 지역이 성벽 안에 포함되어 있지 않다. 오히려 예수님 시대에 밖에 있던 골고다와 베데스다 연못이 성 안쪽으로 들어와 있다. 스데반 문은 이곳으로 스데반이 끌려가 기드론 골짜기에서 희생되었기 때문에 붙여졌다.

현재 발견된 베데스다 연못은 길이 약 96m, 넓이 50~67m가량의 쌍둥이 연못이다. 현재 여러 건물 아래 깊은 곳에 위치하고 있어 세월의 깊이를 짐작할 수 있다.

베데스다는 'Beth zata' 즉 '올리브의 집'으로 풀이할 수 있다. '자이트'라는 올리브에서 유래한 곳으로 올리브 산인 감람산 가는 길일 수도 있다. 권위 있는 알렉산드리아 사본(Alexandriaus-A)처럼 'Beth esda'의 히브리어 헤세드에서 유래한 헤스다(아람어 어미 알렙)라고 부를 수도 있다. 그래서 대부분은 이곳을 '자비의 집, 은혜의 집'이라고 생각한다.

베데스다
자비의 집, 은혜의 집

예수님 시대의 예루살렘 모형
베데스다 연못은 성전산 북쪽에 있으며 물이 간헐적으로 뿜어져 나오는 곳으로 '자비의 집'이라는 뜻을 가지고 있다.

여기서,
묵상

자비의 예수님은 대제사장이 건축한 양문 옆, 성막의 넓이와 비슷한 자비의 집에 대제사장으로서 오셨다. '헤세드'를 베풀기 원하는 제사장으로 오신 것이다. 그는 대제사장이자 우리 죄를 대신하는 하나님의 유월절 어린양으로 이 땅에 오셨다.

치료의 연못

베데스다 연못은 히브리어 벧 헤세드(בֵּית חֶסֶד 자비의 집)에서 나온 이름이다. 순례자들은 이곳에서 나오는 물로 양을 씻어 정결케 했다고 한다. 여기서 다시 이스라엘의 물에 대해 기억할 필요가 있다. 이스라엘은 겨울에 비가 오고 그 비가 석회암으로 된 땅에 스며들었다가 여름에 조금씩 뿜어 나와 이스라엘의 생명을 유지시킨다. 그중 베데스다 연못은 간헐천으로 새로운 물을 가끔 일시에 뿜어내는데 이때 병자가 들어가면 낫는다는 속설이 있었다.

'자비의 집'이라는 이름대로 예수님은 이곳에서 자비를 베푸셨다. 그때가 안식일이었다. 지난 유월절에 성전에서 장사치들을 쫓아내 유대 지도자들을 난처하게 만든 사건을 기억하는 유대인들은 병은 고쳤지만 장로의 유전대로 안식일을 지키지 않은 예수님을 박해하기 시작했다.

베데스다 연못의 기적
예수님은 안식일에 38년 된 병자를 일으키셨다. 안식일은 유대인의 표식과도 같았다. 예수님은 이날의 의미를 이 기적을 통해 알려 주길 원하셨다.

요한복음에만 언급된 38년 된 병자 이야기는 계속되는 물에 대한 관심을 고조시킨다.

1장에서 물세례를 언급한 후 2장에서 물로 포도주를 만들고 3장에서 니고데모에게 물과 성령으로 거듭날 것을 선포하신 후 4장에서는 우물가에서 여인을 변화시킨다. 이제 5장에 이르러서 양문 곁 베데스다 연못에서 병자를 고치신다. 물론 6장에도 물 위를 걸으시는 예수님이 등장하고 7장에선 생수의 강이 되시는 예수님으로 말씀하심으로 절정을 이룬다.

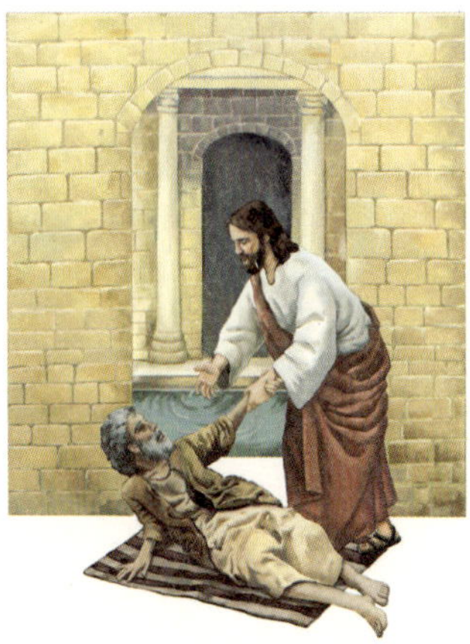

38년 된 병자가 변해야 했던 것

예수님이 가나 혼인 잔치에서도 암시하셨듯이 물을 바꾸는 것은 가치관을 바꾸는 일이다. 성경에서 물은 출애굽 때 마라의 샘에서부터 그 의도를 분명히 나타낸다. 예수님은 유대인의 잘못된 가치관을 바꾸시느라 38년 된 병자를 고치시고 당시로는 무리한 교훈을 선포하신다.

> 예수께서 그들에게 이르시되 내 아버지께서 이제까지 일하시니 나도 일한다 하시매 요 5:17

유대인에게 걸림돌이 된 다른 문제는 예수님이 하나님을 친아버지라 하며 자신이 하나님과 동등하다고 한 설교 내용이었다. 예수님이 심판주가 되신다는 것과 모든 성경이 예수님에 대하여 말하는 것이라는 내용은 고지식한 예루살렘의 유대인들을 분노하게 했다.

예루살렘-안식일 논쟁 ⑭ 요 5:19-47

안식일 논쟁은 예루살렘과 갈릴리에서 모두 있었다. 당시 바리새파는 인기 있는 종파였다. 그들은 유대인을 유대인 되게 하는 두드러진 세 가지 의식을 준수했다. 첫째가 할례이고, 둘째가 음식 규례, 셋째는 안식일 엄수였다. 그중 안식일 문제는 예수님과 바리새인 간에 가장 빈번히 일어난 갈등이었다. 바리새인은 은근히 예수님과 자신들이 함께할 수 있는지 아닌지 확인하길 원했다. 그래서 랍비로 칭했다.

그러나 사역 2년 차가 되어 예수님이 베데스다 연못의 38년 된 병자를 안식일에 고치시면서 둘 간의 갈등이 표면화된다. 이때부터 유대 지도자는 예수님과 정면 대결 양상을 띠게 된다. 안식일에 이삭을 비벼 먹는 사건과 손 마른 자를 고치는 사건 등 계속되는 안식일 논쟁은 유대인들이 예수님을 죽이려는 지경에까지 몰고 간다.

현대 유대교를 믿는 사람들도 이 문제에 관한 한 매우 철저하다. 성전 제사가 없어진 지금 유대인을 유대인답게 해주는 요소 중 하나가 안식일 준수이기 때문이다. 안식일에 금하는 일은 너무 많아 헤아릴 수가 없다. 문명이 발달할수록 그 항목은 더욱 늘어 간다. 그러나 그 원리는 하나라고 할 수 있다. 상황을 변화시키는 것은 모두 일로 간주해 금기하는 것이다. 그런 관점에서 보면 제자들이 밀 이삭을 잘라 비벼 먹은 일은 명백히 안식일을 범한 행위다.

율법을 보호하기 위해 만든 장로들의 유전은 결국 율법이 의도하는 내용까지 잊어버리게 했다. 내용을 보호하기 위해 형식을 만들었는데 형식을 강조하다 보니 내용을 잊어버린 셈이다. 이 문제는 지금도 계속되는 악순환이다. 형식을 강조하면 형식주의, 내용을 강조하면 자유주의가 되기 쉽다. 우리는 균형 있는 신앙인이 되기 위해 끊임없이 노력해야 한다.

안식일 엘리베이터
호텔의 안식일 엘리베이터는 사람이 일을 하지 않도록 자동으로 한 층씩 열리고 닫힌다. 안식일은 유대인의 정체성을 나타내는 표시다.

여기서, 묵상

이스라엘에서 공부하면서 안식일 문제로 여러 가지 일을 겪었다. 특히 현대에 이르러 안식일 규례는 더 복잡해졌다. 안식일에 불을 피우지 말라는 명령을 현대에 적용하여 전기나 가스 불을 피우면 안 된다. 거기다 자동차도 불똥이 튀어 움직이는 기계이므로 사용해선 안 된다. 안식일에 전등을 끄거나 켜는 것을 잊은 유대인들은 이방인인 우리 집에 와서 불을 꺼 주기를 부탁하고는 했다. 특히 냉장고를 열 때 켜지는 불을 꺼 달라고 부탁했다.

나도 주일을 엄격하게 지키지만 그들의 모습을 보면서 예수님의 마음을 알 것 같았다. 당시 예수님은 사람들의 왜곡된 가치관을 돌이키게 하기 위해 얼마나 애쓰셨을까?

지도 그리기

복음서 3
공생애 1년 차 방문
공생애 2년 차 방문

부록에서 지도를 찾아 그리세요

공생애 2년 차 | 갈릴리 |

복되도다, 가난하고 소외된 자여

성경 마 5-13; 막 3-6; 눅 6-8 **연대** AD 29년

핵심 본문 12제자, 산상수훈, 백부장, 과부의 아들, 풍랑, 야이로의 딸 등

지도 복음서 4

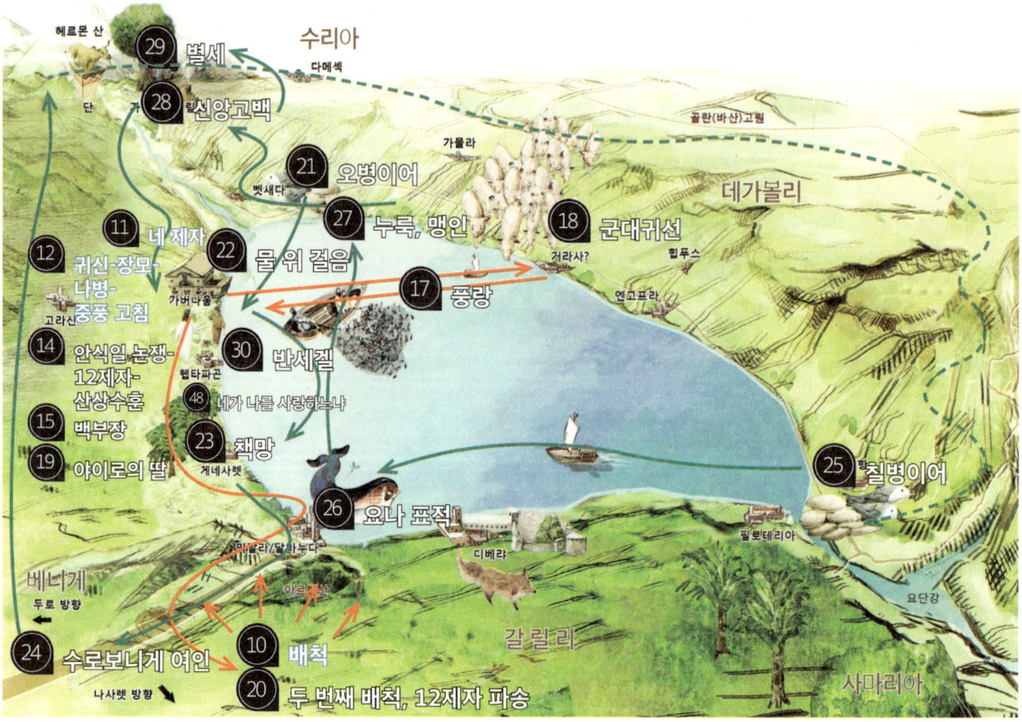

첫 번째 유월절~세 번째 유월절
갈릴리 사역

가버나움 북쪽 산지에서
가버나움 북쪽에 위치한 산을 팔복산이라 부른다. 예수님은 이런 곳에서 밤을 새워 기도하신 후 열두 제자를 불렀다.

제자를 부르심
예수님의 제자들은 다양했거니와 세리 마태와 열심당 시몬은 원수지간이었다. 그러나 예수 안에서 하나가 되었다.

갈릴리-12제자 ⑭ 막 3:13-19, 눅 6:12-16

예수님은 자신의 일로 밤을 새워 기도하신 일이 별로 없다. 광야에서 굶주려 있을 때 돌로 떡을 만들어 드실 만했으나 자신을 위해선 기적을 행하지 않으셨다. 대신에 사람을 세우기 위해 밤을 새워 기도하셨다. 제자들을 택하여 부르신 이 사건은 예수님이 마지막으로 남기신 것이 제자들이라는 점에서 매우 중요한 일이었다. 마가복음에서 제자들의 선택을 이렇게 말씀하신다.

> 14 이에 열둘을 세우셨으니 이는 자기와 함께 있게 하시고 또 보내
> 사 전도도 하며 15 귀신을 내쫓는 권능도 가지게 하려 하심이러라
>
> 막 3:14-15

제자들 대부분이 이스라엘 북부의 갈릴리 출신인 데 반해 가룟 유다는 당시 인정받는 땅인 가룟 출신이었다. 가룟(그리욧)은 헤브론에서 남쪽으로 20km 정도 떨어진 곳에 그 후보지가 등장한다. 남방과 산지의 경계에 있다. 그리욧 근처의 아랏 왕이 한때 이스라엘을 대적한 왕이라는 점도 기억하라.

여기서, 묵상

예수님의 제자들 중 열심당 시몬과 세리 마태는 세상에서 원수지

예수님 사역
두 번째 유월절

14. 12제자 선택, 산상수훈
15. 가버나움-백부장
16. 나인 성-부활
17. 갈릴리 바다-풍랑
18. 거라사-군대귀신
19. 가버나움-혈루증 여인, 야이로의 딸
20. 나사렛-두 번째 배척, 12제자 파송

간이었다. 독립투사요 민족주의자였던 시몬은 제국주의자였던 마태와 평상시에 만나면 죽이려고 달려드는 이념이 다른 사람이었다. 그러나 그들이 예수 안에서 하나가 되었다. 오늘날에도 이스라엘과 팔레스타인 사람들이 하나되기가 힘들다. 이미 너무 많은 상처를 입힌 사람들은 오직 예수 안에서만 하나 될 수 있다. 원수까지 사랑하는 기독교 정신이 원수지간조차 예수 안에서 한 형제요 한 자매로 만든다.

갈릴리-산상수훈: 가난한 자들의 복음 ⑭ 마 5-7, 눅 6:20-38

마태복음 5장부터 7장까지는 복음의 진수라 불리는 산상수훈이 소개되어 있다. 이 교훈을 깊이 묵상하며 살펴보는 것은 굉장히 중요하지만 이 책에서는 핵심적인 복음을 말씀하신 상황과 배경을 이해하는 것에 초점을 맞춘다.

언제, 어디서, 누구에게?

먼저 이 말씀을 언제 어디서 누구에게 하였을까?

> 예수께서 무리를 보시고 산에 올라가 앉으시니 제자들이 나아온지라 마 5:1

산상수훈교회
교회 아래 넓은 들에서 제자들이 복음을 들었을 것이다. 멀리 왼쪽 끝 산 위 동네가 디베랴다.

예수님은 무리를 보시고 산에 올라가 앉으셨고 그 말씀을 듣고자 제자들(눅 6:17)이 예수님 앞에 섰다. 예수님이 말씀하신 대상은 열두 제자를 포함한 많은 제자였다. 수백 명인지 수천 명인지는 모른다. 마태복음은 산상수훈이 끝나자 아래와 같이 말한다.

> 예수께서 이 말씀을 마치시매 무리들이 그 가르치심에 놀라니 마 7:28

오병이어 사건과 비교할 때 수많은 사람이

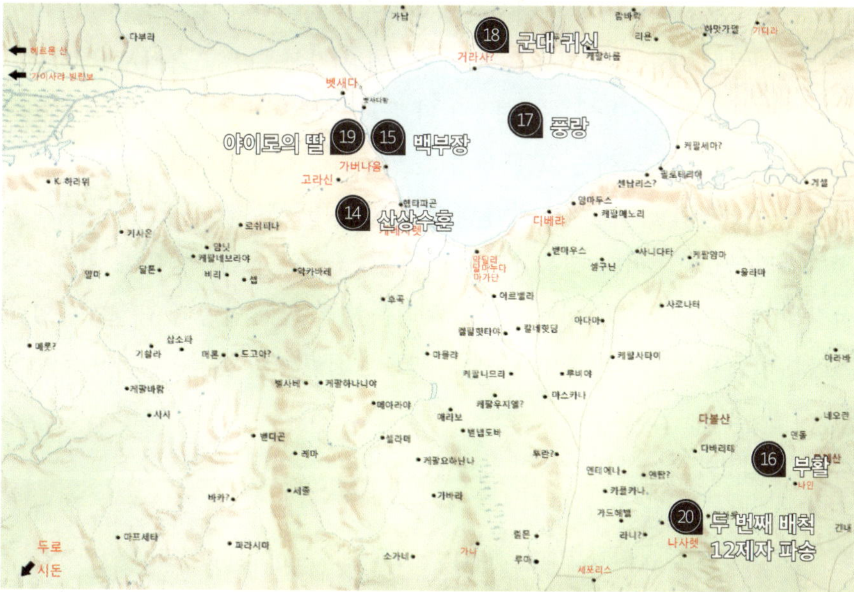

예수님의 2년 차
갈릴리 사역

들었다고 추정할 수 있다.

팔복산: 북서풍이 부는 천연 원형극장

학자들은 모세가 시내 산에서 율법을 수여받은 사건과 연관시키려 한다. 팔복의 내용이 앞부분은 하나님과의 관계를, 뒷부분은 사람과의 관계를 말하기 때문이다.

여기서는 희미한 연관보다는 실제적인 면을 살펴보자. 먼저 한 가지 문제의식을 가져 보자. 당시 스피커가 없었는데 수많은 무리에게 어떻게 복음을 전할 수 있었을까?

어떤 이는 '귀 있는 사람은 들으라' 하는 말씀에 착안해 듣고자 노력하며 예수님 앞에 나온 소수만이 주님의 말씀을 들을 수 있었다고 주장하나 예수님이 그렇게 소극적인 분인 것 같지는 않다.

'예수께서 산에 올라가셨다'는 말씀이 이를 해결할 수 있는 한 가지 열쇠다. 예수님은 완만한 경사를 이루면서 상부 갈릴리로 올라가는 산 중턱에 앉으셨다. 뒤로는 경사가 계속되었고 앞으로는 갈릴리 바다가 펼쳐졌다. 해변에는 해변길을 따라 오가는 사람들이 예수님 앞으로 몰려드는 사람들을 쳐다보았다. 해가 지면서 밤 그물을 치러 나가는 배가 가버나움 근처에서 부산히 움직였다.

오후 5시경이 되자 바람이 서서히 북서쪽에서 불어왔다. 무리를 사랑스런 눈으로 바라보던 예수님은 입을 열어 가르치기 시작하셨다. 조용하지만 힘 있는 목소리가 북서쪽에서 불어오는 미풍을 따라 저 멀리 끝까지 전달되었다.

숨죽인 사람들의 귀에는 그 한 말씀 한 말씀이 또렷이 새겨졌다. 저녁이면 어김없이 부는 북서풍이 산에서 바다 쪽으로 내려가며 세미한 음성도 무리에게 분명히 전달되었을 것이다. 팔복산은 멋진 원형극장이었다. 예수님은 그 천연 원형극장을 매우 효과적으로 이용하셨고, 무리는 넋을 잃고 말씀에 귀를 기울였다. 가난한 이들이 많았던 시대에 예수님의 팔복은 사람들 마음 깊숙이 스며들었다.

3 심령이 가난한 자는 복이 있나니
천국이 그들의 것임이요
4 애통하는 자는 복이 있나니
그들이 위로를 받을 것임이요
5 온유한 자는 복이 있나니
그들이 땅을 기업으로 받을 것임이요
6 의에 주리고 목마른 자는 복이 있나니
그들이 배부를 것임이요
7 긍휼히 여기는 자는 복이 있나니
그들이 긍휼히 여김을 받을 것임이요
8 마음이 청결한 자는 복이 있나니
그들이 하나님을 볼 것임이요
9 화평하게 하는 자는 복이 있나니
그들이 하나님의 아들이라 일컬음을 받을 것임이요
10 의를 위하여 박해를 받은 자는 복이 있나니
천국이 그들의 것임이라
11 나로 말미암아 너희를 욕하고 박해하고 거짓으로 너희를
거슬러 모든 악한 말을 할 때에는 너희에게 복이 있나니
12 기뻐하고 즐거워하라 하늘에서 너희의 상이 큼이라
너희 전에 있던 선지자들도 이같이 박해하였느니라 마 5:3-12

여기서,
묵상

원어에서는 '복되다'로 시작한다. 시편 1편에서도 복 있는 자를 말씀 묵상하는 자라고 하였다. 예수님도 가난한 마음, 의에 주리고 목마른 마음 즉 사모하는 마음을 가진 자가 최고의 복을 가진 자라고 했다. 말씀을 사모하는 당신이 최고로 복된 자다.

남서쪽 디베랴를 보시고: 빛과 소금의 교훈

팔복 설교가 끝나 갈 무렵 예수님은 남서쪽 산중턱에 위치한 디베랴에서 호롱불이 하나 둘 켜지는 것을 보셨다. 이때를 놓치지 않고 빛에 관한 교훈을 주신다.

> **14** 너희는 세상의 빛이라 산 위에 있는 동네가 숨겨지지 못할 것이요 **15** 사람
> 이 등불을 켜서 말 아래에 두지 아니하고 등경 위에 두나니 이러므로 집 안
> 모든 사람에게 비치느니라 **16** 이같이 너희 빛이 사람 앞에 비치게 하여 그들
> 로 너희 착한 행실을 보고 하늘에 계신 너희 아버지께 영광을 돌리게 하라
> 마 5:14-16

어부들이 갈릴리 바닷가 근처에 고기를 저장하기 위해 소금을 푸는 것을 보면서 말씀하신다.

> 너희는 세상의 소금이니 소금이 만일 그 맛을 잃으면 무엇으로 짜게 하리요 후에는 아무 쓸 데 없어 다만 밖에 버려져 사람에게 밟힐 뿐이니라 마 5:13

예수님 시대의 등잔들

산상수훈에 나오는 들에 핀 백합화는 빨강 아네모네다. 겨울비가 내리고 봄이 되려는 3월경 갈릴리 주변에 이런 꽃이 만발하여 솔로몬의 영광보다 더한 아름다움을 보여 준다.

들에 핀 백합화는 어떤 꽃인가?

예수님은 무리가 궁금해하는 문제와 랍비들 간에 논쟁이 되었던 문제들을 하나하나 풀어 가며 무엇이 옳은지를 분별해 주셨다. 여기서 우리가 놓쳐선 안 되는 것이 사물을 바라보는 예수님의 태도다. 예수님께는 눈에 보이는 모든 자연이 교훈의 대상이었다. 타산지석의 태도를 보이셨다.

> 26 공중의 새를 보라 심지도 않고 거두지도 않고 창고에 모아들이지도 아니하되 너희 하늘 아버지께서 기르시나니 너희는 이것들보다 귀하지 아니하냐
> 27 너희 중에 누가 염려함으로 그 키를 한 자라도 더할 수 있겠느냐 28 또 너희가 어찌 의복을 위하여 염려하느냐 들의 백합화가 어떻게 자라는가 생각하여 보라 수고도 아니하고 길쌈도 아니하느니라 29 그러나 내가 너희에게 말하노니 솔로몬의 모든 영광으로도 입은 것이 이 꽃 하나만 같지 못하였느니라… 33 너희는 먼저 그의 나라와 그의 의를 구하라 그리하면 이 모든 것을 너희에게 더하시리라 마 6:26-33

갈릴리에 유난히 많은 새와 들꽃, 특히 '들에 핀 백합화'로 알려진 빨간 아네모네가 예수님에게 중요한 소재가 되었다. 주님은 지금도 우리 주변의 모든 일과 환경을 통해 교훈하신다(일반 계시). 그래서 복음을 듣지 못하고 죽은 세대에도 이 계시를 근거로 심판하셔서 핑계를 대지 못하게 하신다.

> 창세로부터 그의 보이지 아니하는 것들 곧 그의 영원하신 능력과 신성이 그가 만드신 만물에 분명히 보여 알려졌나니 그러므로 그들이 핑계하지 못할지니라 롬 1:20

가버나움-백부장: 충성스런 믿음을 만나다 ⑮ 마 8:5-13; 눅 7:1-10

말씀을 마치고 예수님은 가버나움으로 가셨다. 그곳에서 이스라엘 어디서도 찾아볼 수 없는 믿음을 가진 이방인 백부장을 만났다. 100명의 부하를 거느린 그는 그곳에서 최고 권력을 행사할 수 있는 사람이었다. 그러나 그는 예수님께 자신의

이스르엘 골짜기의 모레 산
중앙의 모레 산 왼쪽에는 나인 성이 있고 오른쪽에는 수넴 성이 있다. 두 성은 모두 부활이 일어난 장소다. 수넴에서 소년을 살린 엘리사는 예수님의 그림자가 된 선지자다. 모레 산은 전쟁이 많은 이스르엘 골짜기에서 부활의 소망을 보여 준다.

문제를 전적으로 맡기는 겸손한 믿음을 보여 이방인으로서 들을 수 있는 최고의 찬사를 들었다.

예수님은 왜 백부장을 칭찬하셨는가? 그의 대답을 잘 들어 보자.

> 8 백부장이 대답하여 이르되 주여 내 집에 들어오심을 나는 감당하
> 지 못하겠사오니 다만 말씀으로만 하옵소서 그러면 내 하인이 낫겠
> 사옵나이다 9 나도 남의 수하에 있는 사람이요 내 아래에도 군사가
> 있으니 이더러 가라 하면 가고 저더러 오라 하면 오고 내 종더러 이
> 것을 하라 하면 하나이다 마 8:8-9

군대는 명령에 살고 명령에 죽는다. 그는 군대의 명령 체계를 말씀과 연계시켜 삶에 적용했다. 군대에서 통하는 상식이라면 예수님을 믿는 믿음에도 당연히 통하는 것 아니냐는 것이다. 군대의 명령이 그대로 실천되듯 상식이 통하는 믿음이 이 시대에 더욱 그립다.

나인 성-부활: 과부 아들을 살리시다 ⑯ 눅 7:11-17 8일

갈릴리를 다니시던 예수님이 남쪽 이스르엘 골짜기의 나인 성에 왜 가셨는지 모르겠다. 이 길이면 명절을 지키기 위해 가는 길이다. 예상이 맞다면 유월절 이후 오순절 기간일 가능성이 크다. 이후에 많은 사건이 이어지기 때문이다.

: 8일

오늘 읽을 분량

성경 눅 7-8, 막 4-5, 마 10-13

본서 175-186쪽

성경의 맥 잡기

1. 모레 산 나인 성 과부 아들 살림
2. 씨 뿌리는 비유는 마음의 밭 의미
3. 갈릴리 바다는 세상을 의미
4. 혈루증 여인과 야이로의 딸은 모두 12년

신구약 연결 포인트

1. 엘리사와 예수님 모두 모레 산에서 생명 살림
2. 민 15장의 옷술과 혈루증 여인이 만진 옷자락 의미
3. 부정한 동물인 돼지(레 11:7)를 키우는 데가볼리는 이방 지역

묵상 가이드

1. 부활의 산이 된 모레 산에서 주는 교훈은?
2. 제주도 같은 환경의 씨 뿌리는 비유를 통한 교훈은?
3. 거라사인을 통해 본 가치: 사람인가, 재물인가?

예수님은 남쪽을 향하는 길목인 모레 산 북쪽 경사지인 나인 성에서 나오는 사람들을 만나셨다. 장례 행렬이었다. 외아들을 잃은 과부는 인생을 잃은 것처럼 망연자실했을 것이다. 이를 불쌍히 여기신 예수님은 그 젊은이를 살리셨다.

나인 성과 모레 산: 예수님과 엘리사

모레 산 남쪽 기슭에 수넴 성이 위치하는데 이곳에서 엘리사가 수넴 여인의 아들을 살렸다. 예수님은 그 반대편에서 나인 성의 과부 아들을 살리셨다. 구약의 엘리야와 엘리사는 신약에 와서 세례 요한과 예수님으로 이어지며 예표가 현실로 성취된다.

엘리사가 한 일과 환경을 예수님과 비교해 보라. 선지자로 오신 예수님의 모습이 더 분명해진다. 갈릴리 사역은 선지자의 사역을, 예루살렘 사역은 제사장적 사역과 왕의 사역을 잘 나타낸다.

세례 요한의 질문 마 11:2-19, 눅 7:18-35

갈릴리 활동이 왕성해지자 헤롯 안티파스의 감옥에 갇힌 세례 요한이 제자를 보내어 예수님이 진정 메시아이신가를 확인했다. 이미 세례를 베풀 때 예수님이 메시아이심을 알았지만 감옥 생활이 그런 확신을 어느 정도 흔들었던 모양이다. 예수님은 이때 세례 요한이 말라기가 말한 장차 메시아를 준비하러 올 엘리야라는 것을 확인해 주셨다.

> 보라 여호와의 크고 두려운 날이 이르기 전에 내가 선지자 엘리야를 너희에게 보내리니 말 4:5
>
> 13 모든 선지자와 율법이 예언한 것은 요한까지니 14 만일 너희가 즐겨 받을진대 오리라 한 엘리야가 곧 이 사람이니라 마 11:13-14

갈릴리: 비유로 말씀하시다 마 13:1-52, 막 4:1-34, 눅 8:4-15, 13:18-21

이러한 표적을 보이자 사람들이 예수님께 개미 떼처럼 몰려왔다. 어깨를 맞대고 지은 집이나 좁은 마을은 예수님을 보러 모인 사람들을 모두 수용하지 못했다. 그래서 예수님은 바닷가로 나가서 가르치셨다. 많은 사람으로 인해 갈릴리 바다에 배를 띄우고 그 위에서 말씀을 가르치셨다. 낮의 뜨거운 햇살 때문에 예수님은 주로 아침과 저녁에 가르치셨다. 특히 아침의 선선한 바람이 바다에서 육지로 불 때면 예수님은 배에 올라 조용히 말씀을 전하셨다. 아무리 많은 사람도 그 부드러운 바닷바람을 타고 들려오는 주님의 음성을 들을 수 있었다. 예수님은 아침에는 바다에서, 저녁에는 산 위에서 복음을 전파하셨다.

씨 뿌리는 비유: 갈릴리의 환경은 제주도와 같다

예수님은 13장부터 비유로 말씀하시는데 갈릴리 환경에 맞는 비유를 드신다.

첫 번째 비유가 씨 뿌리는 비유다. 당시 유대인은 씨를 뿌리기 전 굳은 땅을 갈았다. 첫 비가 내린 직후에 굳은 땅을 갈고 곡식의 씨앗을 흩뿌렸다. 그러면 씨앗이 이곳저곳으로 떨어지고, 초막절 전후로 첫 비가 내리면 씨앗이 발아되어 유월절 즈음이면 곡식으로 열매 맺게 된다.

이스라엘의 절기는 농사와 밀접한 관계가 있다. 그런데 한 가지 고려해야 할 것이 갈릴리의 특수성이다. 갈릴리의 환경은 우리나라 제주도와 같다. 제주도처럼 현무암이 많은 갈릴리는 밭에 박힌 큰 돌을 한쪽으로 치워 놓았는데 그 돌무더기 사이로 가시와 엉겅퀴가 무성하게 자랐다. 이런 환경에서 자란 갈릴리 바다 주변의 사람들은 그 이면에 숨겨진 메시지가 무엇이건 간에 예수님의 비유를 누구보다 친숙하고도 쉽게 이해했을 것이다.

씨 뿌리는 비유는 이제 막 초막절(우리나라의 추석)이 지나 새싹이 돋아나던 때 말씀하셨다. 초막절과 우리의 추석이 같은 날이라는 것을 기억하는 것도 좋다.[7]

갈릴리

제주도

갈릴리 북쪽의 환경은 제주도와 비슷해서 무엇보다 현무암이 많다. 제주도의 농업 환경을 생각하면 예수님의 씨 뿌리는 비유를 이해하기 쉽다.

7 그러나 음력 윤달이 있을 때 우리는 앞의 달을 세지만 이스라엘은 뒤의 달을 센다.

겨자씨는 좁쌀만 한 크기인데 2m까지 자란다.

겨자씨 비유: 겨자초는 유채처럼 높이 자라는 풀이다

겨자씨 비유도 마찬가지다. 비가 오면서 자라는 겨자초는 일년생 풀이기는 하지만 제주도의 유채처럼 높이 자란다. 물이 많고 기름진 곳에서는 2m까지 자란다. 그래서 갈릴리의 많은 새가 이곳에 깃들이곤 했다. 나무가 많지 않은 까닭에 이런 수풀에도 새가 깃들였다. 겨자는 유채처럼 노란 꽃을 피우며 갈릴리 바다 주변을 노랑으로 뒤덮는다. 양력 1~2월경이면 겨자의 노란빛으로 물들인 아름다운 갈릴리의 광경이 펼쳐진다.

예수님은 좁쌀만 한 씨앗이지만 심겨 자라면 이처럼 아름다운 꽃을 피우고 높다랗게 자라는 겨자를 비유의 소재로 사용하셨다. 그러면서 '겨자씨 같은 믿음만 있으면 무엇이든지 할 수 있다'고 도전하셨다. 겨자씨가 갈릴리의 가장 작은 씨앗은 아닐지라도 그것은 우리나라의 좁쌀과 같이 작은 씨앗의 대명사가 되었다.

> 또 비유를 들어 이르시되 천국은 마치 사람이 자기 밭에 갖다 심은 겨자씨 한 알 같으니 마 13:31
>
> 이르시되 너희 믿음이 작은 까닭이니라 진실로 너희에게 이르노니 만일 너희에게 믿음이 겨자씨 한 알만큼만 있어도 이 산을 명하여 여기서 저기로 옮겨지라 하면 옮겨질 것이요 또 너희가 못할 것이 없으리라 마 17:20

좋은 물고기와 못된 물고기가 있을까?

밭에 관한 비유뿐 아니라 집에 들어가 제자들의 질문에 답하시면서 각종 물고기를 모으는 그물 비유도 하셨다. 저녁에 그물을 쳐 놓고 이른 아침에 양쪽을 잡고 육지로 끌어내어 정리하는 모습은 어부 출신인 제자들에겐 매우 친근한 것이었다. 갈릴리 바다에서 빵부스러기 몇 개만 던져도 몰려오는 큰 고기가 있다. 메기다. 팔뚝만 한 메기가 갈릴리 바다를 활보하지만 어느 누구도 거들떠보지 않는다. 비늘이 없는 메기는 율법이 금하는 물고기이기 때문이다. 예수님은 이런 물고기를 '못된 것'이라고 표현하셨다.

47 또 천국은 마치 바다에 치고 각종 물고기를 모는 그물과 같으니 48 그물에
가득하매 물가로 끌어내고 앉아서 좋은 것(비늘과 지느러미가 있는 것)은 그릇
에 담고 못된 것은 내버리느니라 마 13:47-48

수중 생물에 지느러미와 비늘 없는 것은 너희가 혐오할 것이니라 레 11:12

갈릴리 바다-풍랑: 세상을 잠재우다 ⑰ 마 8:23-27, 막 4:35-41, 눅 8:22-25

가버나움에서 '저편'은 마태복음 8:28에 의하면 가다라 지방이다. 가다라는 바다 남동쪽 끝에 위치하지만 전통적인 장소는 겔게사로 알려졌다. 이곳에서 거라사 귀신 사건을 기념하는 교회가 발견되었기 때문이다. 가다라가 데가볼리 지방의 큰 도시이므로 바다 동쪽을 가다라 혹은 더 큰 도시 이름을 따서 거라사 지방이라 부르지 않았을까 추측할 수 있다.

여하튼 예수님은 갈릴리 바다 동편 데가볼리로 가셨다. 데가볼리는 헬라화된 이방인이 사는 곳이다. 이곳 사람들은 이주민과 본토인이 혼혈되어 헬라 문명을 따라 살았다. 그들은 그리스의 12신과 각종 신들을 섬겼으며 유대인이 혐오하는 돼지를 키워 제사에 올렸다.

가버나움에서 거라사 지방으로 가는 1세기의 배
게네사렛에서 발견된 1세기의 배 모자이크다. 갈릴리는 호수이지만 깊은 고도차와 온도차로 인해 큰 파도가 자주 일어났다.

예수님이 떠난 시각은 다른 복음서를 살펴볼 때 5시경(현대 시간으로 11시)으로 이해된다. 이때는 풍랑이 이는 시간으로, 특별히 데가볼리에 이르는 요단 동편에 심한 풍랑이 일어났다. 어떻게 보면 예수님과 제자들은 이런 위험을 알고도 그곳으로 향한 것이다. 그럼에도 바다에서 잔뼈가 굵은 어부 출신 제자들이 풍랑을 만나 어쩔 줄을 몰라 했다. 그래서 다급하게 목수 출신인 예수님께 도움을 청했다. 예수님은 바다를 잔잔케 하시며 어부 출신 제자들의 콧대를 완전히 꺾어 놓았다.

학자들은 바다를 세상으로 상징화했다고 본다. 예수님이야말로 세상을 잔잔케 하실 전능자임을 보이신 것이다.

여기서, 묵상

예수님이 그들이 탄 배를 안전하게 지켜 주실 줄로 확신했다면 제자들을 비롯한 배에 오른 사람들의 태도가 어떻게 달랐을까? '피할 수 없다면 즐기라'는 말처럼 예수님과 함께한 배는 놀이기구 '바이킹'이 되지 않았을까? 믿음의 여부에 따라 풍파 많은 세상이 고난의 연속이 되는가 하면, 역동성 넘치는 바이킹 놀이가 될 수도 있다.

동굴 무덤과 거라사 교회가 있는 언덕
거라사의 군대귀신 들린 자는 무덤 안에서 살았다. 귀신은 돼지에게 들어가서 그들을 몰살시켰다.

거라사-군대귀신: 몰살시키다 ⑱ 마 8:28-34, 막 5:1-20, 눅 8:26-39

예수님 일행이 이방인의 땅에 도착했을 때 그들을 반긴 이는 무덤을 자기 집으로 삼고 지나가는 사람들을 위협하는 귀신 들린 두 사람이었다. 당시는 굴을 파서 무덤으로 만들었으므로 이런 사람들이 들어가 살 수 있었다. 군대귀신이 예수님을 보고는 굴복하여 자신들을 돼지 떼에게 보내 달라고 부탁했다. 귀신들은 돼지들에게 들어갔는데 돼지들이 순식간에 비탈길을 내리달아 갈릴리 바다에 빠져 죽어 버렸다. 우상의 제물이 순식간에 몰살된 것이다.

동굴무덤
군대귀신 들린 자는 무덤 사이가 아닌 무덤 안에서 살고 있었다(막 5:2).

돼지는 아래로 달리지 않는다

돼지는 맞아 죽는 한이 있어도 절대로 아래로 뛰지 않는다. 그러나 이 돼지 떼는 일제히 아래로 내리달아 죽었다. 돼지가 귀신 들려 미쳤기 때문에 가능한 일이었다. 귀신에 미치면 돼지도 이렇게 되는데 성령에 이끌린 사람이 변하지 않는다면 문제 아닌가?

이 사건은 예수님이 앞으로 어떻게 사탄의 세력을 괴멸할 것인가를 예표한다. 왜냐하면 돼지는 우상에게 드려지는 제물이기 때문이다. 귀신을 쫓아 주었는데도 사람들은 예수님을 거부했다. 그 이유는 무엇일까?

이 일에 놀란 데가볼리 사람들은 두려운 나머지 예수님이 떠나기를 간구해서 예수님은 '본 동네' 가버나움으로 돌아오셨다. 그들은 동네에 귀신 들린 자들이 있어서 그들의 병을 고칠 때마다 수많은 재산이 없어질까 봐 겁을 냈다. 사람이 온전케 되는 것보다 재산이 없어질 것을 걱정하여 예수님을 거절한 것이다. 바로 우리가 사는 세상의 모습이다. 생명보다 물질을 소중히 여기면 예수님을 거절하게 된다.

가버나움-야이로의 딸: 새생명을 얻다 ⑲ 마 9:18-26; 막 5:21-43; 눅 8:40-56

가버나움에 오신 예수님이 12년과 관련된 사람과 만나셨다. 혈루증을 앓는 여인은 죽은 것과 다름없는 인생을 살고 있었고, 회당장 야이로의 딸은 이미 죽어 있었다. 둘 다 부정한 존재이지만 예수님과 접촉할 때 새 생명을 얻었다. 혈루병을 앓는 여인은 부정한 상태였기에 다른 사람과 접촉하면 안 되었다. 더구나 고의로 남정네의 옷자락을 잡는 것은 큰일 날 일이었다.

혈루증을 앓던 여인이 붙잡은 것은 무엇인가?

그녀가 손을 댄 겉옷 자락은 민수기에서 말씀을 기억하기 위해 만든 옷단의 술이다.

> 이스라엘 자손에게 명령하여 대대로 그들의 옷단 귀에 술을 만들고 청색 끈을 그 귀의 술에 더하라 민 15:38

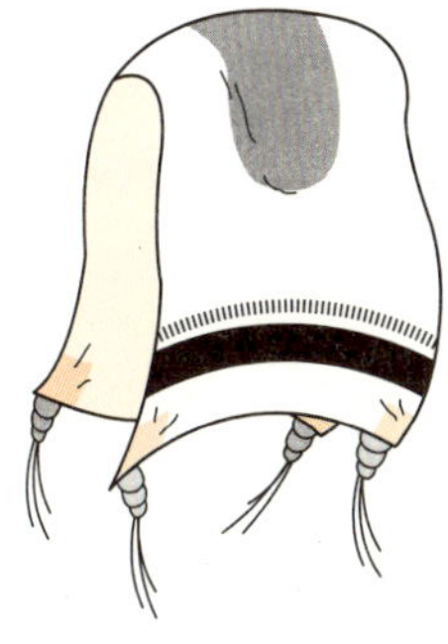

혈루병 여인이 만졌던 옷술(zitzit)
정탐꾼 사건 뒤에 말씀을 기억하여 하나님 시각으로 세상을 바라보라는 문화 명령으로 주어진 풍습이다.

율법을 정리해 보니 613개가 되어 그것을 매듭으로 만들어 옷 끝에 달고 다녔다. 히브리어로 이 옷 술을 '찌찌트'(zitzit)라 하는데 숫자로 환산하면 צ(90)+י(10)+צ(90)+י(10)+ת(400)를 의미하고 8개의 줄과 한 줄당 5개의 매듭을 합치면 90+10+90+10+400+8+5=613이 된다.

여인은 믿음으로 주님의 말씀을 붙잡았다. 말씀을 붙잡을 때 죽어 가는 생명이 새 생명으로 태어난다. 피는 생명을 의미한다. 계속 흐르는 생명은 우리 삶과 같다. 죽어 가는 인생이 영생을 얻는 길은 주님의 말씀을 붙드는 것밖에 없다.

> 38 이스라엘 자손에게 명령하여 대대로 그들의 옷단 귀에 술을 만들고 청색
> 끈을 그 귀의 술에 더하라 39 이 술은 너희가 보고 여호와의 모든 계명을 기
> 억하여 준행하고 너희를 방종하게 하는 자신의 마음과 눈의 욕심을 따라 음
> 행하지 않게 하기 위함이라 40 그리하여 너희가 내 모든 계명을 기억하고 행
> 하면 너희의 하나님 앞에 거룩하리라 민 15:38-40

부정한 여인이 손댄 것을 아신 예수님은 그녀의 부정함을 보지 않고 부정함에 물들지도 않으셨다. 구약성경에 거룩한 것이 부정한 것과 접촉하면 부정해진다고 했는데 예수님은 그렇지 않으셨다. 오히려 그 속에 생명이 있기에 사람을 살리셨다. 나사로를 살리실 때 생명의 주로 선포하신 말씀이 이 두 여인에게도 적용된다. 그 여인이 버림받은 가운데 살았건 사랑받은 가운데 죽었건 상관하지 않으셨다.

> 예수께서 이르시되 나는 부활이요 생명이니 나를 믿는 자는 죽어도 살겠고 요 11:25

예수 그리스도와 접촉이 있는 자가 일어난다.

> 그 아이의 손을 잡고 이르시되 달리다굼 하시니 번역하면 곧 내가 네게 말하노니 소녀야 일어나라 하심이라 막 5:41

12년 동안 죽어 가는 여인이나 12년 꽃같이 피어난 여인이나 모두 예수 안에서 새 생명을 얻었다. 구약 시대나 신약 시대나 구원은 예수님으로부터 시작된다(히 1:3).

나사렛-두 번째 배척: 훗날 기독교 마을로 바뀌다 ⑳ 마 13:53-58, 막 6:1-6, 눅 4:16-30

예수님은 갈릴리 바다 주변에서 가르치시다 고향인 나사렛으로 향하셨다. 가

버나움에서 나사렛으로 가는 길목인 막달라까지 어떻게 이동하셨는지는 기록이 없다. 막달라에서 서쪽으로 향하다 오른쪽으로 가면 두로이고 왼쪽의 남쪽으로 가면 나사렛이 나온다. 가버나움에서 나사렛과 예루살렘으로 갈 때든 두로와 시돈으로 향할 때든 막달라를 거쳐야 한다. 이곳에서 막달라 마리아를 만나 그녀를 치료하셨고, 그녀는 이후 어느 누구보다 예수님을 사랑하며 따랐다.

두 번째 고향 방문에서 예수님은 환영을 받았지만 존경은 받지 못했다. 이때 성경에 등장하는 예수님의 형제를 주목하라(마 13:55). 야고보는 예수님이 승천하신 후 교회의 기둥 같은 사도가 되었고, 유다는 유다서를 썼다. 시몬은 전통에 의하면 예루살렘교회의 지도자로 봉사했다고 한다. 예수님은 자신을 배척하는 나사렛 사람들에게 이렇게 말씀하셨다.

> 예수께서 그들에게 말씀하시되 선지자가 자기 고향과 자기 집 외에서는 존경을 받지 않음이 없느니라 하시고 마 13:57

여기서 말하는 선지자는 누구일까? 누가복음 4장을 보면 엘리야와 엘리사다. 나사렛에서 바라보이는 이스르엘 골짜기에서 주로 활동한 선지자를 예로 든 것이다.

나사렛 언덕에 오르면 지중해(베니게 방향)와 갈멜 산, 이스르엘 골짜기, 요단 동편의 고지대, 사마리아를 바라볼 수 있다. 맑은 날에는 헤르몬 산과 북동쪽 다메섹 방향(시리아)을 볼 수 있으며 다메섹에서 이스르엘 골짜기까지 연결되는 도로도 보인다. 이 모든 장소가 엘리야의 사역지였다. 그러므로 예수님이 고향에서 배척당하자 두로 북쪽의 사렙다까지 간 엘리야의 상황과 자신을 연관시킨 것은 놀랄 만한 일이 아니다.

나사렛: 12제자 파송 ⑳

나사렛에서 배척받았지만 그 나중은 승리였다. 오늘날 나사렛은 기독교 도시다. 이곳에서 예수님은 제자들을 본격적으로 훈련시키셨다. 제자도의 세 부분 중

나사렛 야경
예수님의 지속적인 전도로 최고의 기독교 마을로 변했다.
중앙이 예수님 집이 있던 곳이다.

두 번째 부분을 행하신 것이다.

> 14 이에 열둘을 세우셨으니 이는 자기와 함께 있게 하시고 또 보내사 전도도
> 하며 15 귀신을 내쫓는 권능도 가지게 하려 하심이러라 막 3:14-15

그러나 이 훈련은 권능도 함께 주셔서 행한 것이었다. 훈련도 없고 권능도 없이 무작정 나가는 것은 전쟁터에 총알받이로 나가는 것과 같다. 오늘날 얼마나 많은 성도가 무장도 하지 않은 채 세상을 향해 나가고 있는가?

여기서, 묵상

예수님은 나사렛을 포기하셨을까? 선지자는 과연 고향에서 환영을 받지 못하는 걸까? 예수님은 열두 제자를 파송하여 우회적으로 나사렛에 지속적으로 복음을 전파했다. 예수님은 결코 고향을 포기하지 않으신 것이다. 오늘날 나사렛은 이스라엘에서 가장 큰 기독교 마을이 되었다.

지도 그리기

복음서 4
사역 집중지
첫 번째 유월절 이후
두 번째 유월절 이후

부록에서 지도를 찾아 그리세요

역사와 묵상

01 베데스다 연못에서 예수님은 38년 된 병자를 고치시면서 자신이 자비로운 (베데스다) 제사장(양문 건축자들)임을 말씀하셨다. 그리고 병자가 치유되어 성전에서 나올 때는 온전함을 유지하라 하셨다. 나는 잘못된 습관을 고치고 건강한 습관을 유지하고 있는가?

02 제자들은 각기 너무 달랐다. 그러나 그들은 예수 안에서 하나가 되었다. 분열의 영이 우리를 이간질할 때 어떻게 이겨 나가고 있는가?

03 예수님은 가난한 갈릴리 사람들에게 '복되도다, 가난한 자여, 애통하는 자여, 의에 주리고 목마른 자여'라며 팔복을 전하셨다. 갈릴리에서 말씀하시는 예수님의 모습과 환경을 상상하며 산상수훈을 읽어 보자.

04 공생애 2년 차에 예수님은 야이로의 딸과 나인 성 과부의 아들을 살리셨다. 이 사건과 구약의 두 부활 사건인 사르밧 과부 아들의 부활(왕상 17장)과 수넴 여인 아들의 부활(왕하 4장)을 지리적, 역사적으로 비교해 보라.

---

05 갈릴리 바다는 세상을 상징한다. 세상에서 고기 잡는 어부로 살던 제자들을 부르시고 그들 앞에서 바다를 잔잔케 하시는 예수님을 보면서 우리가 바이킹을 타듯이 누려야 할 것은 무엇인가?

---

06 혈루증 앓는 여인은 예수님의 옷자락, 말씀을 상징하는 옷술을 붙잡고 나음을 입었다. 내 삶을 치유하기 위해 붙잡은 말씀은 무엇인가?

공생애 3년 차 상반기 | 갈릴리 |

너는 나를 누구라 하느냐?

성경 마 14-17, 막 6-9, 눅 6-9, 요 6 **연대** AD 30년

핵심 본문 오병이어, 수로보니게 여인, 칠병이어, 베드로의 신앙고백 등

지도 복음서 5

: 9일

오늘 읽을 분량

성경 요 6, 막 6-8, 마 14-16

본서 187-204쪽

성경의 맥 잡기

1. 벳새다 들녘의 오병이어 기적과 물 위를 걸으심
2. 게네사렛의 전통 논쟁
3. 두로를 지나 데가볼리 칠병이어까지
4. 벳새다 맹인에서 가이사랴 빌립보 신앙고백까지

신구약 연결 포인트

1. 오병이어-칠병이어와 광야의 만나 사건
2. 두로 지경 사르밧의 엘리야와 예수님 만남
3. 요나의 표적과 예수님의 부활

묵상 가이드

1. 오병이어와 칠병이어의 교훈은?
2. 두로 지경 사르밧에 가신 이유는?
3. 가이사랴 빌립보에서 한 베드로의 신앙고백의 의미는?

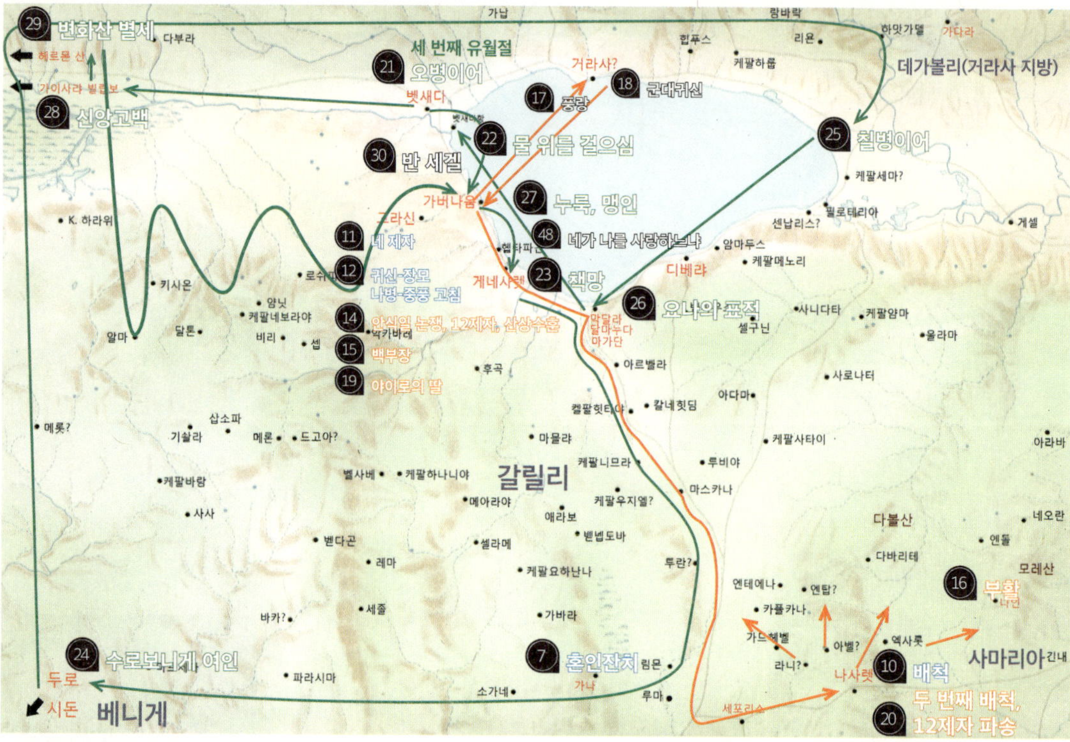

세 번째 유월절 이후
파란색: 첫 번째 유월절 이후
주황색: 두 번째 유월절 이후
초록색: 세 번째 유월절 이후

세 번째 유월절: 부지런히 구석구석 다니는 예수님

예수님의 공생애 3년 차 마지막 1년이 되었다. 이 기간 동안 예수님은 유명해져서 많은 일들을 하셨다. 예수님의 사역이 점점 더 넓어지고 있다. 공생애 3년 차 첫 번째 사역은 오병이어 기적을 일으키신 것이다. 오병이어 기적은 사복음서 모두에 나오는 것으로, 요한복음에서 한 번 더 강조했다. 요한복음의 저자는 오병이어 기적이 유월절 기간에 이뤄졌다고 증언하고 있다(요 6:4). 유월절이 가까우면 이스라엘 전역이 예루살렘으로 가기 위해 분주해진다. 예수님이 벳새다 들녘에 계실 때 수많은 사람들이 모일 수 있었던 것도 명절 때문이었다. 다만 요한조차 이때 예수님이 성전을 방문했다는 기록을 하지 않았다. 대신 후반기 초막절과 수전절의 방문에 대해 기록했다.

예수님 사역
세 번째 유월절 갈릴리

21. 벳새다-오병이어
22. 가버나움-물 위를 걸으심
23. 게네사렛-책망
24. 두로-수로보니게 여인
25. 데가볼리-칠병이어
26. 막달라-요나의 표적
27. 벳새다-누룩, 맹인
28. 가이사랴 빌립보-신앙고백
29. 변화산-별세
30. 가버나움-반 세겔

벳새다-오병이어: 예수님 몸에서 떡을 떼다 ㉑ 마 14:13-21, 막 6:30-44, 눅 9:10-17, 요 6:1-15

고향 방문을 마친 예수님은 마침 세례 요한의 순교 소식을 접한다. 그러나 예수님은 파송한 열두 제자를 벳새다 근처 한적한 들판에 다시 모으셨다. 예수님이 사역하면서 맞는 세 번째 유월절이므로 이후 사건은 AD 30년의 일들이라 할 수 있다.

사람들이 예수님이 계시다는 소문을 듣고 구름 떼처럼 몰려들었다. 예수님은 한적한 곳에 계시긴 했으나 가버나움이나 벳새다에서 그리 멀지 않은 까닭에 많은 이가 찾아왔다. 배가 고픈 무리를 위해 예수님은 빌립에게 음식을 구해 오라고 주문하신다. 벳새다가 그의 고향이기 때문이다.

> 빌립은 안드레와 베드로와 한 동네 벳새다 사람이라 요 1:44
> 예수께서 눈을 들어 큰 무리가 자기에게로 오는 것을 보시고 빌립에게 이르시되 우리가 어디서 떡을 사서 이 사람들을 먹이겠느냐 하시니 요 6:5

그러자 같은 고향 친구인 안드레가 적은 음식이나마 물고기 두 마리와 보리빵 다섯 개를 구해 왔다. 예수님은 그것으로 여자와 어린아이를 빼고도 남자만 5천 명이나 되는 사람들을 먹이셨다. 여자와 어린이까지 포함하면 2만 명은 족히 될 것이다. 표적을 구하는 유대인에게 이보다 더 큰 표적은 없었다.

오병이어 기적은 예수님의 수고와 제자들의 헌신으로 완성되었다.

오병이어는 고생하는 기적?

성경에서 기적이 나타날 땐 '이 기적이 무슨 의미인가?'를 생각해야 한다. 기적을 통해 무엇을 알려 주고 싶으신가를 보아야 한다. 예수님이 무리를 '먹이셨다'는 점에만 초점을 맞추지 말고 먹이시는 '과정'에 초점을 맞추어 보자. 예수님의 능력이면 "떡이 있으라" 말만 하면 되는데 예수님은 굳이 떡을 떼어 일일이 나누어 주셨다. 2만 명에 가까운 사람들을 먹이기 위해 쉼 없이 손을 움직이셨고, 또 그것을 배분하기 위해 제자들은 분주히 움직였다.

예수님의 손은 자녀를 먹이기 위해 이미 상했고 거칠어졌으며 제자들은 부르트도록 뛰어다녔을 것이다. 수고 없이 풍성함이 없고 열두 바구니의 남음이 없다. 기적은 수고 중에 일어난다. 자신을 위해서는 돌을 떡으로 만들지 않고 십자가에서 마취제 같은 쓸개 탄 포도주 한 잔도 거절하신 예수님이 그 백성을 향해서는 무한한 사랑을 베푸신다. 아버지 하나님의 사랑이다.

오병이어는 최후의 만찬이 있기 1년 전에 이뤄진 성찬식이었다. 빵은 생명의 양식이 되시는 예수님을 의미한다.

오병이어 기적은 예수님의 몸에서 떡을 떼는 사건이다. 즉 자기 생명을 나누어 주는 사건인 것이다. 이 사건은 구약의 만나가 내리는 모습과 맞닿아 있다. 광야 같은 세상에 만나를 내려 사람들을 살렸듯이 예수님은 갈릴리 해변에서 굶주린 백성에게 만나를 나누어 주셨다.

만나의 상징으로서 성전에 떡상이 자리하고, 지성소에 만나 항아리가 있음은 예수님이 삼위일체 하나님 되심을 예표한다. 그리고 오병이어는 갈릴리 해변에서 군중과 함께한 성찬식이었다. 정확히 1년 뒤 예수님은 예루살렘에서 제자들과 성찬식을 가지고 자신의 몸을 떼어 사람들에게 나누어 주면서 당신이 생명의 떡임을 선언하셨다.

> 예수께서 이르시되 나는 생명의 떡이니 내게 오는 자는 결코 주리지 아니할 터이요 나를 믿는 자는 영원히 목마르지 아니하리라 요 6:35
> 내가 곧 생명의 떡이니라 요 6:48

예수님이 곧 생명의 양식이다. 배고플 때 음식을 먹어야 살 수 있듯이 우리는 예수님, 즉 말씀을 먹어야 포만감을 느끼고 윤택한 삶을 살 수

궁금해요!

오병이어는 어린 아이의 식사가 아니다?

보리떡 다섯 개와 물고기 두 마리는 어린 소년의 식사로는 너무 많다. 가난한 시대였기 때문이다. 이는 분명 한 가족의 식사였을 것이다. 한 가족의 헌신으로 20세 이상의 남자만 5천 명이 먹었으니 이는 5천 배의 축복이 아니고 무엇이겠는가? 예수님은 무에서 유를 창조하실 수 있지만 질서의 하나님이기에 헌신자를 통해 일하고 싶어하신다. 나누고 섬기고 사랑하면 없어질 것 같지만 열두 바구니를 남긴다. 열두 바구니는 12지파를 연상시킨다. 어린 소년의 가족, 그리고 발이 부르트도록 수고한 제자들이 이걸 보고 얼마나 보람을 느꼈겠는가?

있다. 영혼이 바르르 떨릴 때 바로 하나님 말씀을 먹어야 한다.

예수님이 태어나실 때 여물통에 누인 이유도 바로 예수님이 생명의 양식으로 오셨음을 예표하는 것이었다.

벳새다가 있는 갈릴리 바다 동편에서 바라본 석양
아르벨 산 오른쪽으로 해가 지고 있다. 오병이어 기적이 일어난 때 제자들도 땀범벅이가 되어 이 광경을 보지 않았을까. 그들을 지치지 않게 한 힘은 '보람'이었다.

엘리사와 예수님은 닮은꼴?

선지자는 말씀을 전하는 직분을 감당한다. 오병이어 기적은 상부 요단 강에서 그리 멀지 않은 장소에서 일어났다. 그리고 그 근방에서 예수님이 행하신 이적과 비슷한 기적을 행한 선지자가 있었으니 바로 엘리사다(왕하 4:38-44). 엘리사는 선지자 중에 유일하게 기름 부음을 받은 자(히브리어로 메시아)로 언급되는 인물이며 그 이름의 뜻도 '예수'라는 뜻과 같은 '하나님은 구원이시다'이다.

여기서, 묵상

해가 지는 갈릴리 벳새다 들녘에서 예수님이 나눠 준 바구니를 들고 선 제자들을 떠올려 본다. 마땅히 허기와 피곤으로 지쳐 있을 그들은 오히려 흥분으로 얼굴이 상기되어 있었을 것이다. 마라톤에서 우승한 선수가 운동장을 한 바퀴 더 돌듯이 그들은 오히려 힘이 넘쳐 있다. 무엇이 그들을 이렇게 고무시킨 걸까? 바로 '보람'이라는 바구니였다.

가버나움: 물 위를 걸으심 ㉒ 마 14:22-27, 막 6:45-52, 요 6:16-21

오병이어(五餠二漁) 사건 후 예수님은 자신을 임금 삼으려고 소동하는 무리를 피해 동쪽 산지로 기도하러 가셨다. 제자들에겐 바다 건너 가버나움으로 가라고 명하신 뒤였다. 밤이 되면 갈릴리는 기압차가 커져서 갑자기 풍랑이 일기도 한다. 그날 저녁, 바람이 북서쪽에서 세차게 불어오고 있었다. 거기에 벳새다 서쪽 상부 요단 강의 물결이 합세해 바다를 건너기가 만만치 않았다. 아니나 다를까. 제자들은 불어오는 바람과 사납게 이는 물결 때문에 어두워질 때까지 고생했다.

앞에서도 이야기했지만, 시험을 잘 치르는 비결은 출제자의 의도를 파악하는 데 있다. 마찬가지로 기적이 일어날 땐 왜 그런 기적을 베푸셨는지를 생각해야 한다. 예수님은 그 밤에 물 위를 걸어 제자들에게 오셨다. 성경에서 물, 풍랑은 세상을 의미한다. 예수님이 물 위를 걸으신 것은 예수님이 세상을 딛고 서심을 뜻한다. 베드로가 예수님을 바라볼 땐 물 위, 즉 세상을 이길 수 있었다. 그러나 세상을 쳐다보고 바람을 쳐다보고 세상 환란을 쳐다보니 거기에 함몰되어 빠져 버렸다.

이튿날 예수님은 기적을 따라 온 사람들에게 오병이어 기적을 해석해 주셨다. 그러나 그들의 기대와 달리 예수님이 '말씀'으로 오셨다고 하자 그들은 예수님을 떠나고 말았다.

여기서, 묵상

예수님을 바라볼 땐 물 위를 걸을 수 있었던 베드로가 풍랑을 바라보자 물에 빠져 들어갔다. 창조주 예수 그리스도를 바라보아야 세상을 이기는데 상황과 환경을 바라보니 문제 속에 빠지는 것이다. 나의 시선은 어디를 향하고 있는가? 〈시선〉(김명선 작사 · 작곡)이라는 찬양을 불러 보며 나의 신앙을 점검해 보자.

내게로부터 눈을 들어 주를 보기 시작할 때
주의 일을 보겠네
내 작은 마음 돌이키사 하늘의 꿈꾸게 하네
주님을 볼 때
모든 시선을 주님께 드리고
살아 계신 하나님을 느낄 때
내 삶은 주의 역사가 되고
하나님이 일하기 시작하네

게네사렛-책망: 편견과 원칙 사이 ㉓ 마 14:34-15:20; 막 6:53-7:23

예수님은 가버나움에서 생명의 떡 되심을 증거하신 뒤 배를 타고 게네사렛으로 넘어가셨다.

'열 개의 동산' 게네사렛

배가 게네사렛 땅에 이르렀다. 게네사렛은 갈릴리 주변에서 가장 기름진 땅이다. 갈릴리 주변이 대부분 급경사인데 이곳만은 서쪽에서 내려오는 아무드 시내를 통해 물을 공급받을 수 있었고 퇴적토도 얻을 수 있었다. 지금도 바나나와 오렌지 농장으로 이용된다. 이곳의 대표 마을이 게네사렛과 막달라다.

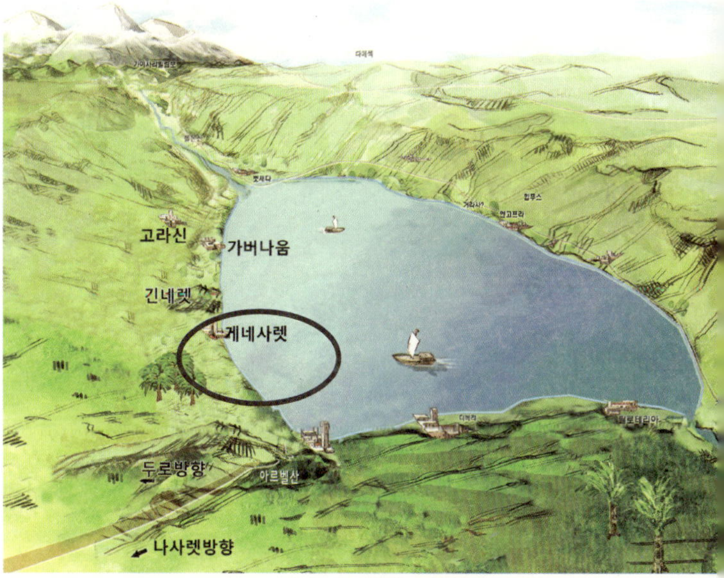

헬라어 '게네사렛'은 히브리어로 '긴네렛'이라고 볼 수 있다. 하지만 엄격하게 보면 긴네렛은 게네사렛 북쪽의 조그만 산이다. 긴네렛은 하프, 수금이라는 히브리어 '키노르'에서 왔다. 갈릴리 바다가 하프 모양이기 때문이다. 이 말이 헬라어가 되면서 게네사렛으로 바뀌었다. 그러나 한편으로 히브리어 '게네사렛'은 동산이라는 '간'과 숫자 10인 '에세르'의 합성어다. '10개의 동산'이 있는 비옥한 땅을 의미한다. 갈릴리 바다를 이 이름을 따서 게네사렛 호숫가, 긴네렛 바다라고도 부른다.

손 씻기가 문제가 될까?

바리새인과 서기관들이 예수님의 소문을 듣고 예루살렘에서 여기까지 와 예수님의 말을 트집 잡으려 했다. 특히 장로의 전통대로 제자들이 손을 씻지 않고 먹는 것에 대해 비난했다.

음식을 먹기 전에 손을 씻는 유대인의 습관은 분명히 좋은 것이다. 유럽에 흑

사병이 돌았을 때 유독 유대인들은 피해를 별로 보지 않았는데 그 이유 중 하나가 손 씻는 습관 때문이었다. 지금도 전염병 예방의 첫걸음이 손 씻기다. 그러나 그렇게 하지 않는다고 죄인 취급할 일은 아니다.

예수님은 손을 씻지 않았다고 비난하는 사람들을 향해 레위기에서 '예물'이라고 번역된 '고르반'을 언급하신다(레 1:2). 고르반은 '카라브=바치다'라는 히브리어에서 나온 명사다. 바리새파는 하나님의 법을 더 잘 지키기 위해 전통을 만들었는데, 나중에는 하나님의 법과 자신들이 만든 전통이 부딪쳤을 때 오히려 전통을 우위에 두면서 그것이 마치 하나님의 뜻인 양 행동했다. 예수님은 바리새인의 이런 모순을 지적하시며 사람을 본질적으로 더럽히는 것은 사람에게 들어가는 것이 아니라 사림의 마음에서 나오는 것이라고 책망하셨다.

> 또 이르시되 사람에게서 나오는 그것이 사람을 더럽게 하느니라
> 막 7:20

예수님은 이렇게 책망하신 뒤 두로 지경으로 향하셨다. 아직 때가 이르지 않았으므로 정면 대결은 피하신 것이다.

통곡의 벽 앞
손 씻기 정결 예식
식사 자리나 회당에 들어가기 전 정결 예식을 행한다. 손잡이가 두 개인 이유는 씻은 손으로 안 씻은 손으로 잡던 더러운 쪽을 다시 잡지 않기 위함이다. 거룩을 위한 좋은 전통이지만 이 전통으로 정죄하거나 성경보다 우선시 할 수 없다.

두로-수로보니게 여인: 생명을 살린 겸손과 간절함 ㉔ 마 15:21-28; 막 7:24-30

예수님은 막달라에서 서쪽으로 향하다 고향이 아닌 북서쪽 두로와 시돈 지방으로 향하신다. 그곳은 이방인 지경이다.

> 예수께서 일어나사 거기를 떠나 두로 지방으로 가서 한 집에 들어가 아무도 모르게 하시려 하나 숨길 수 없더라 막 7:24

두로는 베니게(페니키아)의 항구 도시다. 원래 섬이었으나 중간사에서 이미 언급했듯이 알렉산더가 이곳을 함락하기 위해 바다를 메워 육지로

만들었다. 이곳에 사는 베니게(페니키아) 사람들은 가나안 장남 시돈의 후손들이다. 따라서 시돈 왕은 곧 두로 왕이기도 했다. 이세벨의 아버지가 시돈 왕 엣바알이다. BC 814년 베니게 사람들은 카르타고를 개척하여 식민지로 삼고 크게 번영을 누렸다. 베니게의 가나안인인 한니발은 로마로 들어가 10년 이상 명망을 떨치기도 했다. 그러나 베니게는 카르타고의 멸망과 함께 경제 강국의 대열에서 멀어졌다.

엘리야는 바알의 본거지인 두로와 시돈 사이의 사렙다(=사르밧)에서 머물렀는데, 교회 전통에 의하면 예수님이 오신 곳이 바로 두로 지방의 사르밧이라고 한다. 당시 사르밧은 크게는 수리아에 속했고 작게는 베니게에 속했다. 수리아에 있는 베니게 지방이라 할 수 있다. 그래서 이곳 여인들을 수리아+베니게, 즉 '수로보니게' 여인이라고 불렀다.

> 그 여자는 헬라인이요 수로보니게 족속이라 자기 딸에게서 귀신 쫓아내 주시기를 간구하거늘 막 7:26

개 같은 여자라도 좋사오니
겸손함으로 주님의 은혜를 얻은 두로 지경의 여인은 엘리야 시대 사르밧 여인을 연상시킨다.

예수님은 이방 여인을 개 취급했나?

수로보니게 여인이 딸의 병을 고치기 위해 예수님을 찾았다. 이때 예수님은 그녀를 문전박대하는데 "자녀의 떡을 취하여 개들에게 던짐이 마땅하지 아니하니라"(마 15:26) 한 예수님의 말씀은 사실 진심이라기보다 그녀의 믿음을 시험하기 위한 것이었다. 이미 예수님은 거라사에서 귀신 들린 이방인을 고치셨고 이후에도 이방인 사역을 하셨기 때문이다. 예수님은 여인에게서 냉수같이 시원한 고백을 들으시고 여인의 겸손한 신앙을 크게 칭찬하셨다. 그동안 유대인에게서 여러 모로 실망이 많으셨던지라 그녀의 고백은 예수님을 기쁘시게 했다.

> **27** (가나안) 여자가 이르되 주여 옳소이다마는 개들도 제 주인의 상에서 떨어지는 부스러기를 먹나이다 하니 **28** 이에 예수께서 대답하여 이르시되 여자여 네 믿음이 크도다 네 소원대로 되리라 하시니 그때로부터 그의 딸이 나으니라 마 15:27-28

두로 지경 사르밧과 엘리야

예수님이 두로에 휴식을 위해 가셨다고 볼 수도 있겠으나 다른 의도가 있었다. 이곳은 엘리야가 사렙다 과부의 아들을 살린 부활이 일어난 장소다. 부활이요 생명이신 예수님은 부활이 일어난 장소를 방문하셔서 자신이 부활의 완성임을 선포하신 것이다.

제자들은 예수님이 이스라엘 사람만을 위하여 온 것으로 생각했지만 그것은 오산이었다. 여인은 '상에서 떨어지는 부스러기'라는 겸손한 신앙과 간절함으로 예수님께 접근했다. 결국 그녀의 믿음이 딸을 살렸다. 프랜시스가 인간 최고의 덕목을 '겸손'이라고 했듯이 겸손은 예수님의 마음을 움직였다.

데가볼리-칠병이어: 이방인에게도 생명의 떡을 먹이다 ㉕ 마 15:29-39, 막 7:31-8:10

예수님은 두로와 시돈 지방을 떠나 갈릴리 호숫가에 오셨다. 마태는 그 경로를 기록하지 않았지만 마가는 예수님 일행이 두로와 시돈 지방을 지나 데가볼리 지방을 통과하여 갈릴리 호숫가 남쪽에 이르렀다고 기록하고 있다(막 7장).

예수님의 가장 먼 여행: 두로 지방→갈릴리 북쪽 → 수리아 →데가볼리

호숫가(바다와 동일어로 사용)에 이른 예수님은 주로 치유 사역을 하셨다. 이즈음 예수님이 다니신 곳이 어디인지 살펴보자. 성경은 "예수께서 거기서 떠나사

갈릴리 호숫가에 이르러"(마 15:29)라고 간단히 언급하지만 예수님 일행은 상당히 먼 거리를 여행하셨다. 지도를 보고 두로와 시돈, 데가볼리의 위치를 확인하라. 예수님은 두로와 시돈에서 갈릴리 북쪽을 우회하여 수리아를 지나 데가볼리로 내려와 갈릴리 남쪽으로 오셨다. 갈릴리 바다 남쪽은 이방인 지경, 데가볼리 지경이다.

지도상으로 보아도 예수님의 여행은 북쪽을 완전히 돌아오는 여정이었다. 개인적으로는 이때 다메섹을 거쳐 오시지 않았을까 생각된다. 수개월이 걸리는 동안 아브라함과 다윗이 지났던 장소도 돌아보셨을 것이다. 그리고 앞으로 큰 사도로 등장할 사도 바울의 회심 장소도 돌아보지 않으셨을까?

예수님이 도착한 데가볼리는 전에 군대귀신 들린 사람을 고치고 돼지 떼가 몰사하자 사람들이 떠나 달라고 부탁하던 곳이다. 지금 상황은 어떤가? 군대귀신에서 놓임을 받은 그 사람은 데가볼리 지방에서 예수님을 전했다(막 5:20). 그래서 데가볼리 지방의 각종 병에 걸린 사람들이 예수님께 나와 고침을 받았다. 그리고 이방신에게 붙잡혔던 그들이 이스라엘의 하나님께 영광을 돌렸다(마 15:30-31).

> 하늘을 우러러 탄식하시며 그에게 이르시되 에바다 하시니 이는 열리라는 뜻이라 막 7:34

예수님은 데가볼리 지방에서 벙어리 된 자를 고치셨다. '에바다'는 아람어지만 어근은 히브리어와 같다. '파타흐'에서 나온 단어로 '열다'라는

일곱 광주리
칠병이어 기적을 행한 뒤 열두 바구니보다 더 많은 양이 남았다. 이방인의 구원이 차고 넘침을 예표한다.

궁금해요!

일곱 광주리와 열두 바구니의 차이는?

칠병이어로 4천 명이 먹었다. 그리고 일곱 광주리가 남았다. 오병이어에서 남은 열두 바구니보다 적지 않느냐 생각하겠지만, 바구니와 광주리의 차이는 크다. 광주리는 한 사람이 들어갈 수 있는 큰 통으로서 열두 바구니를 다 부어야 한 광주리가 된다. 사도 바울이 다메섹에서 탈출할 때 이용한 것이 바로 광주리다. 열두 바구니는 열두 지파와 열두 사도인 이스라엘의 풍성함을 의미하고, 일곱 광주리는 이방의 풍성함을 의미한다. 이는 이방인의 사역이 더 크고 풍성할 것을 예표한다.

뜻이다. 이곳에서 주님은 벙어리의 귀와 입을 여셨다. 이방인의 땅 데가볼리에 복음의 문이 열리는 순간이었다.

왜 예수님은 칠병이어 기적을 행하셨을까?

예수님은 벳새다에서 오병이어 기적을 일으키시더니 데가볼리에서는 칠병이어 기적을 일으키셨다. 오병이어가 유대인을 대상으로 한 것이었다면 칠병이어는 이방인이 대상이었다. 예수님은 유대인뿐 아니라 이방인에게도 생명의 떡이다. 유대인에게나 헬라인에게나 이방 모든 나라에 예수님이 생명의 떡이 되심을 보여 주는 기적이라 할 수 있다. 오병이어에서는 열두 바구니가 남았지만, 여기서는 4천 명이 먹고도 일곱 광주리가 남았다.

예수님은 유대인의 땅에서 각종 병든 자를 고치셨듯이 이방인의 땅에서도 똑같이 그 사역을 행하셨다. 엘리사가 예수님을 예표한다고 할 수 있지만 그 영광과 능력은 비교가 되지 않는다. 엘리사는 길갈에서 이와 비슷한 이적을 한 번 일으켰지만 예수님은 두 번이나 행하셨다. 예수님은 많은 이를 먹이는 일뿐 아니라 생명을 살리는 일도 갑절 이상 하셨다.

왜 물고기는 두 마리인가?

칠병이어 기적에서는 물고기에 대한 기록을 뒤에 언급한다. 떡 이외에 물고기를 굳이 언급하는 이유는 그곳이 바다이기도 하고 물고기가 가지는 의미를 강조하기 위해서다. 한편으로 〈벤허〉 같은 영화에서도 다뤘듯이 초대교회 때 물고기는 그리스도인을 나타내는 상징이었다. 헬라어로 물고기는 '익투스'인데 이를 풀

익투스는 헬라어로 물고기를 뜻한다. 이는 "예수는 그리스도요, 하나님의 아들 구세주임을 믿습니다"라는 초대교회 그리스도인들의 신앙고백이었다.

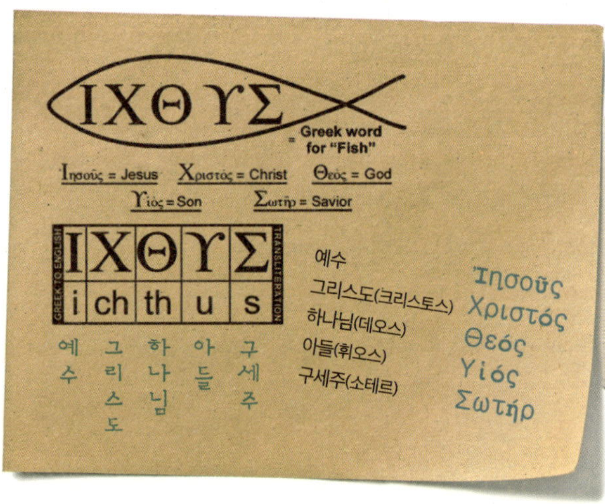

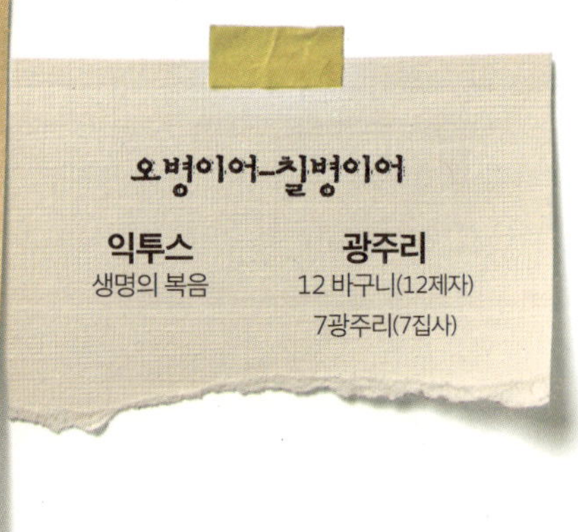

어 보면 '예수 그리스도 하나님의 아들, 구세주'를 의미한다. 그러므로 물고기는 '예수님은 하나님의 아들이시며 나의 구세주'임을 선언하는 신앙고백인 것이다. 물고기 두 마리처럼 마음으로 믿어 입으로 시인하므로 구원을 받는 고백 공동체가 기독교다(롬 10:9-10).

이방인에게 이적을 베푸신 예수님은 배를 타고 마가단 지경으로 가신다. 이곳은 막달라다.

막달라-요나의 표적: 갈릴리의 자존심 ㉖ 마 16:1-4; 막 8:11-13; 눅 11:29-32, 12:54-56

예수님 일행은 배를 타고 마가단, 즉 막달라로 이동하신다. 막달라는 히브리어로 망대라는 뜻의 '미그달'에서 유래한 도시로 아르벨 산 서쪽 아래 교통의 요지에 있었다. 이곳에서 일행은 다시 바리새인과 부딪친다. 그들은 예수님께 표적 보이기를 요구했다.

예수님이 말하는 날씨는?

예수님은 날씨를 거론하며 시대를 분별하라고 말씀하셨다.

> **54** 또 무리에게 이르시되 너희가 구름이 서쪽에서 이는 것을 보면 곧 말하기
> 를 소나기가 오리라 하나니 과연 그러하고 **55** 남풍이 부는 것을 보면 말하기
> 를 심히 더우리라 하나니 과연 그러하니라 **56** 외식하는 자여 너희가 천지의
> 기상은 분간할 줄 알면서 어찌 이 시대는 분간하지 못하느냐 눅 12:54-56

이스라엘 땅의 기후를 간략하게 알려 주는 말씀이다. 이스라엘은 서쪽에는 지중해가, 동쪽에는 아라비아 사막이, 남쪽에는 광야가 둘러싸고 있다. 그러므로 어디서 바람이 부느냐에 따라 날씨가 결정된다. 이스라엘 사람들은 풍향을 따라 날씨를 분간할 수 있었으나 욕심에 눈이 멀어 예수님이 오신 축복의 시대는 알지 못했다.

왜 '요나'인가?

요나의 기적
예수님은 요나의 기적을 통해 3일 만에 부활하실 것을 예표하셨다.

예수님은 표적을 구하는 이들에게 갈릴리 사람들에게 익숙한 요나의 표적을 말씀하신다. 예수님은 악하고 음란한 세대가 표적을 구하나 선지자 요나의 표적 밖에 보일 것이 없다고 하셨다. 이 말씀은 갈릴리 사람들에게 매우 흥미로운 비유가 아닐 수 없었다. 막달라가 항구라는 점과 요나가 유일한 갈릴리 출신의 선지자라는 것을 기억하라. 말씀 중에 등장한 요나, 큰 물고기, 니느웨 등은 갈릴리 사람들에게 매우 친숙한 단어다. 성경을 보면 갈릴리 출신의 선지자는 요나가 유일하다. 이는 예루살렘 사람들이 갈릴리를 천대하는 이유 중 하나였다(요 7:41). 그랬기에 요나는 갈릴리 사람들의 자존심이었다.

> 여호와의 말씀이 아밋대의 아들 요나에게 임하니라 욘 1:1
> 이스라엘의 하나님 여호와께서 그의 종 가드헤벨 아밋대의 아들 선지자 요나를 통하여 하신 말씀과 같이 여로보암이 이스라엘 영토를 회복하되 하맛 어귀에서부터 아라바 바다까지 하였으니 왕하 14:25

위 본문에서 보듯 요나의 고향은 가드헤벨이다. [부록-복음서 5 지도]에서 가드헤벨이 어디인가 찾아보라. 나사렛에서 얼마 떨어지지 않은 북쪽에 위치한다. 나사렛 출신인 예수님은 요나에 관한 이야기를 자주 들었을 것이다. 메소포타미아까지 가는 해변길이 갈릴리를 통과하기 때문에 갈릴리 사람은 북쪽 대도시 '니느웨'도 익숙했다. 예수님은 표적을 요구하는 서기관과 바리새인에게 성경의 많은 인물을 제시하실 수 있었지만 그들에게 매우 친숙한 요나를 인용하셨다(마 12:38-41). 예수님은 요나의 기적을 통해 3일 만에 부활할 것을 예표하셨다.

벳새다-누룩, 맹인: 균형 있는 신앙을 위한 교훈 27 마 16:5-12, 막 8:14-21

달마누다 지방에서 배척을 받으신 예수님은 배를 타고 벳새다로 넘어가신다.

바리새인과 사두개인의 누룩이란?

배를 타고 가시는 길에 예수님은 바리새인과 사두개인의 누룩을 주의하라고 경고하셨다.

예수께서 이르시되 삼가 바리새인과 사두개인들의 누룩을 주의하라 하시니 마 16:6

예수께서 경고하여 이르시되 삼가 바리새인들의 누룩과 헤롯의 누룩을 주의하라 하시니 막 8:15

헤롯당-사두개인

세속주의- 신비주의-기도

바리새인

말씀-전통주의-형식주의

바리새인과 사두개인의 누룩은 지금도 말씀과 기도에 균형을 잡지 못하는 우리에게 주는 예수님의 경고다.

마가복음은 사두개인의 누룩이 헤롯의 누룩과 같다고 표현하고 있다. 이미 중간사를 넘어오는 과정에서 종파에 대하여 살펴보았듯이 사두개인은 권력과 타협한 제사장 계열의 종파다. 이들보다 현실 정치와 더 타협한 이들이 헤롯당이다. 바리새인은 말씀을 풀어내는 일에 몰두했다. 너무 열심히 하다 보니 전통을 많이 만들고 형식주의로 빠지게 되었다. 그러므로 이렇게 정리할 수 있다.

'바리새파가 더 열심을 내면 열심당이 된다. 사두개파가 더 심해지면 헤롯당이 된다.'

현대에 와서 좌파와 우파를 말한다. 바리새파는 보수파에 해당하는 우파라고 할 수 있다. 자신도 모르게 형식화하면서 전통을 하나님의 말씀 위에 올려놓았다. 그리고 열심당은 전통을 지키지 않는 사람을 자기 멋대로 죽이는 과격파로 변신했다. 중세기의 신앙이 이러했다. 마녀사냥으로 얼마나 많은 목숨들이 희생되었는가. 예수님은 바리새인의 누룩이 '외식'이라고 했다. 외식은 어떻게 생각하든 몸에 해롭다. 로마 가톨릭이 이런 길을 걸었다.

종교개혁이 일어나 신앙을 바로잡으려 하던 때 동시에 르네상스가 일어났다. 르네상스는 전형적인 헬라화 운동이다. 이는 인본주의를 중시한 헬라 문화의 사두개파와 헤롯당으로 가는 흐름이다. 지금은 인본주의에 기초를 둔 자본주의와 공산주의가 주요 흐름이다. 인류 역사는 이렇듯 크게 기울어지는 경향성을 보였다. 그런데 개인의 신앙을 봐도 균형을 잡고 유지하기가 참 힘들다. 말씀과 기도는 한 세트다. 같이 성장해야지 한쪽으로 쏠려선 안 된다. 그런 점에서 '바리새인과 사두개인의 누룩'의 경고는 항상 귀 기울여야 할 말씀이다.

이방에서 한 번, 유대 지역에서 한 번?

예수님은 갈릴리 바다 반대편 남쪽인 데가볼리 지역에서 '에바다'를 외치며 언어 장애인을 고치셨다. 칠병이어 기적을 베푸신 그 지역이다. 이제 예수님은 북쪽인 벳새다로 오셨는데, 오병이어 기적이 일어난 곳으로 유대인들이 사는 지역이다. 여기서 예수님은 다시 맹인을 고치신다. 눈에 침을 뱉고 그에게 안수하여 눈을 뜨게 하셨다. 이렇듯 예수님은 이방 지역과 유대 지역에서 골고루 사역하셨다. 사역 이후 나온 그들의 신앙고백은 새롭게 눈이 열리는 사건이었다.

가이사랴 빌립보-신앙고백 ㉘ 마 16:13-28, 막 8:27-38, 눅 9:18-27

배척받으신 예수님은 그 지방을 떠나 벳새다에 이르러 북쪽 가이사랴 빌립보로 향하셨다. 향하는 길에 상부 요단 강이 흘러내리며 폭포를 이루는 곳을 지나게 된다. 특히 가이사랴 빌립보에서 내려오는 물을 고스란히 받는 폭포는 그 위용이 대단하다.

가이사랴 빌립보의 바위와 샘 근원에 세워졌을 신전
이곳에서 이뤄진 베드로의 신앙고백은 교회의 기초가 되었다.

이방 신전 vs. 신앙고백

가이사랴 빌립보는 유대인이 사는 지역 중 가장 북쪽에 해당하는 곳이다. 가이사랴 빌립보에는 깎아지른 절벽으로 된 큰 바위가 있고 그 절벽에 큰 동굴이 있다. 이곳에서 요단 강이 시작된다. 헤르몬 산의 물이 바위로 스며들어 세 곳에서 터져 나오는데 그 하나가 '단'이고 다음이 '가이사랴 빌립보'다. 그 지명은 대헤롯의 아들 빌립이 로마 황제 '가이사'를 위해 도시를 만들어 이름 붙인 것이다.

빌립은 대부분이 이방인인 유대 변방을 다스렸다. 그는 헤로디아의 딸과 결혼하여 무난하게 통치하다가 왕위를 조카이자 충 먹어 죽은 헤롯 아그립바에게 물려주었다.

빌립은 특히 건축에 관심이 많았는데 벳새다를 건축한 뒤 황제의 아내 율리아의 이름을 따 율리아스라고 불렀다. 그중에서도 가장 뛰어난 걸작은 가이사랴 빌립보(혹은 빌립보 가이사랴) 건설이다. 빌립보 가이사랴의 샘물이 터져 나오는 장소 앞에는 목자의 신인 '판' 신전이 있고 신비의 연못에는 황제 신전이 웅장한 위용을 자랑했다.

예수님은 이런 장소에서 제자들에게 자신을 어떻게 생각하는지 물었다. 예수님은 제자들이 대답하기 쉽게 다른 사람들의 관점을 먼저 물어보신 후 제자들의 견해를 물으셨다. 이곳에서 이루어진 베드로의 신앙고백은 기독교 신앙의 진수다. 이로 인해 베드로는 예수님께 최고의 칭찬을 들었다.

> 시몬 베드로가 대답하여 이르되 주는 그리스도시요 살아 계신 하나님의 아들이시니이다 마 16:16

왜 이곳에서 메시아 되심을 드러냈을까?

가이사랴 빌립보에 가면 이 의문이 어느 정도 풀린다. 예수님은 여러 이방 신전이 늘어선 가이사랴 빌립보에서 제자들에게 자신이 누구인지를 물어보셨다. 그때 베드로가 "예수님은 저기 보이는 죽은 거짓 신이 아닌 살아 계신 하나님, 바로 여호와 하나님의 아들이신 우리의 메시아이십니다"라고 고백했다. 예수님이 그리스도이심을 인정하는 것도 중요하지만 하나님의 아들이심을 인정하는 것도 중요하다. 가이사랴 빌립보는 이스라엘의 생명줄이 되는 요단 강의 시발점일 뿐 아니라 완전한 신앙고백을 받아 내기 좋은 환경을 가진 장소였다. 베드로가 축복받는 장면도 인상 깊다.

"너는 베드로(베드로는 반석이라는 뜻)다. 내가 이 반석 위에 내 교회를 세울 것이니 사탄의 권세가 결코 이기지 못할 것이다."

'이 반석'이라는 단어가 주는 지리적 의미를 살펴보자.

예수님은 자주 주변의 상황을 참고하여 말씀하셨다. 베드로를 부르실 때도 '사람을 낚는 어부가 되리라'고 하셨다. 비유를 하실 때도 주변의 환경을 고려해 말씀하셨다. 그렇다면 '반석'을 말씀하실 때도 주변의 환경을 참조하였을 것이다.

가이사랴 빌립보 샘
요단 강의 근원이 되는 이곳에서 신앙고백을 하게 하심으로 그 고백이 바위(베드로) 같고, 그 고백으로 세상 나라가 살아남을 알려 주신 것이 아닐까?

갈릴리 바다 주변에는 거대한 반석이 별로 없는 데 반해 가이사랴 빌립보에는 거대한 반석이 있어서 거기서 물이 콸콸 흘러나왔다. 예수님은 분명 그 바위를 보시며 '네가 고백한 그 말은 저 반석과도 같다. 그곳에 내 교회를 세우겠다. 저 바위 밑에서 요단 강 물이 흘러 갈릴리 바다를 채우고 이스라엘 전체를 적시며 흘러내리듯, 네 신앙고백 위에 세운 나의 교회가 이스라엘뿐 아니라 온 세계를 덮을 것이다'라고 말씀하시지 않았을까!

우리의 신앙에도 기복이 있듯이 베드로는 예수님에게 최고의 칭찬을 받은 뒤 바로 최대의 치욕을 경험한다. 자기도 모르게 예수님이 가실 길을 막다가 '사탄'이라는 말까지 들은 것이다. 엘리야가 갈멜 산 전투 후 두려움에 빠져 로뎀나무 아래서 죽기를 바랐듯이 베드로도 최고의 칭찬을 받고 나서 바로 최하의 취급을 받게 되었다.

그리스도인은 신앙의 승리 뒤에 바로 다가올 더 큰 시험을 준비해야 한다. 십자가를 지고 따르는 훈련을 해야 하는 것이다.

> 예수께서 돌이키시며 베드로에게 이르시되 사탄아 내 뒤로 물러 가라 너는 나를 넘어지게 하는 자로다 마 16:23
> 또 무리에게 이르시되 아무든지 나를 따라오려거든 자기를 부인하고 날마다 제 십자가를 지고 나를 따를 것이니라 눅 9:23

천국 열쇠를 쥐고 있는 로마 베드로상

궁금해요!

베드로가 교회의 기초일까?

예수님은 베드로 자신의 의지로는 이런 고백을 할 수 없다시면서 예수님의 교회를 베드로가 말한 그 고백 위에 세우겠다고 하셨다. 가톨릭은 이 반석을 베드로로 보아 교회의 기초인 베드로의 위임을 받은 교황이 천국의 열쇠를 가졌다고 본다. 로마에 가서 베드로상을 보면 한결같이 천국의 열쇠를 손에 쥐고 있다.

그런데 예수님의 말씀에서 베드로는 남성형이지만 반석은 여성 명사라는 점을 기억하라. "이 반석"에서 지시대명사 '이'가 여성형인데, 이는 분명 베드로의 고백을 지칭하는 것이다. 이는 곧 베드로의 신앙고백 위에 교회를 세운다는 의미다. 교회는 신앙고백 공동체로서 예수를 믿고 고백하는 사람들이 모인 곳이다. 하나님은 이 교회에 천국의 열쇠를 주셨다. 그래서 교회가 연약해도 중요한 것이다. 하지만 가톨릭은 이를 무리하게 해석함으로써 결국 베드로, 즉 교황을 우상화하게 되었다.

변화산-별세 예고: 죽음을 논하다 ㉙ 마 17:1-21; 막 9:2-29; 눅 9:28-43

위 사건이 있은 후 6일이 지났다. 누가는 헬라식으로 계산하여 8일이 지났다고 기록한다. 예수님은 높은 산에 오른 후 변화되어 모세와 엘리야와 함께 말씀을 나누셨다.

변화산은 헤르몬 산인가, 다볼 산인가?

변화산은 전통적으로 다볼 산으로 알려져 있다. 다볼 산은 갈릴리 아래 이스르엘 골짜기의 동쪽 경계가 되는 산이다. 드보라 전투로 인해 성스러운 산으로 알려졌지만, 성경의 상황으로 볼 때 갈릴리 북쪽에 계시던 예수님이 아무런 언급도 없이 남쪽으로 내려와 변화되셨다는 것은 이치에 맞지 않은 것 같다.

성경은 예수님이 가이사랴 빌립보 지방에 계시다가 높은 산에 오르셨다고 한다. 이스라엘의 가장 높은 산은 헤르몬 산이다. 헤르몬 산은 해발 2814m로 백두산보다 높다. 갈릴리 바다의 고도가 해발 -200m이므로 헤르몬 산 정상까지는 3000m가 넘는다. 백두산을 오르는 것보다 훨씬 어려운 여정인 것이다.

예수님이 헤르몬 산에 이르렀다면 그 상황은 예수님이 변화하시는 데 한몫한다. 헤르몬 산은 고도 때문에 5월까지도 눈이 녹지 않으며 여름에도 응달엔 눈이 쌓여 있다. 예수님이 변화산에 오른 시기는 확실하지 않지만 '초막'이나 '겨자씨'가 언급되는 것으로 봐서 가을이 막 시작되는 때로 보인다.

눈이 조금 일찍 왔으면 헤르몬 산에 눈이 덮였으리라. 헤르몬 산의 설경이 예수님이 변화되시는 모습에 효과를 더했을 것이다. 아침에 떠오르는 찬란한 태양은 눈에 반사되어 얼굴을 비추고 그 옷은 빛과 같이 하얘진다. 예수님이 태양과 눈으로 인해 빛이 나고 옷이 희어진 것은 아니겠지만 이것이 효과적으로 작용했을 것이다. 하나님은 무조건 이적을 일으키기보다 창조 질서를 기초로 이적을 이루시는 분이기 때문이다.

: 10일

오늘 읽을 분량

성경 요 7-10, 눅 9-10, 막 9, 마 17-18

본서 205-221쪽

성경의 맥 잡기

1. 변화산 별세 논의
2. 초막절 생수의 강
3. 간음한 여인
4. 실로암으로 간 맹인

신구약 연결 포인트

1. 시 133편 헐몬의 이슬이 시온까지-십자가의 길
2. 겔 47장의 환상과 생수의 강
3. 실로암과 임마누엘 예수

묵상 가이드

1. 변화산에서 논의한 내용이 왜 별세일까?
2. 초막절 생수의 강과 오순절 성령강림 관계는?
3. 빛의 축제에 정말 빛을 얻은 사람들은?

봄이 되어 꽃은 피었지만 여전히 눈 덮인 헤르몬 산에서 예루살렘으로 향하시는 예수님은 시편 133편을 연상케 한다.

변화산에서 구약의 대표 선지자들과 만나 나눈 대화의 주제는 '예수님의 죽음'이었다.

1 엿새 후에 예수께서 베드로와 야고보와 그 형제 요한을 데리시고
따로 높은 산에 올라가셨더니 2 그들 앞에서 변형되사 그 얼굴이 해
같이 빛나며 옷이 빛과 같이 희어졌더라 마 17:1-2

구약과 신약 대표의 정상회담

모세와 엘리야는 예수님의 사역에 많은 연관성을 가진 인물이다. 율법의 시작인 모세와 선지자의 대표인 엘리야 모두 예수님의 요단 강 세례와 관련 있는 인물들이다. 예수님이 세례받으신 장소는 모세가 이스라엘 백성에게 마지막 선포를 한 곳이자 엘리야가 승천한 장소다.

예수님은 헤르몬 산에서 산과 관련이 있는 두 사람을 만나셨다. 모세는 시내 산에서 율법을 받았고, 엘리야는 갈멜 산에서 바알 선지자를 이겨 이스라엘의 배교를 막은 후 모세가 율법을 받은 호렙 산으로 갔다. 예수님과 엘리야, 모세의 공통점은 이밖에도 숫자 40과 관련이 있다.

모세는 한 나라를 세운 최고의 선지자였던 반면, 엘리야는 망해 가는

궁금해요!

구약 시대 사람들은 어떻게 구원을 받았을까?

간단하다. 그들도 예수님을 믿고 구원받았다. 예수님은 '구원자'라는 뜻이다. 아브라함도 모세도 다윗도 모두 앞으로 오실 구원자를 믿고 구원을 받았다. 그래서 다윗은 이렇게 말한다.

> 여호와께서 내 주에게 말씀하시기를 내가 네 원수들로 네 발판이 되게 하기까지 너는 내 오른쪽에 앉아 있으라 하셨도다 시 110:1

왕인 다윗이 여호와와 또 다른 주님을 말한다. 이 주님이 앞으로 오실 구원자 예수님이다. 사도행전에서도 이 부분을 강조했다(마 22:44).

> 다윗은 하늘에 올라가지 못하였으나 친히 말하여 이르되 주께서 내 주에게 말씀하시기를 행 2:34

예수님 이후의 사람은 이미 오신 예수님을, 구약 시대 사람은 앞으로 오실 예수님을 믿고 구원받는다. 모세와 엘리야의 최대 관심도 예수님의 죽음이었다. 그분의 별세 없이는 구약과 신약, 영원까지 구원이 이루어지지 않기 때문이다.

북이스라엘의 선지자였다. 하지만 엘리야의 갈멜 산 대결 이후 왕의 이름이 여호와를 의미하는 '여호-, -야' 등으로 바뀐 것을 보면 바알 신앙에서 여호와 신앙으로 전환되었음을 알 수 있다. 모세와 엘리야는 이처럼 전환기적인 인물이었다. 더구나 엘리야는 위기에 놓인 시대를 바로잡고 죽음 없이 하늘로 올라갔다.

변화산에서 그들은 무슨 말을 나누었을까? 누가가 이 주제를 언급한다. 구약의 대표 인물과 신약의 대표가 나누는 정상회의의 주제가 매우 중요한데, 바로 예수님의 죽으심이다. 예수님의 죽으심, 즉 별세는 구약과 신약 시대 모두에게 매우 중요한 주제다.

> 영광중에 나타나서 장차 예수께서 예루살렘에서 별세하실 것을 말할새 눅 9:31

세상에서 가장 아름다운 모습

> 1 보라 형제가 연합하여 동거함이 어찌 그리 선하고 아름다운고 2 머
> 리에 있는 보배로운 기름이 수염 곧 아론의 수염에 흘러서 그의 옷
> 깃까지 내림 같고 3 헐몬의 이슬이 시온의 산들에 내림 같도다 거기
> 서 여호와께서 복을 명령하셨나니 곧 영생이로다 시 133:1-3

라파엘로의 미완성 작품인 <변화산의 예수님과 제자들>(바티칸)
예수님은 모세와 엘리야를 만나 영광스럽게 변화되셨지만 산 아래에서는 시내 산 사건처럼 여전히 믿음 없는 제자들의 번잡스런 상황이 펼쳐지고 있었다.

시편 133편은 성전에 올라갈 때 부르는 노래다. 세상에서 가장 아름다운 모습은 형제자매가 함께 예배드리러 가는 모습이다. 그중에서도 모세가 아론에게 기름을 부어 머리에서 수염, 수염에서 옷깃에 흘러내리는 모습이 가장 아름답다. 그것은 헤르몬 산 이슬이 시온 산 예루살렘에 내림과도 같다. 그리고 이는 예수님이 모세와 '별세'를 의논하고 헤르몬에서 떠나 시온으로 향하는 십자가의 길을 눈에 그리듯 보여 준다.

예수님은 대제사장이 되어 우리를 위해 죽으시기 위해 시온 산으로 올라가신다. 예수님이 예루살렘에 도착했을 때 마리아는 향유 옥합을 깨서 예수님의 머리 위에 기름을 부었다. 십자가의 길

을 지나 예수 그리스도의 머리에서 땀이 핏방울처럼 흘러 내렸지만 그 땀은 우리에게 영생을 주기 위한 이슬이었다. 십자가의 마지막 피 한 방울이 우리에게 영생의 복을 허락해 주었다.

베드로는 예수님의 영광된 모습을 보았나?

베드로는 이 광경을 보고 초막 셋을 지어 함께 살자고 말한다. 그가 제정신이었다면 자신의 것까지 염두해 네 개를 짓자고 했을 텐데 당시 베드로는 너무 놀라고 황홀해서 정신이 없었던 듯하다. 베드로의 이 같은 순수함과 단순함이 장점이자 단점이지만 예수님은 그의 장점을 보고 함께 일하셨다.

이제 산에 올라 말씀 나누기를 즐기던 주님과 만나 대화하는 그들의 모습을 상상해 보자. 신구약이 만나 완성을 이루려는 순간이 아닌가? 베드로는 이 환상을 나중에 추억하면서 주의 영광을 친히 본 순간이었다고 고백했다(벧후 1:16-18).

변화산 아래는?

변화산의 영광을 체험하고 내려온 예수님, 그러나 산 아래 세상은 예전과 별반 다를 게 없었다. 영광 후에는 시험이 닥쳤다. 제자들은 귀신을 쫓아내지 못해 헤매고 있었다. 거의 3년 동안 교육시킨 제자들의 모습을 보고 한숨이 나오지 않을 수 없었다.

> **17** 예수께서 대답하여 이르시되 믿음이 없고 패역한 세대여 내가 얼마나 너희와 함께 있으며 얼마나 너희에게 참으리요 그를 이리로 데려오라 하시니라 **18** 이에 예수께서 꾸짖으시니 귀신이 나가고 아이가 그때부터 나으니라
>
> 마 17:17-18

가이사랴 빌립보에서 다시 갈릴리로 오신 예수님은 복음의 본거지인 가버나움에 이르신다. 예수님은 이즈음에 일을 마무리할 때가 이른 줄 아시고 죽으실 일에 대해 제자들에게 이야기하지만 제자들은 지위를 놓고 격론을 벌일 뿐이었다. 예수님의 마음은 세상 죄를 지실 일에 점점 눌려 가지만 제자들은 점점 무지의 늪으로 빠져 간다. 예수님의 갈릴리 사역은 풍성한 복음과 수많은 이적에도 불구하고 답답하게 끝을 맺는다.

가버나움-반 세겔: 인류를 위한 속전 ㉚ 마 17:24-27

갈릴리 사역의 마지막 기록은 가버나움에서 반 세겔을 내는 사건으로 맺는다. 여기서 반 세겔은 '성전세'다(출 30:12-13). 예수님은 처음 건진 물고기 배를 갈라 예수님과 베드로의 성전세를 내게 하셨다.

왜 반 세겔로 갈릴리 사역을 마감하셨을까?

하나님은 인구조사를 할 때 각 사람의 생명 값인 속전을 내라고 하셨다. 속전에 해당하는 히브리어 코펠(Koper)은 그 뜻에 따라 헬라어 뤼토스(Lytos)로 번역되었는데 이는 '뤼오, 풀어 주다'에서 연유한다. 이와 같은 의미를 가진 단어가 '뤼트론, 대속물'이다. 예수님은 이 단어를 자신이 오신 이유를 설명할 때 사용하셨다.

> 인자가 온 것은 섬김을 받으려 함이 아니라 도리어 섬기려 하고 자기 목숨을 많은 사람의 대속물(뤼트론)로 주려 함이니라 마 20:28 (참고, 막 10:45)

예수님 당시 반 세겔
인구조사 때마다 생명의 값으로 드리는 반 세겔은 매년 유월절 전에 걷어 인구조사와 성전 유지·보수비로 사용되었다. 이를 어기면 질병이 일어난다고 경고했고 다윗이 경고대로 재앙을 받았다.

성전세라고 불리는 속전을 생각하면 다윗의 인구조사가 생각난다. 그는 출애굽기 말씀대로 인구조사 때 속전을 내지 않아서 하루에 7만 명이 죽는 전염병을 겪었다. 생명은 하나님께 속한 것이기에 군사적 목적으로 인구조사를 해서는 안 된다. 출애굽기의 경고가 그대로 이루어졌다.

> 네가 이스라엘 자손의 수효를 조사할 때에 조사 받은 각 사람은 그들을 계수할 때에 자기의 생명의 속전을 여호와께 드릴지니 이는 그것을 계수할 때에 그들 중에 질병이 없게 하려 함이라 출 30:12

다윗은 회개하여 속전 대신 아라우나 타작마당을 사서 그곳에서 대속제사를 드렸다. 하나님은 그의 제사에 불로써 응답하셨다(대상 21:26). 그 과정에서 다윗은 예루살렘 북쪽에 위치한 여호와 이레의 땅인 모리아 산 정상에 있는 아라우나(오르난) 타작마당을 얻었다. 그리고 그곳에 성전을 짓게 한다. 역대하 3:1은 성전을 지은 곳이 모리아 산이라고 언급함으로써 그곳이 '여호와 이레'라 불리는 장소임을 말하고 있다.

> 솔로몬이 예루살렘 모리아 산에 여호와의 전 건축하기를 시작하니 그곳은 전에 여호와께서 그의 아버지 다윗에게 나타나신 곳이요 여부스 사람 오르난의 타작마당에 다윗이 정한 곳이라 대하 3:1

예수님은 성전세를 내고 예루살렘으로 올라가신다. 자신을 여호와 이레라고 불리는 장소에 인류의 속전으로 드리기 위해 올라가시는 것이다. 예수님이 여호와 이레의 장소에서 인류의 속전으로 죽으심은 우연이 아니다. 예수님이 태어날 때 인구조사가 있었던 점도 이와 연관된다. 베드로에게 물고기를 잡아 1세겔을 내라는 것도 예수님이 앞으로 우리의 생명의 속전으로 희생하시기 위해 예루살렘으로 가심을 보이는 예표다. 여호와께서 준비하신 일이 드디어 이루어질 때가 된 것이다.

지도 그리기

복음서 5

첫 번째 유월절
두 번째 유월절 이후
세 번째 유월절 이후

부록에서 지도를 찾아 그리세요

나는 빛이며 생수다

성경 요 7-10장 **연대** AD 30년 7월 이후

핵심 본문 간음한 여인, 실로암과 맹인, 70인 파송 등

지도 복음서 3

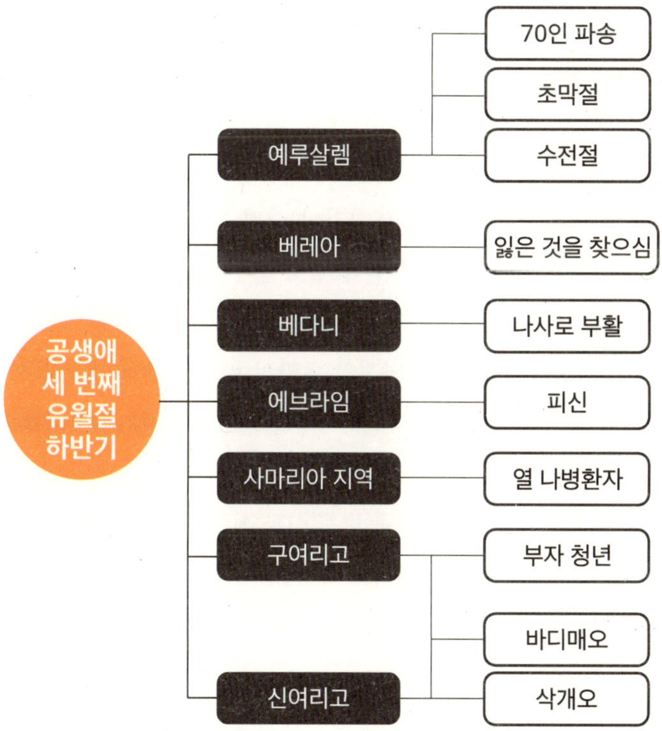

예루살렘-초막절: 죽은 인생을 살리시는 목자 31 요 7:2, 11-52

유대인의 추석, 초막절

'더도 말고 덜도 말고 한가위만 같아라.' 우리에게 풍성함과 즐거움이 가득한 추석이 있다면 유대인에게는 초막절이 있다. 음력으로 날짜도 같다. 유월절이 예수님의 죽으심과 부활과 관련이 있고 오순절이 성령 강림과 관련이 있다면, 초막절은 나팔절, 속죄일과 함께 예수님이 다시 오심과 관련이 있다. 이스라엘의 결혼식은 모두 초막에서 할 정도로 초막은 하나님이 함께하는 상징이다.

유대인은 가장 즐거운 가을 추수의 명절인 초막절이 되면 손에 아름다운 나무 실과, 종려나무 가지, 무성한 나무 가지, 시내 버들을 들고 예루살렘으로 향한다.

예수님의 유대 사역
세 번째 유월절 하반기
31. 예루살렘-초막절-70인 파송
32. 예루살렘-수전절

> (초막절) 첫 날에는 너희가 아름다운 나무 실과와 종려나무 가지와 무성한 나무 가지와 시내 버들을 취하여 너희의 하나님 여호와 앞에서 이레 동안 즐거워할 것이라 레 23:40

예수님은 처음부터 술렁거리는 축제 분위기의 예루살렘으로 가지 않고 중간에 올라가셨다. 시간이 지날수록 예수님의 존재에 위협을 느낀 바리새인과 유

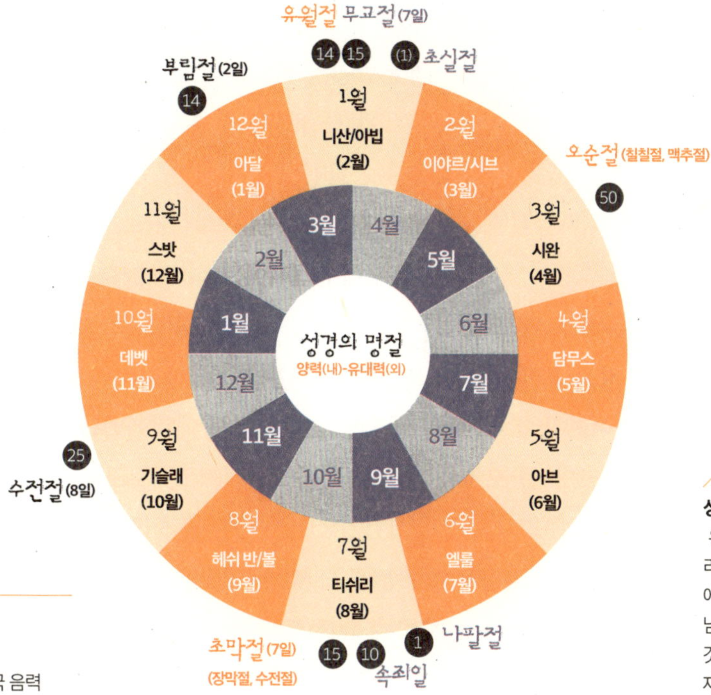

바깥 원: 유대력
안쪽 원: 태양력
바깥원 안의 괄호: 한국 음력

성경의 명절
유월절은 우리의 설날, 초막절은 우리의 추석과 같다. 초막절에는 겨울에 들어가기에 앞서 열매를 주신 하나님께 감사하고 겨울에 비를 내려 주실 것을 기도한다. 영적으로는 예수님의 재림과 관련이 있다.

대 지도자는 예수님을 함정에 빠뜨려 잡으려 모의한다. 니고데모는 예수님을 보호하는 발언을 했다가 따돌림을 당한다. 그리고 갈릴리 사람을 무시하는 발언이 공공연히 행해졌다.

> 찾아보라 갈릴리에서는 선지자가 나지 못하느니라 요 7:52

그러나 이 말은 선지서를 잘못 이해했기 때문이다. 요나도 갈릴리 출신이었고 이사야도 가장 위대한 선지자가 갈릴리(스불론과 납달리 땅)에서 날 것이라고 했다(사 9:1).

생수의 강과 에스겔의 환상

초막절은 한 주간이지만 거기에 하루를 더하여 8일간 지켰다(레 23:36, 민 29:35). 초막절은 물의 축제와도 맞물렸는데, 절기가 끝나자마자 우기가 시작된다. 대체로 첫 비가 내리는 초막절 직후에 유대인은 매일 실로암 못에서 물을 길어 행렬을 지어 성전 문에 돌아와서 번제단에 물을 붓는 행사를 가졌다. 선조들이 광야 생활을 할 때 반석에서 솟아 나온 물을 마시며 산 것을 기념하는 것이다. 예수님은 명절 끝날 곧 초막절이 최고조에 오른 큰 날에 초막절 행사와 관련된 영적 생수에 관한 '즉홍시'를 낭송하셨다. 유대인의 시는 높낮이가 있는 노래라고 할 수 있다.

> 37 명절 끝날 곧 큰 날에 예수께서 서서 외쳐 이르시되 누구든지 목마르거든
> 내게로 와서 마시라 38 나를 믿는 자는 성경에 이름과 같이 그 배에서 생수의
> 강이 흘러나오리라 하시니 39 이는 그를 믿는 자들이 받을 성령을 가리켜 말
> 씀하신 것이라 (예수께서 아직 영광을 받지 않으셨으므로 성령이 아직 그들에게 계
> 시지 아니하시더라) 요 7:37-39

생수의 강
에스겔서 47장에서 묘사된 성전에서 흘러내린 물은 예수님이 선언한 생수를 의미한다. 그 물은 광야와 염해에 흘러 죽은 땅과 바다를 살린다. 성령님이 이루신 일이다.

초막절의 이 외침은 에스겔서 47장과 연관된다. 물은 성령을 상징한다. 에스겔의 환상에서 보듯 성전에서 나온 물이 강이 되어 광야를 적시고 염해로 빠져나간다. 물을 머금은 메마른 광야에 생명나무가 자라며, 죽음의 바다라 알려진 염해에 물고기가 살게 된다. 예수 그리스도의 말씀이 광야를 적시고 그에게서 나온 성령이 광야 같은 인생을 살려 꽃을 피우며 향기 나고 열매 맺는 인생으로 만든다. 죽음의 땅 염해 같은 이방에 그의 생수로 죽은 자가 살아나는 역사가 일어난다. 이 일은 마가의 다락방에 성령이 임하신 후 성취되기 시작했다.

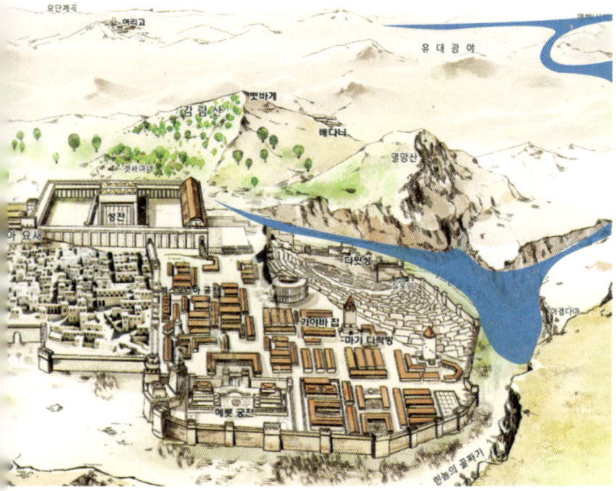

> 1 그가 나를 데리고 성전 문에 이르시니 성전의 앞면이 동쪽을 향하였는데 그 문지방 밑에서 물이 나와 동쪽으로 흐르다가 성전 오른쪽 제단 남쪽으로 흘러내리더라 8 그가
> 내게 이르시되 이 물이 동쪽으로 향하여 흘러 아라바로 내려가서 바다에 이르리니 이 흘러내리는 물로 그 바다의 물이 되살아나리라 겔 47:1, 8

빛의 축제와 간음한 여인: 너의 죄를 먼저 보라[1] 31 요 8:1-11

초막절 행사가 끝나고 예수님은 얼마 동안 예루살렘에 계셨다. 감람산 동쪽

1 간음한 여인 사건이 일어난 위치가 불분명하여 지도에 넣지는 않았으나 초막절에 일어난 사건이기에 초막절과 동일한 번호를 붙였다. 뒤에 나오는 맹인을 고치는 사건도 초막절에 일어났기에 동일한 번호를 붙였다.

베다니에 머무시다 간음한 여인의 문제를 해결하고 빛으로 오신 자신과 그리스도에 대해 가르치셨다.

초막절 마지막 날 성전을 밤새도록 빛으로 밝히는 축제가 있다. 이를 염두에 두고 예수님은 '나는 세상의 빛이다'라고 선언하셨을 것이다. 밤새도록 춤을 추는 빛의 축제의 날은 사람을 흥분시켰고 풍기문란한 일들도 일어났을 것이다. 결국 한 여인이 간음에 이르기까지 했다. 예수님을 고발할 거리를 찾던 서기관과 바리새인들은 간음하다 현장에서 잡힌 여인을 데려왔다.

> **6** 그들이 이렇게 말함은 고발할 조건을 얻고자 하여 예수를 시험함
> 이러라 예수께서 몸을 굽히사 손가락으로 땅에 쓰시니 **7** 그들이 묻
> 기를 마지 아니하는지라 이에 일어나 이르시되 너희 중에 죄 없는
> 자가 먼저 돌로 치라 하시고 **8** 다시 몸을 굽혀 손가락으로 땅에 쓰시
> 니 요 8:6-8

예수님은 손가락으로 전날 저녁에 불렀던 노래 가사를 적었을 가능성이 크다. 그 노래의 주제는 용서였다.

예수님은 땅에 무슨 글씨를 쓰셨을까?

빛의 축제 동안 세대 간에 주거니 받거니 하면서 부르는 노래가 있다.

> 노인들: 오 기쁨, 우리 젊은이, 헌신자, 지혜자여! 우리 노인에게 수치를 돌리지 마소서.
>
> 참회자: 오 기쁘다. 우리 노인과 함께 젊은이의 죄를 씻을 수 있습니다.
>
> 다함께: 젊을 때 죄 사함을 받는 자는 복되도다. 죄를 지었지만 죄 사함을 받는 자는 복이 있을지어다.

여기에 AD 25~50년까지 최고의 스승으로 불리던 힐렐의 손자 가말리엘은 물을 부으며 이런 노래를 했다.

> 하나님이 용서하지 않는 죄인은 누구인가? 교만한 사람이다. 하나님은 교만한 사람을 용서하지 않는다.(가말리엘의 관제 노래 중)

예수님은 그들이 부른 노래를 상기시키듯 그 가사를 적지 않았을까? 찬양의

가사를 생각하지 않고 부르는 우리에게 그 가사를 상기하라는 교훈이다.

실로암과 맹인: 믿음의 눈을 떠라! 31 요 9:1-41

요한복음 9장에 맹인을 고치는 장면이 나온다. 이 사건은 물과 빛이 하나 되는 사건이다. 예수님이 맹인의 눈을 뜨게 하심으로 빛의 축제 때 사람들이 외치는 빛이 바로 예수님임을 나타내신 것이다.

왜 실로암으로 보내셨나?

예수님이 어디서 맹인을 고치셨는지는 정확히 알 수 없지만 성전 근처였다면 맹인이 예수님의 명령을 따라 실로암까지 가는 데는 어려움이 많았다. 실로암으로 가는 길은 경사진 계단 길이기 때문이다. 지도를 보면 그 경사면을 볼 수 있다. 오늘날 예루살렘의 다윗 성 발굴 작업이 이뤄지고 있는데 이를 통해 실로암의 규모와 그곳에 이르는 길이 더 명확해졌다. 새롭게 발굴된 성전에서 실로암 가는 길을 눈감고 걸어 보면 맹인의 심정을 알 수 있으리라. 예수님이 맹인에게 요청한 것은 순종하기 어려운 것이었다. 실로암은 '보내심을 받았다'라는 뜻이 포함되어 있다(요 9:7).

참된 빛은 참 빛을 보게 해 주는 분이다.

실로암으로 가는 길은 경사진 계단 길이다.

9 참 빛 곧 세상에 와서 각 사람에게 비추는 빛이 있었나니 **12** 영접하는 자 곧 그 이름을 믿는 자들에게는 하나님의 자녀가 되는 권세를 주셨으니 요 1:9, 12

왜 하필 실로암인가?

정결예식을 행하는 물은 흐르는 샘물을 사용한다. 유대인들은 명절 전에는 그릇 등을 이곳에서 씻는다. 샘은 눈과 같은 히브리어 단어 '아인'을 사용하는데, 눈을 뜨게 한다는 의미가 있다. 예수님은 어떡하든 사람들의 믿음의 눈을 뜨게 하려 하셨다. 또한 예수님이 마가의 다락방에서 유월절 준비를 명할 때도 제자들에게 이곳에서 물을 떠 가는 사람을 따라가라고 했다(눅 22:10). 그는 분명 정결예식을 위한 물을 준비하고 있었을 것이다. 예루살렘에서 진정한 샘은 실로암뿐이었다. 이 실로암은 얼마 전 초막절 행사를 위해 헌수를 떠 간 곳이기도 하다.

사실 실로암은 샘이 아니다. 샘의 근원은 실로암의 북동쪽 기드론 골짜기에 위치한 기혼 샘이다. 예루살렘 성의 유일한 샘인 기혼 샘은 다윗 성의 동쪽 기슭에 위치하였으나 적의 침입에 자주 노출되었다. 그런 이유로 히스기야 왕이 앗수르 침략을 예상하고 수로를 뚫어 성 밖의 물을 큰 성 안으로 끌어들였는데 이때 물을 모은 저수조가 실로암 연못이다. 기혼 샘에서 실로암까지 이르는 히스기야 터널의 길이는 533~570m다. 예수님 시대에 이 물을 저장하던 못을 실로암이라고 부른 것은 기혼 샘의 물을 그 못까지 보냈기 때문이다. 실로암이라는 말은 히브리어의 '보내다'라는 뜻을 가진 '실로아흐'에서 유래했다.

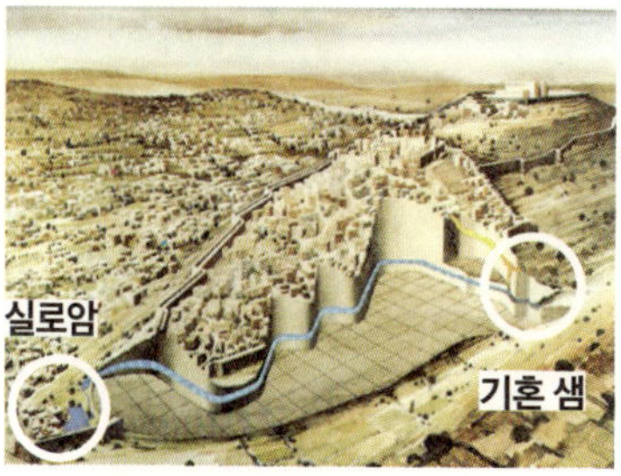

높이 2m
폭 0.8m
길이 570m

히브리어 '보내다'라는 '실로아흐'의 어근에서 유래한 실로암은 기혼 샘에서 끌어들인 물로 성전에서 초막절에 비를 비는 기도를 할 때 헌수로 사용했다. 히스기야 왕 시대 작업 상황을 적은 실로암 터널 비문이 발견되었다. 예수님이 맹인을 고치실 때 보낸 이곳은 최근 지속적인 발굴로 그 위용이 선명하게 드러나고 있다.

실로암은 이름 그대로 보냄을 받은 연못이다. 기혼 샘 앞에서 두 가지 사건이 있었다. 솔로몬이 기름부음을 받았고 이사야가 기혼 샘 앞에 있는 윗못 수도 끝 세탁자 밭 큰 길에서 아하스 왕을 만났다(사 7:3). 북쪽 이스라엘과 아람이 유다를 쳐들어 왔을 때 이사야는 하나님이 도우실 테니 징조를 구하라고 하였다. 그러나 아하스 왕은 이미 앗수르에게 도움을 청했기 때문에 징조는 필요 없다고 했다. 그러자 이사야는 선포한다.

> 그러므로 주께서 친히 징조를 너희에게 주실 것이라 보라 처녀가 잉태하여 아들을 낳을 것이요 그의 이름을 임마누엘이라 하리라 사 7:14

임마누엘이라는 하나님이 함께하심이 악인에게는 심판이다. 이 임마누엘은 얼마 후 그의 아들 히스기야 왕 때 임했다. 이사야가 예언했던 그 자리에 앗수르 장군 랍사게가 서서 항복을 종용했다.

> 앗수르 왕이 라기스에서부터 랍사게를 예루살렘으로 보내되 대군을 거느리고 히스기야 왕에게로 가게 하매 그가 윗못 수도 곁 세탁자의 밭 큰 길에 서매 사 36:2

이것은 1차적인 성취다. 1차적인 임마누엘은 하나님의 심판이었다.

그런데 세탁자의 물이 실로암으로 바뀌었다. 히스기야가 기혼샘을 봉쇄하고 그 물을 실로암으로 보낸 것이다. 신약 시대에는 기혼 샘은 막고 보냄을 받은 물 실로암만 있었다. 예수님은 맹인을 실로암으로 보냈다. 그 물은 임마누엘의 물이었다. 예수님은 하나님께 보냄 받은 자였다. 그의 다른 이름은 임마누엘이었다(마 1:23). 그리고 요한복음 7:38-39에서 예수님을 믿는 자에게 그 배에서 생수의 강이 흘러나오는데 그 생수는 예수님이 보낼 성령님이라고 하였다.

예수님이 맹인을 성전 근처에서 치료했다면 맹인은 내려오기 힘든 계단 450미터가량을 순종하여 내려온 것이다. 그리고 그곳에서 보냄을 받은 임마누엘 주님을 다시 만난 셈이다. 성령의 생수를 그의 눈에 댔을 때 그의 눈이 뜨였다.

예수님의 첫 기적이 샘물을 포도주로 만드는 일이었다. 이제 맹인도 예수님을 믿고 순종하여 눈을 떴다. 임마누엘 주님이 그와 함께하고 성령의 생수가 그의 눈과 영을 치료하였다.

양(羊)의 비유: 예수님은 어디 계시는가? 요 10:11

예루살렘에 계실 동안 예수님은 유다의 대표적인 사업인 목양을 잊지 않으셨다. 다윗이 목동 생활을 한 유대 산지에서 양의 우리 비유를 하시며 자신을 선한 목자라고 말씀하셨다. 목자가 악하거나 약하면 늑대들이 와 양을 잡아먹어도 아무 조치를 취하지 않는다. 그러나 헌신적인 목자는 필사적으로 양을 지킨다. 그리고 잠을 잘 때도 양 입구에서 잔다. 주님은 우리를 지키느라 양의 문이 되셨다. 양의 우리에서 태어나 양과 함께 동고동락하며 그들과 같이 낮아지신 예수님을 묵상해 보자(양과 목자의 관계는 '예수님의 탄생'을 참고하라).

양 우리 문
광야에서 목자는 한시도 양을 그냥 둘 수 없다. 그래서 목자는 열린 양의 문에서 잠을 잔다. 목자는 곧 양의 문이다.

> 나는 선한 목자라 선한 목자는 양들을 위하여 목숨을 버리거니와 요 10:11
> 그러므로 예수께서 다시 이르시되 내가 진실로 진실로 너희에게 말하노니 나는 양의 문이라 요 10:7

예루살렘-칠십 인 파송 눅 10:1-24

열두 제자를 파송하셨던 예수님은 이제 70인의 제자를 파송하신다. 이 전도 훈련이 어느 장소에서 일어났는지는 알기 어렵다. 다만 예수님이 언급한 지명이 소돔, 고라신, 벳새다, 가버나움, 두로와 시돈인 점을 보아 예루살렘 북쪽으로 추정된다. 염해와 가까운 요단 강 근처부터 갈릴리 북쪽까지 이르는 넓은 지경에 제자들을 파송하신 것으로 보인다.

이렇듯 예수님은 사역을 마치실 때가 가까워 오자 제자들을 실습시키는 훈련을 자주 가지셨다. 예수님의 교육법은 이론으로 그치는 게 아니라 실습을 겸하는 훈련이었다(눅 10:1-11).

전도를 통해 사탄을 굴복시킨 간증을 하는 제자들에게 예수님은 이렇게 말씀하셨다.

> 예수께서 이르시되 사탄이 하늘로부터 번개같이 떨어지는 것을 내가 보았노라 눅 10:18

이 장면은 요한계시록의 하늘의 전쟁과 일치한다.

> **7** 하늘에 전쟁이 있으니 미가엘과 그의 사자들이 용과 더불어 싸울새 용과 그의 사자들도 싸우나 **8** 이기지 못하여 다시 하늘에서 그들이 있을 곳을 얻지 못한지라 **9** 큰 용이 내쫓기니 옛 뱀 곧 마귀라고도 하고 사탄이라고도 하며 온 천하를 꾀는 자라 그가 땅으로 내쫓기니 그의 사자들도 그와 함께 내쫓기니라 계 12:7-9

교회가 낳은 한 아이가 보좌 앞으로 올라가 욥기에서 보는 것같이 형제를 참소하던 자를 쫓아냈다. 예수님이 우리의 죄를 대신 치르신 뒤로 사탄의 고소는 더 이상 효력을 발휘할 수 없기 때문이다. 우리의 변호사 되시는 예수님이 '내가 다 이루었다, 다 치렀다, 테텔레스타이'라고 말씀하시자 사탄은 설 곳을 잃어버렸다.

예루살렘–수전절: 새로운 빛임을 선포하시다 ㉜ 요 10:22-39

수전절의 하누카

성탄절이 하누카와 비슷한 시기에 있어서 유대인들은 성탄절에 하누키아를 장식하고 지킨다. 8일간 성전을 청결하게 했다고 하여 심지 하나와 8개의 초를 하루 하나씩 켜면서 축하한다. 예수님은 이때 자신의 정체를 밝히 드러내셨다.

예수님은 초막절부터 시작하여 두 달가량을 예루살렘에 머물면서 사역하셨다. 예수님이 예루살렘에 이르신 '수전절'은 유다의 마카비가 성전을 청결케 한 것을 기념하여 지키는 절기다(마카비 4:51, 10:5-8). 히브리어로 '하누카'라고 불리는 수전절은 유대력으로 가슬르(유대 음력 9월) 25일인데, 우리나라 음력 10월 25일로 크리스마스와 비슷한 시기에 지켜질 때가 많다.

예루살렘에 수전절이 이르니 때는 겨울이라 요 10:22

수전절의 유래

BC 2세기 하스모니아 가문의 주도하에 헬라 사람으로부터 예루살렘 성전을 되찾고 성전을 청결케 한 날이다. 성전 청결에 8일이 걸렸다. 일설에 의하면, 성전 청결 동안 하루밖에 사용하지 못하는 성전 촛대의 기름이 8일 동안 탔다고 한다. 이를 기념해 하루에 1개씩 8일 동안 8개의 촛불을 켠다. 이때 사용되는 촛대를 '하누키아'라 하며 모두 9개이나 가운데 하나는 불쏘시개 용도로만 사용한다. 수전절은 가정마다 촛대를 켜는 빛의 절기다.

현대인은 이 절기를 기름의 절기로 생각하여 튀긴 도넛을 즐겨 먹고 마카비 가문이 신앙을 지키기 위해 성경을 읽을 동안 감시병으로 아이들을 두어 팽이를 돌리게 했다고 해서 팽이를 돌리는 풍습이 있다.

수전절과 예수님은 무슨 관련이 있는가?

어떤 학자는 예수님이 빛의 축제인 수전절(하누카)에 태어나셨다고 한다. 성전에서 예수님이 주로 말씀을 전하신 곳은 '솔로몬 행각'으로 성전 주변을 둘러 있었다. 성전 그림을 보라. 강한 햇빛과 겨울비를 피하기도 적당했지만 모여 토론하기도 좋은 곳이어서 솔로몬 행각은 소규모 집회 때 많이 사용되었다. 예수님은 수전절에 성전에 올라 새로운 빛으로서 자신을 드러내셨다.

성전 모형. 길게 늘어선 부분이 솔로몬의 행각이다.

27 내 양은 내 음성을 들으며 나는 그들을 알며 그들은 나를 따르느니라 28 내
가 그들에게 영생을 주노니 영원히 멸망하지 아니할 것이요 또 그들을 내 손
에서 빼앗을 자가 없느니라 29 그들을 주신 내 아버지는 만물보다 크시매 아
무도 아버지 손에서 빼앗을 수 없느니라 30 나와 아버지는 하나이니라 하신
대 요 10:27-30

예수님은 30절의 "나와 아버지는 하나이니라"는 말씀 때문에 돌에 맞을 뻔했다. 성전 모독과 신성 모독은 최고의 죄로 다스려졌기 때문이다. 유대인들이 이같이 반응할 것이라 알면서도 예수님은 자신의 신성을 나타내셨다.

여기서, 묵상

오늘날 사람들은 예수님을 성인이라고 하면 박수를 친다. 무슬림들은 예수님을 선지자라고 하면 고개를 끄덕거린다. 하지만 예수님을 하나님이라고 하면 비웃거나 돌을 던진다. 그때나 지금이나 예수님을 자기 생각대로 믿고자 하는 것이다. 사람들은 예수님이 하신 말씀을 전부 믿든지 아니면 거짓말쟁이라고 확신하든지 둘 중 하나다.

지도 그리기

복음서 3

공생애 3년차 방문

부록에서 지도를 찾아 그리세요

공생애 3년 차 하반기 | 유대 |

가르치기에 힘쓰시다

성경 눅 10-16, 요 10:40-42, 11장 **연대** AD 30년 후반

핵심 본문 베레아로 물러나심, 나사로를 살리심, 에브라임 피신 등

지도 복음서 6

예수님의 사역

세 번째 유월절 하반기

유대
33. 베레아-물러나심-잃은 것을 찾으심
34. 베다니-나사로
35. 에브라임-피신

갈릴리
36. 사마리아-열 나병환자
37. 구여리고-부자 청년
38. 신여리고-바디매오와 삭개오

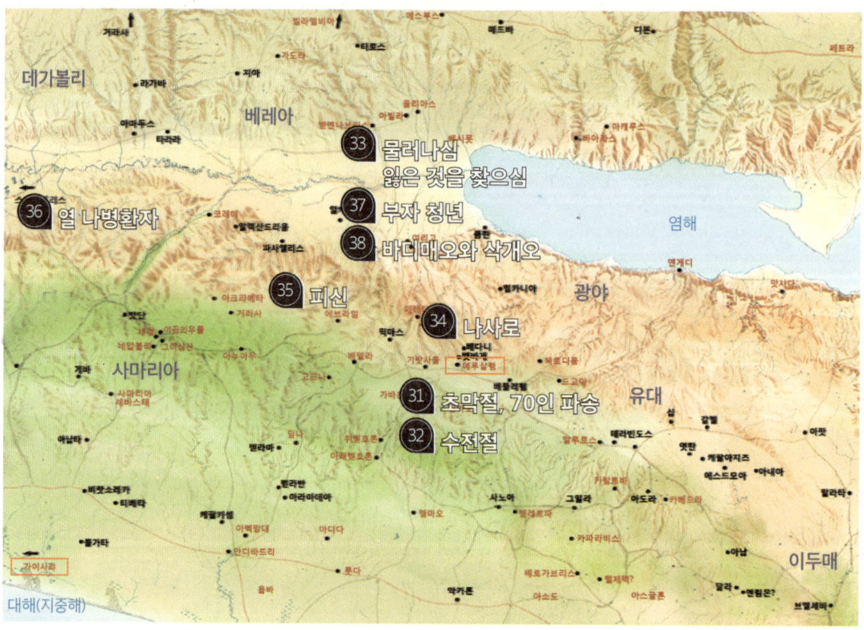

공생애 3년 차 하반기 사역

예루살렘-비유 : 쉽게 말씀을 가르치심 눅 10:25-37, 눅 11:1-13

선한 사마리아인 비유 눅 10:25-37

예수님은 갈릴리에서 예루살렘으로 이동하실 때 벧산에서 요단 동편으로 강을 넘고 남쪽으로 내려와 여리고 앞에서 다시 요단 강을 넘어 여리고로 가셨다. 그리고 그곳에서 일찍 출발하여 예루살렘으로 올라가셨다. 갈릴리로 가실 때도 마찬가지로 예루살렘에서 유대 광야를 통과해야 여리고에 이를 수 있다.

왜 제사장과 레위인은 도망갔나?

> 예수께서 대답하여 이르시되 어떤 사람이 예루살렘에서 여리고로 내려가다가 강도를 만나매 강도들이 그 옷을 벗기고 때려 거의 죽은 것을 버리고 갔더라 눅 10:30

예루살렘에서 여리고로 가는 길은 결코 쉽지 않다. 이 길은 강도들이 우글거리는 우범 지역으로 악명이 높았다. 나는 현장을 걸어 보고 나서야 강도 만난 사람을 버려두고 도망간 사람들의 심정을 이해할 수 있었다. 잠시 혼자 있을 때 아주 미세한 소리가 들렸는데 그 순간 머리카락이 쭈뼛 섰다. 그만큼 이 길은 황량하고 삭막하며 위험한 광야다. 무리가 함께 가지 않으면 안 되는 곳이다. 선한 사마리아인을 이해할 때 이런 환경을 고려해야 한다.

누가 이웃인가?

율법교사는 '이웃을 네 자신같이 사랑하라'는 말씀에서 '이웃'이 누구인지 말해 달라고 했다. 예수님은 선한 사마리아인 비유를 말씀하시며 진정한 이웃이 바로 그들이 이방인 취급하는 사마리아인이라고 하셨다. 진정한 이웃은 평범한 상황에서는 분간하기 힘들다. 광야와 같이 언제 강도를 만나 위험에 빠질지 모르는 상황에서 참된 이웃이 드러난다. 본능을 억누르고 손해를 감수하면서 타인을 도와

: 11일

오늘 읽을 분량
성경 요 11, 눅 11-16
본서 222-232쪽

성경의 맥 잡기

1. 선한 사마리아인 비유와 주기도문
2. 베레아에서 잃은 자에 대한 비유
3. 베다니에서 베다니로 가서 나사로를 살리다

신구약 연결 포인트

1. 예루살렘의 선지자들 희생과 예수님 죽음 관계
2. 에브라임과 베냐민 지파의 림몬 바위

묵상 가이드

1. 누가 이웃인가?
2. 예수님이 찾는 사람은?
3. 예루살렘에서 죽으신 이유는?
4. 베다니를 왜 좋아하나?

예루살렘에서 여리고로 내려가는 길
혼자 내려가다가 강도를 만나면 그냥 당할 수밖에 없다. 위험에 처한 사람을 돕는다는 것은 목숨을 걸어야 할 만큼 위험천만한 일이었다.

예루살렘 감람산에 있는 주기도문 교회
주기도문은 예수님이 주신 기도 제목이고 기도 순서다.

주는 사람이 이웃이다. 선한 사마리아인은 죽어 가는 이웃을 여관으로 데려가 대접함으로 손해를 마다않고 끝까지 보살펴 주었다. 현대는 특히 이런 이웃이 필요하다.

> 사람이 친구를 위하여 자기 목숨을 버리면 이보다 더 큰 사랑이 없나니 요 15:13

기도를 가르치심 눅 11:1-13, 마 6:9-15

이 기간에 예수님은 다양한 말씀을 해주신다. 특히 마태는 앞부분에서 기록한 주님이 가르쳐 준 기도를 누가는 이 기간에 넣었다. 차례대로 적었다면 이때가 맞다. 예루살렘에는 이것을 기념한 주기도문교회가 있다.

> 예수께서 이르시되 너희는 기도할 때에 이렇게 하라 아버지여 이름이 거룩히 여김을 받으시오며 나라가 임하시오며 눅 11:2

주기도문은 기도 제목이다?

주님이 가르쳐 준 기도는 하나하나가 기도 제목이다. 그중 중요한 요소는 기도의 순서다. 예수님은 전반부는 하나님을 향하여, 후반부는 우리의 삶을 위하여 기도하도록 가르치신다. 이 순서가 중요하다. 그의 나라와 의를 먼저 구하면 그 외 모든 것을 더하신다. 기도 제목이 끝난 후 주님은 용서를 또 한 번 강조한다. 주님이 오신 목적이 용서이기에 우리도 그 길을 가야 한다. 상처를 극복하지 못하는 이유는 용서하지 못하기 때문이다. 중언부언하지 말라고 기도의 내용을 주셨건만 우리는 여전히 중언부언하는 기도를 하고 있으니 우리가 바로 바리새인이 아니고 무엇이겠는가?

일상의 소재를 들어 가르치시다

이 기간에 요나의 표적과 참새와 우리의 생명을 비교하는 말씀, 실로암 망대, 무화과나무, 겨자씨만 한 믿음 등을 말씀하셨다. 모두 이 시대를 이해해야, 그리고 그 땅의 나무와 동물을 이해해야 알 수 있는 비유다.

심판 때에 니느웨 사람들이 일어나 이 세대 사람을 정죄하리니 이는 그들이 요나의 전도를 듣고 회개하였음이거니와 요나보다 더 큰 이가 여기 있느니라 눅 11:32

두려워하지 말라 너희는 많은 참새(까마귀)보다 귀하니라 마 10:31

까마귀를 생각하라 심지도 아니하고 거두지도 아니하며 골방도 없고 창고도 없으되 하나님이 기르시나니 너희는 새보다 얼마나 더 귀하냐 눅 12:24

또 실로암에서 망대가 무너져 치어 죽은 열여덟 사람이 예루살렘에 거한 다른 모든 사람보다 죄가 더 있는 줄 아느냐 눅 13:4

이에 비유로 말씀하시되 한 사람이 포도원에 무화과나무를 심은 것이 있더니 와서 그 열매를 구하였으나 얻지 못한지라 눅 13:6

마치 사람이 자기 채소밭에 갖다 심은 겨자씨 한 알 같으니 자라 나무가 되어 공중의 새들이 그 가지에 깃들였느니라 눅 13:19

궁금해요!

예수님은 의도적으로 예루살렘에서 죽으려 하셨나?

갈릴리에서 천국 복음을 전파하시던 예수님은 예루살렘에서 죽으려 하신다. 그 이유가 무엇일까?

> 그러나 오늘과 내일과 모레는 내가 갈 길을 가야 하리니 선지자가 예루살렘 밖에서는 죽는 법이 없느니라 눅 13:33

갈릴리에서 예루살렘으로 가려면 반드시 베레아를 들러야 한다. 갈릴리와 베레아 모두 헤롯 안티파스가 다스리는 지경이다. 이미 세례 요한도 헤롯에게 순교당했다. 사람들은 예수님에게 조심하라고 했지만 예수님은 여호와 이레의 땅인 예루살렘에서 하나님이 준비하신 것을 이루려 한다. 주변의 걱정을 물리치고 예루살렘을 향하여 깊이 한탄하신다.

> 예루살렘아 예루살렘아 선지자들을 죽이고 네게 파송된 자들을 돌로 치는 자여 암탉이 제 새끼를 날개 아래에 모음같이 내가 너희의 자녀를 모으려 한 일이 몇 번이냐 그러나 너희가 원하지 아니하였도다 눅 13:34

예루살렘눈물교회의 암탉이 병아리를 품는 모습
화가는 이 장면을 누가복음 19:41의 성을 보며 우시는 장면과 연결시킨다.

베레아: 물러나심 ㉝ 요 10:40-42; 눅 13:22-17:10

수전절 사건으로 예루살렘 사람들의 위협이 심해졌다. 예루살렘 사람들은 상당히 수구적이고 보수적이다. 예수님은 요한이 세례를 주던 요단 강 건너편 베다니로 물러나셨다. 행정구역상 베레아 지역에 위치한 베다니는 갈릴리를 다스리던 헤롯 안티파스의 통치 구역이었다. 갈릴리 사람들이 많은 곳으로 가신 것이다.

갈릴리는 이방인이 둘러싼 지경이다. 수리아, 베니게, 사마리아, 데가볼리 사람들이 드나들면서 문화적 영향력을 미치곤 했다. 갈릴리인은 개방적일 수밖에 없다. 그러나 성전이 있는 예루살렘은 달랐다. 정치적, 종교적 중심지로서 정치가 조금 개방적일지 모르지만 종교는 보수적이었다. 거기다 교통이 열려 있는 평지가 아니라 산지에 위치했다. 이런 곳에서 신성모독은 가장 예민한 문제였다. 예수님을 죽일 때 대제사장이 사용한 비장의 무기도 신성모독이었다. 이런 강한 위협에 예수님은 잠시 몸을 피하셨다.

> 다시 요단 강 저편 요한이 처음으로 세례 베풀던 곳에 가사 거기 거하시니
>
> 요 10:40

베레아의 베다니에서 바라본 여리고와 유대
베다니는 예루살렘에서 갈릴리로 갈 때 반드시 통과해야 하는 길목으로서 행정구역상 갈릴리 지역이다. 덥고 열악한 환경 때문에 빈민들이 살았다. 베다니는 빈민촌이라는 뜻이다.

요한이 세례를 베풀던 곳이 바로 베레아의 베다니였다. 세례 요한이 회개의 세례를 베풀었던 베다니는 이름 그대로 가난한 사람들이 사는 곳이었다. 그들은 가난한 마음으로 요한을 받아들였고, 이어서 예수님을 받아들였다. 천국은 가난한 자의 것이다.

베레아와 베뢰아는 다르다

예수님이 피신하신 지역을 베레아(Perea)라고 부른다. 베레아가 어디인지 지도에서 찾아보자. '페란'이라는 헬라어는 '건너편'이라는 뜻이다. 베레아는 '건너편 지방'이란 의미로 요단 동편 유대 지방을 가리킨다. 사도행전에 나오는 베뢰아(Beroia, 데살로니가 근처에 있는 작은 도시)와 혼동하지 말라. 예수님 당시 베레아도 갈릴리처럼 헤롯 안티파스가 다스렸고 세례 요한을 잡아 죽인 마캐루스 요새가 있었다. 구약과 비교하면 길르앗 지방의 요단 동편이다. 요단 계곡 너머 산지는 신약 시대에 데가볼리라 불렸다.

누가가 베레아 사역에 주목한 이유는 무엇일까?

다른 복음서는 이 지경에서 활동한 예수님의 사역을 거의 다루지 않고 있다. 그런데 누가는 많은 지면을 할애해 잃어버린 자 비유를 언급하였다. 누가는 이방인이었다. 그래서인지 소외된 자, 여자, 죄인, 잃어버린 자에 대한 비유를 자주 말한다.

바리새인들은 세례 요한이 잡힌 베레아에 예수님이 오시자 몸을 피하라고 충고했다. 이는 예수님을 염려해서가 아니라 예수님의 비겁한 모습을 드러내려는 음모였다(눅 13:31). 이것이 음모인 이유는 곳곳에서 포착된다. 식사 자리에 초대하고는 예수님이 안식일에 병을 고치는가를 시험했다. 그러나 예수님은 식사 자리에서도 겸손한 자리에 앉을 것을 가르치셨고 잔치 비유를 들어 천국 복음을 전파하셨다. 특히 잃어버린 양과 탕자 비유를 통해 소외된 사람들과 이인들에 초점을 맞춘 말씀을 나누셨다.

요단 동편의 베다니 부근은 세례 요한이 세례를 주던 곳이다. 이제 세례 요한은 죽었지만 세례 요한이 전하고자 한 예수님이 같은 장소에 와서 겨울을 나며 말씀을 나누셨다. 이곳은 모세와 엘리야, 여호수아도 관계가 깊다. 세례 요한을 죽인 헤롯 안티파스는 세례 요한이 사역한 곳에 그보다 더 능력 있는 인물이 나타나 사역한다는 말에 간담이 서늘했을 것이다.

베레아: 잃은 것을 찾으심 33 눅 15:1-32

유대 광야에서 양은 목자를 따라 줄지어 다닌다. 목자는 쉴 만한 물가로 인도하는데 그곳은 대부분 음침한 골짜기라 들짐승이 호시탐탐 양을 노리고 있다. 목자가 양을 보호하지 않으면 죽은 목숨이나 다름없다.

잃은 양 비유: 목자를 놓치면 어떻게 되나?

베레아에서 집중적으로 말씀하신 것은 잃은 것을 찾는 하나님 아버지의 마음이었다. 잃어버린 양 한 마리를 찾고자 하는 목자의 마음은 유대 광야를 이해할 때 가능하다.

광야에서 양을 잃어버려서 그날 밤 안으로 찾지 못하면 양은 죽고 만다. 시편 23편이 증언하듯이 목자가 없으면 먹이, 풀, 물 등을 찾을 수도 얻을 수도 없다. 요행히 물과 꼴을 얻었다 해도 언제 야수가 덮칠지 몰랐다. 그곳은 사망의 음침한 골짜기다. 더구나 양은 근시안이고 기억력이 좋지 않아 집으로 돌아올 능력이 없다. 그래서 목자가 지팡이와 막대기로 안위하지 않으면 양에게 광야는 죽음의 골짜기다.

> 너희 중에 어떤 사람이 양 백 마리가 있는데 그중의 하나를 잃으면 아흔아홉 마리를 들에 두고 그 잃은 것을 찾아내기까지 찾아다니지 아니하겠느냐 눅 15:4

잃어버린 양 비유를 좀 더 극대화하기 위해 한 드라크마를 잃어버린 여인의 비유를 말씀하신다.

잃은 드라크마를 찾는 여인 비유: 여인에게 드라크마란?

> 어떤 여자가 열 드라크마가 있는데 하나를 잃으면 등불을 켜고 집을 쓸며 찾아내기까지 부지런히 찾지 아니하겠느냐 눅 15:8

유대 여인은 결혼할 때 머리 장식으로 열 드라크마를 받는다. 이건 제값 주고 결혼한 여인이라는 의미가 있다. 그래서 열 개 중 하나라도 없어지면 그 여인은 값어치가 떨어지는 여인이란 소리를 들었다. 여인에게는 너무도 중요한 것이기에 목숨을 걸고 드라크마를 찾았다.

탕자의 비유: 애절한 아버지의 사랑

예수님의 잃어버린 비유는 탕자의 비유에서 절정에 이른다. 하나님 아버지의 마음을 자식을 떠나보낸 아버지의 심정보다 더 잘 표현할 수 있는 것이 있을까.

> 이에 일어나서 아버지께로 돌아가니라 아직도 거리가 먼데 아버지가 그를 보고 측은히 여겨 달려가 목을 안고 입을 맞추니 눅 15:20

탕자가 아버지를 떠나 방탕하게 산 곳은 돼지를 키우는 것을 보아 이방 땅이다. 이곳은 십중팔구 유다에 가까운 데가볼리일 것이다. 베레아에서 동북쪽으로 조금만 가면 데가볼리, 헬라 도시가 위치하므로 방탕한 길로 가기 쉬웠다.

이외에도 예수님은 불의한 청지기 비유와 부자와 나사로 비유를 말씀하셨다. 불의한 청지기는 자신이 받은 몫을 해고당하기 전에 제외시켜 주는 지혜를 발휘해 자신의 앞날을 준비했다.

부자와 나사로 비유는 돈을 좋아하는 바리새인을 타깃으로 삼은 말씀이었다. 당시 재산의 많고 적음이 축복의 잣대였다. 그러니 부자가 천국에 들어가기 어렵다는 말을 제자들조차도 이해하기 힘들었다. 현대도 마찬가지가 아닐까?

> 내가 너희에게 말하노니 불의의 재물로 친구를 사귀라 그리하면 그 재물이 없어질 때에 그들이 너희를 영주할 처소로 영접하리라 눅 16:9
>
> 바리새인들은 돈을 좋아하는 자들이라 이 모든 것을 듣고 비웃거늘 눅 16:14

베다니: 나사로 (34) 요 11:1-44

요단 동편 베다니 근처에 계시던 예수님은 예루살렘 베다니에서 온 사람을 만나신다(두 베다니는 다른 곳이다). 마르다와 마리아 자매의 오라버니인 나사로가 위급하다는 전보였다. 그러나 더 큰 뜻을 품으셨던 예수님은 이틀을 베다니에서 더 머무셨다. 제자들은 얼마 전 유대인들이 죽이려 한 사건을 떠올리며 예수님이 신변상의 이유로 움직이지 않으시는 줄 알았다. 그래서 이틀 뒤 출발하시려 하자 꼬집기 좋아하는 도마가 한마디했다.

나사로의 무덤
예수님은 생명이요 부활이시다. 그러나 그 돌문은 우리더러 열라 하신다.

디두모라고도 하는 도마가 다른 제자들에게 말하되 우리도 주와 함께 죽으러 가자 하니라 요 11:16

예수님이 예루살렘 베다니에 도착했을 때는 나사로가 죽은 지 이미 나흘이 지난 때였다. 나사로가 위급하다는 소식을 듣던 그날 나사로는 숨을 거두었던 것이다. 예루살렘의 베다니에서 예수님이 계신 요단 동편 베다니까지 소식을 전하러 간 전령은 여리고를 내려가느라 하루를 소요하고, 여리고에서 요단 강 건너편까지 가는 데도 한나절 이상을 소요했을 것이다. 그런데 예수님은 소식을 접하고도 이틀을 더 머물다 이틀을 걸려 베다니에 당도하셨다. 그러니까 전령이 소식을 듣고 떠난 때로부터 6일이 지난 뒤 예수님이 도착한 것이다.

그런데 예수님은 오시자마자 무덤을 찾으셨다. 유대는 더운 곳이라 시체가 바로 부패하기 때문에 1일장을 지낸다. 하나님께서 돼지고기를 금하신 것도 더위에 쉽게 부패하기 때문이다. 길을 가다 보면 가끔 사고로 죽은 양이나 개를 만날 때가 있는데, 강한 햇볕 탓에 부패하여 수시간 내에 복강이 부풀어 오르는 것을 본다. 죽은 지 4일이 지나면 그 썩은 냄새가 사방에 진동한다. 그래서 이스라엘은 무덤을 돌로 막고 그 틈새를 회로 빈틈없이 막아 냄새가 새어 나오지 못하게 했다. '회칠한 무덤'이란 겉은 멀쩡해도 속에서 시체가 썩고 있음을 비유한 말로 예수님은 바리새인을 이에 빗대어 저주하셨다.

예수님은 사역 말기에 완전히 죽어 부패한 나사로를 살리면서 자신이 부활이요 생명이 되심을 증거하셨다. 예수님은 '돌을 옮겨 놓으라' 하시고는 나사로를 살리셨다. 생명을 살리는 분은 하나님이지만 무덤 문을 여는 건 우리의 몫이다. 인간의 노력과 기도가 필요한 것이다. 나사로의 부활은 잠시 죽었던 야이로의 딸이나 나인 성 과부의 아들과는 차원이 다른 것으로 예수님이 부활의 주가 되심을 선언한 사건이었다.

에브라임-피신: 사연 많은 그 땅에 머무시다 ㉟ 요 11:54

나사로가 다시 살아났을 때 백성은 기뻐했지만 바리새인은 큰 위협을 느꼈다. 기적의 효과는 긍정과 부정으로 나타났다. 믿지 않으려는 사람은 어떤 기적을 일으켜도 그것을 악용하려 할 뿐이었다. 다만 믿는 사람들은 더욱 믿음이 굳세어졌다. 그렇게 많은 기적을 경험했던 사람들이 예수님이 돌아가실 때 말 한마디 하지 못한 것을 보면 사람이 얼마나 간사한가를 알 수 있다.

최고의 기적인 죽은 자가 살아나는 기적, 예수님이 살아나신 기적도 완악한 바리새인과 유대 지도자의 마음을 변화시킬 수 없었다. 믿음은 은혜일 뿐이다.

예수님이 피신한 에브라임은 삿 21장의 전쟁 때 생존한 베냐민 600명이 피신한 장소다.

> 너희는 그 은혜에 의하여 믿음으로 말미암아 구원을 받았으니 이것은 너희에게서 난 것이 아니요 하나님의 선물이라 엡 2:8

예수님 일행은 위협을 느끼고 유대 광야와 접한 에브라임으로 갔다. 이 노정은 족장의 도로를 이용해야 했는데 사연이 많은 길이다. 예수님은 사울의 고향 기브아를 지나며 베냐민 지파의 전쟁(삿 19-21)과 사울의 일생, 다윗과의 관계 등을 떠올렸으리라.

거기서 조금 지나 사무엘의 고향 라마를 지날 때는 사사 시대를 마감하던 사무엘의 고민과 마주하셨으리라. 또 조금 지나 미스바에 이르러서는 여자 사사 드보라와 사무엘의 회개 성회를 기억하며 이스라엘의 대각성을 다시 기대하셨을지도 모른다. 그리고 벧엘을 지날 때는 야곱의 꿈과 여로보암의 금송아지가 생각나셨을 것이다.

이외에도 예수님이 지나신 베냐민 고원은 북이스라엘과 남유다의 끝없는 전쟁터였다. 에브라임 지파와 유다 지파의 힘겨루기 장이었다. 사역을 마치기 전 예수님은 이스라엘 역사 중 가장 사연이 많은 땅을 지나셨다.

오브라는 여리고에서 에브라임 산지로 올라가는 길목에 있다. 구약의 아이와 벧엘과 가깝고 실로와 그리 멀지 않은 곳이다. 아브라함이 롯과 헤어진 후 축복을 받았다는 바알하솔 산 바로 아래에 에브라임이 위치한다. 뿐만 아니라 베냐민 지파가 기브아 전쟁 후 패하여 숨어 있던 림몬 바위가 남쪽으로 얼마 가지 않아 자리한다. 그 마을 이름이 에브라임인 것도 의미심장하다(삿 20:47). 과거 북이스라엘을 이루었던 에브라임을 기억하게 한다.

수많은 역사적인 사건이 일어난 장소에 예수님은 한동안 은둔하셨다. 위협을 피해 있던 베냐민 자손처럼, 그러나 축복의 약속을 품은 아브라함처럼 에브라임에 머무셨다.

한편, 예수님이 실로 가까이에 계신 것은 의미 있는 사건이다. 말씀이고 하나님이신 예수님이 언약궤가 머물렀던 장소를 찾으신 것이다. 이제 사역을 마무리할 시점에 실로 근처에 머물면서 자신이 성전이 되고 말씀이 되심을 다시 한 번 확인하시려는 것이 아니었을까.

에브라임(현재 타이베)교회 모자이크

예수님이 제자들과 피신하신다. 뒤에 베냐민 자파 600명이 피신한 바위인 림몬이라는 글씨와 예루살렘이 보인다.

궁금해요!

100% 기독교인 마을이 있을까?

예수님이 도착하신 에브라임은 구약 시대에는 오브라(기드온의 오브라가 아니다)로 불리었고, 현대에는 타이베라고 불린다. 이 마을은 이스라엘 땅에서 유일하게 기독교인만 사는 동네다.

공생애 3년차 하반기 | 예루살렘행 |

팬인가, 제자인가?

성경 마 18-21, 막 10, 눅 17-19장 **연대** AD 30년 하반기

핵심 본문 사마리아의 열 나병환자, 여리고 부자 청년, 바디매오, 삭개오 등

지도 복음서 6

사마리아-열 나병환자 ㊱ 눅 17:11-19

에브라임에서 갈릴리로 잠시 물러나신 예수님은 유월절을 맞아 마지막 예루살렘 여행을 떠나신다.

> 예수께서 예루살렘으로 가실 때에 사마리아와 갈릴리 사이로 지나가시다가 눅 17:11

누가복음 17:11-19은 갈릴리와 사마리아 사이에서 일어난 사건이다. 정확히 말하면 이스르엘 골짜기를 빠져나가는 하롯 계곡에서 일어났다. 이스르엘 골짜기 동쪽에 자리 잡은 세 개의 산(다볼, 모레, 길보아) 중에 길보아 산에서 흘러나오는 하롯 샘은 기드온이 300용사를 뽑은 장소로 유명하다. 이곳에서 시작한 물은 길보아 산 기슭에서 나오는 수십 개의 샘과 합쳐져 동쪽 요단 강으로 흘러간다. 이 계곡을 하롯 계곡이라고 한다. 우리 개념으로는 평야로 보는 것이 더 좋다. 넓게 펼쳐진 평야 남쪽에는 사마리아가 자리 잡고 북쪽으로는 갈릴리가 위치한다.

: 12일

오늘 읽을 분량

성경 눅 17-19, 막 10, 마 19-20

본서 233-260쪽

성경의 맥 잡기

1. 열 나병환자 치유
2. 여리고 부자 청년의 고민
3. 신구약 여리고 관점과 삭개오

신구약 연결 포인트

1. 나아만 장군과 사마리아 나병환자의 지리적 관계
2. 아간과 사울 왕의 헤렘과 부자 청년과 삭개오

묵상 가이드

1. 왜 이방인만 감사하나?
2. 헤렘의 유혹을 극복하기 힘든 이유는?
3. 예수님의 십자가 길에 유쾌함을 준 사람은?

예수님의
중부 지역 사역

이 지경은 블레셋과 싸워 사울이 최후를 맞은 전쟁터이며, 더 거슬러 올라가면 기드온과 미디안이 싸운 장소다. 피로 얼룩진 마을이었으나 모레 산 남쪽 기슭에 위치한 수넴의 한 여인은 엘리사를 잘 공경하여 죽은 아들을 다시 살리는 은혜를 입었다. 그러나 수넴의 맞은편 이스르엘 성에서는 아합의 집안이 나봇의 포도원을 빼앗으려 살인하는 등 갖은 죄악을 저지르다 예후의 혁명으로 아합의 아들과 이세벨, 그의 추종자가 모두 최후를 맞았다.

이처럼 성경의 중요한 사건이 일어난 지경을 지나간 이방인 장군이 있었다. 아람(수리아)의 군대장관 나아만은 나병을 고치려고 이 길을 지나 사마리아로 엘리사를 찾아갔다. 그리고 엘리사의 말을 따라 요단 강에서 몸을 씻어 깨끗함을 입었다. 나아만은 요단 강에서 바로 자신의 나라가 있는 동쪽으로 갈 수 있었지만 엘리사가 있는 서쪽으로 향했다. 가까운 거리가 아니다. 족히 하룻길이 걸린다. 그런데 나아만은 사마리아까지 돌아와 엘리사에게 감사 인사를 하고 여호와를 섬길 것을 다짐했다.

이때 엘리사의 종 게하시는 욕심으로 눈이 어두워져 나아만의 나병을 얻게 되었다. 이 지경에 게하시의 자손이 많은 것인지 나병환자 열 명이 예수님을 찾아와 병을 고쳐 달라고 소리 질렀다. 나병은 자기 자신도 모르게 몸이 썩어 가는 병이다. 마치 죄가 나도 모르는 사이에 점점 병들게 하는 것처럼 말이다. 예수님은 엘리사처럼 말씀으로 명령하셨고, 그들은 예수님의 말씀을 따라 제사장에게 몸을 보이기 위해 요단 강을 넘어 예루살렘으로 가고자 나아만이 간 길을 갔다. 나아만이 고침 받은 요단 강에 몸을 담그며 강을 지나려 할 때였을까, 그들은 몸이 나은 것을 알았다.

나아만은 요단 강에서 고침을 받고 동쪽 아람으로 갈 수 있었지만 뒤로 돌아 서쪽의 엘리사에게 와서 감사하였다.

예수님께 고침 받은 나병환자 열 명 중 유대인 아홉 명은 그 길로 집으로 돌아갔으나 이방인인 사마리아인만이 나아만처럼 감사하기 위해 예수님께 돌아왔다. 이로써 육신과 영혼 모두 고침 받은 사람은 사마리아 한 사람뿐이었다. 예수님이 고향 나사렛에서 하신 말씀이 다시 메아리쳐 오는 순간이다.

> 또 선지자 엘리사 때에 이스라엘에 많은 나병환자가 있었으되 그 중의 한 사람도 깨끗함을 얻지 못하고 오직 수리아 사람 나아만뿐이었느니라 눅 4:27

열 명의 나병환자가 나음을 받은 지역은 아람의 나아만 장군이 치료받은 곳과 관련이 있다. 이스라엘에 많은 나병환자가 있었지만 이방인이 고침 받고 감사했다.

베레아 지방을 지나시며 마 10:1-12, 막 10:1-16, 눅 18:15-17

예수님은 갈릴리 사역을 모두 마치고 마지막 사역을 위해 예루살렘으로 향하신다. 마태, 마가, 누가는 예수님의 사역을 갈릴리와 예루살렘으로 구분하지만 요한복음에 따르면 예수님은 사역하실 동안 수차례 예루살렘을 방문하셨다.

유대인의 전통에 따르면 예수님도 1년에 3번(유월절, 오순절, 초막절)은 예루살렘에 들르셨어야 했다. 그리고 초막절과 유월절 사이 수전절에도 예루살렘을 방문하신 것을 보아(요 10:22) 예수님은 공생애 기간 중 1년에 서너 차례 예루살렘 예수님은 갈릴리를 떠나 이스르엘 골짜기로 나오신 다음 스키토폴리스 앞에서 요단 강을 넘어 여리고 맞은편까지 간다.

을 방문하셨다.

그러나 마태, 마가, 누가는 이런 자세한 방문을 기록하기보다 지역별로 중요한 사건을 한 군데 모아 기록했다. 그래서 마태복음을 보면 예수님이 공생애 동안 예루살렘을 처음으로 방문하시는 것처럼 보인다. 그러나 예수님은 이미 수차례 예루살렘을 방문하셨고 이제 마지막으로 올라가시는 중이다. 갈릴리에서 예루살렘으로 향하는 여정을 살펴보자. 마태복음 19:1은 그 경로를 자세히 기록하고 있다.

> 예수께서 이 말씀을 마치시고 갈릴리를 떠나 요단 강 건너 유대 지경에 이르시니 마 19:1

시험산에서 바라본 여리고 성과 평지
가운데 흙더미가 여리고 성이고 그 뒤로 요단 강까지 이어지는 여리고 평지가 펼쳐진다. 이곳에서 시드기야 왕이 체포되었다. 예수님은 여리고 쪽 요단 강 지역에서 세례를 베풀며 복음을 전했다.

예수님은 갈릴리를 떠나 이스르엘 골짜기로 나오신 다음 스키토폴리스(벧산) 앞에서 요단 강을 넘어 여리고 맞은편까지 가신다. 이곳이 바로 앞에서 다루었던 베레아다. 예수님은 이곳에서 어린이에 대하여 말씀하신다.

> 예수께서 그 어린 아이들을 불러 가까이하시고 이르시되 어린 아이들이 내게 오는 것을 용납하고 금하지 말라 하나님의 나라가 이런 자의 것이니라 눅 18:16

예수님은 예루살렘을 향하는 마지막 길에 어린아이 같은 순전한 믿음을 만나 보기를 원하셨다.

여리고-부자 청년 37 마 19:16-30, 막 10:17-31, 눅 18:18-30

여리고 맞으면 베다니에서 예수님이 세례를 받으신 요단 강을 건넌다. 첫 사역이 시작된 곳에서 성부, 성자, 성령님이 함께하신 세례식을 기억하셨으리라. 그 사랑의 음성을 다시 기억하고 이제 하실 일을 이루기 위해 길을 가신다. 여기서 영생을 얻는 방법을 묻는 부자 청년을 만나신다. 예수님은 그에게 재산을 다 팔아 나누어 주고 예수님의 제자가 되라고 하지만 그는 재물을 포기 못하고 결국 떠나고 만다. 그의 모습은 뒤에서 나오는 삭개오와 대비된다.

요단 강을 건너면 여리고 평지가 나온다. 베다니에서 8.5km 거리다. 유다의 마지막 왕 시드기야가 이곳에서 바벨론 군대에게 사로잡혔다. 조금 더 갔으면 요단 강을 넘었을 텐데…. 이 과정에서 암몬 왕은 반바벨론파였으므로 도움을 주었을 것이다.

신여리고
헤롯이 새롭게 세운 신여리고는 10km 떨어진 파라 샘에서 물을 끌어와 겨울궁전을 만들었다. 멀리 구여리고도 보인다.

예수님은 이 길을 지나며 유다의 마지막을 생각하셨으리라. 다윗의 후손 시드기야는 죄로 인해 비참하게 죽었다. 인류의 죄로 인하여 예수님도 죽지만 그의 죽음은 부활을 위한 것이었다.

마태는 이 지경을 '유대 지경'이라고 말한다. [부록-복음서 2 지도]를 보면 여리고도 당시 유대에 속했음을 알 수 있다. 요단 강에서 여리고에 이르는 거리는 그렇게 가깝지 않다. 그러나 갈릴리 사람과 요단 동편의 유대인이 예루살렘으로 향하려면 이 길을 가야 했으므로 사람의 왕래가 많았다.

구여리고와 신여리고

사람의 왕래가 많은 여리고에서 예루살렘으로 오르는 길은 군사적으로 중요하지만 세금을 거둘 수 있는 요지이기도 했다. 그래서 헤롯이 왕이 되기 전 하스모니아 왕가 때부터 원래 여리고(구약 시대 여리고)에서 산지로 올라가는 장소에 궁을 세우고 관리했다. 헤롯은 이 중요성을 놓치지 않고 그 궁을 더 확장하여 10km 가까이 떨어진 파라 샘에서 물을 끌어와 겨울궁전으로 삼았다. 헤롯은 이곳에서 죽었으니 겨울에 죽었다고 할 수 있다.

예루살렘은 해발 700m 정도로 여름에는 시원하지만 겨울에는 춥다. 그래서 역대 이스라엘 왕처럼 헤롯도 여리고(해발 약 -250m)에 겨울궁전을 짓고 겨울을 났다. 그렇다 보니 일반인이 살던 구약 시대의 여리고와 관원이 상주하던 신약의 여리고가 양분되어 두 여리고가 존재했다.

예수님이 유대 지경에 들어와서 부딪친 문제는 갈릴리에서와는 성격이 달랐다. 율법과 장로의 유전에 관심이 많던 예루살렘의 유대인은 예수님께 율법과 관련된 문제를 물어보며 시험했다.

그 첫 번째가 이혼에 관한 문제였고 다음이 영생을 얻는 방법에 관한 질문이었다(마 19장).

유대 중에도 여리고에 들어와 예수님이 겪으신 일들은 당시 여리고의 상황을 반영한다. 동서 무역으로 부유해진 여리고에는 부자(예를 들어 부자 청년)가 많았다. 날씨가 덥지만 계속 흘러나오는 샘으로 인해 물이 풍족하여 포도원도 많았다(마 20:1-16). 예수님이 오시기 수백 년 전 엘리사가 샘을 치료하는 사건을 보아도 물이 풍족한 곳임을 알 수 있다. 또 엘리야와 엘리사가 선지자 생도를 가르치던 신학교가 여리고(길갈 포함)에 있었다.

> **18** 엘리사가 여리고에 머무는 중에… **19** 그 성읍 사람들이 엘리사에게 말하되 우리 주인께서 보시는 바와 같이 이 성읍의 위치는 좋으나 물이 나쁘므로 토산이 익지 못하고 떨어지나이다… **21** 엘리사가 물 근원으로 나아가서 소금을 그 가운데에 던지며 이르되 여호와의 말씀이 내가 이 물을 고쳤으니 이로부터 다시는 죽음이나 열매 맺지 못함이 없을지니라 하셨느니라 하니 **22** 그 물이 엘리사가 한 말과 같이 고쳐져서 오늘에 이르렀더라 왕하 2:18-22

예수님의 포도원과 품꾼 비유에서 나오는 품꾼의 불평은 그 지역을 이해하는 사람들에게는 당연한 일이었다. 여리고는 포도를 수확하는 여름에 매일 40℃가 넘는 더위로 사람이 기진하기 십상이었다. 이곳에서 아침부터 일한 사람이나 한 시간 전에 들어온 사람이 똑같이 품삯을 받았으니 그들의 불평은 이해가 된다. 먼저 온 품꾼이 나중 품꾼과 동일한 품삯을 받으며 하는 말을 보라.

> **11** 받은 후 집 주인을 원망하여 이르되 **12** 나중 온 이 사람들은 한 시간밖에 일하지 아니하였거늘 그들을 종일 수고하며 더위를 견딘 우리와 같게 하였나이다 마 20:11-12

그러나 이 비유는 상급이 아니라 구원을 말하는 것이다. 구원은 누구에게나 동일하다. 그러나 상급은 다르다. 일찍 들어와 하루 종일 수고했다고 투덜댈 것이 아니라 천국을 위한 투자이기에 기뻐해야 마땅하다.

신여리고-바디매오와 삭개오 ㊳ 마 20:17-34, 막 10:32-52, 눅 18:31-43

예수님은 일반인이 살던 구약 시대 여리고(구여리고)를 떠나 신약 시대 여리고(신여리고)로 올라가신 후 예루살렘으로 향하신다. 마태복음은 "예수께서 예루살렘으로 올라가려 하실 때에"(20:17)라고 기록하고 있는데, 여리고는 해발 -250m이고 예루살렘은 해발 700m가량인 점을 감안하면 이 표현이 이해된다. 여리고까지 오신 예수님이 이제 유대 산지로 올라갈 준비를 하신다. 여리고에서 예루살렘까지 고도 1000m 정도를 올라가야 하는 것이다.

신여리고가 가까워질 즈음 한 맹인이 소리 질러 예수님을 찾았고, 예수님은 그의 소원대로 눈을 뜨게 해주셨다. 여기서 중요한 문제를 짚고 넘어가야 한다. 마가복음에 의하면 이때 만난 맹인이 바디매오다. 그런데 복음서마다 이 장면에 대한 설명이 일치하지 않는다.

> 그들이 여리고에서 떠나갈 때에 큰 무리가 예수를 따르더라 마 20:29
>
> 그들이 여리고에 이르렀더니 예수께서 제자들과 허다한 무리와 함께 여리고에서 나가실 때에 디매오의 아들인 맹인 거지 바디매오가 길가에 앉았다가 막 10:46
>
> 여리고에 가까이 가셨을 때에 한 맹인이 길가에 앉아 구걸하다가 눅 18:35

정면에 신약 시대 여리고 터와 왼쪽 예수님의 시험산, 그 아래 구약 시대 여리고가 보인다.

마태와 마가는 예수님이 여리고를 나가시다가 바디매오를 만났다고 하고, 누가는 여리고에 가까이 오시다 만났다고 한다.

어! 성경이 틀리다?

이것은 여리고의 지리를 이해하면 간단히 해결된다. 헤롯의 겨울궁전과 행정관청이 자리한 신약 시대의 여리고(T. Abu-el-Alaiq)는 서민이 많이 거주하던 구약 시대의 여리고(T. es-Sultan)에서 서쪽으로 2km 지점에 있다. 신여리고는 관원이 많았다. 따라서 복음서 기자가 어디에서 성경을 기록했느냐에 따라 나가고 들어오고가 결정된다. 유대인인 마태와 마가는 유대인이 많이 사는 구약 시대 여리고에서 나가시다가 만났다고 적고 있는 반면 이방인 누가는 신약 시대 여리고를 기준으로 들어오시다가 만났다고 기록하고 있다. 마태와 마가는 유대인의 입장을 강조하지만 누가는 여인, 이방인, 소외된 사람 입장에서 기록한 것이다. 이처럼 여러 관점에서 예수님의 사역이 조명되었다.

이 노중에 예수님은 자신의 죽음을 이야기하지만 제자들은 권좌에 오를 생각만 하고 있다. 차라리 소외당하고 복음을 듣지도 못한 맹인이 눈을 뜬 뒤 예수님을 따라 나선다. 방금 비유의 결론으로 하신 말씀이 적용되는 순간이다.

> 이와 같이 나중 된 자로서 먼저 되고 먼저 된 자로서 나중 되리라
>
> 마 20:16

삭개오의 회심 눅 19:1-10

신약 시대 여리고에 들어오신 예수님이 세리의 우두머리인 세리장 삭개오를 만나셨다. 삭개오는 키가 작아 돌무화과나무에 올랐다가 부름을 받고 예수님을 맞이했다. 여리고는 예루살렘으로 올라가는 상인의 세금을 받는 요지였다. 어떻게 보면 유대인의 돈이 가장 많이 거래되던 장소라고 할 수 있다. 이집트의 여왕도 탐을 내 이곳을 얼마 동안 차지하기

부자 청년은 구약 여리고에 있었고, 삭개오는 신약 여리고 있었다. 그 사이에서 예수님은 바디매오를 만났다. 그래서 마태와 마가는 예수님이 여리고를 나가다 맹인을 만났다 하고, 누가는 여리고에 들어오다 맹인을 만났다고 한 것이다. 저자의 관점이 드러나는 중요한 대목이다.

도 했다. 이곳의 세리는 일반 수입으로도 부유해질 수 있었다. 삭개오는 예수님을 만난 후 완전히 회심했다. 돌아온 탕자였다.

삭개오가 오른 돌무화과나무

예수님은 이 나무에 오른 사람들 중 삭개오를 지명하여 불렀다.

삭개오가 가르쳐 준 참된 회개

먼저 돌무화과나무에 올랐을 때 예수님은 삭개오를 지명하여 부르셨다. 나무 위에는 몇 사람이 더 있었을 텐데도 예수님은 삭개오만 주목하셨고 그의 이름을 부르셨다. 예수님이 이미 그를 알고 계신 것에 삭개오는 감격했다.

둘째 예수님이 삭개오의 집에 가겠다고 말씀하셨다. 세리는 죄인이므로 누구도 상종하지 않으려 했다. 그런데 예수님이 그의 집에 가서 함께 식사하시겠다는 것이다. 이는 주변에 살던 쿰란의 경건주의자와 바리새

궁금해요!

탐욕의 성, 여리고를 극복한 사람은?

여리고를 떠나기 전에 여리고와 관련된 사건을 몇 가지 살펴보자.

여리고는 여호수아가 첫 번째로 점령한 가나안 도시다. 처음 것을 하나님께 구별하여 드리는 것이 하나님이 주신 법이다. 여리고는 만물이었으므로 모든 물건을 하나님께 드려야 했다. 그러나 유다 지파의 아간이 여리고의 현란한 물질에 눈이 어두워 빼돌리려다가 이스라엘을 패하게 하고 자신도 죽음을 맞았다(수 7장).

사울은 사무엘의 명령을 받고 아말렉을 치러 갔으나 아말렉의 어떤 것도 취하지 말라는 명령을 어기고 좋은 것을 취해 여리고 길갈로 가져왔다. 이 사건으로 사울은 하나님이 주신 왕권에서 멀어졌다(삼상 15장).

아간과 사울, 부자 관원 모두 여리고의 풍요로움에 빠져 롯의 아내와 같이 되었다. 모두 하나님의 것(헤렘)을 범한 것이다.

여리고에서 욕심에 눈이 어두워 하나님의 것을 범한 사건이 부자 청년 관원을 보며 극복되지 못할 것처럼 보였으나 예상치 못한 인물인 세리 삭개오에 의하여 역전된다. 죄인을 부르러 오신 예수님의 목적이 실현되는 순간이다. 여리고의 저주는 삭개오로 인하여 극복되었고, 십자가의 길을 가시는 예수님의 마음을 시원하고도 유쾌하게 했다.

오늘 물질문명으로 하나님의 것을 자기 것으로 주장하는 헤렘의 범죄를 극복하여 역전시킬 사람이 누구인가?

인에겐 파격적인 제안이었고, 삭개오는 자신을 의인의 한 명으로 취급해 주시는 주님의 사랑에 감격할 수밖에 없었다.

예수님께 감동을 받은 삭개오는 그의 소유 절반을 팔아 가난한 사람에게 나누어 주고 나머지는 속여 빼앗은 일이 있으면 네 배를 갚겠다고 말한다. 이는 모든 재산을 내놓겠다는 말이다(눅 19:8). 이는 남의 것을 도적질하면 4배로 갚아야 한다는 율법의 규정과 관련이 있다(출 22:1, 삼하 12:6).

> 사람이 소나 양을 도둑질하여 잡거나 팔면 그는 소 한 마리에 소 다섯 마리로 갚고 양 한 마리에 양 네 마리로 갚을지니라 출 22:1

따라서 삭개오의 이 같은 선언은 당시 율법이 정하는 도적질에 상당하는 배상을 하겠다는 각오이자, 자신이 그에 상응하는 죄를 범한 자임을 고백하는 것이었다. 삭개오의 이 결단은 자기중심적 삶을 부정하고 새로이 방향을 바꾸는 전적인 회개의 표시라고 할 수 있다. 참된 회개는 죄에 대한 참회나 단순한 고백에서 끝나는 것이 아니라 회개에 합당한 열매인 행위를 동반해야 한다. 예수님을 만나러 온 부자 청년과는 완전히 다른 모습이다.

지도 그리기

복음서 6

공생애 3년차 하반기

부록에서 지도를 찾아 그리세요

역사와 묵상

01 유대인 지역에서 일어난 오병이어 기적과 이방인 지역에서 일어난 칠병이어 기적을 생명의 떡, 만나, 성찬식 등과 연관 지어 생각해 보라. 그리고 두 기적의 공통점과 다른 점은 무엇인지 지리적인 관점에서 바라보라.

02 정결예식을 강조한 바리새인이나 표적을 구하는 유대인들을 보면서 예수님은 바리새인과 사두개인(헤롯당)의 누룩을 주의하라고 하신다. 말씀과 기도에 균형을 이루지 못하고 전통-형식주의나 신비-세속주의에 빠질 때가 언제인지 토의해 보자.

03 이스라엘의 북단, 요단 강의 근원지인 가이사랴 빌립보에서 베드로가 말한 "주는 그리스도시요 살아 계신 하나님의 아들"이라는 고백 위에 교회가 세워졌다(마 16:16). 익투스의 고백이 사라질 때 중세 교회처럼 된다. 우리 교회는 이 신앙고백 위에 굳건히 세워져 있다고 생각하는가?

04 헤르몬 산으로 추정되는 변화산에서 예수님과 만난 모세는 아론에게 기름을 부었던 인물이다. 시편 133편은 변화산 이후 십자가의 길을 가신 예수님을 노래하는 듯하다. 헤르몬 산에서 예루살렘의 시온 산까지 십자가의 길을 가시는 예수님을 아래 시를 읽으며 묵상해 보라.

> **1** 보라 형제가 연합하여 동거함이 어찌 그리 선하고 아름다운고 **2** 머리에 있는 보배로운 기름이 수염 곧 아론의 수염에 흘러서 그의 옷깃까지 내림 같고
> **3** 헐몬의 이슬이 시온의 산들에 내림 같도다 거기서 여호와께서 복을 명령하셨나니 곧 영생이로다 시편 133:1-3

---

05 예수님은 초막절 명절을 성취하러 오셨다. 초막절에 실로암에서 물을 떠서 제단에 붓는 헌수의식과 마지막 날 등불을 켜는 예식을 실로암 연못의 맹인 사건과 연결해 보고, 명절 끝날 부르는 용서의 찬양과 간음한 여인 사건과 연결하여 설명해 보라.

---

06 여리고에서 만난 부자 청년과 삭개오, 그리고 구약의 아간, 사울 왕, 심지어 아나니아와 삽비라 등은 바친 물건인 헤렘(수 6:18)과 관련이 있는 사람들이다. 그들의 실패와 결과, 그리고 삭개오의 극복을 이야기해 보자.

마지막 사역 | 예루살렘 |

이처럼 사랑하여 죽으시다

성경 마 21-28, 막 11-16, 눅 19-24, 요 12-20장 **연대** AD 31년

핵심 본문 예루살렘행, 공생애 4번째 유월절 9일

지도 복음서 7

: 13일

오늘 읽을 분량

성경 요 12, 눅 20, 막 11-12, 마 21-23

본서 245-261쪽

성경의 맥 잡기

1. 베다니 옥합의 기름 부음
2. 벳바게 나귀 입성
3. 성전 청결과 장사
4. 여러 논쟁들

신구약 연결 포인트

1. 아론의 기름 부음과 예수님의 기름 부음
2. 솔로몬의 나귀와 예수님의 나귀
3. 성전과 강도의 소굴(사 56:7, 렘 7:11)

묵상 가이드

1. 우리 신앙은 이용인가 섬김인가?
2. 섬기는 자가 큰 자임을 실천한 예수님을 보며 생각하는 우리의 길
3. 세금, 부활, 계명 논쟁의 교훈은?

예루살렘

예루살렘은 '평화의 성'이란 뜻으로 성경의 중심적인 장소다. 에덴동산, 여호와이레, 아라우나 타작마당, 솔로몬 성전, 골고다 등 의미 있는 단어로 연결된 구속사의 핵심 지역이다. 이곳은 창조, 타락, 구원을 이루기 위하여 성부 하나님의 언약궤와 성자 예수님의 죽음과 부활, 성령 하나님의 임재가 있는 땅 중의 땅이다.

현재 예루살렘 성은 터키의 술레이만 대제가 세웠지만 설계가 잘못되어 다윗 성과 윗성 일부가 제외되었다. 예루살렘은 역사적인 발전 과정을 따라 4구역으로 구분할 수 있다.

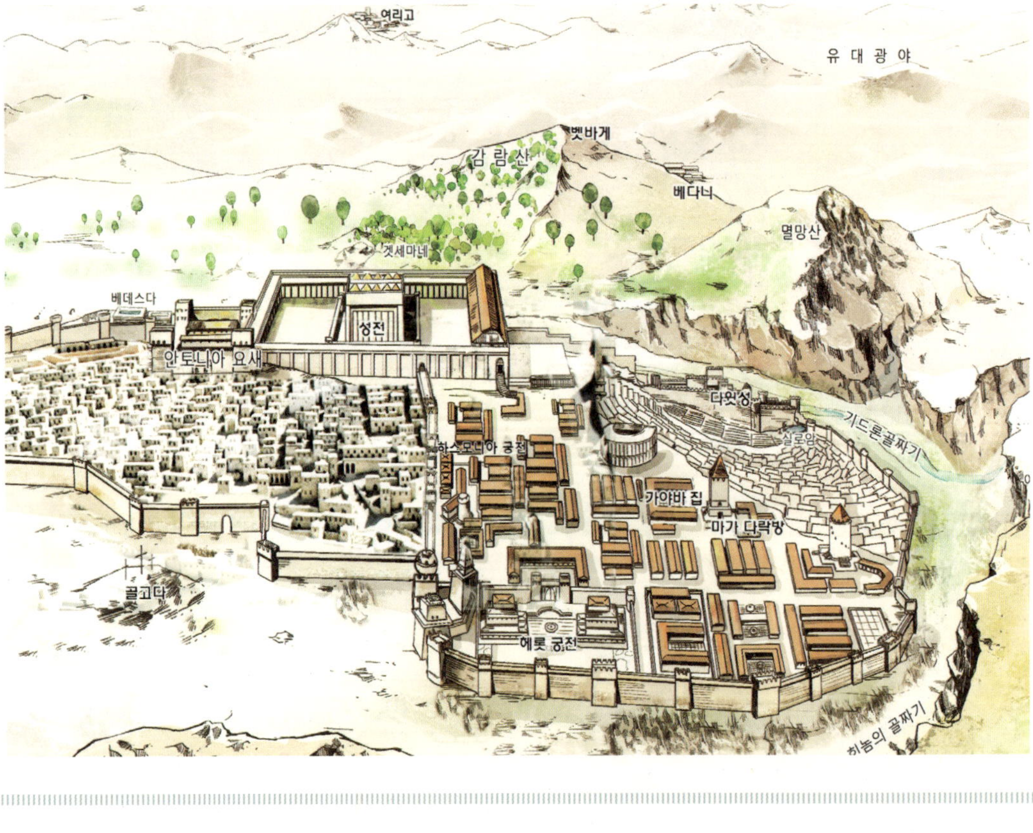

예루살렘 성 지역 구분

1. 다윗 성(700m)

| 고대: 멜기세덱이 살았음(창 14:18)
| 여호수아 때: 아도니세덱이 살았음(수 10:1)
| 다윗 점령 전까지: 여부스 족속이 지배
| 다윗 점령: 다윗 성이라 부름(삼하 5:7)

2. 성전산(743m)

| 고대: 아브라함이 이삭을 드린 모리아 산
| 다윗 때: 아라우나 타작마당
| 솔로몬: 성전 세움(대하 3:1)
| 대헤롯: 성전산을 확장하여 북쪽에 안토니아 요새 세움

3. 윗성(또는 제2구역)

| 마가의 다락방, 헤롯 궁전(773m) 위치
| 히스기야 때 다윗 성벽을 남쪽 힌놈의 골짜기까지 확장함(대하 32:30)

4. 골고다 지역(770m)

| 신약 시대에 성 밖에 위치. 그러나 헤롯 아그립바가(충 먹어 죽은 헤롯) 성 안으로 편입. 성을 완성할 즈음 로마에게 멸망

예루살렘 성 주변

1. 감람산(826m)

| 성전산 앞 기드론 골짜기 너머에 남북으로 위치
| 감람산 동쪽 정상 부근에 벳바게가 있고, 더 내려가면 광야와 만나는 지점에 베다니가 있다(마 21:17)

2. 겟세마네 동산

| 기드론 골짜기에서 감람산으로 오르는 산기슭에 위치(마 26:36)

3. 멸망산(743m)

| 다윗 성 앞 동쪽에 위치

4. 3개의 골짜기

| 기드론, 힌놈, 중앙 골짜기

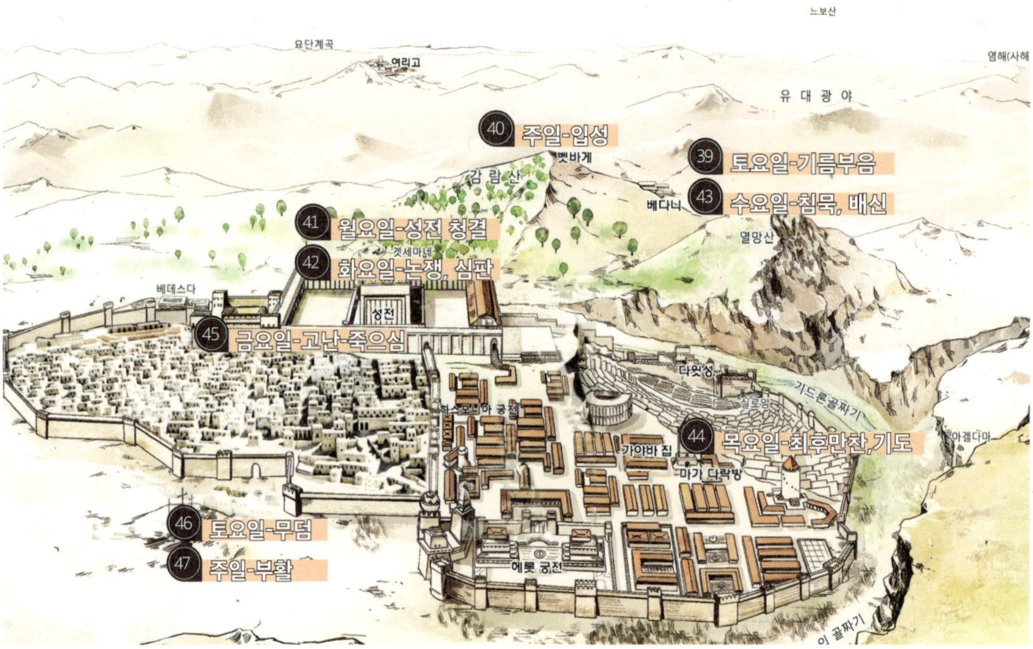

네 번째 유월절: 십자가 어린양의 길

예수님의 사역은 크게 선지자적 사역, 제사장적 사역, 왕적 사역으로 나눌 수 있다. 갈릴리에서 천국 복음을 전파하신 게 선지자적 사역이고, 예루살렘에서 제물이 되심으로 인간을 구원하신 사역이 제사장적 사역이다. 왕적 사역은 섬김의 사역을 완성하고 모든 이름 위에 뛰어난 이름이 되신 후부터 본격적으로 시작한다(빌 2:9). 예수님은 모든 권세를 받으셨다(마 28:18). 승천하신 예수님은 하늘에 오르셔서 사탄을 쫓아내고 보좌 우편에 앉아 만왕의 왕이 되셨다(계 12:5). 그리고 그를 믿는 자에게 약속대로 성령님을 보내 주심으로 왕적인 사역을 완성하셨다. 예수님의 사역 완성은 사도행전을 통하여 볼 수 있다. 예루살렘 사역은 선지자, 왕, 제사장의 사역이 함께하지만 특히 십자가에서 죽으시는 제사장 사역이 강조된다.

요한도 예수님의 마지막 몇 주간에 요한복음의 거의 절반을 집중한다. 요한이 정리한 날짜별로 고난의 길을 함께 가 보자.

예수님의 사역
네 번째 유월절

39. 토-기름 부음
40. 주일-승리 입성
41. 월-성전 청결
42. 화-논쟁, 심판
43. 수-침묵, 배신
44. 목-성만찬, 기도
45. 금-고난, 죽음
46. 토-무덤
47. 주일-부활

토요일(베다니)-기름 부음 ㊴ 요 12:1-8

예수님은 유월절 엿새 전인 토요일에 베다니 나사로의 집에 가셨다. 그곳에서 마리아에게 극진한 대접을 받으시는데, 마리아는 지극히 비싼 향유 곧 순전한 나드 한 근을 가져다가 예수님의 발에 붓고 자기 머리털로 씻겨 드렸다. 요한복음엔 발에 붓는 장면만 나오는데 실은 머리에 부어 향유가 머리부터 발끝까지 흐르는 상황인 것이다. 향유 냄새가 집에 가득했다.

마리아의 헌신이 빛난 이유는 이 사건이 '빈민촌'이라는 뜻의 베다니에서 일어났기 때문이다. 베다니는 예루살렘 성에서 살 수 없는 사람들이 밀려나 광야 언저리에 형성한 빈민촌이었다. 하루 벌어 하루 살기도 힘든 사람들이 사는 곳에서 오늘날 3천만 원 정도 되는 300데나리온의 향유를 예수님께 붓는 행위는 보는 이들에겐 충격이었다. 이 일이 예루살렘 성 마가의 다락방에서 일어났다면 그곳은 부유층이 사는 곳이니 이해할 만했다. 부자들에겐 그것이 여윳돈이었지만 가난한 자에겐 전 재산이었다. 가룟 유다는 향유를 팔아 가난한 자에게 주는 게 좋았겠다고 했지만 예수님은 그녀의 헌신에 초점을 맞추었고 복음이 전파되는 곳에서 그녀의 헌신이 전파되리라고 하셨다. 요한은 유다의 이의 제기는 그의 욕심에서 나온 말임을 폭로했다(요 12:6).

마리아의 기름 부음은 예수님이 메시아가 되는 사건이었다. 그의 헌신은 빈민촌인 베다니에서 이루어졌기에 더욱 빛났다. 마리아의 헌신과 가룟 유다의 배신은 극단적인 비교가 된다.

마리아의 기름 부음이 왜 중요한가?

기름을 붓는 행위는 예수님이 메시아(기름 부은 자, 그리스도)임을 확정하는 예식이다. 예수님은 만왕의 왕이요, 구원자로 예루살렘 입성 전에 기름 부음을 받아 메시아, 구세주가 되셔야 했다. 이미 언급한 헐몬의 이슬이 시온에 내리려 한다(시 133:3). 마리아가 향유 옥합을 깨서 예수님 머리에 부을 때, 고귀한 향수는 아론의 기름 부음과 같이 예수님의 머리를 흘러 발끝을 적셨다. 마리아는 자신이 예수님께 기름 부을 자격이 없음을 알고 자신의 머리카락으로 예수님의 발을 씻었다. 예수님은 형식면에서 마리아의 기름 부음으로 그리스도가 되셨다.

헌신이냐, 배신이냐

마태와 마가는 이 사건을 논쟁의 날인 화요일 뒤에 기록했다. 마리아의 헌신과 가룟 유다의 배신을 비교하기 위한 신학적인 의도다. 마태와 마가가 흰색 종이(마리아의 헌신) 위에 가룟 유다의 까만 마음을 올려놓았다. 섬기려는 자와 이용하려는 자의 모습을 통해 십자가 앞에 선 우리 모습을 돌아보길 원한 것이다. 다만 이 서신들을 읽어 본 요한은 순서를 바로잡기 위해 유월절 엿새 전에 일어난 일이라고 기록하고 있다.

주일(벳바게)-승리의 입성 ㊵ 마 21:1-22, 막 11:1-19, 눅 19:28-48

예수님은 솔로몬처럼 입성하셨다

드디어 예수님이 예루살렘으로 들어오셨다. 예수님은 감람산 위에 위치한 벳바게에 오셔서 파격적인 의식을 준비하신다. 벳바게는 '설익은 무화과의 집'이란 뜻이다. 이제껏 자신을 높인 적 없는 마구간 출신의 예수님이 '대관식'을 거행하신다.

> 호산나 찬송하리로다 주의 이름으로 오시는 이 곧 이스라엘의 왕이시여 요 12:13
>
> 찬송하리로다 주의 이름으로 오시는 왕이여 하늘에는 평화요 가장 높은 곳에는 영광이로다 눅 19:38

종려주일 행사
이스라엘의 기독교인들이 벳바게에서 예루살렘으로 입성하고 있다. 이 예식은 왕이 즉위하는 대관식과 같다. 예수님은 섬기는 왕으로 즉위하고 계시다.

예수님이 종려나무 가지를 흔드는 무리의 환영을 받으며 나귀를 타고 예루살렘으로 입성하시는 장면은 대관식이나 마찬가지다. 군중에게 자신이 메시아임을 드러내는 의식인 것이다. 구약에도 나귀를 타고 입성한 인물이 있다. 바로 솔로몬이다.

> **38** 제사장 사독과 선지자 나단과 여호야다의 아들 브나야와 그렛 사
> 람과 블렛 사람이 내려가서 솔로몬을 다윗 왕의 노새(나귀)에 태우
> 고 인도하여 기혼으로 가서 **39** 제사장 사독이 성막 가운데에서 기름
> 담은 뿔을 가져다가 솔로몬에게 기름을 부으니 이에 뿔나팔을 불고
> 모든 백성이 솔로몬 왕은 만세수를 하옵소서 하니라 **40** 모든 백성이

그를 따라 올라와서 피리를 불며 크게 즐거워하므로 땅이 그들의 소리로 말미암아 갈라질 듯하니 왕상 1:38-40

다윗은 자기 나귀를 주고 솔로몬을 태우라 명했다. 솔로몬은 기드론 시냇가로 내려와서 왕으로 인정받은 후 다윗 성으로 나귀를 타고 올라갔다. 이때 많은 백성이 환호성을 지르며 축복했다. 왕은 동쪽에서 서쪽으로 입장한다. 예루살렘 성전 정문은 동쪽을 향했다. 유목민이 장막을 칠 때도 정문은 반드시 동쪽이다. 이것은 귀한 분, 곧 메시아가 동쪽에서 온다는 의미를 담고 있다. 지금도 메시아를 기다리는 유대인은 가장 먼저 부활하겠다고 무덤을 예루살렘 동편에 둔다. 그래서 예루살렘 동편 감람산에는 유대인의 무덤으로 넘쳐 난다.

예수님은 이런 중요한 의미를 갖는 의식을 과감히 거행하시며 자신이 만왕의 왕으로 오심을 선포하셨다. 지도를 보며 벳바게에서 예루살렘에 이르는 길을 상상해 보라.

왜 하필 어린 나귀를 타셨을까?

솔로몬은 다윗의 나귀를 타고 뒤를 이었지만 예수님은 만왕의 왕으로서 아무도 타지 않는 나귀를 타셨다. 성경은 이것을 겸손의 표현이라고 말한다(마 21:5; 슥 9:9). 어미 나귀를 데려오면 새끼도 같이 따라온다. 사진처럼 어미가 있는 곳에 새끼도 함께 있다.

시온 딸에게 이르기를 네 왕이 네게 임하나니 그는 겸손하여 나귀, 곧 멍에 메는 짐승의 새끼를 탔도다 하라 하였느니라 마 21:5

예수님은 왕으로 오셨지만 종으로 헌신하셨다. 제자들의 발을 씻기시고 죄인 된 우리를 위해 죽으셨다. 예수님은 선지자로 오셨지만 말씀을 이루기 위해 고난을 받으셨다. 예수님은 제사장으로 오셨지만 대제사장의 일을 완성하기 위해 제물이 되셨다.

예루살렘 감람산의 어린 나귀
예수님은 겸손하게 어린 나귀를 타고 섬김의 왕으로 입성하셨다.

예수님 시대 성전의 기본 구조
상인은 상가에서 장사해야 하는데 이방인의 뜰에까지 들어와 장사했던 것 같다. 이 행위는 예배 처소를 자신의 이익 장소로 변질시켰음을 의미한다. 예수님은 이에 분노하셨다.(이스라엘 박물관에 전시된 성전 모형)

월요일(예루살렘)-성전 청결[2] ㊶ 마 21:12-17, 막 11:15-19, 눅 19:45-48

성전의 본질을 생각하라

예루살렘 입성 후 맞닥뜨린 상황은 예수님을 분노하게 했다. 제사장과 결탁한 상인이 성전 마당에서 장사하고 있었던 것이다. 본디 상점들은 현재 통곡의 벽이라 불리는 성전의 서쪽에 위치했다. 그런데 장사치들은 돈을 더 벌기 위해 제사장들과 야합하여 성전 안까지 진출했다. 성전에서 하나님을 향한 기도 소리보다 양과 비둘기의 울음소리가 더 크고, 돈 바꾸는 환전상이 지나가는 사람들을 불러대는 통에 성전은 장사하는 집이 되었다.

돈 있는 사람은 웃돈을 주고라도 성전 안에서 파는 편한 제물을 사려고 했다. 멀리서 발버둥치는 제물을 들고 올 필요가 없었다. 이미 형식주의에 지치신 예수님이지만 하나님을 경배하는 성전에까지 이런 형식이 판을 치니 분노할 수밖에 없었다. 그래서 제사장과 정면 대결에 나섰고 곧이어 성전 청결 사건이 일어났다.

예수님의 유월절 사역 중 첫 번째와 마지막의 공통점이 있다면 '성전 청결'이다. 유월절 어린양이신 예수님이 이 거룩, 죄 씻음을 위하여 오셨고 그 일을 이루셨다. 이들을 향하여 주님은 선포하신다.

성전 서쪽 벽
일명 '통곡의 벽'이라 불리는 서쪽 벽은 성전 시대에 시장이었다. 이처럼 비둘기나 양 등 제물을 파는 곳이 있는데도 제사장과 결탁한 상인들이 로열스토어 앞 이방인의 뜰에서 장사한 것이다.

이에 가르쳐 이르시되 기록된 바 내 집은 만민이 기도하는 집이라

2 문서비평학자들(C. H. Dodd, George Raymond Beasley-Murray 등)은 요한복음 2장과 공생에 마지막 유월절에 나오는 성전청결을 한 사건으로 본다. 그러나 보수적인 학자들(William Hendriksen, Leon Morris 등)은 본문 그대로 받아들여 두 번의 사건으로 받아들인다. 필자는 후자를 택했다.

청함을 받으리라고 하지 아니하였느냐(사 **56:7**) 너희는 강도의 소굴을 만들었도다(렘 **7:11**) 하시매 막 11:17

예수님의 분노는 유대인들이 하나님의 성전을 개인의 부를 축적하는 수단으로 이용하려 했다는 데 있다. 예수님은 이들을 강도라고 비난하셨다. 상인들이 유대인들이 들어가는 구역까지 들어가 장사한 것은 아니고 이방인의 뜰에서 장사했을 것으로 추정된다. 주님은 이곳에서 장사하는 이들을 내쫓으시면서 이방인도 성전의 예배자임을 인정한 셈이다(대하 6:32).

해가 저물자 예수님은 예루살렘 성 안에 계시지 않고 베다니로 향하셨다. 아마도 마리아와 마르다의 집에 머무신 것 같다.

성전 청결
예수님은 십자가의 길을 가시기 전에 먼저 성전을 정화하신다. 탐욕은 우상숭배다. 탐욕을 몰아내고 거룩한 예배자로 서도록 하신다.

여기서, 묵상

우리 신앙은 이용인가, 섬김인가?

하나님의 집은 기도하는 집이다. 그리고 기도는 하나님께 나의 것을 드리고 하나님으로부터 말씀을 받는 교제의 시간이다. 그러므로 기도는 예배라고 할 수 있다. 유대인들은 엘리 집안처럼 예배를 멸시하는 행위를 했다. 하나님을 섬김의 대상이 아닌 이용의 대상으로 바꾼 상인과 제사장은 심판받아 마땅하다.

성경은 지속적으로 경고한다. 하나님과 성도는 이용의 대상이 아니라 섬김의 대상이라고 말이다. 교회에서 돈거래를 해서는 안 된다. 비즈니스를 하면 성도로 보이는 게 아니라 채무자, 채권자로 보이게 마련이다. 교회에서 사업 문제로, 다단계로 서로 멱살 잡고 싸우는 일이 얼마나 많은지 모른다. 성도는 서로 섬기는 관계여야 한다. 사업체를 경영하는 성도는 자신의 물건을 사용하라고 말해선 안 되고, 소비자 성도는 어떻게든 성도의 사업체를 이용하여 섬길 수 있는 게 좋다. 대나무 바구니가 서로 받쳐 주며 완성되어 가듯 나는 낮아지고 다른 사람을 높이다 보면 다른 사람도 나를 높여 주는 아름다운 섬김의 관계가 완성되리라 믿는다.

화요일(예루살렘)-논쟁, 심판 ㊷ 마 21:18-26:20, 막 11:20-14:11, 눅 20:1-22:6

잎은 무성하나 열매가 없는 무화과나무가 저주를 받고 말라 버린 모습은 행위만 있고 열매가 없는 이스라엘이 이렇게 되리라는 것을 예표한다.

아침이 되어 예수님 일행이 성으로 다시 들어오시는 중이었다. 유다 산지의 대표적인 나무인 잎이 무성한 무화과가 길가에 있었다. 아침을 안 드셨는지 시장한 예수님이 무화과에서 열매를 구하셨다. 그러나 때는 유월절, 아직 열매가 열리기엔 일렀다. 열매를 발견하지 못한 예수님은 나무를 저주하셨고 그 자리에서 나무가 말라 버렸다. 무화과나무는 봄이 되면 순이 돋고 초여름에 열매를 맺는다. 그러나 잎이 무성한 나무는 때가 아니어도 가끔 일찍 열매를 낸다. 예수님이 저주한 나무는 나무 모양 값을 못하였던 모양이다.

예수님이 성에 들어가 예루살렘의 유대인을 대상으로 말씀을 전파하신다. 이 말씀 후에 보수적이고 기득권층인 대제사장과 장로가 예수님의 권위에 도전했고, 예수님은 질문을 되받아쳐서 위기를 모면하셨다.

1. 권위 논쟁: 포도원 비유

주인이 자기 대신 아들을 포도원에 보낸 비유는 유대의 특산물인 포도를 소재 삼고 있다. 예수님은 갈릴리에서는 꽃이나 새, 물고기 같은 것을, 유대에서는 포도나 양, 임금 등을 소재 삼아 청중이 잘 이해하도록 말씀하셨다.

같은 포도원 비유라도 여리고와 유대 산지에서 한 비유가 다르다. 여리고는 평지이기에 산울로 두르거나 망대를 특별히 세울 필요가 없었다(마 20:1-16). 하지만 유대 산지는 여우나 들짐승의 피해가 많으므로 포도원을 돌로 된 산울로 두르고 망대를 세워 감시했고 바위 한 부분에 넓적한 홈을 파서 포도즙 틀을 만들었다(마 21:33).

포도원 농부 비유에서도 언급되지만 유대가 종교와 정치의 중심지이므로 예수님은 이런 상황에 맞는 비유를 많이 하셨다. 혼인 잔치 비유에서도 임금이나 군대, 의식 같은 것이 나오는 점을 보라.

포도나무 비유는 유다 산지에 꼭 맞는 비유다. 포도나무는 새로운 가지에서만 열매를 맺는다. 그래서 가지의 아래 두 마디 위는 모두 잘라내야 더 많은 열매를 얻을 수 있다(요 15:2).

완전한 포도원을 주셨건만…

포도원 비유는 이렇게 시작한다.

> 예수께서 비유로 그들에게 말씀하시되 한 사람이 포도원을 만들어 산울타리로 두르고 즙 짜는 틀을 만들고 망대를 지어서 농부들에게 세로 주고 타국에 갔더니 막 12:1

포도원에서 꼭 필요한 시설은 울타리와 즙 짜는 틀, 망대인데 이 모든 것을 완비하고 농부에게 대여했다. 모든 것을 주신 하나님은 우리에게 관리권을 주셨다.

이 비유에서 예수님은 자신의 권위가 어디서 왔는지를 말씀하시고 있다. 주인은 하나님, 농부는 산헤드린과 유대인, 종들은 선지자를 의미한다. 그러면 아들은 당연히 예수님이다. 예수님의 권위는 바로 하늘에서 온 것임을 밝힌 것이다. 이것을 눈치 챈 유대 지도자가 나중에 이렇게 말한다.

> 예수께서 침묵하시거늘 대제사장이 이르되 내가 너로 살아 계신 하나님께 맹세하게 하노니 네가 하나님의 아들 그리스도인지 우리에게 말하라 마 26:63

예수님이 하나님의 아들로 이 땅 포도원에 오셨다. 그러나 사람들은 그를 건축자가 버린 돌처럼 여겼다.

> **10** 너희가 성경에 건축자들이 버린 돌이 모퉁이의 머릿돌이 되었나니 **11** 이것은 주로 말미암아 된 것이요 우리 눈에 놀랍도다 함을 읽

포도원에는 망대와 울타리, 포도즙 짜는 틀이 필수적이다. 하나님은 우리에게 완전한 포도원을 주셨다.

성전의 모퉁잇돌과 건물의 머릿돌
모퉁잇돌은 건물을 지탱하는 크고 강한 돌이고 머릿돌은 마무리를 위해 건축자들이 버린 돌 중에 선택하여 박아 넣는 돌이다.

어 보지도 못하였느냐 하시니라 막 12:10-11

그 돌은 결국 모퉁이의 머릿돌이 되었다. 머릿돌, 즉 코너스톤은 두 가지 의미가 있다. 당시 건물의 모서리를 지탱하여 서로 잇는 역할을 하고, 또한 아치를 만들 때 맨 위에 마지막으로 박는 돌이다. 작지만 온 건물을 지탱하는 가장 핵심적인 돌인 것이다. 예수님은 작아 보이지만 세상을 지탱하고 계신 모퉁잇돌이시다.

2. 세금 논쟁 : 누구에게 세금을 내야 하나?

유대 종파는 크게 세 부류였다. 사람이 가장 많이 따르는 바리새인과 종교 권력자인 사두개인, 정치권력을 잡은 헤롯당이다. 요세푸스는 에세네파라는 경건주의파와 바리새파보다 더 율법적이고 민족주의적인 열심당도 거론했다.

데나리온은 로마 황제의 초상이 새겨진 화폐다. 1일 품삯은 1데나리온이며, 2데나리온이 반 세겔이다. 성전에 황제상이 그려진 돈을 낼 수 없어 이스라엘 돈 세겔로 바꾸어 드렸다.

정치 문제는 예수님을 함정에 빠뜨리는 좋은 구실이다. 바리새인과 헤롯당이 서로 으르렁거리는 숙적인데도 예수님을 함정에 빠뜨릴 때는 찰떡처럼 협력했다. 그들은 서로 상의한 뒤 로마 황제 가이사에게 세금을 내는 문제가 옳은가를 두고 예수님을 시험했다. 일제강점기에 많은 무리가 있는 가운데 어떤 사람이 "일본에 세금을 바쳐야 합니까?"라고 묻는다면 어떻게 대답해야 할까? 참으로 난감한 질문이 아닐 수 없다. 하지만 예수님은 이 상황을 슬기롭게 헤쳐 나가셨다.

> **19** 세금 낼 돈을 내게 보이라 하시니 데나리온 하나를 가져왔거늘 **20** 예수께서 말씀하시되 이 형상과 이 글이 누구의 것이냐 **21** 이르되 가이사의 것이니이다 이에 이르시되 그런즉 가이사의 것은 가이사에게, 하나님의 것은 하나님께 바치라 하시니 마 22:19-21

가이사의 것, 즉 로마 황제의 것은 로마 황제에게 주고 하나님의 것은 하나님께 드리라고 하신 것이다. 예수님은 이처럼 세상 권력을 인정하신다.

> 각 사람은 위에 있는 권세들에게 복종하라 권세는 하나님으로부터 나지 않음이 없나니 모든 권세는 다 하나님께서 정하신 바라 롬 13:1

그러나 상위법은 하나님의 법이다. 신앙은 '태초에 하나님이 천지를 창조하시니라'는 창세기 1:1의 선언부터 시작된다. 만물의 주인이 하나님임을 인정함이 신앙의 시작이다. 이 말은 가이사의 것도 모두 하나님의 것임을 의미한다. 가이사의 권력도 하나님으로부터 나오므로 하나님 우선의 신앙을 가져야 한다. 따라서 로마에 세금을 내는 일은, 식민지인 유다가 세상 권력을 인정하여 내는 것이지만, 그 전제는 하나님의 말씀에 기초한다.

3. 부활 논쟁 : 죽으면 가족관계는 어떻게 되나?

예수님을 공격하는 데 바리새인보다 소극적이던 사두개인들이 본격적으로 시비를 걸고 나왔다. 사두개인이 바리새인과 가장 큰 의견차를 보인 것이 부활 문제다. 사두개인은 '여러 남편을 둔 아내가 죽은 후 부활하면 어떻게 되겠는가'라는 모호한 질문을 던진다. 예수님은 이 문제에 대하여도 확실한 대답을 해 주신다.

> **29** 예수께서 대답하여 이르시되 너희가 성경도, 하나님의 능력도 알지 못하
> 는 고로 오해하였도다 **30** 부활 때에는 장가도 아니 가고 시집도 아니 가고 하
> 늘에 있는 천사들과 같으니라 **31** 죽은 자의 부활을 논할진대 하나님이 너희
> 에게 말씀하신 바 **32** 나는 아브라함의 하나님이요 이삭의 하나님이요 야곱의

다말과 유다의 물건들
다말은 기업을 잇기 위해 시아버지로부터 자손을 얻는 계대결혼, 수혼법을 따랐기에 죄가 없었다. 사두개인들은 이런 제도로 인한 부활 후 가족관계에 의문을 가졌다.

궁금해요!

이스라엘의 수혼법

수혼법은 이스라엘의 전통이자 고대 사회의 전통이다.

> **5** 형제들이 함께 사는데 그중 하나가 죽고 아들이 없거든 그 죽은 자의 아내는
> 나가서 타인에게 시집가지 말 것이요 그의 남편의 형제가 그에게로 들어가서 그
> 를 맞이하여 아내로 삼아 그의 남편의 형제 된 의무를 그에게 다 행할 것이요 **6**
> 그 여인이 낳은 첫아들이 그 죽은 형제의 이름을 잇게 하여 그 이름이 이스라엘
> 중에서 끊어지지 않게 할 것이니라 신 25:5-6

이와 관련된 일화가 유다와 다말의 이야기다. 유다는 기업을 이어 가려는 다말의 태도를 보고 감동하여 자신의 가치관을 바꾼다. 요셉을 팔아먹은 그이지만 나중에는 베냐민을 대신해 자신을 팔겠다고 앞장섰다. 가룟 유다와 이름이 같았던 유다가 기업 무를 자가 된 셈이다. 형제 수혼제는 어떻게든 다음 세대를 이어 가려는 의지다.

하나님이로라 하신 것을 읽어 보지 못하였느냐 하나님은 죽은 자의 하나님이 아니요 살아 있는 자의 하나님이시니라 하시니 마 22:29-32

예수님은 사두개인의 질문에 대해 두 가지를 지적하신다. 하나는 그들의 성경에 대한 무지였고, 다른 하나는 하나님의 능력에 대해 알지 못한다는 질책이었다. 예수님은 천국에는 남녀가 없으며, 하나님은 과거나 현재, 미래, 영원히 살아 계신 분이라고 가르치신다.

예수님은 기업 무르는 자다

예수님의 족보는 기업 무를 자로 가득 차 있다. 아브라함은 기업 무를 자가 되어 조카 롯을 구하러 갔다. 이방인이지만 이스라엘의 기업을 얻으려고 들어온 라합과 룻, 다말은 기업 무를 자(고엘)의 모델이다. 예수님은 우리의 기업 무를 자가 되셨다. 또한 우리가 기업 무를 자가 되기를 원하신다. 증인이 되어 모든 민족을 제자로 삼아 아버지와 아들과 성령으로 세례를 주고 기업을 이어 주기를 간절히 원하신다.

4. 외식하는 자를 꾸짖음: 회칠한 무덤

부활 문제는 사두개인이 아니라 바리새인이 옳았다. 하지만 예수님은 바리새인의 잘못도 지적하신다. 마태복음 21:41-45에서 바리새인의 잘못된 메시아관을 지적하신다. 그리고 마태복음 23:1-36에서는 교만하고 외식하는 형식주의를 꾸짖으며 그들에게 최고의 욕을 퍼붓기를 주저하지 않으셨다.

힌놈의 골짜기 서쪽 언덕에서 발견된 구약 시대 무덤
세마포로 둘러 누이는 돌침대가 보이고 가운데는 굴이 있어 뼈를 재어 놓는다. 300개의 두개골이 발견되었다.

장례법에서 나온 말: '열조에게 돌아가다'

이스라엘은 무덤을 만들 때 석회 동굴을 파고 그 안에 돌침대를 설치한다. 사람이 죽으면 세마포로 싸서 돌침대에 누인 다음 둥글고 납작한 돌로 입구를 닫는다. 이때 썩는 냄새가 밖으로 새는 것을 막기 위해 둥근 돌 주위를 석회로 칠해 봉한다. 그렇게 1년쯤 지나면 뼈를 추려 내 무덤 아래 파 놓은 동굴에 쌓아 둔다. 이때 조상의 뼈와 함께 보관되기에 '죽다'를 '열조에게 돌아간다'고 표현했으며, 유대인들은 조상에 부끄럽지 않은 삶을 살고자 힘썼다.

'회칠한 무덤'이란 큰 욕이다

시체가 썩을 동안 무덤 문을 닫고 회를 칠해 봉해 둔다. 회칠한 무덤이란 시체가 썩는 중임을 의미했다. 한편, 유월절이면 몸이 더럽혀지지 않기 위해 평토장한 무덤에도 회를 칠해 무덤이라는 것을 표시했다. 무덤에 닿으면 부정해져서 유월절 식사에 참여하지 못하기 때문이다. 따라서 예수님이 바리새인을 향해 한 '회칠한 무덤'이란 부정한 사람이란 뜻으로 매우 모욕적인 욕이었다.

신약 시대에는 뼈를 동굴에 추리는 대신 개인용 석관에 모아 두었다. 그러나 예수님은 이런 석관이 필요 없었다. 3일 만에 부활하셨기 때문이다.

> 화 있을진저 외식하는 서기관들과 바리새인들이여 회칠한 무덤 같으니 겉으로는 아름답게 보이나 그 안에는 죽은 사람의 뼈와 모든 더러운 것이 가득하도다 마 23:27

고라신 회당의 모세의 자리
서기관들과 바리새인들이 모세의 자리에 앉았으니(마 23:2)

예수님은 왜 바리새인에게만 유독 엄격하셨나?

예수님은 바리새인더러 자기 어미를 잡아먹는 독사의 새끼라고도 하시고 그들이 땅 위에 흘리게 한 피가 다시 그들에게 돌아가리라는 저주까지 하셨다. 또한 그들이 모세의 자리에 앉았다고 하셨다(마 23:2).

예수님은 당시 존재하던 다른 종파(사두개, 에세네)보다 유난히 바리새인을 혹독하게 비난하셨다. 후세에 가장 나쁜 영향을 미칠 것을 미리 아셨기 때문일까?

예수님이 돌아가시고 예루살렘이 멸망한 뒤 살아남은 종파는 사실 바리새인밖에 없었다. 제사장과 기득권 중심의 사두개인은 성전 멸망과 함께 사라졌다. 메시아를 기다리던 극단적인 경건주의자도 사라졌다. 다만 상황에 따라 융통성을 발휘하며 장로의 유전과 점진적인 계시를 믿던 바리새인만이 성전 멸망 후에도 살아남았다. 그 전통이 현대 이스라엘의 종교인에게까지 영향을 미쳤다. 예수님은 기독교인이 빠지기 쉬운 바리새인의 형식주의를 아셨던 것일까? 형식화된 기독교는 인격적인 살인을 서슴지 않고 남을 사랑하기보다 응징하기 바쁘다. 예수님의 경고와 비판은 오늘 우리에게 생생하게 메아리친다(마 23:1-36).

한편, 이렇듯 망신을 당한 사두개파가 중심이 된 대제사장과 바리새파인 장로가 모여 예수님을 어떻게 죽일까 의논하기 시작했다. 이때 음모의 본거지로 사용된 곳이 대제사장 가야바의 집이었다. 본디 대제사장은 종신직이지만 로마가

사마리아인의 유월절 제사
그리심 산에 모인 사마리아인들은 양을 잡을 때 콩팥-피-기름을 드린다. 콩팥은 마음을, 피는 생명을, 기름은 힘을 의미한다. 이 세 가지를 드리는 이유는 전심으로 예배한다는 의미일 것이다.

임의로 바꾸어 복수가 되었고 그 수장이 가야바였다. 현직 대제사장인 가야바는 전임 대제사장이었던 안나스의 사위였다.

5. 가장 큰 계명은 무엇인가?

바리새파 서기관 중 한 명이 모든 계명 중 최고가 되는 계명이 무엇이냐고 물었다.

> **29** 예수께서 대답하시되 첫째는 이것이니 이스라엘아 들으라 주 곧 우리 하나님은 유일한 주시라 **30** 네 마음을 다하고 목숨을 다하고 뜻을 다하고 힘을 다하여 주 너의 하나님을 사랑하라 하신 것이요 막 12:29-30

예수님은 첫째 계명으로 신명기 6:4-5 말씀을 인용하셨다. 이 계명은 당시 유대인들이 '쉐마 이스라엘' 하면서 매일 불렀던 노래다.

> **4** 이스라엘아 들으라 우리 하나님 여호와는 오직 유일한 여호와이시니 **5** 너는 마음을 다하고 뜻을 다하고 힘을 다하여 네 하나님 여호와를 사랑하라 신 6:4-5

마음은 신체의 콩팥을 의미하고, 목숨과 뜻은 피를, 힘은 기름을 의미한다. 제사 때 이 세 가지를 드리고 있는 사람들에게 의미를 알고 예배하라고 하신다.

두 렙돈을 넣는 여인
의무적인 헌금 반 세겔은 64렙돈이었으니 두 렙돈이 얼마나 적은 돈이었는지 알 만하다. 그러나 예수님은 그녀가 가장 큰 헌금을 하였다고 칭찬했다.

6. 과부의 두 렙돈

유대인이 들어가는 성전의 첫 뜰은 여인들도 들어갈 수 있는 '여인의 뜰'이다. 이곳에 헌금함이 있었다. 예수님은 이곳에서 헌금을 넣는 여인을 관찰했다. 한 과부가 헌금함에 넣은 두 렙돈은 그녀의 전 재산이었다. 예수님은 그 누구보다 큰 예물을 드렸음을 칭찬하셨다(막 12:42).

1달란트는 34kg이고 3000세겔이다. 1세겔은 4데나리온이며, 1고드란트는 1/64데나리온이고, 1렙돈은 1/128데나리온이다. 당시 모든 장정은 생명의 값으로 반 세겔을 내야 했는데 반 세겔은 256렙돈이다. 과부가 드린 예물은 현대로 치면 천 원도 안 되는 금액이었으나 하나님은 물질의 많고 적음이 아니라 그 중심을 보신다.

7. 감람산 : 성전 파괴 마 24:1-31, 막 13:1-27, 눅 21:5-28 14일

예수님은 예루살렘의 정치와 종교 지도자를 신랄하게 비판하신 뒤 성전을 나와 예루살렘 밖 베다니로 향하셨다. 감람산 근처에서 제자들이 성전의 아름다움을 이야기한다. 대헤롯이 유대인의 환심을 사기 위해 완성한 성전은 유대에서 가장 웅장하고 화려한 건물이었다. 사람이 도저히 옮길 수 없는 거대한 돌과 입체감을 주며 쌓아 올린 성전 벽은 누가 보아도 탄성을 자아내기에 충분했다.

> 선생님이여 보소서 이 돌들이 어떠하며 이 건물들이 어떠하니이까
> 막 13:1

유대인들이 "성전의 건축 양식을 보지 못한 사람은 화려한 건축물을 못 본 셈이다"라고 말할 정도로 성전은 아름다웠다. BC 19년 대헤롯이 건축을 시작하여 AD 63년 그의 손자 헤롯 아그립바에 의해 완성할 때까지 성전 건축은 무려 80년간 지속되었다. 예수님 당시도 여전히 진행형이었지만 각종 화려한 장식으로 둘린 외관은 누구도 따라올 수 없는 걸작이었다. 지금 남아 있는 기반석만 보아도 그 위용을 조금이나마 짐작할 수 있다. 헤롯은 성전 터를 360x400m 넓이로 확장했다. 인공적으로 막대한 토목공사를 하다 보니 성전 터가 골짜기에서 60m나 올라왔다.

거기다 기반석을 200톤이 넘는 큰 돌로 다듬었고 그 돌의 사면을 층지게 깎아 입체감을 주었다. 석양이 지면 약간 노란색을 띤 석회암이 황금빛으로 보이고 아침 햇살에는 지붕을 장식한 황금 인테리어가 반짝이면서 감탄을 자아냈다.

'돌 위에 돌 하나도 남지 않는다'는 의미는?

그러나 예수님은 이 성전이 돌 하나도 돌 위에 남지 않고 무너질 것이

: 14일

오늘 읽을 분량

성경 요 13, 눅 21-22, 막 13-14, 마 24-26

본서 261-267쪽

성경의 맥 잡기

1. 성전 파괴와 심판의 때
2. 다락방의 최후 만찬 방식과 의미

신구약 연결 포인트

1. 유월절과 최후의 만찬 관계
2. 자르는 언약 방식과 성찬식을 통해 보는 언약 방법

묵상 가이드

1. 마리아와 가룟 유다를 비교한 이유는?
2. 유월절 어린양으로 죽으신 예수님을 보고 느낀 점은?

예수님 시대의 성전 모형
예수님 당시 성전은 유대인의 자랑이었다. 성전 건물의 높이가 100규빗이나 되었다.

기둥을 만들 때 위 아래 홈을 내어 연성이 있는 납과 같은 물질을 넣었다.

라고 말씀하신다. 전해 오는 이야기에 따르면, 로마인이 성전을 점령하고 부술 때, 성전의 돌 사이사이에 금이 있다는 풍문이 돈 까닭에, 병사들이 돌을 모두 뒤집어 샅샅이 뒤졌다고 한다. 로마인은 전리품을 챙겼기 때문이다. 그래서 돌 위에 돌이 하나도 남지 않게 되었다.

실제로 이스라엘과 지중해 일부 지역에는 지진이 많이 일어난다. 그래서 기둥을 통으로 세우기보다 토막을 내 잘 견디도록 하고 기둥 사이에 홈을 내서 납과 같은 연성 물질을 집어넣는 내진 건축을 했다.

예수님은 감람산에서 휘황찬란한 성전을 바라보며 예루살렘이 멸망할 때와 마지막 때를 연계하여 말씀하신다. 그러면서 옆에 있는 무화과나무에게서 교훈을 얻으라고 하신다. 여름이 시작되는 유월절 기간은 무화과 순이 돋고 그 잎사귀가 무성해지는 시기다.

멸망의 징조를 말씀하신 예수님은 여러 비유를 통해 깨어 있어 충실한 하나님의 일꾼이 되라고 교훈하신다.

> **5** 예수께서 이르시되 너희가 사람의 미혹을 받지 않도록 주의하라(βλέπετε)
> **9** 너희는 스스로 조심하라(βλέπετε) 사람들이 너희를 공회에 넘겨주겠고 너희를 회당에서 매질하겠으며 나로 말미암아 너희가 권력자들과 임금들 앞에 서리니 이는 그들에게 증거가 되려 함이라 **10** 또 복음이 먼저 만국에 전파되어야 할 것이니라 막 13:5, 9-10

예수님의 예언대로 사도 바울 시대에 예루살렘에는 큰 기근이 들었으며 AD 70년에 예루살렘이 멸망했다. 그러나 이 예언은 요한계시록의 일곱 인 재앙 중 1~4재앙을 의미하기도 한다(계 6:1-7). 역사의 마지막은 온 민족에 복음이 전파될 때 마무리된다고 말씀하신다.

수요일(베다니)-침묵, 배신 43

마태복음은 예수님의 기름 부음을 수요일 즈음에 넣었으나 요한복음 12장은 그 전주 토요일임을 명시한다. 예수님은 이날 일상적인 일을 하시며 침묵하신 것으로 보인다. 이때 바삐 움직인 인물이 가룟 유다였다.

> 내가 예수를 너희에게 넘겨주리니 얼마나 주려느냐 하니 그들이 은 삼십을 달아 주거늘 마 26:15

베다니에서 예수님이 침묵하시는 동안 가룟 유다는 예수님을 노예의 몸값으로 팔아먹는다. 그는 돈궤에서 도둑질하다가 마침내 예수님까지 팔게 되었다. 예수님을 섬기지 않고 이용한 것이다.

공관복음에서는 마리아가 향유를 붓는 사건과 가룟 유다가 예수님을 파는 사건을 붙여 놓았다. 그러나 요한은 두 사건이 서로 다른 시간에 일어났다고 말한다. 의도적으로 붙여 놓은 것은 한 여인의 헌신과 한 제자의 배신을 비교하기 위함이다. 모든 것을 드려 섬기는 자와 선생까지도 팔아먹은 파렴치한 제자의 모습을 비교한 것이다. 악한 의도와 선한 의도가 예수님 주변에 공존하지만 결국 하나님은 이 모든 것을 합력하여 선을 이루고 생명을 살리신다(창 50:20, 롬 8:28).

이날 예수님은 침묵하셨다. 때로는 침묵이 자신을 돌아보고 가장 호소력 있는 말을 준비하는 긴장의 시간이 되기도 한다. 목요일의 사건이 기대된다.

목요일(마가 다락방)-최후의 만찬, 기도 ㊹ 마 26:17-35, 막 14:12-31, 눅 22:7-38, 요 13장

시간이 지나 유월절 식사가 있는 날이다. 유월절은 유대인의 3대 명절 중 가장 중요한 명절로 7일간 지킨다. 출애굽을 기념하여 하나님이 지키도록 직접 지시하신 절기다. 유월절의 특징은 출애굽을 기념하여 먹는 식사가 특별하다는 점이다. 이 식사법이 모세의 법에 자세히 기록되어 있다(민 9:9-11).

유월절 식사를 준비하다

예수님은 유월절 식사를 베다니가 아닌 예루살렘 성안에서 하시며 제자들에게 자세한 준비 사항을 말씀하신다. 성내에서 물동이를 들

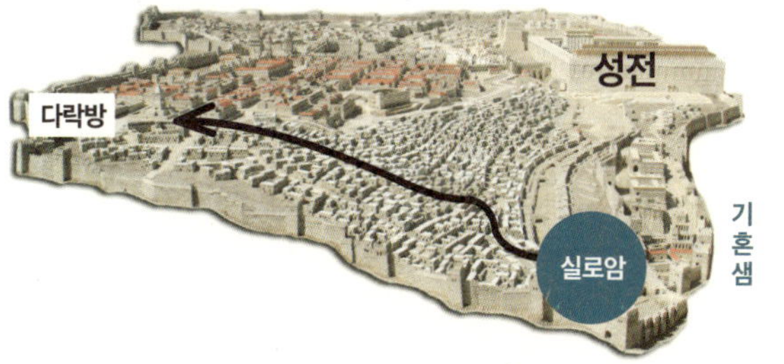

궁금해요!

유월절 전 불놀이?

유월절 때 잡은 양은 십자가 모양의 나무에 달려 불구덩이에 던져진다. 유월절 예식은 예수님의 죽으심과 흡사하다.

유대인들은 유월절이 다가오면 집 안에 누룩이 들어간 물건을 제거하느라 대청소를 한다. 그리고 유월절 기간 동안엔 누룩이 들어가서 발효된 빵을 먹지 않는다. 빵뿐 아니라 그와 관련된 모든 것은 끄집어내 태운다. 지금도 유대교를 지키는 집에 가면 이 의식을 그대로 행한다. 유월절 며칠 전에 아버지와 아이들이 마을 밖에 나와 발효된 물건을 태우느라 연기를 피우는 것을 볼 수 있다. 청소뿐 아니라 유월절을 위하여 어린 양과 쓴 나물, 포도주를 준비하느라 바쁜 시간을 보낸다. 다른 절기에 비해 먹는 의식이 복잡하다 보니 준비도 많다. 어린 양은 유월절 시작 당일에 잡더라도 무교병은 며칠 전부터 먹는데, 반죽한 밀가루를 불에 구워 맛이 없는 딱딱한 과자나 마찬가지인 무교병을 일주일 동안 먹는다. 사실 앞뒤를 따지면 8~9일은 먹게 되는 셈이다.

고 가는 사람을 만날 것이며 그의 집에서 유월절 식사를 하실 것이라 말씀하신 것이다(막 14:13). 물을 뜨는 곳은 실로암이기 때문에 실로암부터 준비 장소인 마가의 다락방까지 갔다면 언덕을 한참 올라 부자 동네인 윗성으로 올라가야 했다.

실로암은 명절 전에 모든 그릇을 정결케 하는 연못으로, '보내심을 받았다'는 뜻이다. 이곳에서 예수님은 공생애 3년 차에 맹인을 고치셨다. 보내심을 받은 제자들은 순종하여 최후의 만찬 자리를 준비한다.

마가의 다락방은 대제사장 가야바의 집 지척에 있었다. 그러므로 가룟 유다가 배신할 때 찾아간 곳은 지척에 있었다. 가룟 유다가 나가서 군사들을 데려오는 짧은 시간 동안 예수님은 요한복음 14-16장의 말씀을 하셨다. 그런 다음 바로 겟세마네로 가셨다.

최후의 만찬 장소는 가야바 옆집이었다

예수님은 다소 복잡하고 시간이 걸리는 유월절 식사를 준비하도록 제자들을 보내셨다. 이번 유월절 식사만은 예루살렘 성안에서 잡숫기를 원하셨다. 예수님이 제자들을 보낸 장소는 확실치 않으나 전통적인 장소는 지도에서 보는 것과 같다. 윗성이라고 알려진 구역은 부유한 사람이 많이 살았고 큰 다락방도 있었다. 아이러니한 것은 만찬이 있을 다락방에서 50m 정도에 가야바의 집이 있었다는 사실이다. 예수님을 죽일 무리가 지척에서 저녁식사를 했다.

그러므로 가룟 유다가 배신을 위해 나선 곳은 지척에 있었다. 대제사장의 군사들을 데려오는 것도 그리 오래 걸리지 않았을 것이다. 예수님 일행은 성찬을 마친 후 감람산 겟세마네로 갔다. 이어서 가룟 유다 일행이 들이닥쳤지만 예수님을 찾지 못하자 예루살렘 성을 헤매다가 성 밖의 베다니로 향했다.

가룟 유다는 예수님 일행을 계속 추격했다

가룟 유다는 유대 병사와 함께 마가의 다락방에 도착했다. 그러나 예수님 일행이 이미 떠난 뒤였다. 그는 가실 만한 곳을 휘젓고 다녔다. 예루살렘 성도 모자라 성 밖으로 나와 베다니 숙소까지 가려고 했다.

이미 돈궤에 손을 댄 유다가 예수님을 잡아 죽이려고 맹렬히 추격하는 모습을 상상해 보라. 한밤중 먹이를 찾아 헤매는 늑대의 눈빛이 그와 같지 않았을까?

유대인은 어떤 자세로 식사했나?

유대인의 식사 자세는 다음 그림과 같다.

식사할 때 자세뿐 아니라 자리 배치를 주목하라. 자리는 'ㄷ'자 모양이며 상석은 가운데가 아니라 왼쪽 날개 두 번째 자리다. 이런 자세로 먹는 게 위가 소화하는 데 가장 좋은 자세라고 한다. 요한은 예수님 오른쪽에서 서빙을 하고 재정 담당 가룟 유다는 왼쪽에 앉았다. 요한 맞은편에 앉은 베드로는 요한에게 눈짓하여 예수님을 팔 자가 누구냐고 물어보라고 했다. 요한이 이를 묻자 예수님은 떡을 떼어 유다에

유대식 식사 모습
비스듬히 누워서 식사를 하며 상석은 왼쪽 두 번째다.

다 빈치의 <최후의 만찬>

궁금해요!

다 빈치 코드

영화로 제작되기도 한 책《다 빈치 코드》는 예수님과 요한 사이의 V자가 Virgin(처녀) 즉 마리아를 암시하고, M자는 Married(결혼)를 의미한다는 주장을 폈다. 다 빈치가 그린 예수님 왼쪽의 여자같이 생긴 인물은 요한이다. 최후의 만찬 식탁은 중세의 오해에서 잘못 그린 것이다. 따라서 그의 주장은 억지에 불과하다.

게 주셨다. 레오나르도 다 빈치가 그린 〈최후의 만찬〉은 예수님 당시가 아니라 그가 살던 나라의 만찬 모습을 그린 것이다.

예수님은 왜 유월절에 죽으셨을까?

하나님은 유월절을 영원히 지키라고 하셨다.

> 너희는 이 날을 기념하여 여호와의 절기를 삼아 영원한 규례로 대대로 지킬지니라 출 12:14

성경은 예수님이 유월절 어린양이라고 한다.

> 너희는 누룩 없는 자인데 새 덩어리가 되기 위하여 묵은 누룩을 내버리라 우리의 유월절 양 곧 그리스도께서 희생되셨느니라 고전 5:7

유월절 어린양이신 예수님은 유월절 의식뿐 아니라 영원히 지킬 규례까지 완성하셨다. 그것은 출애굽이 아니라 세상에서 구원하는 예식이었다. 이제 진정한 어린양의 고기와 피를 마시는 의식을 마쳤다. 예수님을 떠나지 않고 어린양이신 예수님의 몸을 나누고 그의 피를 그 마음의 인방에 바른 제자들은 성찬 후 여러 허점에도 불구하고 영원한 죽음을 피할 수 있었다.

아브라함은 하나님과 언약을 맺을 때 고기를 쪼개 놓았고 하나님이 그 사이를 지남으로써 언약을 맺으셨다. 히브리어로 '쪼갠다'는 단어는 '언약을 맺는다'는 뜻이다.

히브리어 '자른다'=언약을 맺는다

예수님은 떡을 자르고 포도주를 나누시며 새 언약을 맺으셨다. 유대에서는 언약을 맺을 때 양을 죽여 피를 모두 흘린 다음 두 조각으로 나누고 그 사이를 언약 당사자가 걸어감으로써 언약을 맺는다(렘 34:18).

그래서 히브리어에서는 언약을 맺는다고 하지 않고 언약을 자른다고 한다. 성찬에서 떡을 떼는 것은 이런 언약을 맺는 것이요 포도주를 마시는 것은 곧 그 생명(피는 곧 생명)에 동참하는 일이다. 예수님은 빵을 쪼개심으로 일방적인 은혜의 언약을 맺으셨다. 출애굽 시에 양의 피를 바른 가정은 다 구원을 받았다. 그처럼 예수 안에 있는 자는 구원을 받는다. 환난이나 어려움을 이길 수 있는 건 은혜가 더 크기 때문이다. 현재 고난은 장차 올 영광과 비교할 수 없다. 이것은 새로운 출애굽, 영적인 출애굽 사건이다.

섬김의 본이 되신 예수님

예수님은 최후 만찬에 앞서 제자들의 발을 씻겼다. 물론 가룟 유다의 발도 씻기셨다. 당시 사람들은 샌들을 신고 다녔으므로 외출했다 돌아오면 발에 흙과 모래 등이 많이 묻었다. 그런 발을 종이 씻겼는데, 예수님은 종으로서 제자들의 발을 씻겼다. 마태는 발 씻기는 사건을 의도적으로 넣었는데, 이는 가룟 유다를 강조하기 위해서다. 우리는 예수님의 능력과 권세를 이용하려 하지 말고 하나님을 어떻게 섬기느냐에 초점을 맞춰야 한다. 예수님을 이용하면 기복신앙이 된다.

주님은 몸소 섬김의 도를 보이시며 섬기는 자가 큰 자임을 무언으로 말씀하셨다. 그러나 제자들의 발을 씻기는 섬김은 앞으로 다가올 십자가의 섬김과는 비교도 할 수 없는 것이다.

예수님은 끝까지 자리를 놓고 경쟁하는 제자들에게 진정으로 큰 자가 누구인가를 몸소 보이셨다. 베드로에게는 이미 몸을 씻은 사람은 발만 씻으면 된다고 하시고, 우리가 일상적인 죄를 날마다 회개하며 깨끗하게 해야 할 점도 교훈하셨다.

자신의 피와 살을 나누고 언약을 하신 예수님은 제자들이 스승을 버리고 흩어지리라 예언하면서 부활 후에는 갈릴리로 모이라고 부탁하신다. 베드로는 어떤 일이 있어도 예수님을 버리지 않을 것을 장담하며 만찬을 맺는다.

짧은 시간 긴 말씀 15일

예수님은 겟세마네로 가시기 전 짧은 시간에 많은 말씀을 하셨다.

요한복음은 12-17장에서 교훈과 예수님의 기도를 자세히 기록하고 있다. 특히 14장에서 16장에 이르는 보혜사 성령에 관한 말씀은 예수님을 대신하여 오실 성령님이 어떤 분인가를 자세히 알려 준다. 성령에 대하여 자세히 설명하시고(16장) 제자들을 위해 기도하신다(17장).

13-16장의 네 장은 약 두 시간 동안에 일어난 일이다. 가룟 유다

예수님은 제자들의 발을 씻김으로써 섬김의 본을 보이셨다. 최고의 섬김은 십자가에서 완성된다. 섬기는 자가 큰 자다.

: 15일

오늘 읽을 분량

성경 요 14-19, 눅 23, 막 15, 마 27

본서 267-285쪽

성경의 맥 잡기

1. 보혜사 성령님 약속
2. 겟세마네 기도
3. 십자가의 길
4. 죽으심의 의미
5. 베드로와 가룟 유다

신구약 연결 포인트

1. 겟세마네와 다윗의 맨발
2. 십자가의 길과 여호와이레
3. 속죄일 두 염소와 두 번의 죽음
4. 가룟 유다의 예언(창 3:15, 시 41:9)

묵상 가이드

1. 우리 죄를 위해 기름 짜듯 기도한 기름틀, 겟세마네의 의미는 무엇인가?
2. 죄에 대하여 죽고 의에 대하여 산 십자가를 묵상하라
3. 구레네 시몬같이 자기 십자가를 지고 가려는가?

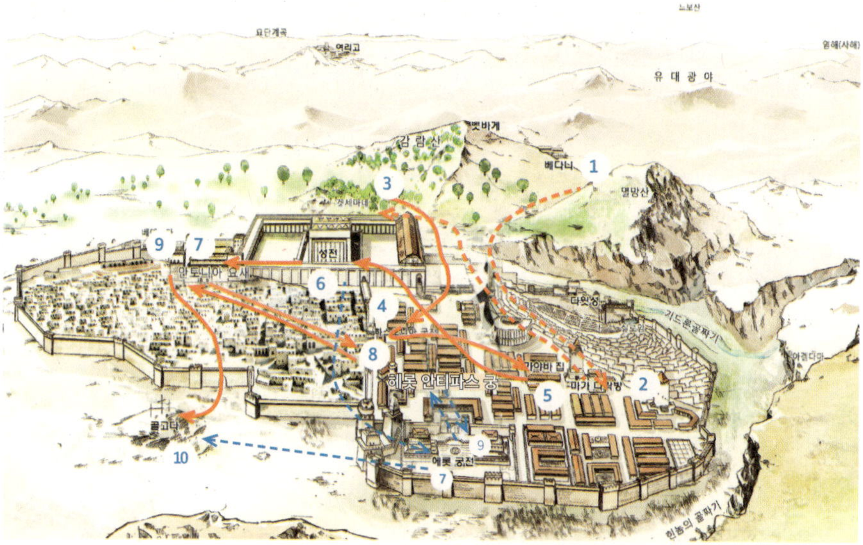

예수님의 목요일에서 금요일까지 움직임
①베다니-②마가 다락방-③겟세마네-④대제사장집-⑤가야바집-⑥공회-⑦빌라도-⑧헤롯-⑨빌라도-⑩골고다

파란 점선은 현대 학자들이 주장하는 경로다.

가 군사를 데리러 간 처소가 만찬 장소와 50여 m밖에 떨어지지 않아서 말씀을 짧은 시간에 마쳐야 했다. 유다와 그 일당이 곧 들이닥치기 때문이다. 요한복음의 1/4이 두어 시간 안에 벌어진 일이라니 그때가 얼마나 중요한가를 실감하게 한다.

금요일(감람산)-겟세마네 기도 마 26:36-56, 막 14:32-50, 눅 22:39-53, 요 18:1-11

예수님이 엎드려 기도했다고 하는 겟세마네의 기도 바위
겟세마네는 기름 짜는 틀이다. 예수님은 이곳에서 기름을 짜듯 기도하셨다.

만찬이 끝난 후 예수님은 제자들과 함께 예루살렘 성을 빠져나가 베다니로 향한다. 예루살렘에서 베다니로 가려면 동쪽 기드론 시내를 지나 감람산으로 올라가야 한다. 감람산으로 올라가는 초입의 방앗간이 겟세마네, '기름 짜는 곳'이다. 감람산이라는 이름이 말해 주듯 감람산에는 감람나무, 즉 올리브나무가 많았다. 올리브는 양질의 기름을 내는 열매다. 기름을 내려면 먼저 맷돌에서 올리브를 으깬 다음 포대에 담아 기름이 잘 빠지도록 홈이 파인 바위로 된 기름 틀, '겟세마네'에 놓고 그 위에 무거운 돌을 올려 둔다. 그러면 돌의 압력으로 기름이 나온다. 기름을 완전히 빼려면 더 무거운 돌을 올려놓는다.

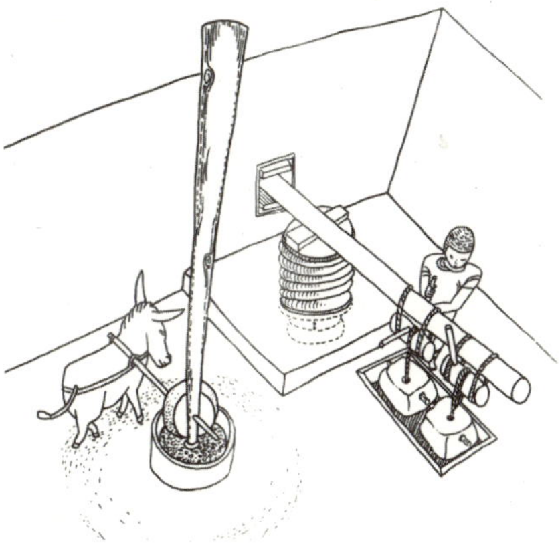

기름 짜는 틀
망태기에 넣은 올리브를 지렛대로 누르면 홈을 따라 기름이 내려온다. 우리의 죄가 나무에 달린 바윗덩어리처럼 예수님을 짓눌러 피와 땀이 흘렀다.

감람산 겟세마네의 감람(=올리브)나무
천년이 넘은 나무로 예수님이 기도하는 모습을 보았다고도 한다.

예수님은 왜 겟세마네 동산에서 기도하셨을까?

다윗은 한때 말씀궤와 함께 슬픈 가슴을 안고 기드론 시내를 건넜다. 사랑으로 용서한 아들 압살롬이 반란을 일으켜 피신하는 중이었다. 예수님도 사랑하는 자녀와 같은 제자 가룟 유다에게 배신을 당해 피눈물을 흘리는 슬픔의 기도를 하신다.

> **23** 온 땅 사람이 큰 소리로 울며 모든 백성이 앞서 건너가매 왕도 기
> 드론 시내를 건너가니 건너간 모든 백성이 광야 길로 향하니라 **24** 보
> 라 사독과 그와 함께한 모든 레위 사람도 하나님의 언약궤를 메어다
> 기 하나님의 궤를 내려놓고 아비아달도 올라와서 모든 백성이 성에
> 서 나오기를 기다리도다 삼하 15:23-24
>
> 예수께서 이 말씀을 하시고 제자들과 함께 기드론 시내 건너편으로 나가시니 그곳에 동산이 있는데 제자들과 함께 들어가시니라 요 18:1

겟세마네교회
기드론 골짜기 너머 감람산이 보인다. 감람산 기슭에 겟세마네교회가 있고 왼쪽에 스데반순교교회가 있다. 다윗도 압살롬을 피해 이 길을 갔다.

이곳은 또한 다윗 때 언약궤가 잠시 머물던 곳이다. 말씀이 머물렀던 그곳에 예수님이 오셔서 기도하는 것이다.

예수님은 기름을 짜는 한 바위에서 기도하셨다. 예수님을 누르는 인류의 죄악이 기름을 짜기 위해 올리브 포대 위에 올려놓는 바위보다 더 무겁게 짓눌렀다. 사람들은 겟세마네에서 기름을 짰지만 예수님은 그곳에서 인류를 위하여 땀이 핏방울이 되기까지 기름 짜듯 기도하셨다.

예수님의 처음이자 마지막 기도 부탁에도 제자들은 그 추운 날 잠을 잤다. 마음은 원이로되 육신이 약하다고 말하려는가? 예수님의 땀은 피가 되어 아래 기름과 섞인다. 멀리 가룟 유다가 다가온다.

> 예수께서 힘쓰고 애써 더욱 간절히 기도하시니 땀이 땅에 떨어지는 핏방울같이 되더라 눅 22:44

한편 예수님을 고소하여 제사장들에게 넘기려고 가룟 유다는 만찬 장소에서 얼마 떨어지지 않은 곳에서 은 30세겔에 그분을 팔아 넘겼다. 1세겔은 4데나리온이니 예수님은 120데나리온에 팔린 것이다. 유다는 제사장 무리와 함께 만찬 장소인 다락방에 들이닥쳤다. 이미 예수님 일행이 성찬을 마치고 떠나신 뒤였다. 난감해진 유다는 숙소인 베다니까지 추적하기로 한다. 칠흑 같은 어두움에 유다의 눈이 먹이를 찾는 늑대처럼 이글거렸다.

무슨 원한이 있는 것도 아닌데 그는 예수를 잡고자 예루살렘 성을 빠져나가 갈 만한 장소를 모두 뒤졌다. 이제 기드론 시내를 지나 감람산에 오르는 겟세마네까지 온 유다는 마침내 예수님 일행을 발견했다. 그러자 마지막 배반을 위한 작전을 짜고 예수님께 접근했다. 기도로 준비를 마치신 예수님은 순순히 그 길을 받아들이셨다. 그런데 풍랑 이는 바다에 뛰어든 혈기왕성한 베드로는 사람의 숫자나 위력을 보지 않고 칼을 들어 예수님을 잡으려는 자를 쳤다. 다행히 칼이 빗겨 대제사장 종의 귀를 잘랐다. 예수님은 그것을 붙여 주시며 무력을 사용하지 말라고 하신다.

성전(금요일) : 잡히다 마 26:57-75, 막 14:53-72, 눅 22:54-71, 요 18:12-27

예수님을 잡은 무리가 먼저 대제사장 안나스의 집으로 갔다. 이어서 가야바의 집으로 간다(요 18:24).

대제사장이 왜 이스라엘을 대표하는가?

유대인에게는 왕이 없었으므로 그들의 실질적인 대변인은 대제사장이었다. 페르시아(바사) 왕 고레스가 바벨론에서 유대인을 해방시키며 고향에 돌아가 성전을 짓고 왕을 위해 기도하라고 했다. 성전을 짓는 일은 다윗의 후손 스룹바벨과 대제사장 여호수아가 함께했지만, 그것의 유지와 관리는 대제사장이 맡았다. 그 후 다윗의 자손은 평민으로 돌아갔다. 예수님의 육신의 아버지 요셉이 다윗의 자손임에도 목수로 생활을 연명해 가는 과정을 보면 알 수 있다.

반면, 대제사장은 더 막강해져서 제국의 총독이 원주민의 대표로 접촉하는 제1권력자가 되었다.

베드로통곡교회
베드로는 통곡의 회개를 하였기에 다시 시작할 수 있었다.

베드로의 배반

베드로는 예수님을 멀찍이서 따라갔다. 그리고 요한의 도움으로(요 18:16) 가야바의 집까지 들어가는 데 성공했다. 성경에 예수님 심문 장면이 나오고 예수님이 부인하는 베드로를 쳐다보신 것으로 보아 사제는 가까운 거리에 있었던 것 같다(눅 22:61-62). 유월절 밤은 추워서 시종들은 모닥불을 피우고 몸을 녹였다. 베드로는 그 무리에 섞였으나 제자인 것이 들통 나자 극구 부인하다가 예수님이 예언하신 대로 닭이 울자 정신을 차리고는 그 자리에서 뛰쳐나가 회개했다.

베드로와 가룟 유다는 모두 예수님을 배신했다. 그러나 둘의 가장 큰 차이는 회개였다. 회개는 돌아가는 행위다. 후회하는 반성만으로는 충분하지 않다.

예수님은 왜 사형선고를 받았을까?

예수님은 가야바의 집에서 성전 남쪽에 위치한 '공회'인 산헤드린으로 이송되었다(요 18:28). 그들은 예수님께 온갖 모독을 주었다.

> 이에 예수의 얼굴에 침 뱉으며 주먹으로 치고 어떤 사람은 손바닥으로 때리며 마 26:67

관정에서 여러 죄목을 뒤집어씌우려다 실패하자 마침내 찾아낸 죄목은 '신성모독'이었다. 자신을 하나님의 아들이라고 했기 때문이다(마 26:63, 막 14:61, 눅 22:70, 요 19:7). 그러나 이것은 당시 정권을 잡고 있던 로마인에게는 죄목이 될 수 없었다. 로마는 종교에 관하여 자율 정책을 펴 종교 문제를 자체 해결하라고 했다. 대신 사형권이 자치기구에 주어지지 않았으므로 예수님을 '신성모독'이라는 죄목으로 죽일 수도 없었다. 그래서 대제사장과 장로는 다른 구실로 예수님을 고발할 수밖에 없었다.

가이사랴 항에서 발견된 빌라도의 이름이 언급된 비문
티베리우스를 위해 빌라도가 건물을 바친다면서 그의 이름이 두 번째 줄에 나온다.

빌라도의 책임과 회피

육신의 사형권이 없던 유대 공회는 총독 빌라도에게 고발한다. 빌라도는 지도자들이 질투심과 종교 문제로 예수님을 고발한 것을 알고 여러 방법으로 방면하려 했다. 첫째, 헤롯에게 떠넘기려 했다. 둘째, 유월절 특사로 살인자 바라바와 비교해 놓아 주려 했다. 마지막으로 채찍을 때려 불쌍히 여기게 하려 했다. 그러나 그의 시도는 모두 실패했다.

법조인은 법에 따라 판단해야 하는데 그는 여론에 휘둘렸다. 따라서 그가 손을 아무리 씻었어도 책임을 벗어날 수 없다. 그래서 지금까지도 사도신경에 그 이름이 언급되는 것이다. 우리는 어떤가. 하나님 말씀대로 하지 않으면서 "난 할 수 없어. 난 책임 없어"라고 하진 않는가?

빌라도는 헤롯 안티파스에게 보내 책임을 회피하려 했으나 헤롯도 책임을 빌라도에게 넘긴다. 책임 전가는 인류 최초의 죄다.

골고다(금요일)-고난, 죽으심 ㊺ **마 27:11-66, 막 15:2-47, 눅 23:3-56, 요 18:33-19:42**

채찍질로 어린양의 제사가 시작되다

결국 십자가형이 확정되었다. 군병들이 끝에 가시 같은 쇠가 달린 서너 가닥의 채찍으로 예수님을 쳤다. 율법대로 40에서 하나 감한 39대를 맞았으리라. 채찍이 한 번 몸에 감길 때마다 끝에 달린 쇠가 예수님의 살에 박혔고 잡아당기는 순간 살점이 떨어져 나갔다.

예수님의 피부는 금세 붉은 피로 얼룩졌고 살점이 떨어져 나간 곳엔 허연 뼈가 드러날 지경이었다. 웬만한 사람은 이 채찍에 맞아 죽기도 했다. 예수님은 이 아픔과 한계를 겨우 이기셨다. 이는 유월절 어린양의 가

죽을 벗기는 과정과 같다. 이사야의 기도가 들려온다.

> **5** 그가 찔림은 우리의 허물 때문이요 그가 상함은 우리의 죄악 때문이라 그가 징계를 받으므로 우리는 평화를 누리고 그가 채찍에 맞으므로 우리는 나음을 받았도다 **6** 우리는 다 양 같아서 그릇 행하여 각기 제 길로 갔거늘 여호와께서는 우리 모두의 죄악을 그에게 담당시키셨도다 사 53:5-6

채찍질은 예수님의 피부를 벗기는 행위나 마찬가지였다. 어린양 예수는 제물로 드려지고 있다.

빌라도의 사형선고

빌라도는 피하고 싶었다. 예수를 죽이는 일에 상관하지 말라는 아내의 부탁에도 빌라도는 유대 지도자와 군중의 요구를 모른 척할 수 없었다. 권력을 잃을까 두려웠기 때문이다.

> 이러하므로 빌라도가 예수를 놓으려고 힘썼으나 유대인들이 소리 질러 이르되 이 사람을 놓으면 가이사의 충신이 아니니이다 무릇 자기를 왕이라 하는 자는 가이사를 반역하는 것이니이다 요 19:12

역사가 요세푸스에 의하면 빌라도는 난폭하고 강한 인물이었는데 이 일에서 대제사장과 장로들의 요구를 들어주지 않을 수 없었던 것을 보면 그들의 압력이 얼마나 거셌는지 짐작할 수 있다(마 27:24). 예수님은 대제사장과 빌라도 앞에서 거의 대부분의 시간을 침묵하시다가 한마디 질문에는 반드시 대답하셨다.

빌라도는 권력욕에 눈이 멀어 예수님께 사형선고를 선언한다. 그는 손을 씻었으나 그의 책임이 면죄된 건 아니었다.

> 다 이르되 그러면 네가 하나님의 아들이냐 대답하시되 너희들이 내가 그라고 말하고 있느니라 눅 22:70

신성모독은 사형에 해당하는데 예수님은 끝까지 이 말씀을 하신다. 앞으로 올 세대가 예수님을 한 인간으로 기억할 것을 아신 예수님은 당신이 죽으시는 순간 유언과 같이 자신이 하나님으로 이 땅에 오셨음을 알리신 것이다.

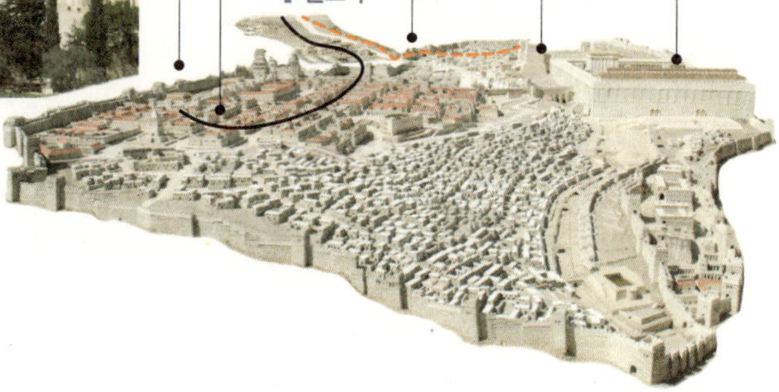

동쪽 감람산에서 바라본 성전이 있던 바위돔과 골고다의 성묘교회

전통적인 십자가 길은 성전 옆 안토니아에서 시작하지만 최근 학자들은 빌라도가 헤롯 궁전에서 재판하고 골고다로 데려갔을 것이라고 보고 새로운 십자가의 길을 주장한다.

유대교인이나 무슬림이나 예수님이 선지자임을 부정하지 않는다. 그를 뛰어난 선지자로 인정한다. 그러나 하나님의 아들이라고 하면 돌을 던진다. 예수님이 끝까지 남기고자 하신 그 말씀을 부인하면 예수님을 거짓말쟁이로 만드는 셈이다. 그를 믿든지 거짓말쟁이로 치부하든지 둘 중 하나를 선택해야 한다.

비아 돌로로사, 고난의 길

예수님은 빌라도의 사형선고 후에 십자가의 길을 가신다. 전통적인 십자가의 길은 안토니아 요새에서 현재 성묘교회라고 알려진 골고다까지다. 사진에서 보듯 성전산의 서쪽 언덕에 있지만 계속 오르막만 있는 게 아니라 처음 200m가량은 내리막길을 걷다가 다시 올라가는 형세다.

한편 일부 학자들은 십자가의 길을 안토니아 요새가 아닌 헤롯 궁전에서 시작하기도 한다.

십자가의 길은 십자군 시대부터 생긴 길로 예수님의 숫자인 14(다윗이라는 글자의 합)를 기념하여 14개의 기념 처소를 만들어 놓았다. 그중 일부만 성경적인 곳이다.

채찍에 맞은 예수님은 가시로 만든 면류관을 쓰셨다. 이 가시 면류관은 장차 우리에게 영광의 면류관을 씌워 주시기 위함이다. 지금은 화려하게 지붕을 장식한 면류관교회도 있지만, 건조한 날씨 탓에 가시 달린 식물이 많은 이스라엘에

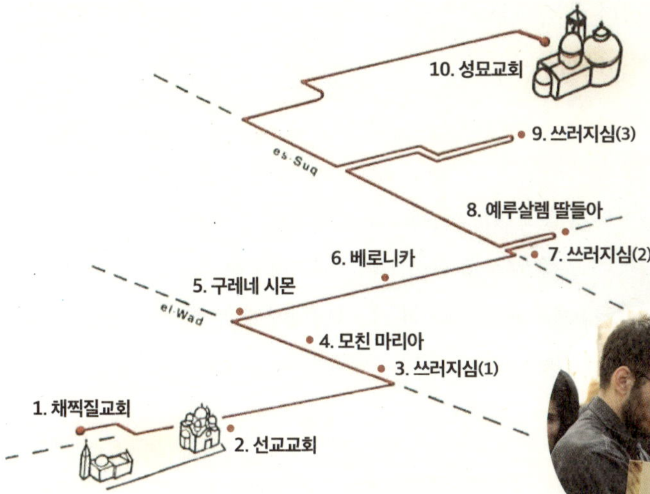

바아 돌로로사, 십자가의 길

서 가시나무는 딱딱하고 날카로움이 남달랐다.

십자가: 천국의 문빗장을 여시다

기진맥진한 예수님은 군병에게 넘겨져 영광의 면류관 대신 가시 면류관을 받고 갖은 희롱을 당하셨다. 희롱이 끝나자 어깨에 수십 킬로그램이나 되는 나무가 올려졌다. 자신이 못 박히게 될 나무다. 이 나무는 주로 문빗장으로 사용되는데 이제 예수님의 어깨에 올랐다. 그들은 몰랐다. 예수님이 천국의 문빗장을 여실 분이심을….

구레네 시몬: 억지로라도 십자가를 지라!

예수님은 두 번 세 번 쓰러지셨다. 그러다 담장에 손을 짚기도 하셨다. 그 흔적이 지금까지 선명하게 남아 있어 지나가는 이들의 마음을 뭉클하게 한다.

지치신 예수님이 휘청거리며 벽을 짚으시자 로마 병사는 예수님이 더 이상 십자가를 질 힘이 없음을 알고 주변을 두리번거린다. 로마인은 식민지 사람에게 1천 보를 들고 가게 할 수 있는 권리가 있었다. 이때 구레네 시몬이 강제 징용 당한다. 그는 억지로 십자가를 지며 되게 재수 없는 날이라고 생각했을 것이다. 그러나 그는 이때가 그의 인생 최고의 순

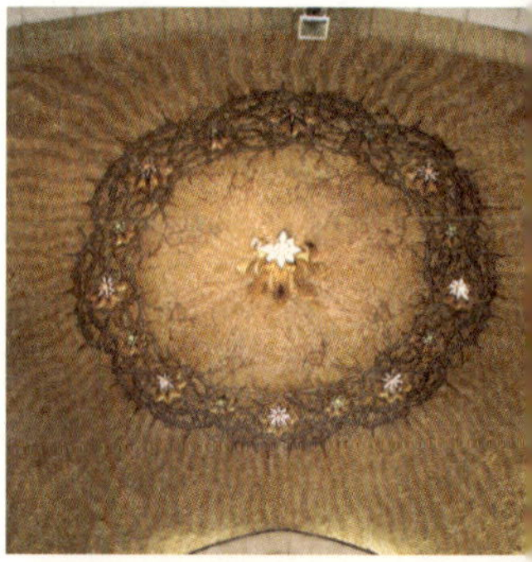

가시면류관교회의 천장과 가시 면류관 나무
이스라엘은 건조한 날씨 탓에 가시나무들이 많은 편이다.

간임을 알지 못했다. 이후 그의 가정은 아내와 자식 모두가 예수님을 신실하게 따르는 초대교회 가정이 되었다. 그의 아내는 사도 바울에게 어머니 같은 사람이었다.

> 마침 알렉산더와 루포의 아버지인 구레네 사람 시몬이 시골로부터 와서 지나가는데 그들이 그를 억지로 같이 가게 하여 예수의 십자가를 지우고 막 15:21
>
> 주 안에서 택하심을 입은 루포와 그 어머니에게 문안하라 그의 어머니는 곧 내 (바울) 어머니니라 롬 16:13

예루살렘의 딸들아, 미리 기도하라

제자들은 도망갔지만 여인들은 같이 따라가면서 슬피 울었다. 자신의 고통이 심한데도 예수님은 다른 사람들에게 다가올 고통을 위하여 조언하신다. "너희와 너희 자녀를 위하여 울라"는 말은 1차적으로 40년 후 예루살렘이 멸망하면서 시작될 고난의 시간을 말한다. 예루살렘이 로마의 포위를 당하여 당시 성안에 있던 사람들이 모두 굶어 죽거나 비참한 죽음을 당했다. 그리고 2차적으로는 심판의 날을 의미한다. 최후의 심판을 위해 예수님이 고난을 받으시지만 마지막 심판의 고난은 십자가 고난보다 더 크고 영속되기 때문이다.

> 예수께서 돌이켜 그들을 향하여 이르시되 예루살렘의 딸들아 나를 위하여 울지 말고 너희와 너희 자녀를 위하여 울라 눅 23:28

예수님의 손자국과 구레네 시몬이 예수님의 십자가를 진 곳
예수님이 힘들어 벽을 짚으신 것이 지금까지 남아 있다. 시몬은 억지로 십자가를 졌지만 영광의 십자가가 되었다.

예수님이 예루살렘 여인들을 향하여 말씀하신 장소다. 최후의 심판은 예수님의 고난을 넘어서기에 미리 기도하라고 하셨다.

예수님은 두 번 사형선고를 받았다?

예수님이 끌려간 장소는 골고다, 채석장이었다. 성전을 짓느라 채석한 뒤 버려진 몰골이 해골 같다고 해서 골고다라고 불린 성문 밖 장소였다. 유대인은 성 안에서 죽일 수 없으므로 성밖으로 끌어내 죽였다(스데반의 죽음을 생각하라). 무덤도 성에서 일정 거리 떨어진 장소에 만들어야 했다. 현재의 골고다는 성안으로 들어왔다. 예수님이 승천하신 뒤 얼마 후 헤롯 아그립바가 성벽을 증축할 때 골고다를 성안으로 포함시켰기 때문이다.

예수님은 두 번 사형선고를 받았다. 첫 번째 사형선고가 실질적인 선고이고 두 번째는 첫 번째 정한 것을 거행한 셈이다. 첫 번째 사형선고는 공회에서 있었다.

> 날이 새매 백성의 장로들 곧 대제사장들과 서기관들이 모여서 예수를 그 공회로 끌어들여 눅 22:66

공회는 예루살렘 성전 남쪽 부속 건물에서 열렸다. 예수님은 성전에서 사형선고를 받으셨다. 유대인이 사용하는 히브리어는 과거-현재-미래형이 없다. 시제를 보지 않고 상태를 본다. 그 일이 완료되었는지 미완료 상태인지를 본다. 이미 결정되었으면 미래라도 완료형을 사용한다. 히브리어법상 사형선고를 받은 성전의 공회 자리가 예수님의 사망처가 된다. 그러나 헬라 식으로 생각하면 예수님이 돌아가신 장소는 영문 밖의 골고다 언덕이다.

성전이 세워진 산은 모리아 산이다(대하 3:1). 결국 예수님의 히브리적 죽음은 모리아 산에서 일어났다. 모리아 산은 다윗이 하나님의 명령을 어기고 무리하게 인구조사를 하다 전염병이 돌자 여호와의 사자가 나타나서 제사를 받은 뒤 전염

골고다교회 남쪽 벽에 그려진 아브라함이 이삭을 드리는 모자이크 그림
수천 년 전부터 예수님의 죽으심은 여호와 이레와 연결되었다.

병을 그치게 한 장소다. 인구조사에 속전을 드리지 않았다가 그 값을 치른 후에 마련한 장소가 성전 터인 것이다.

그리고 이곳은 아브라함이 이삭을 드린 여호와 이레의 땅이기도 하다. 아브라함은 이삭을 데리고 모리아 산에 오를 때 이삭의 어깨에 자신이 죽을 나무를 지게 했다. 아브라함이 이삭을 하나님께 드리러 모리아 산을 오르는 심정을 생각해 보라. 100세에 얻은 아들을, 그렇게 소중한 자식을 희생제물로 드려야 하다니, 얼마나 기가 막혔을까. 하나님은 왜 이런 무리한 명령을 아브라함에게 하신 것일까?

궁금해요!

예수님은 왜 예루살렘에서 죽으셨나?

첫째, 하나님 아버지가 사랑하는 아들을 내어 줌을 아브라함을 통하여 보이셨다. 이삭을 데리고 그곳을 오르던 아비 아브라함의 심정이 하나님 아버지의 마음임을 전하시려던 게 아닐까? 이삭을 대신해 하나님이 준비하신 어린양이 희생제물이 되었듯이, 이제 예수님이 온 인류를 대신해 어린양이 되어 죽임을 당하신다. 아브라함보다 더 큰 아픔을 겪으신 여호와 하나님의 심정을 헤아릴 길이 없다. 수천 년 전에 하나님은 이 아픔을 준비하신 것이다. '여호와 이레'란 '여호와께서 보이신다', '여호와가 준비하신다'는 뜻이다.

둘째 예수님의 죽으심은 인류 생명의 값이다.

다윗의 인구조사로 재앙을 받아 7만 명이 목숨을 잃었다(삼하 24:15). 그 이유는 출애굽기 30:12-16의 말씀을 지키지 않았기 때문이다.

> **12** 네가 이스라엘 자손의 수효를 조사할 때에 조사 받은 각 사람은 그들을 계수할 때에 자기의 생명의 속전을 여호와께 드릴지니 이는 그것을 계수할 때에 그들 중에 질병이 없게 하려 함이라 **16** 너는 이스라엘 자손에게서 속전을 취하여 회막 봉사에 쓰라 이것이 여호와 앞에서 이스라엘 자손의 기념이 되어서 너희의 생명을 대속하리라 출 30:12, 16

다윗은 위 말씀대로 모든 생명은 하나님께 속하였음을 나타내야 하는데 자신의 군사력을 조사하다가 재앙을 받았다. 인구조사에서 얻은 반세겔은 회막 봉사에 사용해야 한다. 다윗은 이 계명대로 하지 않다가 전염병의 재앙을 받았고 그것을 회복하기 위해 속전 비용 격으로 아라우나 타작마당(은 50세겔, 삼하 24:24)을 사고, 아라우나 타작마당이 위치한 모리아 산을 샀다(금 600세겔, 대상 21:25). 예수님

죽으심: 생명으로 옮긴 죽음의 역설

헬라 식 죽음은 골고다에서 일어났다. 예수님은 죄를 뒤집어쓰고 골고다 언덕에 높이 들렸다. 믿지 않는 이들에게는 치욕이요 어리석은 결과지만 따르는 자들과 그를 믿는 이들에게는 능력의 십자가였다. 모세가 광야에서 구리뱀을 만들어 들었을 때 그것을 믿음으로 바라본 자는 뱀의 독에서 해방되었듯이 예수님이 들린 십자가를 믿음으로 바라보는 자는 옛 뱀 사탄의 권세에서 해방되어 사망에서 생명으로 옮겨졌다.

이 갈릴리에서 3년 차 공생애 사역을 마치고 반 세겔을 드리는 의식을 한 뒤 예루살렘에 오는 모습은 이런 의미를 함축한다(마 17:24-27). 예수님은 아라우나 타작마당이었던 성전에서 유대인들에게 사형선고를 받음으로 예수님의 죽음이 우리 생명의 속전을 치르기 위함이었음을 나타냈다. 예수님이 인구조사할 때 태어나신 점도 이와 무관하지 않다.

예수님은 인구조사를 하다가 생명의 값인 속전 반 세겔을 드리지 않다가 징계를 받은 그 땅에서 우리 생명의 값을 치르기 위해 속죄의 길을 가셨다.

다윗은 인구조사 후 아라우나 타작마당에서 제사를 드렸고, 이때 하나님이 불을 내려 응답하셨다. 그래서 다윗은 그곳을 하나님의 성전 터로 지목했다.

여호와 이레

여호와 하나님은 아브라함을 예루살렘에 불러 멜기세덱을 만나 예배하게 하시고(창 14:20), 멜기세덱과 예배한 장소로 추정되는 모리아 산에서 이삭을 드리게 하셨다. 이후 다윗이 와서 아라우나 타작마당에서 불의 응답을 받았다. 이곳에 솔로몬은 성전을 세웠다. 결론적으로 여호와 이레의 땅은 아버지 하나님이 아들을 희생하는 장소로 정하신 곳이다. 이를 아브라함이 이삭을 드리는 장면을 통해 나타내셨고, 다윗의 속전 사건을 통해 그 이유를 설명하셨다. 여호와 이레는 예수님의 죽으심에 대한 장소, 방법, 의미를 모두 함축한 단어다.

예수님은 두 군데에서 죽으셨다. 한 번은 성전 공회에서, 한 번은 영문 밖 골고다에서. 예수님의 죽음은 이중적이며 대속죄일의 염소 희생과 비슷하다.

이중적인 죽음 : 대속죄일의 염소로 죽으심

대제사장은 대속죄일에 단 한 번 지성소로 들어간다. 이곳에서 피를 뿌리고 하나님과 다시 언약을 맺는다. 법궤 덮개인 시은소에 피를 뿌리면 그룹인 천사가 언약궤 안에 있는 율법을 바라본다. 그 법에 맞게 살고 있는가를 보아서 계약이 성립되는 것이다. 이스라엘은 하나님의 백성이 되고 하나님은 그들의 하나님이 된다. 사실 이스라엘은 자격이 없다. 십계명에 턱없이 부족하다. 그러나 은혜의 보좌인 시은소에 뿌려진 그 피를 보는 동시에 백성의 죄를 간과하신다.

대속죄일에 드려지는 염소는 흑염소 두 마리다. 하나는 지성소로 들어가는 용도이고 다른 하나는 죄를 버리는 상징인 아사셀 염소로 광야에 던져진다.

대속죄일 염소는 예수님의 이중적 죽으심을 잘 보여 준다. 한편으로는 하늘문을 여시고 한편으로는 죗값을 치르는 것이다. 예수님은 성전 부속 건물 안토니아 요새에서 채찍에 맞으시고 사형선고를 받음으로 유대 개념으로 성전에서 돌아가셨다. 최근 발굴에 의하면, 안토니아 요새가 아닌 다윗의 망대가 있는 곳에서 빌라도의 심문을 받았다고 한다. 그곳은 대헤롯이 궁전을 지었던 곳이다.

> 염소와 송아지의 피로 하지 아니하고 오직 자기의 피로 영원한 속죄를 이루사 단번에 성소에 들어가셨느니라 히 9:12
>
> 이 뜻을 따라 예수 그리스도의 몸을 단번에 드리심으로 말미암아 우리가 거룩함을 얻었노라 히 10:10

히브리 개념으로는 성전에서 죽으시고 헬라 개념으로는 영문 밖에서 죽으심으로 대속죄일 사역을 완성하셨다.

12 그러므로 예수도 자기 피로써 백성을 거룩하
게 하려고 성문 밖에서 고난을 받으셨느니라 13
그런즉 우리도 그의 치욕을 짊어지고 영문 밖으
로 그에게 나아가자 히 13:12-13

대속죄일 염소는 예수님의 이중적 죽으심을 잘 보여 준다. 한편으로는 하늘 문을 여시고 한편으로는 죗값을 치르는 것이다.

이렇게 하심으로 하나님께 나가는 길이 열렸다. 휘장이 열렸다.

> 이에 성소 휘장이 위로부터 아래까지 찢어져 둘이 되니라 막 15:38
> 그리스도께서도 단번에 죄를 위하여 죽으사 의인으로서 불의한 자를 대신하셨으니 이는 우리를 하나님 앞으로 인도하려 하심이라 육체로는 죽임을 당하시고 영으로는 살리심을 받으셨으니 벧전 3:18

십자가에서 기도하다: 다 이루었다

예수님은 십자가에 달리시기까지 집요한 유혹에 직면하셨다. 이것은 사람의 소리가 아니라 사탄의 유혹이었다.

> 네가 너를 구원하여 십자가에서 내려오라 하고 막 15:30
> 이스라엘의 왕 그리스도가 지금 십자가에서 내려와 우리가 보고 믿게 할지어다 하며 함께 십자가에 못 박힌 자들도 예수를 욕하더라 막 15:32

광야에서 사탄은 육신의 정욕, 안목의 정욕, 이생의 자랑으로 예수님을 시험했다. 십자가에 달리신 지금도 마찬가지다. 마취제인 쓸개 탄 포도주와 사람들의 소리로 시험했다. 그러나 예수님은 이 마지막 시험도 기도로 이기셨다.

① 아버지 저들을 사하여 주옵소서 자기들이 하는 것을 알지 못함이니이다
② 내가 진실로 네게 이르노니 오늘 네가 나와 함께 낙원에 있으리라
③ 여자여 보소서 아들이니이다… 보라 네 어머니라
④ 엘리 엘리 라마 사박다니
⑤ 내가 목마르다

골고다 아래 지진으로 갈라진 바위
예수님이 죽으실 때 지진이 나자 사형 집행관은 예수님을 하나님의 아들이라 고백했다.

⑥ 다 이루었다
⑦ 아버지 내 영혼을 아버지 손에 부탁하나이다

예수님의 가상칠언(架上七言)은 모두 기도였다. 용서의 기도로 시작해 하나님께 맡기는 기도로 마치셨다. 그 기도는 앞으로 볼 스데반에게까지 이어진다.

③의 마리아와 요한에게 주신 말씀은 그리스도의 피로 가족이 되었음을 선포한 것이다.

'다 이루었다'의 헬라어 '테텔레스타이'는 외상값을 모두 치렀다는 뜻이다. 예수님은 우리의 죗값을 모두 치르셨다.

지진: 은혜의 보좌로 나아가게 되다

예수님은 오전 9시(당시 시간으로는 3시)에 십자가에 달리셨고, 정오(6시)에 어둠이 임하더니 오후 3시(9시)까지 계속되었다(눅 23:44). 9시에는 큰 지진이 있었고 이 어둠과 지진을 보면서 사형집행 백부장은 예수님이 하나님의 아들이라고 고백했다(마 27:54). 예수님의 죽으심과 동시에 성전의 휘장이 찢겨지면서 밖에서 안쪽의 은혜의 보좌라고 말하는 시은소, 언약궤가 안치된 곳이 보였다. 예수님의 죽으심으로 우리는 은혜의 보좌로 나갈 수 있고, 기도할 수 있는 만인 제사장이 되었다(벧전 2:9).

십자가에서 내려지는 예수님.

그러므로 우리는 긍휼하심을 받고 때를 따라 돕는 은혜를 얻기 위하여 은혜의 보좌 앞에 담대히 나아갈 것이니라 히 4:16

장사되심: 하루 만에 안치되다

아리마대 출신의 요셉은 골고다에 자신을 위한 새 무덤을 마련해 두었다. 그의 고향 아리마대는 욥바로 내려가는 길인 모디인 근처다. 그는 자신의 무덤을 기꺼이 예수님을 위해 제공했고, 그곳은 십자가형이 집행된 장소에서 불과 몇 십 미터밖에 떨어지지 않은 곳에 있었다. 이미 '회칠한 무덤'을 설명하면서 언급했듯이 당시 장례법은 하루에 끝났고 관이 없이 세마포만을 사용했다.

정원 무덤
예수님 무덤으로 추정되는 또 하나의 무덤이다.

> 요셉이 세마포를 사서 예수를 내려다가 그것으로 싸서 바위 속에 판 무덤에 넣어 두고 돌을 굴려 무덤 문에 놓으매 막 15:46

지금은 예수님의 무덤이 성안에 들어와 있지만 당시는 무덤이 성 밖에 있었다. 유대인은 법이 허용하는 한 성과 가까운 곳에 무덤을 두려 했는데, 아리마대 요셉이 마련한 무덤이 성에서 가까운 것을 보아 그가 상당한 재력가였음을 알 수 있다.

> 예수께서 십자가에 못 박히신 곳에 동산이 있고 동산 안에 아직 사람을 장사한 일이 없는 새 무덤이 있는지라 요 19:41
> 그는 강포를 행치 아니하였고 그 입에 궤사가 없었으나 그 무덤이 악인과 함께 되었으며 그 묘실이 부자와 함께 되었도다 사 53:9(개역한글)

숨은 제자들

예수님 곁을 늘 지키던 열두 제자가 모두 도망가고 없자, 의외의 제자들이 예수님의 장례를 도왔다. 숨은 제자들인 셈이다. 그들은 예수님의 시체를 만짐으로써 1년에 한 번 먹을 수 있는 유월절 제사도 포기했다. 당신은 어떤 제자인가? 겉으로 드러났으나 위험이 닥치자 도망간 제자인가, 위험을 무릅쓰고 필요한 일에 헌신하는 제자인가?

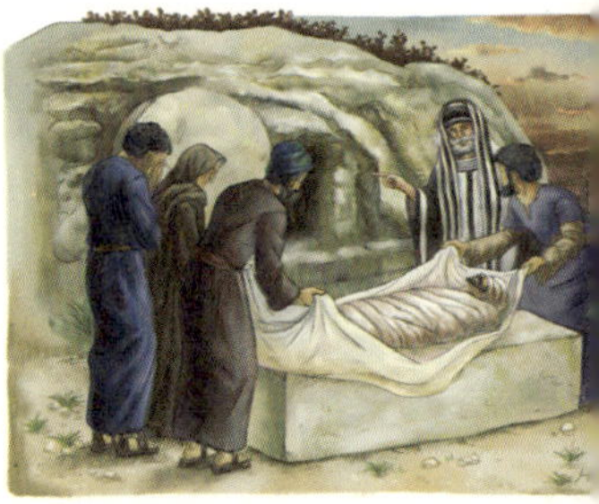

숨어 있던 제자들
아리마대 요셉은 무덤을 제공했고 니고데모는 장례 용품을 준비했다. 예수님이 장사된 곳은 골고다 언덕에서 몇 십 미터 떨어진 동굴로 된 새로운 무덤이었다.

대제사장과 바리새인들은 잔인하게 예수님을 죽인 뒤 후환이 두려웠는지 빌라도에게 무덤 앞에 경비병을 둘 것을 부탁했다. 유대인의 장례는 1일장이고 예수님이 묻힌 곳은 동굴이기 때문에 외부에서 문을 열지 않는 한 안에서 죽은 사람이 일어나더라도 열 수 없는 구조다.

가룟 유다의 최후: 회개하지 않은 자의 죽음 마 27:3-10, 행 1:18-19

가룟 유다가 목매단 줄이 끊어져 떨어진 곳이 지옥(게헨나)이라고 불리는 힌놈의 골짜기다.

한편 가룟 유다는 예수님의 죽음을 보고 스스로 뉘우쳐 은 삼십을 돌려준 뒤 목매달아 죽고 말았다. 그가 죽은 장소는 예루살렘 남쪽 힌놈의 골짜기 끝 지점이다. 피밭이라 불린 이곳은 예루살렘 남쪽 맞은편의 가파른 절벽에 위치한다.

사도행전에 따르면 아겔다마(피밭)라고 불린 이곳은 예루살렘 남쪽 맞은편의 가파른 절벽 위에 위치한다. 이곳에서 목을 맨 유다는 줄이 끊어져 힌놈의 골짜기로 떨어졌다. 수십 미터 절벽으로 떨어지면서 배가 터지고 창자가 흘러나와 죽었다고 한다. 히브리어로 창자는 마음을 상징한다. 유다는 마음이 터져 죽었다.

헬라어에는 지옥이라는 말이 없다. 예루살렘의 쓰레기장인 힌놈의 골짜기, '게 힌놈'이 지옥과 비슷하다고 하여 헬라어로 지옥을 '게헨나'라고 했다. 유다의 영혼은 예수님을 팔아넘긴 죗값으로 지옥에 갔겠지만 그의 육신도 지옥이라 불리는 장소에 떨어지는 비참한 최후를 맞았다.

가룟 유다가 목매달아 죽은 아겔다마 수도원 입구
그가 목을 매달았을 만한 나무가 언덕에 있다. 그 아래가 '지옥'이란 단어가 유래된 게헨나, 힌놈의 골짜기다.

여기서, 묵상

누가 예수님을 죽였나?

히틀러는 유대인을 예수님을 죽인 민족이라고 여겨 학대했다. 오늘날도 같은 논리로 유대인을 미워하는 사람들이 있다. 하지만 예수님이 유대인을 위해 돌아가셨다면 그들만 구원하신 것이 된다. 예수님은 믿는 사람을 위해 돌아가셨다. 따라서 믿는 내가 결국 예수님을 죽인 것이다.

토요일(골고다)-무덤 46

예수님이 무덤에 계신 기간은 만 이틀밖에 안 되지만 앞뒤로 3일이 걸렸다. 이 3일은 명절과 밀접한 관계가 있다. 예수님이 돌아가시던 날은 유월절이다. 그리고 예수님이 무덤에 계시던 날이 무교절이다. 바울은 우리가 누룩 없는 자이므로 새 덩어리가 되기 위해서 묵은 누룩을 내어 버리라고 했다(고전 5:7). 우리의 유월절 양이신 예수님이 희생하셨기 때문이다. 베드로는 예수님이 죽어서 가신 곳과 하신 일을 다음과 같이 말했다.

> 그가 또한 영으로 가서 옥에 있는 영들에게 선포하시니라 벧전 3:19

예수님은 죽어서 지옥으로 내려가셨다. 그리고 과거를 심판하셨다. 지금도 이 심판은 계속된다.

> 그를 믿는 자는 심판을 받지 아니하는 것이요 믿지 아니하는 자는 하나님의 독생자의 이름을 믿지 아니하므로 벌써 심판을 받은 것이니라 요 3:18

주일(골고다)-부활 47 마 28:1-20, 막 16:1-18, 눅 24:1-49, 요 20:1-23, 행 1:6-8 16일

예수님이 부활하신 날은 초실절: 잠자는 자들의 첫 열매

무교절 7일 동안 안식일을 하루 지나게 되는데 그 안식일 다음날이 초실절이다. 그런데 예수님이 죽으신 당시 안식일은 유월절 다음 날, 혹은 무교절 첫날이었다. 즉 예수님이 부활하신 날이 초실절이었다. 이는 예수님이 유월절 어린양으로 애굽에서 이스라엘 백성을 구원하였듯이 인류를 구원하신 분임을 알려 준다. 나아가 예수님은 무교절에 누룩 없는 분으로 정결케 되는 하루를 보내셨다.

초실절에는 첫 곡식 한 단을 베어 하나님께 드리는데 예수님은 이 첫 열매가 되셨다. 예수님은 우리 죄의 대가를 모두 지셨기에 죄의 삯인 사망 가운데 더 이상 계실 수 없으므로 부활하셨다. 첫 열매를 거두는 초실절에 잠자는 자들의 첫 열매로서 부활하셨다.

산지의 초실절 밀밭
밀과 보리가 익어 갈 때 첫 이삭을 하나님께 드리는 날이 초실절이다. 예수님은 부활하여 우리의 첫 열매가 되셨다

: 16일

오늘 읽을 분량
성경 요 20-21, 눅 24, 막 16, 마 28
본서 285-295쪽

성경의 맥 잡기
1. 부활의 날, 초실절
2. 엠마오_제자들을 만남
3. 갈릴리_베드로 회복
4. 지상명령

신구약 연결 포인트
1. 초실절과 예수님의 부활절
2. 기럇여아림(엠마오?)의 언약궤와 엠마오 제자들에게 준 말씀

묵상 가이드
1. 예수님이 부활했으니 나도 부활할 수 있나?
2. 엠마오 제자들처럼 말씀으로 뜨거운가?
3. "네가 나를 무엇보다 더 사랑하느냐?"

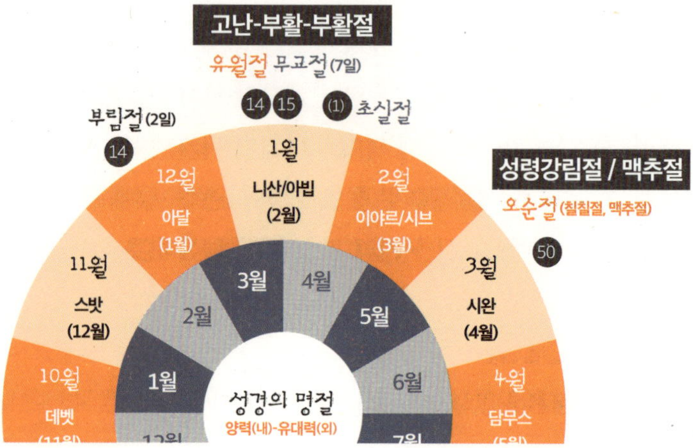

예수님은 유월절에 죽으시고 초실절에 부활하셨다.

그러나 이제 그리스도께서 죽은 자 가운데서 다시 살아나사 잠자는 자들의 첫 열매가 되셨도다 고전 15:20

부활은 필연이다 : 사망이 망하다

부활은 누구도 막을 수 없었다. 여인들이 먼저 그 현장을 목격하고 제자들이 확인했다. 이후에 벌어진 사건은 순서에 일관성이 없을 정도로 이곳저곳에서 일어났다. 시간과 공간에 제한을 받지 않으신 부활의 예수님이 여러 사람에게 나타나셨다.

고린도전서 15장에서 사도 바울은 500명이 넘는 사람이 부활하신 예수님을 보았다고 했고, 그 당시도 반이 넘는 사람들이 살아 있다고 했다. 이보다 정확하고 많은 증인을 둔 사건이 또 있을까?

예수님의 부활은 우리의 죄가 용서받았음을 확증하는 최고의 사건이다. 그래서 베드로의 설교도 대부분이 예수 부활에 초점을 맞추고 있다.

예수님의 부활은 필연이었다. 죄의 삯은 사망인데 십자가에서 죄가 용서되므로 사망이 망했다. 예수님은 죄를 죄로 정하시고 절망을 절망케 하시며 사망을 사망케 하셨다.

죄의 삯은 사망이요 하나님의 은사는 그리스도 예수 우리 주 안에 있는 영생

이니라 롬 6:23

막달라 마리아가 예수님을 만나다
예수님은 제자들에게 갈릴리로 가라는 말을 전하라 하신다.

부활의 첫 목격자, 여인들

예수님의 부활을 처음으로 목격한 사람은 여인들이었다. 그들은 안식 후 첫날 무덤을 보러 갔다가 큰 지진과 함께 천사들이 하늘로부터 내려와 돌을 굴려 내고 그 위에 앉은 모습을 보았다.

> 이에 예수께서 이르시되 무서워하지 말라 가서 내 형제들에게 갈릴리로 가라 하라 거기서 나를 보리라 하시니라 마 28:10
>
> 그러나 내가 살아난 후에 너희보다 먼저 갈릴리로 가리라 마 26:32

왜 예수님은 갈릴리로 가라고 하셨을까? 갈릴리 사역에서 나타나겠지만 중심은 '회복'에 있다고 할 수 있다. 부활 후 제자들을 다시 회복하기 위해 갈릴리로 가라 하신 것이다.

엠마오: 언약궤가 머물던 곳에서 말씀으로 변화시키심 눅 24:13-35

아리마대 요셉의 무덤에 묻히신 예수님이 안식 후 첫날(주일)에 부활하셨고 엠마오로 향하는 제자에게 나타나셨다.

누가복음 24:13에서 언급된 '엠마오'가 어디인지 정확하게 고증되지 못했다. 본문에서는 예루살렘에서 이십오 리, 즉 약 11km 거리라 하는데 확실한 것은 예루살렘 서쪽에 있다는 것이다. 후보지는 지도를 참고하라(빨강으로 엠마오라는 마을이 세 개 있다). 여기서 확인할 것은 엠마오로 가는 길이 예루살렘과 유대 산지에 오르는 정문 길이라는 점이다.

엠마오 후보지들

엠마오로 가는 길을 따라 여호수아가 가나안 연합군과 싸웠다. 그때 해와 달을 머물게 한 사건이 일어났다. 또한 사무엘이 블레셋을 치고 사울과 요나단이 블레셋을 쳐서 내려간 길이다. 물론 다윗도 르바임 골짜기를 통해 올라온 블레셋을 이 길을 통하여 밀어냈다. 다윗은 왕이 되어 이 길을 따라 법궤를 옮겨 왔다. 이런 기쁜 사건 외에도 이집트 왕 시삭이 쳐들어왔으며 헬라, 로마 등 강대국이 예루살렘을 점령할 때 올라온 슬

엠마오 가는 길
엠마오의 후보지는 여러 곳이다. 그중 니고볼리 엠마오는 가장 크고 잘 알려진 장소다.

엠마오의 후보 중 하나인 기럇여아림의 아부고쉬교회
말씀궤가 머물던 곳에 말씀이 되신 예수님이 오셔서 말씀으로 사람들을 설득하셨다.

픔의 길이기도 하다.

이런 침략의 땅에 예수님은 적을 이길 수 있는 유일한 길이 말씀이라는 점을 강조하신다.

예루살렘의 가장 중요한 길을 걸으신 예수님은 미련하여 선지자의 말을 더디 믿는 엠마오 도상의 제자들에게 모세와 모든 선지자의 글로 시작하여 예수님에 관한 것을 자세히 설명해 주셨다. 그러자 그들의 마음이 뜨거워졌다.

예루살렘에 여호와의 성전이 있고 그 성전에는 법궤, 즉 말씀판이 있다. 이 말씀판은 에브라임 지파 실로에 있다가 블레셋에게 빼앗긴 후 유다로 넘어왔다. 블레셋에서 돌아온 법궤는 짧게는 20년, 길게는 80년가량 기럇여아림에 머물렀다([부록-복음서 2 지도]에서 찾아보라). 예수님은 말씀궤가 머물던 근처에 오셔서 그 말씀의 중심이 자신인 것을 자세히 해석해 주셨다. 예수님의 지상 사역 중 하나가 이 말씀의 참 뜻을 알려 주는 것이므로 말씀궤가 머물렀던 장소를 부활하신 후에도 찾아가신 것이 아닐까?

예수님은 두 제자에게 말씀을 심어 주고 마음을 뜨겁게 하셨다. 말씀의 궤인 언약궤가 머물던 곳에서 말씀으로 마음을 변화시켰다.

엠마오로 가는 길에서 일어난 일

- 여호수아와 가나안 연합군의 전투: 해와 달을 머물게 함.
- 다윗이 르바임 골짜기를 통해 올라온 블레셋을 밀어낸 길.
- 다윗이 왕이 되어 법궤를 옮겨 온 길.
- 애굽 왕 시삭이 쳐들어왔던 길.
- 헬라, 로마 등 강대국이 예루살렘을 점령할 때 올라온 길.

지도 그리기

복음서 7
예루살렘 9일

부록에서 지도를 찾아 그리세요

내가 네게 부탁한다

성경 마 28:16-20, 요 21장 **연대** AD 31년

핵심 본문 부활 이후 갈릴리 바닷가, 예루살렘 감람산 등

지도 복음서 5

갈릴리-네가 나를 사랑하느냐 ㊽

갈릴리는 예수님이 제자들을 다시 부르신 곳이다. 예수님의 부활을 목격한 몇 제자가 앞길을 결정하지 못하다가 갑자기 갈릴리에 등장한다. 얼마 전까지 예루살렘에서 예수님을 만나던 제자들이 왜 갑자기 갈릴리에 나타난 것일까?

갈릴리 마지막 사역

베드로는 예수님이 돌아가시기 전에 하신 말씀과 부활 후 마리아에게 명령하신 말씀을 기억하고 실천에 옮겼다.

> 그러나 내가 살아난 후에 너희보다 먼저 갈릴리로 가리라 마 26:32
> 이에 예수께서 이르시되 무서워하지 말라 가서 내 형제들에게 갈릴리로 가라 하라 거기서 나를 보리라 하시니라 마 28:10

갈릴리에 가서도 마땅히 할 일이 없던 제자들은 예전의 어부로 돌아

베드로가 고기를 잡던 저녁 에 예수님이 기다리며 바라 보시던 곳으로 여겨지는 에 레모스.

에레모스에서 바라본 갈릴리 바다
예수님은 밤새도록 물고기 하나 못 잡은 베드로와 제자들을 바라보셨다. 가장 깊은 곳은 사진의 왼쪽 가운데다.

갔다. 사람 낚는 어부가 되지 못한 제자들이 과거로 회귀한 것이다.

오랜만에 물고기를 잡으러 나갔으나 밤새도록 한 마리도 잡지 못하고 곧 동이 트기 시작했다. 중동의 강렬한 태양이 떠올라 갈릴리 바다를 비추자 바다는 금방 금빛으로 바뀌었다. 사방을 일일이 구별하기도 힘들 정도로 눈부신 바다로 변했다.

그때 부두에서 한 사람이 나와 "이봐 뭐 잡았소?"라고 물어본다. 제자들이 "못 잡았소" 하자 태양이 갈릴리 바다에 비추고 바다는 눈이 시리도록 부셔서 한 오십 칸쯤(90m) 앞 사람의 얼굴도 구분할 수 없었다. 아침 태양에 제자들은 그를 고기 사러 온 상인쯤으로 생각했다.

그런데 그 사람이 제자들에게 오른쪽에 그물을 던지라고 한다. 오른쪽은 수심이 깊은 곳이다. 무심코 오른쪽 깊은 곳에 그물을 던졌더니 뜻밖에도 그물에 걸려든 고기가 헤아릴 수 없이 많았다. 이때 예민한 요한이 옛날 일을 기억해 낸다.

3 예수께서 한 배에 오르시니 그 배는 시몬의 배라 육지에서 조금 떼
기를 청하시고 앉으사 배에서 무리를 가르치시더니 **4** 말씀을 마치시
고 시몬에게 이르시되 깊은 데로 가서 그물을 내려 고기를 잡으라 **5**
시몬이 대답하여 이르되 선생님 우리들이 밤이 새도록 수고하였으
되 잡은 것이 없지마는 말씀에 의지하여 내가 그물을 내리리이다 하
고 **6** 그렇게 하니 고기를 잡은 것이 심히 많아 그물이 찢어지는지라

눅 5:3-6

베드로가 예수님을 처음 만났을 때도 밤새 고기를 하나도 못 잡았다. 그러나 예수님의 명령을 따라 깊은 데 그물을 던지자 그물이 찢어지도록 고기를 많이 잡았다. 요한은 그 상황을 떠올리고는 외쳤다. "예수님이시다." 그제야 조금 느린 베드로가 깨닫고 바로 물로 뛰어들어 헤엄쳐 갔다.

머리가 나쁘면 몸이 고생한다고. 생각은 둔하지만 즉흥적인 베드로는 이번에도 누구보다 먼저 예수님께 달려갔다. 고기보다 고기를 잡게 하

신 분을 더 사모하는 그 마음을 본받을 만하다.

베드로가 잡았다는 베드로 고기
좋은 물고기는 비늘과 지느러미가 있는 물고기를 말한다. 베드로는 피할 곳을 찾다가 물고기를 세면서 부끄러운 상황을 모면하려 했다.

예수님이 부활하신 후 처음으로 베드로와 일대일로 만나신다. 베드로는 기쁜 마음에 헤엄쳐 오기는 했으나 예수님을 부인한 일이 생각나서 똑바로 쳐다볼 수 없었다. 다른 사람은 모두 주를 버려도 나만은 안 버리겠다고 장담하고도 너무 쉽게 버렸기 때문이다. 더구나 예수님은 모닥불을 피워 놓고 제자들을 기다리고 계셨다. 우리는 모닥불 하면 낭만적인 캠프를 떠올리지만, 베드로에게 모닥불은 예수님을 세 번이나 부인한 그날 밤을 떠올리게 했다. 모닥불의 불꽃 사이로 자신을 바라보던 예수님의 눈빛을 도무지 잊을 수 없는 것이다.

베드로는 기쁨도 잠시, 곧 민망하여 예수님께 가던 걸음을 멈추고 배가 오는 곳으로 얼굴을 돌려 누구보다 열심히 고기 정리하는 일에 열중했다. 멋쩍은 만남을 피해 보고자 하는 베드로의 태도를 생각해 보라.

물고기 153: 회복시켜 다시 사명을 주시다

멋쩍은 베드로에게 예수님이 잡은 고기를 가져오라고 하신다. 베드로가 피할 길이 생겼다. 물고기를 세고 또 세었다. 가져오라고 했는데 세고 있다. 비늘이 있고 지느러미가 있는 정결한 고기가 153마리였다.

153에 어떤 의미가 있는지는 확실하지 않다. 당시 성전의 제단이 아래부터 1규빗, 5규빗, 3규빗 삼단이었다. 예수님이 이어서 식사를 나누신 것은 구약의 예배에서 신약의 예배로 넘어가는 장면이라고 볼 수 있다. 예수님이 원하시는 예배는 회복시켜 다시 사명을 주는 예배였다.

베드로는 한쪽 구석에서 어색한 모습으로 식사했을 것이다. 더구나 헤엄쳐 오느라 온 몸과 머리가 다 젖은 상태다. 마치 물에 빠진 생쥐가 고양이 앞에서 두려워 떠는 것 같은 모습이다. 예수님이라는 사실을 알고 당장에 뛰어가던 담대한 베드로는 찾아볼 수 없다. 마침내 식사가 끝나자 예수님이 입을 여셨다.

예수님이 모닥불을 피워 아픈 기억을 떠올리게 하시더니 이제 세 번 사랑을 확인하시며 세 번 부인한 자신을 완전히 드러나게 하신다. 결국 베드로는 자신있게 "예, 그렇습니다"라고 대답하지 못했다. 그러면 무엇이라고 했나?

> 주께서 세 번째 네가 나를 사랑하느냐 하시므로 베드로가 근심하여 이르되

주님 모든 것을 아시오매 내가 주님을 사랑하는 줄을 주님께서 아시나이다 예수께서 이르시되 내 양을 먹이라 요 21:17

/
네가 나를 사랑하느냐 물으셨던 장소에 초대교회부터 놓여진 하트 모양의 징검다리

주님이 자기 마음을 아실 것이라 할 뿐 첫 번째와 두 번째 질문에서 한 것처럼 '그렇습니다'라고 자신 있게 대답하지 못한다. 하지만 이 만남으로 베드로는 쓰라린 과거를 청산하고 위대한 사도의 길을 걷기 시작한다. 갈릴리의 첫사랑을 회복한 뒤 담대하게 복음을 전하게 된 것이다.

가장 심각한 상처를 의사이신 예수님께 드러내고 치료받은 후 베드로는 더 이상 예수님을 부인한 상처를 감추지 않았다. 베드로가 예수님을 부인한 사건은 베드로와 예수님만 아는 사건이다. 그런데 사복음서에 모두 나타난다. 베드로가 말하지 않았으면 도저히 알 수 없는 비밀이다. 예수님의 사랑을 확인한 베드로는 결국 전통대로 십자가에 거꾸로 매달려 죽기까지 주님께 충성했다. 갈릴리는 첫사랑을 회복하는 곳이었다.

다시 시작하라

예수님은 베드로를 처음 불렀던 장소에서 똑같은 장면을 재현함으로써 그를 다시 부르셨다. 실패해도 버리지 않고 다시 쓰시는 예수님을 본다. 온전한 회복은 다시 사랑으로 나가는 길이다.

우리는 온전한 사랑을 할 수는 없다. 그러나 더 사랑할 수는 있다. 우리는 예수님을 과거의 어느 누구보다 더 사랑한다고 할 수 없을지 모른다. 그러나 세상 어떤 존재보다 사랑한다고 할 수는 있다.

사랑한다는 것은 무엇일까? 예수님이 말씀하셨듯이 주님의 어린양을 먹이는 일이다. 소외되고 어려운 작은 자를 섬김이 바로 보이지 않는 예

/
베드로 수위권 교회
첫 소명이 있던 곳에서 주님은 베드로에게 다시 소명을 주셨다. 그 교회에 주님의 식탁이라는 바위가 놓였다.

/
베드로수위권교회가 있는 타브가와 팔복산 사이 언덕에 세워진 바위에 마태복음 28장이 적혀 있다. 아마도 이런 환경에서 마지막 사명을 말씀하셨으리라.

수님을 사랑하는 길이다.

지상 명령: 가르쳐 지키게 하라

이후 예수님은 복음을 자주 가르치시던 한 산에서 제자들을 다시 모아 그들의 실패한 신앙을 회복시키고 앞으로 나아갈 길을 제시하셨다. 팔복산 아래에는 기념 돌을 세워 놓고 그때를 기념하는 장소가 있다.

> **19** 그러므로 너희는 가서(전도) 모든 민족을 제자로 삼아(훈련) 아버지와 아들과 성령의 이름으로 세례를 베풀고(친교) **20** 내가 너희에게 분부한 모든 것을 가르쳐 지키게 하라(섬김) 볼지어다 내가 세상 끝날까지 너희와 항상 함께 있으리라 하시니라(예배) 마 28:19-20

예수님은 베드로를 회복시키신 뒤 곧이어 갈릴리에서 사명을 주셨다.

여기서, 묵상

마 28:19-20 말씀은 건강한 교회가 가져야 할 교회의 5대 요소를 가르쳐 준다. '전도와 훈련, 친교, 섬김, 예배'가 그것이다. 그러므로 건강한 교회로 서는 것이 예수님의 지상 명령이다. 특히 '제자 삼으라'가 주된 명령으로서 제자 삼고 나서야 그다음 일들을 진행할 수 있다. 하나님 나라에서 우리가 평가받을 일은 이 지상 명령, 즉 제자를 얼마나 삼았느냐이다.

지도 그리기

복음서 5

부활 이후

부록에서 지도를 찾아 그리세요

역사와 묵상

01 예수님이 유월절에 예루살렘에 올라 보낸 마지막 9일간을 요일별로 요약하면서 의미 있는 사건을 나누어 보자.

① 토요일-베다니 나사로의 집 : 가난한 동네에서 최고가의 기름 부음을 받음
② 주일-감람산 벳바게 : 나귀 타고 입성하심
③ 월요일-성전의 이방인 뜰 : 장사하던 상인들을 쫓아내심
④ 화요일-성전 뜰 : 세금과 부활 등을 논쟁하심
감람산 : 심판 말씀
⑤ 수요일-베다니 : 예수님은 침묵하시고 가룟 유다는 배신함
⑥ 목요일-마가 다락방 : 최후의 만찬
감람산 겟세마네 : 기도
⑦ 금요일-안토니아 요새부터 골고다까지 십자가의 길 : 고난과 죽음
⑧ 토요일-골고다 : 무덤에 계심
⑨ 주일-골고다 : 부활

---

02 마리아는 예수님을 섬기는 데 초점을 맞추었다. 그래서 엘리야 시대 갈멜 산 제단에 귀한 물을 부었던 것처럼 최고의 예물을 주님께 드렸다. 그러나 가룟 유다는 지속적으로 돈궤에서 돈을 횡령해 왔고, 마침내 예수님을 노예 한 사람 몸값에 팔아 넘겼다. 마리아의 섬김과 가룟 유다의 주님 이용, 당신의 신앙은 이 사이에서 우왕좌왕한 적은 없는가?

03 누구든지 예수님의 제자가 되려면 자기 십자가를 지라고 하신다(마 16:24). 또한 수고하고 무거운 짐진 자들은 예수님께 와서 같이 멍에를 메고 배우라고 하신다(마 11:28-29). 구레네 시몬은 예수님의 십자가를 지고 그의 온 가정이 구원받았다. 내가 져야 할 십자가, 주님과 함께 지며 배워야 할 십자가를 묵상해 보자.

04 예루살렘에서는 에덴동산-아브라함의 여호와 이레-다윗의 아라우나 타작마당-솔로몬의 성전-예수님의 호적과 반 세겔 사건이 구원이라는 주제를 가지고 연속적으로 일어났다. 수천 년간 계획되고 준비된 사랑 이야기, 당신보다 더 귀한 아들을 내어 준 감동 스토리가 평화의 성이라는 뜻을 가진 예루살렘에서 완성되었다. 당신은 수천 년의 구원 계획을 통해 탄생한 천하보다 귀한 생명이다. 이 아름다운 이야기를 내 언어로 정리해 보자.

05 부활 후 예수님은 제자들을 길릴리로 불렀다. 그리고 첫 부름의 사건을 재현하셨을 뿐만 아니라 베드로가 배신한 사건도 재현하셨다. 영적 치료를 위해서는 먼저 회개의 기회를 가지고 다시 점검해야 할 필요가 있다. 예수님은 "다른 사람(것)보다 더 사랑하느냐"고 물으셨다. 그렇다면 "내 어린양을 먹이라"고 하셨다. 당신이 회복을 위해 직면해야 할 부분은 무엇인가? 주님을 더 사랑하기 위해 해야 할 소명은 무엇인가?

색인

사진에 도움을 주신 분들

김한기 작가: 행5 밧모와 그레데 중간에 위치한 산토리니, 행62 안디옥전경, 행65 실루기아 항구와 구브로 항구, 행66 바보 채찍질 교회, 행147 예루살렘항공

서진교 목사: 대영박물관 인물상: 28 알렉산더, 행116 베스파시안, 행121 아스클레피온, 행198 티토

양동균 목사: 62 수전절 팽이, 220 수전절 하누카

염태공 작가: 91 알렉산드라 마가 교회, 표지 양 사진

유바울 목사: 62 수전절, 167 안식일 엘리베이터, 194 정결예식,

예월수 집사: 24 나일 강, 126 엘리야 승천언덕

이스라엘관광청: 170 팔복산, 행49 가이사랴 약도

터키관광청: 행137 에베소

한상화 교수: 행201 계시동굴과 요한초상, 행202 계시동굴에서 본 항만

MEMO

역사지리로 보는 성경

신약편 2 | 사도행전-요한계시록

역사지리로 보는 성경

지은이 | 이문범
초판 발행 | 2017. 3. 8
17쇄 | 2025. 3. 14
등록번호 | 제1988-000080호
등록된 곳 | 서울특별시 용산구 서빙고로65길 38
발행처 | 사단법인 두란노서원
영업부 | 2078-3333   FAX | 080-749-3705
출판부 | 2078-3331

책 값은 뒤표지에 있습니다.
ISBN 978-89-531-2811-8   04230
ISBN 978-89-531-2810-1   04230(세트)

독자의 의견을 기다립니다.
tpress@duranno.com   www.duranno.com

두란노서원은 바울 사도가 3차 전도여행 때 에베소에서 성령 받은 제자들을 따로 세워 하나님의 말씀으로 양육하던 장소입니다. 사도행전 19장 8~20절의 정신에 따라 첫째 목회자를 돕는 사역과 평신도를 훈련시키는 사역, 둘째 세계선교(TIM)와 문서선교(단행본·잡지) 사역, 셋째 예수문화 및 경배와 찬양 사역, 그리고 가정·상담 사역 등을 감당하고 있습니다. 1980년 12월 22일에 창립된 두란노서원은 주님 오실 때까지 이 사역들을 계속할 것입니다.

역사 지리로 보는 성경

신약편 2

사도행전
-
요한계시록

이문범 지음

GEO-HISTORICAL
PANORAMA BIBLE

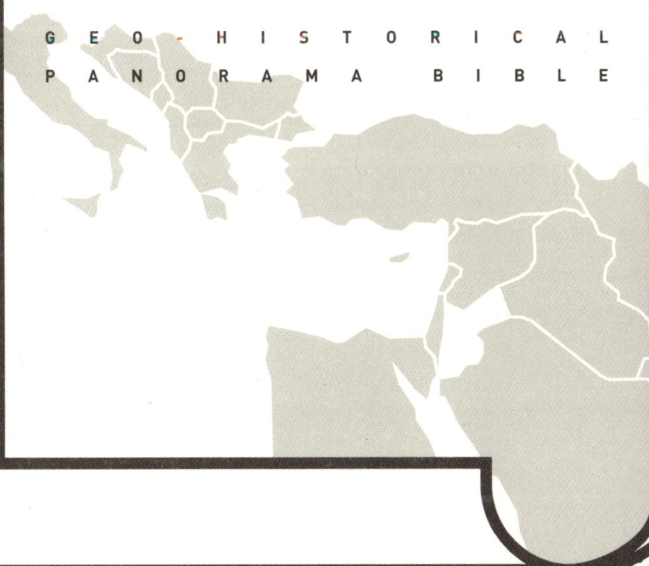

두란노

목차

part 3 땅에서 땅으로 퍼져가는 복음

사도행전

part 4 끝까지 이겨내 새 땅에서 만나리

요한계시록

밧모와 그레데 중간에 위치한 산토리니

예루살렘 마가의 다락방에서 시작된 복음은 유대와 사마리아와 땅 끝까지 퍼졌다. 이스라엘에서 태동한 복음의 씨앗이 민들레 홀씨처럼 유럽과 아시아 땅으로 퍼진 것이다. 이방 땅에게 전해진 복음의 발자취를 따라가다 보면 동쪽 끝 한국에 복음이 전해졌다는 사실에 벅찬 감동을 느낄 것이다.

PART 3

사도행전

땅에서 땅으로
퍼져 가는 복음

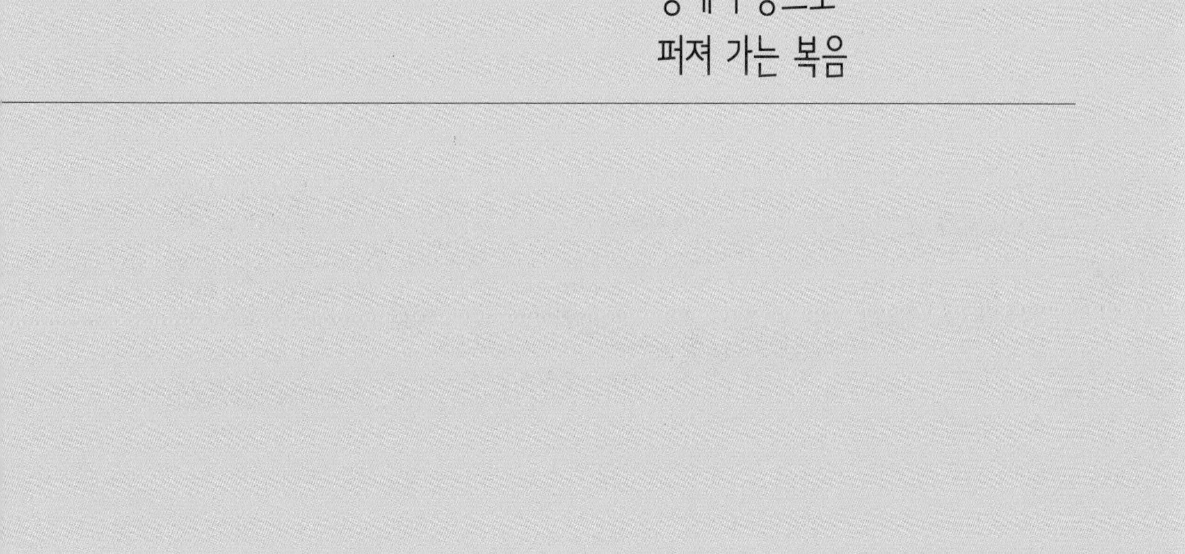

| 사도행전 개관 |

땅 끝까지 퍼지는 복음

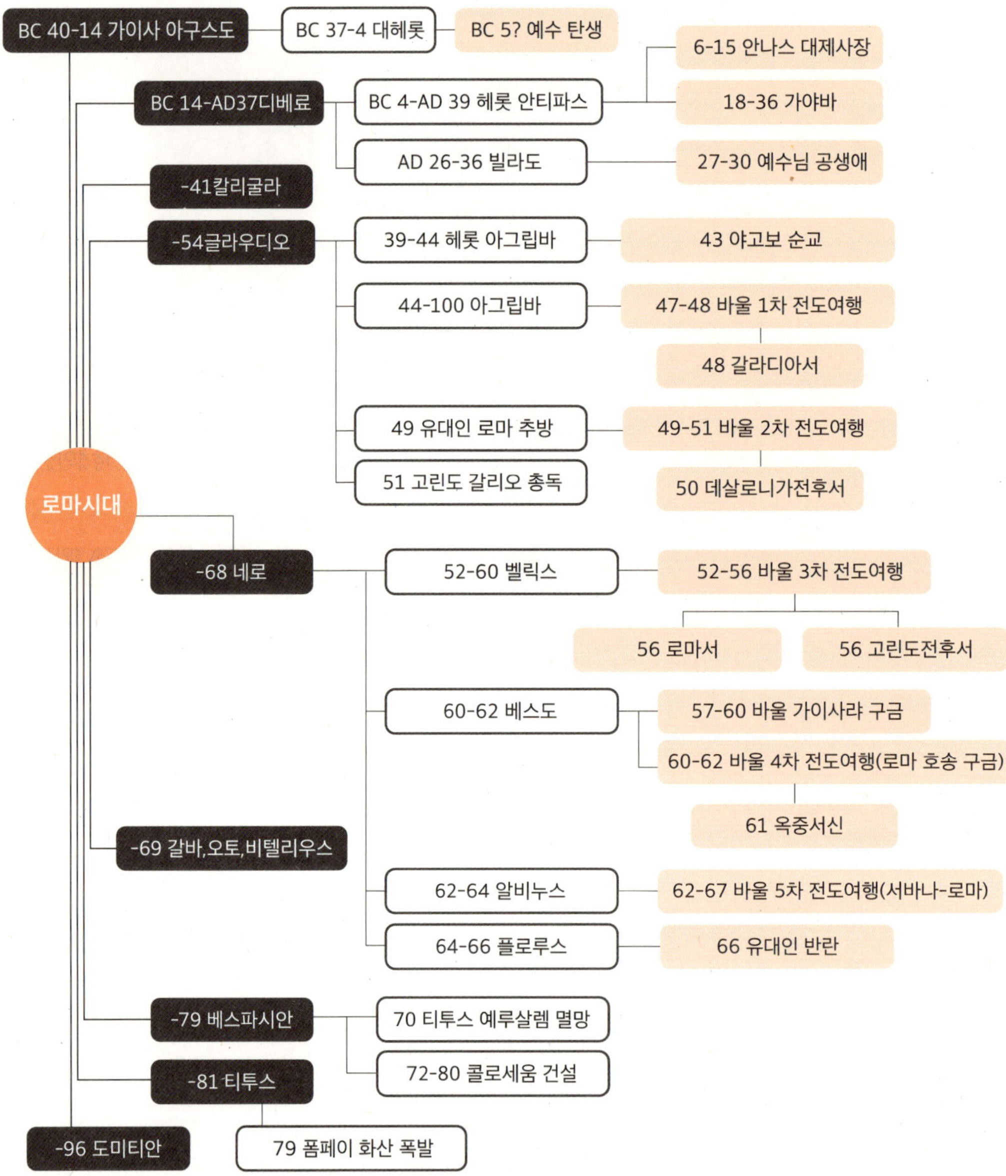

사도행전의 정치 배경

이제 복음의 지경이 확대된다. 로마 제국으로 확대되는 복음의 배경을 알기 위해서는 당시 정치 변화를 알아 둘 필요가 있다. 유대에서는 총독이 통치하다가 헤롯 집안이 통치하는 등 변화가 많았다. 로마 황제 가이사 아구스도 때 팍스로마나가 시작되었으며, 이어 디베료는 위임 통치를 했다.

유대는 대헤롯에 이어 3개 지역으로 분할되어 위임 통치되었다. 갈릴리와 베레아는 헤롯 안티파스가, 북쪽 골란 고원 쪽은 헤롯 빌립이, 유대 산지와 사마리아는 행정장관에 해당하는 로마 총독이 통치했다. 이렇듯 대헤롯 가는 예전의 명성만 못하지만 분봉왕으로서 지역을 바꾸어 가며 위임 통치를 했다. 헤롯 가문에서는 대헤롯과 헤롯 아그립바 1세가 가장 영향력 있는 인물이었는데, 아그립바는 한때 가장 넓은 영역을 통치했다. 그러나 AD 44년 아그립바가 죽자 모든 지역이 로마 총독권 아래 들어갔다.

왼쪽 마인드맵에서 제시한 연대 기록은 확정하기 힘들다. 역사가들이 주전을 뜻하는 BC(Before Christ)와 주후를 뜻하는 AD(Anno Domini)의 표기에도 불구하고 고대 기원의 시작을 바르게 잡지 못해 예수님의 탄생부터 문제가 되었다. 그나마 확실한 연대는 빌라도의 총독 기간인 AD 26~36년과 누가복음 3:1의 디베료 황제 15년인 AD 28년, 사도행전 12:20-23의 헤롯 아그립바가 충 먹어 죽은 AD 44년, 갈리오가 고린도 총독으로 부임한 AD 51년 봄(행 18:12-17) 등이다. 이를 기준으로 연대를 추정하다 보니 앞뒤 1년 차이는 다반사로 일어난다.

당시 정치 상황 속에서 유대는 크게 수리아 총독의 지배를 받았다. 그러나 종교적으로 보면 백성에게 가장 영향력을 미친 인물은 대제사장들이었다. 대제사장은 '산헤드린'이라는 유대인 최고 통치 기관의 의장을 담당하기도 했다. 그러나 구약 시대와 달리 대제사장은 헤롯 가문이나 로마 총독이 임명한 자로서 그들과 정치적으로 야합하기 쉬웠으며 돈으로 직분을 사고팔기도 하는 등 부패가 많았다. 종신직인 대제사장이 한 명이 아니라 때로 여러 명이 된 것도 이 때문이

: 17일

오늘 읽을 분량

성경 행 1-12

본서 8-58쪽

성경의 맥 잡기

1. 예루살렘 성령 강림
2. 예루살렘 교회 부흥
3. 사마리아 전도
4. 땅 끝 전도의 시작

신구약 연결 포인트

1. 오순절(율법 수여일)과 성령 강림, 새 언약 관계
2. 바벨탑과 방언
3. 헤롐과 아나니아 삽비라 범죄
4. 빌립의 전도와 이삭과 다윗의 온유함
5. 욥바의 요나와 베드로 이방 전도

묵상 가이드

1. 왜 오순절에 성령님이 임하셨나?
2. 교회의 본질과 시험
3. 사마리아와 가이사랴에 임한 성령 강림 방법은?
4. 아름다운 발이 시작된 욥바에서 복음 전파가 어떻게 시작되었나?

다. 제사장들은 대부분 사두개인에 속했으나 백성들은 바리새파에 더 많이 속했다. 성전 파괴와 함께 사두개인과 대제사장의 힘도 몰락했다.

사도행전의 지리적 구조

사도행전의 지리적 구조는 예수님이 승천하면서 주신 사도행전 1:8의 말씀에서 나타난다.

> 오직 성령이 너희에게 임하시면 너희가 권능을 받고 예루살렘과 온 유대와 사마리아와 땅 끝까지 이르러 내 증인이 되리라 하시니라 행 1:8

사도들이 전하는 복음은 먼저 예루살렘의 마가 다락방에서부터 시작되었다. 마가 다락방에 임한 성령 강림으로 자극을 받은 사도들은 예루살렘과 그 주변인 유대 지역에 복음을 전하고 다녔다.

이 복음은 스데반 순교를 계기로 사마리아 지역으로 확장된다. 이때 선봉장이 된 빌립 집사가 사마리아에 복음을 전하고 세례를 베푼 뒤 베드로와 요한이 안수를 주어 성령의 불씨를 일으킨다. 빌립이 전도해 개종한 에티오피아 내시도 큰 틀에서는 사마리아인 범주에 든다고 할 수 있다.

이제 남은 땅 끝은 사람으로 생각하면 이방인을 지칭한다. 이방인 중 처음으로 가이사랴의 고넬료가 베드로를 초청하여 말씀을 들을 때 성령을 받았다. 땅 끝이 시작된 것이다. 그리고 그 불씨를 확장한 사람은 사도 바울이다. 그는 안디옥교회를 부흥시키고 전도여행을 통해 아시아, 유럽으로 복음을 전했다. 한때 예루살렘에 억류되기도 했으나 죄인의 신분으로 로마로 압송돼 그곳에서 로마를 비롯해 서바나(스페인)까지 복음을 전했다.

사도행전 12장까지의 배경: 예루살렘에서 가이사랴까지

사도행전 28장 중 12장까지의 배경은 이스라엘 땅을 벗어나지 않는다. 예수님

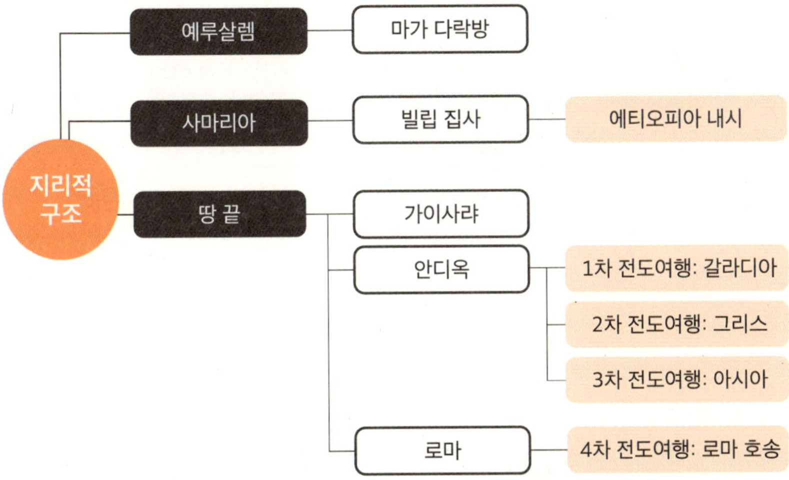

사도행전 복음의 흐름
유대에서 수리아의 안디옥-갈라디아-그리스-아시아-로마-서바나로 퍼져 갔다.

이 사역하던 예루살렘을 중심으로 예루살렘교회의 역사를 기록하고 있다. 이어서 복음은 엠마오 제자들과 함께 가던 방향인 서쪽을 향한다. 말씀의 배경이 예루살렘의 서북쪽 사마리아 도시와 서쪽 룻다와 항구 도시인 욥바와 가이사랴로 향한다.

유대와 사마리아와 땅끝까지 복음이 퍼져나갔다.

장별로 요약하면 다음과 같다.

| 1-7장: 예루살렘과 온 유대에 초점을 맞춘다.
| 8장: 사마리아와 유대교로 개종한 이방인도 포함한다.
| 9장부터: 땅 끝의 시작과 확장에 주력한다. 땅 끝은 이방인이 사는 지역을 말한다.

예루살렘 마가의 다락방에서 시작된 성령의 임함과 사역이 사마리아와 가이사랴 고넬료 집을 징검다리 삼아 세계로 향하고 있다. 1-12장까지 예루살렘 중심이던 복음은 안디옥으로 넘어가 전도여행을 따라 갈라디아, 그리스, 아시아를 거쳐 로마로 퍼져 간다. 지도를 보면서 그 흐름을 익혀 두라. 사도행전은 우리가 마침표를 찍어야 하는 미완성 책이다.

| 승천과 성령 강림 |

예루살렘에서의 마지막 부탁

성경 행 1-2장 **연대** AD 31년

역사적 배경 빌라도 총독(AD 26-36)

핵심 본문 감람산 승천, 오순절 성령 강림

지도 복음서 7

감람산-승천: 왕으로서 부탁하시다 (49) 막 16:19-20, 눅 24:50-53, 행 1:4-11

예수님은 부활하신 후 40일간 지상에서 활동하셨다. 사복음서 곳곳에 그 행적이 나온다. 주의할 것은 예수님이 부활 후 만난 사람은 주로 제자들이라는 점이다. 부활하신 예수님은 대중 사역을 그치고 제자들을 훈련시키며 그들을 회복하신다. 그 사역 중 대표적인 것이 갈릴리에서 베드로를 만나 예수님을 부인한 사건의 회복이다.

숫자 40의 의미

실패한 제자들을 다시 세우신 예수님이 주로 말씀하신 것은 친히 살아나심과 하나님 나라의 일이었다. 40은 모세의 광야 생활에서 정탐꾼의 사역까지 세상의 숫자를 지칭한다. 예수님은 사역을 시작하실 때 40일 동안 금식하시고 40일 동안 부활의 영광을 나타내신 뒤 광야 같은 세상의 사역을 마감하신다(행 1:3).

예수님은 이제 사도들과 함께 감람산에서 모이셨다. 감람산의 위치는 [부록-복음서 7 지도]를 보며 확인해 보자.

제자들이 감람원이라 하는 산으로부터 예루살렘에 돌아오니… 행 1:12
예수께서 그들을 데리고 베다니 앞까지 나가사 손을 들어 그들에게 축복하시더니 눅 24:50

예수님은 초실절에 부활하신 뒤 40일 동안 땅에 계시면서 제자들을 세우신 후 예루살렘 앞 감람산에서 승천하셨다.

예수님이 승천하신 산은 올리브(감람) 나무가 많은 감람산이었다. 누가는 구체적으로 베다니 앞에 있는 감람산이라고 한다. 감람산의 벳바게에서 나귀를 타고 왕으로 입성하셨던 예수님은 이제 모든 이름 위에 뛰어난 이름을 가지신 분으로 하늘에 올라가 보좌에 앉으시려 한다.

감람산에는 이를 기념하여 두 개의 승천 기념처가 있다. 하나는 십자군 시대에 세운 것으로 감람산 정상에, 다른 하나는 벳바게 가까운 정상에 있다.

예수님은 왜 감람산에서 승천하셨을까?

그것은 얼마 전 예수님이 나귀를 타고 감람산에서 예루살렘으로 입성하던 사건을 생각하면 짐작할 수 있다. 예수님은 나귀를 타고 백성의 환호를 받으며 고난받을 왕으로 입성하셨다. 이것은 솔로몬이 왕으로 즉위할 때의 의식과 방향이 같다. 스가랴 선지자는 이 일을 이렇게 예언한다.

그날에 그의 발이 예루살렘 앞 곧 동쪽 감람산에 서실 것이요 감람산은 그 한가운데가 동서로 갈라져 매우 큰 골짜기가 되어서 산 절반은 북으로, 절반은 남으로 옮기고 슥 14:4

예수님은 종려주일에 왕위 즉위식을 위해 출발한 그 산에서 하늘과 땅의 모든 권세를 가진 모든 이름 위에 뛰어나신 이름으로 승천하셨다. 따라서 예수님이 마지막으로 제자들에게 부탁하신 말씀은 모든 정사와 권세와 능력을 주관하는 왕으로서 명령하신 것이다. 경외하는 마음으로 그 명령을 들어 보자.

오직 성령이 너희에게 임하시면 너희가 권능을 받고 예루살렘과 온 유대와 사마리아와 땅 끝까지 이르러 내 증인이 되리라 하시니라 행 1:8

예수님 승천 장소
감람산에는 그리스 정교회의 승천탑과 십자군 시대의 승천돔이 있다.

마가 다락방-성령 강림: 성령의 생수가 흘러 살아나게 하시다

51 **행 1:12-2:13**

예수님의 지상 명령은 하나님 나라의 확장이었다. 예루살렘에서 복음 확장이 시작되지만 그러기 위한 전제 조건은 아버지가 약속하신 성령이 임하시는 것이다. 예수님은 승천하시면서 예루살렘을 떠나지 말고 성령님을 기다리라 하셨다. 마가의 다락방은 예수님이 승천하신 곳에서 안식일에 걷기 알맞은 거리였다. 승천탑에서 성전까지는 1km가량 되는데, 랍비들은 안식일에 걸을 수 있는 거리를 2천 규빗(1.1km)으로 제한했다. 그 이상을 걸으면 노동과 같은 것으로 간주했다. 40일간 세상에 계시다 승천하고 10일 후가 오순절이었는데, 그날을 기독교 방식으로 계산하면 오순절은 주일이므로 승천일은 목요일이라 볼 수 있다(행 1:3).

> 제자들이 감람원이라 하는 산으로부터 예루살렘에 돌아오니 이 산은 예루살렘에서 가까워 안식일에 가기 알맞은 길이라 행 1:12

감람산에서 돌아오는 길은 예전에 예수님과 함께 자주 걸었던 길이자 마가의 다락방에서 겟세마네 동산으로 동행하던 길이기도 하다.

감람산에서 마가 다락방까지의 거리는 안식일에 가기 알맞은 2천 규빗, 즉 1.1km였다.

안식일 제한 거리
2천 규빗=1.1km

예루살렘에서 흘러가는 생명수의 강

다락방이라니까 집에서 부수적인 공간으로 생각하기 쉬운데 유대인들은 다락방이 거실이나 다름없었다. 따라서 '다락방에 올라갔다'고 하면 '집으로 들어갔다'고 이해하면 된다. 감람산에서 1.76km 거리에 위치한 다락방은 마가복음을 기록한 요한이라는 마가의 집으로 보인다.

예루살렘은 크게 네 부분으로 나눌 수 있다. 남쪽부터 최초 예루살렘인 다윗 성과 성전이 세워진 성전산, 그리고 히스기야 때 확장한 윗성, 충 먹어 죽은 헤롯이 확장한 골고다가 그것이다.

동쪽에는 기드론 골짜기가 두르고 있다. 중앙 골짜기가 최초로 예루살렘을 두르다가 성이 확장되면서 힌놈의 골짜기가 남쪽과 서쪽을 두르고 있다. 삼지창과 같이 흘러내리는 기드론, 중앙, 힌놈의 골짜기는 남쪽에서 만나 유다 광야를 지나 염해로 흘러간다

마가의 다락방은 윗성에 위치했다. 윗성에는 헤롯의 궁전부터 대제사장의 집까지 부유하고 권력을 가진 사람이 많이 살았다. 마가가 유력한 집안의 출신임을 알 수 있다.

이곳에 120명가량이 모였는데 특별히 눈에 띄는 사람은 예수님의 어머니 마리아와 아우들이다(행 1:13-14). 그들은 예수님을 미친 사람 취급했었지만(막 3:21) 부활 이후 예수님을 만난 뒤 주님으로 모시면서 예루살렘의 기둥과 같은 인물이 되었다(갈 1:19, 2:9).

마가 다락방은 예수님이 유월절을 준비하게 하여 최후의 만찬을 나눈 장소다. 이때 제자들은 예수님의 지시를 받아 실로암에서 물을 떠 가는 사람을 따라 마가의 다락방까지 갔다(막 14:13). 이제 그곳에서 성령의 생수가 부어지기 시작한다.

승천 이후 사역

49. 감람산-승천
50. 아겔다마-가룟 유다
51. 마가 다락방-성령 강림

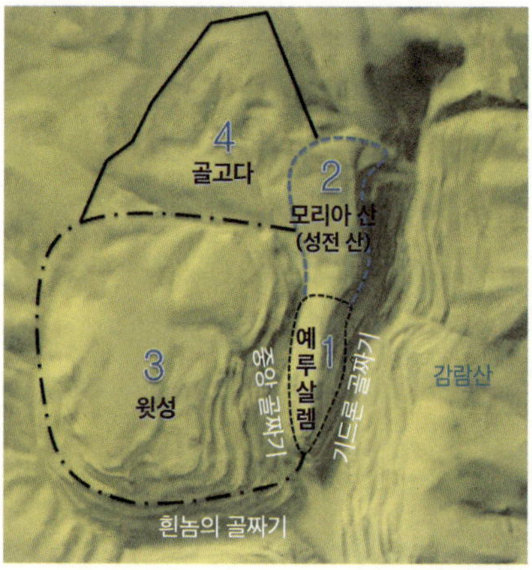

이 생수가 실로암 쪽으로 흘러내려 기드론 골짜기를 향하여 간다. 요한복음 7장의 초막절 생수 사건과 에스겔 47장의 성전 제단 생수 환상을 보는 듯하다. 성령의 생수가 메마른 유다 광야와 죽은 염해를 살리는 사건이 일어나기 시작한다.

아겔다마-가룟 유다 ㊿

당시 가룟 유다는 힌놈의 골짜기에서 자살했다(행 1:16-20). 그는 반성은 했지만 회개는 하지 않았다. 회개는 히브리어로 '슈브', 즉 다시 돌아가지 않는 것이다. 그의 모습은 회개를 한 베드로와 대비된다. 가룟 유다의 죽음은 다윗을 배신한 아히도벨의 모습을 보는 듯하다.

예루살렘은 다윗 성과 성전이 세워진 성전산, 히스기야 때 확장한 윗성, 충 먹어 죽은 헤롯이 확장한 골고다로 나뉜다.

> 아히도벨이 자기 계략이 시행되지 못함을 보고 나귀에 안장을 지우고 일어나 고향으로 돌아가 자기 집에 이르러 집을 정리하고 스스로 목매어 죽으매 그의 조상의 묘에 장사되니라 삼하 17:23

마가의 다락방에 모인 120명은 오로지 기도에 힘썼다(행 1:14). 또한 조직을 재정비했다. 가룟 유다라는 과거를 청산하고 12지파와 같이 12사도의 수를 맞추기 위해 제비를 뽑아 맛디아를 얻었다. 이렇게 정비하고 기도에 힘쓰는 가운데 주님이 승천하신 지 10일이 되었다.

가룟 유다가 목매어 죽은 아겔다마는 힌놈의 골짜기 하류로 기드론 골짜기가 합쳐지는 부근이다.

그날은 맥추절이요 칠칠절이라 불리는 오순절이었다. 3대 명절 중 하나인 오순절에 기도하면서 한 곳에 모였을 때 불의 혀같이 갈라지고 바람소리 같은 성령이 임했다. 성령 강림으로 제자들은 성령의 말하게 하심을 따라 다른 방언으로 말하기 시작했다(행 2:4). 그때 다양한 지역에서 온 사람들이 각기 자기 나라의 말로 그들의 말을 들었다.

성령님은 왜 오순절에 오셨나?

오순절에는 초실절부터 한 단씩 거두어 하나님께 바치고 겨울 농사인 밀과 보리 추수를 마무리하면서 감사의 축제를 연다. 추수를 마무리하는 날이기도 하지만 종교적으로는 모세가 시내 산에서 율법을 받은 날이기도 하다. 유대력 1월 15일에 출발한 이스라엘 백성은 3개월이 되던 날에 시내 산에 이르러 3일을 기다린 뒤 모세가 50일째 되는 날 산에서 율법을 받은 날을 오순절이라고 한다(구약 레위기 명절 참고).

그런데 예레미야는 성전이 파괴되고 법궤가 없어지는 상황을 바라보면서 이런 예언을 한다.

> 그러나 그날 후에 내가 이스라엘 집과 맺을 언약은 이러하니 곧 내가 나의 법을 그들의 속에 두며 그들의 마음에 기록하여 나는 그들의 하나님이 되고 그들은 내 백성이 될 것이라 여호와의 말씀이니라
> 렘 31:33

고난-무덤-부활절

유월절 · 무교절 **(7일)** · 초실절

50일 · 7주

성령 강림절

오순절 **(칠칠절, 맥추절)**

성령이 강림한 날은 초실절에서 50일째 되는 오순절, 7주가 지난 후인 칠칠절, 추수를 마치는 맥추절이다. 종교적으로는 모세가 율법을 받은 날이다. 예레미야는 새로운 언약을 말했고 오순절은 새 언약을 받은 날이다.

'구약 시대 오순절'에는 말씀을 돌판에 주셨지만 후에는 마음판에 기록하리라 하셨다. 이 말씀이 '신약 시대 오순절'에 성령이 오시어 각 사람 머리 위에 임하면서 성취되었다. 이제 새 언약은 마음에 새기는 것이다. 언약궤가 놓인 곳이 성전이 되었듯이 말씀의 영이신 성령님이 임하신 각 사람이 하나님의 전이 되었다.

> 너희 몸은 너희가 하나님께로부터 받은 바 너희 가운데 계신 성령의 전인 줄을 알지 못하느냐 너희는 너희 자신의 것이 아니라 고전 6:19

또한 절기의 순환으로 보면 유월절은 십자가와 부활, 오순절은 성령 강림으로 이어지면서 성경의 3대 절기가 구원(유월절)과 교회의 시작(오순절) 그리고 재림(초막절)으로 상징되는 절기라는 사실을 암시한다.

성령 강림은 예수님의 마지막 사역이자 구약의 예언과 관련이 깊다. 뼈들이 쌓여 있던 골짜기에 불던 생령, 시내 산에 임한 불꽃 등은 성령의 임재가 하나님의 임재와 같음을 보여 준다. 삼위일체 하나님은 이 땅에 임하실 때 동일한 반응을 보이신다. 성부 하나님은 시내 산에, 성자 예수님은 베들레헴에, 성령 하나님은 예루살렘에 임하시면서 큰 빛과 영광을 대동하신다.

성령 강림은 예수님의 마지막 사역이자 성령 하나님의 오심이었다. 하나님이 임하실 때마다 불과 바람이 동반되었다.

성령 충만한 사람의 특징

성령이 임하실 때 가장 먼저 일어난 반응은 방언이었다. 이는 모든 사람의 언어가 하나되는 기적이었다. 이런 일이 일어난 이유는 무엇일까? 이 일은 바벨탑 사건을 이해할 때 가능하다.

> 그러므로 그 이름을 바벨이라 하니 이는 여호와께서 거기서 온 땅의 언어를 혼잡하게 하셨음이니라 여호와께서 거기서 그들을 온 지면에 흩으셨더라 창 11:9
>
> 또 말하되 자, 성읍과 탑을 건설하여 그 탑 꼭대기를 하늘에 닿게 하여 우리 이름을 내고 온 지면에 흩어짐을 면하자 하였더니 창 11:4

바벨탑을 쌓아 자기 이름을 내려고 할 때 언어가 갈라졌다. 언어가 갈라짐은 마음이 갈라짐을 의미한다. 언어의 순서가 바뀌면서 중요시 여기는 부분이 달라졌다. 주어, 목적어, 동사 순으로 말하는 우랄 알타이 계열은 행동을 그리 중요하게 여기지 않지만 목적어보다 동사를 먼저 말하는 셈이나 함 계통은 목적보다 행동을 우선시한다.

인류는 노아의 홍수 뒤에 하나님이 명령한 '생육하고 번성하라 땅 위에 충만하라'는 법을 어기고 한 곳에 모여 성과 대를 쌓아 하늘에까지 이르려는 시도를 했다(창 11:1-9). 그리고 이름을 내어 하나님을 대적하며 자신의 왕국을 만들려고 했다. 하나님은 이런 인간 중심적인 세계를 용납하지 않으셨다. 그래서 언어를 흩으셨다.

그런데 마가의 다락방에서 그 문제가 해결되었다. 하나님을 중심으로 한마음을 품고 기도하여 성령으로 하나 된 사람들이 언어를 극복하게 된 것이다. 자기 이름을 내려고 하면 분열이 일어나고, 하나님의 이름을 내려고 하면 하나가 된다. 계시록 7:9에도 "각 나라와 족속과 백성과 방언"이 모여 하나님을 찬양했다. 한 마음, 한 언어로 찬양한 것이다.

성령 강림을 받은 사람들은 인간 중심적인 공동체가 아니라 성령이 인도하시는 하나님 중심의 공동체가 된다. 그들은 인간의 나라가 아닌 성령이 인도하시는 하나님 나라를 이루어 간다. 그런 점에서 그들은 자신의 이름이 아닌 하나님의 이름을 내려 하므로 언어가 회복되는 역사가 이루어진다.

성령이 임하실 때 가장 눈에 띄는 인물이 베드로다. 얼마 전까지만 해도 대제사장의 시종 앞에서도 말을 못하던 사람이 이제 성경을 인용하면서 유창하게 말씀을 전한다. 성령이 인도하는 사람의 전형적인 모습이다. 그의 전도로 3천 명이 회개하고 세례를 받았다. 이것은 예수님 시대에도 없던 일이다. 예수님의 말씀이 이루어지는 순간이다.

> 내가 진실로 진실로 너희에게 이르노니 나를 믿는 자는 내가 하는 일을 그도 할 것이요 또한 그보다 큰 일도 하리니 이는 내가 아버지께로 감이라 요 14:12

왜 예루살렘에서 성령 강림을 기다리라고 했을까?

> **4** 사도와 함께 모이사 그들에게 분부하여 이르시되 예루살렘을 떠나지 말고 내게서 들은 바 아버지께서 약속하신 것을 기다리라 **5** 요한은 물로 세례를 베풀었으나 너희는 몇 날이 못 되어 성령으로 세례를 받으리라 하셨느니라 행 1:4-5

삼위일체 하나님의 시각에서 바라보면 이렇다. 예루살렘은 하나님이 아브라함에게 제사하라고 지시하신 산이다(창 22장). 이때 이후로 여호와 이레(여호와께서 준비하신다)라고 불리다가 다윗이 아라우나 타작마당을 사서 솔로몬이 성전을 세운 곳이며, 이곳에 시내 산에서 모세가 성부 하나님께 받은 돌판을 모셨다.

그 성전에 예수님이 오셔서 가르치셨고 성전과 멀지 않은 곳에서 성자 예수님의 가장 중요한 십자가 사역이 이뤄졌다. 성부 하나님의 일인 율법과 계획이 성전에서 숨 쉬고 있는 동시에 성자 예수님이 사역을 이루신 곳이 예루살렘이다.

이곳에 성령 하나님의 일하심이 준비되고 있다. 예수님의 제자들은 왕 되신 예수님의 명령대로 성령 강림을 기다렸다.

삼위일체 하나님의 주요 사역이 예루살렘에서 완성되었다. 성부의 언약궤, 성자의 십자가와 부활, 성령의 강림이 완성된 것이다.

여기서,
묵상

예수님의 사랑의 유산, 교회

우리는 부활 후 예수님이 마지막까지 제자를 세우는 데 주력하셨다는 사실을 알았다. 이는 곧 예수님이 최후까지 소망을 둔 것이 바로 '교회'임을 말해 준다. 교회에게 예루살렘을 떠나지 말고 성령, 즉 예수님의 영을 기다리라고 하셨다. 어떤 면에서 예수님의 사역은 성령님이 모든 제자에게 임하여 충만하게 교회를 세우는 데까지였다. 그러므로 교회는 예수님 사역의 최종 산물이요 최고의 소망이다. 교회는 예수님께 훈련받은 제자들의 공동체요 그 명령을 따라 능력을 힙입기 위해 기도하고 준비하는 공동체다. 나아가 성령의 권능을 힘입어 예수님의 지상 명령대로 복음을 가까운 곳에서 세상 끝까지 전해야 하는 공동체다. 우리는 이 거룩한 공동체의 일원이다. 이러한 일을 감당하는 교회 위에 다음 말씀이 이루어진다.

> **43** 사람마다 두려워하는데 사도들로 말미암아 기사와 표적이 많이 나타나니
> **44** 믿는 사람이 다 함께 있어 모든 물건을 서로 통용하고 **45** 또 재산과 소유
> 를 팔아 각 사람의 필요를 따라 나눠 주며 **46** 날마다 마음을 같이하여 성전에
> 모이기를 힘쓰고 집에서 떡을 떼며 기쁨과 순전한 마음으로 음식을 먹고 **47**
> 하나님을 찬미하며 또 온 백성에게 칭송을 받으니 주께서 구원 받는 사람을
> 날마다 더하게 하시니라 행 2:43-47

큰일을 본 사람들

오순절은 이스라엘의 3대 명절 중 하나다. 그래서 많은 지역에서 사람들이 몰려와 예루살렘에 있었다. 이때 베드로의 설교를 듣고 회개하여 성령을 받은 사람들이 고향으로 돌아가 복음의 센터이자 징검다리 역할을 했다. 사도행전 2장에서 언급한 지명을 여기서 간단히 짚고 넘어가자.

9 우리는 바대인과 메대인과 엘람인과 또 메소보다미아, 유대와 갑바도기아,
본도와 아시아, 10 브루기아와 밤빌리아, 애굽과 및 구레네에 가까운 리비야
여러 지방에 사는 사람들과 로마로부터 온 나그네 곧 유대인과 유대교에 들
어온 사람들과 11 그레데인과 아라비아인들이라 우리가 다 우리의 각 언어로
하나님의 큰일을 말함을 듣는도다 하고 행 2:9-11

사도행전 2:9-11에서 진한 글씨는 다음 지도에서 찾아볼 수 있는 지명이다. 공간 감각을 높이기 위해 하나하나 찾아서 어느 곳에 위치했나를 보라. 메대와 엘람은 메소포타미아(메소보다미아)에 있다. 메소포타미아 일부는 당시 수리아 영역이었다.

둥근 점이 있는 곳의 작은 글씨는 그 지경의 수도였다. 우리에게 익숙한 수도와 그 수도가 속한 지경을 짝을 이루어 외워야 혼동되지 않는다. 수리아는 유다의 가이사랴와 예루살렘을 포함한다. 앞에서 살펴본 대로 유대는 당시 수리아 총독이 다스리고 있었다. 다만 경제나 행정의 많은 부분을 행정장관에게 위임했다. 그래서 분봉왕이라고 불렀다. 빌라도나 벨릭스, 베스도는 로마의 속주 총독이 아니라 행정장관이었다는 사실을 잊지 말라. 다만 이런 분봉왕과 행정장관은 용병을 세워 자체 치안을 담당할 수 있는 권한이 있었다.

오순절에 모인 사람들
유대인들이 퍼져 있는 지역을 알 수 있다. 그리스 쪽이 언급되어 있지 않지만 바울 전도여행을 참고하면 이곳도 방문하였음을 알 수 있다.

| 예루살렘과 유대 부흥 |

아프면서 크는 교회

성경 행 2-7장 **연대** AD 31-32년

역사적 배경 빌라도 총독(AD 26-36)

핵심 본문 예루살렘교회의 부흥과 시험

지도 복음서 7

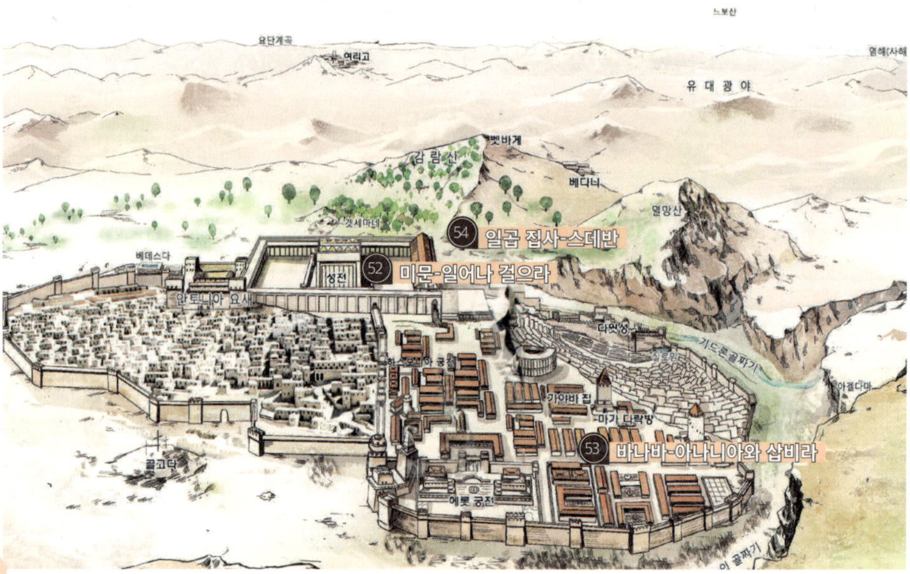

승천 이후 사역

52. 미문-일어나 걸으라
53. 바나바-아나니아와 삽비라
54. 일곱 집사-스데반

예루살렘교회의 부흥: 건강한 교회의 표본 행 2장

성령 강림 사건으로 예루살렘교회는 폭발적으로 부흥했다. 오순절에

베드로의 설교로 세례를 받은 신도 수가 3천 명이었고(행 2:41), 미문에서 못 걸게 된 이가 일어나자 5천 명이 믿었다. 졸지에 8천 명의 신도를 얻은 예루살렘교회는 교회가 힘써야 할 부분에 초점을 맞추었다.

첫째 사도의 가르침, 교제-성찬, 기도에 힘썼다(2:42). 뿐만 아니라 소유를 팔아 필요에 따라 나누는 헌신에 힘썼다(2:45). 교회의 모델이 되는 예루살렘교회는 예배의 4대 요소인 말씀-기도-교제-헌신을 견고히 함으로 예배에 힘쓰는 교회였다. 예루살렘교회는 건강한 교회의 표본이다.

> 그들이 사도의 가르침을 받아 서로 교제하고 떡을 떼며 오로지 기도하기를 힘쓰니라 행 2:42

미문-일어나 걸으라 52 행 3장

베드로는 40일 전만 하더라도 제사장의 종들 앞에서 예수님을 모른다며 부인하고 저주하던 사람이다. 그런 그가 성령을 받자마자 사람들 앞에서 당당히 말씀을 전했다. 이뿐 아니라 미문에 앉아 있던 걷지 못하는 장애인을 고쳤다.

베드로의 첫 기적이자 예수님 이름의 능력이 나타나는 순간이다.

> 베드로가 이르되 은과 금은 내게 없거니와 내게 있는 이것을 네게 주노니 나사렛 예수 그리스도의 이름으로 일어나 걸으라 하고 행 3:6

성전산 미문 자리에 세워진 문
베드로가 가진 것은 나사렛 예수라는 이름뿐이었다.

구걸했던 장애인은 걸으며 뛰고 찬양하며 성전으로 들어갔다. 그리스도인이 가진 것은 은과 금이 아니라 그리스도의 이름이다. 그리스도인은 오직 예수의 이름만 자랑해야 한다. 다윗도 물맷돌을 들고 '나는 만군의 여호와의 이름으로 나가노라'고 선포하며 나아갔다. 이 일로 성전의 솔로몬 행각으로 사람들이 모여들자 베드로는 부활하신 예수님을 당당하게 전했다.

베드로의 설교를 가장 싫어한 사람은 부활을 부인하고 예수님을 죽이는 데 주도적인 역할을 한 사두개인이었다. 사독의 후손이라고 자부하던 사두개 종파의 대부분이 제사장이었다. 성

성전산의 행각
예루살렘의 햇살은 강렬하여 성전에서 대화를 나누려면 그늘이 필요했고 솔로몬 행각이 그 역할을 했다.

전 관리권을 가지고 있던 제사장은 베드로를 체포했다. 베드로는 대제사장의 집에 가서 심문을 받았다. 그러나 그의 모습은 40일 전과 180도 달랐다.

여기서, 묵상

'온전'이란?

성경에서 '온전케 된다'는 '예배자가 된다'는 뜻이다. 걷지 못하던 장애인은 일어서게 됨으로써 이제 온전해져서 예배를 드릴 수 있게 되었다. 그는 벅찬 감동으로 참 예배를 드렸다. 예배는 종합작품이다. 일주일 동안 큐티하고, 말씀 읽고, 기도함으로 열심히 살고, 주일엔 한 주간 산 삶을 가지고 나아가 예배를 드려야 한다. 예배는 일주일의 삶을 다 종합해서 드리는 시간이다. 일주일 동안 하나님과 단절된 채 살다가 하루 교회에 가서 뭘 얻으려고 하는 건 예배가 아니다. 열심히 살다 좌절할 수도 있지만 최선을 다한 모습을 가지고 나아갔을 때 감사의 제사, 그리고 하나님을 사모하는 제사를 드릴 수 있다. 과연 예배자로 서는 것이 우리의 목표인가?

베드로를 바꾸어 놓은 그것은?

예수님께 치유받아 자유함을 입은 베드로는 마가의 다락방에 모인 사람들 사이에서 주도적인 역할을 하며 성령 강림을 기다렸다. 그리고 성령 강림 후 베드로는 완전히 다른 사람이 되었다. 베드로를 바꾸어 놓은 것은 예수님의 치유의 말씀과 성령의 충만함이었다.

요한복음 21장에서 말씀하듯 예수님은 베드로의 잘못을 재현하고 그 아픔을 직접 체험케 함으로써 그를 치료했다. 베드로의 문제를 째고 수술받게 한 다음 사랑과 성령으로 완전히 치료하신 것이다. 상처가 치유되지 못하면 쓴 뿌리가 되어 주위에 문제를 일으키고 다니게 된다. 베드로가 회복되고 성령을 받으니 사탄의 꼬드김도 이길 수 있었다. 우리도 약한 부분이 무엇인지 직면하고 하나님 앞에서 온전히 해결받아야 한다.

40일 전 예수님을 배신한 그곳에서, 더구나 대제사장 앞에서 베드로는 완전히 달라져서 다음과 같이 담대히 외쳤다.

대제사장 가야바의 집
뒤편의 검은 지붕 왼쪽 아래가 마가 다락방이다. 베드로는 두려워 예수님을 배반했으나 성령 체험을 한 뒤 담대한 인물이 되었다.

> 베드로와 요한이 대답하여 이르되 하나님 앞에서 너희의 말을 듣는 것이 하나님의 말씀을 듣는 것보다 옳은가 판단하라 행 4:19

바나바-아나니아와 삽비라 (53) 5장

교회는 핍박을 받을 때 더 강해진다. 이것이 교회의 속성이다. 그러나 사탄의 시험은 외부적인 핍박으로만 오지 않는다. 내부의 분열과 갈등으로도 시험이 온다. 아나니아와 삽비라 가정은 구제의 분위기에 동승했지만 거짓말로 교회의 순결함에 도전했다. 자신이 판 땅값 모두를 바치겠다고 말하고는 반을 숨긴 것이다. 그러면서 그들은 그것이 전부라고 거짓말했다. 성령이 충만한 베드로는 이를 알아채고 최고의 징계인 죽음으로 대응했다.

시작마다 시험받는 헤렘

거짓말했다고 이렇게 죽일 필요까지 있을까? 그런데 이런 예가 한 시대가 시작될 때마다 일어났다.

광야 생활 끝에 가나안 땅에 들어온 이스라엘 백성은 가장 먼저 견고한 성 여리고와 전쟁을 치러야 했다. 하나님은 그들을 승리로 이끌면서 여리고 성의 모든 것을 하나님께 바치라고 명령하셨다. 이때 아간이 하나님의 명령을 어기고 일부를 도적질했다가 일가족이 몰살당하는 참사를 당했다.

길갈로 추정되는 곳 중 하나인 힛삼 궁전에 있는 생명나무
여리고에서는 아간이, 길갈에서는 사울 왕이, 예루살렘에서는 아나니아와 삽비라가 헤렘을 범했다. 모두 새로운 시대가 시작되는 시기에 일어났다.

왕국 시대의 첫 왕인 사울이 아말렉과 전쟁할 때 하나님은 아말렉의 살아 있는 모든 것을 죽이라고 명령하셨다. 그러나 사울이 탐욕에 이끌

려 하나님의 명령을 어기고 일부를 살려 두었고, 하나님은 이때부터 사울을 버리셨다.

'바쳐진 것'의 히브리어가 '헤렘'인데 왕이나 주께 바쳐진 물건을 말한다. 이를 빼돌린 도적질은 자신의 생명을 내놓아야 한다. 주의 것을 빼돌리면 내 것이 되는 게 아니라 내가 주께 속하는 헤렘이 되어 버린다.

이 헤렘 범죄의 공통점은 첫 시작이라는 데 있다. 하나님은 교회의 시작부터 사탄의 가장 큰 무기 중 하나인 물질을 통해 거짓이 침투하는 것을 원치 않으셨다. 어떻게 보면 본보기를 보이신 셈이다.

교회의 조직 정비: 교육과 행정의 분리 6장

외부와 내부의 파고를 겪은 예루살렘교회는 이번에는 죄의 문제가 아닌 사역의 문제에 부딪친다. '구제'는 교회의 자랑이었지만 분배의 불균형으로 불평이 생겼다.

> 그때에 제자가 더 많아졌는데 헬라파 유대인들이 자기의 과부들이 매일의 구제에 빠지므로 히브리파 사람을 원망하니 행 6:1

사람이 많아지면 할 일이 늘어나는 것이 당연하다. 디아스포라로 외국에서 살다 온 사람은 헬라파 유대인으로 언어도 히브리어보다는 헬라어가 친숙했다. 그런데 제자들은 히브리파 사람들이다. 그렇다 보니 자연스럽게 히브리파 사람의 말을 듣고 그 위주로 구제하게 되었고 자연히 헬라파 유대인에게서 불만이 터져 나왔다. 이를 처리하기 위해 '조직'이 필요했다.

교회는 이제 조직을 확대했다. 문제는 '어떤 조직을 누가 맡는가'였다. 제자들의 결단은 명확했다. 그들은 자신에게 주어진 기도와 말씀 증거에 전념하기로 했다. 금전과 관련해 구제하는 일은 성령과 지혜가 충만한 자에게 맡겼다.

사도행전 6:5에 나오는 명단의 특징은 모두가 헬라 이름이라는 데 있다. 그들은 모두 헬라파 유대인이었다. 사도들은 기득권을 불평의 진원지인 헬라파 사람에게 과감히 넘긴 것이다.

기득권보다 화평의 덕을 이루는 것이 중요하다. 이제 사도들은 원래 자리로 돌아갔다. 교회 문제는 영성의 부재에서 시작된다. 근본적인 문제를 볼 줄 아는 지혜를 가져야 한다.

> 우리는 오로지 기도하는 일과 말씀 사역에 힘쓰리라 하니 행 6:4

일곱 집사-스데반 54 6-7장

택함 받은 일곱 집사의 뛰어남은 행정뿐 아니라 신앙적인 면에서도 전환기를 가져왔다. 스데반 집사는 헬라파 사람들과 변론하다 예수님같이 '신성모독'이라는 죄목으로 공회에 끌려갔다(행 6:11). 스데반은 '왕관', '면류관'이란 뜻이다.

7장은 사도행전에서 가장 긴 설교문이요 변증문이다. 이 본문에 나오는 스데반 집사의 설교는 성경 전체의 맥을 짚으며 이스라엘이 하나님을 거절함과 예수님의 구주됨, 교회의 정당성을 일목요연하게 알려 준다. 스데반이 변론하는 내용은 그가 고소당한 부분을 역사적으로 집중 조명하고 있다. 이 부분을 잊지 말고 읽어 보자. 아무래도 초점은 모세의 율법과 성전이었다.

> 그의 말에 이 나사렛 예수가 이곳을 헐고 또 모세가 우리에게 전하여 준 규례를 고치겠다 함을 우리가 들었노라 하거늘 행 6:14

스데반의 순교 장소는 기드론 골짜기 상류 한가운데에 있고 서쪽으로 가면 성전에 이른다. 동쪽 감람산으로 올라가는 길에 겟세마네가 위치한다. 그의 기도는 사울을 바울로 만들었다.

그러나 말씀보다 전통을 중요시하는 사람들은 말씀을 기부했다. 결국 유대인들은 명절이 지나 로마 군사의 통제가 허술한 틈을 타서 스데반을 돌로 쳐 죽였다.

작은 예수 스데반

기드론 골짜기 중심에 깊은 웅덩이가 있었을 테고 그곳에 던져진 스데반은 동쪽 감람산 아래 위치한 겟세마네 동산을 볼 수 있었다. 사람이 위험에 처하면 수많은 일이 순간에 스쳐 가기도 한다. 기드론 골짜기는 왕곡의 골짜기로 아브라함이 멜기세덱에게 십일조를 드렸던 곳이다. 그 동쪽에서 다윗이 울면서 감람산을 올라갔고 예수님이 피땀을 흘리는 기도를 하셨다.

나의 원대로 마시옵고 아버지의 원대로 하옵소서 마 26:39

이 기도를 마치고 예수님은 자신을 죽이는 자들을 향하여 용서의 기도를 드렸다. 그리고 자신의 생명을 하나님 손에 맡겼다.

스데반의 기도와 예수님의 십자가상의 기도를 비교해 보라.

59 그들이 돌로 스데반을 치니 스데반이 부르짖어 이르되 주 예수여 내 영혼
을 받으시옵소서 하고 60 무릎을 꿇고 크게 불러 이르되 주여 이 죄를 그들에
게 돌리지 마옵소서 이 말을 하고 자니라 행 7:59-60

여기서, 묵상

스데반 기도의 최고 수혜자는 누구인가?

스데반은 돌에 맞아 죽어 가면서 원수를 용서하는 기도를 했다. 그 기도의 최고 수혜자는 누구일까? 스데반을 죽인 주동자 '사울'이다. 스데반이 예수님과 동일한 기도를 드림으로써 자신을 죽인 사울을 사도 바울로 만들었다.

순교의 릴레이

사도 바울은 1차 전도여행 때 루스드라에서 스데반과 똑같은 박해를 당한다. 바울은 돌에 맞아 죽은 것 같았으나 다시 일어나 다친 몸을 이끌고 더베로 갔고 거기서 여전히 복음을 전했다.

토마스 선교사의 성경으로 도배된 집이 결국 장대현교회가 되어 평양대부흥운동의 진원지가 되었다. 주기철 목사님도 이곳에서 분리된 교회의 담임목사로 사역했다.

100주년 순교자기념관 입구의 비문

> 20 제자들이 둘러섰을 때에 바울이 일어나 그 성에 들어갔다가 이튿날 바나
> 바와 함께 더베로 가서 21 복음을 그 성에서 전하여 많은 사람을 제자로 삼고
> 행 14:20-21

이때 이 모습을 지켜본 청년이 디모데다.

> 박해를 받음과 고난과 또한 안디옥과 이고니온과 루스드라에서 당한 일과 어떠한 박해를 받은 것을 네가 과연 보고 알았거니와 주께서 이 모든 것 가운데서 나를 건지셨느니라 딤후 3:11

루스드라 출신의 디모데는 죽음 앞에서 용기를 잃지 않고 원수를 용서하는 바울의 신앙을 보고 그의 수제자가 된다. 스데반의 피가 바울을 만들었다면 바울의 희생은 후에 디모데를 헌신하게 만들었다. 디모데 또한 에베소에서 폭도에게 맞아 순교했다. 그의 순교를 보았을 폴리갑은 장작불에 화형을 당하는 순교를 거절하지 않았다.

1907년 우리나라에 평양대부흥운동이 있었다. 부흥의 진원지가 평양 장대현교회다. 장대현교회는 토마스 선교사의 순교의 피 기반 위에 세워진 교회다. 토마스 선교사는 최초의 개신교 선교사로 들어와 대동강변에 성경을 뿌리고 참수형을 당했다. 그가 뿌린 성경책이 한 주막의 도배지가 되었고 그곳에서 장대현교회가 시작되었다.

터툴리안의 말대로 교회의 씨앗은 순교자의 피다. 누가 주를 따라 이 놀라운 행진에 나서려는가!

지도 그리기

복음서 7
사도행전

부록에서
지도를 찾아
그리세요

| 사마리아 부흥과 이방 선교 시작 |

유대-사마리아-땅 끝까지

성경 행 8-12장 **연대** AD 31-44년

역사적 배경 유대 총독 마르셀루스(37-38), 카피토(38-41), 헤롯 아그립바(41-44)

핵심 본문 사마리아와 에티오피아 내시, 빌립의 전도와 성령, 가이사랴 고넬료 성령 강림, 다메섹 바울 회심(32)

지도 사도행전 1

빌립과 베드로의 사역,
회심 후 바울의 여정

사마리아에 임하신 성령

스데반의 순교는 하나님의 계획에 의한 것이었다. 스데반 순교 사건은 예루살렘을 향한 하나님의 계획이 모두 성취될 때 일어났다. 성부 하나님께 받은 돌판이 있던 성전이 자리하고 성자 예수님의 죽음과 부활과 성령 하나님의 강림이 일어난 예루살렘에서 교회의 부흥이 열매를 거둘 시기였다. 한편으로 예루살렘교회가 예수님의 선교 명령을 잊고 내부의 문제에 골몰할 때 일어났다.

사마리아 성내로
들어가는 길

빌립 집사에 이어 두 사도가 이곳에서 안수함으로 성령님이 임하셨다.

이후 예루살렘교회의 박해는 부정적인 면과 긍정적인 면을 함께 가져왔다. 부정적인 것은 박해를 피해 정든 교회를 떠나야 했다는 것이고, 긍정적인 것은 그동안 잊고 있던 '증인의 사역'을 감당하기 시작했다는 것이다. 박해를 피해 흩어진 사람들이 유대와 사마리아로 나가 복음을 전하기 시작했다.

[부록-사도행전 1 지도]에서 베들레헴부터 헤브론 부근의 유대와 세겜, 세바스테(사마리아) 부근의 사마리아를 확인하라.

사마리아-빌립 55

누가는 사마리아에서 일한 빌립에게 초점을 맞춘다.

> 4 그 흩어진 사람들이 두루 다니며 복음의 말씀을 전할새 5 빌립이
> 사마리아 성에 내려가 그리스도를 백성에게 전파하니 행 8:4-5

사마리아 땅은 구약성경의 에브라임 산지와 많은 부분 겹친다. 앗수르가 북이스라엘을 멸망시키고 그 땅 전체를 오므리가 수도를 삼은 사마리아 성 이름을 따라 부른 데서 유래한다. 앗수르의 이주 정책으로 이방인이 옮겨 와 원주민인 북이스라엘 사람과 혼혈이 되었기 때문에 유대인은 사마리아인을 무시했다. 자세한 이야기는 중간기를 참고하라.

사람들이 사방으로 퍼져 갈 때 일곱 집사 중 한 명인 빌립은 사마리아 성에 가서 그리스도를 전파했다. 그의 복음과 표적으로 많은 사람이 세례를 받았다. 예루살렘교회는 이 소식을 듣고 베드로와 요한을 파송했다.

승천 이후 사역

55. 사마리아-빌립
56. 가이사랴-고넬료

사마리아에 임하신 성령

성경은 사도와 집사의 차이를 성령의 사역을 통해 구분한다. 빌립이 전도하고 사도 베드로와 요한이 안수 기도할 때 성령님이 임했다. 마가의 다락방에서는 합심으로 기도할 때 오신 성령님이 사마리아에서는 안수 기도할 때 오셨다. 예루살렘에서 유대로, 유대에서 사마리아로 성령의 불꽃이 튀기 시작했다.

그 능력이 얼마나 대단한지 마술사 시몬은 돈으로 이 능력을 사려다 저주를 받았다. 그런데 사마리아인이 왜 그렇게 쉽게 이 복음을 받아들였을까? 씨 뿌림이 없이 추수가 없다. 예전에 예수님이 사마리아 수가 성 여인을 만나 복음을 전하신 적이 있다. 이것이 씨 뿌림이었고, 빌립이 부활의 복음을 전하므로 한 번 더 물을 주었으며, 베드로와 요한이 안수하여 성령의 열매를 거둘 수 있었다.

사마리아에서 전한 예수님의 말씀을 기억하자.

> 거두는 자가 이미 삯도 받고 영생에 이르는 열매를 모으나니 이는 뿌리는 자와 거두는 자가 함께 즐거워하게 하려 함이라 요 4:36

사마리아 전도는 뿌리는 자(예수님)와 물을 준 자(빌립), 거둔 자(베드로-요한)가 함께 즐거워한 일이었다. 열매가 없다고 실망하지 말자. 뿌려야 할 곳이 많고 물을 주어야 할 때가 더 길다는 사실을 잊지 말라.

사마리아인의 유월절
과거 혼혈인이었던 사마리아인은 순수 혈통을 지키기 위해 동족끼리 결혼을 장려하고 있다.

궁금해요!

순수 혈통 사마리아인?

혼혈로 인한 아픔을 기억해서인지 현대에 와서 사마리아인은 순수 혈통을 유지하느라 친족 간 결혼을 하고 있다. 500여 명 남은 사마리아인은 현대 유대인보다 더 순수한 혈통을 가지게 되었으니 아이러니하다. 육신적인 유대인이 참 유대인이 아니고 육신적인 사마리아인이 참 하나님의 자녀가 아님을 잊지 말아야 한다.

> 무릇 표면적 유대인이 유대인이 아니요 표면적 육신의 할례가 할례가 아니니라 롬 2:28

성령으로 남북 통일을 이루다

구약 시대 남유다의 수도인 예루살렘에 성령이 임하셨다. 그리고 북이스라엘의 수도인 사마리아에도 성령이 강림하셨다. 이사야의 예언이 성취된 것이다.

네게브의 추수 직전의 밀밭

> 에브라임(북이스라엘)의 질투는 없어지고 유다를 괴롭게 하던 자들은 끊어지며 에브라임은 유다를 질투하지 아니하며 유다는 에브라임을 괴롭게 하지 아니할 것이요 사11:13

예수님의 복음과 성령님이 유대와 사마리아를 하나로 묶었다. 구약의 두 갈등이 하나가 되었다. 이제 신약의 행정적인 수도인 가이사랴가 하나가 될 때 지리적으로 신구약이 하나가 되는 셈이다.

사마리아-빌립: 이방인에게 세례를 주다 55 행 8:26-40

현재 에티오피아는 기독교 국가다. 그 유래가 사도행전 8장에 나온다.

에티오피아 여왕 간다게의 국고를 맡은 관리가 유대교로 개종한 뒤 예배하러 예루살렘에 왔다가 본국으로 돌아가는 길이었나. 성경은 예루살렘에서 가사로 내려가는 길이라고 증언한다(행 8:26-28).

내시가 가는 길은 '광야'라고 한다. 또한 이 사건 후 빌립이 해안가에 있는 아소도(아스돗)에 나타나는 것을 보아 본문의 배경은 가사로 내려가는 네게브 부근으로 추정된다. 가사 근방의 광야에 위치한 네게브의 유력한 도시는 해변길이 지나는 '그랄'이다. 아브라함에 이어 이삭의 거짓말과 이삭의 우물 사건이 있던 곳이다. 그랄 부근에는 다윗이 피난 시절에 머물던 시글락이 위치한다.

에티오피아 내시 전도
빌립 집사가 전도한 장소는 이삭과 다윗이 도피 생활을 하던 곳이다.

브솔 시내에서 온유함의 대명사들이 만나다

빌립은 예수님의 고난을 예언한 이사야서 53장을 읽고 있는 에티오피아 내시

빌립의 전도여행

에게 성경을 해석해 주었다. 그런 다음 근처 시내(브솔 시내가 유력)에서 세례를 주었다. 그런데 내시는 왜 하필 이 성경 구절을 읽고 있었던 걸까?

이곳과 관련된 이삭, 다윗을 생각하자니 '온유함'이라는 한 주제에 초점이 맞추어진다. 이삭은 번번이 우물을 빼앗겼지만 싸우지 않았다. 다윗은 사울 왕을 죽일 기회가 두 번이나 있었으나 죽이지 않고 이곳으로 피신했다. 예수님은 천사를 불러 자신을 괴롭히는 사람들을 멸할 수 있는데도 고난의 길을 가셨다. 예수님이 말씀하신 대로 온유한 자는 복이 있어 결국 땅을 차지한다. 온유함으로 억울함을 이겨 나간 다윗의 모습이 이 땅의 사건과 오버랩된다.

> 다윗이 크게 다급하였으나 그의 하나님 여호와를 힘입고 용기를 얻었더라 삼상 30:6

에티오피아 내시가 세례를 받았을 것으로 추정되는 브솔 시내.

빌립이 에티오피아 내시에게 세례를 준 곳으로 추정되는 브솔 시내는 다윗이 자신의 가족을 찾겠다고 추적하던 장소다. 지금 이곳은 이스라

엘 국립공원이 되었다. 브솔 시내 한쪽에 위치한 살루헨은 고대 이집트의 힉소스 왕조가 이집트에서 쫓겨나면서 마지막으로 항전한 곳이다.

우물과 관계된 이삭과 다윗의 이야기에 이어 빌립이 이방 나라 내시에게 물로 세례를 주는 역사적인 이야기를 써 내려가고 있다. 예수님의 온유함에 감동을 받은 에티오피아 관리는 결국 에티오피아를 복음화했다. 예수님의 온유함이 온 세계를 정복하고 있다.

빌립, 언약궤가 머물던 아소도에서 전도하다

빌립이 에티오피아 내시에게 세례를 준 뒤 향한 곳을 주목하라. 해안가에 놓인 해변길을 따라 북쪽으로 가면 아소도가 나온다. 아소도는 고대에는 아스돗으로 불린 블레셋의 5대 도시 중 하나로 한때 언약궤가 머물던 장소다(삼상 5:1). 당시 블레셋 사람은 모두 사라졌지만 여전히 그 지리적인 중요성 때문에 번창하던 도시에 빌립 집사가 복음을 전했다. 대혜롯이 죽으면서 여동생에게 이곳을 물려주었지만 그녀가 죽자 로마 총독이 직할 통치했다.

이집트에서 시작한 해변길은 신약 시대에도 중요했다. 빌립이 이 해변길을 따라 북쪽의 가이사랴 항구에 이른다. 빌립 집사가 이곳에 거한 것으로 보아 그의 집이 가이사랴였을 것으로 짐작된다. 가이사랴 항은 총독이 다스리던 시절 유대의 수도였다.

땅 끝의 시작

사도행전 1:8에서 복음을 예루살렘에서 온 유대, 사마리아, 땅 끝까지 전파하라고 한다. 예루살렘 마가의 다락방에 성령님이 오시면서 예루살렘과 온 유대에

빌립이 진도한 아소도의 다곤 신상
구약 시대에는 아소돗으로 불리던 아소도는 과거 언약궤가 머물던 곳이다.

/
골란(=바산) 고원에서 다메섹을 보면서
사울은 다메섹 가는 길에 강한 빛 가운데 예수님을 만나면서 실명하였다.

복음이 전파되었다. 이후 빌립 집사가 전도한 사마리아에 베드로와 요한의 안수로 성령님이 임하시고 개종한 이방인 에티오피아 내시에게도 복음이 전해졌다. 이제 남은 곳은 땅 끝이다.

땅 끝은 어디인가? 지구가 둥글기에 땅 끝을 정의하기 힘들다. 선교적인 차원에서 지구가 둥근 것을 감안하면 내가 서 있는 곳이 곧 땅 끝이다. 예수님 시대에는 지구가 둥글다는 개념이 희박했다. 그래서 유대인의 관점에서 땅 끝은 사마리아 다음에 가야 할 이방인의 땅을 의미했다. 땅 끝이 시작되기 위해서는 이방인의 선교가 시작되어야 했다.

바울의 회심: 가치관이 바뀐 위대한 사역자

하나님은 땅 끝 선교를 위한 이방인 선교를 위해 일꾼을 준비하신다.

첫 번째 인물이 사울이다. 사울은 스데반을 죽인 후 자신이 속한 나라도 아닌 수리아의 다메섹(다마스쿠스)까지 가서 그리스도인을 잡아 오려 한다. 대제사장에게 공문을 받아 다메섹 회당의 도움으로 그리스도인을 잡으려 한 것이다. 그런 그가 가던 길에 예수님을 만난다.

예루살렘에서 다메섹까지는 230km다. 사울이 예수님을 만났다고 하는 언덕은 다메섹에서 18km 정도 못 미친 곳이다. 그의 신분상 말을 타고 가다 하늘의 빛을 보고 떨어졌을 것이라 추정하여 사울이 회심한 장소를 '바울낙마교회'라고 부른다.

/
바울낙마교회
바울이 말을 타고 가다가 예수님을 만나면서 낙마한 것을 기념한 교회. 다메섹으로 들어가는 길목에 위치한다.

//
바울 낙마 그림
스데반의 기도는 사울이라는 청년을 불러 사용하게 하신다.

왜 예수님은 바울에게 나타나셨나?

스데반은 돌에 맞아 죽어 가면서도 그를 돌로 쳐 죽인 사람들을 용서해 달라고 기도했다. 이 기도의 가장 큰 수혜자가 바로 스데반을 죽이는 데 앞장선 사울이다. 순교의 기도로 세워진 인물이 바로 바울인 것이다. 바울이 된 사울은 하나님의 은혜와 스데반의 기도로 주님을 만날 수 있었다. 스데반의 기도에 빚진 자 바울은 그를 대신해 사역을 이어 갔다. 엘리야를 이어 엘리사가 그 사역을 이어 간 것과 같다. 이처럼 그리스도인의 사역은 계속되는 릴레이 사역이었다.

다메섹에 있는 바울의 낙마 동상
바울의 변화는 패러다임의 완전한 전환을 가져왔다. 이제 그의 가치관은 율법의 의미를 먼저 생각하는 방식으로 바뀌었다.

> 이는 하나님이 우리를 위하여 더 좋은 것을 예비하셨은즉 우리가 아니면 그들로 온전함을 이루지 못하게 하려 하심이라 히 11:40

우리의 기도로 씨를 뿌리는 일은 결코 헛된 것이 아니다. 다윗의 소원을 받아 솔로몬을 세워 성전을 짓게 하신 하나님이 결국 스데반의 기도로 바울을 세우셨다.

강렬한 영광의 빛에 눈이 먼 사울은 사람들에게 이끌려 다메섹의 직가라는 거리로 갔다. 거기서 그는 무엇을 했을까? 사도행전 9:11에는, 다메섹의 사역자 아나니아에게 나타나신 예수님이 사울이 지금 기도하는 중이라고 하셨다.

바울의 패러다임 전환: 할라카에서 하가다로

예수님을 만난 뒤 바울은 완전히 변화되었다. 그의 변화는 그 누구보다 극단적이었다. 복음의 반대자에서 적극적인 옹호자로 바뀐 것이다. 이것은 바울에게 패러다임의 전환을 가져왔다.

당시 유대인에게 가장 중요한 것이 성경과 성전이었다. 대부분의 바리새파가 성경을 중심으로 유다이즘을 주도하고 있었다. 바울도 바리새인이었으므로 유다이즘을 좇았다. 당시 유다이즘은 성경을 두 방향으로 해석했다.

'할라카'와 '하가다'

할라카(הֲלָכָה)는 '걸음', 하가다(הַגָּדָה)는 '이야기', '설명'을 말한다. 당시 성경을 법적으로 해석하는 할라카적 방법(법과 행위 중심)과 이야기로 풀어 가는 하가다적 방식이 있었다. 유대 랍비들은 성경을 할라카식으로 해석한 후 하가다식으로 풀어 유대교 최대 경전인 《탈무드》를 완성했다. 탈무드는 성경(토라)과 유전(미쉬나)을 게마라(Gemara)로 해석한 책이다.

바울도 처음에는 예수님에 대한 신앙이 그들의 법인 유전(미쉬나)에 맞지 않아서 완전히 부인하고 핍박했다. 그러나 예수님을 만난 뒤 그것이 잘못됐음을 깨닫고 예수님이 성경을 푸는 방식인 하가다식으로 생각의 틀을 바꿨다. 바리새인은 성경을 유전에 따라 법적으로 해석함으로써 행위를 통한 정의를 중심에 내세웠다. 그러나 예수님은 사랑에 근거한 관계 중심으로 해석하고 풀어 나가셨다.

예를 들어, "안식일을 거룩히 지키라" 하면 할라카는 어떤 행동을 할지 리스트를 적는다. 이것이 유대인이 율법을 지키는 방법이다. 그러나 예수님은 왜 안식일을 지켜야 하는지 그 의미를 설명하셨다. "왜 안식일을 거룩히 지켜야 하는지 아느냐? 안식일의 주인은 인자다. 생명을 살리는 것이다. 포로된 자에게 자유를 선포하는 것이다…" 하며 안식일의 의미를 되새김질해 주셨다. 그런 후에 어떻게 행해야 하는지 말씀하셨다.

바울은 전에 할라카적인 하나님을 알았다. 그에게 하나님은 법적으로 엄격하신 아버지, 정의의 하나님이었다. 따라서 행위가 중요했다. 이제 바울은 하나님의 새로운 모습을 알게 됐다. 관계를 중요하게 여기시는 하가다적인 하나님, 사랑의 아버지를 만난 것이다. 그 하나님은 행위가 아닌 믿음을 보시는 분이다.

바울의 패러다임 전환은 편지에도 잘 나타난다. 바울은 편지를 쓸 때마다 법을 먼저 쓰는 것(할라카식)이 아니라 믿음이 왜 중요한가를 자세히 이야기(하가다식)한 다음 뒷부분에 가서 '그래서 이렇게 살아야 한다'는 법적인 부분을 지적한다. 예수님의 삶은 이야기 자체다. 삶으로 하나님의 마음을 알려 주신 후 우리의 삶이 사랑에 따른 결단으로 이어지기를 원하셨다. 먼저 법을 기록한 뒤 그것을 설명하는 방식을 취한 탈무드와 정반대인 셈이다.

다메섹의 직가 거리
사울은 이 거리 어딘가에서 자신을 돌아보며 기도하고 있었다. 이곳은 바울을 변화시킴으로써 기독교 역사의 전환점이 되었다.

바울의 사명과 가시

바울이 회심하면서 받은 사명을 주목해 보라.

주께서 이르시되 가라 이 사람은 내 이름을 이방인과 임금들과 이스라엘 자손들에게 전하기 위하여 택한 나의 그릇이라 행 9:15

바울은 이방인뿐 아니라 임금들, 이스라엘 자손들에게까지 복음을 전할 사명을 가졌다. 그러므로 이후 사도행전에 나오는 바울의 사역은 이스라엘 사람들과 이방인부터 시작해서 임금들인 지도자에까지 미치고 있다.

아나니아의 중보기도로 눈을 뜬 바울은 이후에도 육체의 가시 때문에 많이 시달렸다. 그 가시가 무엇인지 확신할 수 없지만 갈라디아교회에 쓴 편지에 의하면 눈과 관련되지 않았을까 한다.

> 너희가 할 수만 있었더라면 너희의 눈이라도 빼어 나에게 주었으리라 갈 4:15

그의 가시는 예수님과 만난 그날을 계속 추억하게 함으로써 처음 사랑으로 돌아가게 만들지 않았을까?

다메섹 아나니아의 집
아나니아는 기도하던 사울을 찾아가 그의 눈을 회복시켰다. 그러나 눈은 사울의 평생 가시가 되었을 가능성이 크다.

다메섹에서 예루살렘까지 바울의 여정(32~35년)

바울은 회심하자마자 적극적인 전도자가 되었다. 사도행전은 그가 다메섹에서 바로 예루살렘으로 돌아온 것처럼 이야기하지만 그의 다른 편지에는 3년이 지난 후 우여곡절 끝에 예루살렘에 온 것으로 나타난다.

그는 먼저 아라비아로 갔다.

> 17 또 나보다 먼저 사도 된 자들을 만나려고 예루살렘으로 가지 아니하고 아라비아로 갔다가 다시 다메섹으로 돌아갔노라 18 그 후 삼 년 만에 내가 게바를 방문하려고 예루살렘에 올라가서 그와 함께 십오 일을 머무는 동안 갈 1:17-18

그러므로 다메섹에서 광주리를 타고 도망간 사건은 아라비아 생활이 끝난 뒤에 벌어진 것 같다. 당시 아라비아의 수도는 페트라였고 왕은 아레다였다.

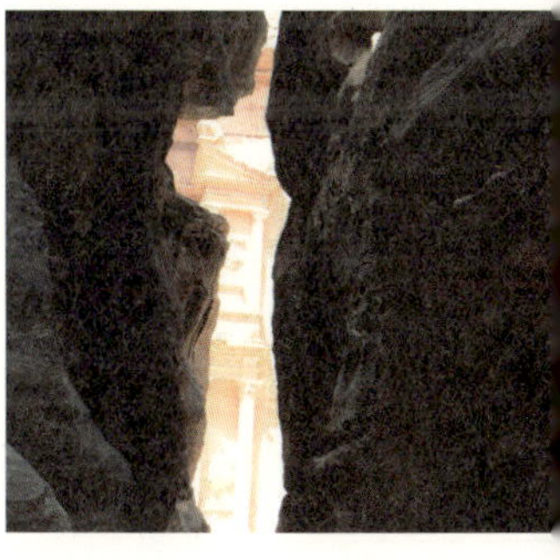

바울이 첫 번째 복음을 전했다는 아라비아(나바테아)의 수도 페트라로 가는 길에 있는 바위
이 틈새 길이 2km나 이어진다. 이 길에 들어서면 곳곳에서 바울이 복음을 전하는 소리가 메아리쳐 오는 듯하다. 페트라(바위)에는 이름답게 바위를 파서 만든 궁전과 극장, 묘지가 즐비하다.

32 다메섹에서 아레다 왕의 고관이 나를 잡으려고 다메섹 성을 지켰으나 33
나는 광주리를 타고 들창문으로 성벽을 내려가 그 손에서 벗어났노라 고후
11:32-33

당시 아라비아는 나바테아 왕국이라 불렸는데, 대헤롯의 어머니 사이프러스와 그의 아내가 나바테아 왕국의 공주 출신이었다.

바울은 복음의 열정을 가지고 먼저 동쪽을 공략하였으나 분명히 페트라 같은 곳에서 아레다 왕과 부딪쳤을 것이고, 이로 인해 다메섹으로 다시 피해 왔으나 계속되는 추격으로 성벽에서 광주리를 타고 야간도주해야 했다.

갑자기 등장하는 광주리 사건

고린도후서 11장에 나오는, 바울이 광주리를 타고 도망가는 이야기는 어쩐지 뜬금없이 등장하는 것 같다.

30 내가 부득불 자랑할진대 내가 약한 것을 자랑하리라 31 주 예수의 아버지
영원히 찬송할 하나님이 내가 거짓말 아니하는 것을 아시느니라 32 다메섹에
서 아레다 왕의 고관이 나를 잡으려고 다메섹 성을 지켰으나 33 나는 광주리
를 타고 들창문으로 성벽을 내려가 그 손에서 벗어났노라 고후 11:30-33

약한 것을 자랑하던 바울이 도망가는 이야기를 한다. 고대 사회 최고의 명예는 전쟁 중에 적의 성벽을 가장 먼저 오르는 일이었다. 그리고 가장 큰 수치는 성벽에서 도망하는 일이었다. 따라서 바울에게 광주리 사건은 인생 최대의 수치였

바울이 탈출한 다메섹 성벽과 광주리

성벽에 새겨진 바울의 광주리 탈출

고대 로마 병사의 가장 큰 수치는 성벽 탈출이었다. 바울은 수치스런 사건을 말함으로써 자신의 약함을 자랑했다.

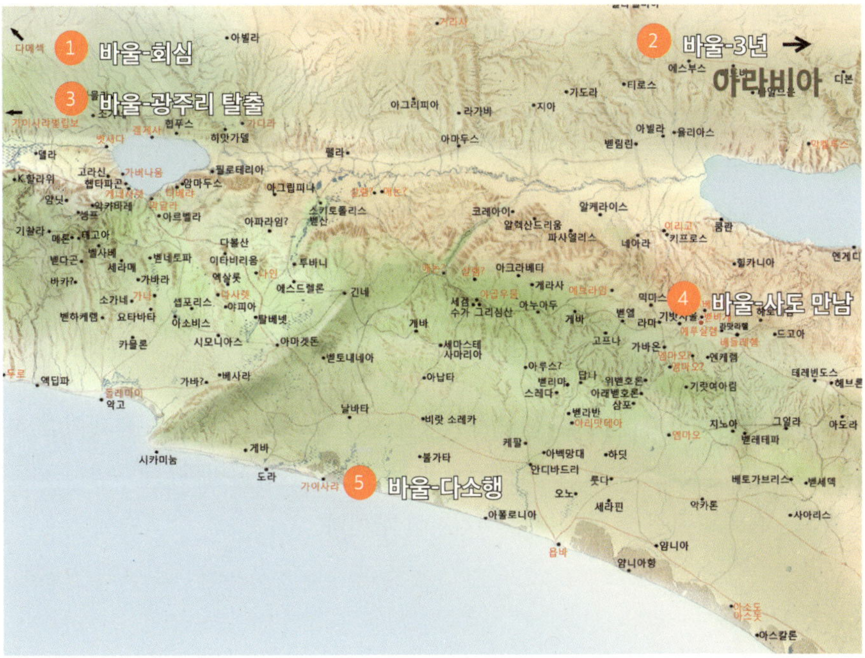

회심 후 바울의 여정

다. 바울은 그의 수치를 말함으로써 자신의 연약함을 드러냈고, 그럼에도 불구하고 자신을 사용하신 하나님을 자랑하고 있다.

바울을 바울 되게 하다

다메섹 아나니아 집사의 기도로 눈을 뜬 사울은 아라비아로 떠났다가 다메섹으로 돌아왔을 때 극심한 박해를 받아야 했다. 그리고 3년 만에 예루살렘에 돌아왔을 때, 그의 악명이 여전해 그리스도인의 경계를 받아야 했다. 이때 바울과 예루살렘의 사도들을 만나게 해준 이가 바로 바나바다. 이렇듯 아나니아와 바나바는 바울이 교회와 접붙임할 수 있도록 길을 열어 준 인물이다.

바울의 회심이 예루살렘 사회를 시끄럽게 만들자, 예루살렘교회는 평화를 위해 바울을 가이사랴 항구로 보내 이스라엘 북쪽에 있는 그의 고향 길리기아 다소로 보낸다(행 9:30). 바울은 10여 년간 고향에 머문다.

바울의 행로를 확실하게 그려 볼 수는 없지만 대략적인 관찰은 가능하다. 다메섹에서 회심한 바울은 왕의대로를 따라 페트라로 갔다. 다시 다메섹으로 돌아온 뒤 성벽에서 광주리를 타고 도망한다. 다메섹에서 해변길을 따라 남쪽으로 향하다 예루살렘에 이른다. 그러나 예루살렘에서 반대에 부딪쳐 아벡을 거쳐 가

룻다교회에서
쇠사슬 치료를
받고 있는 사람들

오른쪽 위 성 조지가 애니아처럼 병든 자를 치료할 것이라는 민간 신앙이 아직도 있다.

이사랴 항구에 이른 뒤 배를 타고 북쪽 길리기아 다소로 간다. [부록-사도행전 1 지도]를 보고 그 동선을 머리에 그려 보라. [지도 그리기]에서 장소와 사건을 기록할 것이다.

이 기간 동안 바울은 말할 수 없는 환상도 본다(고후 12:4).

바울이 회심한 사건은 교회에 부흥을 가져왔다. 온 유대와 갈릴리와 사마리아 교회가 평안하여 든든히 서 가고 교회는 주님을 경외하며 성령의 위로를 받아 믿는 사람의 수가 점점 늘어났다(행 9:31).

여기서 주목할 것은 유대와 사마리아뿐 아니라 이미 갈릴리에도 교회가 세워졌다는 사실이다. 가버나움에서 발견된 교회 터는 후대이긴 하지만 베드로의 집이라는 곳에 팔각형으로 건축되었다. 예수님이 씨를 뿌린 곳에서 열매를 거두기 시작한 셈이다.

궁금해요!

성지에서 유명한 성 조지는 누구인가?

룻다의 고대 도시에는 콘스탄틴 대제의 어머니 헬레나 여사가 세운 특별한 교회가 있다. 바로 성조지교회다. 이스라엘 주변을 순례하다 보면 말에 탄 군인이 용을 죽이고 있는 성 조지상을 많이 본다.

천부장이던 조지는 기독교를 승인해 줄 것을 요구하다가 거리에서 죽임을 당했다. 군인으로서 담대하게 순교한 그를 기리고자 헬레나 여사는 성지 순례 중에 예수님탄생교회, 골고다의 성묘교회 등을 건축하고 룻다에 성조지교회도 만들어 그의 무덤을 교회 아래 두었다. 천주교에서는 그가 살아생전 기적을 많이 행했다 해서 그의 무덤에 수많은 기도문이 드려졌는데, 무덤 위에 쇠사슬을 두르고 기도하면 고침을 받는다는 전승도 있다.

베들레헴에 있는 성 조지상(像)
힘든 시대일수록 군인 출신의 성인을 선호한다. 성 조지의 순교지가 '룻다'다.

룻다에 있는 성 조지 무덤
천부장 출신의 조지는 천주교에서 치료와 능력의 성인으로 추앙받고 있다.

베드로의 전도여행

베드로의 해안 평야 사역: 병자를 고치다

이때 사도의 대표 베드로는 무엇을 하고 있었나?

베드로는 사마리아와 갈릴리 등지를 돌다가 해안 평야로 내려왔다. 느헤미야 시절에는 오노 평야라고 알려진 곳으로 북으로 사론 평야와 남으로 블레셋 평야가 위치한다. 베드로는 이 해안 평야의 한 도시인 룻다에서 사역했다.

> 그때에 베드로가 사방으로 두루 다니다가 룻다에 사는 성도들에게도 내려갔더니 행 9:32

오늘날 'Lod'이라 표기하는 룻다는 예루살렘과 텔아비브-욥바를 잇는 1번 국도의 남쪽에 위치한다. 이스라엘 국제공항인 벤구리온 공항이 룻다라고 보면 된다.

베드로는 이곳에서 애니아라는 18년 된 중풍병자를 고친다. 신약성경에 나오는 나병과 중풍병은 우리에게 시사하는 바가 크다. 자기도 모르게 살이 썩어 가는 나병은 죄에 무감각한 우리의 모습을, 생각한 대로 움직이지 못하는 중풍병은 신앙과 다르게 행동하는 우리의 모습을 반성하게 한다.

그리스도의 이름으로 병자를 고친 베드로의 이적으로 룻다와 룻다의 북쪽에 위치한 사론 평야 사람들이 예수님을 믿게 되었다. 룻다는 엄밀히 구분하면 블레셋 사람이 살던 블레셋 평야에 포함된다.

사론 평야와 블레셋 평야를 나누는 기준은 야르콘(얄곤) 강이다. 아벡(신약에서는 안디바드리)에서 흘러온 강은 사람의 통행을 막아 도로를 아벡 위쪽(동쪽)으로 지나가게 할 뿐 아니라 두 평야의 경계가 되었다. 바벨론 포로기 이후에 느헤미야가 총독으로 유다 땅을 통치할 때는 오노 평야라고 불렀다(느 6:2).

아름다운 발의 출발지 욥바

베드로가 룻다에 있을 때 해안에 위치한 욥바에서 사람이 왔다. 다비다(도르가)라는 여제자의 죽음을 알리며 1일장을 치르는 유대 풍습에 따라 장례를 준비하는 자리에 베드로를 초청하러 온 것이다. 베드로가 그곳에 도착하자, 모든 과부가 도르가가 남긴 선행의 흔적인 속옷과 겉옷을 보여 주었다. 이처럼 진정한 유산은 말이나 재산을 남기는 것이 아니라 선한 삶의 흔적을 남기는 것이다.

초대교회라 하더라도 일꾼이 부족한 시대에 베드로가 엘리야처럼 기도하고 시체를 향해 "다비다야 일어나라"고 선언하자 부활의 사건이 일어났다.

이 사건을 기념해 세운 베드로교회가 현재 욥바 항구 앞에 있다. 여전히 작은 항구가 있는 욥바에는 다비다의 이름을 기념하여 국제학교도 운영되고 있다. 결국 이 기적으로 욥바에서 복음이 확산되었다.

이후 베드로는 해변에 있는 피장 시몬의 집에 머물렀다. 시몬은 죽은 동물의 가죽을 다룬 까닭에 부정하다 여김을 받았다.

하나님은 욥바에서 복음이 확산되는 동안 그보다 북쪽에 위치한 이스라엘 최대 항구요 행정수도인 가이사랴에서 또 다른 프로젝트를 계획하고 있었다. 당시 이달리야(이탈리아) 부대의 백부장 고넬료에게 천사를 보내 베드로를 청하라고 명령하신 것이다.

욥바 항구의 베드로교회
베드로가 다비다를 고친 사건을 기념한 교회다.

베드로의 아킬레스건 '숫자 3'

베드로가 식사를 준비하는 오전 12시에 지붕에 올라 기도하던 중에 환상을 보았다. 하늘이 열리면서 네 귀를 맨 보자기가 내려왔는데 그곳에 성경에 먹지 말라는 짐승이 가득 차 있었다. 유대인은 '코셔'라 하여 음식법을 철저히 지킨다.

유대인을 유대인답게 만드는 것 중 하나로 코셔를 지키는 일을 꼽을 만큼 유대인은 음식에 매우 민감했다. 그런데 하나님이 베드로에게 더럽게 여기는 짐승을 잡아먹으라고 명령하신다. 그것도 세 번이나 반복하여 말씀하셨다.

세 번이라는 숫자는 의미심장하다. 베드로가 세 번 예수님을 모른다고 했는데 환상에서 세 번 그에게 명령하신다. 베드로가 약한 숫자를 이용해 그의 고집을 꺾고자 함이다. 베드로는 고넬료가 보낸 사람을 통해 이 더러운 짐승이 곧 이방인임을 이해하게 된다.

여기서,
묵상

욥바에서 만나는 요나와 베드로

베드로는 욥바를 출발한다. 욥바는 '아름답다'는 뜻이다. 이사야의 말씀이 생각난다.

> 보내심을 받지 아니하였으면 어찌 전파하리요 기록된 바 아름답도다 좋은 소식을 전하는 자들의 발이여 함과 같으니라 롬 10:15(참조 사 52:7)

요나 또한 이곳에서 하나님께 다시 부름 받아 북쪽으로 복음을 전하러 갔다. 구약에서 처음으로 이방인에게 복음을 전한 사람이 요나이고 그도 억지로 갔다. 베드로도 동일한 경험을 한다. 이렇게 억지로 갈지라도 아름다운 발이다. 욥바는 진정 아름다운 발이 이방인을 향해 달려간 복음의 출발지다.

욥바 항에 있는 큰 물고기
요나를 삼킨 고래인데, 사실 지중해에는 고래가 없다. 특별한 섭리가 있었을까?

욥바 항구의 십자가 모양의 조형물
이 근처에서 베드로는 환상을 보고 가이사랴로 향하여 이방인에게 복음을 전했다.

가이사랴-고넬료: 로마 전도의 불씨 56

하나님은 땅 끝 선교를 위해 사울이라는 청년을 준비하시고 한편에서는 성령의 불꽃을 튕길 사람을 준비했다. 고넬료다.

> 가이사랴에 고넬료라 하는 사람이 있으니 이달리야 부대라 하는 군대의 백부장이라 행 10:1

그는 이탈리아 출신이고 가이사랴에서 근무했다. 그 당시 로마의 90퍼센트는 노예였다. 그런데 그는 정통 로마 장교로서 당시 유대의 수도 역할을 한 가이사랴에 거주한 친위대 장교다. 로마 상류층으로서 지위가 막강한데도 하나님을 경외하는 사람이었다. 지위를 생각할 때 그가 변화되면 얼마나 큰 영향력을 나타낼 것인가 가늠할 수 있다.

유대의 국제항, 가이사랴

사론 평야

고넬료가 있던 가이사랴는 욥바에서 해변길을 따라 47km 정도 거리에 있다. 사론 평야가 늪지대이므로 돌아가면 67km가량 가야 해서 하루 만에 가기 힘들다. 그러므로 성경에도 이틀 걸려 도착했다고 말한다(행 10:24). 욥바와 가이사랴 중간에 있는 사론 평야는 평지라는 뜻이나 요세푸스는 '숲'이라고 번역했다.

사론 평야는 사암 언덕 세 개가 남북으로 늘어서서 동쪽에 위치한 내륙의 물이 흘러 나가는 것을 가로막아 늪지대를 이루었다. 이 늪지대에는 사람이 접근하기 힘드므로 아름다운 꽃이 많았다. '사론의 꽃 예수'도 이런 배경에서 나온 말이다. 사론 평야에서 중요한 도시는 늪지대 때문에 거의 해변길의 동쪽, 산지 쪽에 위치한다.

야르콘 강이 시작되는 아벡
신약에서는 헤롯의 아버지 이름을 따서 부른 안디바드리가 야르콘 강의 시작으로 사론 평야와 블레셋 평야의 경계가 되었다.

욥바에서 사론 평야로 들어서는 길목이 안디바드리다. 대헤롯이 자신의 아버지 이름을 따서 지은 안디바드리(Antipater)는 고대 이스라엘이 블레셋 사람과 싸워 언약궤를 빼앗긴 '아벡'이다. 이곳은 야르콘 강이 시작되는 근원지이기도 하다. 이곳에서 조금 북쪽에 위치한 소고 같은 도시는 사마리아(15km)와 세겜(28km)으로 가는 도로의 입구에 있다.

유대의 땅 끝, 가이사랴
가이사랴는 에돔 족속과 이방 통치자가 있는 유대의 유일한 국제 항구였다. 왼쪽이 궁전이고 해안가 긴 공터가 원형경기장이며 멀리 해안가에 돌출된 부분이 항구다.

이스라엘 관광청이 제공한 가이사랴 지도
① 원형극장
③ 원형경기장
⑧ 항구

가이사랴 항구
고넬료 집안은 이곳에서 성령을 받고 로마로 돌아가 복음을 전함으로 로마에 베드로의 복음이 들어갔다.

유대의 수도 가이사랴

가이사랴는 에돔(이두매) 출신인 헤롯 대왕이 유사시 로마에서 군인이 빨리 도착할 수 있도록 12년간 공을 들여 만든 이스라엘 최대의 인공 항구다. 그래서 유대인은 '에돔의 딸'이라고 불렀고 당시 총독부가 위치한 행정수도가 되었다.

가이사랴의 로마 총독부는 유대인에게 압제의 상징이었으며 유대의 멸망을 자초한 AD 67년 반란의 시발점이 되었다.

이곳에 빌립 집사가 복음을 전하기 위해 들어온 이후 베드로가 고넬료 백부장에게 초청을 받아 왔다. 가이사랴는 유적지가 매우 크다. 남쪽에 들어서면 원형극장이 보인다. 사도 베드로까지 죽이려 한 헤롯 아그립바(행 12장)가 충 먹어 죽은 곳이다. 극장에서 나와 해변으로 가면 정돈된 왕궁 터를 볼 수 있다. 왕궁의 북쪽 해변으로 긴 타원형 마차 경기장이 있고 경기장 내륙 쪽에 주거지가 나오는데 초대교회 교부였던 유세비우스가 공부하던 도서관도 있다.

경기장 끝에 십자군 성채가 비교적 잘 보존되어 있고 인공 항구도 일부 남아 있다. 십자군 성채로 들어가 내륙 동북쪽 방향으로 올라가면 항구를 전망할 수 있는 곳이 나온다. 그곳이 헤롯이 가이사를 위하여 만든 신전이 있던 장소인데 후에 비잔틴교회로 바뀌었다. 그곳에서 해변을 바라보면 고넬료가 로마로 향하고 바울이 선교지를 향해 떠났던 이스라엘 최고의 항구가 눈에 들어온다.

베드로는 이곳 어딘가에 위치한 고넬료의 집에 도착했다. 고넬료는 이미 친구들을 모아 놓고 그를 기다리고 있었다. 이 자리에 욥바에서 신자들과 빌립 집사 일가도 오지 않았을까 한다. 고넬료가 베드로를 보고 땅에 엎드리면서 황제를 대하듯이 대접하자, 베드로는 자신도 하나님의 일꾼일 뿐이라며 고넬료를 일으켜 세운다. 지위가 높은 사람이 겸손으로 높임을 받고 높임을 받는 사람이 다시 겸손으로 응답하는 아름다운 광경이다.

땅 끝은 어떻게 점화되었나?

이방인이 성령을 받는다면 이 시점이 땅 끝의 선교가 시작되는 때다.

> 44 베드로가 이 말을 할 때에 성령이 말씀 듣는 모든 사람에게 내려오시니 45
> 베드로와 함께 온 할례 받은 신자들이 **이방인들에게도 성령 부어 주심으로**
> **말미암아 놀라니** 46 이는 방언을 말하며 하나님 높임을 들음이러라 행 10:44-46

베드로는 사마리아에서처럼 하지 않고 다만 예수님을 집중적으로 설명한다. 부활의 복음이 전파될 때 성령님이 강권적으로 그 자리에 임하셨다. 이는 이방인에게 처음으로 성령이 강림하신 사건이다.

| 마가의 다락방에서는 전심으로 기도에 힘쓸 때 성령님이 임하셨다.
| 사마리아에서는 사도들이 안수할 때 성령님이 임하셨다.
| 땅 끝의 시작인 가이사랴에서는 말씀을 전할 때 성령님이 오셨다.

궁금해요!

왜 로마에는 상류층 신자가 많았나?

이 사건으로 고넬료의 집안이 변화되었다. 그와 친구는 이탈리아 사람이므로 고향으로 돌아갔을 것이다. 당시 장교의 가족은 종까지 합쳐 거의 30명이 넘고 친구까지 합세했다면 로마로 교회 하나가 이전한 셈이다. 초대교회사에서 황제의 어머니 등 귀족이 먼저 예수님을 믿은 것은 우연이 아니었으리라. 로마에 복음이 전파된 것은 고넬료의 영향이 아니었을까.

예루살렘-사마리아-가이사랴에 성령 강림 사건이 일어나면서 예수님의 명령(행 1:8)이 완성을 향해 가고 있다.

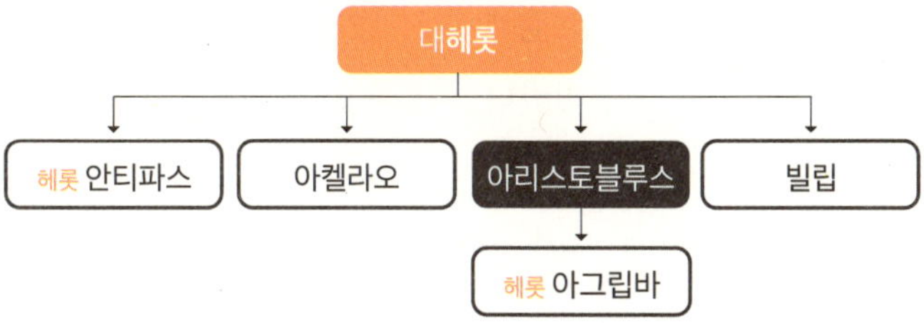

세 명의 헤롯
대헤롯의 아들과 손자로 이어지는 계보로 성경에서는 모두 헤롯이라고 표현하고 있다.

다양하게 일하시는 성령님의 역사를 본다. 베드로는 성령님의 일하심을 보고 할 수 없이 이방인에게 세례를 주고 하나님의 자녀임을 선포했다. 음식법이 다른 이방인에게 접근하기를 꺼렸던 베드로에게 3번의 환상과 성령 강림의 사건이 그의 태도를 바꾸어 놓았다.

예루살렘에 닥친 박해: 순교의 첫 잔을 마신 야고보 행 12장, AD 44년

가이사랴에서 있었던 이 감격적인 사건이 예루살렘에선 논쟁거리가 되었다. 그만큼 폐쇄적이던 예루살렘교회는 이방인 선교에 여전히 부족한 모습을 보인다. 후에 이방인 교인이 많아져 음식법이나 율법에 문제가 생겨 온 교회가 공회를 가져야 했던 것도 이런 태도 때문이다(행 15장). 그러나 이방인의 접촉을 꺼리던 예루살렘교회의 유대인들은 베드로의 체험을 상세히 듣고 하나님의 일하심 앞에 그들의 편견을 내려놓게 되었다.

이방인의 전도가 확산되는 한편 내부적으로는 큰 핍박이 왔다. 사도행전 12장에서 헤롯이 요한의 형제 야고보를 죽였다. 사도 중에 최초의 순교자가 나왔다. 야고보를 죽인 헤롯은 예수님 태어나실 때의 왕인 대헤롯의 손자 헤롯 아그립바 1세다. 그는 디베료 시대에 로마에 감금되기도 했지만 그와 친한 가이우스(칼리굴라)가 황제가 되자 헤롯 빌립이 통치했던 지경까지 인수받아 분봉왕이 되었다.

헤롯 아그립바가 로마를 방문했을 때 황제가 죽는 사건이 발생한다. 다음 황제를 놓고 원로원과 군대가 대치할 때 헤롯 아그립바가 중재에 나서서 당시 군대가 지지하던 글라우디오(AD 41~54년)가 평화롭게 황제에 오를 수 있도록 도왔다. 황제가 된 글라우디오가 답례 차원에서 할아버지 대헤롯이 차지했던 영토

헤롯들
신약에는 헤롯이 3명 나온다. 예수님 탄생 때 대헤롯, 그의 아들 갈릴리 헤롯 안티파스, 그의 손자 헤롯 아그립바 1세다. 야고보를 죽인 헤롯은 충 먹어 죽은 헤롯 아그립바 1세다.

헤롯 아그립바가 충 먹어 죽은 원형극장

요세푸스도 그의 죽음에 대하여 자세히 기록한다. 교회를 박해하다 헤롯이 죽자 교회는 더 힘 있게 일어설 수 있었다.

이상을 헤롯 아그립바에게 주었다. 이를 위해 유대에 파견된 로마 총독을 철수시켰다. 이로써 아그립바는 수리아 지역의 최고 권력자가 되었다.

아그립바는 유대 왕조인 하스모니아 왕가의 공주 미리암의 손자이므로 유대인의 피가 흘렀다. 그 또한 유대교를 철저히 지켰다. 탈무드에서도 그를 칭송하는 것을 보면 바리새인에게 후히 대접해 주었던 모양이다.

막강한 힘을 가진 친유대파 왕이 등장하다

로마로부터 막강한 힘을 부여받은 헤롯 아그립바(AD 41~44)는 통치를 위해 유대인의 환심을 사고자 했다. 그중 하나가 지도자들의 미움을 산 그리스도인의 핵심 인물을 처단하는 일이었다. 이때 첫 번째 희생자가 야고보다. 그는 예수님께 보좌 좌우편에 앉게 해달라고 부탁한 사도다. 예수님은 야고보와 요한에게 자신이 마시려는 잔을 마실 수 있느냐고 물었고, 야고보는 멋도 모르고 그럴 수 있다고 말했다(마 20:22-23). 결국 야고보는 예수님과 같은 순교의 첫 잔을 마셨고 함께 있던 요한은 마지막 잔을 마셨다.

아그립바는 여기서 멈추지 않고 당시 최고 영향력이 있던 베드로를 잡아 죽이려 했다. 마침 유월절 기간이었다.

베드로는 예수님이 돌아가신 유월절 기간에 순교를 각오한 것 같다. 성도들이 간절히 기도하는데도 그는 군인들 틈에서 깊이 잠들어 있었다. 순교 앞에서도 얼마나 단순하고 행복하게 행동하는지 참 베드로답다. 그래서 천사가 옥중에 광채를 내며 나타나도 알지 못했고 옆구리를 쳐서야 잠에서 깼다. 그가 갇힌 곳은 아마 헤롯의 궁이었을 것이다. 헤롯 궁은 예루살렘 서편, 지금의 다윗의 망대라고 잘못 알려진 역사박물관이 있는 곳이다.

천사의 도움으로 옥에서 빠져나온 베드로는 성도들이 기도하는 곳으로 갔다. '마가라는 요한의 어머니 마리아의 집'이라는 것으로 보아 오순절 성령 강림이 일어났던 마가의 다락방이 아닌가 한다(행 12:12). 그들은 기도하면서도 베드로가 풀려 나올 것이라고는 생각지 못했고 베드로가 왔다는 로데의 말도 믿을 수 없었다. 때로 하나님은 우리의 기도 이상으로 응답하신다.

헤롯의 궁전과 마가의 다락방은 걸어서 5분도 안 걸리는 지척에 있다. 막강한 힘을 가진 헤롯에게 다시 잡히면 결국 죽음이기에 베드로는 피신했다.

헤롯 아그립바 1세의 죽음

한편 헤롯 아그립바는 다음 날에야 베드로가 옥을 빠져나갔음을 알고 백방으로 찾았다. 그러나 끝내 찾지 못하자 파수하던 군인에게 책임을 물어 죽였다.

유월절 기간이 끝나자 행정수도 가이사랴로 돌아온 왕은 베니게(두로와 시돈) 사람들로부터 열렬한 환영을 받았다. 헤롯 아그립바는 사실 두로와 시돈 사람을 좋아하지 않았지만 무역 관계를 고려해 은으로 된 번쩍이는 왕복을 입고 나왔다.

앞에서 언급했듯이 이 원형극장은 가이사랴 남쪽에 위치하고 극장 좌석이 서쪽 바다를 향한다. 이렇게 하면 서쪽에서 바닷바람이 불 때 공연장의 소리가 관중석에 잘 들리게 되어 스피커가 없어도 수천에서 수만 명까지 들을 수 있었다. 예수님이 베드로의 배에서 설교한 방식과 같다.

> 21 헤롯이 날을 택하여 왕복을 입고 단상에 앉아 백성에게 연설하니 22 백성들이 크게 부르되 이것은 신의 소리요 사람의 소리가 아니라 하거늘 23 헤롯이 영광을 하나님께로 돌리지 아니하므로 주의 사자가 곧 치니 벌레에게 먹혀 죽으니라 행 12:21-23

정치적 전환기

AD 44년 헤롯 아그립바의 죽음은 정치적으로 큰 전환기를 가져왔다. 아그립바는 17세인 아그립바 2세와 세 명의 딸을 남겨 놓았다. 로마는 아그립바 2세가 미성년이므로 유대 지방에 다시 총독을 파견했다. 유대교를 중시하던 아그립바의 정책이 세속적인 정책으로 바뀌었다. 이후 총독 제도는 이스라엘이 멸망할 때까지 계속된다. 여기에 글라우디오 황제도 친구 아그립바 왕의 죽음 후 유대인에 대하여 환멸감을 느껴 로마 식민 도시에서 유대인을 추방하는 조치를 취했다(행 18:2).

충 먹어 죽은 헤롯
베드로를 죽이려다 실패한 헤롯 아그립바 1세는 교만하다가 하나님께 징계를 받아 죽었다.

후에 언급될 사건을 위해 참고로 아그립바 1세의 나머지 자녀의 상황도 알아보자.

딸 중 한 명인 16세의 버니게는 숙부인 칼키스의 통치자인 헤롯과 결혼했다. 그러나 이혼하고 오빠 아그립바 2세와 함께 다니면서 염문을 일

가이사랴 수로

물이 부족하여 갈멜 산 근처에서 물을 끌어왔다. 헤롯은 가이사랴를 정치적인 이유에서 건설했지만 하나님은 이곳을 복음을 전하는 통로로 사용하셨다.

으켰다(행 25:13). 결혼하지 않은 나머지 두 딸인 마리암메와 드루실라는 각각 열 살과 여섯 살이었다. 그중 드루실라는 유대 총독 벨릭스와 결혼했다(행 24:24).

여기서, 묵상

대헤롯은 가이사랴를 권력 유지 수단으로 건축하고 헤롯 아그립바는 로마를 의지하는 통치 장소로 삼았으나 하나님은 이곳을 선교 센터로 사용하셨다. 빌립 집사와 베드로, 고넬료에 이어 바울은 선교 여행 때마다 이 항구를 사용했다. 우리 또한 세상의 것을 하나님의 도구로 바꾸자.

복음이 시작된 곳. 이곳에서 장차 될 일을 알지 못하고 믿음으로 떠나지 않았다면 내가 여기 서 있지도 못할 것이요 영생의 소식을 듣지 못하여 지옥의 형벌로 떨어졌으리라. 이름도 없이 빛도 없이 죽음을 각오하고 떠난 이들의 출발을 바라본다. 사명은 사명으로 끝나선 안 된다. 사명을 가진 자는 그 사명을 품고 출발해야 한다.

지도 그리기

사도행전 1

지역 명칭
복음의 확장
빌립의 전도여행
베드로의 전도여행
바울의 회심

부록에서 지도를 찾아 그리세요

요세푸스가 기술한 아그립바 1세

헤롯 아그립바 1세의 죽음에 대해 좀 더 자세히 보려면 요세푸스의 다음 글을 참고하라.

> 그가 아침에 은색 갑옷을 입고 동쪽을 향하여 설 때 태양이 그의 갑옷에 반사되어 환하게 비추었다. 눈이 부신 그의 모습과 어우러진 그의 음성을 듣고 두로와 시돈 사람이 최고의 아부 외침을 한다.
> "이것은 신의 소리요 사람의 소리가 아니다."
> 이렇게 말하자 헤롯 아그립바 왕은 거만하게 거들먹거리다 충이 먹어 창자가 터져 5일 만에 죽었다. 최고의 권력을 누리던 자가 교회를 핍박하고 하나님께 영광을 돌리지 않다가 허무하게 죽었다. 이 육신적인 죽음보다 더 애석한 것은 그가 영원한 지옥으로 떨어졌다는 점이다.(행 12:20-23과 비교하라)

성경과 같은 사건을 당시 역사가 요세푸스는 다른 관점에서 기록하고 있다. 그 글을 더 보도록 하자.

> 아그립바 왕은 전 유대를 3년간 통치한 후 과거 스트라토의 망대라고 불린 가이사랴로 왔다. 여기서 왕은 가이사의 행복을 위한 일종의 축제가 시작되었다는 것을 알고서 가이사의 영예를 기념하는 축제를 거행했다. 두 번째 날에 아그립바 왕은 순은으로 짠 참으로 멋진 의복을 입고 새벽에 원형극장으로 들어갔다. 태양 광선이 찬란하게 비추자 은으로 짜인 그 옷은 신비한 빛을 발하기 시작했고 그 반짝임에 의해 그것을 바라본 사람들은 기묘한 두려움과 경이를 느꼈다.
> 아첨꾼들은 왕에게는 유익하지 않았지만 아그립바 왕을 신이라고 부르면서 사방에서 목소리를 높였다. 그들은 덧붙여 말하기를 "우리에게 호의를 베풀어 주소서. 우리가 지금까지는 한 인간으로서 당신을 존경해 왔으나 앞으로는 당신이 멸할 수밖에 없는 인간이 아닌 그 이상의 존재라는 데 동의합니다" 했다.
> 왕은 그들을 꾸짖지도 않았고 그들의 아첨을 불경스러운 것으로 거절하지도 않았다.

충 먹어 창자가 터진 헤롯은 바닷가에 있는 궁전으로 옮겨졌다가 얼마 후에 죽었다. 성경에서 창자는 마음을 말한다.

그러나 그 일 직후에 왕은 고개를 쳐들고 그의 머리 위 줄 위에 올빼미가 앉아 있는 것을 보았다. 그때 아그립바 왕은 올빼미가 전에는 좋은 소식을 가져왔으나 이번에는 재난의 전조임을 인식하면서 마음속을 비수로 찔리는 듯한 아픔을 느꼈다.

왕은 갑자기 엄습한 강한 고통으로 인하여 복부를 움켜잡았다. 왕은 그의 친구들에게로 뛰어가면서 말했다.

"그대들의 눈에 신으로 비친 나의 운명이, 조금 전에 나에게 부과된 말에 즉각적으로 반박하여 생명을 내던지라는 명령을 받았네. 그대들에 의해 불멸의 존재로 불린 나는 이제 죽음의 판결을 받았네. 이제 나는 신이 원하신 것과 같이 나의 몫을 받아야만 하네. 사실상 나는 평범한 방식으로 살지 않았고 참된 기쁨으로 환호하는 커다란 명성으로 살았네."

이 말을 할 때에도 왕은 더욱 강한 고통에 휩싸이게 되었다. 왕은 높은 곳에 위치한 침상에 누워서 엎드려 있는 백성을 보고 눈물을 흘렸다. 5일간의 복부의 진통으로 탈진한 후 그의 나이 54세에 그리고 그가 즉위한 지 7년이 되는 때에 이 세상을 떠났다(《유대 고대사》 19. 8. 2).

박해가 실패로 끝났을 뿐 아니라 그 박해자가 사망에 이르면서 하나님의 말씀은 더 흥왕하게 되었다. 주여 하나님을 대적하고 자기 영광을 높이는 자는 다 이렇게 되게 하소서.

역사와 묵상

01 예수님은 승천하실 때 약속하신 성령님을 10일 후 오순절에 보내 주셨다. 오순절은 종교적으로 모세가 십계명 돌판을 받은 날이다. 예레미야는 마음판에 말씀을 새겨 주는 새 언약을 예언했다. 새 언약과 오순절, 성령 강림의 관계와 의미를 토론해 보라.

02 예루살렘교회는 단기간에 7천 명이라는 신도를 얻었지만 외부의 박해와 내부의 문제들에 직면했다. 언급한 문제들을 말해 보고 오늘날 우리 교회에서 일어나고 있는 일들은 무엇인지 비교해 보라.

03 스데반이 순교할 때 예수님처럼 기도했다. 그의 용서 기도는 자신을 죽이는 데 앞장선 청년 사울에게 임했다. 스데반은 복음을 멀리 전하지 못했지만 사울이라는 바울이 그의 기도대로 복음 전도자가 되어 바울과 상급을 공유하게 되었다. 신앙의 선조가 간절히 기도했지만 이루지 못한 뜻을 다음 세대가 이뤘던 일이 있는가?

04 스데반의 순교로 복음이 사마리아와 이방으로 퍼져 나갔다. 빌립은 사마리아에 복음을 전하고 세례를 주었을 뿐 아니라 에티오피아 여왕 간다게의 국

고 맡은 사람까지 전도함으로 사마리아 지역의 복음 전파에 지대한 영향을 미쳤다. 에티오피아 내시가 읽던 성경과 그 지역의 이삭, 다윗의 역사가 어떤 관련이 있는지 토론해 보라.

---

05 욥바에서 일어난 요나의 사건과 베드로의 환상은 이방인에게 복음을 전파하는 계기가 된 점에서 일치한다(욘 1:3, 행 10:5). 둘 다 이방인에게 복음 전하기를 꺼렸지만 주님은 강권하여 보낸다. 욥바는 억지로 간 여정일지라도 아름다운 발이 시작된 곳이다. '아름답다'라는 뜻의 욥바의 이름대로 아름다운 소식은 이방인 고넬료에게 전파되었다. 예루살렘에서는 전심으로 기도할 때 임하셨던 성령님이 사마리아에서는 사도들이 안수할 때 임하셨고 가이사랴에서는 말씀을 들을 때 임하셨다. 당신에게 성령의 체험은 언제 일어났는가?

| 갈라디아 지역 |

안디옥교회와 1차 전도여행 18일

성경 행 11, 13-15장 **연대** AD 45-48년

역사적 배경 로마 글라우디오 황제 재위(41-54), 헤롯 아그립바 사후 유대가 총독 치하에 들어감, 유대 총독 파투스(44-45), 알렉산더(45-46), 쿠마누스(46-48)

핵심 본문 안디옥교회의 부흥, 갈라디아 세바스테 길 중심 전도

지도 사도행전 2

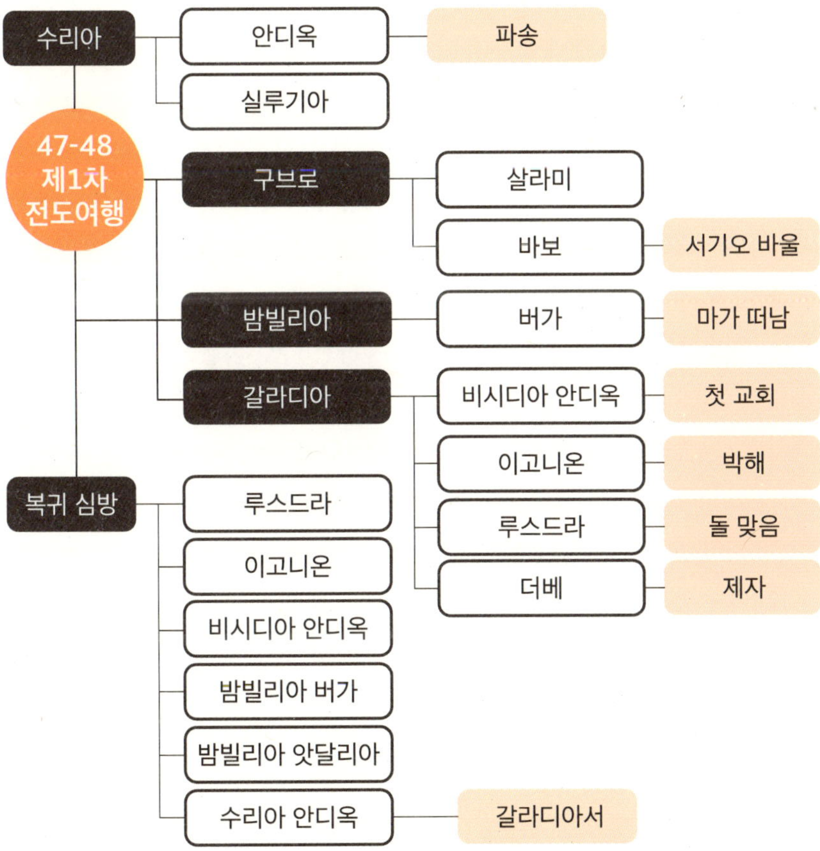

바울의 1차 전도여행 루트

AD 44년 헤롯 아그립바 왕의 죽음은 그리스도인에게도 큰 변화를 가져왔다. 수리아 안디옥에서 부흥의 불길이 타오른 것이다. 스데반의 순교와 아그립바의 신앙 박해로 흩어졌던 사람들이 유다의 북쪽으로 올라가 베니게와 구브로, 안디옥까지 이르러 말씀을 전했다. 이후 안디옥교회가 교회의 중심에 선다. 안디옥교회에서 눈에 띄는 인물은 아무래도 사울이라는 바울이다. 그의 삶이 성경의 역사가 된다.

사도행전의 주인공으로 혜성처럼 등장한 사도 바울은 그의 생애를 아는 것이 서신서를 이해하는 배경이 될 정도로 중요한 위치를 점하고 있다. 바울의 활동 시기를 알 수 있는 결정적인 단서는 고린도에서 2차 전도여행 시에 '갈리오가 총독 되었을 때'라고 기록한 말을 통해서다. 그 연대가 고고학에서 고증되었으므로 전도여행의 시기를 알 수 있다. 그러나 학자에 따라 1년 정도 차이가 난다.

승천 이후 사역

57. 안디옥-그리스도인
58. 바보-바울
59. 버가-마가 떠남
60. 비시디아 안디옥-첫교회
61. 이고니온-박해
62. 루스드라-돌맞음
63. 더베-제자
64. 예루살렘-공회

32	사울의 회심
32-34	아라비아행
35	예루살렘 1차 방문

45	안디옥교회 사역
46	예루살렘교회 구제
47-48	1차 전도여행
49	예루살렘 공회
49-51	2차 전도여행
52-56	3차 전도여행
57-60	가이사랴 구금
60-62	4차 전도여행(바울의 로마 호송)
62-67	5차 전도여행(바울 석방과 서바나 선교)
67	바울의 2차 체포와 순교

안디옥-그리스도인: 이방인 선교의 중심지 57 행 11, 13장

가이사랴 북쪽 두로에서 해안을 따라 북으로 36km 올라가면 시돈이 나오고 시돈에서 해안을 따라 315km 북으로 올라가면 수리아 안디옥이 나온다.

안디옥: 셀류쿠스 왕 안티오쿠스의 이름에서 나온 도시명

안디옥은 산으로 둘러싸인 넓은 평지에 자리한다. 시내 한가운데에 수리아의 내륙 하맛에서 흘러오는 오론테스 강이 흘러 바다로 향한다. 남서쪽에 위치한 카시우스 산에서는 날이 맑으면 구브로 섬이 보인다.

지금은 기독교 유적으로 안디옥 시 서쪽 변두리 산기슭에 이곳 초대 감독으로 추정되는 베드로교회만이 자리하고 있다. 문헌에 의하면 작게는 10만에서 많게는 60만의 인구를 가진 안디옥은 1세기에 가장 번창했으며 주변에서 가장 큰 도시로 성장했다.

그도 그럴 것이 알렉산더 대왕이 죽은 뒤 유다 북쪽에서 셀류쿠스 왕조가 등장하는데 수도가 안디옥이었다. 셀류쿠스 왕조의 왕은 안티오쿠스와 셀류쿠스를 번갈아 사용했고 여기서 안디옥(Antioch)과 실루기아(Seleucia)라는 도시명이

: 18일

오늘 읽을 분량

성경 행 13-15 갈 1-6

본서 59-86쪽

성경의 맥 잡기

1. 수리아 안디옥교회 부흥과 선교사 파송
2. 바울의 전도팀 주도와 마가의 이탈
3. 첫 교회 비시디아 안디옥교회
4. 루스드라의 기적과 박해
5. 복귀 중 심방

신구약 연결 포인트

1. 수리아 안디옥과 실루기아는 헬라 시대 북방왕과 관련됨
2. 스데반과 바울의 돌
3. 갈라디아의 율법과 믿음의 관계

묵상 가이드

1. 수리아 안디옥교회가 주는 교훈은?
2. 구브로 전도의 부진함과 마가의 이탈로 인한 전도팀의 분위기는?
3. 갈라디아 지역의 첫 교회가 세워진 계기는?
4. 바울은 돌에 맞을 때 어떤 생각을 했을까?

나왔다. 대헤롯와 헤롯 아그립바 시절에는 그들의 영향력이 이곳까지 미칠 정도였다.

안디옥 시내

수리아의 수도였던 안디옥은 최초의 이방인 교회가 설립되어 그리스도인이라는 이름을 얻었던 곳이다. 안디옥 교회는 바울의 전도여행을 지원했다.

안디옥교회의 부흥: 그리스도인이라 불리다

안디옥에서 서쪽으로 150km 되는 지점에 지금의 키프러스인 구브로 섬이 있다. 이곳 출신 사람들과 예수님의 십자가를 대신 진 구레네 시몬의 고향 사람들이 안디옥에 이르러 복음을 전했다. 1차로 유대인에게 전하던 것이 헬라인에게까지 전해졌다.

안디옥에서도 예수님을 믿는 사람이 생기면서 이곳에 이방인 교회가 세워졌다. 예루살렘교회는 그들과 언어와 문화적으로 소통이 가능한 구브로 출신의 바나바를 담임 목회자로 보냈다. 큰 무리가 모이자 한계 상황을 느낀 바나바가 육로로 210km(해로 160km) 정도 떨어진 길리기아 다소까지 가서 말씀의 전문가인 사울을 데려와 동역했다.

안디옥교회는 폭발적인 부흥으로 주변에 영향력을 주어 드디어 예수 그리스도를 믿는 사람들이 '그리스도의 사람', 즉 '그리스도인'(Christian)이라는 칭호를 얻게 되었다.

> 만나매 안디옥에 데리고 와서 둘이 교회에 일년간 모여 있어 큰 무리를 가르쳤고 제자들이 안디옥에서 비로소 그리스도인이라 일컬음을 받게 되었더라 행 11:26

안디옥교회 사람들은 그리스도의 사람처럼 살아 '그리스도인'라는 이름을 얻었다.

그 시기를 알려 주는 중요한 근거가 아가보가 주축인 선지자 무리가 안디옥에 와서 큰 흉년을 이야기하는 것으로 알 수 있다. 글라우디오 황제가 다스리는 AD 45년에 흉년이 들었으므로 이 부흥의 시기는 44년 아니면 45년이었다.

> 그중에 아가보라 하는 한 사람이 일어나 성령으로 말하되 천하에 큰 흉년이 들리라 하더니 글라우디오 때에 그렇게 되니라 행 11:28

흉년을 예상한 사람들은 구제헌금을 모았다. 그리고 바나바와 사울의 손에 들려 예루살렘교회를 도우러 보냈다. AD 46년 드디어 복음에 빚진 이방 교회가 유대인 교회를 돕게 된다. 어떻게 보면 복음의 역전이 일어나는 계기가 되는 사건이기도 하다. 물질을 나누어 주고 복음을 전해 주는 교회가 교회 역사의 주인이 되는 것이다.

안디옥교회는 부흥과 함께 하나님의 사명을 실천하기 시작한다. 최고의 순종이 선교하는 교회였으므로 담임목회자인 바나바와 최고로 유능한 바울이 출발한다. 앞으로 바울이 그 여행을 주도하는데 사도 바울 전도여행이라고 하겠다. 그것을 요약하면 다음과 같다. 이 여행이 세계의 복음지도를 바꾸어 놓았다. 신약성경의 반은 이 여행과 관계있다고 해도 과언이 아니다.

전도여행 요약

1차	2차	3차	4차	5차
행 13-15 (3장)	행 16-18 (3장)	행 19-21 (3장)	행 22-28 (7장)	딛, 딤전후
47-48 (2년)	49-51 (3년)	52-56 (5년)	57-62 (6년)	62-67 (6년)
갈라디아	그리스	아시아	로마	서바나
갈라디아서 (1권)	데살로니가전서 데살로니가후서 (2권)	고린도전서 고린도후서 로마서 (3권)	에베소서 골로새서 빌레몬서 빌립보서 (4권)	디도서 디모데전서 디모데후서 (3권)

1차 전도여행: 갈라디아 지역을 개척하다 **행 13-14장**

안디옥교회는 부흥했지만 거기서 멈추지 않고 다음 단계의 비전을 계획했다. 그들은 주를 섬겨 기도했는데, 그때 성령님이 바나바와 바울을 선교사로 세울 것을 명령하셨다. 교회는 바나바와 바울을 위해 금식하면서 기도한 후 세계 최초의 교회 공식 선교사로 파송했다. 여기서 바나바와 바울이 선택되었음은 신선한 충격이다. 왜냐하면 바나바는 담임목회자였고 바울은 말씀에 가장 영향력 있는 인물이었기 때문이다.

1 안디옥 교회에 선지자들과 교사들이 있으니 곧 바나바와 니게르라 하는 시
므온과 구레네 사람 루기오와 분봉 왕 헤롯의 젖동생 마나엔과 및 사울이라 2
주를 섬겨 금식할 때에 성령이 이르시되 내가 불러 시키는 일을 위하여 바나
바와 사울을 따로 세우라 하시니 3 이에 금식하며 기도하고 두 사람에게 안수
하여 보내니라 행 13:1-3

여기서, 묵상

성령님은 보내는 선교사의 질을 최고로 요구하신다. 남아서 주는 것이 아니라 나의 가장 좋은 것을 전해 주기를 원하신다. 안디옥교회는 최고의 선교 모델이 되었다.

실루기아: 안디옥의 항구 도시

바나바와 바울 일행은 안디옥의 항구 실루기아에서 배를 타고 구브로로 향했다. 실루기아라는 이름에서 셀류쿠스(Seleucus) 왕조의 기운이 느껴진다. 수리아의 수도 안디옥은 안티오쿠스라는 이름에서 왔으니 안디옥을 지나 실루기아로 갔다는 것은 헬라 북왕국의 대표 도시를 다 들러서 나간 셈이다.

두 사람이 성령의 보내심을 받아 실루기아(Seleucia)에 내려가 거기서 배 타고 구브로에 가서 행 13:4

큰 도시가 내륙에 있을 경우 대개 항구를 갖게 된다. 예를 들어 안디옥은 실루기아, 버가는 앗달리아, 고린도는 겐그레아가 항구 도시였다.

구브로 섬: 바나바의 고향

바나바와 바울이 도착한 첫 번째 선교지는 키프러스 혹은 사이프러스라 불리는 구브로 섬이다. 남북으로 97km, 동서로 225km, 해안선 길이 782km의 지중해

/
구브로의 바보 항
구브로의 총독부가 있던 항구로 바울 일행은 이곳에서 배를 타고 버가로 향했다.

//
수리아 안디옥의 항구 역할을 한 실루기아
실루기아는 중간기 북왕국의 이름과 같다.

에서 세 번째로 큰 섬이다. 면적은 9250km²로 제주도의 5배 크기다.

구브로는 헬라어 키프리오스('구리'를 의미)에서 유래했다. 구리가 많이 나는 구브로는 황양목과 염전으로도 유명했다(겔 27:6). 헬라인은 지중해에서 가장 아름다운 섬이라고 생각해서 미의 여신인 비너스가 구브로 앞바다에서 태어났다고 믿었다. 보티첼리의 명작 '비너스의 탄생'도 이 섬을 배경으로 한다. 구약에서는 엘리사 혹은 깃딤이라 불리기도 했다. 구브로는 바나바의 고향이다.

예루살렘교회가 갑자기 부흥하여 8천이 넘는 신도가 생기자 재정적으로 어려움을 겪었는데, 이때 바나바는 그의 밭을 팔아 교회에 헌금으로 내놓아 사도와 교회에 큰 위로가 되었다. 또한 모든 사람이 꺼리는 바울을 예루살렘교회에 소개하고 후에는 안디옥교회 교사로 청빙하여 바울을 바울되게 한 중재자였다. 후에는 마가까지 세워 바울과 사역할 수 있도록 한 진정한 권위자였다.

> 구브로에서 난 레위족 사람이 있으니 이름은 요셉이라 사도들이 일컬어 바나바라(번역하면 위로의 아들이라) 하니 행 4:36

/
구브로 바보의 총독 서기오 바울
복음 전파를 방해하던 마술사 엘루마는 사도 바울의 저주로 맹인이 되었다.

바보-바울: 리더십이 바울로 바뀌다 58

구브로는 바나바에게 친숙하거니와 더러 믿는 사람도 있었기에 첫 번째 선교지로 부담 없는 곳이었다. 먼저 도착한 곳은 살라미 항구였다.

> 살라미에 이르러 하나님의 말씀을 유대인의 여러 회당에서 전할새 요한을 수행원으로 두었더라 행 13:5

성경은 바나바 일행이 살라미에서 바보까지 140km에 이르는 동안 유대인 여러 회당에서 복음을 전했다고 기록하면서 그 열매에 대해선 침묵한다. 이를 볼 때, 바나바 일행의 첫 전도여행은 별다른 성과를 거두지 못했던 것으로 추정된다. 바나바의 고향이니 부담 없이 간 것인데, 예부터 전도팀은 고향에서 환영받지 못하는 것 같다.

사울이 바울되다

바보에 이르렀을 때 그곳 총독인 서기오 바울을 만난다. 침묵하던 사도 바울이 서기오 바울 옆에서 복음을 받지 못하도록 방해하는 유대인 거짓 마술사 엘루마를 징계한다. 성령을 방해하는 죄는 용서받지 못하듯 주의 길을 막는 그에게 맹인이 될 것을 선포한 것이다.

바울 역시 주의 길을 잘못 알고 행동하다 맹인이 된 바 있는데, 이제 회개하고 돌아와서 첫 이적을 맹인 되게 하는 이적으로 시작한다. 바울의 사역을 보면 행한 대로 받기도 하지만 받은 대로 주는 특징이 있다.

구브로 바보에 남아 있는 바울을 채찍질한 장소에 세워진 교회와 채찍질 기둥
성경에는 기록되어 있지 않지만 채찍질당한 장소에 대한 전승이 있는 것을 보면 복음을 전하는 일은 쉽지 않았다.

> **6** 온 섬 가운데로 지나서 바보에 이르러 바예수라 하는 유대인 거짓 선지
> 자인 마술사를 만나니 **7** 그가 총독 서기오 바울과 함께 있으니 서기오 바
> 울은 지혜 있는 사람이라 바나바와 사울을 불러 하나님의 말씀을 듣고자
> 하더라 **8** 이 마술사 엘루마는 (이 이름을 번역하면 마술사라) 그들을 대적하
> 여 총독으로 믿지 못하게 힘쓰니 **9** 바울이라고 하는 사울이 성령이 충만
> 하여 그를 주목하고 **11** 보라 이제 주의 손이 네 위에 있으니 네가 맹인이
> 되어 얼마 동안 해를 보지 못하리라 하니 즉시 안개와 어둠이 그를 덮어
> 인도할 사람을 두루 구하는지라 행 13:6-9, 11

이 사건은 전도팀에 일대 변화를 가져왔다. 분명 바보까지는 안디옥교회의 담임목사 바나바가 팀을 주도했다. 그러나 이곳 바보에서부터 리더십이 역전되었다. 이후에 이름의 순서가 바나바와 바울에서 바울과 그 일행으로 바뀌어 나오는 것에 주목하라(행 13:13). 사울에서 바울로 이름이 바뀌는 곳도 바보다.

버가: 밤빌리아 교통의 요충지

전도팀은 '망대'라는 의미를 가진 밤빌리아 지방의 수도 버가(Perga)에 도착했다.

> 13 바울과 및 동행하는 사람들이 바보에서 배 타고 밤빌리아에 있는 버가에 이르니 요한은 그들에게서 떠나 예루살렘으로 돌아가고 14 그들은 버가에서 더 나아가 비시디아 안디옥에 이르러 안식일에 회당에 들어가 앉으니라
>
> 행 13:13-14

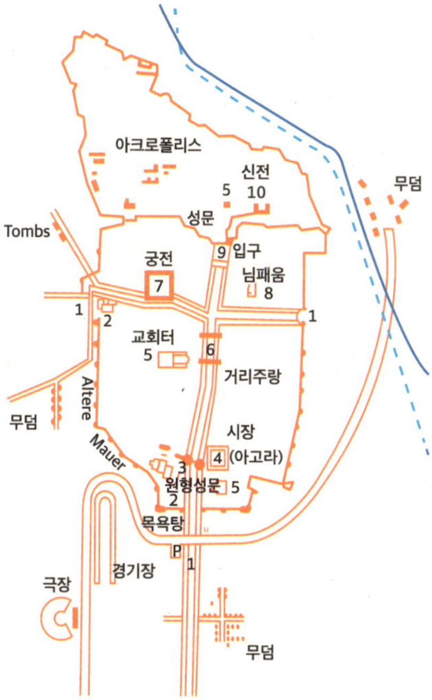

밤빌리아 버가 성 약도
버가는 해안에서 토로스 산맥을 오르는 세바스테 길의 입구였다.

버가는 밤빌리아 평야에 있는 성읍으로 남쪽 해안에서 약 13km 떨어진 내륙이며 세스트루스 강(River Cestrus, 현재의 악수강)에서 서쪽으로 약 8km 지점에 있다.

버가는 해안으로부터 오는 위험을 피할 수 있고 동쪽과 서쪽을 연결하는 교통의 요충지이며 천연 요새였다. 헬라 신화에 나오는 몹소스와 칼카스가 버가의 창건자라고 알려졌다. 버가는 자체 동전을 주조하여 BC 2세기부터 AD 276년까지 사용했다.

버가(Perag)의 유적으로 큰 성벽이 발굴되었다. 성벽은 성읍 전체를 내려다볼 수 있을 정도로 높으며(49m), 직사각형으로 남쪽에 '망대'라는 이름에 어울리게 거대한 성문 두 개가 세워졌다. 성안에는 로마의 체육관, 목욕탕이 있으며, 성 밖에는 극장, 경기장, 묘지 등이 있다.

밤빌리아 버가의 로마식 성문 너머 헬라식 성문 망대가 보인다. 이 길을 통과하여 아크로폴리스에 갔을 뿐 아니라 북쪽 비시디아 안디옥 쪽으로 길이 열린다.

여기서, 묵상

망대라는 뜻의 버가 문을 지나며

일행은 로마식 성문과 헬라식 원형문을 지나면서 버가(페르가)의 뜻을 생각하지 않았을까? 다윗의 시 "나의 힘이신 여호와여 내가 주를 사랑하나이다 여호와는 나의 반석이시요 나의 요새시요…"(시 18:1-2)를 노래하면서 아크로폴리스를 향해 나가는 바울의 모습을 그

려 본다. 마가는 떠나고 임계점에 오르지 못한 전도여행의 힘든 여정을 주님을 사랑하는 마음으로 이기지 않았을까.

버가-마가 떠남 59

밤빌리아 지방의 버가에서 요한이라는 마가가 전도팀을 이탈했다.

> 바울과 및 동행하는 사람들이 바보에서 배 타고 밤빌리아에 있는 버가에 이르니 요한은 그들에게서 떠나 예루살렘으로 돌아가고 행 13:13

몇 달간의 전도여행에도 열매가 없어서였는지, 아니면 어려운 환경에 낙담한 것이었는지, 그것도 아니면 전도팀의 리더십이 자신의 친척 바나바에서 바울로 바뀌는 과정에서 잡음이 있었던 것인지 알 수 없지만 마가의 이탈은 전도팀에 치명적인 타격을 주었다.

갈라디아: 내륙 깊숙이 자리한 지방

마가의 이탈로 크게 좌절했을 수도 있는 바울 일행은 버가를 통과하여 북쪽으로 150km가 넘는 내륙 깊숙이 들어갔다. 남갈라디아 지방으로 향한 것이다.

사도 바울과 일행은 마가의 이탈로 큰 좌절감을 느꼈을 것이다.

갈라디아는 지리적으로 소아시아 중앙 고원의 북부에 위치한 지방을 지칭하기도 하지만 정치적으로는 로마 제국의 통치를 받았던 브루기아와 갑바도기아 등지를 포함하는 내륙을 말하기도 한다. 유럽-인도의 켈트족 일부가 다뉴브 강 유역에서 소아시아 방향으로 이주를 시작하여 BC 300년 이후 브루기아 주변에 정착하면서 주요 거주민이 되었다. 로마인은 이들을 골(Gaul)족이라고 불렀고 거주지를 갈라디아(Galatia)라고 칭했다.

로마 행정구역으로 묶인 갈라디아는 동쪽으로 갑바도기아를 포함하고 서쪽으로 소아시아 경계에 이른다. 흑해에 위치한 본도와 그 동쪽 해변에서 남쪽으로 밤빌리아 지중해변과 다소 길리기아에 이르는 광범위한 지역이었다. 갈라디아에는 켈트, 브루기아, 루가오니아의 세 부족이

갈라디아 지방

있었으며 각자 나름의 언어를 사용했다. 로마의 아구스도가 BC 25년 이곳을 흡수하면서 그리스, 로마 문화에 점차로 흡수되었다.

중심 도시로는 북쪽에 페시누스, 고르디움, 타비움이 있고 남쪽으로 성경에 언급되는 비시디아 안디옥, 이고니온, 루스드라, 더베 등이 있다.

갈라디아서가 보내진 곳이 어디인지는 확실치 않으나 전도여행의 결과라면 남쪽 갈라디아일 것이 분명하다.

갈라디아 산과 일긴 호수
갈라디아는 1천 미터가 넘는 고원 지대다. 비시디아 안디옥에서 이고니온 사이에 위치한 이 호수의 해수면도는 1023m다.

세바스테 길(Via Sebaste): 1차 전도여행 주 도로

사도 바울 일행이 1차 전도여행 때 주로 사용한 길이 세바스테 길이다.

> 그들은 버가에서 더 나아가 비시디아 안디옥에 이르러 안식일에 회당에 들어가 앉으니라 행 13:14

로마가 동쪽으로 진출해서 소아시아를 정복했지만 곳곳에 약탈을 일삼는 해적이 나타나 사회 질서를 교란했다. 로마가 BC 102년 해적을 격퇴하자 길리기아, 밤빌리아, 브루기아, 비시디아는 자유

버가에서 비시디아 안디옥에 이르는 '세바스테 길'은 토로스 산맥이 자리해서 매우 험하다. 바울 일행은 이 길을 통과하느라 많은 어려움을 겪었다.

를 누리게 되었다. 해적 퇴치 작전에 혁혁한 공을 세운 사람이 폼페이 장군이다.

그러나 밤빌리아와 비시디아 사이의 토로스 산맥(Taurus Mountains)이 높고 험해서 해적 잔당인 호모나데시안으로 알려진 도적이 지속적으로 문제를 일으켰다. 로마의 안토니 장군은 밤빌리아와 비시디아의 연결 통로를 통제하던 비시디아 왕 아민타스에게 잔당 토벌을 맡겼으나 아민타스가 격투 중에 죽고 말았다. 결국 BC 25년 로마가 갈라디아 주를 새로 만들면서 호모나데시안을 격퇴하기 위해 세바스테 길(Via Sebaste)을 건설한다. 헬라어 세바스테는 로마 라틴어로 아구스도(아우구스투스, 위엄자)다.

이 길은 비시디아 안디옥에서 밤빌리아로 통한다. AD 6년에야 완공된 길은 호모나데시안을 포위하기 위해 서남쪽과 동남쪽으로 통하는 두 갈래로 갈라졌고 그 사이를 연결하는 지선 도로도 만들었다. 이 길 덕분에 로마는 BC 3년 호모나데시안 부족을 소탕할 수 있었다. 그럼에도 호모나데시안의 잔당과 일부 비시디아인이 AD 1세기 말까지 계속 강도짓을 해서 사도 바울 일행도 어려움을 겪었다. 사도 바울은 이때를 기억하면서 이렇게 말했다.

> 여러 번 여행하면서 강의 위험과 강도의 위험과 동족의 위험과 이방인의 위험과 시내의 위험과 광야의 위험과 바다의 위험과 거짓 형제 중의 위험을 당하고 고후 11:26

비시디아 안디옥-첫 교회 ⑥⓪

버가는 해안의 저지대에 위치하지만 북쪽으로 가면 토로스 산맥의 지맥과 만나면서 갈라디아 고원지대로 올라가게 된다. BC 25년에 가이사 아구스도가 갈라디아를 재편하고 AD 6년경 버가-안디옥-이고니온-루스드라를 잇는 세바스테 길(Via Sebaste)을 건설하면서 어느 정도 접근이 가능해졌다. 복음 전파를 위해 하나님은 로마를 사용하여 길을 준비하셨다.

비시디아 안디옥은 터키 중부의 남쪽에 있던 도시로 현대의 얄바크(Yalvac) 동쪽에 있는 폐허다. BC 350년경 셀류쿠스 가문이 브루기아의 신 '멘'에게 바친 지역이다.

/
비시디아 안디옥
로마 퇴역군인들이 사는 아시아 내륙으로 나가기 위한 군사 기지 역할을 했다.

//
비시디아 안디옥 성 내부 카르도 길
이 도시는 로마 퇴역군인들이 집단 이주하여 세웠다. 구브로 바보의 총독 서기오 바울이 이곳 출신이었다고 전해진다.

BC 200년경 2천 세대의 유대인 가정이 바벨론에서 브루기아로 이주했다. 그들은 주로 귀족이며 부자였다.

유대인과 함께 도시가 절정에 이른 때는 아구스도가 도시를 재건한 1세기였다. 전해 오는 바에 의하면 구브로의 총독 서기오 바울이 비시디아 안디옥 출신이다. 그의 가문은 또 다른 명문가인 카리스타니이(the Caristanii) 가와 통혼했다. 이런 상황으로 보아 바울 일행이 비시디아 안디옥으로 향한 것은 서기오 바울의 소개가 있었던 게 아닐까 한다.

드디어 개척교회가 세워지다

바울이 활동했던 다소, 예루살렘, 수리아 안디옥과 다르게 비시디아 안디옥은 겨울에 추위가 혹독했다. 때로 눈이 수십 센티미터 쌓일 때도 있어 교통의 요지가 아니면 발전하기 힘들었을 내륙이다.

바울과 일행은 실직 없는 전도여행에 비틀거리며 비시니아 지방으로 들어갔으리라. 그러나 모든 것을 내려놓았을 때 하나님이 일하기 시작하신다. 마침내 비시디아 안디옥에서 수리아 안디옥과 같은 복음의 문이 열린 것이다. 작게 보면 비시디아 안디옥이지만 크게 보면 갈라디아 지경에 복음의 문이 열린 셈이다.

유대인 회당에서 사도 바울은 주도적으로 설교를 한다. 이는 바울의 첫 번째 설교 내용이다(행 13:16-42). 구약성경에서 세례 요한의 증거까지 말하고 예수님이 죽으심과 부활을 통해 구주되심을 증명했다(행 13:38-41).

이 일을 통해 하나님께서 영생을 주시기로 작정한 자는 다 믿게 되었다. 이로써 첫 번째 부흥의 역사가 이루어졌다.

/
비시디아 안디옥 회당 전도
구브로 섬을 지나고 밤빌리아를 거치는 동안 교회가 제대로 세워지지 못했는데 이곳부터 복음의 문이 열려 교회가 세워졌다.

부흥 뒤에는 시험이 온다

첫 번째 부흥 다음에 첫 번째 박해가 기다리고 있었다. 지금까지 침묵하던 유대인들이 사람들을 충동질해서 바울 일행을 쫓아냈다(행 13:50). 유대인이 충동한 사람은 도시의 유력자와 '경건한' 귀부인이었다. 안디옥의 유력한 귀부인은 아구스도가 이주시킨 로마의 식민지 가문 사람이고 그들 중 일부가 유대교로 개종하였음이 분명하다.

기록에 의하면, 바울이 방문하고 약 20년이 지난 후 브루기아 아크모니아(Acmonia)에 갈라디아 출신의 귀부인이 제공한 자금으로 만든 회당이 있었다. 그녀는 로마 투로니이 가문과 밀접한 관계에 있었는데 투로니이 가 사람 중 하나가 회당의 유력 회원이었고 또 다른 사람은 로마의 대사제였다. 이러한 문화적 배경은 안디옥에서 바울 일행이 쫓겨난 이유를 잘 설명한다. 그러나 바울은 이미 제자 그룹이 형성된 터라 환난과 박해에도 기쁨과 성령 충만함으로 그곳을 떠날 수 있었다.

여기서, 묵상

비시디아라는 발음처럼 비실비실, 비틀거리면서 올라온 안디옥이었다. 세바스테 길을 따라 강도의 위협을 감수하면서 올라온 뒤 바울은 유대인 회당에

비시디아 안디옥의 사도바울교회
바울은 고원지대의 추위와 맞서 싸우며 복음을 전했다. 그 결과 갈라디아에 첫 교회가 세워졌다. 그를 기념한 교회 안에서 십자가 모양의 유아 세례탕이 발견되었다.

비시디아 안디옥 아크로폴리스
구브로의 실패로 실의에 빠져 비틀거리며 올라온 고원지대에서 복음의 꽃이 피었다.

가서 첫 설교를 했다. 사도행전 13장을 길게 수놓은 복음적인 설교는 베드로의 설교와 같이 예수님이 구세주이며 그를 믿음으로 구원에 이름을 구약의 말씀에 근거하여 담대히 천명했다. 이때 주님은 그들의 마음을 열어 작정된 자가 모두 예수님을 믿는 기적을 베푸셨다. 때가 이르러 전도의 문이 열렸다.

이고니온-박해 (61)

바울 일행은 박해를 피해 세바스테 길을 따라 이고니온으로 향했다(행 13:50-52). 비시디아 안디옥에서 동쪽으로 125km(직선거리) 떨어진 이고니온은 소아시아 남부 중앙에 있는 루가오니아 지방의 수도다. 고대 루가오니아는 서쪽에 브루기아, 북쪽에 갈라디아, 동쪽에 갑바도기아, 남쪽에 토로스 산맥이 위치한다.

루가오니아의 중심 도시 이고니온은 그리스 신화에 따르면 페르세우스가 고르곤 메두사의 머리를 자른 장소로 알려져 헬라어 Eikon(이미지)에서 유래했다고 본다. 이고니온의 서쪽 산지는 1500~1800m로 비시디아 안디옥에서 들어올 때 해발 1000m의 고원에 위치한 이고니온을 잘 전망할 수 있다.

도시 주변의 평야가 워낙 넓어 이곳에서 생산되는 밀로 터키 전체가 1년 먹을 식량을 감당할 정도다. 게다가 사방으로 뚫린 도로망은 과거나 현재나 교통의 요지로 자리매김하게 했다. 이고니온은 그야말로 농업의 센터일 뿐 아니라 상업의 중심지 역할을 최근까지 계속했다.

BC 3천 년가량부터 도시화된 이고니온은 대홍수 이후 첫 번째로 건립된 도시로 전해진다. 오랫동안 브루기아와 루가오니아를 지리적, 문화적으로 연결하는 역할을 했기 때문에 이고니온 사람들은 자신을 브루기아인으로 생각했다. 민족적으로는 자신을 헬라인으로 여겼는데 알렉산더 대왕에 이어 셀류쿠스 왕조와 로마의 통치를 받는 긴 세월을 거치면서 형성된 것이었다. BC 3세기 셀류쿠스 왕조뿐 아니라 북쪽 본도와 갈라디아의 통치를 받았고, BC 65년 로마의 통치에 들어가 AD 25년에 속주로 편성되었다. 바울이 방문한 때는 글라우디오 황제의 이름을 따라 글라우디고니온(Claudiconium)이라는 칭호를 얻었다. 이후 AD 235년에 교회의 종교회의가 이곳에서 열리기도 했다.

도시는 계속 발전해서 1097년에 절정에 달했는데, 셀주크터키의 수도가 되

이고니온의 메블라나 사원
이슬람 신비주의 운동의 본산인 메블라나 운동의 특징은 빙빙 돌면서 황홀경에 빠진다는 것이다.

이고니온 전경
비시디아 안디옥에서 오는 길에 보이는 이고니온은 교통의 요지로 현재 코냐로 불리는 큰 도시다.

었다. 주도인 코냐(Konya)는 이슬람에서도 신비주의 운동이라 불리는 **메블라나** 사원으로 유명하다. 12세기 셀주크터키 시절에 메블라나 루미(Mevlana Rumi, 1207~1273)가 창시한 이 운동은 코냐의 중요한 전통으로 자리 잡았다.

초대교회의 전통에 의하면 이곳 출신에 의해 바울행전이라는 외경이 기록되었다. 바울행전에는 테클라(Thecla)라는, 복음 전파와 주를 위한 가르침에 열심인 바울과 우애가 깊은 한 여인을 소개하고 있다. 바울행전은 바울의 모습을 이렇게 묘사하고 있다.

> "(오네스포루스)가 오고 있는 바울을 보았을 때 그는 작고 대머리였으며 다리를 절름거렸지만 당당한 자세를 취하였고 일자 눈썹에 다소 매부리코인 그는 호의로 가득 차 있었다. 지극히 인간적으로 보이는 그는 바로 천사의 얼굴을 가졌다."

예루살렘에 닥친 박해로 복음이 확장되었듯이, 박해를 피해 이고니온에 온 바울과 일행은 또 다른 복음의 확장 기회를 가졌다.

> 이에 이고니온에서 두 사도가 함께 유대인의 회당에 들어가 말하니 유대와 헬라의 허다한 무리가 믿더라 행 14:1

지금은 바울에 대한 어떤 유적도 찾기 힘든 이고니온이지만, 이고니온의 회당에서 전한 복음은 또다시 반향을 일으켰다. 유대인이 만든 회당은 복음의 징검다리로 긴요하게 사용되었다. 그곳에 가면 핍박이 있을 게 빤하지만 어느 곳보다 잡을 고기가 많았다. 회당에서 말씀을 전할 때 허다한 무리가 믿고 주를 힘입어 각종 기적이 일어났다.

그러나 반작용으로 이방인과 유대인과 관리들이 두 사도를 모욕하여 돌로 치려 했다. 바울 일행은 이를 알고 루가오니아의 두 성 루스드라와 더베 근방으로 피신했다(행 14:1-7).

루스드라-돌맞음 (62)

이고니온에서 쫓겨난 바울 일행은 루스드라에 도착했다. 루스드라는 이고니온에서 33km(직선거리) 떨어진 두 강이 만나는 후미진 지역이다. 아구스도의 장군들은 갈라디아를 방어할 수 있는 좋은 장소로 보고 AD 6년 세바스테 길을 이곳까지 연장했다. 여기서 식민지 동전과 2세기 말엽에 안디옥에 보낸 '화해의 입상', 3세기 중엽의 것으로 보이는 '제우스의 제사장'이라고 쓴 제우스에게 바쳐진 헤르메스(Hermes)의 입상, 제우스(기도를 듣는 자)와 헤르메스에게 드려진 제단이 발굴되었다.

로마의 식민지임에도 루스드라는 지역 언어인 루가오니아어를 사용한 것으로 보아 원주민이 다수였음을 알 수 있다(행 14:11).

바울 일행이 이곳에서 복음을 전할 때 믿음이 있던 못 걷는 이가 일어났다(행 14:8-10). 사람들은 바나바와 바울을 제우스와 헤르메스로 오해하여 제사까지 지내려 했다. 바울은 이를 단호히 거절하고 하나님만 섬기라고 외쳤다. 그는 높은 지위를 이용해 복음을 전하는 방법을 택하지 않았다. 자기를 높이려는 이들을 향한 외침을 들어 보라.

> 15 여러분, 어찌하여 이런 일들을 하십니까? 우리도 여러분과 똑같은 성정을 가진 사람입니다. 우리가 여러분에게 복음을 전하는 것은, 여러분이 이런 헛된 일을 버리고, 하늘과 땅과 바다와 그 안에 있는 모든 것을 만드신, 살아 계신 하나님께로 돌아오게 하려는 것입니다. 16 하나님께서는 지나간 세대에는 이방 민족들이 자기네 방식대로 살아가게 내버려 두셨습니다. 17 그렇지만 하나님께서 자기를 드러내지 않으신 것은 아닙니다. 곧 하늘에서 비를 내려 주시고, 철을 따라 열매를 맺게 하시고, 먹을거리를 주셔서, 여러분의 마음을 기쁨으

루스드라 지역으로 추정되는 지역에 바위로 판 주거지들이 있다. 여기서 바울은 천당과 지옥을 오간다.

로 가득 채워 주셨습니다. 행 14:15-17(새번역)

사도 바울은 기적을 통해 복음이 왜곡되는 것을 철저히 경계했다. 현대 사회에서 기적이 마치 신앙의 목적인 양 말씀을 마비시키는 현상과 반대되는 모습이다. 베드로도 바울도 모두 기적은 하나님을 높이고 그분에게 돌아오게 하는 수단에 불과함을 확실히 했다. 그리고 이를 통하여 바로 복음의 진리로 나갔다. 바울은 자연 중에 계시하시는 하나님을 소개했는데, 로마서는 이 뒷부분을 이렇게 정리한다.

바울은 원정 박해단의 추격을 받았다. 스데반을 돌로 쳤던 바울은 1차 전도 여행에서 돌에 맞았다. 돌에 맞으며 무엇이 생각났을까?

19 이는 하나님을 알 만한 것이 그들 속에 보임이라 하나님께서 이
를 그들에게 보이셨느니라 20 창세로부터 그의 보이지 아니하는 것
들 곧 그의 영원하신 능력과 신성이 그가 만드신 만물에 분명히 보
여 알려졌나니 그러므로 그들이 핑계하지 못할지니라 롬 1:19-20

하지만 바울의 이 같은 바른 가르침의 대가는 너무 컸다. 얼마 후 비시디아 안디옥과 이고니온에서 '원정 박해단'이 도착하여 바울을 돌로 쳐 죽이려 한 것이다.

유대인들이 안디옥과 이고니온에서 와서 무리를 충동하니 그들이 돌로 바울을 쳐서 죽은 줄로 알고 시외로 끌어 내치니라 행 14:19

루스드라 주변
바울이 겨울에 왔다면 이런 환경에서 전도했을 것이다.

더베-제자 (63)

루스드라에서 90km 떨어진 더베도 루가오니아 지방에 속했다. 더베는 토로스 산맥이 동남쪽으로 길게 뻗은, 정치적으로 길리기아의 경계에 위치한 도시다. 토로스 산맥만 넘으면 바울의 고향이 나온다. 이고니온이 이 지경의 중심 도시였지만 민족은 이고니온같이 브루기아인이 아닌 루스드라인이 거주했다.

더베는 정치적으로 여러 왕국에 속했다. BC 1세기에는 안티파테르, 이후 갈라디아, BC 25년 아구스도에 의해 로마의 속주가 되었다. AD 1세기 특히 칼리굴라 황제 때인 38년에 북수리아 콤마게네와 길리기아 해변쪽을 합병시켜 안티오쿠스 4세를 분봉왕으로 임명해 다스리게 했다. 다시 로마 총독령으로 바뀌었으나 글라우디오 황제가 통치하던 41년에 길리기아(Cilicia) 일부와 콤마게네를 충이 먹어 죽은 헤롯 아그립바 왕에게 주었다고 요세푸스는 기록하고 있다. 그러나 다른 문서에서는 이곳을 안티오쿠스 4세에게 돌려주었다고 기록한 것을 보면 헤롯 아그립바가 왕이 된 지 3년 만에 죽고 안티오쿠스 4세에게 돌아간 것 같다.

콤마게네 왕국의 안티오쿠스 1세의 석상(왼쪽)과 무덤이 있는 니므롯 산 정상에는 거대한 두상과 자갈로 덮인 무덤이 있다.

길리기아 북쪽 경계에 있는 콤마게네 왕 안티오쿠스 4세는 더베를 자신의 영토에 영입한 뒤 글라우디오 황제에게 감사하는 뜻에서 '글라우디오-더베'(Caludioderbe)로 칭했는데, 2세기의 것으로 추정되는 동전이 이 사실을 입증하고 있다.

콤마게네 왕국은 헤롯 가문과 관련이 많았다. 헤롯 아그립바가 글라우디오 황제의 총애를 받아 영토를 넓히면서 콤마게네 왕 안티오쿠스 4세의 아들 에피파네스와 자신의 딸 드루실라를 정략결혼시키려 했다. 그러나 에피파네스가 유대교로 개종하지 않자 혼인은 성사되지 못했다. 드루실라는 사도행전 24:24에 나타난 것처럼 유대 총독 벨릭스와 결혼하여 바울을 만난다.

왜 바울은 다시 험한 길로 돌아갔을까?

바울은 더베에서 토로스 산맥을 넘어 147km(직선거리)만 가면 자신의 고향을 갈 수 있었고 그곳에서 수리아 안디옥까지는 더 기깝고 수월한 여정이었다. 그럼에도 바울은 왔던 길로 다시 돌아가 복음을 전한 뒤 앗달리아에서 배를 타고 안디옥으로 돌아왔다.

돌아간 길을 직선으로만 연결해도 거의 1000km에 다다른다. 산 하나만 넘으면 고향 다소에 닿는데도 일행은 반대 방향으로 돌아갔다. 성경은 그 이유를 이렇게 설명한다.

> **22** 제자들의 마음을 굳게 하여 이 믿음에 머물러 있으라 권하고 또 우리가 하나님의 나라에 들어가려면 많은 환난을 겪어야 할 것이라 하고 **23** 각 교회에서 장로들을 택하여 금식 기도 하며 그들이 믿는 주께 그들을 위탁하고
>
> 행 14:22-23

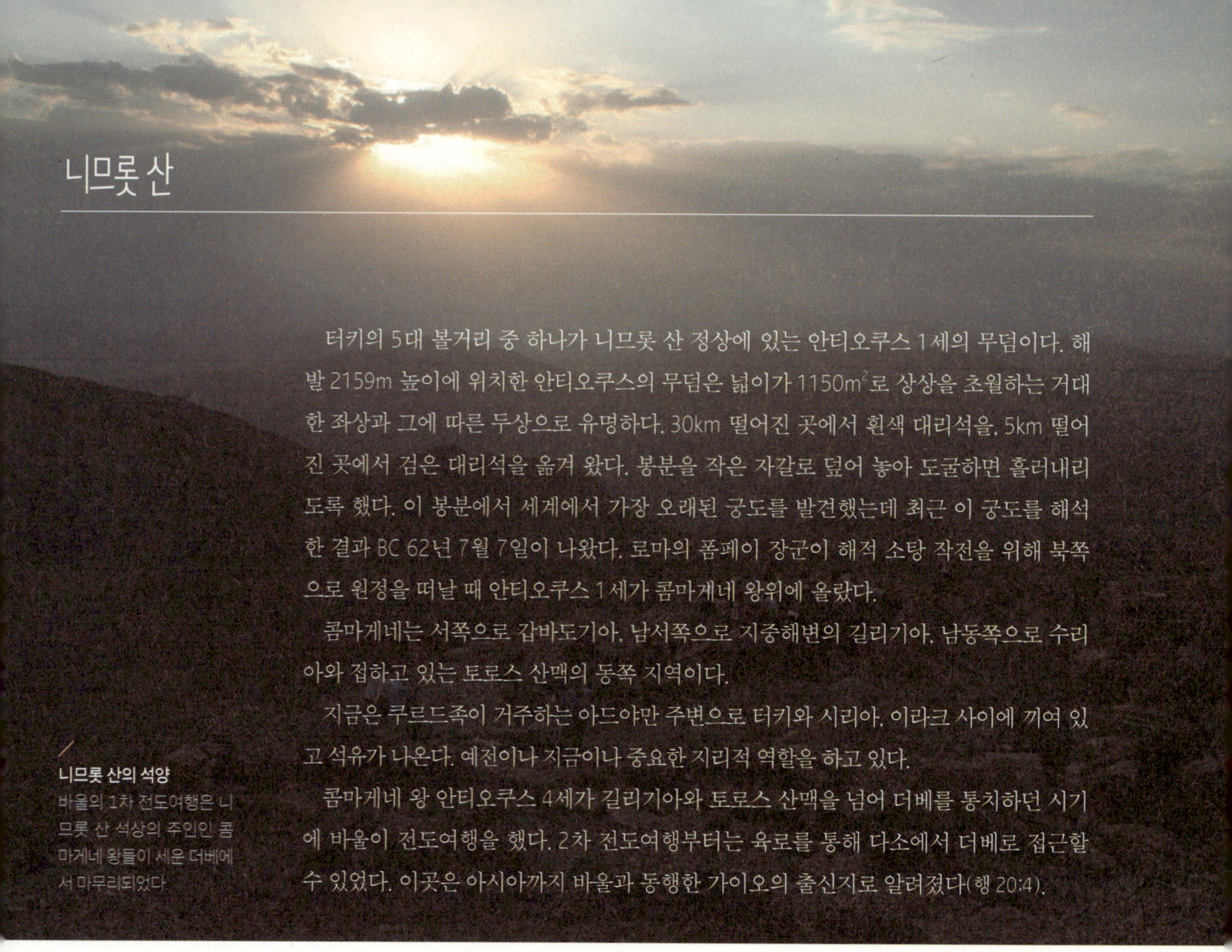

니므롯 산

터키의 5대 볼거리 중 하나가 니므롯 산 정상에 있는 안티오쿠스 1세의 무덤이다. 해발 2159m 높이에 위치한 안티오쿠스의 무덤은 넓이가 1150m²로 상상을 초월하는 거대한 좌상과 그에 따른 두상으로 유명하다. 30km 떨어진 곳에서 흰색 대리석을, 5km 떨어진 곳에서 검은 대리석을 옮겨 왔다. 봉분을 작은 자갈로 덮어 놓아 도굴하면 흘러내리도록 했다. 이 봉분에서 세계에서 가장 오래된 궁도를 발견했는데 최근 이 궁도를 해석한 결과 BC 62년 7월 7일이 나왔다. 로마의 폼페이 장군이 해적 소탕 작전을 위해 북쪽으로 원정을 떠날 때 안티오쿠스 1세가 콤마게네 왕위에 올랐다.

콤마게네는 서쪽으로 갑바도기아, 남서쪽으로 지중해변의 길리기아, 남동쪽으로 수리아와 접하고 있는 토로스 산맥의 동쪽 지역이다.

지금은 쿠르드족이 거주하는 아드야만 주변으로 터키와 시리아, 이라크 사이에 끼여 있고 석유가 나온다. 예전이나 지금이나 중요한 지리적 역할을 하고 있다.

콤마게네 왕 안티오쿠스 4세가 길리기아와 토로스 산맥을 넘어 더베를 통치하던 시기에 바울이 전도여행을 했다. 2차 전도여행부터는 육로를 통해 다소에서 더베로 접근할 수 있었다. 이곳은 아시아까지 바울과 동행한 가이오의 출신지로 알려졌다(행 20:4).

니므롯 산의 석양
바울의 1차 전도여행은 니므롯 산 석상의 주인인 콤마게네 왕들이 세운 더베에서 마무리되었다

베드로에게 사람을 낚는 어부가 되라고 하신 예수님은 부활 후 다시 그를 불러 양을 먹이라고 하셨다. 양육은 구원 못지않게 중요한 일이다. 바울 일행은 구원받은 지체들을 양육하고 그들을 중심으로 건강한 교회를 세우기 위해 다시 길을 돌아갔던 것이다.

앗달리아→수리아 안디옥

밤빌리아 버가로 내려온 일행은 버가의 위성도시 같은 앗달리아 항구에서 배를 타고 수리아 안디옥으로 향한다.

버가에서 13km 떨어진 앗달리아는 BC 145년 버가모 왕 앗달로스 2세가 자신의 이름을 따서 세운 도시다. 악수(Aksu) 강 입구에 위치하고 범람원보다 37m 높은 석회암 고지에 세워졌다. 현재 터키 최고의 휴양 도시로 각광받고 있으며 여

/
앗달리아 항구
밤빌리아의 수도는 버가였고 버가의 위성항구는 앗달리아다. 버가를 가려면 반드시 앗달리아를 지나야 한다.

//
안디옥의 베드로교회
대피로를 확보한 동굴 교회는 당시 초대교회에 대한 박해를 짐작하게 해준다.

행객이 많이 찾는다.

수리아 안디옥의 항구가 실루기아였듯이 버가의 항구인 앗달리아에서 바울 일행은 배를 타고 수리아 안디옥으로 향한다. 구브로 섬을 다시 들르지 않은 점으로 보아 든든히 세울 만한 교회가 없었던 것이 분명하다.

복귀

이렇게 최초의 선교 여행이자 전도여행을 감격스럽게 마치고 그들은 교회를 모아 하나님이 함께 행하신 모든 일과 이방인에게 믿음의 문을 여신 것을 보고했다. 그들은 안디옥에서 재충전하면서 적어도 1년 이상을 지냈다.

> 거기서 배 타고 안디옥에 이르니 이곳은 두 사도가 이룬 그 일을 위하여 전에 하나님의 은혜에 부탁하던 곳이라 행 14:26

교회의 위기: 믿음이냐 행위냐? 행 15장

사도 바울과 바나바가 전도여행을 은혜 가운데 마치고 이방인 교회가 크게 부흥하자 교회는 매우 중요한 문제에 봉착했다. 그리스도인이 된 이방인이 율법을 지켜야 하느냐는 문제였다. 물론 율법을 철저히 지키던 이들은 이방인도 율법 중에 가장 중요한 부분인 할례와 안식일, 음식법 등을 지켜야 한다고 주장했다. 유대교와 기독교의 구분이 불확실하던 시기에 이 문제는 앞으로 선교 방향을 결정하는 중요한 부분이었다.

1 어떤 사람들이 유대로부터 내려와서 형제들을 가르치되 너희가 모세의 법대로 할례를 받지 아니하면 능히 구원을 받지 못하리라 하니 2 바울 및 바나바와 그들 사이에 적지 아니한 다툼과 변론이 일어난지라 형제들이 이 문제에 대하여 바울과 바나바와 및 그중의 몇 사람을 예루살렘에 있는 사도와 장로들에게 보내기로 작정하니라 행 15:1-2

이를 위해 당시 모든 교회의 합의가 필요했다. 특히 사도가 대부분 살아 있었으므로 권위 있는 사도와 합의해야 했다. 안디옥교회는 이를 위해 바울 일행을 예루살렘으로 보냈다. 가는 중에 바울과 바나바가 베니게(두로와 시돈)와 사마리아를 다니면서 전도여행의 결과를 알려 주자 교회에 기쁨이 충만했다.

그들이 교회의 전송을 받고 베니게와 사마리아로 다니며 이방인들이 주께 돌아온 일을 말하여 형제들을 다 크게 기쁘게 하더라 행 15:3

바울 일행이 배를 타지 않았다면 해변을 따라 난 길을 통해 남쪽으로 내려갔겠지만 험한 해안 지형으로 보건대 배를 타고 움직였을 가능성이 크다. 그러면 대표적인 항구 베니게의 시돈과 두로를 거쳐 유대의 가이사랴에 도착한 뒤 사마리아로 들어가 족장의 도로를 따라 예루살렘에 이르렀으리라. 복음이 예루살렘

예루살렘의 봄
세계 최초의 공의회가 예루살렘에서 열렸다. 율법을 지켜야 구원을 얻느냐, 믿음으로만 구원을 얻느냐는 예나 지금이나 큰 이슈였다.

에서 온 유대와 사마리아와 땅 끝까지 퍼지게 하라는 예수님의 명령을 행한 이들이 복음의 물줄기를 거슬러 연어처럼 돌아온다. [부록-사도행전 1 지도]를 보면서 안디옥-시돈-두로-가이사랴-세바스테(사마리아)와 세겜-예루살렘으로 이르는 여정을 눈으로 익히라.

예루살렘-공회: 세계 최초의 종교회의 64

사도행전 15장은 세계 최초의 종교회의 사건을 다루고 있다. 예루살렘에 이르렀을 때 바리새파 출신 중 일부가 이방인도 율법을 지킬 것을 요구했다. 그러나 고넬료의 사건을 경험한 베드로는 바울 일행의 생각을 적극적으로 지지했다. 사람들은 바울 일행이 전도여행한 간증을 들었고 바리새파의 지도자 격인 야고보가 결론을 내 주었다. 베드로의 말같이 이방인이 주 예수의 은혜로 구원받았으므로 할례나 율법을 지키라고 요구할 수 없다는 것이었다.

다만 유대인과 이방인 기독교인이 화합하기 위해 유대인이 꺼리는 몇 가지를 덕을 세우는 차원에서 금해 줄 것을 부탁했다. 우상의 제물과 피와 목매어 죽인 것과 음행을 멀리하라는 것이다. 그러나 이는 지체 간의 화합을 위한 것이지 구원을 위한 것이 아니었다. 이렇게 결론이 나자 예루살렘 공의회는 유다와 실라를 대표로 보내 안디옥교회에 확증하도록 했다.

> **23** 사도와 장로 된 형제들은 안디옥과 수리아와 길리기아에 있는 이방인 형제들에게 문안하노라 **24** 들은즉 우리 가운데서 어떤 사람들이 우리의 지시도 없이 나가서 말로 너희를 괴롭게 하고 마음을 혼란하게 한다 하기로 **25-26** 사람을 택하여 우리 주 예수 그리스도의 이름을 위하여 생명을 아끼지 아니하는 자인 우리가 사랑하는 바나바와 바울과 함께 너희에게 보내기를 만장일치로 결정하였노라 **27** 그리하여 유다와 실라를 보내니 그들도 이 일을 말로 전하리라 **28** 성령과 우리는 이 요긴한 것들 외에는 아무 짐도 너희에게 지우지 아니하는 것이 옳은 줄 알았노니 **29** 우상의 제물과 피와 목매어 죽인 것과 음행을 멀리할지니라 이에 스스로 삼가면 잘되리라 평안함을 원하노라 행 15:23-29

바울은 이런 중요한 일을 결정하기 위한 예루살렘 방문을 마치자마자 갈라디아 지방에 보내는 글을 쓴 것 같다.

갈라디아서: 오직 믿음으로 의롭게 된다

야고보 사도의 편지가 자칫 행위를 강조하는 것으로 오해를 사고 있어서 바른 복음을 전하는 것이 시급한 때였다.

사도 바울은 갈라디아를 중심으로 떠난 1차 전도여행을 마치고 갈라디아서를 기록한 것 같다. 학자에 따라 갈라디아서가 3차 전도여행 중에 기록했다는 주장도 있으나 여기서는 1차 전도여행 때 중점을 둔 지방이라는 점에서 이때 기록한 것으로 간주하겠다. 이는 갈라디아서가 남쪽 갈라디아인 비시디아 안디옥, 이고니온, 루스드라 등지에 썼다는 남갈라디아설을 토대로 한 것이다.

갈라디아서를 쓰는 바울

바울은 갈라디아 교회인 비시디아 안디옥, 이고니온, 더베 지역에 믿음에 굳건히 서도록 심방 편지를 썼다.

바울이 남쪽 갈라디아 지방에서 성공적인 전도여행을 마치자 구약의 유전을 중요시 여기는 유대주의자들이 기독교로 개종한 이방인들에게 구약의 의식, 특히 할례 의식을 준행해야 된다고 고집했다. 이는 이방인 신자와 형제애를 나누는 것을 반대한 열심당(셀롯인) 유대인의 박해를 피하려는 의도에서 나온 주장 같다(6:12 참조).

유대주의자들은 바울이 진정한 사도가 아니라면서 그가 자신의 메시지를 더욱 호소력 있게 전달하기 위해 복음에서 일부 율법적인 요구 사항을 제거해 버렸다고 주장했다. 이 때문에 바울은 갈라디아서에서 자신의 사도권을 분명하게 천명하고 입증한다. 사도권이 무시되면 말씀의 권위가 무너지고 개종자들이 율법의 멍에를 지게 되므로 바울로서는 이를 입증하는 것이 중요했다. 바울은 이를 위해 사도행전에서는 생략한 개인의 일정을 갈라디아 1-2장에서 좀 더 자세히 기록하고 있다.

/ 비시디아 안디옥의 엉겅퀴

갈라디아의 비시디아 안디옥 같은 곳에 가시 엉겅퀴 같은 오염된 신앙이 퍼지고 있었다.

// 사도 바울의 고향 다소의 클레오파트라 환영문

바울은 이곳에서 10년 넘게 준비한 후 사도로 쓰임을 받았다.

| 바울이 받은 복음은 오직 예수 그리스도의 계시로 받은 것이다 (갈 1:11-12).
| 아라비아에서 3년을 지내고 예루살렘에 가서 15일을 머물면서 예수님의 동생 야고보를 만났다(갈 1:17-19, 35년).
| 그 후 고향 다소가 속한 길리기아와 수리아에 이르렀다(갈 1:21-24).
| 14년째에 바나바와 함께 디도를 데리고 예루살렘에 올라갔다(갈 2:1, 49년).

갈라디아서

핵심구절
갈 3:11

핵심단어
믿음

핵심주제
성령의 능력이 율법이냐, 믿음이냐?

여기서 바울은 자신이 전파한 복음이 의심받자 예수님께 직접 계시받은 복음을 사도들에게 제시했다(2:2). 베드로와 야고보는 이를 듣고 바울이 이방인의 사도로 보냄 받았음을 인정하고 친교의 악수를 나눴다(2:8-9). 바울은 베드로(게바)가 안디옥에서 이방인과 함께 식사하다가 율법주의자들이 오자 은근슬쩍 자리를 피하는 것을 외식이라고 책망했다고 했다. 이는 당시 바울의 지도권이 베드로에 한참 미치지 못했으나 복음의 진리에 비춰 베드로를 책망했음을 말함으로써 그의 복음이 어떠한가를 드러내려는 의도였다(갈 2:11-14). 그러면서 바울은 신앙의 핵심인 믿음에 대하여 이렇게 말한다.

> 사람이 의롭게 되는 것은 율법의 행위로 말미암음이 아니요 오직 예수 그리스도를 믿음으로 말미암는 줄 알므로 우리도 그리스도 예수를 믿나니 이는 우리가 율법의 행위로써가 아니고 그리스도를 믿음으로써 의롭다 함을 얻으려 함이라 갈 2:16

> 내가 그리스도와 함께 십자가에 못 박혔나니 그런즉 이제는 내가 사는 것이 아니요 오직 내 안에 그리스도께서 사시는 것이라 이제 내가 육체 가운데 사는 것은 나를 사랑하사 나를 위하여 자기 자신을 버리신 하나님의 아들을 믿는 믿음 안에서 사는 것이라 갈 2:20

그런 다음 3-4장에서 아브라함과 종의 비유, 아브라함의 자녀 비유

비시디아 안디옥으로 올라가는 세바스테 길
로마의 육로는 복음의 길로 사용되었다.

등을 들어 믿음으로 의롭게 됨을 성경에 의거해 입증했다. 그리고 편지의 말미에 이르러선 믿음을 가지고 현실을 어떻게 살아야 하는가 하는 윤리를 제시하고 성령의 열매를 열거했다.

바울은 성경을 하가다식(이야기식이자 사랑의 원리)으로 푼 뒤에 할라카식(율법식)으로 풀어 주면서 믿음에 대한 확신을 가지고 삶으로 나가도록 독려하고 이것은 무조건 먼저 율법을 지킬 것을 요구하던 바리새인이나 율법주의자(유대주의자)와는 반대되는 해석 방식이다.

지도 그리기

사도행전 2
1차 전도여행

부록에서 지도를 찾아 그리세요

역사와 묵상

01 예루살렘교회는 사도행전 1:8의 예루살렘과 유대를 넘어 사마리아와 땅 끝에 이르는 복음의 사명을 잊고 있다가 스데반 순교 이후 반강제적으로 흩어져 복음을 전하게 됐다. 그러나 안디옥교회는 자발적으로 기도하면서 선교의 길을 물었고 담임목사격인 바나바와 사울을 선교사로 파송하여 최초의 선교사 파송교회가 되었다. 안디옥교회를 보면서 건강한 교회의 모습을 나누어 보자.

---

02 바나바의 고향은 구브로였고 그의 친척은 마가였다. 고향으로 가서 복음을 전했지만 교회가 세워지지 못했고 구브로의 바보부터는 바울이 전도팀의 주도권을 잡았다. 결국 버가에서 마가가 전도팀에서 이탈한다. 이때 전도팀의 분위기는 어떠했을까?

---

03 어렵게 고원지대로 올라온 바울 일행은 비시디아 안디옥 회당에서 신도를 얻어 교회를 세웠다. 갈라디아 지역의 첫 교회이자 전도여행의 첫 교회가 세워진 것이다. 오랜 기간 성과가 없다가 어느 순간 문이 활짝 열린 경험이 있는가?

---

04 은혜가 있는 곳에 시험도 있다. 루스드라와 이고니온에서 복음의 문이 열리자마자 유대인들과 복음의 반대자들이 원정까지 하면서 바울을 박해했다. 비시디아 안디옥에서 160km 떨어진 루스드라까지 원정 박해단이 찾아왔다. 바울은 루스드라에서 장애인을 고쳐 영광을 얻을 수 있었지만 오히려 그 일을 통해 복음을 전했다. 이후 박해단에 의해 거의 죽음 직전까지 돌을 맞았다. 바울과 스데반을 연관하여 이때 바울의 생애와 생각을 토의해 보자.

05 1차 전도여행 중 갈라디아를 갈 때 로마가 산적 소탕 작전을 위해 만들어 놓은 세바스테 길을 따랐다. 로마가 만든 해상로와 육로는 복음의 통로가 되었다. 세상이 만들어 놓은 환경을 그리스도인이 복음의 통로로 만들어야 할 부분이 있다면 무엇인가?

| 마게도냐, 아가야 지역 |

유럽과 2차 전도여행

19일

성경 행 15-18장

연대 AD 49-51년

역사적 배경 로마 글라우디오 황제, 아가야 갈리오 총독

핵심 본문 마게도냐-아가야 전도

지도 사도행전 3

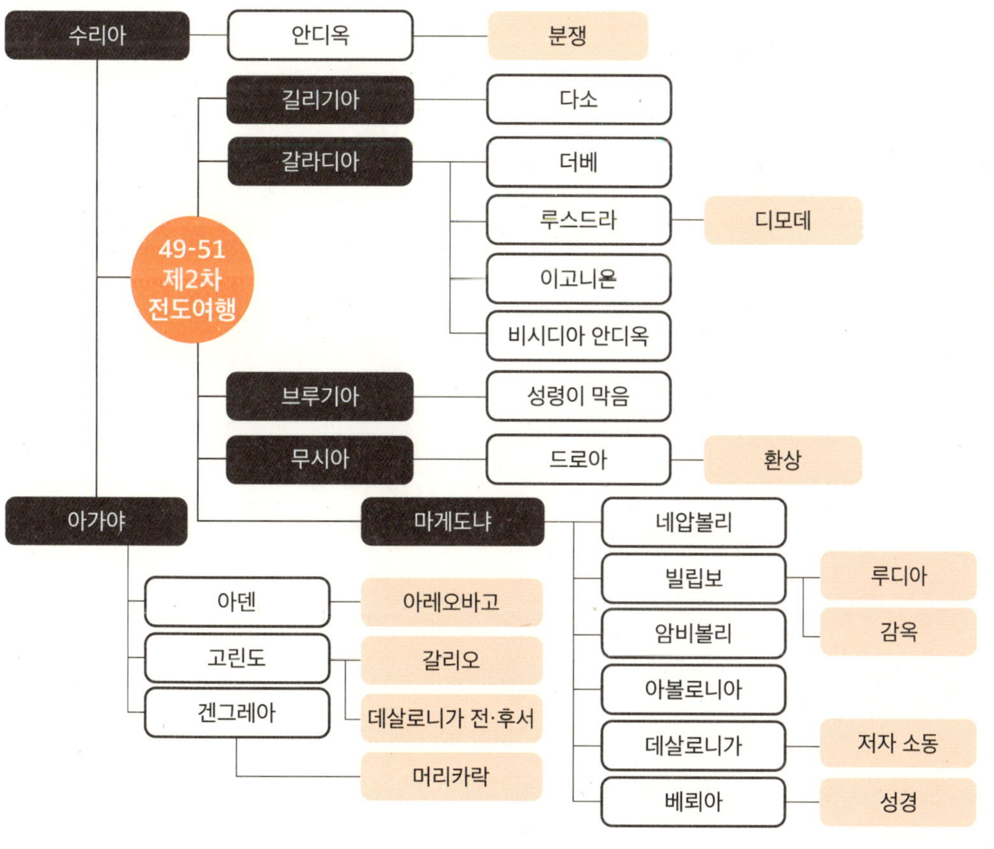

2차 전도여행 루트

바울의 서신서

바울은 1차 이후 갈라디아서, 2차 때 데살로니가전후, 3차 때 고린도전후서와 로마서, 4차 로마 감옥에서 에베소서, 골로새서, 빌레몬서, 빌립보서를 기록했다

2차 전도여행

65. 안디옥-분열
66. 루스드라-디모데
67. 드로아-환상
68. 빌립보-감옥
69. 데살로니가-저자
70. 베뢰아-성경
71. 아덴-아레오바고

안디옥-분열: 결별 65

바울 일행은 2년간의 1차 전도여행을 마친 후 49년경에 예루살렘 회의를 통해 믿음으로 구원 얻음을 확인했다. 다시 수리아 안디옥으로 돌아온 일행은 1년가량 사람들과 함께 지내면서 말씀을 가르쳤다.

사도 바울은 교회를 세우고 지속시키는 일을 중요하게 여겼다. 그래서 바나바에게 자신들이 말씀을 전한 각 성으로 가서 교회 상태를 확인하자고 제안했다. 그런데 둘은 1차 때 밤빌리아 지방 버가에서 이탈한 마가를 데려가는 문제로 심하게 다투게 되었다. 결국 바나바는 마가를 데리고 구브로로 향했고, 바울은 실라를 데리고 다소로 떠났다. 각자 자신의 고향 쪽으로 떠난 셈이다(행 15:35-41).

바나바가 사람 중심이었다면 바울은 일 중심의 사람인 것 같다. 사실 바나바의 이 같은 성품 때문에 바울이 예루살렘에서 사도들에게 소개되었고 안디옥에서 목회할 수 있었다. 바울이 바나바에게 큰 은혜를 입은 셈이다. 거기다 디모데후서에 보면 바울이 한때 거부했던 마가를 데려오라고 한다(딤후 4:11). 이런 상황으로 볼 때 바나바가 옳은 듯하다. 그러나 성경은 바울의 전도여행에 초점을 맞춘다. 그 이유는 이렇다.

> **40** 바울은 실라를 택한 후에 형제들에게 주의 은혜에 부탁함을 받고 떠나 **41** 수리아와 길리기아로 다니며 교회들을 견고하게 하니라 행 15:40-41

바나바는 감정을 이기지 못하여 교회와 관계없이 개인적으로 떠난 인상이 짙은 반면에 냉정한 바울은 교회의 파송을 받고 떠났다. 예수님이 남기신 최고의 조직은 교회다. 교회를 중심으로 한 사역이 역사의 흐름을 주도한다.

2차 전도여행: 그리스 지역을 전도하다 **행 15:36-18:22** 19일

사도 바울은 수리아에서 육로로 자신의 고향 길리기아 다소로 갔다. 아마누스 산맥을 넘어가는 길에 수리아 문을 지난다. 수리아 문을 지나 이수스 성에 이르는데 이수스는 BC 333년 알렉산더가 페르시아(바사)의 다리오 3세를 이기고 승세를 얻어 헬라 왕국을 만드는 계기가 된 곳이다. 아마도 이곳을 지나며 알렉산더에 대하여 가졌던

: 19일

오늘 읽을 분량

성경 행 16-18 살전, 살후

본서 87-112쪽

성경의 맥 잡기

1. 바울과 바나바의 분쟁
2. 드로아의 환상
3. 빌립보교회 탄생
4. 데살로니가교회
5. 고린도교회 부흥

신구약 연결 포인트

1. 알렉산더의 원정을 거스르는 복음 원정
2. 세네카의 형제 갈리오 총독과 바울의 만남

묵상 가이드

1. 분쟁이 생길 때 꼭 지켜야 할 것은?
2. 성령과 예수의 영의 인도를 따라가기
3. 환란 가운데 세운 교회가 가장 큰 기쁨을 준 빌립보교회에서 얻는 교훈은?
4. 고린도교회는 왜 부흥했나?

안디옥으로 가는 길
사도 바울과 바나바는 마가를 데려가는 문제로 서로 다투다 각자 떠나기로 했다.

토로스 산맥 협곡
더베에서 길리기아 다소로 가는 길은 황소라는 뜻을 가진 험한 산맥을 통과해야 한다. 알렉산더도 이 길을 지나 페르시아를 정복했다. 바울은 2차 전도여행부터 이 길을 거슬러 올라가 복음 활동을 전개했다.

길리기아의 수도 다소에 있는 바울의 집 우물
바울은 이곳에서 태어나 로마 시민권을 얻었고 복음을 듣고 돌아와 말씀을 전하면서 사역을 준비했다.

생각이 빌립보(알렉산더의 고향)의 사역을 고무시켰으리라.

수리아와 길리기아로 다니며 교회들을 견고하게 하니라 행 15:41

루스드라-디모데 66

길리기아 다소에 이르러 예루살렘의 결정을 전한 바울과 실라는 길리기아 관문을 지나 황소라는 뜻을 가진 토로스 산맥을 넘었다. 이 산맥을 넘어 만나는 성이 더베다. 당시 더베는 콤마게네 왕 안티오쿠스 4세가 영향력을 미치던 곳이나 브루기아인이 거주하는 루가오니아 지방으로 로마의 행정상 남쪽 갈라디아 지방에 해당했다. 바울 일행은 더베에서 복음을 확고하게 세운 뒤 루스드라로 향한다.

루스드라에서 사도 바울은 돌에 맞아 죽을 뻔한 사건을 겪었다(1차 전도여행). 이때 한 젊은이가 회심해서 바울의 제자가 되어 전도팀에 합류했다. 바로 디모데다. 바울 일행은 이고니온과 비시디아 안디옥 교회를 심방하고 새로운 전도지를 모색했다. 당시 사람이 가장 많이 사는 아시아를 전도 대상으로 삼았다.

다소 치드누스 강
사도 바울의 고향 다소는 길리기아의 수도로 로마 시민권을 얻을 수 있는 도시였다. 바울은 태어날 때부터 로마 시민권을 얻었다.

혼동하지 말 것은 이 아시아는 지금의 아시아 대륙을 의미하는 것이 아니라 현재 터키의 중부, 지중해와 접한 지경을 의미한다. 그래서 '소아시아'라고 부르기도 한다.

드로아-환상: 예수의 영이 인도하신 곳 ⑥⑦

그러나 바울의 꿈은 얼마 동안 좌절되었다. 바울은 갈라디아와 아시아 사이의 브루기아 지방을 지나 아시아로 가려 했지만 성령님이 그곳에 말씀을 전하는 것을 허락하지 않으셨다. 성경은 그 이유에 대해 침묵하지만, 훗날 바울이 고린도 교회와 디모데에게 쓴 편지를 통해 추론해 볼 때, 아시아의 막강한 우상 세력을 지금 막 전도자의 길을 걷기 시작한 바울 일행이 감당하기에는 힘들었을 것으로 보인다. 실제로 나중에 바울이 2차 전도여행을 마친 뒤 훈련된 디모데와 브리스길라, 아굴라 같은 일꾼이 준비되었을 때 성령님은 에베소에 가는 것을 허락하셨다.

> **6** 성령이 아시아에서 말씀을 전하지 못하게 하시거늘 그들이 브루기
> 아와 갈라디아 땅으로 다녀가 **7** 무시아 앞에 이르러 비두니아로 가
> 고자 애쓰되 예수의 영이 허락하지 아니하시는지라 **8** 무시아를 지나
> 드로아로 내려갔는데 행 16:6-8

무시아 드로아는 트로이와 23km 떨어진 가까운 항구다.

드로아 환상
예수의 영에 인도된 후 드로아에서 환상을 본 바울은 유럽으로 향한다.

바울은 성령님이 아시아를 허락하시지 않자 반대 방향으로 기수를 돌렸다. 북쪽 본도가 있는 비두니아로 향했는데, 이곳은 흑해변으로 오지였다. 하나님은 이 극단적인 판단도 거부하시고 비두니아 서쪽 무시아 지방으로 이끄셨다.

바울을 인도하는 영을 6절에서는 '성령'이라 하고 7절에서는 '예수의 영'이라고 한다(행 16:6-7). 예수님을 믿는 사람에게 성령님이 계신다(고전 12:3). 그런데 그 성령님이 예수의 영이시니 예수님이 우리와 함께 계시는 셈이다. 예수의 영이 우리를 지배할 때 우리는 예수님과 같은 생각을 하고 능력을 행할 수 있다. 그런데 성령은 그 영이 우리와 함께한다고 말하고 있다. 그러므로 이제 내게 남은 과제는 그분이 우리를 지배하도록 자신을 내려놓고 성결하게 하는 일이다.

하나님은 바울을 무시아 지방의 가장 서쪽인 드로아로 몰아가셨다. 드로아는 트로이와 가까운 해안으로 흑해로 들어가는 해협의 입구에 있다. 콘스탄틴 대제가 수도로 삼고자 할 정도로 교통상의 중요성 때문에 도시가 번창했다. 지금도 이 근처 차나칼레에는 선박이 유럽과 아시아를 빈번히 오간다.

건너와 도우라
사도 바울은 환상 중에 도와달라는 마게도냐인의 요청을 보고 유럽으로 출발한다. 이때부터 '우리'라는 인칭대명사를 사용하는데, 이로써 누가가 이때부터 합류하게 되었음을 알 수 있다.

바다 한구석 드로아에서 고민하던 바울의 한숨 소리가 들려오는 듯하다. 선교지를 정할 때마다 번번이 거절당했기 때문이다.

바울은 자신의 꿈을 접고 예수의 영의 지배를 받았다. 인간적으로는 좀 답답하고 처량한 기분으로 무시아의 드로아 항구에서 바다를 바라보다 잠이 들었다. 그날 밤 예수님이 마게도냐 사람이 건너와 도와달라고 하는 환상을 보여 주셨다.

> **9** 밤에 환상이 바울에게 보이니 마게도냐 사람 하나가 서서 그에게
> 청하여 이르되 마게도냐로 건너와서 우리를 도우라 하거늘 **10** 바울
> 이 그 환상을 보았을 때 우리가 곧 마게도냐로 떠나기를 힘쓰니 이는 하나님이 저 사람들에게 복음을 전하라고 우리를 부르신 줄로 인정함이러라 행 16:9-10

알렉산더의 고향이자 헬라 제국의 발상지인 마게도냐는 바울에게는 서방 땅이다. 유럽이 서쪽, 아시아가 동쪽이라는 말에서 유래한 것인데 지금 바울이 서 있는 드로아는 이 두 대륙을 가르는 거점이었다.

사모드라게 섬: 아시아에서 마게도냐로 가는 교통의 요지

바울 일행은 배를 타고 유럽 대륙으로 향했다. 중간 기착지로 사모드라게 섬을 들렀다. 사모드라게는 '드라게(Thrace)의 높은 봉우리'라는 뜻이다. 드라게는 드라게인이 사는 지경으로 현재의 이스탄불과 불가리아 남동부를 가리킨다. 사모드라게는 드라게인이 발견하여 올림피아, 델피에 버금가는 신비의 섬으로 가꾸었다. '지진과 말(馬)'의 신인 포세이돈이 섬의 높은 산에서 고대 트로이 평야를 측량했다고 해서 포세이돈 섬

궁금해요!

환상 중에 나타난 사람은 누구인가?

사도행전 16:9부터 3인칭에서 1인칭 '우리'로 기록된다. 이를 통해 이때부터 사도행전의 저자 누가가 함께했음을 알 수 있다. 이런 관점에서 마게도냐인은 누가라는 추정도 가능하다.

이라고도 불렸다. 사모드라게 섬은 북에게 해(North Aegean Sea)를 항해하는 선박이 흑해로 가기 위해 혹은 바울처럼 아시아에서 마게도냐로 가기 위해 지나는 교통의 요지였다.

사도행전 20:6에서는 닷새나 걸린 여정이 지금은 이틀밖에 걸리지 않는다. 아시아 쪽으로 갈 때도, 비두니아 쪽으로 향하려 할 때도 막으시던 하나님이 순풍을 주시어 200km가 넘는 뱃길을 이틀 만에 가게 하신 것이다.

아시아 대륙의 항구 차나칼레
멀리 유럽 대륙이 보인다. 사도 바울은 드로아에서 배를 타고 유럽으로 건너갔다.

마게도냐 지방: 그리스 북쪽 알렉산더의 땅

그리스 북쪽에 위치한 마게도냐는 현재는 그리스의 데살로니가 지방과 마게도냐 왕국을 포함한 약 6만 6355km^2 크기이며 지형이 구릉이나 산악으로 이뤄져 있다.

마게도냐의 4대 강은 알리아크몬, 바르다르, 스트루마, 네스토스이며 강의 대부분이 북서에서 남동으로 흘러 에게 해로 유입된다.

성경의 '야반'(Javan)은 랍비에 의해 '마게도냐'로 번역되었다.

BC 359년에 알렉산더 대왕의 아버지 빌립 2세가 군대와 정치적 파당을 통합하고 주변 민족을 진압하여 그리스 전역과 소아시아로 영토를 확장시켰다. 페르시아(바사)를 물리쳐 승승장구하던 아테네(아덴)와 스파르타가 그리스의 실권을 삽을 줄 알았으나 그 둘 간의 30년 분쟁으로 마게도냐의 빌립이 어부지리로 승리자가 되었다.

그리스는 북쪽은 마게도냐, 남쪽은 아가야로 나뉜다. 아가야는 헬라라고도 불렸다. 아구스도는 BC 42년 빌립보 전투 승리 후 그리스를 마게도냐와 헬라로 나누었다.

그러나 그도 BC 336년에 암살되고 아들 알렉산더가 정복전쟁을 벌여 넓은 제국을 이뤄 냈다. 파죽지세로 영토를 확장하던 알렉산더가 갑작스런 죽음을 맞자 헬라 제국은 안티고누스 가, 프톨레미 가, 셀류쿠스 가로 나뉘어 분할 통치되었다.

BC 276년까지 마게도냐는 안티고누스 가문의 안티고누스 고나투스가 통치했으나 신흥 로마 세력과 수십 년에 걸친 분쟁 끝에 BC 168년 함락되었다. 그 후 로마에서 가이사를 죽인 브루투스 등이 이곳으로 피신하여 전투하던 중 안토니와 아우구스투스에게 패했다.

빌립보 아고라에 남아 있는 에그나티아 길

바울은 이 길을 따라 2차 전도여행을 했다.

에그나티아 길

BC 146년, 로마는 마게도냐를 정복한 뒤 에그나티아 길(Egnatia Way)을 만들어 로마와 소아시아를 연결했다. 이 도로는 동쪽 비잔티움(이스탄불)에서 네압볼리, 빌립보, 아볼로니아를 지나 마게도냐의 에게 해 항구인 데살로니가와 베뢰아를 통해 반도를 가로질러 아드리아 해의 디르하키움까지 이어진다. 바울은 2차 전도여행 때 이 길을 이용해 마게도냐 지역을 전도했다. 로마가 2천여 년 전에 만든 길은 지금도 곳곳에 선명하게 남아 있다.

바울은 마게도냐를 향한 전도의 문이 열린 것을 보고 기뻐했다. 이때 누가도 합류했다(행 16:11).

네압볼리: 유럽의 첫 도시

사모드라게에서 북서쪽으로 향한 일행은 왼쪽으로 다소 섬을, 오른쪽으로는 마게도냐를 지나 100km 정도 항해한 후 네압볼리 항구에 도착했다. 네압볼리는 '네아 폴리스'(Nea Polis)로서 '새로운 도시'(New City)라는 뜻이다. 말 위의 안장처럼 생겼기 때문인지 아니면 역마소가 있어서인지 터키인은 '말 등 위에'라는 뜻을 가진 '카발라'라고 불러 그 이름이 이어 온다. 8세기 비잔틴 시대에는 '크리스토폴리스'라고 하여 그리스도의 도시라고 불렸다.

네압볼리 바울도착기념교회

드로아의 환상 이후 바울이 유럽 땅을 처음으로 밟는 모자이크가 교회 앞에 전시되어 있다.

네압볼리는 BC 6세기경에 다소 섬 사람이 개척했으나 BC 477, 378년 아테네 동맹체, 마게도냐의 빌립을 거쳐 BC 168년 로마의 도시가 되었다. 가이사를 죽인 브루투스 함대가 머물던 곳이기도 하다.

마게도냐를 가로지르는 에그나티아 길이 지나면서 육로와 해로를 이어 주는 중요한 요충지로 번창했다.

그리스 정교회는 1938년 네압볼리에 사도 바울의 도착을 기념하여 바울도착기념교회를 세웠다. 한 사람의 발길이 얼마나 큰 역사를 이루었던가! 그야말로 '아름다운 발'이었다.

유럽의 기원

바울 일행이 도착한 유럽(Europe)이라는 땅의 명칭은 메소포타미아 사람들이 서쪽의 땅, 혹은 해 지는 곳을 가리키던 히브리어 에레브(저녁이라는 뜻)에서 유래되었다고 한다. '서쪽의 땅'이라 일컫게 된 데는 그리스 신화가 한몫했다.

제우스가 페니키아(성경에는 베니게)의 왕 아게노르의 딸이자 절세 미녀인 에우로페(Europe)를 보자마자 한눈에 반했다. 에우로페의 마음을 사로잡기 위해 제우스는 아름다운 눈을 가진 황소로 변신해 들판에서 꽃을 꺾고 있는 에우로페에게 접근했다. 에우로페는 처음에는 갑자기 나타난 황소에 놀랐지만 얌전한 생김새에 안심하고 머리를 쓰다듬고 등을 만져 보며 놀다가 등에 올라타 보았다. 그러자 황소가 기다렸다는 듯이 달아나기 시작했다. 놀란 에우로페가 떨어지지 않으려고 바동거리는 사이에 황소가 숲과 강을 넘고 해안을 지나 바다 한가운데 그레데 섬에 이르렀다.

성경에는 그렛 혹은 갑돌이라고 언급된 이 섬은 해양 민족인 블레셋(함의 아들 미스라임의 후예)이 살던 곳이다. 제우스는 그녀를 위하여 섬과 건너편 해안 일대를 에우로페로 불러 주어 오늘날의 유럽이 생겼다고 한다. 이 사건을 그린 별자리가 황소자리(Taurus)다.

제우스와 에우로페 사이에 태어난 아들이 미노아로 그는 그레데에서 왕이 되어 미노아 문명을 일으켰다. 이 문명은 헬라 문명의 모체가 되어 미케네 문명이 되면서 유럽 본토로 옮겨진다.

에우로페 이야기는 유럽의 유래와 관련된 신화이지만, 사실 신의 이름과 문화 등 유럽의 문명은 동쪽의 바벨론, 바사(페르시아), 베니게(페니키아-옷감 빛깔과 알파벳)에서 유래했다. 특히 그리스 신화는 성경에서 언급되는 신들에서 유래했다.

유로화에는 유럽의 기원을 나타내는 황소 그림이 새겨져 있다.

아데미 여신

아테네 여신

이스라엘 주변의 여신과 그리스의 여신들
여신은 공통적으로 풍요를 상징한다. 근동의 여신 문화가 헬라 쪽으로 이동한 듯하다.

가나안 신들과 그리스 신화의 관계

성경에 언급된 가나안의 신들은 하늘의 신 엘, 땅의 여신 아세라, 아들 바알과 딸 아스다롯으로, 아스다롯은 바알의 아내다. 바알은 어머니 아세라와 관계하면서 엘 신을 하늘로 몰아낸다. 죽음의 '못' 신에게 유인되어 지하 세계로 내려갔던 바알은 아스다롯에게 구출되어 부활한다.

이 과정이 근동의 계절을 나타내서 죽음의 신 '못'이 유인해 가면 비와 우레가 사라져서 땅이 마르는 여름이 오고 바알이 구출되어 부활하면 비가 오는 겨울이 오는 것으로 여겨 제사를 지냈다. 바알은 비와 우레와 다산의 신이고 바벨론 신화에서 달의 여신 아낫으로 불리던 아스다롯은 풍요의 여신으로 자리 잡는다. 성경은 아세라와 아스다롯을 혼동해서 사용하곤 했다.

이 가나안의 신들이 그리스로 옮겨져 바알은 제우스나 포세이돈으로, 아스다롯은 아데미(에베소에서) 또는 아프로디테(고린도에서)로 바뀌었다.

바알이 아버지 엘을 하늘로 몰아내고 패권을 잡아 땅의 주신이 되었듯이, 제우스도 그레데 섬에서 피해 살다가 아버지 크로노스(시간이라는 뜻)를 몰아내고 올림포스의 주신으로 자리 잡는다. 제우스가 에우로페를 유인한 이야기는 바알이 아스다롯을 끌어들인 이야기와 맥을 같이한다. 근동의 신앙이 유럽을 오염시켰음을 알 수 있다.

그리스 신화는 바울이 2차 전도여행을 할 때 이미 헬라권과 로마권을 오염시켜 우상 문화를 만들어 낸 상태였다. 하나님을 향한 건전한 신앙보다 근동의 바알 신앙이 로마 제국을 덮고 있을 때 바울이 그 신앙의 회복주자로 유럽을 향하게 되었다.

에루살렘 우상들

올림포스 산
데살로니가에서 남쪽으로 100km 떨어진 2917m의 올림포스 산은 신들이 사는 곳으로 여겨졌다.

알렉산더의 고향 빌립보

네압볼리에 도착한 바울은 바로 빌립보로 향했다.

> 거기서 빌립보에 이르니 이는 마게도냐 지방의 첫 성이요 또 로마의 식민지라 이 성에서 수일을 유하다가 행 16:12

빌립보에 첫발을 디딘 바울의 마음은 어땠을까? 그 유명한 알렉산더의 고향이지 않은가. 감격에 겨운 바울은 이렇게 외쳤으리라.

"알렉산더여, 그대가 칼과 철학으로 이 세상을 정복했다면 나는 예수 그리스도의 복음으로 네 고향을 정복하리라."

BC 42년 빌립보 전투
가이사 아구스도는 빌립보 전투에서 승리하여 주도권을 잡고 황제가 되었다. 이를 기념해 빌립보를 로마 식민지로 삼았다.

빌립보는 네압볼리 항구에서 15km가량밖에 떨어지지 않았지만 산지로 올라갔다 다시 내려가야 해서 쉽지 않았다. 그 길에 로마의 에그나티아 길이 놓여 쉽게 당도할 수 있게 했다.

빌립보는 로마의 안토니와 옥타비안(후에 가이사 아구스도가 됨)이 합력하여 가이사(카이사르)를 죽인 브루투스와 카시우스 군대를 이긴 전적지다. 이 때문에 아구스도가 이곳을 로마의 직할 식민 도시로 명하였고 퇴역군인이 많이 정착했다.

빌립보는 아름답고 거대한 유적을 가지고 있다. 사도 바울이 섰었을 큰 광장(저자)과 바울이 재판받았다고 여겨지는 큰 제단, 에그나티아 길이 있다. 후에 세워진 빌립보교회, 간기테스(Gangites) 강가에 자리 잡은 루디아기념교회, 바울의 감옥 등이 잘 보존되어 있다.

감옥이 있는 윗성에서 바라보면 저자(아고라)를 가로지르는 에그나티아 도로와 교회가 잘 보인다.

겨울에는 남쪽에 눈 쌓인 팡게오 산이 보인다. 이 산에서 금광이 발견되어 알렉산더의 아버지 빌립이 갑자기 부자가 되었는데 이를 바탕으로 힘을 얻어 헬라를 통일할 수 있었다. 이 소식이 전해지는 시간에 알렉산더가 태어났다.

바울이 빌립보를 방문했을 때는 로마 정책에 의해 유대인 남자가 모두 떠나고 없는 상태였다. 헤롯 아그립바가 충 먹어 죽은 뒤 글라우디오 황제와 유대인의 관계가 매우 악화되었는데, 황제가 로마의 직할 도시에서 유대인들을 모두 쫓아내라는 명령을 내렸기 때문으로 추정된다.

유럽 최초의 교인 루디아

예배드릴 곳이 마땅찮아 성문 밖 간기테스 시냇가에서 예배드리던 바울 일행이 루디아를 만났다. 하나님은 그녀의 마음을 열어 그 집에서 교회를 시작하게 하셨다. 한적한 곳에 세워진 루디아기념교회 앞에는 지금도 아침 물안개를 일으키며 시냇물이 면면히 흐르고 있다.

두아디라 시에 있는 자색 옷감 장사로서 하나님을 섬기는 루디아라 하는 한 여자가 말을 듣고 있을 때 주께서 그 마음을 열어 바울의 말을 따르게 하신지라 행 16:14

/
빌립보 루디아교회 앞 간기테스 시냇가
회당이 없던 빌립보에서 바울은 안식일 기도를 위해 시냇가에 나왔다가 루디아를 전도했다. 그녀는 유럽의 첫 교인이 되었다.

//
루디아기념교회
하나님은 그녀의 마음을 열어 복음을 받아들이게 하신 뒤 가정교회를 세우게 하셨다.

여기서, 묵상

유럽 최초의 교회가 성 밖 물가에서 세례를 받은 루디아의 가정에서 시작되었다. 베니게의 특산품인 자주 옷감 공장이 두아디라에서 만들어졌다. 루디아는 그 옷감을 로마 퇴역군인이 많은 빌립보에서 팔고 있었다. 유럽 최초의 교회는 성령의 인도함을 받아 온 이곳에서 성령님이 마음을 열게 하신 한 여인을 통하여 시작되었다. 주의 긍휼하심이 있는 곳에서 아직도 믿지 않는 가족과 친족, 친구, 이웃이 루디아처럼 마음을 열어 주님을 따르기를 기도한다.

빌립보-감옥: 바울이 옥에 갇히다 68

루디아를 얻은 기쁨의 열매도 잠시, 바울 일행을 힘들게 하는 사건이 발생했다. 한 소녀가 바울 일행을 따라다니며 계속 괴롭히자 바울이 그녀 안에 있던 귀신을 쫓아낸 것이 화근이었다(행 16:16-24).

바울이 갇혔던 빌립보 감옥의 문은 찬양과 기도로 열렸다.

바울이 소녀에게서 귀신을 쫓아내자 점치는 능력이 사라지게 됐고 이를 안 주인이 바울을 고소했다. 이로 인해 바울 일행은 재판도 없이 모진 매를 맞고 옥에 갇히는 신세가 되었다. 그럼에도 바울과 실라는 옥중에서 찬양과 기도를 했고, 이 찬양과 기도로 지진이 일어나서 옥문이 열리게 되었다. 간수가 이를 보고 가족과 함께 바울에게서 복음 듣기를 청했고, 복음을 받아들인 이들은 이후 빌립보교회의 중요한 일원이 되었다. 바울은 간수를 전도할 때 이렇게 선언했다.

> 주 예수를 믿으라 그리하면 너와 네 집이 구원을 받으리라 행 16:31

많은 사람들이 위 말씀을 한 사람만 믿으면 그 집이 구원을 얻는다는 것으로 오해한다. 말씀은 문자로 이해해선 안 되고 상황을 보고 해석해야 한다. 그럼에도 믿음은 들음에서 나기에 들을 수 있는 위치에 있다는 것 자체가 구원에 가깝다.

빌립보서: '기쁨'의 편지

쉽지 않았지만 자주 옷감 장수인 루디아와 감옥의 간수를 통해 빌립보에 복음이 전해지기 시작했다. 해산의 고통이 컸던 만큼 기쁨도 컸다. 바울이 이후 남쪽 아가야 지방의 고린도에서 전도할 때 빌립보교회는 넉넉지 않은 살림에도 선교헌금을 꼬박꼬박 보냈고, 바울이 로마 감옥에 있을 때도 후원을 했다. 그래서 옥중에서 쓴 빌립보서의 주제는 '기쁨'이다. 환난은 인내를, 인내는 연단을, 연단은 소망을 이룬다.

빌립보서

핵심구절
빌 4:4

핵심단어
기쁨

핵심주제
그리스도인의 성화

저자와 빌립보교회
아고라라고 불리는 저자와 교회 건물 너머로 팡게오 산이 보인다. 이 산에서 금광이 발견되어 알렉산더의 아버지 빌립은 헬라를 통일할 수 있었다.

1 그리스도 예수의 종 바울과 디모데는 그리스도 예수 안에서 빌립보에 사는
모든 성도와 또한 감독들과 집사들에게 편지하노니 2 하나님 우리 아버지와
주 예수 그리스도로부터 은혜와 평강이 너희에게 있을지어다 3 내가 너희를
생각할 때마다 나의 하나님께 감사하며 4 간구할 때마다 너희 무리를 위하여
기쁨으로 항상 간구함은 5 너희가 첫날부터 이제까지 복음을 위한 일에 참여
하고 있기 때문이라 빌 1:1-5

여기서, 묵상

빌립보 감옥의 바울과 실라
옥중에 낳은 가정교회는 감옥의 간수와 그의 가족이었다. 환난 중에 전도한 만큼 빌립보교회는 바울에게 큰 기쁨을 주었다.

빌립보 감옥에 서서 저자(아고라)와 교회 터를 바라본다. 기도처로 가던 중 한 소녀에게서 귀신을 쫓아낸 것이 화근이 되어 아고라 한 곳으로 끌려와 제대로 재판받지도 못하고 옥에 갇힌 바울 일행을 생각한다. 매질 뒤에도 찬양으로 옥문을 연 그 믿음이 알렉산더의 고향인 빌립보를 흔들었다. 옥타비안이 브루투스의 군대를 이기고 가이사가 된 뒤에 로마의 식민지로 삼았던 빌립보에서 고생 끝에 세운 교회는 결국 최고의 기쁨을 주었다.

성령과 예수의 영이 이곳저곳을 막아 막다른 골목으로 몰렸다고 생각했을 때 마게도냐를 열어 주셨다. 그래서 당도한 이곳에서 억울한 일도 당했으나 그들은 찬양으로 나아가 간수를 얻었다. 모든 인생이 하는 질문을 간수가 대신한다.

"우리가 어떻게 하여야 구원을 얻으리이까?"

그때 담대히 진리를 선포한다.

"주 예수를 믿으라! 그리하면 너와 네 집이 구원을 얻으리라."

바울은 이어 툭툭 털고 태산 같은 팡게오 산을 넘어 데살로니가로 향한다. 고난 중 얻은 기쁨의 열매를 안고 하늘의 영광을 바라보는 그들을 본다. 하얀 눈 덮인 팡게오 산에 햇살이 비추자 하늘의 영광이 더욱 사모된다.

데살로니가를 향하여

빌립보에서 유대인이라는 이유로 재판도 받지 못하고 억울하게 옥에 갇힌 바울 일행은 오히려 이를 계기로 든든한 가정교회를 세울 수 있었다. 바울이 소유한 로마시민권은 관리들을 뜨끔하게 만들고 옥에서 나오게 했다.

빌립보에서 나온 바울 일행이 에그나티아 길을 따라 서쪽으로 가는 길에 두 개의 도시를 거친다.

> 그들이 암비볼리와 아볼로니아로 다녀가 데살로니가에 이르니 거기 유대인의 회당이 있는지라 행 17:1

암비볼리: 강이 둘러싼 도시

암비볼리는 '두른 도시'라는 뜻대로 팡게오 산 남서쪽에 위치하고 스트리몬 강이 둘러싼 도시다. 팡게오 산에서 한창 금이 나오고 강의 운송이 가능한 시기에는 마게도냐 북부 지방의 수도 역할을 했다. 당연히 에그나티아 길이 지났다.

빌립보에서 52km 정도 떨어졌지만 동서 길이가 30km가 넘는 팡게오 산을 가운데 두고 동에는 빌립보가, 서에는 암비볼리가 위치한다. 지금도 이곳에 가면

팡게오 산
이 산을 둘러 남서쪽으로 데살로니가 방향에 한때 마게도냐 북부 수도 역할을 한 암비볼리가 나온다.

굽이도는 강물이 보이고 유명한 사자상이 서 있다. BC 2세기경의 것으로 추정되는 좌대에 올린 사자상은 미둘레네 섬에 있던 것으로 그 섬 선원이었다가 수리아 총독이 된 라옴돈을 기념하기 위해 세웠다.

이 사자상을 보노라면 알렉산더의 고향 빌립보에 교회를 세운 뒤 다음 선교지로 향하는 바울의 기상이 느껴진다.

아볼로니아: 할키다인의 도시

아볼로니아
이곳을 지나던 바울이 복음을 전했다는 제단이 있다.

암비볼리에서 에그나티아 길을 따라 걸으면 데살로니가에 이르기 전에 아볼로니아를 지난다. 이 도시는 그리스에서 두 번째로 큰 볼리 호수 남서쪽에 있다. 볼리 호수는 갈릴리 바다 정도의 크기로 68km²에 깊이가 20m에 이른다. BC 432년에 마게도냐의 베르카스 2세가 할키다인에게 주어 건설된 도시다. 현재는 새로 건설된 신아볼로니아에 사도바울기념교회가 있다. 바울 일행은 상당히 먼 길을 여행하여 데살로니가로 향했다.

데살로니가-저자 ⑥⑨

바울은 암비볼리와 아볼로니아를 거쳐 데살로니가에 이르렀다.

데살로니가는 알렉산더의 이복누이 이름이다. 알렉산더가 33세에 죽자 후계자 자리를 놓고 권력 다툼이 벌어졌을 때 카산더(Cassander)가 승기를 잡았다. 그는 알렉산더의 이복누이 데살로니가와 결혼하는 동시에 알렉산더의 어머니 올림피아스와 알렉산더의 아내 록사나를 죽였다. 카산더는 이 살인으로 민심이 흉흉해지자 사람들의 관심을 돌리기 위해 마게도냐에서 에게 해로 진출하는 항구도시를 건설한 뒤 아내의 이름을 따서 데살로니가라고 불렀다.

데살로니가는 테르마이 만(Themaic Gulf)에 위치한 전략적 요충지로 바울이 도착할 때 마게도냐의 수도였다. 고대 마게도냐의 수도는 빌립보였다.

마게도냐 내륙의 풍요로운 농산품을 데살로니가의 육로와 해로로 수출할 수 있게 하였다. 그래서 한때 이곳에 유배된 키케로(BC 106-43)는 '우리 영토의 심장부'라고 했다. 로마를 가로지르는 아피아 가도 끝에서 배를 타고 그리스로 넘어오면 에그나티아 대로가 있다. 이 대로 중간에서 해안과 연결해 주는 도시가 데살로니가다. 데살로니가는 BC 42년 빌립보 부근의 싸움에서 옥타비안에 가담

한 공로로 자유시의 특권을 누릴 수 있었다.

현재 그리스 북부에서 가장 큰 도시로 성장한 데살로니가는 '성 데메트리우스(Dimitrios) 교회'가 대표적인 유적으로 알려졌다. AD 410년 기독교 공인 직전에 순교한 데메트리우스를 기념하기 위해 세운 교회다.

그 외에 시내 한복판을 가로지른 에그나티아 길에는 콘스탄틴 직전에 마지막으로 기독교를 박해한 갈레리우스의 개선문이 있다. 이 문은 AD 297년 페르시아 군과의 싸움에서 승리한 로마의 전적을 기념한다. 북동쪽으로 160m에는 300년경에 갈레리우스의 무덤으로 만들어진 로톤다라는 거대한 원형 건물이 있는데 후에 교회와 사원으로 사용되었다.

너무 복잡한 건축물 때문에 데살로니가를 느끼려면 차라리 해변으로 나와 묵상하는 편이 낫다. 해변에는 높이 32m의 '화이트 타워'가 있는데 15세기 베네치아인이 만들어 놓은 방벽의 일부로 터키 점령 시대에 감옥으로 사용되기도 했다. 이때 대량 학살이 이루어져서 '피로 물든 탑'으로 불린다. 한편, 성경과 관계된 유적으로 원형극장과 2층으로 된 아고라가 있다.

데살로니가는 정치, 경제의 중심지여서 늘 사람들로 붐볐다. 이곳에 교회를 개척한 후 동족인 유대인의 핍박을 받았다(살전 2:14-16).

/ 데살로니가에는 육로로 에그나티아 길이 지나고 해로로는 아시아 에베소 길이 열린다.

// **유대인이 불량배들을 동원해 바울을 압박한 저자, 아고라**
원형극장에서 바라본 2층으로 된 아고라

> **5** 그러나 유대인들은 시기하여 저자(시장=아고라)의 어떤 불량한 사람들을 데리고 떼를 지어 성을 소동하게 하여 야손의 집에 침입하여 그들을 백성에게 끌어내려고 찾았으나 **6** 발견하지 못하매 야손과 몇 형제들을 끌고 읍장들 앞에 가서 소리 질러 이르되 천하를 어지럽게 하던 이 사람들이 여기도 이르매

7 야손이 그들을 맞아 들였도다 이 사람들이 다 가이사의 명을 거역하여 말하
되 다른 임금 곧 예수라 하는 이가 있다 하더이다 하니 8 무리와 읍장들이 이
말을 듣고 소동하여 9 야손과 그 나머지 사람들에게 보석금을 받고 놓아 주니
라 10 밤에 형제들이 곧 바울과 실라를 베뢰아로 보내니 그들이 이르러 유대
인의 회당에 들어가니라 행 17:5-10

바울은 데살로니가를 발칸 반도에 복음을 전하기 위한 전략적 요충지로 여겨서 두 번이나 편지를 쓰면서 교회를 건강하게 세우려 했다.

파르티아(바대) 왕국을 치고 승리한 갈레리우스 황제의 데살로니가 개선문

그는 기독교를 박해했으나 311년 기독교인에게 신앙의 자유를 주었다. 박해문이 기쁨의 개선문이 되었다.

데살로니가서: 재림과 소망

바울은 데살로니가에서 3주를 지냈다. 안식일을 위주로 전도했다면 세 번 정도 말씀을 전했을 뿐인데 교회가 굳건히 섰다. 데살로니가 교회는 이러했다.

1) 환난 가운데서도 기쁨으로 도를 받았다(살전 1:6).
2) 말씀에 생활이 따랐다. 주를 본받는 자가 되었다(살전 1:3-6).
3) 칭찬받고 다른 지역의 본이 되었다(살전 1:7-8).

데살로니가교회는 바울의 확실한 복음 증거와 그 말씀에 굳게 서서 생활로 말씀을 나타낸 교회라 할 수 있다. 그들이 이렇게 설 수 있었던 근원적인 힘은 '소망'이다. 예수님의 재림을 소망하는 신앙이 그들을 건강하게 했다. 그래서 사도 바울은 데살로니가전 · 후서에서 종말에 관해 상세히 기록하고 있다.

재림을 이용하는 이단들 때문에 우리의 재림 신앙이 약해져선 안 된다. 사랑이라는 말보다 더 많이 등장하는 말이 재림과 관련된 여호와의 날, 심판, 마지막 날 같은 단어다. 소망이 있는 자만이 주의 뜻을 구하면서 살 수 있다. 믿은 지 몇 주 안 되는 사람을 향하여 쓴 글이어서 초신자에게 주옥과 같은 말씀이 데살로니가서에 많다.

16 항상 기뻐하라 17 쉬지 말고 기도하라 18 범사에 감사하라 이것이 그리스
도 예수 안에서 너희를 향하신 하나님의 뜻이니라(살전 5:16-18)

여기서, 묵상

데살로니가의 저자(아고라)는 성경 시대의 유적으로 남아 있다. 바울이 3주간 복음을 전한 뒤 교회를 세우자 유대인이 불량배를 끌어들인 곳이자, 야손의 집에 찾아가 바울을 찾아내려 한 그들의 책동과 재판이 벌어지던 곳이다.

바울은 이 같은 유대인의 박해로 베뢰아로 피신했으나 거기까지 유대인 원정박해단이 찾아오자 다시 아테네(아덴)로 피신해야 했다. 그런 중에도 바울은 디모데와 실라를 남겨 두어 아직 복음에 대해 잘 모르는 이들을 가르치게 했다. 후에 데살로니가 사람들이 복음 안에서 굳건히 서 있다는 말을 듣고 바울은 힘을 얻어 고린도에서 예수님이 그리스도임을 담대히 선포했다.

데살로니가교회는 믿음의 역사와 사랑의 수고와 소망의 인내를 실천하여 주변에 모범이 되었다. 바울은 재림 신앙을 가지고 주님 오실 날을 갈망하던 그들에게 그날이 도적같이 임할 것이므로 항상 기뻐하라, 쉬지 말고 기도하라, 범사에 감사하라고 권면했고, 그들은 이 말씀을 따라 살았다. 오늘 우리 교회가 갈 방향이 여기에 있다.

데살로니가전·후서

핵심구절
살전 5:23, 살후 2:15

핵심단어
재림과 소망

핵심주제
주가 오시기까지 믿음 위에 굳게 서라.

베뢰아-성경: 말씀 양육 (70)

데살로니가에서 일어난 유대인의 핍박으로 서쪽으로 66km 떨어진 베뢰아로 피신한 바울은 여기서 성도의 위로를 받게 된다.

BC 9세기경 드라게로부터 이주한 주민이 마게도냐 평원 남서쪽의 작은 언덕에 자리를 잡은 곳이 베뢰아다. 베뢰아는 복숭아와 사과의 집산지로 유명한 곳으로, 고대에는 정치적으로나 역사적으로 중요한 곳이 아니었다. 그러다 신약 시대에 로마와 소아시아를 연결하는 에그나티아 길이 놓이면서 마게도냐에서 가장 번잡한 도시 중 하나가 되었다. 로마의 정치 사상가인 키케로(Cicero)도 바울 일행이 베뢰아로 피신하기 100년 전인 BC 79~77년에 데살로니가에서 베뢰아로 피신하여 은둔한 적이 있다. 이 도시에 금과 대리석 채석장, 극장과 체육관 등이 있었다.

데살로니가 아고라
데살로니가교회는 짧은 기간 말씀을 들었으나 재림 신앙으로 승리한 교회가 되었다.

성경은 바울이 도착한 베뢰아의 분위기를 이렇게 소개한다.

> 베뢰아에 있는 사람들은 데살로니가에 있는 사람들보다 더 너그러워서(신사적) 간절한 마음으로 말씀을 받고 이것이 그러한가 하여 날마다 성경을 상고하므로 행17:11

말씀을 간절한 마음으로 받고 날마다 성경을 묵상한다니, 교역자로서 이보다 더 큰 기쁨이 어디 있겠는가. 비록 베뢰아교회 서신은 없어도 베뢰아 출신의 소바더가 자주 등장하는 것을 보면 편지할 필요 없이 건강한 교회로 잘 자란 듯하다. 베뢰아에서 바울이 말씀을 전했다는 강단은 화려한 모자이크로 장식되어 있다. 그 강단 한구석에서 물이 흘러나온다. 하나님의 말씀만이 생명의 샘이다.

그러나 베뢰아까지 원정박해단이 쫓아왔다. 과거 사도 바울도 이 원정박해단의 두목 노릇을 한 적이 있다. 과연 뿌린 대로 거둔다는 말이 맞다. 열정적인 사람 옆에는 열정적인 방해자가 따르는 법이다.

바울은 해변으로 갔다. 베뢰아에서 40km는 가야 했다. 정상적이라면 박해단이 온 방향으로 흐르는 알리아크몬(Aliakmona) 강을 따라 지중해로 내려갔으리라. 이 강은 그리스에서 가장 긴 강으로 297km를 따라 마게도냐와 드라게 지방을 통과하며 많은 수량이 동쪽 올림포스 산에서 나온다. 지금 바울은 신들의 산에서 나온 물을 따라 참 신이신 예수 그리스도를 전하기 위해 내려가고 있는 것이다.

바울은 디모데와 실라를 데살로니가와 베뢰아교회에 남겨 두어 양육에 힘쓴다. 자녀를 낳는 것도 어렵지만 그 자녀를 키우는 것은 더 어렵다는 생명체의 원리를 바울은 잘 알고 있었다. 바울은 이것을 '아비의 심정'이라고 말했다.

베뢰아 베마
사도 바울이 베레아에서 말씀을 전했다는 장소다. 베뢰아 사람들의 강점은 말씀을 사모함에 있었다.

> 그리스도 안에서 일만 스승이 있으되 아버지는 많지 아니하니 그리스도 예수 안에서 내가 복음으로써 너희를 낳았음이라 고전4:15

아가야 지방: '헬라'로 불리는 철학의 지방

앗시리아(앗수르)어로 해 뜨는 동쪽을 아수(Asu)라 하는 데서 아시아(Asia), 해 지는 서쪽을 에렙(Ereb)이라 하는 데서 유럽(Europe)이 유래했

/

베뢰아의 우물가

맑고 고요한 그 말씀이 생각난다.

//

베뢰아 사람들은간절한 마음으로 말씀을 받고 날마다 성경을 상고하였다.

다. 이 유럽의 요람을 아덴, 즉 아테네라고 부른다.

성경 시대에는 아테네와 고린도 주변 헬라 남부를 '아가야'라고 불렀고 때로는 '헬라'라고 불렀다. 헬라는 그리스의 전설적 영웅인 헬렌(Hellen)에서 왔다. 그는 테살리아 등 여러 도시를 건설했다. 헬렌이 건설한 도시에 사는 사람을 헬레네스(Hellenes)라고 하였으며 헬라는 '그리스인이 사는 곳'이라는 뜻이다.

바울은 해변으로 피신하여 배를 타고 500km 가까운 긴 여행 끝에 그리스의 북부 마게도냐에서 남부 아가야로 내려온다. 아가야는 '형제'라는 뜻을 가지고 있다.

그리스 남부는 우리나라의 백두대간처럼 핀두스 산맥이 남북으로 뻗어 있으면서 동서로 갈라져 나오는 많은 산지를 품은 본토와 본토의 3분의 1 정도 크기인 섬 같은 펠로폰네소스 반도로 이루어졌다. 그리고 대륙과 펠로폰네소스 반도를 잇는 지점이 고린도다. 성경 시대에 마게도냐의 남부 아가야는 로마의 속주였다. 호머는 《오디세이아》에서 이기야가 아케아인의 고향이라고 한다. 그들은 주로 펠로폰네소스 북쪽 연안에 거주했다.

헬라 제국의 부흥기가 지나고 아가야 지방의 여러 도시가 고린도를 중심으로 동맹을 맺어 신흥 로마에 대항했으나 BC 146년 로마에 패해 속주가 되었다. BC 27년 아가야는 집정관이 다스리는 원로원 구역이 되었고 AD 15년 디베료 황제가 아가야, 마게도냐, 모이시아를 합병하여 아가야라 부르는 황제 구역으로 선포했다. AD 44년 글라우디오에 의해 잠시 자유가 선포되었다가 다시 원로원에 소속되었다.

아가야에서 유명한 고대 도시는 아테네(성경에는 아덴)이고, 당시 신흥 도시이며 아가야의 수도는 고린도였다.

아덴-아레오바고: '알지 못하는 신'을 전하다 71

바울이 도착한 아덴(아테네)은 제우스의 딸이자 지혜와 이성, 순결의 여신인 아테나에게 바쳐진 도시라는 뜻이다. 아테네 아크로폴리스 주변의 자연 우물로 인해 신석기부터 도시국가를 형성해 온 아덴은 BC 12~13세기 도리아인의 침략으로 완전히 파괴되어 암흑기를 겪었다. 이후 페리클레스(BC 459~429년) 재위 동안 많은 신전과 공공건물이 들어섰고 예술이 부흥하는 문화적, 정치적 황금기를 누렸다. 이때 아크로폴리스에 파르테논 신전을 세웠다. 이때는 BC 480년 바사(페르시아)의 아하수에로(크세르크세스)가 아덴을 점령하여 황폐화시킨 후였고 페리클레스는 무너진 신전 위에 아테나 신을 위한 신전을 세웠다. 감독은 조각가 페이디아스, 설계는 익티노스, 공사는 칼리크라테스의 지휘 아래 BC 447년에 착공하여 9년 만인 BC 438년에 완성했다.

파르테논이란 '처녀의 집'이라는 뜻으로 제우스의 딸이자 지혜와 이성, 순결의 여신인 아테나를 기념하는 신전이다. 이 신전은 폭 30.8m, 높이 10.4m, 길이 69.5m이며 46개의 도리아식 석주가 둘러서 있다. 신전을 떠받치는 기둥은 안쪽으로 약간 경사지게 910m 상공의 한 점에서 만나도록 설계되어 있다. 아래서 쳐다보는 사람에게 안정감을 주기 위함이다. 기둥의 수와 높이 등의 건축적 특징에 종교적 의미가 내포되어 있다.

이에 더하여 솔론에 의해 시작된 민주주의가 페이시스트라토스 때 꽃피웠다. 소크라테스, 플라톤, 아리스토텔레스 등 고대 헬라 철학자가 활동하고 지적, 예술적 사상이 발달해 서구 문명의 요람이 되었다.

BC 490년 바사 왕 다리오 1세는 아테네가 반란군을 지원한다는 이유로 그리스를 공격하는데 이것이 마라톤 전투다. 다리오 1세는 아테네를 공격하느라 주변에는 평화 정책을 폈다. 이런 상황에서 학개, 스가랴 선지자의 독려로 예루살렘에 두 번째 성전이 스룹바벨에 의해 완성된다.

바울은 이렇게 우상이 득실대는 곳에서 복음을 전했다. 이 말씀에 귀를 기울인

/

파르테논 신전
에스더의 남편 아하수에로가 이곳에 있던 신전을 파괴한 후 다시 세워진 신전이 국제 보물 1호인 파르테논 신전이다.

//

아테네 아크로폴리스에서 바라본 리카베투스 산과 아테네 시내
아테네는 넓은 농경지에 솟아 있는 몇 개의 산지로 이뤄져 있어서 요새를 삼기에 적합하다.

사람들이 바울을 아레오바고 언덕에 데려와서 자세히 듣고자 했다(행 17:16-19).

아고라에서 아크로폴리스로 올라가는 입구에서 동북쪽으로 100m 거리에 아레오바고가 있다. 높지는 않지만 바위 언덕 전체가 대리석이어서 대단히 미끄럽다.

'아레오바고'는 '아레스의 동산'이라는 뜻으로 유력한 원로와 재판장이 모여 역사, 철학, 종교 문제 등을 토론하던 곳이다. 제우스의 아들 아레스는 군신이었다. 호전적이고 다혈질인 아레스가 자신의 딸을 욕보인 사촌형제 할리로티오스를 죽인 사건으로 재판에 회부되었는데 아크로폴리스 서편의 바위 언덕에서 재판이 이뤄졌다. 이 재판에서 아레스는 무죄로 판명되었고 이후 이곳을 아레오바고(115m)라 부르게 되었다. 이후 아레오바고는 살인죄를 범한 사람의 재판 장소가 되었고 시간이 지나면서 시의회가 모이는 곳이 되었다.

바울은 회당이 아닌 이 언덕에서 에피쿠로스와 스토아 철학자들에게 사도행전 17:22-31의 내용을 말했다. 그의 설교가 아레오바고로 올라가는 오른쪽에 기록되어 있다.

그는 아레오바고에서 '알지 못하는 신'이라는 주제로 접촉점을 가지고 그들의 마음을 두드렸다. 2세기의 지리학자였던 파우사니아스(Pausanias)는 팔레룸에서 아덴으로 가는 길에 '이름은 있고 알지 못하는 신들의 제단'이 있었다고 전한다. 또한 버가모에 있는 한 비문에도 '알지 못하는 신'이 새겨져 있다. 전해 오는 이야기에 의하면, 아덴에 큰 전염병이 돌았을 때 어떤 신에게 빌어도 낫지 않았으나 '알지 못하는 신'에게 제사를 드리자 묘하게도 병이 멈추어 그를 위한 제단을 만들었다고 한다. 어쨌든 아덴 사람들이 얼마나 많은 신을 섬겼는가를 보여 준다. 그야말로 군대 우상, 즉 군대귀신으로 가득 찬 도시였고 그중에 군장이 되는 아레스의 동산이 아레오바고다.

예수님이 첫 이방 땅에서 군대귀신 들린 자를 고치시고 그곳에 바로 들어가지 못한 사실을 바울과 비교하면 좋을 것이다.

바울은 군대귀신과 같은 이 헬라의 중심지에서도 군장의 언덕에서 복음을 전해 소수의 사람을 얻었다. 그중 한 명이 아덴 최초의 주교인 아레오바고 사람 성자 디오니시우스다. 곧바로 효과를 보진 못했지만, 아덴은 그리스에서 교회의 중심지가 되었다. 이는 예수님이 일으킨 칠병이어 기적으로 군대귀신을 고쳤던 데가볼리에서 4천 명을 먹이신 것과 같은 유형이리라.

많은 이들이 구약성경의 히브리어와 신약성경의 헬라어가 죽은 언어인 줄 안

/

바울이 아덴 사람들에게 변론한 아레오바고 법정

바위산에 위치한다. 바울은 다신을 믿는 아덴에서 '이름 모를 신'이라는 주제로 복음을 전했다.

//

아레오바고 언덕의 바울

아덴 사역은 성공적으로 보이지 않지만 바울의 이 변론은 복음을 처음 대하는 자들에게 접근법을 알게 해 준다.

다. 지금 아무도 그 언어를 사용하지 않는 줄 안다. 그러나 구약과 신약의 언어들은 약간 변화되었지만 아직도 이스라엘과 그리스에서 사용되고 있다. 언어는 그 언어를 사용하는 사람들의 사상과 문화를 담고 있다. 따라서 역사적 배경 지식을 아는 동시에 언어를 알면 성경을 생동감 있게 이해할 수 있다.

아덴에서 사도 바울은 그렇게 성공한 것 같지는 않다. 그러나 첫술에 배부를 수 없는 것, 그의 씨 뿌림이 지금의 아테네를 만들어 놓았다.

여기서, 묵상

아레오바고에서 사도행전의 말씀을 읽으며 바울의 발자취를 하나하나 짚어본다. 시장에서 거닐며 의분에 찼던 바울의 마음을 본받기 원한다. 아버지의 마음으로 그 땅을 바라보면서 안타까워하던 바울의 마음이 느껴진다. 이곳 아레오바고까지 와서 그들과 변론하면서 하나님이 어떤 분인지, 예수님이 누구인지를 알렸다. 처음 듣는 복음에 그들은 바로 반응하지 못했지만 예수님이 고향을 지속적으로 방문하여 복음화하였듯이 아테네도 복음화했다.

전도하면서 알게 되는 기적 같은 사실은 바로 내가 다른 사람이 그렇게도 믿지 않는 말씀을 듣고 믿었다는 점이다. 그 믿음을 선물로 주신 주님께 감사할 따름이다.

예수님

군대귀신 들린 이를 고쳤던 데가볼리에서 4천 명을 먹이심(칠병이어)

바울

군대귀신 같은 헬라에서 복음을 전함. 훗날 아덴은 그리스에서 교회의 중심지가 됨

FOCUS ON
성경 속 역사

마라톤 경기의 유래

살라미스 해전
아하수에로 왕은 아테네까지 정복하고 남서진하려 했으나 살라미스 해전에서 패함으로써 원정을 접게 된다.

BC 490년 11만 명의 페르시아군과 1만 1000명가량의 아테네군이 맞서 싸운 마라톤 전투는 그리스에게는 희망이 없는 전투였다. 이미 중간기에서 살펴본 바와 같이 아테네군은 이 같은 수적 열세에도 불구하고 이 전투에서 기적적으로 승리했다. 이 기쁨의 승전보를 알리려 페이디피데스가 마라톤에서 아테네에 이르는 42.195km를 달려간 데서 지금의 마라톤 경기가 유래했다.

살라미스 해전과 아하수에로 왕

이후에 전열을 정비한 페르시아(바사)가 BC 480년 다리오 1세의 아들 아하수에로 때 다시 아테네와 일전을 벌인다. 페르시아가 스파르타군을 올림포스 산에서 전멸시키고 아테네를 점령하며 밀어붙이던 시기에 살라미스 해전이 발발했다. 이 해전은 매우 중요한 의미를 지니고 있는데, 이 전쟁 후 전 국민이 민주주의에 참여했으며, 이 전쟁으로 동양의 패권이 서양으로 넘어가게 되었다.

고린도 박물관의 부조
그리스군의 전쟁 장면

당시 페르시아군은 그리스의 대부분을 점령하고 약 800척의 갤리선을 이끌고 나가 370여 척의 소형 갤리선으로 이루어진 그리스 함대를 사론 만에 가두었다. 이때 그리스 사령관 테미스토클레스가 페르시아 함대를 살라미스 섬 근처 좁은 해협으로 끌어들여 전함을 들이받거나 침몰시키는 등 맹공을 퍼부었다.

적함에 다가가 선원이 배에 올라 싸우는 것이 기존의 해전전법이었다. 그런데 살라미스 해전에선 함선의 앞부분을 강하고 뾰족하게 만들어 적함에 충격을 가하여 전복시키거나 파손시키는 전술을 폈다. 이 전술로 그리스군은 약 40척의 배를 잃고 300여 척의 페르시아 함선을 침몰시켰다. 살라미스 해전은 서양사 3대 해전에서도 으뜸으로 꼽힌다.

이 전쟁의 특징 중 하나는 가난한 사람도 전쟁에 참전하면 시민권을 얻었다는 점이다. 이전까지만 해도 부유한 사람만이 무기를 준비하여 참전할 수 있었다. 무기가 비쌌기 때문이다. 그런데 해전은 노 젓는 사람이 필요하고 이들은 무기가 없어도 되므로 가난한 사람도 참전할 수 있었다. 이들은 규정에 따라 전쟁 후에 시민권과 참정권을 얻었다. 살라미스 해전은 진정한 민주주의를 이룩한 전쟁으로 기억할 만하다.

그러나 아테네(아덴)는스파르타와 결전한 펠로폰네소스 전쟁(BC 431~404년)에서 패함으로써 아테네는 국력이 극도로 약화되었고, 이 틈을 탄 알렉산더의 아버지 빌립에 의해 결국 정복당했다. 이후 알렉산더 대왕에 의해 찬란한 헬라 제국을 꽃피웠으나 BC 86년 로마에 의해 점령당했다. 로마는 그리스를 복속시켰으나 과거 아테네의 영광을 존중해 아테네에 자유 도시의 지위를 부여했다.

그런 역사적 배경으로 아테네는 바울이 도착했을 때 여전히 철학의 도시로 위상을 떨치고 있었다. 지금도 어느 정도 남아 있는 아고라(저자 혹은 장터로 번역)에서 활발한 토론이 이뤄졌고 우상숭배도 횡행했다. 아크로폴리스에는 아테나를 섬기는 파르테논 신전이 있다. 이곳에서는 아테나뿐 아니라 다른 신을 위한 의식도 많이 열렸다. 파르테논 신전 북쪽에는 에레크테이온 신전이 있다. 기원전 420년경에 세워진 에레크테이온은 아테나를 위한 성소이자 바다의 신 포세이돈의 신전이었다.

아테네 아고라
소크라테스, 플라톤, 아리스토텔레스 등 헬라 철학의 본산지로서 바울은 이곳에서 복음을 전했다.

고린도: 2차 전도여행의 꽃을 피우다

고린도: 아가야의 수도

아덴에서 북서쪽으로 83km를 가면 당시 아가야 지방의 수도인 고린도에 도착한다. 아덴이 고대 도시라면 고린도는 신행정, 경제 도시다. 북쪽 마게도냐의 고도시가 빌립보이고 신도시가 데살로니가였듯이 아가야도 이 둘이 대표적인 도시다.

고린도는 로마와 아시아를 이어 주는 길목이었다. 로마와 아시아를 오가는 선박이 지형적으로 고린도를 거치지 않고는 펠로폰네소스 반도를 돌아가야 하는데 가는 길이 멀 뿐만 아니라 험해서 대개 고린도를 중심으로 두 항구를 이용한다(p.114 지도 참조).

하나는 고린도의 남동쪽 11km에 위치한 겐그레아로 사론 만에 위치하고 또 하나는 고린도의 북쪽 2.7km에 위치한 레기움(Lechaium)이다. 상품과 일부 배는 이스티미아 지협에 만들어진 돌길 디올코스(=끌어당기는 길)를 통해 운반되었다. 작은 선박은 짐을 실은 채 도로에 놓인 통나무 위로 끌어올려져 이스티미아 협곡을 가로질러 운반되었다. 큰 선박의 짐은 이편에서 저편으로 수레에 실려 운송되었다. 이달리야(이탈리아)와 서바나(스페인)에서 오는 상품은 동쪽으로, 소아시아와 베니게(페니키아), 애굽(이집트)에서 오는 상품은 서쪽으로 옮겨졌다.

페리안드로스의 디올코스 해협을 해로로 연결하려고 여러 번 시도했다. 네로 황제는 멸망한 유대인을 잡아다가 고린도 운하 건설을 꾀하다가 실패했다. 운하는 1893년에야 완성되었다. 운하의 길이는 6.34km이고 폭은 21~25m, 수심은 8m이다. 이 길을 이용하면 아시아와 로마로 가는 뱃길이 430km나 단축된다.

고린도의 부흥

아덴에서 고린도로 간 바울은 고린도에서 2차 전도여행의 꽃을 피운다.

바울 당시에 고린도는 성읍의 인구가 자유인이 약 25만 명, 노예가 40만 명일 정도로 헬라의 중심 도시였다. 고린도는 BC 146년 로마에 멸망당했으나 그 중요성 때문에 로마가 BC 44년에 재건했다. 아가야는 지방 총독의 통치를 받았다.

: 20일

오늘 읽을 분량

성경 행 19-21, 고전 1-5

본서 113-128쪽

성경의 맥 잡기

1. 에베소교회 성령 강림
2. 두란노서원 사역
3. 고린도교회 문제
4. 밀레도 작별
5. 귀환 시 사명과 예언

신구약 연결 포인트

1. 에베소교회에 보낸 편지: 엡, 벧전, 약, 계
2. 에베소에서 보낸 편지: 고전후, 요일이삼, (행)

묵상 가이드

1. 에베소의 부흥 원인은 어디에 있는가?
2. 에베소에서 고린도에 대한 고민은?
3. 사명의 길과 예언의 길의 차이는?

로마와 아시아를 연결하는 해로
그레데 옆을 지나는 길은 파도도 심하고 멀다. 그러나 고린도를 지나는 해로는 가깝고 안전하다. 다만 고린도 앞에서 육지를 지나야 한다.

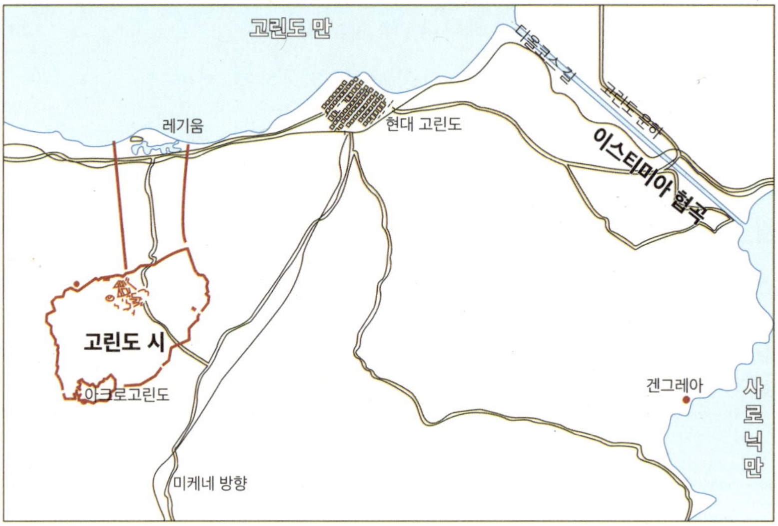

고린도 약도
고린도 만은 로마에서 오는 길이며 이곳에서 겐그레아 방향으로 옮겨 가 아시아 쪽으로 무역했다.

1 그 후에 바울이 아덴을 떠나 고린도에 이르러 2 아굴라라 하는 본도에서 난
유대인 한 사람을 만나니 글라우디오가 모든 유대인을 명하여 로마에서 떠나
라 한 고로 그가 그 아내 브리스길라와 함께 이달리야로부터 새로 온지라 바
울이 그들에게 가매 3 생업이 같으므로 함께 살며 일을 하니 그 생업은 천막
을 만드는 것이더라 4 안식일마다 바울이 회당에서 강론하고 유대인과 헬라
인을 권면하니라 5 실라와 디모데가 마게도냐로부터 내려오매 바울이 하나
님의 말씀에 붙잡혀 유대인들에게 예수는 그리스도라 밝히 증언하니 행 18:1-5

/

고린도는 해협 운하

고대에는 운하가 없어 육지로 물건을 이동하면서 고린도는 중요한 상업 지역이 되었다.

//

고린도의 아크로폴리스와 아고라

중앙에 아폴로 신전이 보인다.

브리스길라와 아굴라

바울은 고린도에서 좋은 동역자 부부를 만났다. 이 부부의 이름도 남자인 아굴라가 먼저 나오다가 후에는 여자가 먼저 나오는 것을 보아 브리스길라의 헌신이 돋보인 것 같다. 아굴라는 바울과 같은 생업을 가진 사람이었다(행 18:3).

그런데 이 부부는 로마에서 추방을 당했다. 아굴라는 유대인이었고 브리스길라는 로마인으로 보인다. 이들이 로마에서 추방당한 이유는, 당시 로마에 거주하던 유대인들 사이에서 이루어지고 있던 선교활동이 일부 유대인들로부터 강력한 반발을 불러일으켰기 때문이라고 추정된다. 로마에는 약 2만 명의 유대인이 살았는데, 유대인들 간에 심각한 분쟁이 자주 일어나자, 전임 황제 칼리굴라로부터 경고를 받다가 결국 글라우디오 황제 때 와서 추방당하기에 이른다.

원래 글라우디오 황제는 유대의 분봉왕 헤롯 아그립바 1세와 친했다. 헤롯 아그립바와 글라우디오는 감옥생활을 같이하는 등 친구처럼 지냈을 뿐아니라 글라우디오가 황제가 되는 데 헤롯 아그립바가 지대한 역할을 한 덕분이다. 그러나 44년 유대 전체를 다스리는 분봉왕으로 봉한 헤롯이 충 먹어 죽자, 로마와 유대의 관계도 싸늘해져서 49년 결국 유대인을 로마에서 추방했다. 이때 아굴라와 브리스길라도 추방당했지만 54년 글라우디오 사후에 다시 로마로 돌아가 로마교회에 도움을 주었다.

아덴에서 조금 위축되었던 사역이 디모데와 실라가 도착하자 활기를 되찾는다. 바울도 이때 팀 사역의 중요성을 알았던 것 같다.

/

유목민의 천막 천

바울과 아굴라는 모두 천막 만드는 직업을 가졌다.

고린도-갈리오 (72)

사도행전은 바울 시대의 신임 총독 갈리오에 대해 언급한다.

갈리오가 아가야 총독 되었을 때에 행 18:12

글라우디오 황제

지체장애에 말더듬이였던 그는 헤롯 아그립바의 친구였다. 헤롯 사후에 유대인들을 로마에서 추방했다.

갈리오는 본명이 마르쿠스 안나이우스 노바투스로서 스페인의 수도 코르도바 출신이고 뛰어난 수사학자이며 갑부인 마르쿠스 안나이우스 세네카(M. A. Seneca, BC 50~AD 40)의 아들이며 로마의 스토아 철학자, 정치가, 희곡 작가인 루키우스 안나이우스 세네카(BC 4~AD 65)의 동생이다.

글라우디오 통치 기간에 로마로 가서 수사학자 루키우스 유니우스 갈리오의 양자가 되었고 AD 51년 7월 1일 아가야의 총독으로 부임했다. AD 65년 네로를 제거하기 위한 음모에 가담한 혐의를 받아 네로로부터 자살할 것을 강요받고 형 세네카와 함께 죽는다. 그는 사람들로부터 독창적이고 청렴결백하며 온화한 성격의 소유자였다는 평을 들었다.

갈리오는 바울이 유대인에게 잡혀 왔을 때 정치와 종교를 분리한다는

FOCUS ON

성경 속 역사

회당, 복음 전파의 효과적인 중심지

바울의 선교는 다분히 전략적이었다. 그중 빼놓을 수 없는 전략이 회당이 있는 도시를 집중 공략하는 것이었다.

바울과 일행은 회당에서 복음의 문을 여는 동시에 박해를 받았다. 회당은 바울과 어떤 관련이 있을까?

흩어진 유대인 공동체(diaspora)는 정체성을 유지하기 위해 바벨론 포로기 이후 곳곳에 회당(synagogue)을 세우고 이를 중심으로 신앙과 교육을 수행했다. 이 회당은 바울 사도뿐 아니라 다른 사도들 그리고 전도자들이 이방 사회에 뛰어들 수 있는 중요한 징검다리였다. 하지만 동시에 유대인의 거부와 박해로 회당에서 자주 쫓겨났다. 이 또한 유대인의 장벽을 넘어서 세계를 향한 선교를 촉진해 주었으니 합력하여 선을 이룬 셈이다.

바울은 회당을 들를 때마다 돌에 맞아 죽을 뻔한 어려움을 겪었으면서도 반드시 회당을 찾았고, 회당이 없으면 빌립보에서처럼 유대인이 있는 곳을 찾아가 기도했다. 바울이 이처럼 회당에 집착한 것은 회당만큼 효과적인 전도지가 없기 때문이다. 물론 동족을 먼저 깨우치고자 하는 의도가 없었던 건 아니지만, 맨땅에 헤딩하는 것보다 말씀과 하나님의 이해가 있는 곳에 복음을 전하는 것이 쉬웠을 것이다.

한국 민족은 세계에 흩어져 있기로 소문난 유대인이나 중국인보다 더 많은 나라에 흩어져

법에 따라 바울을 놓아 주고 오히려 법정을 소란케 한 유대 회당장 소스데네를 혼내 주었다.

9 밤에 주께서 환상 가운데 바울에게 말씀하시되 두려워하지 말며
침묵하지 말고 말하라 10 내가 너와 함께 있으매 어떤 사람도 너를
대적하여 해롭게 할 자가 없을 것이니 이는 이 성중에 내 백성이 많
음이라 하시더라 11 일 년 육 개월을 머물며 그들 가운데서 하나님의
말씀을 가르치니라 12 갈리오가 아가야 총독 되었을 때에 유대인이
일제히 일어나 바울을 대적하여 법정으로 데리고 가서 13 말하되 이
사람이 율법을 어기면서 하나님을 경외하라고 사람들을 권한다 하
거늘 행 18:9-13

고린도 베마
바울이 재판을 받은 재판정을 베마라고 부른다. 이곳의 재판은 향후 복음 전파에 큰 영향을 미친다.

있다. 그리고 곳곳에 교회를 세웠다. 미국의 수많은 교포 교회뿐 아니라 중국의 조선족, 구소련에 흩어진 고려인, 반공포로 출신으로 남미에 정착하여 목회자가 된 분들… 참으로 이 시대에 한국인을 들어 쓰시는 하나님의 역사가 놀랍기만 하다.

회당에서 전도하는 유익은 무엇일까?

먼저 성경과 복음에 대한 사전 지식이 있다. 둘째, 언어가 소통되었다. 아무리 헬라어를 잘한다고 해도 유대인은 유대인이다. 유대인 헬라어가 따로 있었다. 셋째, 개종한 이방인이다. 이들은 유대교로 개종할 때 분명히 다른 종교에 대한 환멸을 느꼈고 열린 마음으로 바른 신앙을 갈망했다. 그러므로 바울이 말씀을 풀어 확실히 밝힐 때 전통에 얽매이지 않고 누구보다 쉽게 하나님의 말씀을 받아들였다(행 17:4, 12).

고린도 박물관의 '시나고게 헤브라'
'히브리인의 회당'이라는 글씨를 보아 유대인의 회당이 있었음을 알 수 있다. 이런 회당에서 바울이 전도하는 동시에 논쟁을 벌였다.

바울은 고린도에서 사역하는 동안 데살로니가교회와 마게도냐교회가 걱정되어 디모데와 실라를 남겨 그들을 독려하고 교회를 굳건히 했다. 바울은 유대 회당에서 조용히 말씀을 전하다가 실라와 디모데가 기쁜 소식을 듣고 왔을 때 힘을 얻어 예수는 그리스도라 밝히 전파했다.

복음이 선포될 때 유대인은 반으로 나뉘었다. 회당장 그리스보와 그의 집안이 믿고 세례를 받았는가 하면 반대하며 핍박한 무리도 있었다. 예수님은 밤에 환상 가운데 바울에게 나타나서 그를 격려하시며 고린도 성에 하나님의 사람이 많음을 알려 주시고 그의 안전을 보장해 주셨다.

아니나 다를까 AD 51년 유대인은 총독이 갈리오로 바뀐 틈을 타서 바울을 장터 가운데 있는 재판정으로 데려가 고소하려 했으나 오히려 자신들이 당하고 말았다. 통쾌한 역전승이다. 우리 하나님은 역전의 명수이시다. 마지막 날 이 영원한 역전을 보게 되리라.

FOCUS ON
성경 속 역사

갈리오의 형 세네카와 칼빈

칼빈의 최초 저작물이 《세네카의 관용론 주석》이다. 세네카는 갈리오의 형제이다.

갈리오 총독의 형 세네카는 로마의 재무관에서 원로원 의원이 되었으며 뛰어난 변론으로 칼리굴라 황제의 질투를 샀으나 또다시 죽음이 얼마 남지 않았다는 변론으로 가까스로 죽음을 면했다. 41년 글라우디오 황제 때 황후 메사리나의 미움을 받아 8년간 코르시카 섬에서 보냈다. 그 후 49년에 네로의 어머니 아그리피나의 부름을 받아 어린 네로의 교육을 맡았다. 네로가 즉위한 뒤에도 얼마 동안 동료들과 함께 젊은 황제를 보좌해서 선정으로 유도하였으며 55년 집정관(콘술)이 되었다.

황제와 사이가 나빠지자 은퇴하여 한가한 문필 생활을 하였으나 65년 G. C. 피소의 음모에 연루되어 사형선고를 받았다. 스토아학파 철학자답게 평정한 가운데 자결했다고 전해진다. 그는 스토아 철학자이면서도 극작가로 다작을 남겼다.

흥미롭게도 그가 쓴 글이 종교개혁의 화두가 되었다. 종교개혁자 칼빈이 1532년에 쓴 최초의 글이 세네카의 《관용에 대하여》의 주석이었다. 네로 황제 밑에서 행정을 맡기도 한 세네카는 로마에 존재하는 이교도에게도 관용을 베풀어야 한다고 주장했다. 칼빈은 이 작품을 통해 16세기 당시 프랑스의 프랑수아 1세의 관대한 태도를 기대했다. 칼빈과 동시대에 '우신예찬' 같은 글로 종교개혁을 촉발한 에라스무스도 1521년부터 세네카의 저서를 펴냈다.

결국 갈리오와 세네카 모두 복음 전파와 회복에 도움을 준 인물이 되었다.

고대 고린도 복원 상상도
왼쪽 공터가 아고라이고 공터 위 큰 건물이 로마 황제 신전이다. 이곳 어딘가 있던 유대인 회당에서 바울은 복음을 전했다.

이 결정은 바울의 복음 사역에 지대한 영향을 미쳤다. 종교의 자유를 주고 기독교 신앙 전파의 자유를 허락하여 다른 지역의 중요한 판례로 작용했다. 갈리오 같은 영향력 있는 총독의 판례는 로마 제국의 어디서든지 통할 수 있는 법이 될 수 있었다.

고린도전·후서: 사랑 안에서 행하라

고린도는 철저하게 파괴되었다가 재건된 신흥 도시로 노예에서 풀려난 사람들이 많이 살았다. 그런 탓에 가문 좋고 학식 있는 사람들을 부러워하는 분위기가 팽배했고 그들에게 줄서기를 좋아했다. 이런 경향은 고린도교회의 분열 원인이기도 했는데, 파벌을 갈라 문벌 좋은 자처럼 살기 원했기 때문이다. 이에 대한 바울의 생각은 이랬다.

> **26** 형제들아 너희를 부르심을 보라 육체를 따라 지혜로운 자가 많지
> 아니하며 능한 자가 많지 아니하며 문벌 좋은 자가 많지 아니하도다
> **31** 기록된 바 자랑하는 자는 주 안에서 자랑하라 함과 같게 하려 함
> 이라 고전 1:26, 31

갈리오 총독과 바울
갈리오는 51년 7월 1일 고린도 총독이 되었다. 이것은 바울의 사역 기간을 알 수 있는 중요한 단서다. 바울은 갈리오의 판결로 복음의 자유를 얻었다.

고대 고린도의 유적지는 장터와 신전이 있던 아크로폴리스(575m)로 나눌 수 있다. 도시에 들어서면 장터(아고라)가 길게 놓여 있고 그 한복판에 바울이 재판받은 재판정(베마)이 있으며 그 주변으로 신전이 일곱 개 이상 있다. 그런데 신전에서 나오는 우상의 제물, 즉 고기가 신앙인의 양심을 시험하곤 했다. 우상이나 제물이 아무것도 아니건만 초신자의 마음을 흔들었기에 바울이 이렇게 말했다.

> 그러므로 만일 음식이 내 형제를 실족하게 한다면 나는 영원히 고기를 먹지 아니하여 내 형제를 실족하지 않게 하리라 고전 8:13

고린도 아고라에는 달리기 시작점이 표시되어 있다. 바울은 이곳에서 달리기 경기를 보면서 향방 없이 달리지 말라고 했다.

그리고 장터 끝에는 달리기 출발 표시가 있다. 바울은 그들이 달리기를 하는 모습을 그리며 이렇게 말했다.

> 그러므로 나는 달음질하기를 향방 없는 것같이 아니하고 싸우기를 허공을 치는 것같이 아니하며 고전 9:26

장터에서 바라보면 저 높이 아크로폴리스가 보인다. 이 산 위에 아프로디테(로마에서는 비너스) 신전이 있었다고 전해진다. 그곳의 여사제가 도시에 내려와 남자를 유혹하여 제사하러 산에 있는 신전으로 올라가는데 그 의식 중 하나가 성관계였다. 이것과 관련해 고린도는 음란한 도시로 알려졌다. 그래서 경쟁 도시였던 아덴(아테네)에서는 '고린도 사람 같은 놈' 하면 음란한 사람으로 통했다고 한다. 이를 증명하기라도 하듯이 고린도 박물관에 가면 남자 성기 모양의 그릇이 있다. 사도 바울은 이런 문화에서 살아가는 그리스도인들을 향해 이렇게 경고했다.

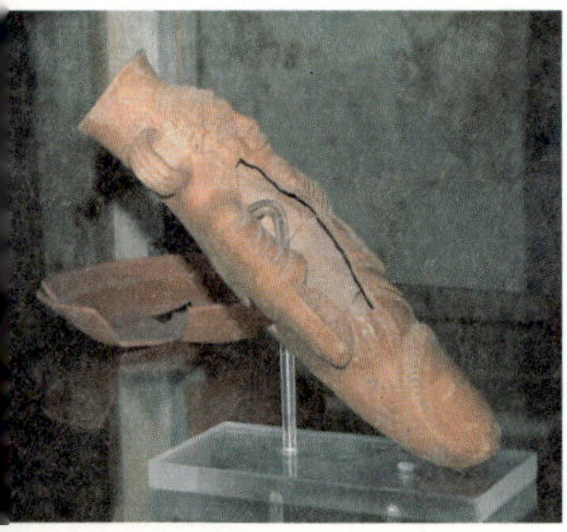

고린도에서 출토된 남근 모양의 술잔
고린도는 아프로디테 신녀들의 유혹과 제사로 음란한 예식을 행하는 도시였다.

> 너희 몸이 그리스도의 지체인 줄을 알지 못하느냐 내가 그리스도의 지체를 가지고 창녀의 지체를 만들겠느냐 결코 그럴 수 없느니라 고전 6:15

고린도 극장 북쪽으로 약 400m 떨어진 곳에 치료의 신인 아스클레피오스를 위해 봉헌된 아스클레피온 신전이 있다. 여기서 만들어진 신체의 여러 부위가 발견되어 고린도 박물관에 전시 중인데 이렇게 하면 아픈 부위가 낫는다고 생각했던 것으로 보인다. 고린도전서 12:26-27이 생각나는 모습이다.

> **26** 만일 한 지체가 고통을 받으면 모든 지체가 함께 고통을 받고 한 지체가 영광을 얻으면 모든 지체가 함께 즐거워하느니라 **27** 너희는 그리스도의 몸이요 지체의 각 부분이라 고전 12:26-27

치료의 신인 아스클레피오스 신상(대영박물관 소장)

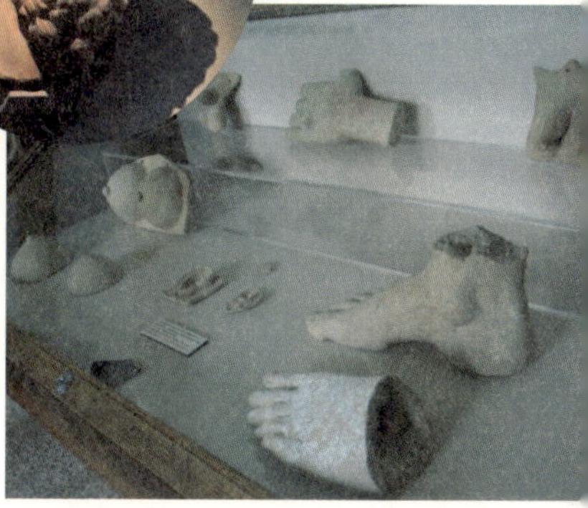

아스클레피온 신전에서 발견된 신체들
자신의 병든 신체 일부를 만들어 신전에 드리면 병이 낫는다고 믿었다. 바울은 교회를 설명할 때 이 풍습을 인용했던 듯하다.

박물관에서 빼놓을 수 없는 유물 중 하나가 청동거울이다. 사랑장인 고린도전서 13장에서 이것을 언급했다.

> 우리가 지금은 (청동)거울로 보는 것같이 희미하나 그때에는 얼굴과 얼굴을 대하여 볼 것이요 지금은 내가 부분적으로 아나 그때에는 주께서 나를 아신 것같이 내가 온전히 알리라 고전 13:12

성경에 언급되었듯이 고린도에는 유대인 회당이 있었다. 실제로 고린도 박물관에는 회당의 인방돌이 발견되어 전시 중이다. 바울은 고린도교회에 2편 이상의 편지를 쓰면서까지 관심이 많았다. 그 이유 중 하나가 고린도가 로마로 가는 복음의 전진기지 역할을 했기 때문이다.

바울은 고린도에서 그의 일생에 커다란 도움을 준 동역자 브리스길라와 아굴라를 얻었다. 또한 여기서 데살로니가전서와 후서를 썼다.

여기서, 묵상

우리의 미래도 바울 시대의 청동거울처럼 지금은 희미하나 후에는 분명하게 보일 것이다. 전제 조건은 주님의 뜻을 헤아리는 것이다.

고린도 재판정인 베마에서 유대인이 바울을 해하려 했으나 주님이 보이신 환상처럼 그를 해할 수 있는 사람은 없었다. 고린도 성에 주의 백성이 많았기 때문이다.

아크로폴리스에 자리 잡은 아프로디테 신전으로 인해 고린도의 가장 큰 문제는 음란이었다. 바울은 서신을 써서 우리 몸이 성령의 전임을 천명하며 거룩이야말로 하나님의 참 사랑을 완성하는 기초라고 피력했다. 뿐만 아니라 '사랑은 오래 참고 온유하며 모든 것을 참고 견딘다…'면서 사랑이란 의지적 결단이라고 가르쳤다. 그리고 그 모범이 바로 예수님임을 알렸다.

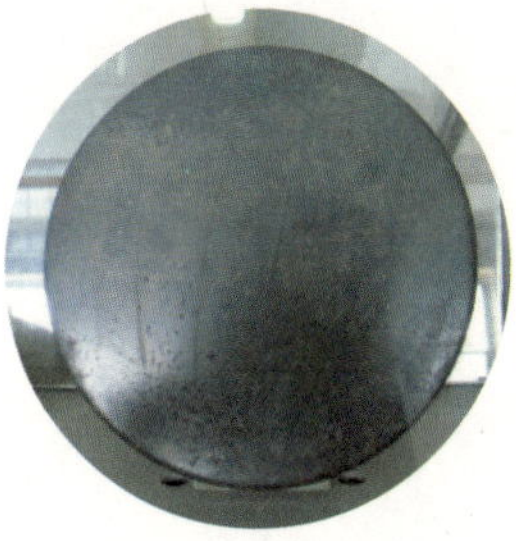

고린도전서 13장에서 "거울로 보는 것같이 희미하나"라고 했는데 당시 청동 거울을 사용했기 때문에 이 같은 표현이 나왔다.

고린도 장터에 있는 달리기 출발점을 보면서, 우리의 신앙도 이처럼 확실한 목표를 가지고 달려가기를 소망한다. 또한 우리의 싸움이 허공이 아닌 확실한 영적 세력을 쳐부수는 일이기를 원한다.

바울은 고린도교회에 수차례 편지를 보내고 방문하면서 세계 선교의 교량으로 구실하기를 바랐다. 이스티미아 협곡을 지나는 고린도 운하가 이오니아해와 에게 해를 이어 주는 교량이었듯이, 고린도교회가 복음을 넓은 바다로 싣고 갈 수 있는 교량이 되기를 바란 것이다. 주여, 복음의 계주자요 다리가 되게 하소서.

고린도전서

핵심구절
고전 13장

핵심단어
권면

핵심주제
사랑 안에서 행하라

겐그레아: 바울이 머리를 깎은 곳

바울은 2차 전도여행을 성공리에 마치고 고린도 항구인 겐그레아에서 에베소로 출발한다.

> 바울은 더 여러 날 머물다가 형제들과 작별하고 배 타고 수리아로 떠나갈새 브리스길라와 아굴라도 함께하더라 바울이 일찍이 서원이 있었으므로 겐그레아에서 머리를 깎았더라 행 18:18

겐그레아는 신화 속의 포세이돈과 페이레네의 아들인 켄크리아스가 건립한 도시로 그의 이름에서 유래한다. 사론 만 북서쪽으로 뻗은 이 항구에는 아프로디테 신전과 치료의 신인 아스클레피온 신전, 이집트 신인 이시스 신전이 있었다.

항구를 둘러싸고 있는 두 갑(岬)을 조사한 결과 남서쪽 갑 위에서 AD 1세기 초에 지은 것으로 보이는 창고, 대리석으로 된 반원형 건물과 AD 4세기 때 지은 바실리카풍의 교회가 확인되었다. 북동쪽 갑 언덕에는 AD 2세기 때의 벽돌 건물이 몇 개의 대리석 기둥과 함께 남아 있다.

바울은 이곳에서 서원을 따라 머리를 깎았다고 말한다.

바울이 서원을 따라 머리를 깎은 겐그레아
고린도와 연결된 항구로 아시아를 향할 때 이용되었다. 로마서의 전달자 뵈뵈 여집사가 이곳 출신이다.

어떤 서원이었을까?

로마로 가고자 하는 열망이었던 걸까, 아니면 고린도후서에서 말한 대로 자신의 병을 위하여 세 번 기도하는 시간이었을까? 확실히 알 수는 없지만 바울이 이해할 수 없는 고난에 대하여 기도하고 얻은 결론은 우리에게 큰 도움이 된다.

성경에는 욥부터 시작하여 하박국, 아삽 등 이해할 수 없는 고난을 당하는 의인과 그들의 억울함을 호소하는 글이 많다. 하지만 거기에 대한 답은 늘 희미했다. 이제 바울의 기도를 통해 하나님은 의인의 이해할 수 없는 고난에 대해 이렇게 확실하게 대답해 주신다.

> 8 이것이 내게서 떠나가게 하기 위하여 내가 세 번 주께 간구하였더니 9 나에게 이르시기를 내 은혜가 네게 족하도다 이는 내 능력이 약한 데서 온전하여짐이라 하신지라 그러므로 도리어 크게 기뻐함으로 나의 여러 약한 것들에 대하여 자랑하리니 이는 그리스도의 능력이 내게 머물게 하려 함이라 고후 12:8-9

겐그레아에서 머리 자르기
바울은 2차 전도여행을 마치고 예루살렘을 향하면서 무엇인가 서원하는 표시로 머리를 잘랐다.

그러므로 심령이 가난한 자, 의에 주리고 목마른 자, 애통하는 자, 의를 위하여 핍박받는 자가 복이 있다. 고난의 잔은 그리스도의 능력이 머무는 곳이다.

/
고린도의 기둥
고린도(코린트) 양식은 고린도에서 시작되어 대표적인 건축 양식이 되었다.

//
고린도 양식으로 건축된 페트라의 기둥

유적·유물	성경과 관련된 고린도 유적	관련 성구
청동거울	"우리가 지금은 거울로 보는 것같이 희미하나…"	고전 13:12
아고라(장터)	성역과 대조적으로 속세에 해당하는 장소다. 일반인이 교역과 모임을 나누고 학자들이 토론하는 곳으로, 상점과 공방, 주택 등이 있었다(행 17:17 "또 장터에서는 날마다 만나는 사람들과 변론하니"). 고린도의 장터 주변에는 7개 이상의 신전이 있었는데, 고기 등이 우상에 드려진 뒤 여기서 판매되었다. 그리스도인들이 우상에게 드려진 고기를 먹는 것에 대해 꺼림칙해하자 바울은 다음과 같이 가르쳤다. **25** 무릇 시장에서 파는 것은 양심을 위하여 묻지 말고 먹으라 **26** 이는 땅과 거기 충만한 것이 주의 것임이라 **27** 불신자 중 누가 너희를 청할 때에 너희가 가고자 하거든 너희 앞에 차려 놓은 것은 무엇이든지 양심을 위하여 묻지 말고 먹으라 **28** 누가 너희에게 이것이 제물이라 말하거든 알게 한 자와 그 양심을 위하여 먹지 말라(고전 10:25-28)	**행** 17:17 **고전** 10:25-28
신전	바울은 고린도에 있는 많은 우상 때문에, 우상에 대한 문제(고전 8, 10장)와 우상과 관계된 음란 문제(고전 5), 성만찬이 우상의 전(殿)에서 먹고 마심의 자리같이 되는 문제(고전 11:21)에 대해 고린도서에서 많이 다뤘다.	**고전** 5, 8, 10장 **고전** 11:21
베마(심판석)	1) 바울이 유대인의 모함을 받고 심판을 받았던 장소다(행 18:12-17). 2) 바울은 고린도교회에게 교회에 관한 송사는 세상에 맡기지 말라고 가르쳤다(고전 6:1 "너희 중에 누가 다른 이와 더불어 다툼이 있는데 구태여 불의한 자들 앞에서 고발하고 성도 앞에서 하지 아니하느냐").	**행** 18:12-17 **고전** 6:1
아고라	달리기의 출발점(위 내용 참고)	**고전** 9:24-27
극장	에라스도의 이름이 극장 앞 바닥에 기록됨	**롬** 16:23

여기서,
묵상

고요한 바닷가. 아주 평온하게 보이는 이곳에서 바울은 서원을 하고 머리를 깎는다. 앞으로 닥쳐 올 3차 전도여행을 위한 꿈의 서원이었을까, 아니면 그의 육체의 가시를 위한 기도였을까. 바울은 앞의 일과 현재의 일에 대하여 주님께 맡겼다. 스패포드가 자신의 집과 가족을 잃은 후 '내 영혼 평안해'(찬송가 413장)라고 찬양하였듯이 앞의 일을 바라보며 주님을 절대적으로 의지하고 당신께 모든 영광을 돌리겠다는 결단이 있는 자, 환난이 다가오더라도 이 바닷가의 고요함과 평안함처럼 주 날개 밑에 거하는 신앙인이 되기를 원한다.

에베소를 향하여

AD 49~51년까지 2차 전도여행 중 고린도에서 18개월 머문 뒤에 고린도의 항구 겐그레아를 출발한 바울은 에베소를 향한다. 그리고 고린도에서 바울에게 훈련받은 브리스길라와 아굴라 가족을 에베소에 머물게 한다. 이 부부는 어떻게 보면 바울의 에베소 사역의 길을 닦았다고 할 수 있다. 후에 나오는 아볼로를 변화시키는 모습을 보면 적재적소에 하나님의 사람을 세우는 최고의 부부다.

그들은 로마에서 추방되어 에베소에서 교회를 세우는 사역을 하다가 후에 로마로 돌아가서 그곳에서도 바울의 길을 준비한다(롬 16:3). 바울이 로마로 올 때 다시 에베소로 가서 청년 디모데의 사역을 돕는다(딤후 4:19). 그들은 길을 준비하고 언제든 부족한 곳에 가서 헌신하는 전초병과 같은 바울의 동역자였다.

바울은 에베소에서도 역시나 유대인 회당에 들렀다. 에베소에서는 유대인에게서 호의적인 반응을 얻었으나 서둘러 예루살렘을 향한다. 아마도 유대인의 명절인 유월절을 지키려고 그랬던 것 같다. 율법을 지키려는 바울의 이 같은 모습이 유대인에게 호감을 주었을 것이다.

버가모 카페트
브리스길라와 아굴라는 천막 짜는 일을 하면서 바울의 든든한 동역자로 활동했다. 바울의 에베소 사역을 준비한 자들이기도 하다.

고린도 병사의 투구
마라토너 손기정 선수가 1936년 베를린 올림픽대회에서 우승한 기념으로 받은 투구가 고린도 양식의 투구다.

19 에베소에 와서 그들을 거기 머물게 하고 자기는 회당에 들어가서 유대인
들과 변론하니 20 여러 사람이 더 오래 있기를 청하되 허락하지 아니하고 21
작별하여 이르되 만일 하나님의 뜻이면 너희에게 돌아오리라 하고 배를 타고
에베소를 떠나 22 가이사랴에 상륙하여 올라가 교회의 안부를 물은 후에 안
디옥으로 내려가서 행 18:19-22

바울은 하나님의 뜻이라면 다시 돌아오겠다는 약속을 남기고 에베소를 떠나 약 800km를 항해하여 유대의 가이사랴 항구에 도착한다. 그곳에는 빌립 집사가 있었다. 스데반을 죽인 바울이 전도자가 되어 이곳을 들를 때마다 스데반과 절친한 사이였던 빌립 집사의 심정은 어땠을까? 인간적으로는 화가 나고 서운했을지 모르나 하나님 나라의 관점에서 보면 또 한 명의 스데반을 보는 것 같지 않았을까?

바울은 지체 없이 예루살렘으로 올라갔다. 성경은 자세한 설명을 하고 있지 않지만, 바울은 명절을 지키는 동시에 교회를 방문해 선교 보고를 했을 것이다. 그런 다음 다시 내려와 출발지인 수리아 안디옥교회로 돌아갔다. 이로써 바울의 2차 전도여행이 갈무리되었다.

지도 그리기

사도행전 3

2차 전도여행

부록에서 지도를 찾아 그리세요

역사와 묵상

01 2차 전도여행의 목적은 1차 전도여행 때 개척한 교회를 심방하는 데 있었다. 바나바와 바울의 목적은 일치했지만 전도팀에 마가를 데려가는 문제로 둘은 충돌했다. 때로 옳고 그름의 문제보다 절차가 중요할 때가 있다. 바울은 교회의 파송을 받고 떠남으로써 교회 역사의 주체가 되었다. 당신이 바나바와 바울의 입장이라면 선교팀을 어떻게 꾸릴 것인지 논의해 보자.

02 바울은 예루살렘에서 온 실라와 함께 다소를 지나 토로스 산맥을 넘어 더베로 갔다. 이어 루스드라에서 디모데를 전도팀에 합류시켰다. 디모데는 바울의 순교적 전도에 감동을 받은 듯하다(딤후 3:11). 전도팀은 가장 번성했던 아시아 지역을 선교하려 했으나 성령님이 막으셨다. 이번엔 북쪽 본도 방향으로 가려 했으나 예수의 영이 막았다. 결국 무시아의 끝인 드로아에서 환상을 보고 유럽으로 향했다. 주님의 일을 할 때 막혀 본 적이 있는가? 그 이유는 무엇이라고 생각하는가?

03 빌립보교회는 루디아와 감옥의 간수 가족 등으로 구성되었다. 모두 힘든 상황에서 얻은 신도들이었다. 바울은 빌립보서에서 빌립보교회가 기쁨을 주었다고 말하고 있다. 빌립보교회에서 무엇을 본받을 수 있을까?

04 데살로니가교회는 3주 정도 짧게 복음을 전하면서 세운 교회였으나 훗날 모범적인 교회로 성장했다(살전 1:3). 그 이유 중 하나는 예수님의 재림 신앙이 군건했기 때문이다. 데살로니가교회가 주는 교훈은 무엇인가?

05 고린도교회는 아가야 지방의 총독부이자 선교센터였다. 고린도에서 나온 유적과 고린도전·후서에서 설명되는 물건 간의 관계는 무엇이며 이중의미 있게 다가오는 물건이 있다면 무엇인가? 이 유물들이 성경 해석에 어떤 도움이 되었는가?

| 아시아 지역 |

에베소와 3차 전도여행

성경 행 19-21장 **연대** 52-56년

역사적 배경 네로 황제(54-68), 벨릭스, 베스도가 유대 통치

핵심 본문 에베소 중심 사역

지도 사도행전 3

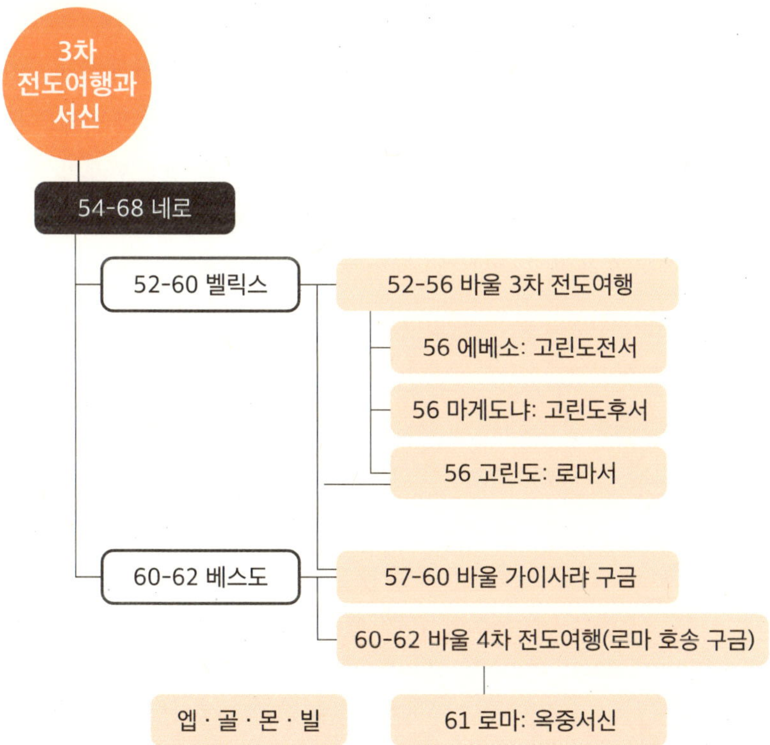

: 21일

오늘 읽을 분량

성경 고전 6-16

본서 129-137쪽

성경의 맥 잡기

1. 고린도교회의 분열
2. 고린도교회의 음행과 은사 등의 문제들

신구약 연결 포인트

고린도에서 발견된 고고학적인 유적과 고린도서의 표현과 연결하기

묵상 가이드

1. 고린도교회가 지리적인 면에서 왜 중요했나?
2. 고린도의 음란하고 저속한 문화가 가져온 문제와 해결책들은?

3차 전도여행의 루트

바울은 예루살렘교회를 방문하고 선교 파송지인 수리아 안디옥으로 돌아왔다(행 18:22). 그리고 다시 얼마 후 3차 전도여행을 떠난다. 갈라디아와 브루기아 땅으로 갔는데(행 18:23), 이 땅을 윗지방이라고 부른다. 유대인들에게 위쪽은 동쪽을 의미했는데 사도행전의 저자 누가의 시각은 북쪽이 위쪽이다. 현재의 개념으로는 이고니온과 비시디아 안디옥이 있는 내륙 도로를 통과한 셈이다.

바울은 1차 전도여행 때 개척하고 2차 전도여행 때 심방했던 곳을 다시 지나가면서 세워진 교회를 점검하고 또 점검한다. 세워진 이들을 점검하고 다시 세우는 일은 바울의 특징이며 교회가 본받을 점이다. 2차 전도여행에는 성령님께서 아시아의 수도 역할을 하는 에베소 전도를 막으셨다. 그런데 지금은 어떤 막힘도 없이 자연스럽게 접근한다.

3차 전도여행

72. 고린도-갈리오
73. 에베소-두란노서원
74. 빌립보-고린도후서
75. 고린도-로마서
76. 드로아-유두고
77. 밀레도-작별
78. 가이사랴-빌립
79. 예루살렘-체포

3차 전도여행: 아시아 지역에 정성을 쏟다

에베소: 아데미 여신의 도시

3차 전도여행은 에베소와 밀접한 관계가 있다. 에베소는 소아시아(지금의 터

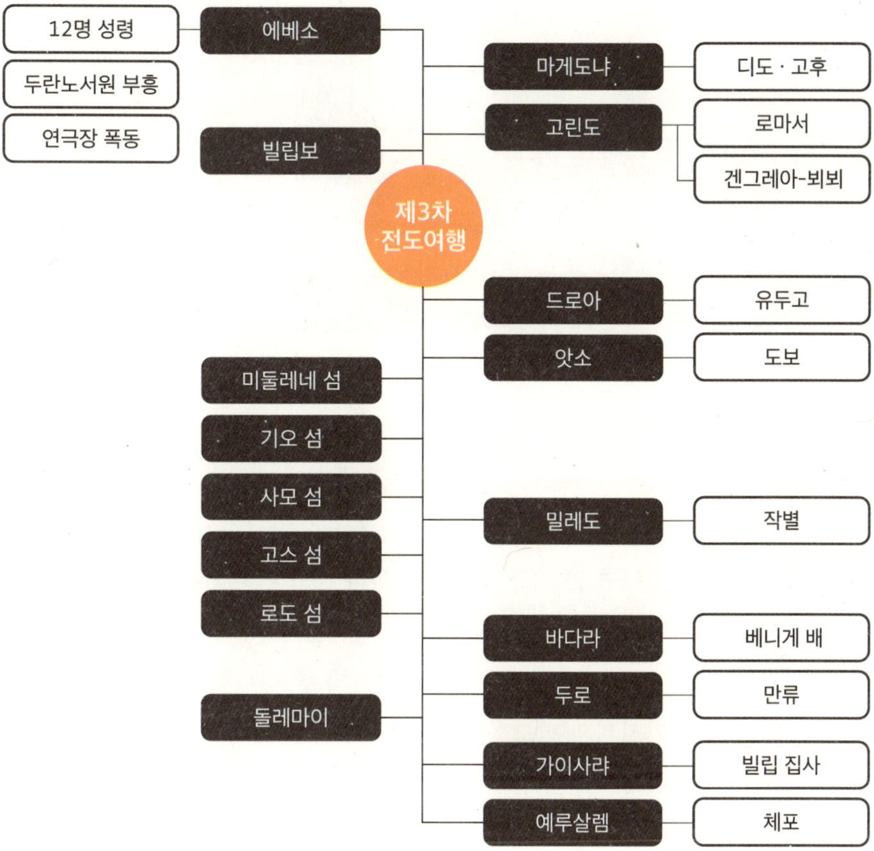

키) 서부에서 가장 중요한 성읍이었다. 신약 시대에 에베소에는 에게 해로 흐르는 카이스터 강으로 통하는 항구가 있어서 상업의 중심지이기도 했다.

에베소의 지형을 이해할 때 3개의 산을 숙지할 필요가 있다. 첫째가 아야솔루크다. 크로이소스 시대부터 리시마쿠스 시대(BC 550~330년경)까지 에베소가 위치한 곳이다.

다음은 아야솔루크에서 큰 골짜기를 지나 위치한 높은 뷸뷸 산(뷸뷸다흐)이다. 뷸뷸 산 아래 물고기 모양의 길쭉한 산이 파나질 산(파나질 다그)이다. 첫 에베소는 파나질의 오른쪽 끝인 북쪽에서 시작되었다. 그리고 아야솔루크로 옮겼다가 알렉산더 이후 이곳을 통치한 리시마쿠스에 의해 뷸뷸 산과 파나질 산 사이로 옮겨졌다. 이후 기독교 시대에는 다시 아야솔루크로 이동했다.

그토록 화려했던 에베소가 AD 262년 고트의 침략으로 파괴되어 과거의 찬란했던 영광을 회복하지 못했다. 거기다 무역에 중요한 역할을 한 카이스터 강에

에베소 2를 멀리서 본 모습
두 산 사이 골짜기에 도시가 건설된 에베소는 서신서의 센터 역할을 했다.

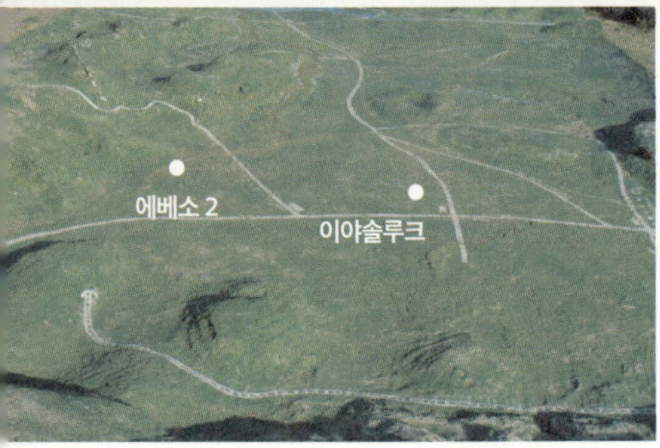

에베소 지형
고대에는 두 개의 에베소가 있었다. 에베소 1(아야솔루크)은 사도 요한과 관련이 있고, 에베소 2는 사도 바울과 관련이 있다. 둘 다 항구였으나 현재는 내륙이 되었다.

많은 토사가 내려와 항구가 마비되고 늪지대가 형성되면서 말라리아로 인한 질병으로 졸지에 저주의 땅이 되었다.

아야솔루크 산에 있는 사도요한교회에서 에베소를 바라보면 큰 기둥 하나가 보인다. 그곳이 아데미 신전이 있던 장소다. 아데미 신전은 가로와 세로가 각각 120m, 60m나 되어 고대 세계의 7대 불가사의 중 하나였다. 모두 무너져 세계 7대 불가사의의 면모를 찾아볼 수 없지만 높이 20m 기둥이 그때를 추억하게 한다.

에베소 초기 정착민은 브루기아의 3신을 섬겼다. 젊은 신(아폴로), 수염이 난 신(제우스), 브루기아의 모신인 '시벨레'(Cybele)가 그들이다. 이 시벨레는 제우스와 같은 위치인데 후에 아데미 여신으로 대치되었다. 에베소에는 성모 마리아의 집이 있다고 하여 그녀를 숭배하는 이들이 마리아 승천일이 되면 많이 찾는다.

바티칸에 전시된 아데미 여신
에베소의 아데미 신전은 당시 세계 7대 불가사의 중 하나였다.

여기서, 묵상

구약 시대 애굽의 하토르 여신이 금송아지로 표현되더니 북이스라엘에서는 아세라와 아스다롯으로 등장한다. 그들은 엘리야의 갈멜 산 전투에서도 살아남고 예후의 바알 종교 멸절 사건 때도 살아남아 나중에 '여호와와 아세라'라는 말을 만들어 낼 정도로 끈질겼다. 그러다 신약에 이르러 없어지나 했더니 헬라로 이동하면서 시벨레-아데미로 이어져 아프로디테, 비너스의 이름으로 변신하고 기독교에 들어와 성모 마리아로 모양을 바꾸었다.

이름과 모양만 바뀌었을 뿐 그 정신이 남아 자신들의 풍요를 대변하는 수호신으로 자리 잡았다. 그 모습을 보자니 마음이 아프다. 에베소에 장사된 요한도 하늘에서 이런 광경을 지켜보리라. 그들이 그렇게 극복하려 했던 것이 교회라는 이름으로 자행되고 있으니….

에베소-두란노서원 73

아야솔루크 산에는 박해의 문과 요한교회, 아데미 신전 터가 있다. 뷸뷸 산과 파나질 산 사이 에베소의 유적은 근동에서 가장 큰 유적지 중 하나다.

입구부터 심상치 않다. 누가의 무덤부터 각종 신전과 장터, 셀수스(Celsus)도서관(두란노서원으로 추정), 2만 5천 명을 수용할 수 있는 원형극장, 항구로 향하는 곧은 길 등 참으로 규모가 놀랍다.

에베소에서 가장 눈에 띄는 건물은 두란노서원으로 추정되는 셀수스 도서관이다. 바울이 갈라디아의 교회를 점검하고 에베소에 도착했을 때는 이미 브리스길라와 아굴라 가족이 아볼로라는 청년을 전도하고 터를 잡은 뒤였다(행 18:24-28). 2차 전도여행 때 원했으나 거절되었던 복음의 대상지가 드디어 열렸다.

바울은 에베소에서 이미 마음이 준비된 제자들을 만났나. 제자 열두 명에게 주 예수의 이름으로 세례를 베풀고 손을 얹어 기도하자 성령님이 그들 위에 충만히 임하였고 그들이 방언도 하고 예언도 하였다(행 19:5-7).

이후 유대인 회당에서 3개월간 담대히 하나님 나라에 대해 강론하고 권면했

두란노서원으로 알려진 셀수스 도서관

다. 그러나 일부가 반발해서 비방을 하므로 장소를 옮겨 두란노서원에서 2년간 매일 강론했다. 이때 주변의 아시아 사람들이 다 말씀을 듣게 되었다.

에베소의 부흥으로 점치는 책을 모두 불사르는 개혁운동이 일어났다.

몇몇 사본에 따르면, 사도 바울은 오전 일을 마치고 오늘날의 오전 11시부터 오후 4시까지 강론했다고 한다. 성경에 그의 앞치마가 언급된 것을 보면, 이때에도 바울은 천막 만드는 일을 했던 것 같다. 오전 11시부터 오후 4시까지는 당시 지중해 사람들의 오침 시간이다. 이들은 저녁잠은 못 자도 반드시 오침을 했는데, 바울과 에베소 사람들은 이 귀중한 시간을 포기하고 말씀에 전념한 것이다.

이 말씀 운동의 여파로 사람들은 자신의 집에 있던 점치는 책을 모아 불살라 버리기도 했다. 그 책이 모두 은 오만어치라고 한다. 1은은 당시 1 데나리온, 즉 하루 일당에 해당하는 값이니 5만x10만=50억 원에 해당한다. 이방인 고넬료가 말씀을 듣고 성령을 받았듯이 에베소 사람들은 말씀을 듣고 능력과 성령 충만이 나타났다. 이렇듯 이방인 사역의 특징은 말씀 중심의 역사였다. 에베소교회의 말씀 중심 신앙은 이후에도 지속되어, 요한계시록은 에베소교회가 이단을 철저히 배격했다고 칭찬했다.

여기서, 묵상

두란노서원 말씀 운동은 오침을 포기한 희생의 산물이었다. 새벽기도나 말씀 묵상 같은 경건 생활은 시간이 남아서 하는 것이 아니다. 시간이 없으면 잠자는 시간을 희생해서라도 경건을 이루어 가야 한다. 이런 말씀의 열정은 놀라운 능력을 가져왔다. 바울의 앞치마를 가져다 얹기만 해도 병자가 나았고 악귀가 떠나갔다. 이것을 흉내 내던 사람은 되레 혼이 났다.

19 또 마술을 행하던 많은 사람이 그 책을 모아 가지고 와서 모든 사
람 앞에서 불사르니 그 책 값을 계산한즉 은 오만이나 되더라 **20** 이

에베소 연극장
데메드리오가 소동을 일으켜 바울 일행이 위험에 처한 곳이다. 2만 5천 명을 수용할 수 있으며 바다 쪽에서 불어오는 바람으로 관중석까지 세미한 소리도 전달된다.

와 같이 주의 말씀이 힘이 있어 흥왕하여 세력을 얻으니라 행 19:19-20

에베소 소동: 데메드리오의 박해

에베소에서 항상 좋은 일만 있었던 것은 아니다. 셀수스 도서관을 지나 비탈길을 내려오면 오른쪽으로 대형 원형극장이 있다. 2만 5천 명을 수용하는 원형극장에서 은장색 데메드리오가 기독교인을 박해하는 사건이 일어났다. 데메드리오는 아데미 여신상을 만들어 생계를 이어 가는 은장색이었는데, 신상을 만들지 말라는 바울의 가르침이 은장색들의 생계를 위협한다고 여겼다. 수입이 적어지기 때문이다. 그래서 무리를 충동해 바울을 몰아내려 했다. 다행히 지혜로운 서기관의 연설로 군중이 진정되어 바울은 무사할 수 있었다. 때로 흥분한 군중 앞에선 무력해진다. 그러나 이런 사탄의 시도도 하나님의 계획 앞에선 무용지물이 된다.

24 즉 데메드리오라 하는 어떤 은장색이 은으로 아데미의 신상 모형을 만들어 직공들에게 적지 않은 벌이를 하게 하더니 **28** 그들이 이 말을 듣고 분노가 가득하여 외쳐 이르되 크다 에베소 사람의 아데미여 하니 **29** 온 시내가 요란하여 바울과 같이 다니는 마게도냐 사람 가이오와 아리스다고를 붙들어 일제히 연극장으로 달려 들어가는지라 행 19:24, 28-29

에베소에서 보낸 편지와 에소에서 받은 편지들

에베소: 서신서의 중심지

예수님이 복음의 근거지로 가버나움을 삼으셨다면 서신서의 중심지는 에베소였다. 에베소에서 받은 서신서는 에베소서, 디모데전서와 후서, 요한계시록, 베드로전서, 야고보서 등이고, 에베소에서 보낸 서신은 고린도전서와 후서, 요한 1서, 2서, 3서, 요한복음과 사도행전이다. 바울서신 13개 중에 5개가 에베소와 관련이 있다. 물론 고린도후서는 마게도냐에서 완성되었지만 에베소에서 쓰기 시작했고 사도행전도 에베소에 대한 기록을 하고 있으므로 에베소와 관련이 있다.

에베소서

핵심구절
엡 4:13

핵심단어
그리스도 안에

핵심주제
교회의 연합과 일치

에베소서: 교회를 향한 하나님의 뜻

에베소서는 다른 편지와는 달리 많은 일반 독자를 위해 쓰였다. 특히 교회를 향한 하나님의 뜻에 초점을 맞추고 있다. 성부, 성자, 성령 하나님을 먼저 찬양한 후 보편적인 교회와 그 은사를 언급한다. 다른 서신서와 같이 뒷부분은 윤리적인 면을 강조하면서 성도의 전신갑주를 가르친다. 바울은 옥에 갇혔을 때 로마 병사의 모습에서 영적인 성도의 모습을 보았던 것 같다. 에베소에서 고린도전서를 기록한 바울은 고린도를 향하는 중에 고린도후서를 기록하기 시작해 마게도냐에서 마무리한다.

말씀이 변화시킨다

에베소 전경
연극장 오른쪽 길에 세워진 셀수스 도서관은 두란노서원으로 추정된다. 순교의 릴레이가 이곳에서 계속된다. (사진 : 터키관광청 제공)

3년 중 2년 반을 매일 강론하던 두란노서원의 바울 그리고 은장색들의 소동에 죽을 뻔한 연극장. 아데미 신의 강한 기운 때문에 2차 전도여행을 그리스 쪽으로 돌렸던 바울 일행은 2차 전도여행을 통해 훈련한 후 에베소를 변화시키기에 이른다. 모두가 자는 오침 시간을 이용해 강론을 펼친 말씀 운동은 열매를 맺어 회개 운동으로 나타났다.

바울 서신 중 고린도전서와 후서는 에베소에서 썼거나 쓰기 시작했다. 에베소의 부흥에도 불구하고 고린도교회에 대한 근심이 그를 눌렀다. 그래서 직접 그곳까지 다녀오기도 했으나 여전히 문제가 해결되지 않아 디도를 보내고 고린도후서를 썼다. 한쪽의 부흥과 한쪽의 근심은 그의 마음을 항상 무겁게 만들었다.

> 이외의 일은 고사하고 아직도 날마다 내 속에 눌리는 일이 있으니 곧 모든 교회를 위하여 염려하는 것이라 고후 11:28

그럼에도 브리스길라와 아굴라, 디모데 같은 이들은 바울에게 힘을 준 동역자였다. 바울이 떠난 뒤 그의 수제자 디모데는 이곳에서 사역하다 몽둥이를 맞아 순교했다. 이를 지켜본 폴리갑은 옆 동네 서머나에서 순교했다. 순교자의 피는 교회 부흥의 씨앗이다. 이방인의 성령 운동이 강력하게 타올랐던 에베소처럼 이 땅의 황무함을 보시는 주여, 이곳에 성령의 바람이 불게 하소서.

마게도냐 지방(두 번째 방문)

에베소에서 사역하던 바울은 2차 전도여행 때 세운 교회를 지속적으로 지도하기 위해 먼저 마게도냐로 향한다(행 20:1). 사도행전은 20:1 한 절로 이 마게도냐 여행을 끝내고 있으나 고린도후서에서는 이때 바울의 복잡한 감정과 과정을 기록하고 있다.

고린도후서

핵심구절
고후 5:18

핵심단어
증거

핵심주제
사도권 변호

빌립보-고린도후서 (74) 22일

고린도후서 2:1의 "내가 다시는 너희에게 근심 중에 나아가지 아니하기로 스

: 22일

오늘 읽을 분량
성경 고후 1-13
본서 137-138쪽

성경의 맥 잡기

1. 고린도교회의 지속적인 문제들
2. 디도를 통한 해결과 소망

신구약 연결 포인트

1 헬라의 마게도냐와 아가야의 경쟁관계
2. 광주리를 타고 도망함은(고후 11장) 로마 군병의 최고 수치임

묵상 가이드

1. 바울의 근심은?
2. 디도에게서 온 기쁨의 소식은?
3. 아가야의 고린도는 마게도냐 지역과 경쟁관계인데, 이를 고려하면서 9장을 보라.

윗줄에 '에라스다고'라는 이름이 선명하게 보인다.

스로 결심하였노니"는 바울이 고린도교회 내에 들어온 거짓 교사들에 의해 야기된 바울에 대한 오해와 교회에 발생한 제반 문제들을 해결하기 위해 두 번째로 방문했다는 것을 암시한다. 그러나 이 두 번째 방문은 애초의 목적을 달성하지 못한 채 더욱 큰 불신과 마음의 상처만 남긴 채 끝나 버렸다.

이후 바울은 다시 디도 편에 편지를 써서 보냈는데 에베소에서 받지 못하고 마게도냐에서 받았다. 이 과정에서 바울의 마음은 몹시 힘들었다(고후 2:13). 여행 계획을 변경하면서까지 아가야의 고린도 방문을 미루다가 디도가 기쁜 소식을 가져온 뒤로 기쁨을 누릴 수 있었다(고후 7:13). 그리고 다시 디도를 통하여 고린도후서를 보낸 뒤에 아가야 지방으로 출발한다.

바울 일행은 마게도냐에서 개척했던 빌립보, 데살로니가, 베뢰아 등지를 들러 고린도로 향했다.

아가야 지방(두 번째 방문)

바울은 고린도가 아가야의 수도이며 로마와 연결 고리가 되는 도시여서인지 고린도에 관심이 많았다. 그 덕분에 이 지역에 보낸 편지가 3개 이상 되었고 지금 2편이 남아 우리에게 전해지고 있다. 뿐만 아니라 고린도에서 겨울을 지내던 바울은 고린도를 넘어 선교할 로마를 향해 로마서를 쓴다.

로마서에서 언급된 재무관 에라스도는 고린도의 극장 바닥 한쪽에 그 이름이 기록되어 있다.

> 이 성의 재무관 에라스도와 형제 구아도도 너희에게 문안하느니라
> 롬 16:23

고린도-로마서 75 23일

바울은 고린도의 문제가 해결된 뒤 고린도에서 겨울을 지내는 동안 로마서를 썼다. 그리고 겐그레아의 여집사인 뵈뵈 편에 편지를 보냈다. 이때는 바울의 동역자인 브리스길라와 아굴라가 로마로 돌아가서 자리

바울의 비전
로마서에는 수리아에서 갈라디아, 마게도냐와 아가야, 아시아, 로마, 서바나에 이르는 바울의 선교 비전이 나타난다.

를 잡고 있을 때였다. 로마서는 바울이 32년경 예수를 믿고 47년부터 1차 전도여행을 시작해 56년 고린도에서 3차 전도여행을 마무리하면서 쓴 바울의 신앙고백서다. 로마서는 바울 신학의 진수라고 할 수 있다.

바울은 로마서를 쓰면서 더 넓은 비전을 제시한다. 이후에 서바나(스페인)로 향하겠다는 것이다. 그의 비전은 예루살렘에서 수리아, 갈라디아, 아시아, 헬라를 지나 로마로 간 뒤 서바나까지 잇는 복음의 고리를 만들겠다는 것이었다. 바울 시대의 땅 끝은 서바나였기에 예수님의 명령을 따라 땅 끝까지 복음을 전하려는 그의 성실함이 느껴진다.

귀환 길: 살해 계획을 접하다

명절을 맞아 고린도에서 예루살렘으로 향하는 배를 타려던 바울은 유대인들의 살해 계획 소식을 접한다. 바울을 살해하려는 위협 앞에서 할 수 없이 돌아가기로 결정한다.

> **1** 소요가 그치매 바울은 제자들을 불러 권한 후에 작별하고 떠나 마
> 게도냐로 가니라 **2** 그 지방으로 다녀가며 여러 말로 제자들에게 권
> 하고 헬라에 이르러 **3** 거기 석 달 동안 있다가 배 타고 수리아로 가

: 23일

오늘 읽을 분량
성경 롬 1-16
본서 138-146쪽

성경의 맥 잡기
1. 3차 전도여행을 마치면서 기록한 로마서
2. 바울의 복음 집대성판
3. 교리와 실천 순서와 결론

신구약 연결 포인트
1. 바울을 도왔던 브리스길라와 아굴라는 로마로 돌아간 상태다.
2. 재무관 에라스도의 이름 발견

묵상 가이드
1. 전도여행을 마무리하는 바울의 마음으로 읽으라.
2. 교리를 집대성한 후 생활을 말한 서신서 특징을 기억하라.

로마서

핵심구절
롬 1:16-17

핵심단어
믿음과 구원

핵심주제
오직 의인은 믿음으로 산다.

> 고자 할 그때에 유대인들이 자기를 해하려고 공모하므로 마게도냐를 거쳐 돌아가기로 작정하니 행 20:1-3

이때 바울은 예루살렘을 돕기 위해 걷은 헌금을 가지고 갔고 이 여정에 각 교회의 대표들이 동행한다.

> 아시아까지 함께 가는 자는 **베뢰아** 사람 부로의 아들 소바더와 **데살로니가** 사람 아리스다고와 세군도와 **더베** 사람 가이오와 및 디모데와 아시아 사람 두기고와 드로비모라 행 20:4

드로아-유두고: 졸다 보니 하늘나라? 76

무교절까지 빌립보에 머물던 바울은 5일이 걸려 드로아에 도착한다. 드로아는 바울이 잠을 자다가 마게도냐 환상을 보았던 곳이다. 그는 드로아에서 7일을 머물면서 말씀을 전하였는데 마지막 날인 주일엔 성찬을 한 뒤 늦게까지 말씀을 가르쳤다. 청년 유두고는 3층 창가에서 말씀을 듣다가 깜빡 잠이 들었는데 그 순간 창가에서 떨어져 죽고 말았다. 바울의 잠은 생명을 살리는 잠이었지만 유두고의 잠은 죽음의 잠이었다. 그러나 하나님의 은혜로 유두고는 다시 살아났고 이로 인해 많은 사람들이 위로를 받았다(행 20:6-12).

천국에 가서 유두고를 만난다면 어떨까? 모두 민망하게 웃으며 그때 일을 이야기할 것이다.

앗소로 가는 길: 제2의 다메섹 길을 가다

드로아에서 다른 사람들은 모두 배를 타고 가고 바울은 걸어서 앗소로 이동한

/
드로아
바울이 복음을 전할 때 유두고는 졸다가 건물에서 낙상했으나 하나님의 은혜로 다시 살아났다.

//
드로아의 유두고 낙상은 바울의 환상과 대조된다.

다. 왜 바울만 홀로 그 먼 길을 걸어갔을까?

바울은 지금 가는 길이 마지막임을 알았다. 예루살렘에서 위험한 일을 당하면 더 이상 대규모 전도여행은 힘들 것을 직감한 것이다. 그래서 바울은 이 길을 걸으며 그의 사역을 정리하는 시간을 가졌다. 드로아에서 앗소까지는 직선거리로만 60km가 넘는 데다 각종 위험이 도사리고 있었다. 그럼에도 바울은 이 길을 걸으며 예수님과 만났던 순간들을 되짚어 보았던 것 같다.

앗소 항구로 내려가는 길
바울은 드로아에서 걸어서 오고, 일행은 배를 타고 이 항구에서 만났다.

앗소: 무시아 지방의 항구 도시

앗소에서 바울과 일행이 만났다. '확실'이라는 뜻의 앗소는 소아시아의 서쪽 끝 무시아 지방의 항구 도시로 지금의 베흐람쾨이다. 화산 모양의 가파른 언덕 위에 세워진 항구 도시로 길이 3.2km, 높이 19.5m의 성벽으로 둘러싸여 있으며 아크로폴리스에는 도리아식 신전이 있다. BC 334~241년에는 알렉산더 대왕과 그 후계자의 지배하에 있었으며 BC 241년에는 버가모의 식민지였다가 후에 로마의 속주가 되었다.

이곳에서 배를 탄 바울 일행은 미둘레네 섬과 기오 섬을 지나 사모 섬에 들르고 그다음 날 아시아에 있는 밀레도에 정박했다.

여기서, 묵상

겨울, 바람이 분다. 그러나 그리 차갑지 않고 시원한 이유가 무엇일까? 사도 바울이 드로아에서 먼 길을 걸어온 그 험난하고 가파른 길을 보아서가 아닐까? 바울은 왜 드로아에서 60km가 넘는 길을 혼자 걸었을까?

드로아의 환상을 본 때가 어제 같은데 그 험난한 마게도냐의 빌립보, 데살로니가, 베뢰아에 교회가 세워졌고 아가야의 고린도교회는 잠시 혼란에 빠졌으나 다행히 다시 든든히 서게 되었다. 이렇듯 마게도냐의 환상이 이루어졌고, 이제 로마를 향해 간다. 성령님은 이번 여정에 환난과 결박이 있을 것임을 알려 주셨다.

앗소로 내려가는 목자
바울은 홀로 이 길을 걸으며 다메섹 도상에서 만난 주님과 독대하는 시간을 가졌으리라.

드로아에서 죽은 유두고를 살린 바울, 사람들이 우러러보기 전에 그는 겸손히 길을 간다. 주님을 만났던 다메섹 길을 생각하면서 걸었으리라. 3차 전도 여행을 마무리하는 이 길에서 바울은 주님과 독대하는 시간을 갖는다.

구약의 에녹과 노아가 주님과 동행함으로 의인이 되었듯이, 바울도 주님과 동행하는 이 외로운 길을, 그러나 의인이 되는 길을 걷고 있다. 주와 같이 길 가는 것, 즐거운 일 아닌가?

밀레도-작별: 눈물로 헤어지다 (77)

바울은 유대인의 암살 계획 때문에 예루살렘에서 유월절을 지내지 못했으나 오순절을 지내기 위해 에베소에 들르는 대신 장로들을 밀레도로 불렀다. 장로들은 밀레도의 북쪽 45km라는 먼 길을 마다않고 바울을 만나러 왔다.

> 15 거기서 떠나 이튿날 기오 앞에 오고 그 이튿날 사모에 들르고 또 그다음
> 날 밀레도에 이르니라 16 바울이 아시아에서 지체하지 않기 위하여 에베소를
> 지나 배 타고 가기로 작정하였으니 이는 될 수 있는 대로 오순절 안에 예루살
> 렘에 이르려고 급히 감이러라 17 바울이 밀레도에서 사람을 에베소로 보내어
> 교회 장로들을 청하니 행 20:15-17

밀레도 원형극장에서 항구 방향으로 바라본 전경

밀레도는 과거 항구였으나 지금은 육지가 되었다. 바울은 이곳에서 에베소 장로들을 만나 교회를 부탁하고 달려갈 길을 갔다.

밀레도는 아시아 서부 해안 라트무스 곶의 남부에 위치한 이오니안 성읍 중 가장 남쪽에 있는 항구다. 라트무스 만은 동쪽에서 흘러내리는 멘데레스(Menderes) 강의 침전물로 인해 부단한 변화를 보였다. 밀레도의 동쪽 내륙에 있는 바파(Bafa) 호수는 원래 에게 해의 해안이었는데 호수로 변하였고 한때 항구를 보호하던 라데(Lade) 섬이 충적 평원으로 둘러싸인 언덕으로 바뀌었다. 현재 밀레도의 유적지는 해안에서 8km 정도 떨어져 있고 거기서 또 8km 들어가면 바파 호수가 나온다.

밀레도는 미노아 문명 시대에 그레데인의 식민

지였으나 미케네 문명 때 헬라인의 지배하에 떨어져 BC 14세기에 요새화된 전초기지가 되었다. 한때 밀레도인은 멀리 흑해와 이집트까지 상업 식민지를 세웠으나 BC 334년 알렉산더에 의해 정복당해 거대한 도시를 건축했고 로마 시대에 더욱 번성했다. 그러나 항구의 침전물로 인해 규모가 점차 줄어들다 비잔틴 시대에는 작은 성으로 쇠퇴했다.

밀레도는 철학자 탈레스와 초기의 진화론자 아낙시만드로스, 아낙시메네스를 배출했다. 또한 역사가 헤카타이오스의 고향으로 그리스 예술과 철학의 중심지였다.

탈레스가 모든 세계가 물로 만들어졌다는 말을 한 데는 다 이유가 있는 것 같다. 이 도시가 강물로 인하여 변화를 거듭하는 모습이 그에게 인상적이지 않았을까?

밀레도는 최초로 동전을 주조한 도시다. 밀레도의 가장 훌륭한 조각품이자 건축물은 남쪽으로 약 17km에 위치한 디디마(Didyma)의 아폴로(Apollo) 신전이다. 모직 제품도 세계적으로 유명하다.

바울은 에베소 장로들에게 자신이 모범을 보인 것처럼 일할 것을 권면한다.

> 범사에 여러분에게 모본을 보여 준 바와 같이 수고하여 약한 사람들을 돕고 또 주 예수께서 친히 말씀하신 바 주는 것이 받는 것보다 복이 있다 하심을 기억하여야 할지니라 행 20:35

장로들은 무릎을 꿇고 기도한 뒤 울며 바울의 목을 안고 입을 맞추고는 그를 전송했다. 물로 변화가 많던 도시에서 바울과 에베소 장로들은 눈물로 작별했고 이로써 바울의 3차 전도여행이 마감되었다. 만물의 근원이 물이라고 말한 탈레스의 말대로 사랑의 눈물로 하나님 나라가 완성되는 모양이다.

여기서, 묵상

바울이 에베소교회 장로들과 마지막 작별 인사를 하던 항구 앞 원형극장에서 본다. 장로들에게 당당하게 자신을 본받는 자가 되라고 교훈하는 바울, 그

밀레도의 작별
바울은 최후가 될 수 있는 예루살렘행에 오르기 전에 에베소 장로들에게 유언과 같은 설교를 했다.

가 남긴 족적은 복음은 물론 삶에서 모범이 되고 있다. 에베소교회는 바울의 권면을 따라 말씀에 굳건히 서서 아시아의 기둥과 같은 교회로 섰다. 실로 복음과 삶으로 보여 준 것만이 남는다. 바울은 성령을 따라 앞으로 닥칠 어려움을 각오하고 달려갈 길을 간다. 은혜의 복음을 전하려 함에는 자신의 목숨을 조금도 아끼지 않았다.

22 보라 이제 나는 성령에 매여 예루살렘으로 가는데 거기서 무슨 일
을 당할는지 알지 못하노라 23 오직 성령이 각 성에서 내게 증언하여
결박과 환난이 나를 기다린다 하시나 24 내가 달려갈 길과 주 예수께
받은 사명 곧 하나님의 은혜의 복음을 증언하는 일을 마치려 함에는
나의 생명조차 조금도 귀한 것으로 여기지 아니하노라 행 20:22-24

바다라: 바울의 겟세마네

바울 일행은 밀레도에서 에베소 장로들을 만나 작별하고 약 80km를 항해하여 고스 섬에 다다른 다음 120km 떨어진 로도 섬에 도착했다. 거기서 다시 100km가량을 남동쪽으로 향하여 루기아 지방인 바다라에 도착한다.

바다라는 크산투스 강 어구에서 동쪽으로 10km 들어간 고대 도시로 헬라 시대에는 루기아 지방의 수도였으나 로마 시대에 남쪽 산타클로스의 고향 무라에게 주도권을 내주었다.

바다라 길
지금은 늪지가 되어 항구의 자취를 찾아볼 수 없지만, 바울에게 겟세마네 같은 결단이 필요했던 장소다.

그곳에서 베니게로 가는 배를 만나 구브로를 왼편에 두고 수리아로 향하여 두로에 도착한다. 원래 안전한 여행을 위해서는 육지 쪽에 붙어 가야 하지만 순풍이 불었는지 두로 방향으로 직진했다. 시간을 많이 절약한 셈이다.

사도 바울이 3차 전도여행을 마치고 바다라에서 배를 바꾸어 탈 때는 무엇보다 중대한 결단이 필요했다. 바울은 예루살렘에 가면 채찍과 핍박이 있을 것이라는 성령님의 예언을 듣고도 사명을 따라 길을 나서기로 결정한다. 우리에게 어떤 능력과 은사

보다 앞서야 할 것은 바로 사명이다. 믿음보다 앞설 것도 사명이다. 주가 주신 사명이야말로 변치 않는 우리의 길이다.

두로: 시돈의 근거지이자 베니게의 수도

두로에 도착한 바울의 감회는 남달랐다. 베니게의 수도인 두로는 가나안인 시돈 사람의 근거지였다. 바알 신앙으로 이스라엘을 오염시킨 장본인이 바로 여기 출신인 것이다. 그러나 바울 시대의 두로는 헬라에 정복된 뒤 BC 68년부터 로마의 통치를 받게 되었다. 예수님도 이곳을 방문하셨으며 스데반 순교 이후 복음이 전파되어 복음의 열매도 맺었다. 바울이 이곳을 방문한 뒤 2세기경에는 대규모의 기독교인이 살았다.

바울은 이곳 성도에게 7일간 극진한 대접을 받았다. 두로의 제자들은 성령에 민감했는지 바울이 예루살렘에서 어려움을 당할 것을 알고 가는 길을 만류했다(행 21:4). 그러나 바울이 예루살렘행을 고집하자 온 가족이 성문 밖까지 나와 전송하였고 바닷가에서 무릎을 꿇고 기도하며 작별을 나눴다.

두로 지경의 사렙다 과부가 엘리야를 극진히 대접한 것같이 죄가 더한 곳에 은혜의 사람이 있게 마련인가 보다.

돌레마이: 프톨레미 왕조의 이름에서 유래한 도시

두로에서 나와 배를 타고 돌레마이에 이르렀다. 구약에는 악고라고 불리던 항구가 헬라 시대에 남방왕 프톨레미를 기리기 위해 돌레마이로 바뀌었다. 현재는 이스라엘 최고 항구 도시 하이파와 하나가 되었다. 바울은 돌레마이에서 형제들의 안부를 묻고 하루 머문 뒤 가이사랴로 향했다.

> 두로를 떠나 항해를 다 마치고 돌레마이에 이르러 형제들에게 안부를 묻고 그들과 함께 하루를 있다가 행 21:7

가이사랴-빌립 78

가이사랴 항구에 도착한 바울 일행은 빌립 집사 집에 머물렀다. 스데반이 하지 못한 일을 그의 기도를 받고 바울이 더 능력 있게 실천하는 모습을 보고 빌립 집사의 마음이 어땠을까?

가이사랴 성의 조형물
바울은 빌립 집사 집에 머물면서 다양한 사역자들을 만났다.

: 24일

오늘 읽을 분량

성경 행 22-28

본서 146-168쪽

성경의 맥 잡기

1. 예루살렘교회의 굳어짐과 바울의 체포
2. 가이사랴에서의 사역
3. 로마 호송 중 주도권을 쥠

신구약 연결 포인트

1. 폼페이가 열어 놓은 해양로를 통해 로마를 향하다.
2. 로마 총독과 로마 황제와 바울의 사역 관계

묵상 가이드

1. 바울이 체포된 이유와 체포 시 처신은?
2. 가이사랴에서 총독과 임금에게 복음을 어떻게 전했나?
3. 풍랑 중에 담대할 수 있었던 이유는?

사마리아에 복음의 물꼬를 튼 빌립 집사는 자녀의 신앙 교육도 잘 시켰다. 네 딸이 모두 예언하는 자가 된 것이다. 한편, 흉년을 예언하여 인정받은 아가보가 유대에서 내려와 바울이 유대인에게 결박되어 띠로 매여 이방인에게 넘겨질 것을 예언했다.

예루살렘-체포: 그럼에도 불구하고의 신앙 (79) 24일

가이사랴에서 사역자들을 만난 뒤 바울은 여러 사람의 만류에도 불구하고 예루살렘으로 향한다.

예루살렘에서 바울은 가장 먼저 예수님의 동생 야고보를 만나 선교

다시 보는 예언과 사명

바울은 여행길에서 많은 예언자를 만난다. 그들은 한결같이 바울이 붙잡혀 고난받을 것이니 예루살렘에 가지 말라고 했다. 두로에서 제자들이 막고 가이사랴에서 선지자 아가보가 말렸으며 사람들이 울며 바울을 잡았다. 그러나 바울은 단호했다.

현대에도 하나님의 음성을 듣는 사람과 예언하는 사람이 많다. 그러나 개인의 예언보다 완전한 예언은 하나님의 말씀이고 주신 사명이야말로 어떤 예언보다 중요하다. 하나님의 말씀을 따라 행하는 것이 중요한 것이다. 기록된 하나님의 말씀을 깨닫는 것이 다른 사람들의 백 마디 말보다 중요하다.

> **10** 여러 날 머물러 있더니 아가보라 하는 한 선지자가 유대로부터 내려와
> **11** 우리에게 와서 바울의 띠를 가져다가 자기 수족을 잡아매고 말하기를
> 성령이 말씀하시되 예루살렘에서 유대인들이 이같이 이 띠 임자를 결박하
> 여 이방인의 손에 넘겨주리라 하거늘 **12** 우리가 그 말을 듣고 그 곳 사람들
> 과 더불어 바울에게 예루살렘으로 올라가지 말라 권하니 **13** 바울이 대답하
> 되 여러분이 어찌하여 울어 내 마음을 상하게 하느냐 나는 주 예수의 이름
> 을 위하여 결박 당할 뿐 아니라 예루살렘에서 죽을 것도 각오하였노라 하
> 니 행 21:10-13

보고를 했다. 예루살렘교회는 바울의 성공적인 선교 활동으로 하나님께 영광을 돌렸지만 한편으로 그에 대한 우려도 표명했다. 복음보다 율법과 관습에 익숙한 바리새파 유대 기독교인들 사이에서 바울이 이방인에게 율법을 지키지 말라고 했다는 오해가 퍼졌다는 것이다. 선교보다 교회법에 충실한 그들의 모습은 바울의 마음을 아프게 했다. 하지만 유대인에게는 유대인의 모양으로 복음 전하기를 원했던 바울은 야고보의 말대로 자신의 결례뿐 아니라 다른 사람의 결례 비용을 내고 머리를 깎아 자신이 율법을 지키는 자임을 알렸다.

동쪽에서 바라본 예루살렘
바울이 3차 전도여행을 마치고 예루살렘에 온 57년경 예루살렘교회는 복음의 활력을 잃고 있었다.

바울과 몇 명이 성전에 들어가 각 사람을 위하여 제사를 드리고 결례 기간을 마쳤음을 말할 때였다. 아시아에서 온 유대인들이 바울이 성전을 더럽혔다면서 그를 잡으려 했다. 그들은 바울이 시내에서 에베소 사람 드로비모와 함께 있던 것을 보았는데, 성전에도 이방인을 데려온 줄로 알았다. 그렇지 않아도 아시아에서 유대인들과 부딪쳤던 바울은 그들의 홈그라운드에서 궁지에 몰리게 되었다.

'어떤 이방인도 이 경계를 넘어 성소와 현관으로 들어오지 못한다. 만약 어기는 자는 자신의 죽음에 대하여 책임져야 한다.'

이것은 이방인의 뜰 경계에 붙어 있는 푯말이었다. 바울은 이방인을 성전에 데려오지 않았다. 그런데도 유대인들은 그의 말을 믿으려 하지 않았고 죄를 뒤집어씌워 그를 죽이려 했다.

성전에는 구역별로 출입 제한이 있었다(그림 번호 참고).

1. 대제사장이 1년에 한 번 들어가는 지성소
2. 제사장이 들어갈 수 있는 성소
3. 이스라엘 남자들만 들어가는 번제단 마당
4. 이방인을 비롯해 이스라엘의 모든 사람들에게 허용된 성전 앞 마당

> 27 그 이레가 거의 차매 아시아로부터 온 유대인들이 성전에서 바울을 보고
> 모든 무리를 충동하여 그를 붙들고 28 외치되 이스라엘 사람들아 도우라 이
> 사람은 각처에서 우리 백성과 율법과 이곳을 비방하여 모든 사람을 가르치는
> 그 자인데 또 헬라인을 데리고 성전에 들어가서 이 거룩한 곳을 더럽혔다 하
> 니 29 이는 그들이 전에 에베소 사람 드로비모가 바울과 함께 시내에 있음을
> 보고 바울이 그를 성전에 데리고 들어간 줄로 생각함이러라 행 21:27-29

유대인 기독교인에게도 좋지 않은 시선을 받고 유대교인에게도 박해를 받는 입장이 된 바울은 큰 위기에 처했다.

안토니아 요새: 예수님이 심문받던 곳에서 심문받다

이 소동은 성전을 지키는 천부장에게 바로 전해졌다. 그도 그럴 것이 성전의 이방인 뜰 북쪽에는 성전의 부속 건물처럼 안토니아 요새가 있다. 명절이 되면 성전에서 자주 소란이 일어나기 때문에 이때도 로마 군인이 그곳에서 경계 근무를 서다가 이 상황을 보게 되었다.

> 30 온 성이 소동하여 백성이 달려와 모여 바울을 잡아 성전 밖으로 끌고 나가
> 니 문들이 곧 닫히더라 31 그들이 그를 죽이려 할 때에 온 예루살렘이 요란하
> 다는 소문이 군대의 천부장에게 들리매 32 그가 급히 군인들과 백부장들을
> 거느리고 달려 내려가니 그들이 천부장과 군인들을 보고 바울 치기를 그치는
> 지라 행 21:30-32

군대가 바로 출동해 바울을 쇠사슬로 결박하고 자초지종을 물으려 했으나 소란이 너무 심하자 요새로 끌고 갔다. 가는 중에 바울은 헬라어로 자신이 길리기아 지방의 다소 사람임을 밝히고 변명할 기회를 달라고 했다.

천부장의 허락을 받아 층대에 선 바울은 주위를 환기시키기 위해 히브리말을 했다. 헬라에서 온 사람들은 히브리어를 잘하지 못했으므로 바울이 히브리어로 말하자 장내가 조용해졌다(행 21:40).

바울은 자신이 그곳까지 오게 된 사정을 간증식으로 말했다. 그러나 바울이 받은 계시의 말씀을 이야기하자 유대인들이 다시 소동을 일으켜 할 수 없이 바

/
안토니아 요새
바울은 잡혔을 때 이곳 층대에서 복음을 전했다.
이곳은 예수님이 빌라도에게 심문받던 곳이다.

/
바울이 잡힌 안토니아 요새는 예수님이 재판을 받고 십자가를 진 곳이었다. 바울은 예수님이 사형선고를 받았던 공회로 가서 변론을 한다.

울은 안토니아 요새에 감금되었다.

바울이 십자가 예수님과 만나다

바울이 들어간 안토니아 요새는 예수님이 십자가에 못 박히시기 전 빌라도에게 재판받은 장소로 추정된다. 바울은 이곳에서 예수님이 받으신 심문을 받게 된다.

로마인과 제사장들이 돌아가면서 심문했다. 바울을 재판하기 위해 공회가 열렸다. 예수님도 이곳에서 재판받았다. 바울은 공회가 결국 자신을 정죄하는 데 초점을 맞출 것을 알고 바리새파와 사두개파를 자중지란에 빠뜨린 뒤 그들의 위험에서 빠져나왔다.

그리고 바울은 로마인과 유대 지도자의 위협을 받고 결박된 상태에서 힘든 밤을 보내고 있었다. 그 밤 예수님이 바울을 찾아와 그의 사명을 다시금 확인시켜 주셨다.

> 담대하라 네가 예루살렘에서 나의 일을 증언한 것같이 로마에서도 증언하여야 하리라 행 23:11

주님이 고난받으신 현장을 마지막으로 둘러보게 된 사도 바울은 그곳에서 예수님의 위로의 소식, 비전의 소식을 들었다.

안디바드리(아벡): 로마로 향하다

다행히 바울이 가지고 있던 로마 시민권이 그를 안전하게 보호하여 로마까지

아벡 성에서 바라본 남쪽 해변길
바울 일행은 이 길을 따라 아벡 성(안디바드리)에 들어왔다. 아벡은 블레셋과의 전쟁에서 언약궤를 빼앗긴 곳이기도 하다. 바울을 로마에 넘겨주는 유대인은 또 한 번 언약궤를 빼앗긴 셈이었다.

가려는 소망을 이루게 했다. 유대인 과격 단체 40명은 금식까지 하면서 바울을 잡아 죽이려는 음모를 세웠으나, 이 음모를 바울의 조카가 듣고 천부장에게 알려 그들의 계획을 수포로 만들었다.

천부장은 밤 9시에 총독이 있던 가이사랴로 향할 보병 200명과 기병 70명, 창병 200명을 준비하여 편지를 써서 보냈다. 예루살렘에서 가이사랴까지는 100km 정도여서 한밤에 가기는 무리였다. 그래서 예루살렘에서 50km 정도 떨어진 안디바드리에 들르기로 했다.

안디바드리는 헤롯의 아버지 이름 '안티파테르'에서 따온 도시명으로 구약 시대에는 아벡이라 불렸다. 아벡에서 야르콘 강이 서쪽으로 흘러나와 해변길을 막기 때문에 해변길은 이곳을 지날 수밖에 없어 북으로 사론 평야와 남으로 블레셋 평야를 구분하는 지점이 되었다. 해변길이 물 근원지로 올라와 지나야 했기에 아벡은 예부터 중요한 교통의 요지였다. 이스라엘은 아벡에서 블레셋과 전투하다 법궤를 빼앗기는 치욕을 겪기도 했다.

여기서, 묵상

당시 복음의 주도권이 바울 일행에게 있었다고 한다면 또 한 번 법궤가 이동하는 중이다. 유대인들은 복음을 거절했고 그래서 복음이 이방인에게로 움직이고 있는 것이다. 요한계시록에 복음을 제대로 지키지 않는 교회는 '촛대'를 옮기겠다고 했다. 실제로 로마의 콜로세움 옆에 티토의 개선문이 있는데 이곳에 예루살렘에서 촛대를 빼앗아 움직이는 부조가 지금도 남아 있다.

> 회개하여 처음 행위를 가지라 만일 그리하지 아니하고 회개하지 아니하면 내가 네게 가서 네 촛대를 그 자리에서 옮기리라 계 2:5

로마로 향하는 바울이 안디바드리, 즉 아벡에 들렀고 그가 도착한 로마에 12년이 안 되어 촛대가 옮겨졌다. 촛대뿐 아니라 복음의 주도권이 로마로 넘어갔다. 바울을 따라 그 법궤와 촛대가 이동하고 있다. 그 의미를 잘 알고 잘

티토 개선문
70년 예루살렘을 멸망시킨 티토가 세운 개선문 안쪽에 촛대를 메고 가는 병사의 모습이 선명하게 남아 있다.

지키는 자들을 향하여….

가이사랴: 바울이 2년간 머문 곳

바울은 당시 총독이던 벨릭스에게 인도되었다. 벨릭스는 천민에서 총독까지 오른 야심만만한 정치가였다. 그래서 결혼도 유대 왕족 드루실라와 했다. 드루실라는 충 먹어 죽은 헤롯의 딸로서 영향력 있는 집안사람이다.

그런 경향을 가진 벨릭스에게 고민이 생겼다. 로마 시민권을 가진 바울을 보호하자니 유대 지도자들이 난리고, 유대인에게 잘 보이자니 로마법이 그것을 허용하지 않기 때문이다. 그는 영특하여 이 줄다리기를 2년간 계속한다. 그리고 바울에게 돈을 받을까 하여 자주 불러 이야기를 들었다.

그렇게 2년이 흘러 60년에 벨릭스 대신 귀족 출신의 베스도가 총독으로 부임했다. 유대 지도자들은 바울의 유대식 재판을 요구했으나 베스도는 거절했다. 바울은 베스도에게 정식 상소를 했다. 로마 황제에게 정식 재판을 받겠다고 요구한 것이다.

로마법에 따르면, 베스도는 그를 보내 주어야 했다. 로마행이 결정된 뒤 바울은 헤롯 아그립바 2세와 그의 여동생 버니게를 만나게 되었다. 버니게는 훗날 티토 장군과 염분까지 난 사교계의 여왕이었다. 티토는 황제가 되면서 유대 여인과 결혼을 반대한 원로원 때문에 독신으로 살았다는 말까지 전해진다. 이때도 버니게는 가족인 아그립바와 좋지 않은 소문이 난 터였다.

바울은 아그립바와 버니게 앞에서 자신을 변론하는 척하면서 간증을 통해 복

바울은 아그립바 2세에게 복음을 전했다. 그러나 아버지가 복음을 대적하다 자신이 앉은 그곳에서 죽었음에도 그는 바울의 복음을 거절했다.

음을 전했다. 부정적인 반응을 보이던 충 먹어 죽은 헤롯 아그립바의 아들 아그립바 2세에게 이렇게 전한다.

바울이 이르되 말이 적으나 많으나 당신뿐만 아니라 오늘 내 말을 듣는 모든 사람도 다 이렇게 결박된 것 외에는 나와 같이 되기를 하나님께 원하나이다 하니라 행 26:29

함께 듣고 있던 총독 베스도는 바울이 미쳤다고 했고 아그립바 왕은 바울의 간절한 복음을 거절했다. 그의 아버지는 야고보를 죽이고 베드로를 죽이려다 충 먹어 지금 아그립바가 앉아 있는 자리에서 죽음을 맞았다. 그럼에도 아그립바는 '네가 적은 말로 나를 권하여 그리스도인이 되게 하려 한다'는 말로 바울의 권고를 거절한다.

바울의 사명과 전도법

바울을 흔히 이방인의 사도로만 아는데 그가 처음 사명받을 때를 기억하라.

궁금해요!

헤롯과 에돔 자손

여기서 일말의 아쉬움을 안고 에돔 자손들을 짚어 보려 한다. 에돔의 조상 에서는 아브라함의 손자이고 이삭의 아들이다. 그러나 하나님의 축복을 귀히 여기지 않고 탐욕과 타협하여 장자의 명분과 조상의 축복을 잃어버렸다. 그런데 신약에서 그들에게 이 축복을 계승할 기회가 주어졌다. 이두매 족속이라고 불리던 에돔 자손의 후예 중 가장 뛰어난 인물이 대헤롯이다. 그는 안티파테르(안디바드리)의 아들로 유대의 왕이 되어 솔로몬 시대만큼이나 큰 영향력을 행사했다. 그리고 예수님이 태어나는 시대를 살았다. 아들 헤롯 안티파스는 예수님을 재판했다. 손자 헤롯 아그립바는 야고보와 베드로를 만났고 증손자 헤롯 아그립바 2세는 바울을 만나 직접 복음을 들었다. 이렇게 4대에 걸쳐 복음을 접했으나 그들은 아무런 반응을 보이지 않았다. 권력에 대한 탐욕이 너무 커서 복음을 들을 수 없었던 것이다. 바울의 마지막 외침도 그들을 변화시키지 못했다. 에돔은 결국 에서의 탐욕을 극복하지 못했다.

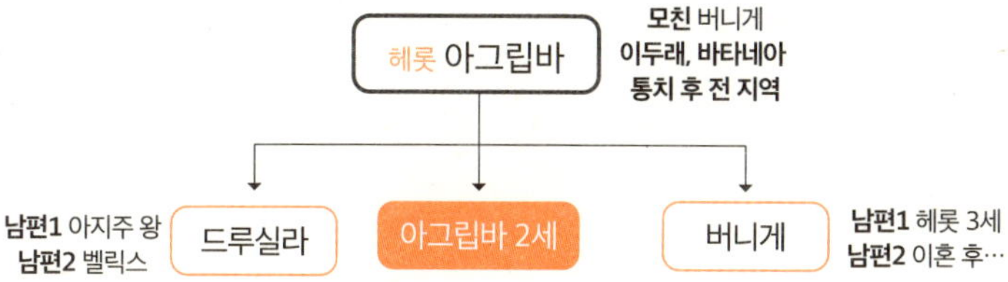

헤롯 아그립바는 베드로와 만나고, 그의 자녀들은 바울과 만난다.

주께서 이르시되 가라 이 사람은 내 이름을 이방인과 임금들과 이스라엘 자손들에게 전하기 위하여 택한 나의 그릇이라 행 9:15

다메섹의 아나니아는 바울이 이방인 다음으로 임금들에게 복음을 전할 사람이라는 말씀을 받았다. 사도행전은 세 장(24-26장)에 걸쳐 가이사랴에서 있었던 사건을 다루고 있다. 모두 총독과 임금들에게 복음을 전하는 장면이다.

바울은 복음을 자신이 고소당한 것을 변명하는 식으로 전한다. 이것이 법정에서는 변론이지만 교회에서는 간증이요 전도가 되는 셈이다. 유대의 왕과 총독에게 모두 복음을 전한 바울은 이제 로마 황제에게 복음을 전하기 위해 상소를 한다. 바울은 죄수의 몸으로 로마 황제를 만나러 길을 나선다. 좋게 생각하면 공짜 교통편을 이용하여 로마 황제를 만나게 되는 셈이다. 숙박비도 필요 없었다.

다메섹 도상에서 예수님을 만난 사건은 바울의 간증이자 변론 주제였다.

지도 그리기

사도행전 3

3차 전도여행

부록에서 지도를 찾아 그리세요

역사와 묵상

01 에베소에서 성령운동이 일어났다. 열두 명이 바울에게 세례를 받고 성령을 받은 뒤 말씀 공부에 힘썼다. 오침도 잊고 두란노서원에서 2년간 말씀을 들은 결과 어떤 일이 일어났는가? 가이사랴의 고넬료도 말씀을 들을 때 성령을 받았다. 매일 말씀을 들으면 심령의 부흥이 일어난다. 말씀 부흥을 경험한 적이 있는가?

02 부흥에 대한 반동으로 아데미 여신을 섬기는 이들이 폭동을 일으켰다. 바울은 이 일로 곤란을 겪었다. 그러나 이보다 더 바울을 근심케 한 일이 있었는데 2차 전도여행 때 세운 고린도교회의 분열, 음란, 우상숭배 등의 문제였다. 고린도전서를 훑어보고 그들의 문제가 무엇이었는지 보라. 우리를 힘들게 하는 교회의 문제는 무엇인지 토의해 보자.

03 바울은 안디옥교회의 파송을 받아 떠난 전도여행을 마무리했다. 첫째 로마서를 써서 그의 신앙을 정리하고, 드로아에서 앗소로 이르는 길을 걸으며 정리했다. 당신이 걸어온 길을 정리하며 나누어 보자.

04 예루살렘으로 가는 길에 성령의 감동을 받은 이들이 바울의 환난을 예언하며 그의 예루살렘행을 만류했다. 그러나 바울에게 사명은 예언보다 앞섰다. 환난이 있을 줄 알면서도 사명의 길을 간 적이 있는가?

---

05 예루살렘교회에서 푸대접을 받고, 유대인에게 체포되어 봉변을 당한 바울은 끝까지 복음을 전했다. 그는 로마군에게 잡혀 안디바드리를 거쳐 가이사랴로 가서 로마로 향한다. 안디바드리는 블레셋에게 언약궤를 빼앗긴 적이 있던 아벡이다. 이스라엘의 중심이 이동했던 곳이다. 이제 말씀을 품은 바울이 로마로 가면서 복음의 중심이 이동하려 한다. 우리 가운데 언약궤가 있는가, 아니면 이동하고 있지는 않은가?

---

06 바울의 사명 중 하나가 임금들에게 복음을 전하는 것이었다. 바울은 가이사랴에서 2년간 머물면서 이 사명을 어떻게 감당했는가? 우리는 우리에게 주어진 사명을 어떻게 감당하고 있는가?

| 로마 1차 투옥 |

로마와 4차 전도여행

성경 행 27-28장

연대 AD 57-60년(가이사랴 구금), 60-62년

역사적 배경 네로 황제 통치 기간, 폼페이가 열어 놓은 지중해 무역

핵심 본문 가이사랴 구금, 로마행, 로마 가택연금

지도 사도행전 4

- 제4차 전도여행
  - 가이사랴 — 가이사 상소
  - 시돈
  - 무라 — 산타클로스
  - 그레데 섬 미항 — 과동 문제
  - 난파 — 유라굴로
  - 멜리데 섬 — 독사
  - 수라구사
  - 레기온
  - 보디올 — 압비오 가도
  - 압비오 광장
  - 트레이스 타베르네
  - 로마 — 옥중서신: 엡 · 골 · 몬 · 빌

4차 전도여행의 루트

가이사랴-재판: 로마에 가기로 결심하다 ⑧⓪

사도 바울은 예상대로 예루살렘에서 잡혔다. 유대인들은 끝까지 바울을 고소했으나 바울은 이 모든 과정을 복음을 전하는 도구로 사용했다. 가이사랴에서 총독과 임금들에게 복음을 전한 뒤 이제 마지막 남은 로마 황제에게 복음을 전할 요량으로 바울은 이렇게 선언한다.

> 내가 가이사께 상소하노라 한대 행 25:11

결국 로마 황제 앞에서 변론을 빙자한 복음을 전하기로 마음먹은 바울은 율리오의 호송을 받으며 피소된 죄수의 신분으로 로마로 향했다. 그러나 외롭지만은 않았다. 사도행전의 기록자인 의사 누가와 데살로니가 사람 아리스다고도 바울과 함께했다(행 27:1-2).

그들은 아드라뭇데노 배를 타고 항해했는데 미둘레네 섬 맞은편에 깊게 팬 만에 위치한 도시다. 결국 이 배는 로마로 가는 게 아니므로 중간에 바꿔 타야 했다.

4차 전도여행

80. 가이사랴-재판
81. 미항-유라굴로
82. 멜리데-독사
83. 로마-옥중서신

4차 전도여행: 복음의 불꽃이 로마로 옮겨붙다

가이사랴 궁전 터
사도 바울은 이곳에서 재판을 받을 때 로마 황제에게 상소하여 배를 타고 로마로 향했다.

시돈: 가나안 족속의 이름을 가진 도시

바울 일행이 출발한 때는 지중해에 풍랑이 이는 겨울로 향하는 시기였다. 그래서 풍랑이 심하지 않은 해변에 붙어 여행을 했다. 이 와중에 바울은 베니게의 시돈에 들러 성도들과 만났다. 시돈은 가나안의 장남 이름이자 도시 이름이다. 두로와 시돈을 주로 베니게(페니키아)라고 불렀다.

이튿날 시돈에 대니 율리오가 바울을 친절히 대하여 친구들에게 가서 대접 받기를 허락하더니 행 27:3

시돈 항구
바울은 분명히 이곳을 몇 번 들렀을 것이고 교우의 환영으로 힘을 얻고 로마로 향했다.

예수님이 두로와 시돈에 들러 수로보니게 여인에게 복음의 씨를 뿌린 것이 사도들에 의해 열매를 맺어 베니게의 대표적인 도시 두로와 시돈에 교회가 세워졌다. 사도 바울은 죄수로 호송 중에도 성도의 대접을 받았다. 어렵고 힘든 이 시기에 받은 환대는 바울의 로마 호송을 또 하나의 전도여행으로 만들기에 충분했다고 생각한다. 수리아 안디옥에서 예루살렘으로 오갈 때 수시로 들르던 시돈교회는 바울을 잘 알고 있었을 것이고 바울은 이것을 교회 심방의 기회로 삼았을 것이다.

무라: 산타클로스의 사역지

해안과 가까이 천천히 이동하던 배는 루기아 지방의 수도인 무라에 도착했다.

5 길리기아와 밤빌리아 바다를 건너 루기아의 무라 시에 이르러 6 거기서 백부
장이 이달리야로 가려 하는 알렉산드리아 배를 만나 우리를 오르게 하니 행 27:5-6

무라는 우리가 잘 아는 '산타클로스'의 사역지다. 콘스탄틴 황제 시대에 무라 성읍의 감독으로 일하던 성 니콜라스(st. Nicolas)가 어린이와 뱃사람에게 선한 일을 많이 하여 동(東)지중해를 항해하는 뱃사람의 수호성인으로 존중되다가 크리

스마스의 인물로 등장한다.

바울 일행은 이곳에서 배를 갈아타고 로마로 향했다. 겨울이 되면 북쪽에서 바람이 많이 부는 지중해 기후로 인해 니도 근처에서 그레데 섬을 바람막이로 하여 그레데 섬의 미항까지 이르렀다.

> 7 배가 더디 가 여러 날 만에 간신히 니도 맞은편에 이르러 풍세가 더 허락하지 아니하므로 살모네 앞을 지나 그레데 해안을 바람막이로 항해하여 8 간신히 그 연안을 지나 미항이라는 곳에 이르니 라새아 시에서 가깝더라 행 27:7-8

/ 무라 시내에 세워진 산타클로스상

// 무라의 원형극장(오른쪽) 왼쪽에 자리 잡은 바위 무덤

그레데 섬: 블레셋의 고향

그레데 섬은 디도서의 영향으로 좋지 않은 인상을 주지만 사실은 매우 아름다운 섬이다. 그레데의 크노소스 궁전은 해양 문명을 대변한다. 흙으로 덮여 있던 궁전 터를 걷어 내고 새로 복구한 몇 부분만 보더라도 규모를 알 만하다. 신화로 전해 오는 미노아 문명의 미궁 이야기가 우리에게 익숙한데, 당시만 해도 아테네는 그레데의 속국이었다. 이곳에서 발원한 문화와 헬라 문자가 그리스 본토에 영향을 미쳐 미케네 문명을 낳았다. 그런데 이 문화가 갑자기 사라졌다. 아마 화산 폭발로 인한 해일 때문이 아닐까 한다. 이때 그레데 사람들(성경에는 그렛 사람)이 사방으로 퍼져 가나안 땅까지 들어왔다.

> 그러므로 주 여호와께서 이같이 말씀하셨느니라 내가 블레셋 사람 위에 손을 펴서 그렛 사람을 끊으며 해변에 남은 자를 진멸하되 겔 25:16

이 사람들이 블레셋(영어로 팔레스타인)을 이루었다.

여기서, 묵상

바울은 베냐민 사람이다. 그의 조상이자 자신과 이름이 같은 사울 왕이 블레셋 사람, 즉 그레데 사람에게 패하여 죽었다. 그 땅 작은 항구에 도착했을 때 바울은 어떤 심정이었을까? 로마 감옥에서 풀려난 뒤 바울은 이곳에 돌아와 교회를 세우고 디도를 남겨 놓았다. 원수를 복음으로 갚았다.

그레데(크레테) 크노소스 궁전
블레셋인의 고향인 그레데는 구약에서 그렛이라 불렀고 디도가 사역한 곳이다.

미항-유라굴로: 강풍에 혼비백산하다 81

그레데 섬에 있는 미항이라는 작은 항구는 겨울을 나기엔 너무나 열악한 환경이었다. 그래서 사람들은 더 편리하고 좋은 곳에 가서 겨울을 나기 원했다. 그러나 전도여행을 하면서 바다를 잘 알게 된 바울은 지금 항해하기에는 시기가 좋지 않다고 그들에게 경고했다. 겨울에는 북서쪽에서 불어오는 강한 바람 때문에 배 운행을 거의 못해서 바울도 겨울 동안 고린도에서 과동(過冬)한 적이 있었다.

바울은 금식하는 절기가 지났으니 항해가 위험하다고 말한다(행 27:9). 금식일은 유대력 7월 10일 대속죄일을 말한다. 유대력 7월 10일은 우리나라 음력 8월 10일이므로 양력 10월에 해당하여 풍랑이 일기 시작할 때다. 그러나 그들은 믿지 않았다.

> 간신히 그 연안을 지나 미항이라는 곳에 이르니 라새아 시에서 가깝더라 행 27:8

> 그 항구가 겨울을 지내기에 불편하므로 거기서 떠나 아무쪼록 뵈닉스에 가서 겨울을 지내자 하는 자가 더 많으니 뵈닉스는 그레데 항구라 한쪽은 서남을, 한쪽은 서북을 향하였더라 행 27:12

선주와 선장, 백부장은 작은 항구보다 서쪽으로 조금 더 가서 큰 항구 뵈닉스에서 과동하기를 원했다. 그래서 그레데 해변을 의지하여 돛을 달았지만 섬 가운데서 오는 광풍인 유라굴로를 만나 가우다라는 작은 섬을 지나 바람에 무작정 밀려갔다.

> **9** 여러 날이 걸려 금식하는 절기가 이미 지났으므로 항해하기가 위태한지라… **13** 남풍이 순하게 불매 그들이 뜻을 이룬 줄 알고 닻을 감아 그레데 해

변을 끼고 항해하더니 14 얼마 안 되어 섬 가운
데로부터 유라굴로라는 광풍이 크게 일어나니 15
배가 밀려 바람을 맞추어 갈 수 없어 가는 대로
두고 쫓겨가다가 16 가우다라는 작은 섬 아래로
지나 간신히 거루를 잡아 행 27:9, 13-16

미항은 작은 항구로 겨울을 나기 힘들었기 때문에 더 큰 항구인 뵈닉스로 가려다가 폭풍을 만난다. 겨울엔 계절풍 때문에 항해를 하지 않는 원칙을 어긴 결과다.

멜리데-독사: 폭풍에 밀려갔지만 로마와 가까운 곳 (82)

바울과 함께한 일행은 유라굴로 폭풍에 밀려 정처 없이 가다가 한 섬에서 배가 파선된 후 멜리데 섬에 도착했다. 이 풍랑 중에도 바울은 하나님의 지시를 받고 모든 사람이 무사할 것이라고 위로했다. 이로 인해 바울은 배에서 주도권을 잡을 수 있었다.

23 내가 속한 바 곧 내가 섬기는 하나님의 사자가 어제 밤에 내 곁에 서서 말
하되 24 바울아 두려워하지 말라 네가 가이사 앞에 서야 하겠고 또 하나님께
서 너와 함께 항해하는 자를 다 네게 주셨다 하였으니 25 그러므로 여러분이
여 안심하라 나는 내게 말씀하신 그대로 되리라고 하나님을 믿노라 26 그런
즉 우리가 반드시 한 섬에 걸리리라 하더라 행 27:23-26

풍랑에 밀려 도착한 곳은 로마와 가까운 멜리데 섬이었다. 풍랑 때문에 결국 목적지에 빨리 도착하게 된 셈이다. 멜리데에 도착한 후에도 원주민의 병을 고쳐 준 바울과 누가 덕분에 뱃사람들은 원주민에게 후한 대접을 받았다.

여기서, 묵상

신앙을 가진 자들은 세상에서 죄인으로 매도당해도 결국 그 상황을 주도하게 된다. 바울은 죄인이란 신분에 얽매이지 않고 하나님의 자녀로서 '복음을 전하는 자'라는 정체성을 붙잡았다. 이것이 풍랑 중에도, 독사에 물린 중에도 바울을 강한 자로 서게 했다. 멜리데 섬에서 바울은 독사에 물리고도 태연히

그것을 불에 떨구었다. 그의 여유는 말씀에 근거했다.

그날 밤에 주께서 바울 곁에 서서 이르시되 담대하라 네가 예루살렘에서 나의 일을 증언한 것같이 로마에서도 증언하여야 하리라 하시니라 행 23:11

믿음은 독사의 독에서도 지켜 주었다. 믿음이 이긴다.

멜리데 섬에 도착한 바울은 독사에 물렸지만 걱정하지 않았다. 왜냐하면 주님이 로마도 볼 것이라 약속했기 때문이다.

수라구사와 레기온을 거쳐 보디올로

멜리데 섬에서 석 달을 지나며 겨울을 났다. 마침내 봄이 되어 로마로 향하게 되었다.

11 석 달 후에 우리가 그 섬에서 겨울을 난 알렉산드리아 배를 타고 떠나니
그 배의 머리 장식은 디오스구로라 12 수라구사에 대고 사흘을 있다가 13 거
기서 둘러가서 레기온에 이르러 하루를 지낸 후 남풍이 일어나므로 이튿날
보디올에 이르러 행 28:11-13

수라구사를 지나 보디올 항으로 들어와 육로로 이동하는 바울. 이때부터는 유명한 압비오 가도를 이용한다.

보디올: 로마 시대 교통의 요지

바울 일행은 보디올에서부터 육로를 이용한다. 보디올은 나폴리 만에 위치한 항구로 로마 시대에 교통의 요지였다. BC 6세기에 세워진 것으로 보이는 보디올은 디케아키아로 불리다 BC 215년 한니발의 침공 때부터 보디올이라 불렸다. 유황을 수출하는 항구로 유명했고 영향력 있는 자금줄을 가진 은행가들이 있었다. 보디올은 트라얀 황제가 로마에 가까운 항구 오스티아를 건설하기 전까지 이탈리아에서 가장 중요한 항구였다. 이곳에서 곡물을 수송하는 알렉산드리아 배들이 정박하여 로마까지는 육로로 가져갔다. 세라피스의 신전인 세라페움과 아우구스투스의 사원, 원형극장, 바울도착기념비 등이 남아 있다.

14 거기서 형제들을 만나 그들의 청함을 받아 이레를 함께
머무니라 그래서 우리는 이와 같이 로마로 가니라 행 28:14

압비오 광장: 로마로 통하는 길

바울은 보디올을 출발하여 압비오 광장(Forum of Appius)으로 향한다.

> 그곳 형제들이 우리 소식을 듣고 **압비오 광장과 트레이스 타베르네까지** 맞으러 오니 바울이 그들을 보고 하나님께 감사하고 담대한 마음을 얻으니라 행 28:15

압비오 광장은 로마에서 약 65km 떨어진 폰티네 습지의 페로니아 운하 상류의 압비오 가도(Via Appia)에 위치한다. 로마 시대 유적이 조금 남아 있고 현재도 '포로 압비오'(Foro Appio)라는 지명을 사용하고 있는 보르고 파이티 마을로 추정된다. 지금은 압비오 광장 이름을 딴 포로 압비오 만시오 호텔(Foro Appio Manssio Hotel)이 자리 잡고 있지만 거의 로마 시대의 흔적을 찾아보기 힘들다.

압비오 가도(아피아 가도 Via Appia)

BC 312년 당시 집정관 아피우스 클라우디우스 카이쿠스가 착공하여 그 이름을 따라 압비오 가도라 부른다. 착공부터 완공까지 70년이 걸린 540km의 도로다. 초창기에는 로마에서 카푸아까지 남쪽으로 가다가 BC 268년에 베네베토까지 연장하고 결국 브린디시까지 이어서 아드리아 해를 거쳐 그리스의 '비아 에그나티아'와 연결했다. 이런 거미줄 같은 길로 인해 '모든 길은 로마로 통한다'는 말이 생겼다.

여기서, 묵상

'포로 압비오'라는 호텔의 깃발만이 바울이 지나간 길임을 알려 주는 쓸쓸한 곳이다. 강물이 흘러 압비오 가도와 만난다. 우산 모양의 소나무가 압비오 가도 양옆으로 늘어서서 로마로 안내한다. 이곳까지 성도가 나와 바울을 환영

/
보디올 항구
바울은 보디올에서부터 육로로 200km 정도를 걸어 로마로 향한다.

//
보디올교회 앞에 세워진 사도 바울 일행의 도착 기념비

했다. 바울이 걸어간 길은 언약궤가 옮겨지듯이 복음의 중심이 옮겨지는 여정이었다. 그리고 넓은 광야를 가로지르는 압비오 가도는 '바울의 비아 돌로로사'였다. 주님이 자신의 십자가를 지고 나를 따르라고 한 길을 바울이 가고 있다. 주님은 오늘도 우리에게 말씀하신다.

> 누구든지 자기 십자가를 지고 나를 따르지 않는 자도 능히 내 제자가 되지 못하리라 눅 14:27

성경의 길

성경에는 여러 길이 나온다. 구약에서 가장 중요한 비아 마리스(해변길)는 아브라함, 이삭, 야곱이 걸었던 길인데, 예수님이 이 길을 집중 공략하여 복음을 전했다(마 4:15). 그 외에 왕의 대로, 족장의 도로가 있다. 그러나 신약 시대 로마가 길을 개척하면서 새로운 대로가 많이 생겼다. 1차 전도여행을 했던 버가에서 비시디아 안디옥, 더베에 이르는 **비아 세바스테**, 2차 전도여행을 했던 비잔티움에서 빌립보-데살로니가-니고볼리로 이어지는 **비아 에그나티아**, 4차 전도여행이라 할 수 있는 로마 호송 때 사용된 **비아 압비오**(아피아)가 그것이다.

바울과 그 일행은 오랜 호송 끝에 도착한 로마의 압비오 가도에서 일주일을 머물렀다. 한 번도 로마를 가 본 적이 없건만 그를 만나러 많은 사람들이 왔다. 로마에 이미 복음이 전해져 꽃을 피운 데다 브리스길라와 아굴라 같은 사람이 있었기 때문이다. 또한 미리 보낸 로마서를 읽은 많은 이들이 바울을 맞이했다.

항해를 시작할 때만 해도 죄수의 신분에 불과했으나 항해가 계속될수록 바울은 일행의 주도권을 잡게 되었다. 그리고 로마에 도착해서 많은 사람들의 환영을 받으며 '나는 가이사에게 상소하노라' 한 대로 네로 황제 앞에서 변론을 통해 복음을 전하러 다시 길을 떠나고자 한다. 환난과 박해와 고난이 기다리는 줄 알면서도 복음을 위해 로마까지 온 바울이다. 바울이 이르는 모든 곳이 하나님 나라로 바뀌었다. 하나님 나라는 주인 되신 예수님과 그의 백성으로 이루어진다. 그를 맞은 교인들은 바로 바울의 선교 열매이기도 했다.

압비오 광장이 있던 곳
압비오 길을 가는 중간 중간에 정거장이 있었다.

트레이스 타베르네(삼관, Three Taverns)

'세 여관'이라고도 하며 라틴어 tres tabernae의 음사로 '세 채의 찻집'이라는 의미를 지닌다. 로마 남동쪽으로 50km 떨어진 압비오 가도(Via Appia)에 인접한 여관으로, 압비오 간선 도로와 오늘날의 시스티나(Cisterna) 마을 근처 안티움(Antium)으로 가는 샛길이 만나는 곳이다. 로마에서 세운 제33 이정표가 있다. 또한 바울을 환영하기 위해 로마의 성도가 마중 나온 곳이기도 하다. 전승에 따르면 바울이 머문 마지막 숙소는 로마 남동쪽 20km에 위치한 알바노 호(Lake Albano)의 남쪽 성읍 아리차(Aricia)였다.

트레이스 타베르네(삼관)의 백향목이 많은 시스티나 공원

> 그곳 형제들이 우리 소식을 듣고 압비오 광장과 **트레이스 타베르네**까지 맞으러 오니 바울이 그들을 보고 하나님께 감사하고 담대한 마음을 얻으니라 행 28:15

여기서, 묵상

물의 근원이 되는 시스턴이라는 뜻을 가진 시스티나 광장에 모였다. 레바논 백향목이 우리를 맞이한다. 바울은 이곳에서 성도들의 환영을 받고 먼저 주님께 감사하고 나서 담대함을 얻었다. 인간은 강한 듯하지만 연약해서 서로의 도움과 격려가 필요하다. 십자가의 길을 가다가 지칠 때 주님이 남겨 주신 최고의 유산인 교회 공동체가 있기에 이들을 통하여 힘을 얻는다.

로마 입성: 꿈의 도시에 복음을 뿌리다

드디어 바울은 로마에 들어섰다. 당대 최고의 도시에 도착한 것이다.

로마는 이탈리아 중부에 위치하고 있으며 티레니아 해로부터 내륙으로 24km 되는 지점에 테베레 강을 끼고 있다. 성벽으로 둘러싸인 옛 로마 시의 넓이는 현재 로마의 약 4퍼센트이며 12개 행정구역 중에 가장 좁다. 여름은 24℃로 무덥고 건

카타콤에서 발견된
선한 목자상
로마도 선한 목자 같은 지도자가 없어 어려움을 겪었다.

조한 날씨이지만 오후가 되면 티레니아 해의 서풍으로 인하여 서늘할 때도 있다.

BC 1500년부터 사람이 거주하였으며 본격적인 거주는 BC 1000년경이다. BC 8세기에 철기를 사용하는 인도-유럽어족이 촌락을 형성했으며, BC 650년경 북쪽의 에트루리아 도시국가의 영향으로 정치적으로 통일된 공동체를 이루기 시작했다. BC 3세기 초에 이미 2개의 수로를 통하여 깨끗한 물을 끌어왔다. BC 250년경에는 인구가 거의 10만에 달했다. BC 1세기 전기는 시민 투쟁 시기로 이때 인구와 도시 문제가 발생했다. 카이사르가 이 도시 문제를 최초로 해결하고자 했으며, 그의 후계자 아구스도가 로마를 새로운 도시로 만들고자 했다. 네로 황제는 가장 근대적인 도시 계획을 세운 인물이지만 64년의 대화재로 대부분을 잿더미로 만들었다. 로마의 인구는 2세기 말부터 줄어들었는데 마르쿠스 아우렐리우스 재위 기간에 발생한 전염병으로 대폭 감소했다. 이 전염병으로 하루에 2000명이 죽었다.

3세기경 경제적, 정치적으로 어려움에 직면한 로마는 제국의 수도를 콘스탄티노플로 옮겼다.

많은 기독교인이 학살당한 콜로세움 옆에는 기독교를 공인한 콘스탄틴 대제의 개선문이 있다. 역설적인 역사의 현장이 아닐 수 없다.

포로 로마노 입구에 선 콜로세움과 개선문: 바울의 최종 종착지

성경과 관계된 유적은 포로 로마노에 집중되어 있다. 로마에서는 시장인 아고라를 포룸(forum)이라고 부른다. 바울이 최종적으로 도착한 장소는 로마의 중심부이자 고대 로마를 가장 잘 볼 수 있는 포로(포룸=아고라) 로마노 부근이었다.

이곳에 콜로세움이 있다. 콜로세움은 베스파시안(예루살렘을 거의 함락시킨 장군)이 황제가 된 후 착공하여 뒤를 이어 황제가 된 아들 티토(예루살렘을 멸망시킨 장군)가 완성한 원형 경기장이다. 사실 콜로세움은 바울과 베드로를 죽인 네로가 궁전으로 지으려다 좌절된 곳이었다. 그는 로마 시내를 불태워 새롭게 재건하려다 로마 시민의 원성이 자자하자 기독교인을 방화범으로 몰아 사건을 무마하려 했다. 예루살렘 정복에 나섰다 급히 돌아와 황제가 된 베스파시안은 네로가 지으려던 궁전 자리에 로마 문화에 길이 남을 콜로세움을 세웠다. 이때 그의 아들 티토가 유대인들을 데려와 노동력과 기술력으로 세계적인 건축물을 만들게 했다. 이 콜로세움에서 많은 기독교인이 죽었으며 노예로서 공연을 하기도 했다.

여기서, 묵상

플라비우스 가문인 베스파시안이 시작하여 티토가 완성한 콜로세움은 유대인의 멸망과 고역을 기억하게 하는 유산이다. 이 어마어마한 건축물을 예루살렘에서 데려온 유대인이 지었다. 그러나 여기에 참여한 유대인은 바울을 죽인 천국의 계단에서 모두 몰살되었다. 건축 기술의 유출을 염려한 로마의 만행이었다.

헤롯이 교회를 핍박하여 베드로를 죽이려다 도리어 본인이 충 먹어 죽음으로 말씀이 번성했다. 로마의 콜로세움과 개선문은 이 같은 역사가 반복된 현장이다. 바로 이곳에서 많은 기독교인이 박해를 받아 죽음을 맞았다. 그러나 시간이 흘러 로마는 기독교가 가장 크게 번성한 나라가 되었다. 기독교를 국교로 공인한 콘스탄틴의 개선문이 콜로세움 곁을 지키고 있다.

하나님의 말씀은 흥왕하여 더하더라 행 12:24

천국의계단교회
이 옆에서 사도 바울이 참수되었으며, 동시에 콜로세움을 지은 유대인들이 집단으로 몰살되었다.

티토 개선문: 성전의 촛대가 새겨지다

유대인들은 바울을 고소하고 그를 버렸다. 바울이 품은 복음을 거절한 유대는 바울의 순교와 더불어 전쟁 속으로 들어갔다. 에베소교회에게 경고하기를 처음 사랑을 회복하지 못하면 촛대를 옮긴다고 했는데 그 촛대가 옮겨졌다.

포로 로마노에 들어서기 전 아직도 온전하게 남아 있는 티토 개선문 안쪽에는 예루살렘에서 가져온 촛대가 선명하게 조각되어 있다. 오늘 우리에게 보란 듯이….

포로 로마노에 있는 바울의 감옥

바울이 재판받기 위해 죄수 신분으로 갇힌 곳에 베드로도 갇히게 되었다고 한다. 베드로와 바울이 시간차를 두고 고난 중에 만난다.

우리가 로마에 들어가니 바울에게는 자기를 지키는 한 군인과 함께 따로 있게

: 25일

오늘 읽을 분량

성경 엡, 골, 몬, 빌

본서 168쪽

성경의 맥 잡기

1. 로마 옥중서신
2. 3차 전도여행 심방 편지: 엡, 골, 몬
3. 선교헌금 감사 편지: 빌

신구약 연결 포인트

1. 다니엘 신상의 철로 된 로마를 복음으로 깨뜨리는 바울
2. 에베소서의 전신갑주와 바울을 지키는 로마 군인의 복장을 겹쳐 보라.

묵상 가이드

1. 로마 옥중 심방의 마음으로 에베소서를 보라.
2. 골로새서와 빌레몬서는 같은 장소에 보낸다.
3. 고난 중 기쁨을 주는 교회를 생각하면서 빌립보서를 읽으라.

지도 그리기

사도행전 4

4차 전도여행-
로마 호송
바울 서신 보내고
받은 곳

부록에서 지도를 찾아 그리세요

허락하더라 행 28:16

바울은 로마에 연금되어 재판을 기다렸다. 약 2년을 기다렸는데 미결수 입장이었기 때문에 자신의 전셋집에서 비교적 자유롭게 사람들과 접촉할 수 있었다.

로마-옥중서신: 로마 병사에게 배우라 ⑧③ 25일

바울은 로마 시민권이 있어 편지도 쓰고 사식을 먹을 수도 있었다. 1차로 갇혔을 때 **에베소서, 골로새서, 빌레몬서, 빌립보서**를 썼다. 열악한 상황에서도 빌립보교회에게 헌금을 보내 준 것에 대해 감사하고 주 안에서 기뻐하라고 독려한다. 바울은 또 교회를 세운 후 심방을 하지 못한 아시아의 에베소교회에 에베소서를 보내면서 자기를 지키는 로마 병사처럼 전신갑주를 입으라고 부탁한다.

> 11 마귀의 간계를 능히 대적하기 위하여 하나님의 전신 갑주를 입으라 12 우리의 씨름은 혈과 육을 상대하는 것이 아니요 통치자들과 권세들과 이 어둠의 세상 주관자들과 하늘에 있는 악의 영들을 상대함이라 13 그러므로 **하나님의 전신 갑주**를 취하라 이는 악한 날에 너희가 능히 대적하고 모든 일을 행한 후에 서기 위함이라 14 그런즉 서서 진리로 너희 **허리띠**를 띠고 의의 **호심경**을 붙이고 15 평안의 복음이 준비한 것으로 **신**을 신고 16 모든 것 위에 믿음의 **방패**를 가지고 이로써 능히 악한 자의 모든 불화살을 소멸하고 17 구원의 투구와 성령의 **검** 곧 하나님의 말씀을 가지라 엡 6:11-17

| 로마 2차 투옥 |

서바나와 5차 전도여행

성경 디모데 전후서, 디도서 **연대** AD 62-67년

역사적 배경 네로 황제 로마 화재, 66-70년 유대 반란

핵심 본문 서바나 전도, 3~4차 전도여행지 심방

지도 사도행전 5

: 26일

오늘 읽을 분량

성경 딛, 딤전, 딤후

본서 169-178쪽

성경의 맥 잡기

1. 5차 전도여행의 경로를 세 서신을 통해 보기
2. 그레데 지역의 특징
3. 에베소교회의 목회 주의점

신구약 연결 포인트

1. 디도서의 그레데는 블레셋 족속이 나온 땅이다.

묵상 가이드

1. 제자를 목회자로 세운다.
2. 로마로 향하는 마음을 딛, 딤전을 통해 보라.
3. 딤후를 통해 바울의 최후 상황을 그려 보자.

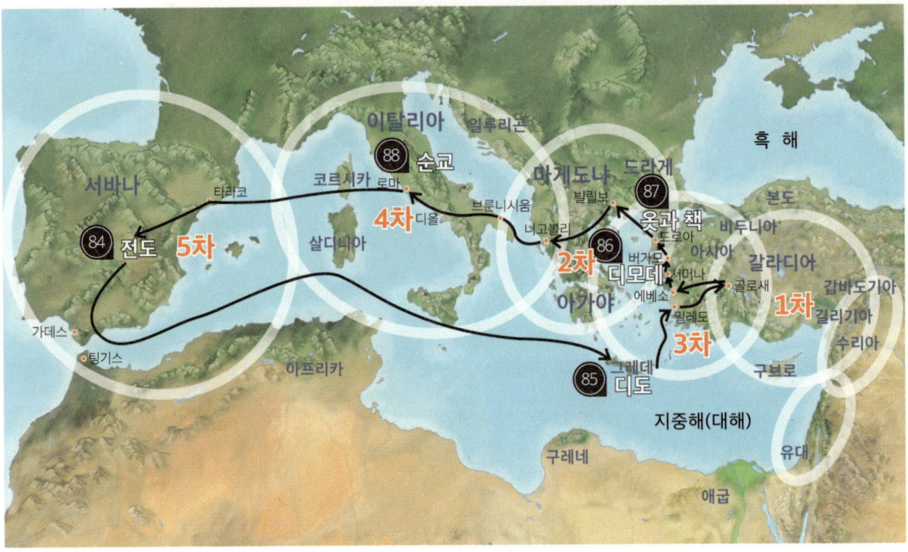

5차 전도여행

서바나-전도 84

사도 바울은 로마에서 열린 1차 재판에서 풀려났다. 59년에서 60년까지 구금되었지만 고소한 유대인들이 재판에서 질 것으로 예상하고 나타나지 않았다. 종교 문제여서 기소 자체가 성립되지 않기도 했다. 바울은 방면되자 계획대로 스페인과 포르투갈이 있는 서바나로 향하였으리라 예상된다.

5차 전도여행: 땅 끝 서바나로 가는 비전 메이커

그레데-디도 85

서바나 사역을 마친 바울은 로마 호송 때 들른 그레데로 가서 교회를 세운 뒤 그곳에 디도를 남겨 두었다. 그레데 사람들의 성격이 안 좋았던지 바울은 그레데의 특징을 이렇게 말한다.

> 그레데인 중의 어떤 선지자가 말하되 그레데인들은 항상 거짓말쟁이며 악한 짐승이며 배만 위하는 게으름뱅이라 하니 딛 1:12

그런데 사실 우리 모두가 이런 특징을 가지고 있지 않은가? 복음과 그리스도

5차 전도여행

84. 서바나-전도
85. 그레데-디도
86. 에베소-디모데
87. 드로아-옷과 책
88. 로마-순교

의 능력만이 나를 바꿀 수 있다.

에베소와 아시아

이후에 전도했지만 점검하지 못한 3차 전도여행 처소를 돌아보았다. 사도 바울은 심방을 중요시했다. 한번 복음을 전한 처소가 왜곡되거나 약화되지 않도록 편지와 방문을 통해 지속적으로 관리했다.

한편 예루살렘교회는?

70년 예루살렘이 멸망할 때 예루살렘교회는 요단 동편 펠라로 피신한 뒤 외부와 연락이 두절되었다. 수백 년이 지난 뒤 한 역사가가 펠라를 찾았다. 그곳에는 교회와 비슷하지만 이상하게 변질된 신앙이 남아 있었다. 교회는 한 몸이므로 유기체적인 통제가 필요하다. 서로 점검하고 돌보아 줌이 필수적이다. 무교회주의자의 약점은 예수님 몸의 유기체성을 무시하는 데에서 오는 변질이다. 지금도 선교지에서 이런 일이 많이 일어난다. 외부에서 지도해 주지 않으면 곧 자기 소견에 옳은 대로 신앙을 왜곡시킨다.

사도 바울은 죽는 순간까지 편지하거나 방문해서 교회의 정체성과 복음이 변질되지 않도록 교회를 건강하게 세우는 데 힘을 기울였다.

골로새: 복음의 혼합을 경계하다

밀레도에 도착한 바울은 골로새 지방을 들른다. 이후 3차 전도여행의 핵심 지역인 에베소에 온다. 그리고 에베소에 디모데를 남겨 목회하게 한다.

골로새에서 만난 목자
목자가 갓 탄생한 양을 품에 안고 집으로 향하고 있다. 바울은 빌레몬서에서 오네시모를 감옥에서 낳은 아들이라고 소개했다.

바울 이전 수백 년 전부터 골로새는 소아시아의 중요한 도시였다. 루카스 강이 흐르는 곳에 있으며 에게 해의 에베소에서 유프라테스 강에 이르는 동서의 큰 무역로에 위치한 골로새는 페르시아(바사)의 크세르크세스(아하수에로) 때 크게 번창했다. 그러나 바울 시대에는 그 중요성이 라오디게아와 히에라볼리만 못했다. 라오디게아와 경쟁하고 도로 체계의 변화로 차츰 명성을 잃자, 사람들은 남쪽의 카드무스 산(Cadmus) 기슭에 있는 코누스(Chonus)로 이주하였으나 12세기 들어 이마저도 사라졌다.

신약 시대에 골로새가 중요해진 것은 바울이 에베소에서 3년간 전도하는 동안 에바브라가 회심하여 복음을 전달하면서부터다.

골로새는 잡다한 우상을 숭배하는 부르기아인이 주를 이루다가 안티오쿠스 왕(BC 223~187) 때 2만 세대의 유대인을 메소포타미아 바벨론에서 리디아(Lydia)와 부르기아로 이주시키자, 리고 계곡을 중심으로 유대인이 번성했다. 따라서 골로새의 전형적인 이방 종교와 섞여서 혼합의 위험이 있었다. 이런 상황에서 아직 연륜이 오래지 않은 골로새교회는 이단의 공격으로 고전하고 있었다. 이런 소식을 가지고 에바브라가 로마에 있는 바울을 방문하자, 바울은 골로새서를 쓰게 되었다.

골로새교회의 빌레몬은 오네시모를 종으로 두고 있었다. 그러던 어느 날 오네시모가 빌레몬 집에서 도망쳐 나왔다가 바울을 만나 회심하여 그의 제자가 되었다. 빌레몬서는 바울이 오네시모를 골로새교회의 빌레몬에게 보내면서 선처를 부탁한 글이다.

바울이 로마 감옥에서 전도한 오네시모를 그의 주인 빌레몬에게 보내면서 빌레몬서를 기록했다. 오네시모는 후에 에베소의 감독이 되었다.

빌레몬서: 용서로 만든 그리스도인

유대인의 잘못된 신앙과 천사 숭배 같은 이단의 공격으로 골로새는 매우 혼란스러웠다. 이런 곳에 빌레몬과 같은 신실한 신앙인이 있었다. 바울은 감옥에서 전도한 오네시모를 그에게 보내면서 모든 비용을 자신이 감당하겠다며 용서를 구했다. 빌레몬은 오네시모를 흔쾌히 받아 주었을 뿐 아니라 자유의 몸이 되도록 했다. 덕분에 오네시모는 유력한 에베소의 감독으로서 아시아의 귀한 사역자가 되었다. 용서로 하나 된 그리스도인으로 인해 아시아에 교회가 세워졌다.

드로아-옷과 책: 3차 전도지 방문 87

바울의 목회 원칙은 전도한 곳에 반드시 다시 가서 심방하고 점검한다는 것이었다. 그래서 3차 전도여행을 마치고 예루살렘으로 갈 때 에베소 장로들을 밀레도로 불러 고별 설교하듯 교회를 부탁했다. 그런데 한 번의 기회가 더 생겼다. 로마 감옥에서 풀려나 에베소를 갈 수 있게 된 것이다. 바울이 볼 때 당시 에베소교회는 그리 만족스럽게 자란 것 같지 않았다. 그래서 그곳에 자신의 수제자 디모데를 남겨 두었다. 디모데전·후서에서 바울은 디모데에게 에베소 사람들 중 경계해야 할 사람들과 에베소에서 해야 할 일들을 당부하고 있다.

빌레몬서

핵심구절
몬 1:16

핵심단어
용서

핵심주제
주 안에서 한 형제다.

바울은 에베소 사역을 마친 뒤 무시아 지방의 드로아에 들러 말씀을 전하고 겉옷과 책을 남기고 떠난다.

> 네가 올 때에 내가 드로아 가보의 집에 둔 겉옷을 가지고 오고 또 책은 특별히 가죽 종이에 쓴 것을 가져오라 딤후 4:13

이때 아마 다시 살아난 유두고를 만났을 것이다. 겉옷을 두고 왔다면 바울이 드로아를 떠난 계절이 여름임을 알 수 있다.

로마-순교 88

이어 바울은 배를 타고 빌립보를 중심으로 마게도냐 선교를 하고 마게도냐 서편에 위치한 니고볼리를 거쳐 이탈리아로 넘어가 로마에 이른다. 이 과정에서 쓴 서신이 디도서다. 바울은 3차 전도여행 때처럼 고린도로 향하지 않고 에그나티아 도로를 따라 서쪽으로 향하여 니고볼리라는 마게도냐 서쪽 항구에 이른다. 이곳에서 겨울을 지냈다.

> 내가 아데마나 두기고를 네게 보내리니 그때에 네가 급히 니고볼리로 내게 오라 내가 거기서 겨울을 지내기로 작정하였노라 딛 3:12

예상대로라면 바울은 디도와 합세하여 배를 타고 로마로 향했다. 로마에 이르렀을 때 로마 시내에 화재를 낸 네로가 그에 대한 반대 여론이 거세지자 기독교인들을 방화범으로 몰아세우고는 바울을 참수한다. 이 와중에도 바울은 성경을 기록했다.

서신서를 남기다

바울은 로마로 오는 중에 디도서, 투옥되기 직전에 디모데전서와 투옥된 후 마지막으로 디모데후서 등을 기록했다. 예수님이 갈릴리 바다를 이용해 사방에 복음을 전했다면 사도 바울은 지중해를 마치 갈릴리 바다처럼 사용하면서 복음의 지경을 넓혔다. 복 중의 복은 복음이다. 교회는 복음을 위해 존재한다. 야베스의 기도가 생각난다.

로마 포룸에 위치한 사도 바울 감옥
바울이 이곳에서 1, 2차에 걸쳐 투옥된 후 순교했다. 그 뒤 베드로도 이곳에 투옥되었다. 곳곳에 바울과 베드로의 조각이 있다.

> 야베스가 이스라엘 하나님께 아뢰어 이르되 주께서 내게 복을 주시려거든 나의 지역을 넓히시고 주의 손으로 나를 도우사 나로 환난을 벗어나 내게 근심이 없게 하옵소서 대상 4:10

2차 투옥 때는 재판 과정을 기다릴 필요도 없이 바로 처형장으로 갔을 것이다.

에베소-디모데: 선한 싸움을 싸우라 86

바울은 그의 마지막 글을 에베소에 있는 디모데에게 보낸다. 그의 마지막 길은 영적으로는 영광스러웠지만 육적으로는 외롭고 힘들었다. 그의 제자 중 다수가 그를 떠났던 것으로 보인다. 2차 투옥 때는 디모데후서를 보내 이렇게 말한다.

> 1 하나님 앞과 살아 있는 자와 죽은 자를 심판하실 그리스도 예수 앞에서 그
> 가 나타나실 것과 그의 나라를 두고 엄히 명하노니 5 너는 모든 일에 신중하
> 여 고난을 받으며 전도자의 일을 하며 네 직무를 다하라 6 전제와 같이 내가
> 벌써 부어지고 나의 떠날 시각이 가까웠도다 7 나는 선한 싸움을 싸우고 나의
> 달려갈 길을 마치고 믿음을 지켰으니 8 이제 후로는 나를 위하여 의의 면류관
> 이 예비되었으므로 주 곧 의로우신 재판장이 그날에 내게 주실 것이며 내게
> 만 아니라 주의 나타나심을 사모하는 모든 자에게도니라 9 너는 어서 속히 내
> 게로 오라 10 **데마는 이 세상을 사랑하여 나를 버리고 데살로니가로 갔고** 그
> 레스게는 갈라디아로, 디도는 달마디아로 갔고 11 누가만 나와 함께 있느니
> 라 네가 올 때에 마가를 데리고 오라 그가 나의 일에 유익하니라 딤후 4:1, 5-11

디모데후서

핵심구절
딤후 4:5

핵심단어
충성

핵심주제
최선을 다해 선한 싸움을 싸우라.

유언과 같은 글을 쓰면서 바울은 자신이 전제와 같이 부어져 제물이 될 것이라 말한다. 선한 싸움을 최선을 다해 싸웠으니 의의 면류관, 영광의 면류관이 준비되었음도 확신한다. 자신과 같이 사는 모든 자에게도 이 면류관이 준비되어 있음을 알린다. 그러나 인간적으로 보면 바울은 참으로 외로운 길을 갔다.

에베소의 박해문
바울은 외로운 순교자의 문을 지나 천국 문에 이를 것을 확신했다.

사랑하는 제자 데마가 세상을 사랑하여 자신을 떠나고 누가만이 자기 곁에 있다면서 디모데더러 속히 오라고 한다. 더불어 2차 전도여행 때 바나바와 불화하게 된 원인이었던 마가도 데려오라 한다. 바울은 지금 간증과 화해, 권면으로 마지막 길을 마무리하고자 한다.

여기서, 묵상

로마 시내에 있는 사도바울교회도 크지만 이곳이 바울 사도를 더 가까이 느낄 수 있게 한다. "한 번 사는 인생 녹슬어 없어지기보다 닳아서 없어지겠습니다"라는 어느 전도사님의 고백이 생각난다.

사도 바울은 자신의 고백과 믿음대로 산 신앙의 모범 그 자체였다. 사도행전은 지금도 끝나지 않았다. 총신대원 시절 외친 구호가 내 머릿속에서 떠나지 않는다.

"땅 끝에서 주를 맞아 하늘 한복판에서 만나자!"

지도 그리기

사도행전 5

5차 전도여행-
로마 순교
전도여행 지역의
진행

**부록에서
지도를 찾아
그리세요**

바울의 순교지 대분수교회 The Fontano

이제 바울의 여정을 마무리할 때가 되었다. 베네딕트 수도사상이 바울의 순교 장소를 지척에 두고 입에 손을 대고 침묵하라고 하는 듯하다. 바울의 참수 터인 천국의계단교회에는 바울과 포로로 잡혀 와 처형된 유대인을 위해 지붕에 수많은 별을 그려 놓았다.

참수터로 가는 길은 비포장도로다.

네로가 로마 화재의 책임을 기독교인에게 돌렸다. 기독교의 수장 격인 바울은 로마인이므로 십자가에 달릴 수 없어 참수형을 당했다.

> 20 나의 간절한 기대와 소망을 따라 아무 일에든지 부끄러워하
> 지 아니하고 지금도 전과 같이 온전히 담대하여 살든지 죽든지
> 내 몸에서 그리스도가 존귀하게 되게 하려 하나니 21 이는 내게
> 사는 것이 그리스도니 죽는 것도 유익함이라 22 그러나 만일 육
> 신으로 사는 이것이 내 일의 열매일진대 무엇을 택해야 할는지
> 나는 알지 못하노라 23 내가 그 둘 사이에 끼었으니 차라리 세
> 상을 떠나서 그리스도와 함께 있는 것이 훨씬 더 좋은 일이라
> 그렇게 하고 싶으나 24 내가 육신으로 있는 것이 너희를 위하여
> 더 유익하리라 빌 1:20-24

바울은 달려갈 길 다가도록 측량할 수 없는 은혜로 함께하시던 주님을 찬양하고 감사하면서 저 높은 곳을 향하여 가고 있다. 나무 숲 사이로 정숙하게 걸어 교회에 들어서자 바울이 죽어 간 모양을 부조로 이곳저곳에 조각해 두었다. 정면에 조각과 함께 둘러 놓은 기둥이 보인다. 사도 바울이 기둥 위에서 참수되어 죽었다고 해서 보존해 놓은 기둥이다. 바울의 목이 잘려 세 번 튀며 뒹굴었다는데 목이 닿은 곳마다 샘물이 났다고 전해진다. 지금은 대리석으로 십자 모양을 새겨 기념해 놓았다.

역사와 묵상

01 유라굴로 광풍이 일자 바울은 침착하게 사람들의 안전을 확신하는 말로 그들을 위로했다. 뿐만 아니라 멜리데 섬에서 독사에 물렸을 때도 바울은 전혀 당황하지 않고 죽지 않을 것을 확신했다. 예루살렘에서 들었던 "로마에서도 증언하여야 하리라"라는 주님의 말씀 때문이었다(행 23:11). 나를 견고하게 하여 흔들리지 않게 하는 약속의 말씀은 무엇인가?

---

02 로마는 세상을 주름잡는 듯했지만 하나님의 사용처였을 뿐이다. 그들이 만든 법은 고린도 갈리오 총독의 예에서 보듯 복음 전파에 유익이 되었다. 폼페이가 만든 해상 무역로는 장거리 전도여행의 길로 사용되었다. 로마가 만든 도로는 더욱 그랬다. 1차 전도에는 세바스테 길, 2차 전도에는 에그나티아 길, 4차에는 압비오 길이 사용되었다. 바울이 이 길들을 어떻게 효과적으로 사용했는지 살펴보고 우리도 세상의 도구를 복음을 위해 어떻게 사용할지 토의해 보자.

---

03 로마에서 재판받기 전 구류된 바울은 사람들을 만나 전도했을 뿐 아니라 옥중서신인 에베소서, 골로새서, 빌레몬서, 빌립보서를 기록했다. 옥중서신을 저자의 위치를 생각하고 읽을 때 어떤 유익이 있는가? 에베소서의 전신갑주, 빌레몬에게 보낸 옥중에서 낳은 아들 오네시모 등을 묵상하자.

---

04 사도행전(ACTS)을 벗어난 액츠 29가 시작되었다. 사도행전에 기록되지 않은 5차 전도로 서바나 지역 전도에 이어 3차 전도여행 지역의 심방이 있었다. 바울의 전도와 심방을 보면서 본받을 점은 무엇인가?

---

05 마지막 목회서신인 디도서, 디모데전서와 후서는 로마 순교를 앞두고 기록한 말씀이다. 비아 돌로로사, 십자가의 길 같은 길을 걷는 바울이 두 수제자에게 남긴 말씀에서 그의 마음을 읽어 보자. 로마 곳곳에서 말씀과 검을 들고 서 있는 바울을 본다. 나는 바울을 어떻게 묘사할 수 있을까?

옥중서신
바울은 감옥에서 무장한 로마 병사를 보고 성도의 영적 무장을 부탁했다.

일반서신과 교회 27일

성경 히, 약, 유, 벧전 · 후, 요일 · 이 · 삼 **연대** AD 48-100년

역사적 배경 야고보서와 유다서, 히브리서, 베드로전 · 후서는 예루살렘 멸망 전 기록.
요한서신인 요한일 · 이 · 삼서와 요한계시록은 예루살렘 멸망 후 기록.

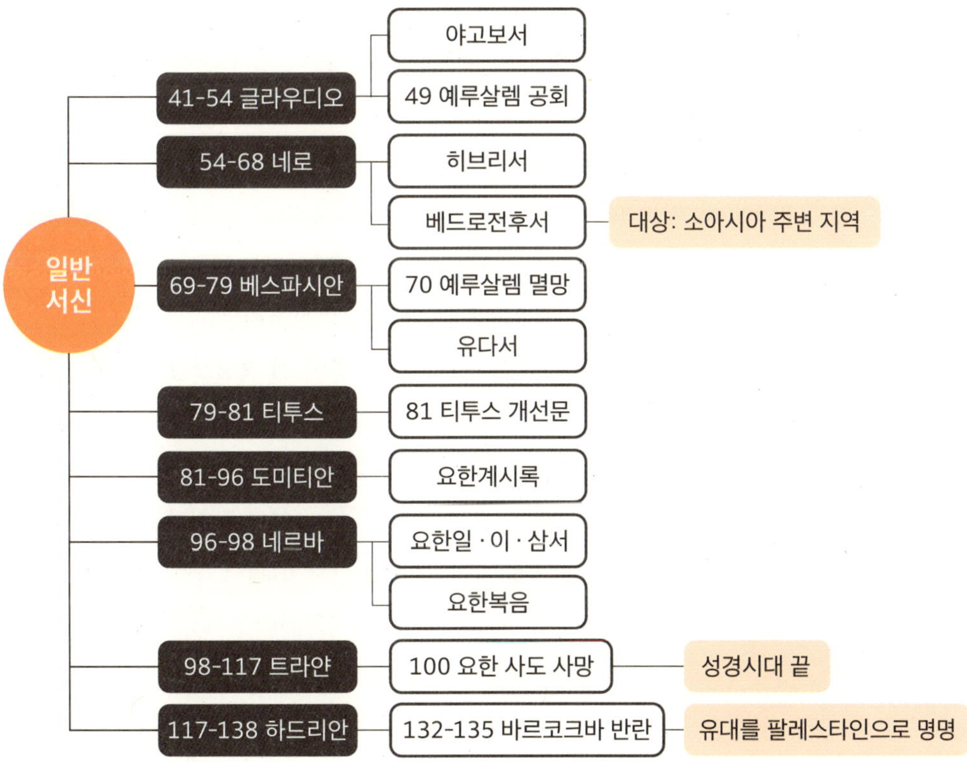

: 27일

오늘 읽을 분량
성경 히 1-13
본서 179-183쪽

성경의 맥 잡기

1. 흩어져 있는 디아스포라의 유대인들에게 주는 격려
2. 구약의 성막과 제사 관점에서 예수님 바라보기
3. 믿음의 역사 보기

신구약 연결 포인트

1. 구약의 멜기세덱과 예수님 관계
2. 성막과 신약의 성취
3. 속죄제와 예수님의 죽음
4. 제사와 십자가 관계

묵상 가이드

1. 출애굽기와 레위기를 먼저 읽고 히브리서를 보라.
2. 성경은 믿음의 역사임을 명심하고 읽으라.

예루살렘-히브리서: 믿음의 도리를 굳게 잡으라 (89) [1]

히브리서는 제목 그대로 흩어진 히브리인들에게 쓴 편지다. 로마 제국 곳곳에 흩어져 있는 유대인들은 기독교의 주류를 이루고 있었다. 이들에게 구약성경의 예배가 예수님을 통해 어떻게 성취되었는지를 알려주고 신앙에 굳게 서 있을 것을 권면했다. 왜냐하면 당시가 기독교 박해가 있던 네로(54-68) 시대 후반기로 추정되기 때문이다. 저자는 디모데와 관련 있는 인물로 보이는데 "우리 형제 디모데가 놓인 것을 너희가 알라"(13:23)고 기록했기 때문이다. 바울이 유력하지만 초대교회 교부 오리겐은 히브리서의 저자는 하나님만이 하신다고 하였다.

예수님은 제사장이다

히브리서를 보기 위해서는 유대인들이 이해했던 예배의 제도, 특히 제사 시 대제사장과 성전과 성막의 모습 등을 이해해야 한다. 히브리서 저자는 예수님을 자비하고 신실한 대제사장이라고 말한다(2:17, 3:1, 4:1-15, 5:5, 13:11-12). 그러면서 믿는 도리이고 사도이신 예수님을 깊이 생각하라고 한다. 그분은 큰 대제사장이 되어 승천하신 하나님의 아들이라고 선언한다(4:14-16).

'은혜의 보좌'는 어디인가?

대제사장은 1년에 하루인 대속죄일에 송아지의 피로 자신이 나갈 길을 열고, 이어서 흑염소의 피를 가지고 지성소에 들어간다. 그 방의 중심에 언약궤가 있다. 언약궤 덮개 위의 판을 '시은소', '은혜의 보좌'라고 말한다. 왜냐하면 이곳에 대제사장이 피를 뿌려 이스라엘의 죄를 속하기 때문이다. 덮개 위 좌우에는 두 천사가 서로 마주보고 있다. 1년에 한 번 대제사장이 하나님과 다시 언약을 맺

/
대제사장의 복장
가슴에 에봇 조끼와 흉배를 달고 이마의 금패에는 '여호와께 성결'이라는 글을 새겼다.

//
대제사장이 은혜의 보좌라 부르는 언약궤 덮개에 피를 뿌려 죄를 간과하게 하여 언약을 맺고 있다.

1 일반서신의 지도는 삽입하지 않았다. 일반서신은 모든 교회에 보내는 편지이기 때문이다.

기 위해 지성소 언약궤 위 은혜의 보좌에 피를 뿌린다. 그러면 천사가 그 언약을 잘 지켰는지 보고 언약을 갱신한다. 그러나 인간은 그 언약을 지킬 수 없다. 예수님이 말씀하셨듯이 마음으로 음욕을 품는 자는 간음한 자요, 욕을 한 자는 살인자다(마 5:21-28). 이런 기준에 의하면 언약은 파기된다. 그러나 그 위에 피를 뿌림으로써 또 한 번의 유월절이 일어난다. 천사가 피를 보고 넘어감으로써 또 1년간 언약이 갱신되는 것이다. 그런데 예수님이 우리의 대제사장으로 오셔서 온전하고 영원한 제사를 단번에 드리셨다(7:27, 9:28). 그러므로 우리는 때를 따라 돕는 은혜를 얻기 위해 은혜의 보좌 앞으로 담대히 나갈 수 있다. 이 증거로 예수님이 죽으실 때 성전 휘장이 위에서 아래로 찢어졌다. 아마 휘장은 성소에 들어가는 휘장과 지성소로 들어가는 두 휘장을 모두 포함하는 말로 추정된다(마 27:51).

히브리서

핵심구절
히 11:1

핵심단어
그리스도의 우월성, 믿음

핵심주제
믿음의 도리를 굳게 잡으라

유다 지파인 예수님이 제사장이 될 수 있나? 히 7장

예수님의 법적인 아버지는 유다 지파다. 법적인 어머니 마리아는 레위 지파다. 그러면 예수님은 어느 지파인가? 마태복음은 유다 지파를 강조해 왕으로 오셨음을 드러낸다. 그러나 히브리서는 제사장으로 오셨음을 강조한다. 특히, 5-7장까지 예수님을 예루살렘 왕 멜기세덱과 비교한다. 유다 지파인 예수님은 어떻게 제사장이 될 수 있을까? 히브리서 저자는 멜기세덱은 레위 지파가 나오기도 전에 아브라함을 축복하고 그로부터 십일조를 받은 제사장이라면서 예수님은 그 계통을 따라 제사장이 되었다고 한다(7:1).

살렘 왕이자 제사장인 멜기세덱은 아브라함을 축복하고 그에게 십일조를 받는 원조 제사장이다. 예수님은 멜기세덱의 반차를 따라 제사장이 되었다.

하나님은 아브라함에게 모리아 산으로 가 이삭을 드리라고 지시하셨다(창 22:2). 아브라함이 멜기세덱과 기드론 골짜기에서 만난 후 그곳에서 가장 높은 모리아 산에서 예배했다고 가정할 때, 멜기세덱과 예배한 곳에 가서 이삭을 드리라고 요구하시는 것이다.

창세기 22장은 아브라함과 이삭을 통해 성부와 성자의 마음을 표현하고 있다. 예수님의 겟세마네가 바로 왕의 골짜기인 기드론 골짜기 옆에 위치하고 있으며, 이곳에서 성자 예수님이 성부께 기도하는 모습은 아브라함과 이삭의 대화를 보는 듯하다. 그리고 예수님이 내 뜻대로 마옵시고 아버지의 뜻대로 되기를 기도하며 십자가의 길을 가는 모습은 멜기세덱 같은 대제사장의 기도요, 결단과 같다고 할 수 있다.

지성소 안에는 언약궤가 있는데 은혜의 보좌인 덮개 아래 만나를 담은 금 항아리, 싹 난 지팡이와 두 돌판이 있다.

예수님은 어떤 예배를 드리셨나? 히 8-10장

예수님은 공생애 동안 주로 식사와 함께하는 예배를 드렸다. 그러나 유대인들의 관심은 성전에 있다. 예수님이 성전의 예배를 어떻게 이루었는지 알고자 했다. 그래서 히브리서 저자는 곧 없어질 성소의 모양을 자세히 묘사하고 성소의 제사를 예수님이 어떻게 완성하셨는지를 설명한다.

성막이 중요한 이유는 그것과 그곳에서 "섬기는 것은 하늘에 있는 것의 모형과 그림자라 모세가 장막을 지으려 할 때에 지시하심을 얻음"(8:5)이기 때문이다. 모세가 받은 성막은 하늘의 모형이다. 그곳에는 등잔대, 진설병상이 있고 지성소 바로 앞에는 금향로가 있었다. 그리고 지성소 안에는 언약궤가 있어 만나를 담은 금항아리와 싹난 지팡이, 언약의 돌판이 들어 있었다(9:2-4). 대제사장은 1년에 한 번 지성소에 들어가 속죄제를 드렸지만 예수님은 임시방편이 아닌 온전한 대제사장으로서 자신의 순결한 피를 은혜의 보좌에 뿌림으로 영원한 속죄제를 단번에 이루셨다(9:12).

그러므로 우리는 예수님의 피로 성소에 들어갈 담력을 얻었다. 이제 의인은 믿음으로 산다(10:19, 38).

성경은 믿음의 역사다 히 11장

예수님은 단번의 제사로 성전의 제사를 완성하셨다. 그러므로 예수님을 믿음으로 우리도 제사를 완성할 수 있다. 따라서 주님을 기쁘게 하는 길은 믿음의 길이다(11:6). 히브리서 저자는 믿음의 역사를 기억한다. 아벨, 에녹, 노아, 아브라함, 사라, 이삭, 야곱, 요셉, 모세, 라합, 기드온, 바락, 삼손, 입다, 다윗, 사무엘 등의 사람들을 언급한다.

믿음의 사람들은 고난을 감수하였다.

> **37** 돌로 치는 것과 톱으로 켜는 것과 시험과 칼로 죽임을 당하고 양과 염소
> 의 가죽을 입고 유리하여 궁핍과 환난과 학대를 받았으니 **38** (이런 사람은 세
> 상이 감당하지 못하느니라) 그들이 광야와 산과 동굴과 토굴에 유리하였느니라
>
> 히 11:37-38

당시 믿음의 사람들은 로마에서는 카타콤, 갑바도기아에서는 지하 도시와 토굴에서 신앙을 지켰다.

십자가를 지고 나가라 히 12-13장

히브리서에서는 시내 산과 예루살렘 그리고 하늘의 예루살렘을 비교한다(히 12:21-22). 지리적으로 시내 산과 예루살렘은 같은 산맥 라인에 위치한다. 이 산맥은 헤르몬, 아라랏까지도 이어진다.

예수님은 새 예루살렘으로 우리를 인도하기 위해 한편으로는 피를 흘려 성소에 들어가게 하시고, 다른 한편으로는 대속죄일의 아사셀 염소로 우리 죄를 짊어지고 광야에 나가 죽으셨다(13:11-13).

대속죄일 아사셀 염소
아사셀 염소는 이스라엘의 죄를 모두 짊어지고 광야에 나가 죽는다.

여기서, 묵상

히브리서 저자는 예배에 대하여 잘 알고 있는 인물이다. 이 글이 쓰인 후 수년 안에 예루살렘 성전은 파괴되었다. 유대인들은 그토록 소중하게 생각하던 제사와 성전이 파괴되었으니 멘붕 상태에 빠졌을 것이다. 그러나 성령은 성전 파괴 전에 히브리서를 기록하여 그리스도인의 마음을 준비하였다. 성부, 성자, 성령의 뜻이 완전히 드러난 이상 예루살렘과 성전은 필요 없었다. 이제는 복음을 가지고 세계로 나가야 했다. 히브리서를 받고 믿은 그리스도인들은 성전 파괴의 아픔을 극복할 수 있었다. 그리스도인들은 예수님이 이미 완성된 제사, 그분의 십자가 복음을 믿음으로 온전한 예배자의 삶으로 나아갔다.

예루살렘-야고보서: 행함으로 온전해지는 믿음 89 28일

예수님의 동생 야고보

야고보는 베드로와 요한과 함께 예루살렘교회의 기둥 같은 인물이었

: 28일

오늘 읽을 분량
성경 약, 유, 벧전, 벧후
본서 183-191쪽

성경의 맥 잡기

1. 야고보와 유다는 예수님의 동생이다.
2. 베드로 사도의 처음이자 마지막 서신

신구약 연결 포인트

1. 아브라함의 믿음과 행위 관계와 그리스도인의 신앙 관계
2. 변화산과 하나님의 영광 체험

묵상 가이드

1. 야고보 사도는 행위 없는 믿음으로 치우침을 경고
2. 유다는 이단 경계
3. 베드로는 예수님을 표준한 경건의 삶 묵상

다(행 12:17, 21:18, 갈 2:12).

요세푸스는 《고대사》에서 안나스가 대제사장이 되는 과정에서 로마 총독 베스도는 사망했고, 다음 총독 알비누스(Albinus)는 아직 임지에 도착하지 않았을 때, 공회를 소집하고 그리스도라고 불리는 예수의 동생, 곧 야고보를 그들 앞에 데리고 왔다고 기록했다(20권 197-200). 안나스는 야고보가 율법을 어겼다고 고소하고 돌로 쳐 죽이도록 야고보를 넘겨주었다. 이때가 네로 황제가 다스리던 62년이었으므로 본서는 그 이전에 기록되었다. 또한 사도 바울의 1차 전도여행을 통해 바울의 믿음과 야고보의 행위의 갈등이 일어났고 예루살렘 공회가 49년에 열려 해결한 점을 고려한다면, 야고보서는 1차 전도여행을 마친 48년 이후 49년 이전에 기록되었다고 볼 수 있다.

야고보 사도는 디아스포라 유대인 성도들에게 편지하였다(1:1). 그는 그리스도인들이 믿음으로만 구원을 얻는다는 교리를 오해하여 실천신앙을 등한시 하지 말고 '행함'으로 성숙한 그리스도인임을 증명하기를 강조하였다.

야고보는 믿음을 등한시하였나? 약 1장

아니다. 그는 믿음으로 구하고 조금도 의심하지 말라고 한다. 의심하는 자는 마치 바람에 밀려 요동하는 바다 물결 같다고 하였다(1:6).

야고보는 1장에서 부자와 가난한 자의 문제를 지적하였다. 낮은 자는 높음을 자랑하고, 부한 자는 낮아짐을 자랑하라고 한다. 왜냐하면 부귀는 동풍에 말라 떨어지는 꽃과 같기 때문이다. 이스라엘의 봄날에 불어오는 동풍은 아름다운 풀을 며칠 내에 말려 버린다. 이를 잘 아는 야고보는 풀과 꽃에 부를 비유하여(1:8-11) 부에 대한 욕심을 경계하였다(1:15).

가이사랴 향구의 파도
의심하는 자는 바람에 밀려 오는 파도와 같다.

차별은 아브라함의 삶과 반대되는 행위다 약 2장

핵심장인 2장에서는 가난한 자와 부자를 차별하는 교회 내의 모습을 지적하면서 행함 없는 믿음을 책망한다.

14 내 형제들아 만일 사람이 믿음이 있노라 하고 행함이 없으면 무슨 유익이 있으리요 그 믿음이 능히 자기를 구원하겠느냐 **17** 이와 같이 행함이 없는 믿음은 그 자체가 죽은 것이라 약 2:14,17

믿음과 행위에서 사도 바울은 아브라함의 믿음을 강조하지만 야고보는 아브라함의 행위를 강조한다. 똑같은 사건을 어떤 눈으로 바라보느냐에 따라 해석이 달라진다.

21 우리 조상 아브라함이 그 아들 이삭을 제단에 바칠 때에 행함으로 의롭다
하심을 받은 것이 아니냐 24 이로 보건대 사람이 행함으로 의롭다 하심을 받
고 믿음으로만은 아니니라 26 영혼 없는 몸이 죽은 것같이 행함이 없는 믿음
은 죽은 것이니라 약 2:21, 24, 26

야고보서

핵심구절
약 2:22

핵심단어
신행일치(信行一致)

핵심주제
행함으로 믿음이 온전케 된다

혀를 조심하라 약 3장

3장에서는 말을 조심할 것을 강조하면서 '혀'에 대한 비유를 말한다. 말에 재갈, 불꽃, 배의 키 등을 비유하면서 혀가 길들일 수 없는 부분임을 강조한다.

혀는 쉬지 않는 악으로 찬송과 저주가 같이 나오는 샘 같다고 경계한다(3:8-11). 한 마음에서 한 말과 바른 열매가 맺는 경건을 강조한다. 그야말로 바리새파 그리스도인의 모범을 보여 주는 지침서와 같다.

디베랴의 온천 샘
한 샘에서 쓴물과 단물이 함께 나올 수 없듯이 찬송과 저주가 함께 나올 수 없나.

인생은 안개다 약 4 5장

또한 4장에서는 자랑을 경계하고 인생이 안개와 같음을 말한다. 그리고 적극적인 선을 행하는 삶을 강조한다.

14 내일 일을 너희가 알지 못하는도다 너희 생명이 무엇이냐 너희는 잠깐 보
이다가 없어지는 안개니라 17 그러므로 사람이 선을 행할 줄 알고도 행하지
아니하면 죄니라 약 4:14, 17

5장에서는 성도를 돌아봄에 있어 서로 기도할 것을 권면하면서 그 예로 엘리야를 든다.

기도의 모본으로 제시된 엘리야
갈멜 산 기도로 승리하고 칼을 들어 바알 선지자들을 처단하고 있다.

16 그러므로 너희 죄를 서로 고백하며 병 낫기를 위하여 서로 기도하라 의인
의 간구는 역사하는 힘이 큼이니라 17 엘리야는 우리와 성정이 같은 사람이
로되 그가 비가 오지 않기를 간절히 기도한즉 삼 년 육 개월 동안 땅에 비가
오지 아니하고 18 다시 기도하니 하늘이 비를 주고 땅이 열매를 맺었느니라

약 5:16-18

여기서, 묵상

야고보 사도는 갈릴리 나사렛 사람이다. 그는 청년 시절에는 예수님과 함께 갈릴리 가버나움에서 자랐다. 그는 바다나 꽃에 대하여 잘 알고 있었으며 이곳저곳에서 흘러나오는 샘들을 보기도 했고, 갈릴리 안개도 경험했다. 예수님은 익숙한 환경과 역사를 통해 교훈하는 방식을 사용하셨다. 어려서부터 보아 왔던 예수님을 통해 배운 태도가 야고보서를 통해서도 나타난다. 산상수훈의 예들과 비교해 보라.

로마-베드로전서: 그리스도의 고난에 참예하라 90

넓은 지역에 쓴 공동서신

사도 베드로는 로마로 추정되는 바벨론에서(5:13) 소아시아 쪽 본도, 갈라디아, 갑바도기아, 아시아, 비두니아 성도들에게 편지를 썼다. 베드로전서의 특징은 회람 성격이 강한 공동서신이다.

베드로는 주로 유대 중심으로 사역을 하다가 62~64년경부터 68년 정도에 로마에서 사역한 것으로 추정된다. 그렇다면 베드로전서는 64년 네로의 박해가 시작될 무렵 기록되었고 베드로후서는 순교 직전인 68년경에 기록되었을 것이다.

베드로가 전도한 지역은 현재 터키의 광범위한 지역을 포함한다. 이곳은 사도 바울이 1차와 3차에 걸쳐 전도하여 교회를 세운 지역으로 바울이 씨를 뿌리고

갈릴리 바다의 안개
갈릴리 바다는 아침 안개로 멀리 볼 수 없다. 인생은 아침에 있다 없어지는 안개와 같음을 알고 자랑하지 말라.

베드로전서 수신 지역
본도, 갈라디아, 갑바도기아, 아시아, 비두니아 지역

베드로가 물을 주었다.

베드로는 네로 황제의 박해가 시작된 시기에 인내와 소망을 말하면서 하나님의 말씀의 영원함을 다음과 같이 언급하였다.

> 24 그러므로 모든 육체는 풀과 같고 그 모든 영광은 풀의 꽃과 같으니 풀은 마르고 꽃은 떨어지되 25 오직 주의 말씀은 세세토록 있도다 하였으니 너희에게 전한 복음이 곧 이 말씀이니라 벧전 1:24-25

풀과 꽃이 동풍에 의해 갑자기 지는 현상은 지중해 기후에서 일반적으로 나타나는 현상이고, 이스라엘에서는 더욱 뚜렷이 나타난다. 급작스럽게 변하는 기후나 정치 현상과 다르게 하나님의 말씀은 영원함을 강조하고 있다.

베드로는 로마의 화려한 건축물들을 보면서 예수님이 보배로운 산 돌이시며 모퉁잇돌이 되심을 선포한다(2:4-7). 그리고 산 돌 되신 예수님으로 세워진 집에서 거룩한 제사장이 되라고 한다. 베드로는 성도의 최고의 정체성을 이렇게 선포한다.

> 너희는 택하신 족속이요 왕 같은 제사장들이요 거룩한 나라요 그의 소유가 된 백성이니 이는 너희를 어두운 데서 불러내어 그의 기이한 빛에 들어가게 하신 이의 아름다운 덕을 선포하게 하려 하심이라 벧전 2:9

베드로전서

핵심구절
벧전 4:12, 13

핵심단어
인내, 소망

핵심주제
그리스도의 고난에 참예하는 것으로 즐거워하라.

예루살렘 성전의 모퉁이 돌들
모퉁이 돌은 성벽을 서로 연결해 주는 기능을 한다.

네로 황제
기독교 박해를 본격적으로 시작한 인물로 이때 가장 많은 서신이 기록되었다.

네로의 박해가 시작될 때 사람들은 정치권력에 어떻게 대응해야 할지 몰라 허둥댔다. 그는 이렇게 말해 주었다.

> 13 인간의 모든 제도를 주를 위하여 순종하되 혹은 위에 있는 왕이나
> 14 혹은 그가 악행하는 자를 징벌하고 선행하는 자를 포상하기 위하여 보낸 총독에게 하라 벧전 2:13-14

그리고 최고의 모범으로 예수 그리스도를 소개하고 그도 거꾸로 십자가에 달려 죽는다. 그곳이 바로 지금의 로마 교황청 터가 되었다.

성도들이 경기장에서 사자에게 먹혀 죽는 일이 발생할 때 마귀를 사자에 비유하면서 깨어 있을 것을 권면하였다.

> 8 근신하라 깨어라 너희 대적 마귀가 우는 사자같이 두루 다니며 삼
> 킬 자를 찾나니 9 너희는 믿음을 굳건하게 하여 그를 대적하라 이는
> 세상에 있는 너희 형제들도 동일한 고난을 당하는 줄을 앎이라 벧전 5:8-9

로마-베드로후서: 예수를 아는 지식에서 자라가라 (90)

베드로 사도는 로마에서 순교 직전에 마지막으로 서신을 남기며 주 예수를 아는 지식에 자라 갈 것을 권면한다. 그가 경험한 예수님의 영광스런 모습을 소개한다.

> 16 우리 주 예수 그리스도의 능력과 강림하심을 너희에게 알게 한 것
> 이 교묘히 만든 이야기를 따른 것이 아니요 우리는 그의 크신 위엄
> 을 친히 본 자라 17 지극히 큰 영광 중에서 이러한 소리가 그에게 나
> 기를 이는 내 사랑하는 아들이요 내 기뻐하는 자라 하실 때에 그가 하나님 아버지께 존귀와 영광을 받으셨느니라 벧후 1:16-17

그리고 범람하기 시작하는 이단들에 대하여 경고한다. 그들은 발람과 같은 특징을 가지고 있었다(벧후 2:15-16).

베드로는 바울과 예루살렘에서 몇 번 만난다. 사도행전 15장에서 베드로는 바울의 이방인 전도 사역을 지지했다. 그러나 안디옥에서는 바울에게 쓴소리를 듣기도 했다(갈 2:11). 베드로후서 3:15-16을 보면 바울과 베드로는 합력했지만 베드로가 바울의 글과 그의 가르침에 어느 정도 긴장하는 면이 보이는 듯하다. 베드로의 복음이라고 할 수 있는 마가복음과 바울의 영향을 받은 누가복음을 비교해도 그 스타일을 알 수 있다. 베드로는 단순하지만 다이내믹하고 바울은 조직적이고 치밀하지만 좀 어려운 면이 있다. 두 사람은 생애 마지막 순간에 로마 사역을 한다. 순교의 시간에는 같은 감옥에 시간차를 두고 갇힌 것으로 보인다. 두 사람의 로마 순교는 로마교회 곳곳에 베드로와 바울상을 만들게 하였다.

베드로와 바울
바울이 머물던 감옥에 베드로도 갇혔다가 순교하였다. 둘은 우애와 긴장의 관계였다.

여기서, 묵상

기독교인의 무덤이자 은신처였던 카타콤. 성문 밖 죽은 자의 도시라는 네크로폴리스처럼 응회암을 파서 만든 총 14km의 지하 도로에서 수많은 신앙고백을 담은 관과 그림들이 발견되었다. 환난과 핍박 중에도 성도는 신앙을 지켰다. 그들이 이렇게 할 수 있었던 가장 큰 힘은 초대교회 사도들과 성도들이 품었던 부활 신앙과 예수 사랑이었다. 그들의 죽음 위로 로마 최초의 교회 건물이 세워졌다. 터툴리안이 순교자의 피는 교회의 씨앗이라고 말한 바가 이루어진 것이다. 교회는 순교자의 신앙 위에 세워졌고 그 릴레이는 지금도 계속되고 있다. 순교자의 신앙을 본받은 이들의 교회만이 영원하리라.

숙곳에서 발견된 발람의 축복문
이단의 특징은 불의의 삯을 사랑한다는 것이다.

베드로후서

핵심구절
벧후 3:17-18

핵심단어
주 예수를 아는 지식

핵심주제
주 예수를 아는 지식에서 자라 가라

쿼바디스기념교회 내부의 베드로 순교 장면
도망쳐 나온 로마로 다시 돌아간 베드로는 예수님처럼 바로 죽을 수 없다고 하여 십자가에 거꾸로 못 박혀 죽었다.

쿼바디스 도미니에

압비오 가도가 끝날 즈음 카타콤 지역과 함께 쿼바디스기념교회가 위치한다. 성경에는 나오지 않지만 로마 황제 네로의 박해가 극심할 때 베드로가 로마에서 피신하다가 로마로 향하는 예수님의 환상을 보고 이렇게 외쳤다고 한다.

"주님 어디로 가십니까?"(쿼 바디스 도미니에)

그러자 주님은 베드로가 피신한 로마로 대신 죽으러 간다고 했다. 그 순간 베드로는 뜻을 돌이켜 로마로 돌아가 그곳에서 순교했다. 현재 바티칸 교황청이 있는 곳이 바로 베드로가 순교한 장소다. 베드로는 예수님처럼 바로 죽는 것도 황송하여 거꾸로 십자가에 달려 순교했다고 전해진다. 쿼바디스기념교회에는 베드로가 거꾸로 십자가에 달린 그림이 그려져 있다. 바울이 왔던 길을 베드로도 걸었다. 바울과 베드로는 홀로 이 길을 간 것이 아니라 예수님과 동행했다. 로마 제국은 이런 순교의 발길로 정복되었다.

카타콤

로마로 들어오기 전 압비오 가도가 잘 보전된 카타콤을 지나게 된다. 바울이 순교한 뒤 기독교인은 황제의 핍박을 피해 지하 무덤에 모여 예배를 드리기도 했다. 수백 km까지 이어진 무덤길에서 백골이 진토가 되도록 신앙을 지킬 수 있었던 것은 바울의 신앙이 전수되었기 때문이 아닐까? 그들의 인내가 우리를 낳았다.

카타콤과 물고기 문양
로마인의 지하 묘지가 기독교인들의 피신처가 되었다. 카타콤의 물고기 문양은 기독교인의 상징이었다.

유다서: 진리를 지키라

AD 70년 예루살렘이 멸망한 후 기독교 공동체가 피난했던 펠라 아크로폴리스

명품에는 짝퉁이 많다. 교회가 부흥할 때 이단도 창궐한다. 유다서는 70~80년 사이 예루살렘 근처에서 기록한 이단 경계 서신이다. AD 70년 예루살렘이 멸망할 때 기독교 공동체는 요단 강 건너 펠라로 이동했다. 예수님이 멸망의 가증한 것이 나타날 때 산으로 피하라고 하였기에 길르앗 산지 초입으로 피신한 것으로 보인다.

기독교 공동체가 살아남았지만 예수님의 육체로 오심을 부인하는 영지주의가 기승을 부리고 있었기에 예루살렘교회도 온전하기 힘들었다. 유다(예수님의 동생 야고보의 형제)의 일침을 가하는 이 편지를 통해서도 알 수 있듯이 이단의 도전은 매우 강했다. 안타깝게도 펠라 공동체도 변질되어 후에는 그 영향력을 찾아보기 힘들 정도가 되었다.

이단적인 삶을 살았던 소돔과 고모라는 요단계곡 남쪽 끝의 염해(사해) 남단에 위치한 도시들이었다. 유다서에 언급된 모세 시체에 대한 배경인 느보 산도 요단 동편에 위치한다. 뿐만 아니라 발람의 이야기도 요단 동편에 있던 사건으로 펠라 지역에서 바라보면 연관이 되는 지역의 사건들이다(유 1:7, 9, 11).

유다서

핵심구절
유 1:20-21

핵심단어
믿음의 도

핵심주제
이단 경계, 진리 사수

에베소-요한서신: 서로 사랑하자 91 29일

요한복음에서 언급하였듯이 사도 요한은 67년 예루살렘이 전쟁에 휩싸이자 에베소로 왔다. 예수님의 육신의 어머니 마리아는 미리 와 있었던 것으로 추정된다. 에베소는 사도 바울이 두란노서원에서 말씀을 가르쳐 부흥이 일어난 후 아시아 전역에 복음을 전하는 센터가 되어 있었다. 믿음과 말씀이 든든한 이곳에 사도 바울은 사랑을 심었다.

요한이 에베소 사역을 할 때 도미티안 황제의 박해가 있었다. 요한은 밧모로 유배를 갔다. 요한서신을 유배 전에 썼는지 후에 썼는지는 확실하지 않다. 요한은 95년경에 유배지에서 돌아와 에베소의 아야솔루크에서 사역하다 100년경 하

: 29일

오늘 읽을 분량

성경 요일, 요이, 요삼

본서 191-193쪽

성경의 맥 잡기

1. 성전 파괴 후 에베소에 도착한 요한 사도의 사랑의 메시지
2. 교회의 장로와 여인들에 대한 교훈

신구약 연결 포인트

1. 사도 바울의 말씀 사역 위에 사랑의 복음이 더해지다.

묵상 가이드

1. 이단이 창궐할 때 사랑을 강조한 이유는?
2. 교회 내의 관계 문제가 원활한가?(요이, 요삼)

늘나라로 갔다. 그는 노년에 자신을 장로로 지칭하면서 사랑의 사도로 사역했다.

요한일서

사도 요한이 에베소에서 사역할 때 영지주의가 확장되고 있었다. 그래서 요한은 1:1부터 자신의 경험을 확실히 하여 자신이 예수님을 자세히 보고, 손으로 만진 사람임을 증명하였다.

요한은 세상의 죄가 시작된 3대 정욕을 언급한다. 창세기에서는 먹음직, 보암직, 지혜롭게 할 만큼 탐스럽기도 하다는 표현을 육신의 정욕, 안목의 정욕, 이생의 자랑으로 정리한다. 예수님도 광야에서 이 시험을 당했으나 승리하심으로 예수 이름으로 세상에서 오는 정욕을 물리칠 수 있게 되었다(요일 2:15-16).

사도 요한은 이단 사상이 창궐하자 말씀으로 그것을 물리치면서 혹시나 첫사랑을 잃어버리는 부작용이 생길까 걱정하였다. 만약 요한계시록을 먼저 기록하고 이 글을 썼다면 에베소교회의 약점을 알았던 요한은 그 지역에서 사랑을 강조하였을 것이다(요일 3:18, 23, 4:7-8, 10-11).

요한일서

핵심구절
요일 2:20

핵심단어
사랑

핵심주제
서로 사랑하자

에베소 요한교회
67년경부터 에베소 사역을 한 요한은 밧모 섬으로 유배를 가서 계시록을 쓰고 이곳에 다시 돌아와 죽을 때까지 사역하였다. 그는 이곳에 묻혔다.

영지주의는 예수님의 육체로 오심을 부인한다. 그러나 여인이 발을 씻기는 장면이 예수님이 육신을 가졌음을 증명한다.

요한이서

요한이서는 특히 부녀들에게 쓰는 편지다. 사랑할 것을 재차 강조하고 거짓 교사를 집에 들이지 말 것을 권고한다.

요한삼서

요한삼서는 수신인이 대접을 잘하는 가이오다. 그리고 교회의 말썽이 되는 디오드레베에 대하여 경고한다.

요한이서

핵심구절
요이 1:6-10

핵심단어
계명의 실행, 거짓 교사 경계

핵심주제
들은 바와 같이 그 가운데서 행하라

여기서, 묵상

요한은 계시록을 기록하고 하늘의 영광과 소망을 본 후 에베소로 돌아왔다. 하늘을 본 사람은 어떤 삶을 추구할까? 요한일이삼서를 계시록을 기록하고 밧모에서 돌아와 기록했다면 이 서신이야말로 정말로 우리가 추구해야 할 삶의 이정표 같은 말씀이다. 특별히 에베소교회처럼 믿음과 행위에 칭찬받았지만 하나님의 마음인 사랑을 잃어버린 교회에는 사랑의 메시지가 더 많이 필요했을 것이다. 하늘의 영광을 보고 미래를 본 사도의 소리를 들어 보라.

사랑하는 자들아 우리가 서로 사랑하자 요일 4:7

요한삼서

핵심구절
요삼 1:2

핵심단어
진리 안에서 행함

핵심주제
악한 것을 본받지 말고 선한 것을 본받으라

로마 요한교회의 요한상
독수리 복음인 요한복음을 기록한 요한은 에베소에서 요한일·이·삼서를 기록했다.

복음이 퍼질수록 박해도 커져갔다. 짙은 먹구름 속에서 비추는 한 줄기 빛처럼 주님은 성도들을 위로하신다. 교회는 어떤 모습으로 자라가야 하고, 성도는 어떤 신앙을 가져야 하는가.

우리는 십자가의 군사로 부름을 받았다. 전시 체제를 갖추어 다가오는 승전의 날을 대비하여 열심히 싸우다 주를 맞이하여야 하리라. 마라나타!

PART 4

요한계시록

끝까지 이겨내
새 땅에서 만나리

| 계시록 7교회 |

고난받는 공동체를 향한 소망의 메시지

성경 계 1-3장 **연대** AD 95-96년

역사적 배경 도미티아누스 황제(81-96) 박해, 예루살렘 로마 점령 후

지도 계시록 1

: 30일

오늘 읽을 분량

성경 계 1-22

본서 196-221쪽

성경의 맥 잡기

1. 하늘 보좌의 특징
2. 일곱인-나팔-대접 재앙
3. 하늘의 구원 소식과 재판
4. 하나님 나라의 완성

신구약 연결 포인트

1. 계시록 일곱 교회의 지리적인 특징에 따른 해석
2. 성막에 나타난 하나님 보좌의 모습
3. 유리바다 앞에서 부르는 모세의 노래, 성막 물두멍, 어린양의 노래
4. 겔 47의 환상과 천국

묵상 가이드

1. 심판과 구원 메시지
2. 사탄의 삼두체제
3. 마라나타, 천국 모습

요한계시록은 요한이 밧모 섬에 유배되었을 때 기록한 책이다. 요한은 박해가 극심한 시대에 예수님에게 '소망'의 복음을 받아 아시아 일곱 교회에게 서신을 보낸다. 이 교회들은 지상 교회를 대표한다. 이 책에서는 지리와 역사와 관련 있는 부분만 일곱 교회에 초점을 맞춰 이야기하고자 한다.

계시록은 워낙 중요한 본문이다 보니 일곱 인 재앙부터 시작하는 예언 부분은 요약으로 큰 흐름을 잡아 보았다.

요한계시록의 예언은 회리바람처럼 기록되었다. 처음에는 일곱 인 재앙으로 땅과 바다 사분의 일이 죽는다. 이어서 일곱 나팔 재앙에는 삼분의 일이 죽고, 대접 재앙에는 모두가 죽는다. 회리바람이 쳐 올라가듯 재앙은 강력해진다. 역사는 반복되지만 그 강도는 점점 세진다.

요한계시록은 먹구름 속에서 비추는 햇빛처럼 기록되었다. 재앙과 재앙 사이에 구원의 소식과 장면이 보인다. 더불어 심판이 보이기도 하고 마지막에는 완전한 구원과 함께 완전한 심판이 이루어진다. 심판과 구원은 동시에 이루어지기 때문에 책에는 순서가 있어도 실제로는 동시에 일어난다.

계시록은 요한의 시대 직후에 이미 이루어진 책이다. 그래서 역사를 보면서 그 의미를 알 수 있다. 그러나 아직 이루어지지 않고 또 반복되는 부분도 있다. 그러므로 본문에서 설명하는 대로, 더 나아가 당시의 역사를 이해하면서 현실적인 감각을 가지고 요한의 계시록을 살펴보자.

시대 배경: 환란 가운데서 비추는 한 줄기 빛

대영박물관의 티토 상
아버지 베스파시안이 황제가 되어 예루살렘 점령을 마무리하지 못하자 그의 아들 티토(디도)가 완성하고 후에 황제가 된다.

사도 바울은 유대의 가이사랴에서 반란이 일어나 예루살렘까지 번졌을 때 로마 황제 네로(54~68년)에 의하여 순교당한다. 3년간의 전쟁 끝에 예루살렘이 멸망하자 로마에도 많은 일이 벌어진다.

네로가 죽은 뒤 늙은 갈바가 황제가 되어 2년을 못 채우고 죽는다. 이어서 69년 오토가 황제가 되었다가 비텔리우스가 황제가 되었다. 베스파시안 장군은 67년부터 유대의 반란을 진압하기 위해 유대에 나가 있었는데, 네로에 이어 오토와 비텔리우스가 난립하는 것을 보고 군인들이 봉기하여 베스파시안을 황제로 추대하는 바람에 그는 전쟁 중에 황제가 되어 로마로 갔다. 그는 함락 직전의 예루살렘을 그의 아들 티토(티투스 혹은 디도)의 손에 맡겼다. 티토는 예루살렘을 점령하고 성전을 파괴한 뒤 막대한 전리품을 로마로 가져갔고 아버지를 이어 황제가 되었다. 티토는 아버지에 이어 철권정치, 공포정치를 폈으나 그가 황제가 된 지 1년이 채 안 된 79년에 베수비오 화산이 엄청난 규모로 터져서 폼페이를 잿더미로 만들었다. 티토는 여기에 충격을 받고 종전의 억압 정책에서 다소 유연한 정책으로 전환했다. 그러나 얼마 안 돼 그는 죽음을 맞았다.

티토 황제와 폼페이

베수비오 화산 폭발로 폼페이가 멸망한 날은 예루살렘을 멸망시킨 티토가 통치하던 79년 8월 24일로서 아무도 재앙이 있을 것이라고 내다보지 못했다. 라틴어에 화산이라는 단어가 없을 정도로 로마는 화산의 위험성을 전혀 몰랐다.

폭음과 함께 화산이 폭발하자, 폼페이의 하늘이 별안간 어두워졌고 18시간 동

/ **폼페이에서 발견된 화산에 굳은 사람**
폼페이 화산 폭발은 황제 티토를 몹시 두렵게 했다.

// **폼페이 포룸에서 바라본 폼페이 화산 분출지**
폼페이는 바울이 4차 전도 여행 때 도착한 보디올에서 남쪽으로 35km 정도 떨어져 있다.

안 100억 톤에 달하는 화산재와 암석 파편이 뿜어져 나와 집이 무너졌다. 그리고 24시간이 채 지나지 않아 두께 5~6m의 화산재가 폼페이를 완전히 덮어 버림으로써 도시 전체가 한순간에 사라졌다. 5천여 명의 폼페이 시민은 공포 속에서 죽어 갔다. 수많은 사람이 화산가스를 참기 위해 코를 막은 채 목욕탕에서도 죽어 갔다. 베수비오 화산은 이후에도 17세기와 1944년에 폭발했는데, 1944년 폭발 때는 나폴리 시민이 미리 대피해서 인명 피해가 많지 않았다.

1748년 폼페이를 발굴했을 때, 광장과 목욕탕, 원형극장, 약국, 유적지 등이 발견되었다. 성경과 관계된 알렉산더와 다리오 3세의 전투 장면도 발굴되었다.

폼페이는 로마가 헬라를 정복해 가던 기간에 세워진 유대의 하스모니아 왕조를 무너뜨린 장군이다. 그는 예루살렘을 정복한 뒤 지성소에 들어갔다 나오며 유대인에게 치욕을 주고 유다를 속국으로 만들었다. 또한 유다의 힘을 분리하기 위해 데가볼리를 남과 북 사이에 집어넣었고 유대인이 아닌 에돔(이두매) 족속인 헤롯의 아버지 안티파테르를 총독으로 임명했다. 그의 이름이 재앙의 이름으로 남았다.

폼페이의 특별한 유물은 '목신의 집' 바닥에서 발견된 알렉산더와 페르시아 다리오 3세의 이수스 전투 모자이크이다.

결국 폼페이는 알렉산더-폼페이 장군-베스파시안 신전-티토 통치와 연관된 장소로 세계를 주름잡던 사람들과 관련이 있다. 그들은 세계 중심에 선 듯했지만 하나님의 분노의 화산으로 기세가 꺾이고 소멸되었다. 향락의 도시는 결국 완전히 진멸되었다.

여기서,
묵상

나폴리 남동쪽 베수비오 화산이 폭발하여 흔적도 없이 사라졌던 폼페이를 바라본다. 물로 더 이상 세상을 멸망시키지 않겠다던 하나님이 폼페이를 소돔과 고모라처럼 불로 멸망시켰다. 교만함의 극치인 폼페이가 유황불에 덮여 진멸되었듯이 이 세계가 그렇게 멸망당할 수 있음을 경고한다. 그들은 세계를 차지한 것처럼 기세등등했지만, 알렉산더, 폼페이, 베스파시안, 티토 모두가 이 재앙에 무릎이 꺾였다. 하나님 나라는 사람의 힘이나 권력, 재력으로 이루어지는 것이 아니라 믿음의 역사로 이루어짐을 다시 한 번 생각한다. 세상의 영웅은 사라지고 하나님을 신뢰하는 믿음의 자녀는 영원하다. 주를 신뢰하는 내가 세상의 주인공이요 주인이다.

사도 요한이 유배당한 밧모 섬은 제주도와 같이 현무암 섬으로 파도가 심하다.

사도 요한 유배

티토의 동생인 도미티안은 정신적으로 불안한 존재로 황제 숭배를 강조하고 네로에 이어 기독교를 적극적으로 핍박했다. 이 핍박으로 에베소에서 살던 사도 요한이 밧모 섬으로 유배된다.

나 요한은 너희 형제요 예수의 환난과 나라와 참음에 동참하는 자라 하나님의 말씀과 예수를 증언하였음으로 말미암아 밧모라 하는 섬에 있었더니 계 1:9

밧모 섬-계시록 92

밧모 섬은 '송진'이라는 뜻으로 에게 해의 스포라데스(Sporades) 군도에 속한다. 밧모 섬은 아시아의 에베소 남쪽 밀레도에서 약 59km 서남쪽에 위치하며, 크기는 남북이 16km, 동서 폭이 넓은 곳은 9.6km, 면적은 40km^{2}이다. 화산암인 현무암이 대부분이어서 밀이나 포도 재배가 다소 가능하다. 최고봉 일리아스(Prophitis Ilias)와 작은 봉우리 3개가 지협으로 붙어 있는 해안선은 60km 정도다.

초기에는 도리아인, 다음에 이오니아인이 차지했으며 나중에 로마의 식민지가 된 뒤 범죄자의 유배지가 되었다. 1088년 알렉시우스 콤메누스의 허가로 성 크리스토둘로스가 일리아스(Ilias) 산 정상에 성 요한 수도원을 세웠다. 그 아래쪽에 요한이 계시를 받았다는 '계시의 동굴'이 있다.

계시 동굴
사도 요한이 벽을 향해 기도할 때 뒤에서 소리가 났는데 그곳이 삼위일체 하나님처럼 갈라져 있다.

계시 동굴

계시 동굴에 들어서면 오른쪽 돌 벽에 두 홈이 보인다. 아랫것은 사도 요한이 머리 숙여 기도하다가, 벽의 것은 짚고 일어서면서 생긴 것이라고 한다. 그래서인지 사도 요한의 초상화를 보면 이마에 굳은살이 박혔다. 얼마나 오랫동안 엎드려 기도했는지 알 수 있다.

계시 동굴 뒤에 세 갈래로 갈라진 바위 지붕이 보인다. 요한 사도가 계시를 들을 때 '큰 나팔소리 같은' 음성이 바위를 갈라지게 했다고 한다. 그 세 갈래는 바로 삼위일체 하나님이라고 한다.

동굴 안 그림에는 요한계시록의 환상이 나름대로 압축되어 있다. 정면 오른쪽이 요한이 누워 일곱 촛대 사이를 다니시는 예수님을 보는 장면이다. 일곱 촛대는 일곱 교회라고 했다. 일곱 교회는 세상의 교회를 상징하며 바로 오늘 우리의 교회를 돌아보게 한다.

사도 요한 초상화
요한이 머리를 박고 기도해서 그의 이마에 굳은살이 생겼다고 한다.

> 1 예수 그리스도의 계시라 이는 하나님이 그에게 주사 반드시 속히 일어날 일들을 그 종들에게 보이시려고 그의 천사를 그 종 요한에게 보내어 알게 하신 것이라 계 1:1

밧모의 해안

요한이 계시를 받았던 동굴에서 나와 해안을 보면 갈릴리 바다 북쪽과 거의 흡사하다. 까만 현무암으로 이루어진 돌과 항만의 모양, 심지어 자라나는 식물도 닮았다. 예수님의 사랑을 많이 받았기에 자신을 '사랑하시는 그 제자'(요 21:20)로 주장한 요한이 얼마나 그분을 그리워했을까. 어느덧 그는 나이가 들었고, 유배당해서도 예수님을 추억하는 장소에 올라 기도하다 계시를 받았으리라.

계시 동굴에서 바라본 항만
갈릴리 바다 북쪽을 보는 듯하다.

아시아 일곱 교회: 교회는 주의 말씀을 들으라

아시아 일곱 교회의 순서는 정확히 시계 방향이다

계시록은 하나님의 보좌를 묘사하고 일곱 교회 이야기를 시작한다. 하나님의 보좌는 출애굽기에서 보았듯이 성막의 모양과 비슷하다. 자세한 것은 출애굽기의 성막 부분을 참고하라.

요한계시록은 일곱 교회에 보내는 편지다. 이 일곱 교회는 세상의 교회를 대표하는데, 교회를 기록한 순서를 주목하라. 글을 오른쪽에서 왼쪽으로 쓰는 히브리인이 사사기의 순서를 시계 반대 방향으로 기록한 반면, 왼쪽에서 오른쪽으로 쓰는 헬라어로 기록된 계시록은 시계 방향으로 교회의 순서를 기록했다.

왜 하필이면 밧모 섬에서 계시록을 썼을까?

마지막 서신서라고 할 수 있는 계시록은 아시아 일곱 교회가 아니라 전 세계 교회에 보내는 편지였다. 당시 서신을 정리하여 보낸 곳이 모두 밧모 섬에서 반경 400km 안에 들어온다. 당시 세계 교회의 대부분이 밧모 섬 주변을 향하고 있었다. 밧모 섬은 서신서를 보낸 중심이었다. 교회, 그것은 예수님의 가장 큰 관심사였다. 그래서 교회의 중심에 서서 하늘의 비밀을 펼친다.

1. 에베소교회: 첫사랑을 회복하라

첫 번째 기록한 에베소교회는 외적으로는 아데미 신전이 여전히 영향력을 발휘하고 게다가 로마 정부로부터 황제 숭배의 압력이 있었다. 내적으로는 니골라 당 같은 거짓 선지자의 꿈이 항상 유혹했다. 바울이 두란노서원에서 말씀을 잘 가르친 덕분에 에베소교회는 이단과 우상이 많은 곳에서 순결한 믿음을 잘 지키고 있었다.

> 1 에베소 교회의 사자에게 편지하라 오른손에 있는 일곱 별을 붙잡고 일곱 금
> 촛대 사이를 거니시는 이가 이르시되 2 내가 네 행위와 수고와 네 인내를 알
> 고 또 악한 자들을 용납하지 아니한 것과 자칭 사도라 하되 아닌 자들을 시험
> 하여 그의 거짓된 것을 네가 드러낸 것과 3 또 네가 참고 내 이름을 위하여 견
> 디고 게으르지 아니한 것을 아노라 4 그러나 너를 책망할 것이 있나니 너의
> 처음 사랑을 버렸느니라 계 2:1-4

그러나 말씀, 말씀하다 보면 잃어버리는 것이 '사랑'이다. 에베소교회는 첫사랑의 감격을 잃었다. 두란노에서 잠을 설치며 말씀을 듣고자 했던 사모함을 잃었다. 밀레도에서 사도 바울을 배웅하면서 눈물을 흘렸던 그 사랑의 마음과 열정을 잃었다. 의무적으로 움직이는 죽은 조직처럼 되어 갔다.

> 6 오직 네게 이것이 있으니 네가 니골라 당의 행위를 미워하는도다 나도 이것
> 을 미워하노라 7 귀 있는 자는 성령이 교회들에게 하시는 말씀을 들을지어다
> 이기는 그에게는 내가 하나님의 낙원에 있는 생명나무의 열매를 주어 먹게
> 하리라 계 2:6-7

성령으로 시작하여 운동으로 변하고 나중에는 기념물만 남는 교회가 되지 말아야 하리라.

/
요한교회가 있던 에베소1 원경
바울이 사역하던 에베소2보다 더 오래된 에베소 1에서 요한이 사역하다 죽었다.

//
에베소 요한교회
에베소는 요한이 머물던 곳이다. 네 번째 복음인 요한복음을 기념하여 기둥을 네 개씩 세웠다.

여기서,
묵상

에베소의 아야솔루크 언덕에 사도요한기념교회와 무덤이 있다. 바울 이후 사역을 하던 디모데가 영지주의의 도전을 감당하기 어려워 예루살렘이 멸망할 즈음에 사도 요한에게 도움을 요청했다. 요한일서 1:1은 그래서 예수님의 말씀을 듣고 자세히 보고 심지어 만지기까지 한 사도 요한임을 밝히고 있다. 요한은 요한이서, 삼서까지 쓰고 밧모 섬에 잠시 유배되었을 때 요한계시록을 기록한 후 다시 돌아와 요한복음을 썼다. 요한은 무엇보다 예수님의 '말씀'을 확립할 뿐 아니라 가장 강력한 정신이요 강조점인 '사랑'을 전해 주었다. 복음의 균형을 잃기 쉬운 이때 사도 요한은 주님의 정신과 말씀을 우리에게 유산으로 남겨 주었다. "서로 사랑하며 살겠습니다."

에베소2 아야솔루크 언덕에 있는 사도 요한의 무덤

2. 서머나교회: 죽도록 충성하라

서머나는 에베소 북쪽 약 48km 지점에 위치한, 인구 20~30만의 아름다운 항구 도시였다. '서머나'의 '머'(Myrrh)는 '유향'이란 뜻이다. 향료 수출로도 유명한 서머나는 호머의 출생지이며 학문, 특히 과학과 의술이 발달했고 소아시아 도시 중 정치, 경제, 문화, 지리적으로 우위를 차지했다. 그러나 이교 문화와 황제 숭배 등 혼합화와 박해가 뒤따라 복음이 순수하게 전달되지 못했다.

서머나교회에 대해서는 본 서신 이외에 알려진 것이 없으며 유세비우스의《폴리갑의 생애》에서 바울이 전도하였다고 전한다. 사도 요한의 제자이며 서머나교회의 초대 감독인 폴리갑(70~155년?)이 이곳에서 순교했다. '유향'이라는 뜻의 서머나는 현재 '이즈미르'이며 아직도 유향같이 그리스도의 향기를 발하는 많은 선교사를 품고 있다. 서머나교회는 작은 힘으로 충성했다고 칭찬만 들었다.

9 내가 네 환난과 궁핍을 알거니와 실상은 네가 부요한 자니라 자칭 유대인
이라 하는 자들의 비방도 알거니와 실상은 유대인이 아니요 사탄의 회당이라

10 …네가 죽도록 충성하라 그리하면 내가 생명의 관을 네게 주리라 계 2:9-10

말씀대로 산 서머나의 감독 폴리갑

터키에서 십자가가 서 있는 교회를 찾기란 하늘에 별 따기처럼 어렵다. 터키와 그리스 전쟁 때 그리스정교회 사람들을 모두 쫓아내 교회가 전멸되다시피 했기 때문이다. 다만 그리스에 속하지 않은 폴리갑기념교회만 지금까지 남아 있다. 서머나 시내에 십자가가 서 있는 건물이 있는데 바로 폴리갑기념교회다. 지붕에 폴리갑이 화형당한 장면이 그려져 있다.

서머나의 총독은 폴리갑이 고령인지라 죽음만큼은 피하게 하고 싶었다. 그러나 "내 앞에서 예수를 부인하고 황제에게 충성 맹세하면 당장 살려 주겠다"고 회유하는 그에게 폴리갑은 "지난 86년 동안 나는 예수님을 섬겼소. 그러나 그는 한 번도 나를 버린 일이 없었소. 어떻게 그를 모른다고 하여 나를 구원하신 주님을 욕되게 할 수가 있겠소. 총독도 예수를 믿고 구원받으시오"라고 대답해 순교의 길, 화형을 당했다. 19세기 화가 레이몽 페레는 폴리갑의 화형 장면을 교회 천장에 그리면서 자신도 왼쪽 구석에 그려 넣었다. 이는 '나도 그 길을 가게 하소서'라는 신앙고백이었다.

3. 버가모교회: 세상과 타협하지 말라

버가모는 당시 행정수도였다. 버가모 왕이 책을 좋아해서 알렉산드리아의 도서관보다 더 큰 도서관을 짓고자 했으나 애굽이 파피루스 수출을 중지하는 바람에 애를 먹다가 파피루스 대신 양피지를 개발해 인류에 공헌했다. 그래서 양피지를 버가모(Pergamon 페르가몬)의 이름을 따라 'Parchment'(팔치먼트)라고 한다.

/ 폴리갑 기념교회에 있는 폴리갑 순교 그림. 왼쪽에 화가 자신을 그려 넣었다.

// **폴리갑의 순교**
그는 서머나에 주신 말씀대로 서머나에서 죽도록 충성하는 순교를 했다.

버가모 아크로폴리스
옆면 자체가 원형극장이고 극장 왼쪽에 제우스 신전 터가, 정상에는 트라얀 황제 신전이 있다. 오른쪽 아래 모서리 건물 터가 아스클레피온 신전이다.

버가모교회
신전을 개조하여 교회를 세웠다. 타협적인 신앙으로 경고를 받은 교회다.

버가모에 있는 제우스 신전은 제단 높이만 12m나 된다. 거기다 버가모인들은 가파른 아크로폴리스 옆면 자체를 거대한 원형극장으로 만들었으며 그 정상에 트라얀 황제 신전을 세웠다. 그래서 성경은 '그곳은 사탄의 위가 있는 곳'이라고 했다. 당시 황제는 사탄의 하수인으로 여겨졌다.

> 네가 어디에 사는지를 내가 아노니 거기는 사탄의 권좌가 있는 데라 네가 내 이름을 굳게 잡아서 내 충성된 증인 안디바가 너희 가운데 곧 사탄이 사는 곳에서 죽임을 당할 때에도 나를 믿는 믿음을 저버리지 아니하였도다 계 2:13

거기에 아스클레피온이라는 치료의 신을 섬기는 병원의 진입로가 폭 20m, 길이 800m로 포장되었고 길 양편에 석주가 세워졌다. 아스클레피온에는 의학 도서관, 일반 치료실, 야외 음악당, 명상 치료를 위한 긴 터널 통로, 진흙 목욕실 등이 있다. 신전이 많다 보니 버가모교회는 신전을 개조하여 만들었다.

이처럼 많은 신전을 두어 우상을 숭배하는 버가모였지만 안디바 같은 신앙인은 순교하면서까지 신실하게 신앙을 지켰다. 그러나 세월이 흐르면서 구약의 발람 같은 지도자가 생겼고 그에 따라 신앙의 순수성이 훼손되었다. 발람은 출애굽 때 이스라엘 사람들을 꾀어 우상의 제물을 먹게 하고 음행하게 한 선지자였다. 히브리어 발람은 헬라어로 '니골라'다. 버가모교회는 믿음을 잘 지켰지만 발람의 죄, 니골라당을 받아들여 큰 해를 입었다.

사탄의 권좌

> 그러나 네게 두어 가지 책망할 것이 있나니 거기 네게 발람의 교훈을 지키는 자들이 있도다 발람이 발락을 가르쳐 이스라엘 자손 앞에 걸림돌을 놓아 우상의

제물을 먹게 하였고 또 행음하게 하였느니라 계 2:14

한국교회는 믿음도 있고 순교자도 있다. 그러나 세상과 타협하고자 하는 발람의 교훈이 횡행한다. 조상의 믿음으로 충분하지 않다. 평화라는 이름으로 들어오는 내부의 적을 조심할 때다.

발람은 불의의 삯을 위해 발락에게 이스라엘을 우상 숭배하게 했다. 버가모에도 이런 짓을 하는 사람이 있었기에 예수님은 경고했다.

여기서, 묵상

어둠으로 가득 찬 버가모는 사탄의 거주지였다. 이런 곳에서 안디바는 믿음을 지킨 대단한 순교자였다. 에베소는 말씀과 정통성을 믿음으로 지켰지만 첫 사랑을 잃었다. 반면에 버가모교회는 사랑은 잘 지켰지만 발람(니골라)의 교훈을 받아들여 타협했다. 주님은 회개하라고 명령하신다. 믿음을 지키면 천국의 초청장인 흰 돌을 주시겠다고 한다. 우리 세대는 부유해지면서 때로는 바리새인처럼 말씀을 강조하다 굳어지고 때로는 사랑을 강조하다 사두개인이나 헤롯당처럼 타협하여 세상에 물들고 있다. 안디바 같은 믿음의 용사가 되게 하소서. 처음 믿음과 말씀으로 회귀하여 주님의 말씀에 서고 뜨겁게 기도하는 자가 되게 하소서.

4. 두아디라교회: 신앙과 삶은 하나다

빌립보에서 예수님을 믿었던 루디아가 이곳 출신이다. 루디아의 믿음답게 나중 행위가 처음보다 좋았다. 루디아의 직업이 자주 옷감 장수였듯이 이곳은 염직이 발전했다(행 16:14). 염직으로 부를 축적한 두아디라에서는 공동 작업을 하는데 작업 전후에 우상을 향한 제사의식이 있었다. 이것이 기독교인들에게 걸림돌이 되었는데, 이세벨과 같은 자가 이를 합리화해서 신앙과 생활을 분리시키려 했다. 예수님은 이를 '음행'이라고 하셨다.

18 두아디라 교회의 사자에게 편지하라 그 눈이 불꽃같고 그 발이 빛난 주석

아세라 여신

바알과 아세라를 섬겼던 베니게는 두아디라에 옷감 기술을 전한 나라다. 베니게의 공주 이세벨은 이스라엘의 신앙을 오염시킨 주범이었다.

> 과 같은 하나님의 아들이 이르시되 **19** 내가 네 사업과 사랑과 믿음과 섬김과 인내를 아노니 네 나중 행위가 처음 것보다 많도다 **20** 그러나 네게 책망할 일이 있노라 자칭 선지자라 하는 여자 이세벨을 네가 용납함이니 그가 내 종들을 가르쳐 꾀어 행음하게 하고 우상의 제물을 먹게 하는도다 계 2:18-20

두아디라에서 번성한 염직은 그 기술의 근원이 베니게(페니키아)에 있었다. 이세벨은 베니게 시돈 사람들의 공주로서 북이스라엘 아합 왕과 결혼하여 베니게(두로와 시돈)와 이스라엘, 유다를 잇는 핵심 역할을 했다. 이 연결 고리가 깨지면 나라가 무너질 지경이었다. 실제로 예후가 정권을 잡은 뒤 이스라엘은 거의 망했다. 옷감 염색 공장이 많은 두아디라에서 우상 숭배를 외면하고 살아가기란 녹록한 일이 아니었다. 교회 내에 들어온 이세벨 같은 자는 생업을 위해 신앙을 타협시키는 역할을 했던 것 같다.

5. 사데교회: 근신하라, 깨어라

사데는 리디아(Lydia)의 수도로서 왕국(BC 약 680~547년)의 흥망성쇠를 주도했다. 이곳에서 사금이 난 덕택에 크로이소스(Croesus)는 서구에서 부자의 대명사가 될 정도로 큰 부를 누렸다.

구약 오바댜 1:20에는 '스바랏'으로 등장한다.

> 예루살렘에서 사로잡혔던 자들 곧 스바랏에 있는 자들은 네겝의 성읍들을 얻을 것이니라 옵 1:20

예루살렘 출신의 유배자가 BC 5세기에 거주했으며 계시록을 쓰던 당시에도 유대인이 많았다. 실제로 근처에서 매우 큰 유대인 회당이 발견되어 체육관 옆에 복원되었다. 2세기 마르쿠스 아우렐리우스 황제 때 사데 감독인 멜리토(Melito)는 '고난에 대한 훈계'(Homily of the Passion)를 써서 늘어나는 유대 공동체와 이단 종파에 대하여 경고했다.

사데 유적은 크게 아데미 신전과 교회 유적이 있다.

금가루가 흘렀던 시내와 깎아지른 절벽 위 요새가 사데의 특징이다. 사데 왕 크로이소스는 시내를 통해 내려오는 사금으로 큰 부자가 되어 한때 페르시아까

/
사데의 시냇가
이 물가에서 사금이 나와 사데의 크로이소스 왕은 거부가 되었다.

//
멀리 보이는 산이 사데의 아크로폴리스로 난공불락의 요새였지만 잠자다 두 번이나 정복당했다. 앞쪽 높은 기둥이 아데미 신전이고 두 기둥 오른쪽 모서리에 초라한 교회 유적이 있다.

지 원정을 갈 정도로 막강했으나 나태함으로 결국 멸망했다. 사데의 요새인 아크로폴리스(도시의 높은 구역에 있는 요새)는 사면이 절벽이라 누구도 감히 점령할 수 없었다. 그러나 그것만 믿고 적이 쳐들어오는데도 여유를 부리다 두 번이나 점령당했다.

특히 고레스는 성을 포위했으나 점령이 힘들자 비밀 통로를 찾으라고 명령했다. 마침 한 사데 병사가 졸다가 투구를 떨어뜨렸는데 얼마 후 그 병사가 비밀 통로로 나와 투구를 가지고 올라가는 것이 목격됐다. 고레스의 군사들이 이 비밀 통로를 이용해 성으로 들어갔을 때 사데의 병사들은 태평하게 잠을 자고 있었다. 견고하고 안전한 요새만 믿고 있다가 허점을 노출해 점령당하고 만 것이다.

> 2 너는 일깨어 그 남은 바 죽게 된 것을 굳건하게 하라… 3 그러므로 네가 어떻게 받았으며 어떻게 들었는지 생각하고 지켜 회개하라 만일 일깨지 아니하면 내가 도둑같이 이르리니 어느 때에 네게 이를는지 네가 알지 못하리라 계 3:2-3

/
사데 병사가 졸다가 투구를 떨어뜨리더니 아래 비밀 통로를 통해 나와서 가져갔다. 이것을 왼쪽 모서리에서 페르시아 군사가 쳐다보고 있다. 이 통로를 통해 사데는 정복당했다.

사데교회는 이런 경고에도 깨지 못했는지 신전 기둥 한쪽에 가장 작은 교회 건물을 남겼다. 물론 후대에 큰 교회를 성 밖 서쪽에 세웠지만 당시 교회는 거대한 아데미 신전 모퉁이에 기생하듯 남아 있다. 사도 베드로의 교훈이 사데에 메아리쳐 온다.

> 근신하라 깨어라 너희 대적 마귀가 우는 사자같이 두루 다니며 삼킬 자를 찾나니 벧전 5:8

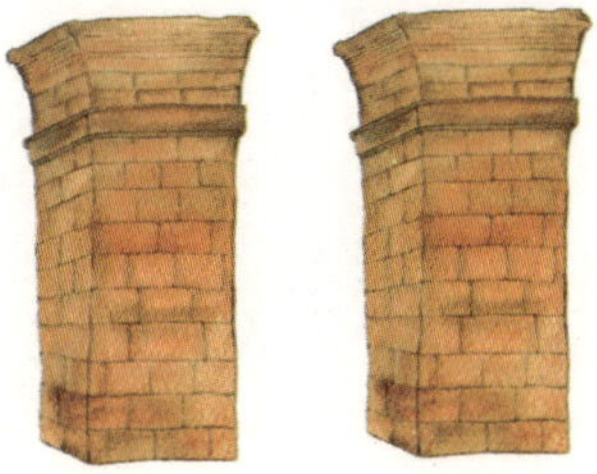

빌라델비아교회 기둥 유적
성전 기둥이 상급을 말해 주듯 무너지
지 않고 서 있다.
주님은 빌라델비아교회에 열린 문을
주신다고 약속하셨다.

6. 빌라델비아교회: 끝까지 사랑과 믿음을 지키라

리디아 왕국의 한 도시였던 빌라델비아는 서머나-사데-빌라델비아로 연결되는 트몰로스(Tmolus) 산맥 아래로 흐르는 헤르무스(Hermus) 강 옆 210m의 언덕에 자리한다. 이런 위치 때문에 아시아로 가는 무역의 통로였고 헬라권의 경계선 역할도 했다.

'형제의 사랑'이라는 뜻을 가진 이름처럼 협력을 잘하는 도시로 알려졌다. AD 17년에 최악의 지진으로 무너졌으나 디베료의 후원으로 재건되었다. 황제를 위한 신전들이 지어져 멀리서도 순례를 올 정도였다.

이런 배경을 반영하듯이 빌라델비아교회에 보내는 편지에는 그들의 상황과 비교되는 말이 많다. 계시록 3:8에 언급된 '열린 문'은 동쪽 고원지대로 열린 길이 부를 가져오듯이 믿음을 지킨 이가 교회에 큰 유익을 줄 수 있는 열린 문을 두었다는 말이다.

빌라델비아교회는 이름대로 주님에 대한 사랑을 저버리지 않고 믿음을 지켰다(8절). 그리고 인내로 말씀을 지켰다(10절). 이기는 자에게 당시 신전 등지에서 열리는 운동 경기의 면류관이 아닌 생명의 면류관을 주겠다고 선언하신다(11절).

지진을 겪은 빌라델비아 사람들에게 가장 중요한 것은 '안전'이었다. 그래서 가장 안전한 '성전의 기둥'을 상급으로 언급한다. 이를 반영하듯이 큰 기둥 3개가 남아 있다. 얼마나 크고 굵은지 꼭 집 한 채가 있는 것처럼 보인다.

여기서,
묵상

빌라델비아는 1453년 기독교 국가였던 비잔틴 제국이 회교도인 오스만 터키에게 무너질 때도 유일하게 마지막까지 항전했던 도시다. 빌라델비아교회를 생각하면 한 단어가 생각난다. '끝까지!'

7. 라오디게아교회: 미지근한 신앙을 버리라

라오디게아 주변에는 유명한 도시가 두 곳 있다. 북동쪽 10km 지점에 파묵칼레 온천이 있는 히에라볼리와 남서쪽 18km 지점에 있는 골로새다.

라오디게아는 교통의 요지로 서쪽으로는 에베소, 동쪽으로는 수리아, 북쪽으로는 버가모, 남쪽으로는 앗달리아 항구로 길이 이어진다. 그렇다 보니 상업이 발달하여 환전과 금융의 중심지 역할을 했다. 약초 때문에 안약이 유명했고 평야를 이용한 검은 양모 공업이 발달했다.

라오디게아의 약점은 물 부족이었다. 그래서 히에라볼리 온천에서 물을 끌어오기도 하고 골로새에서 눈 녹은 물을 공급받기도 했다.

멀리 산에는 골로새, 가운데에는 라오디게아, 하얀 온천은 히에라볼리
세 도시가 나란히 있다. 라오디게아는 골로새에서 찬물을, 히에라볼리에서는 뜨거운 물을 공급받아 도착할 때는 모든 물이 미지근해진다.

/
히에라볼리 온천수를 라오디게아로 보냈다.

라오디게아에 보낸 편지에는 이런 상황이 잘 표현되어 있다. 라오디게아를 방문할 때마다 발굴 규모가 점점 커진다. 처음에는 폐허의 돌무더기만 있더니 지금은 대규모 공사장처럼 대로에서부터 거대한 건물이 발굴되고 있다. 기독교 문화를 싫어한 이들이 십자가가 새겨진 돌을 부숴 놓은 흔적도 보인다. 발굴된 길을 걷다 보면 여기저기 자라는 잡초도 예사롭지 않다. 안약을 만드는 약초가 자라기 때문이다. 히에라볼리에서 보았던 수로가 이곳에도 눈에 띈다. 예수님은 부유한 사람들이 신앙생활을 나태하게 하는 것을 이렇게 말씀하신다.

> 15 내가 네 행위를 아노니 네가 차지도 아니하고 뜨겁지도 아니하도다 네가 차든지 뜨겁든지 하기를 원하노라 16 네가 이같이 미지근하여 뜨겁지도 아니하고 차지도 아니하니 내 입에서 너를 토하여 버리리라 계 3:15-16

히에라볼리에서 끌어온 온천수는 라오디게아에 도착했을 때 미지근한 물이 되고, 골로새에서 끌어온 융설수는 라오디게아에서는 물맛이 토할 것 같다. 말씀에 대한 냉철함도 사랑에 대한 뜨거움도 없는 라오디게아교회 사람들의 신앙이 이와 같다는 것이다. 예수님은 그들이 좋아하고 부의 근원인 금과 옷감, 안약을 언급하시며 진정한 믿음의 금과 순결의 옷, 하나님의 눈을 회복하라고 말씀하신다. 이 세 가지를 들고 예수님이 라오디게아교회를 두드리신다. 마침 한쪽에 돌로 된 문 하나가 보인다. 예수님이 라오디게아뿐 아니라 병든 내 마음의 문을 두드림이 그려진다. 다음 찬양을 하며 자신의 신앙을 돌아보자.

/
볼지어다 내가 문 밖에 서서 두드리노니 누구든지 내 음성을 듣고 문을 열면 내가 그에게로 들어가 그와 더불어 먹고 그는 나와 더불어 먹으리라(계 3:20)

주 예수 대문 밖에 기다려 섰으나
단단히 잠가 두니 못 들어오시네
나 주를 믿노라고 그 이름 부르나
문 밖에 세워 두니 참 나의 수치라

여기서,
묵상

라오디게아 언덕에 섰다. 북쪽 멀리 하얀 언덕이 히에라볼리이고 남쪽 저 멀리 눈 쌓인 산 아래가 골로새다. 서쪽으로는 에베소로 향하는 문, 동쪽으로는 비시디아 안디옥을 거쳐 수리아 안디옥으로 이어지는 길이 있다.

은행업으로 부유해진 사람들은 지진 후에도 돈으로 도시를 복원했다. 지금도 유명한 면과 양모가 자부심이며 안과 대학과 안약이 그들을 건강한 사람이요 부유한 사람으로 착각하게 하였으나 주님은 그들이 가난한 자요, 벌거벗은 자요, 눈먼 자라고 하신다. 빨리 믿음의 금을 사고 행위의 세마포를 입고 하나님 중심의 눈을 뜨기를 원한다. 계시록 3:20의 말씀처럼 주님은 문 밖에서 두드리고 계신다. 누구든지 그 음성을 듣고 문을 열면 주님이 함께하시며 모든 문제를 정돈해 주신다.

한국 교회는 부유함으로 라오디게아교회를 닮아 가고 있다. 많은 말씀을 하신 만큼 경고도 많으신 주님 앞에 부가 우리를 부유하게 만들지 못함을 알고 겸손히 주를 바라보게 하소서.

라오디게아 대문을 나와 작은 아치가 있는 언덕에 서서 멀리 골로새를 바라본다.

요한계시록 환상 요약

성경 계 4-21장 **연대** AD 95-96년

계시를 받은 요한이 3장 이후 하늘의 보좌를 본다. 이 부분은 본서의 연구 분야에서 벗어나기에 그 환상을 간단히 요약한다. 계시록의 예언은 심판과 구원의 긴장 관계 속에서 회오리바람처럼 점점 강도가 강해지는 나선형 구조로 하나님 나라를 향하고 있다.

4장 하늘 보좌

하늘 보좌에 계시는 하나님의 모습은 출애굽기의 성막과 비교된다. 지성소는 성부의 모습을, 주변의 그룹과 문양들은 천군천사들을, 등잔불은 일곱 영인 성령으로 표현된다. 그리고 네 생물은 천지만물을, 24장로는 신구약 교회를 대표한다.

| 하늘 보좌에 앉으신 하나님이 앉아 계신다.
| 그분의 모습이 각종 보석처럼 빛난다.
| 24장로가 흰옷을 입고 금관을 쓰고 앉아 있다(신구약의 대표).
| 하나님의 일곱 영이 등불로 빛나고 있다(성령).
| 보좌 주위에 네 생물이 있다. 그 모양은 사자, 송아지, 사람, 독수리 같다(피조물의 대표).
| 네 생물은 하나님을 '거룩하다' 외치고 24장로는 금관을 드리며 경배한다.

5장 성자 예수님

일곱 인으로 봉인한 것은 구원의 계획이다. 이 계획을 실현할 분이 하나님의 어린양 예수 그리스도다.

| 하나님의 어린양이 네 생물과 장로 사이에 서 계신다.
| 어린양이 일곱 인으로 봉해졌던 두루마리를 여신다.
| 당시 유서 같은 귀한 문서는 7개의 봉인을 했다.

광야에서 종종 나타나는 회오리바람
계시록은 심판과 구원이 회오리바람처럼 반복되지만 점차 거세지는 것으로 기록되었다.

6장 일곱 인

인을 뗄 때 하나님의 심판과 구원의 계획이 실행된다. 일곱 인 재앙은 마태복음 24장에서 말씀한 예수님의 예언과 유사하다.

| 두루마리를 봉하고 있는 인을 하나씩 뗄 때마다 심판이 일어난다.
| 첫째 인을 떼자 흰 말(정복)이 나오고 연이어 붉은 말(분열과 전쟁), 검은 말(흉년과 빈부 차), 청황색 말(각종 죽음)이 나온다. 이어서 다섯째 인을 떼자 순교자들이 하나님께 억울함에 대한 보복을 호소한다. 여섯째 인을 뗄 때 진노의 큰 날을 준비하며 지진, 천재지변이 일어난다.

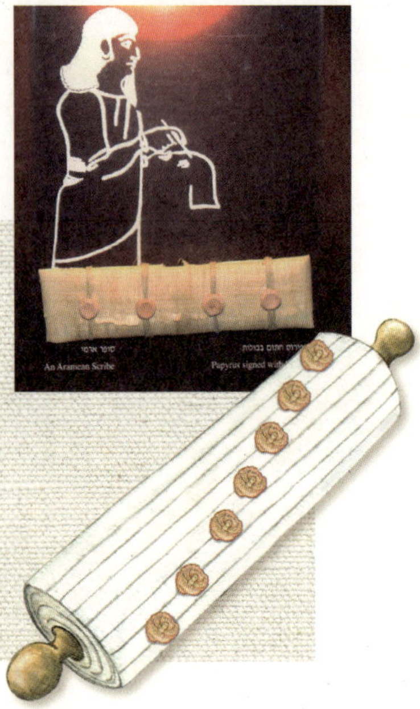

일곱 인을 뗀다는 것은 봉인을 제거할 수 있는 자격자가 문서를 조금씩 개봉함을 의미한다.

7장 14만 4천

심판 중에 구원이 이루어진다. 14만 4천은 구약의 12지파와 신약의 12사도를 곱한 144에 완전수인 1000을 곱한 숫자다. 그래서 7장 9절에는 이 숫자를 '아무도 능히 셀 수 없는 큰 무리'라고 말씀한다.

| 여섯 인을 뗀 후 하늘의 모습이 다시 보인다.
| 하나님께 선택받은 14만 4천 명이 큰 소리로 외친다.

구원하심이 보좌에 앉으신 우리 하나님과 어린양에게 있도다 계 7:10

8-9장 일곱 나팔

인 재앙에 이어 나팔 재앙은 심판의 진행이 반복되는 것 같지만 회오리바람이 올라갈수록 커지듯이 더 강력해짐을 보여 준다. 그래서 4분의 1이 3분의 1이 되고 나중에는 전부에게 재앙이 내린다.

| 일곱째 인을 떼려 할 때 하늘이 고요하더니 일곱 나팔 재앙이 시작된다. 천사가 일곱 나팔을 분다.

| 첫째 나팔에 피 섞인 우박이 땅에 떨어지고, 둘째 나팔에 불붙는 산 같은 것이 바다에 던져진다. 이어 강과 샘에 큰 별이 떨어지고 해 달 별 삼분의 일이 타격을 받아 어두워진다.

| 다섯째 나팔을 불 때 무저갱이 열리면서 황충이 나와 사람을 괴롭힌다.

| 여섯째 나팔을 불자 유브라데 강에 결박되었던 네 천사가 풀려 나와 사람들의 3분의 1을 죽인다.

성년식의 나팔
나팔은 기쁨과 경고 등을 알리는 기능을 한다. 나팔 재앙은 하나님의 경고의 소리다.

10장 복음

심판 중에 복음은 더 힘 있게 전파된다. 네로를 비롯해 로마 황제들의 박해에도 불구하고 복음은 힘을 더 얻어 확장되었다.

| 여섯째 나팔 이후에 다시 새로운 환상이 보인다.

| 힘센 천사가 한 발은 땅에, 한 발은 바다에 딛고 작은 두루마리를 들고 서 있다.

11장 복음 전파

| 이 복음을 받고 두 감람나무와 두 촛대가 증언한다.

| 일곱째 천사가 나팔을 불 때 하늘의 성전이 열리면서 언약궤가 보인다.

여자는 교회이고, 아들은 예수님이다. 아들이 땅에 왔다 승천하여 하늘에서 사탄을 쫓아낸다. 하늘의 뜻이 이 땅에 이루어지도록 기도하라.

용과 짐승의 모습은 일곱 머리, 열 뿔이다. 인간보다 일곱 배나 지혜롭고 열 배나 강하다. 그를 이길 자는 하나님밖에 없다.

12장 여자와 용

하나님의 구원 계획이 요약된다. 교회인 여자는 예수님을 뜻하는 교회를 낳고, 그는 하늘에 올라가 사탄을 쫓아낸다. 욥기에서 보듯 우리를 참소하던 사탄은 쫓겨나고 예수님이 보좌 우편에 앉아 우리를 위한 변호인이 되셨다.

| 하늘의 큰 이적을 보이신다.
| 열두 별의 관을 쓴 여인이 있다(교회).
| 큰 붉은 용(사탄)이 하늘의 별 3분의 1(타락한 천사들)을 끌어다 땅에 던진다.
| 여자는 해산하려 하고 용은 그 아이(예수님)를 삼키고자 한다.
| 아이는 무사히 양육되어 하늘로 올라간다.
| 미가엘 천사장은 큰 용과 싸워 승리한다.
| 예수님의 죽으심으로 성도의 죗값을 치러 고소자 사탄이 있을 곳을 얻지 못했다.
| 큰 용과 그 세력이 쫓겨나 여자와 전면전을 하려고 모래 위에 섰다.

더러운 영을 토해 내는 삼두체제
사탄은 삼위일체 하나님처럼 삼두체제를 사용한다. 사탄-짐승-거짓 선지자를 사용해 교회를 안팎으로 공격한다.

13장 두 짐승

사탄은 삼위일체 하나님을 흉내 내 삼두체제를 만들었다.

| 사탄은 두 짐승을 내세운다.
| 권력을 손에 쥔 바다의 짐승, 거짓 선지자 역할을 하는 땅의 짐승을 내세운다.
| 용, 짐승, 거짓 선지자가 삼위일체 하나님과 비슷한 형태로 일한다.

14장 승리의 노래

심판과 함께 하늘에는 구원받은 자들이 노래한다.

- 그러나 하늘에서는 이미 14만 4천이 승리의 노래를 부르고 있다.
- 세 천사가 날아가면서 심판이 가까웠음을 알린다. 낫을 휘둘러 포도를 거두고 틀에 던지고 밟아 버린다.

15장 유리바다를 건넌 백성

구원의 예표적인 사건은 출애굽이다. 출애굽 때 홍해를 건넌 모습이 유리바다로 묘사된다. 열 재앙처럼 마지막 재앙인 일곱 대접 재앙이 시작되려 한다.

- 마지막 재앙인 일곱 대접 재앙이 시작되려 한다.
- 용의 세력을 이기고 막 유리바다를 건넌 사람들이 불 섞인 유리바다를 보고 노래한다.
- 마치 모세가 홍해를 건넌 후 바로 군대의 최후를 보면서 노래하는 듯하다.

유리바다를 건넌 사람들은 모세의 노래, 어린양의 노래를 부른다. 홍해 도하는 궁극적으로 천국 입성할 때 성취된다.

16장 일곱 대접 재앙

천사는 성막과 성전의 성소 금단에서 불을 받아 땅에 쏟는다. 이 금단은 성도들의 기도가 부어지는 곳이다.

- 진노의 일곱 대접이 쏟아진다.
- 땅, 바다, 강, 해에 이어서 유브라데에 쏟으니 용과 짐승과 거짓 선지자에서 더러운 영이 나와 아마겟돈에서 교회와 영적 전투를 한다.

성막의 금단과 대접
성도의 기도가 드려지는 금단에서 기도를 받아 세상에 쏟아 놓으려 한다.

| 일곱째 세상을 상징하는 바벨론이 무너진다.

17장 큰 음녀 심판

로마 바티칸에 전시된 여인
뱀에 유혹된 바벨론, 음녀의 정체가 드러난다.

바벨론은 음녀로 표현되었다. 바벨론은 로마를 의미하기 때문에 로마의 멸망을 예언하는 동시에 세상 나라가 멸망함을 예표했다.

| 세상 나라를 대표하는 바벨론, 즉 큰 음녀의 정체가 드러난다.

18장 바벨론 함락

| 바벨론과 그를 의지하던 자들이 모두 무너지고 망한다.

19장 할렐루야 어린양 혼인 잔치

헨델의 〈메시아〉처럼 천국에는 할렐루야 잔치가 열리지만 땅에서는 사탄을 따르던 자들의 심판이 벌어진다.

| 땅에서는 심판이지만 하늘에서는 할렐루야 잔치가 열린다.
| 사탄의 하수인인 짐승과 거짓 선지자가 유황불에 던져진다.

바벨론은 로마를 상징한다. 부요한 문화의 상징인 바벨론이 무너지면서 함께하던 모든 이들이 망한다.

사마리아 유월절 불구덩이
제사를 드릴 때 불구덩이를 만들어 놓고 더러운 것을 태운다. 구원의 감사 예배와 심판이 동시에 일어난다.

20장 최후 심판과 구원

심판과 구원이 있다. 마지막으로 멸망받은 존재는 사탄이다. 흰색 보좌에서 심판받을 때 생명책에 기록된 사람들만 구원받는다.

| 큰 용, 사탄은 잡혀서 천 년 동안 결박되었다가 그도 영원한 유황불에 던져진다.
| 흰 보좌에 있는 행위의 책에 따라 모든 사람이 심판을 받는다.
| 오직 생명책에 기록된 사람만이 구원을 얻는다.

21장 새 하늘과 새 땅

하나님이 창조할 새로운 세상을 묘사한다.

| 처음 하늘과 땅이 없어진다.
| 하늘에서 찬란한 영광의 빛을 내는 하나님의 장막, 새 예루살렘이 내려온다.
| 새 하늘과 새 땅이 창조되었다.
| 눈물과 사망, 아픔, 애통 모든 것이 사라졌다.

유대인 신부와 결혼식장
결혼식은 반드시 성막을 상징하는 초막에서 거행된다.

22장 마라나타

마라나타! 주 예수여 어서 오시옵소서.

에스겔의 환상이나 초막절을 떠올리면 예수님이 언급하신 생수의 강이 생각난다. '마라나타'는 초대교회 교인들의 인사였다.

| 보좌에서 흘러나오는 수정 같은 생명수 강가가 보인다.
| 강 좌우에 열매 맺은 생명나무가 보인다.
| 하나님의 영광으로 다시 밤이 없다.
| 성령님이 오라고 손짓하신다.
| 듣는 자, 목마른 자, 원하는 자는 이 천국에 참여하라고 말씀하신다.
| 예수님이 마지막 멘트를 하신다.
| "내가 진실로 오리라."
| 마라나타!
| 아멘 주 예수여 어서 오시옵소서.

핍박받는 교회에게 하나님은 소망의 메시지를 은유적으로 주셨다. 세상의 근원적인 힘인 사탄이 삼두체제로 교회를 대항하여 이기는 것 같으나 결국 멸망한다. 지금은 더러운 영과 싸우는 아마겟돈 전쟁의 시기다. 우리는 십자가의 군사로 부름을 받았다. 전시 체제를 갖추어 다가오는 승전의 날을 대비하여 열심히 싸우다 주를 맞이하여야 하리라. 마라나타!

그날 보좌 앞에서 모든 백성이 모일 것이다. 각 사람은 자신이 난 곳의 언어로 주님을 찬양할 것이다. 성경은 그 가사를 미리 알려 주셨다.

구원하심이 보좌에 앉으신
우리 하나님과 어린양에게 있도다

지도 그리기

계시록 1

편지 기록 순서
요한의 환상 요약

부록에서 지도를 찾아 그리세요

역사와 묵상

01 요한계시록의 일곱 교회는 에베소부터 라오디게아까지 시계 방향으로 기록되었다. 교회들을 머리에 그리고 그곳에 일어났던 특징적인 사건들을 이야기해 보자.

02 일곱 교회는 세상을 대표하는 교회다. 당시의 역사와 지리를 이해하지 않고는 이해하기 힘든 해석들이 있다. 에베소의 두란노서원과 첫사랑, 서머나의 폴리갑, 버가모의 사탄의 권좌, 두아디라의 자주 옷감과 이세벨, 사데의 깨어라, 빌라델비아의 지진과 성전 기둥, 라오디게아의 미지근함 등을 역사-지리적으로 해석해 보고 그 원리를 찾아 삶 속에 적용해 보자.

03 요한계시록의 예언은 그 시대의 산물이다. 그러므로 심판의 상징으로 사용된 일곱 인, 일곱 나팔, 일곱 대접도 사용처가 있었다. 예언의 양상은 성전으로 가기 위해 봉인을 열고 나팔을 불며 성전 안 금단의 대접이 있는 곳을 향한다. 회리바람처럼 강력해지는 예언을 예수님이 마태복음 24장에서 예언한 말씀과 비교해서 말해 보자.

04 심판 중에 구원이 있다. 심판과 구원은 동시에 일어난다. 요한계시록이 주는 메시지는 '소망'이다. 12장의 여자와 용은 교회의 역사를 요약해 준다. 예언 중 어떤 메시지가 내게 소망을 주는가?

05 심판은 있다. 구원도 있다. 미켈란젤로의 그림을 보고 그가 상상한 최후의 심판은 어떠했는지 토의해 보자.

로마 바티칸에 전시된 미켈란젤로의 <최후의 심판>

땅에서 구원받는 장면과 심판받는 자들을 그렸다. 오른쪽 모서리의 뱀에 감긴 사람은 미켈란젤로가 미워했던 추기경을, 가운데 예수님의 자리에는 헤라클레스 몸에 교황의 얼굴을 그렸으며, 가운데 가죽만 남아 구원받는 사람의 얼굴에는 자신의 얼굴을 그려 놓았다.

색인

참고문헌

단행본

강후구, 《성서와 고고학: 이스라엘 정착부터 시삭 침공까지》. 서울: 서울장신대학교 출판부, 2014.

김한기, 《성지 파노라마》. 서울: 청담, 2006.

이문범, "A Study of a Biblical Event with a Geographical-Historical Approach: Jesus' Visitation of Sychar in John 4 as the Geographical-Historical Fulfillment of Worship Events" Ph.D., Israel -- Jerusalem: University of the Holy Land, 2015.

——. 《성경과 함께 읽는 성지답사 가이드북》. 서울: 두루문화원, 2015

——. 《믿음의 땅, 성경 이스라엘 입체지도》. 수원: 그땅, 2015.

——. 《그땅이 주는 복음(신약편)》. 수원: 그땅, 2013.

임미영, 《고고학으로 읽는 성경(고대 근동 시리즈 14)》. 서울: CLC, 2016.

홍순화, 《GPS 성경지명사전》. 서울: 한국성서지리연구원, 2012.

단행본 역서

Anson F. Rainey, R. Steven Notley, 《포이에마 성서지도》. 이미숙 역. 서울: 포이에마, 2012.

Bright, John, 《이스라엘 역사 4판》. 박문재 역. 서울: 크리스챤다이제스트, 2002.

Brisco, Thomas V., 《Holman Bible Atlas. 두란노 성서지도》. 이문범 외 8명 역. 서울: 두란노. 2008.

Currid, John D., and David P. Barrett, 《ESV 성경지도》. 이용중 역. 서울: 부흥과개혁사. 2011.

Eusebius Pamphilus, 《유세비우스의 교회사》. 엄성옥 역. 서울: 은성, 2008.

Josephus, Flavius, and William Whiston, 《요세푸스》. 김지찬 역. 서울: 생명의 말씀사. 1987.

편집 서적

편집부, 《성경전서(관주 해설: 독일 성서공회판)》. 서울: 대한성서공회, 1997.

성서지명강해대전 편찬위원회 편저, 《성서지명강해대전》. 서울: 도서출판 성지서원, 1997.

편집부, 《프리셉트 성경(개역개정판)》. 서울: 프리셉트, 2008.

편집부, 강병도 편저, 《카리스 종합주석 시리즈》. 서울: 기독지혜사, 2003.

편집부, 《그랜드 종합주석》. 서울: 제자원, 2004.

Hendriksen, William, 《헨드릭슨 주석 시리즈》. 서울: 아가페, 1988.

영문 자료

Abel, F. M. *Géographie de la Palestine*. Paris: J. Gabalda, 1967.

Aharoni, Yohanan. *The Land of the Bible: A Historical Geography*. Philadelphia: Westminster Press, 1967.

Aharoni, Yohanan, Michael Abi-Yohab, Anson F. Rainey, and Ze'ev Safrai. *The Carta Bible Atlas*. Jerusalem: Carta, 2002.

Aharoni, Yohanan, Michael Avi-Yonah, Shmuel Safrai, Anson F. Rainey, Ze'ev Safrai, Haim Beinart, Evyatar Friesel, and Sergio Dellapergola. *Historical Atlas of the Jewish People*. Edited by Shmuel Ahituv. New York: Continuum Publishing Group, 2003.

Ahlström, Goösta W. *The History of Ancient Palestine*. Minneapolis: Fortress Press, 1993.

Aharoni, Yohanan, Michael Avi-Yonah, Anson F. Rainey, and Zeev Safrai. *The Macmillan Bible Atlas*. New York: Macmillan, 1993.

Albright, William Foxwell. *Archaeology and the Religion of Israel*. Baltimore: Johns Hopkins, 1968.

——. *From the Stone Age to Christianity: Monotheism and the Historical Process*. Baltimore: Johns Hopkins, 1957.

Aquinas, Thomas. *Commentary on the Gospel of John. Books 1-5*. Translated by Fabian R Larcher and James A Weisheipl. Washington, D.C.; London: Catholic University of America Press?; Eurospan [distributor], 2010. http://search.ebscohost.com/login.aspx?direct=true&scope=site&db=nlebk&db=nlabk&AN=500872.

Ariel, Israel, Chaim Richman, Yehoshua Wertheimer, Menahem Makover, and Barbara Laurel Ball. *Carta's illustrated encyclopedia of the Holy Temple in Jerusalem*. Jerusalem: Temple Institute, 2005.

Augustine. *ST. Augstine Tractates on the Gospel of John, 11-27*. Translated by John W Rettig. Washington, D.C.: Catholic University of America, 2003. http://site.ebrary.com/id/10382789.

Avi-Yonah, Michael. *Map of Roman Palestine*. Jerusalem, London: Pub. for the government of Palestine by H. Milford, Oxford University, 1940.

Barker, Kenneth L, and Donald W Burdick, eds. *The NIV Study Bible*. Grand Rapids, Mich.: Zondervan, 1995.

Barrois, G. A. "Chronology, Metrology, Etc." Edited by George Arthur Buttrick. *The Interpreter's Bible*. New York: Abingdon-Cokesbury, 1951.

Beasley-Murray, George Raymond. *John*. Edited by R. Beasley-Murray. WBC 36. Waco: Word Books, 1987.

Ben-Tor, Amnon. "The Execration Texts and the Contemporary Settlement Map of Palestine." Pages 63-87 in Essays on Ancient Israel in *Its Near Eastern Context: A Tribute to Nadav Na'aman*. Edited by Yaira Amit and Nadav Na'aman. Winona Lake (Ind.): Eisenbrauns, 2006.

Bierbrier, M. L. *Historical Dictionary of Ancient Egypt*. Lanham, Md.: Scarecrow, 1999.

Beitzel, Barry J. *The Moody Atlas of the Bible*. Chicago, Ill.: Moody, 2009.

Brenton, Lancelot C. L. *The Septuagint with Apocrypha: Greek and English (LXE)*. London: Samuel Bagster and Sons, 1851. BibleWorks, v.8.

Bright, John. *A History of Israel*. Philadelphia: Westminster Press, 1981.

Brisco, Thomas V. "Holman Bible Atlas." Nashville, Tenn.: Broadman & Holman, 1998.

Brown, Francis, S. R. Driver, and Charles A. Briggs. *Hebrew-Aramaic and English Lexicon of the Old Testament (Abridged BDB-Gesenius Lexicon)*. Ontario, Canada: Online Bible Foundation, 1997. BibleWorks, v.8.

Bultmann, Rudolf. *The Gospel of John: A Commentary*. Edited by Rupert William Noel Hoare and John Kenneth Riches. Translated by George Raymond Beasley-Murray. Oxford, England: B. Blackwell, 1971.

Bunson, Margaret. *A Dictionary of Ancient Egypt*. New York, N.Y.: Oxford University, 1995.

Butler, Trent C. *Joshua*. WBC. Waco, Tex.: Word Books, 1983.

Calvin, Jean. *Genesis*. Translated by John M. A. King. Edinburgh; Carlisle, Pa.: Banner of Truth Trust, 1992.

——. *The Gospel according to St. John*. Grand Rapids, Mi.: Eerdmans, 1974.

Campbell, Edward F., and G. Ernest Wright. "Tribal League Shrines in Amman and Shechem." *Biblic. Archaeol*. 32, no. 4 (1969): 104.

Carroll, Robert P. *Jeremiah: A Commentary*. Philadelphia: Westminster Press, 1986.

Childs, Brevard S. *The New Testament as Canon: An Introduction*. Philadelphia: Fortress Press, 1985.

Christensen, Duane L. *Deuteronomy 1:1-21:9, Revised*. Nashville: Thomas Nelson, 2001.

Chrysanthaki-Koukouli, Ch, and Ch Bakirtzēs. *Philippi*. Athens: Archaeological Receipts Fund, 1995.

Clements, R. E., and Society for Old Testament Study. *Deuteronomy*. [Sheffield]: JSOT, 1989.

Cogan, Mordechai. *Chronology*. Edited by David Noel Freedman. Vol. 1. New York: Doubleday, 1992.

Collins, J. J. "Forms of Community in the Dead Sea Scrolls." *Emanuel: Studies in Hebrew Bible, Septuagint, and Dead Sea Scrolls in Honor of Emanuel Tov*. Leiden; Boston: Brill, 2003.

Cotter, David W. *Genesis*. Collegeville, Minn.: Liturgical, 2003.

Creach, Jerome F. D. *Joshua*. Louisville, Ky.: Westminster John Knox, 2003.

Currid, John D., and David P. Barrett. *Crossway ESV Bible Atlas*. Wheaton, Ill.: Crossway Books, 2010.

Davies, W. D, and Dale C Allison. *A Critical and Exegetical Commentary on the Gospel according to Saint Matthew*. Edinburgh: T. & T. Clark, 1988.

Dever, William G. "Archeological Method in Israel: A Continuing Revolution." *Biblarch Biblic. Archaeol.* 43, no. 1 (1980): 41-48.

Dodd, C. H. *The Interpretation of the Fourth Gospel*. Cambridge: Cambridge University, 1953.

Donner, Herbert. *Israelite and Judean History*. Edited by John H Hayes and J. Maxwell Miller. London: SCM Press, 1990.

Dorsey, David A. "Shechem and the Road Network of Central Samaria." *Bull. Am. Sch. Orient. Res.*, no. 268 (1987): 57-70.

——. *The Roads and Highways of Ancient Israel*. Baltimore: Johns Hopkins University, 1991.

——. "The Roads and Highways of Israel during the Iron Age." Ph.D. Dissertation, Dropsie University, 1981.

Dowley, Tim. "Atlas of the Bible and Christianity." Grand Rapids, MI.: Baker Books, 1997.

Edelman, D. "Hezekiah's Alleged Cultic Centralization." *J. Study Old Testam*. 32, no. 4 (2008): 395-434.

Ellis, E. Earle. *The World of St. John: The Gospel and the Epistles*. London; New York: Lutterworth Press; Abingdon Press, 1965.

Eusebius, and Jerome. *Eusebius, Onomasticon: The Place Names of Divine Scripture: Including the Latin Edition of Jerome*. Boston: Brill, 2005.

——. *The Onomasticon: Palestine in the Fourth Century A.D.* Edited by G. S. P Freeman-Grenville, Rupert L Chapman, and Joan E Taylor. Jerusalem: Carta, 2003.

Freedman, David Noel. T*he Anchor Bible Dictionary.* New York: Doubleday, 1992.

Garrentt, Duane, and Walter C. Jr. Kaiser, eds. *Archaeological Study Bible-NIV: An Illustrated Walk Through Biblical History and Culture*. Grand Rapids, Mich.: Zondervan, 2005.

Gaebelein, Frank E, J. D Douglas, and Dick Polcyn. *The Expositor's Bible Commentary: With the New International Version of the Holy Bible*. Grand Rapids: Zondervan Pub. House, 1976.

Geva, Hillel. *Ancient Jerusalem revealed*. Jerusalem: Israel Exploration Soc, 1994.

Gingrich, F. Wilbur. *Shorter Lexicon of the Greek New Testament.* Edited by Frederick W. Danker. 2nd ed. Chicago: University of Chicago, 1983. BibleWorks. v.8.

Grant, Robert M. *A Short History of the Interpretation of the Bible*. New York: Macmillan, 1963.

Guilding, Aileen. *The Fourth Gospel and Jewish Worship: A Study of the Relation of St. John's Gospel to the Ancient Jewish Lectionary System*. Oxford: Clarendon, 1960.

Gunkel, Hermann. *Genesis.* Translated by Mark E. Biddle. Macon, Ga.: Mercer University, 1997.

Hagner, Donald Alfred. *Matthew. 1-13*. Dallas, Tex.: Word Books, 1993.

——. *Matthew 14-28*. Dallas, Tex.: Word Books, 1995.

Henry, Matthew. *The Comprehensive Commentary on the Holy Bible: Matt.-John*. Edited by Thomas Scott and William Jenks. Philadelphia: Published by J.B. Lippincott & Co., 1859.

Herodotus, Robin Waterfield, and Carolyn Dewald.

The histories. Oxford: Oxford University Press, 2008. <http://site.ebrary.com/id/10534051>.

Holladay, William L. *A Concise Hebrew and Aramaic Lexicon of the Old Testament: Based upon the Lexical Work of Ludwig Koehler and Walter Baumgartner*. Leiden: Brill, 2000. BibleWorks, v.8.

Holladay, William Lee. *Jeremiah 2: A Commentary on the Book of the Prophet Jeremiah, Chapters 26-52*. Edited by Paul D Hanson. Minneapolis: Fortress Press, 1989.

Hornung, Erik. *History of Ancient Egypt*. Edinburgh: Edinburgh University, 1999.

Isbouts, Jean-Pierre. "The Biblical World: An Illustrated Atlas." Washington, D.C.: National Geographic, 2007.

Israel Museum. *The Israel Museum*. Jerusalem: The Museum, 1995.

Josephus, Flavius. *The New Complete Works of Josephus*. Translated by William Whiston. Grand Rapids, MI: Kregel Publications, 1999.

——. *Josephus: Jewish Antiquities Books XII-XIV*. Translated by Ralph Marcus. Vol. 7. 9 vols. Cambridge, Mass.: Harvard Univ., 1986.

——. *The New Complete Works of Josephus*. Translated by William Whiston. Grand Rapids, MI: Kregel Publications, 1999.

——. *The Works of Flavius Josephus*. Vol. 2. 3 vols. 3 2. Philadelphia: Lippincott, Grambo, 1835.

Kalai, Zekharyah. *Studies in Historical Geography and Biblical Historiography Presented to Zechariah Kallai*. Edited by Gershon Galil and Moshe Weinfeld. Leiden; Boston: Brill, 2000. http://site.ebrary.com/id/10089124.

Keener, Craig S. *The Gospel of John: A Commentary. Peabody*, Mass.: Hendrickson, 2003.

——. *The Gospel of Matthew: A Socio-Rhetorical Commentary*. Grand Rapids, Mich.; Cambridge: William B. Eerdmans Pub., 2009.

King, Philip J, and Lawrence E Stager. *Life in Biblical* Israel. Louisville, Ky.: Westminster John Knox, 2001.

Klein, Ralph W. *1 Samuel*. Word Biblical Commentary 10. Waco, Tex.: Word Books, 1983.

Köhler, Ludwig, and Walter Baumgartner. *The Hebrew and Aramaic Lexicon of the Old Testament*. Edited by M. E. J. Richardson. Vol. 4. 4 vols. Leiden; New York: E.J. Brill, 1999.

Kopp, Clemens. *The Holy Places of the Gospels*. New York: Herder and Herder, 1963.

Kourtara, V., L. Xeroutsikou, and Theocharēs Mich Provatakēs. *Patmos: The Holy Island of the Aegean*. Athens, Greece: Editions Michalis Toubis, 1996.

Lange, Johann Peter. *Commentary on the Holy Scriptures, Critical, Doctrinal and Homiletical, Genesis*. Edited by Philip Schaff. Grand Rapids, Mich.: Zondervan, 1864.

Laughlin, John C. H. *Fifty Major Cities of the Bible: From Dan to Beersheba*. London; New York: Routledge, 2006.

Ephraim Stern, Ayelet Levinzon-Gilbo'a, and Josheph Abiram. ed. *The New Encyclopedia of Archaeological Excavations in the Holy Land 1-5*. Jerusalem; New York: Israel Exploration Society & Carta; Simon & Schuster, 1993.

Leupold, H. C. *Exposition of Genesis*. Grand Rapids, Mich.: Baker Book House, 1942.

Magen, Itzhak. "Gerizim, Mount." Edited by Ephraim Stern, Ayelet Levinzon-Gilbo'a, and Josheph Abiram. *The New Encyclopedia of Archaeological Excavations in the Holy Land*. Jerusalem; New York: Israel Exploration Society & Carta?; Simon & Schuster, 1993.

——. "Gerizim, Mount: an Update to vol. 2, pp 484-491." Edited by Ephraim Stern, Ayelet Levinzon-Gilbo'a, and Josheph Abiram. *The New Encyclopedia of Archaeological Excavations in the Holy Land*.

Jerusalem: Israel Exploration Society & Carta; Simon & Schuster, 2008.

Mazar, Amihay. *Archaeology of the Land of the Bible: 10,000-586 B.C.E.* New Haven, Conn.; London: Yale University, 2007.

Monson, James M. *Regions on the Run: Introductory Map Studies in the Land of the Bible*. Rockford, IL: Biblical Backgrounds, Inc., 1998.

——. *The Land Between: A Regional Study Guide to the Land of the Bible*. Highland Park, Ill.: Institute of Holy Land Studies, 1983.

Morris, Leon. *The Gospel according to John: The English Text with Introduction, Exposition and Notes*. Grand Rapids: Eerdmans, 1971.

Moule, C. F. D. "The Christian Encyclopedia Embracing Bible, Theology, Ecclesiastical History, Biography, Christian Art and other Religions of World and Korea with Illustrated Pictures and Maps." Edited by Ki-Moon Lee. Seoul: Christian Literature Press, 1983.

Murdock, D. M. *Who Was Jesus: Fingerprints of the Christ*. Seattle, WA: Stellar House Pub., 2007.

Na'aman, Nadav. *Ancient Israel and Its Neighbors: Interaction and Counteraction: Collected Essays.* 1. Winona Lake, Ind.: Eisenbrauns, 2005.

Nebenzahl, Kenneth. "Maps of the Holy Land: Images of Terra Sancta through Two Millennia." New York: Abbeville, 1986.

NIV Archaeological Study Bible: An Illustrated Walk Through Biblical History and Culture : New International Version. Grand Rapids, Mich: Zondervan, 2005.

Noth, Martin. *The History of Israel*. New York: Harper, 1960.

Oesterley, W. O. E., and Theodore Henry Robinson. *A History of Israel*. 1. Oxford: Clarendon, 1932.

Papachatzēs, Nik. D., and Kaie Tsitsele. *Ancient Corinth: The Museums of Corinth, Isthmia and Sicyon*. Athens: Edotike Athenon, 1977.

Pedersen, J. Israel, *Its Life and Culture*. London: Oxford University, 1926.

Pitkäanen, Pekka. *Central Sanctuary and Centralization of Worship in Ancient Israel: From the Settlement to the Building of Solomon's Temple*. Piscataway: Gorgias Press, 2003.

Pritchard, James B., ed. *Ancient Near Eastern Texts: Relating to the Old Testament*. 3rd ed. Princeton University, 1969.

Rainey, Anson F, and R. Steven Notley. "The Sacred Bridge: Carta's Atlas of the Biblical World." Jerusalem: Carta, 2006.

Rahlfs, Alfred. *Septuaginta: Id Est Vetus Testamentum Iuxta LXX Interpretes Edidit Alfred Rahlfs (LXT)*. Stuttgart: Deutsche Bibelgesellschaft, 1935. BibleWorks, v.8.

Rasmussen, Carl. "Zondervan Atlas of the Bible." Grand Rapids, Mich.: Zondervan, 2010.

Robinson, Edward, and Eli Smith. *Biblical Researches in Palestine, and in the Adjacent Regions. A Journal of Travels in the Year 1838 & 1852*. Boston: Crocker and Brewster; [etc.], 1856.

Rogerson, J. W. *Atlas of the Bible*. New York: Facts on File Publications, 1985.

Ryle, J. C. *Expository Thoughts on the Gospels*. Grand Rapids: Baker Book House, 1977.

Shanks, Hershel. *Ancient Israel: From Abraham to the Roman Destruction of the Temple*. Washington, D.C.: Biblical Archaeology Society, 1988.

Sheppard, G. T. "Childs, Brevard S." Edited by Donald K. McKim. *Dictionary of Major Biblical Interpreters*. Downers Grove, Ill.; Nottingham, England: IVP Academic; Inter-Varsity, 2007.

Skinner, John. *A Critical and Exegetical Commentary on Genesis*. Edinburgh: T. & T. Clark, 1930.

Smith, George Adam. *The Historical Geography of the Holy Land*. New York: Harper & Row, 1966.

——. *The Historical Geography of the Holy Land: Especially in Relation to the History of Israel and of the Early Church*. New York; London: A.C. Armstrong; Hodder and Stoughton, 1906.

Speiser, E. A. *Genesis*. Garden City, N.Y.: Doubleday, 1964.

Stefanovic, Zdravko. "Jacob's Well." Edited by David Noel Freedman. *The Anchor Bible Dictionary*. New York: Doubleday, 1992.

Stern, Ephraim, Ayelet Levinzon-Gilbo'a, and Joseph Aviram, eds. "Chronological Tables: The Historical Achaeological Periods." *The New Encyclopedia of Archaeological Excavations in the Holy Land.* Jerusalem; New York: Israel Exploration Society & Carta; Simon & Schuster, 2008.

Themelis, Petros G. *Ancient Corinth: The Site and the Museum*. Athens: Editions Hannibal, 1984.

Vamosh, Miriam Feinberg. *Daily Life at the Time of Jesus*. Nashville: Abingdon Press, 2001.

Walton, John H. *Chronological and Background Charts of the Old Testament*. Grand Rapids, Mich.: Zondervan, 1978.

Waltke, Bruce K., and Cathi J. Fredricks. *Genesis: A Commentary.* Grand Rapids, Mich.: Zondervan, 2001.

Yadin, Yigael. *Jerusalem Revealed: Archaeology in the Holy City*, 1968-1974. Jerusalem: Israel Exploration Society, 1975.

Zangenberg, J. *Jesus and Archaeology*. Edited by James H. Charlesworth. Grand Rapids, Mich. u.a.: Eerdmans, 2006.

Zertal, Adam. "Bezek(Place)." Edited by David Noel Freedman. *The Anchor Bible Dictionary.* New York: Doubleday, 1992.

——. "Ebal, Mount." Edited by Ephraim Stern, Ayelet Levinzon-Gilbo'a, and Josheph Abiram. *The New Encyclopedia of Archaeological Excavations in the Holy Land*. Jerusalem; New York: Israel Exploration Society & Carta?; Simon & Schuster, 1993.

Greek New Testament and LXX Database (BGT). Norfolk: BibleWorks, LLC., 1999. BibleWorks. v.8.

"The Harper Atlas of the Bible." New York: Harper & Row, 1987.

Westminster Leningrad Codex (WTT). Philadelpha: Westminster Theological Seminary, n.d. BibleWorks, v.8.

역사지리로 보는 성경

신약편 | 부록-지도 그리기

역사지리로 보는 성경

지은이 | 이문범
초판 발행 | 2017. 3. 8
17쇄 | 2025. 3. 14
등록번호 | 제1988-000080호
등록된 곳 | 서울특별시 용산구 서빙고로65길 38
발행처 | 사단법인 두란노서원
영업부 | 2078-3333　FAX | 080-749-3705
출판부 | 2078-3331

책 값은 뒤표지에 있습니다.
ISBN 978-89-531-2811-8　04230
ISBN 978-89-531-2810-1　04230(세트)

독자의 의견을 기다립니다.
tpress@duranno.com　www.duranno.com

두란노서원은 바울 사도가 3차 전도여행 때 에베소에서 성령 받은 제자들을 따로 세워 하나님의 말씀으로 양육하던 장소입니다. 사도행전 19장 8~20절의 정신에 따라 첫째 목회자를 돕는 사역과 평신도를 훈련시키는 사역, 둘째 세계선교(TIM)와 문서선교(단행본·잡지) 사역, 셋째 예수문화 및 경배와 찬양 사역, 그리고 가정·상담 사역 등을 감당하고 있습니다. 1980년 12월 22일에 창립된 두란노서원은 주님 오실 때까지 이 사역들을 계속할 것입니다.

목차

믿음의 땅
성경 이스라엘
대 해(지중해)
염해(사해)
아 라 비 아 사 막
암 몬
모 압
나바테아
에돔
아 람
바타네아
아우라니티스
데가볼리
바 산
가울라니티스
길 르 앗
베레아
요 단 계 곡
갈 릴 리
베니게
사마리아
에브라임산지
유 대
유 다 산 지
유 다 광 야
이두매
네게브(남방)
사론평야
블 레 셋 평 야
광 야
갈릴리바다
동
서
북
남
이 땅에 거류하면 내가 너와 함께 있어 네게 복을 주고 내가 이 모든 땅을 너와 네 자손에게 주리라(창 26:3)
제작:이문범
moonbm@hanmail.net

첨부된 지도를 다음과 같은 방법으로 그리면서 말씀을 공부해 보자. 고생한 만큼 기억에 많이 남는다. 이 책 뒤에 완성된 지도도 첨부했으니 자신이 그린 지도와 비교해 보자.

01 지도를 그리기 전 준비물: 칼라 사인펜(빨강, 노랑, 파랑, 주황, 초록, 검정 등)과 검정 볼펜 등

02 각 색깔은 의미가 있다.

- 전쟁시 아군은 초록색이다.
- 전쟁시 적군은 파랑색이다.
- 전쟁시 중간은 주황색이다.
- 갈색은 지역 이름을 기록할 때 사용한다.
- 검정은 사건을 기록하거나 기타 용도로 사용한다.
- 노랑은 중요한 지점을 덧칠하는 데 사용한다.
- 빨강은 전쟁터나 파괴된 곳 등 중요한 지역이다.
- 검정 볼펜은 세부적인 사건을 작게 기록할 때 사용한다.

03 화살표

a. 진행 화살표: 움직이는 경로나 침략, 피신 표시(→)
b. 추적 화살표: 피신하는 화살표 뒤에 두 개의 화살표로 표시한다(→→).

04 지명 주위에 원이나 사각 두르기: 원의 색깔로 그 곳이 어떤 민족에게 속해 있는지 알려주고 빨강은 전쟁 중임을 보여준다.

05 빨강 접점 은 전투 장소를 표시한다.

06 점선은 지역의 경계나 움직이는 경로가 불확실하거나 소수가 움직일 때 사용한다.

07 지도 번호가 어느 시대 어떤 위치에 있음을 함축하고 있다.

08 원어와 지명이 히브리어 또는 헬라어와 다르게번역되어 혼란스러운 경우가 많다. 우리나라 성경이 기본적으로 어떻게 지명을 번역했는지를 알아둘 필요가 있다.

1) 개역성경은 원어를 번역할 때 격음을 모두 피하였다. 예) ㅋ→ㄱ , ㅌ→ㄷ, ㅍ→ㅂ
2) 영어의 [e]발음은 가끔 [으]로 번역되었다. 이는 히브리어 또는 인도-유럽어의 쉐아(schwa,단어의 앞에서는 [에] 발음이 나고 단어의 중간에서는 약한 [으] 발음이 난다)를 어떻게 받아들였느냐 차이이다.
3) 격음이 받침으로 사용되면 대개 [ㅅ] 발음 처리하였다. 예) Beith베이트 → 벳 혹은 벧

09 지도의 방향을 주의하라. 성경적 개념은 동쪽이 앞, 서쪽이 뒤, 북쪽이 왼쪽, 남쪽이 오른쪽이다.

10 도로 표시: 회색으로 된 지도의 얇은 선은 지방도로를 말한다. 도로 중에 빨강으로 인쇄된 부분은 국제적으로 이용된 대로(大路)다.

11 도시 색깔은 검정과 빨강으로 되어 있다. 빨강색 도시는 그 지도 사건에서 중요한 역할을 하고, 검정색 도시는 사건의 배경이 되는 곳이다. 그러므로 때로는 예루살렘과 같이 중요한 도시도 어떤 지도에서는 배경이 되어 검정으로 인쇄되었다.

12 지도 그리기의 해답은 이 책 뒤에 수록했다.

헬라 1 그리기

중간기

01 헬라는 페르시아에게 보복하고자 원정을 시작했다. 그 원정의 발단이 되었던 두 전쟁을 표시하라.

a. 빨강으로 왼쪽 위 마라톤을 찾아 표시를 하고 'BC 490 다리오'라고 쓰라.
b. 빨강으로 고린도와 아덴 사이에 를 하고 'BC 480 아하수에로'라고 쓰라.

02 알렉산더의 원정 중 주요 전쟁을 빨강으로 그려 보자.

a. 드로아(트로이) 오른쪽 위 해안 가까이 강가에 표시하라. 첫 전쟁인 그라니쿠스 강 전투다.
b. 다소 오른쪽 이수스에 표시하고 검정으로 'BC 333'이라고 적으라.
c. 두로와 가사에 표시하라. 두로는 7개월, 가사는 2개월을 버티며 알렉산더에 항전했다.
d. 앗수르 오른쪽 아르벨라에 전쟁 표시 를 하고 'BC 331'이라고 써라.
e. 바벨론과 수산(수사), 페르세폴리스에 표시하라. 특히 페르세폴리스 위에 'BC 331'이라고 써라. 페르시아의 수도 페르세폴리스가 무너짐으로 페르시아는 멸망했다.
f. 바벨론 옆에 'BC 323 알렉산더 사망'이라고 써라. 동편 인더스 강까지 이르는 원정 후 알렉산더는 병들어 바벨론에서 죽는다.

03 알렉산더 이후 헬라 왕국의 분열을 파랑 글씨로 쓰시오.

a. 안디옥에 사각을 두른 후 알레포 아래 오른쪽에 '셀류쿠스'라고 적고 사각을 두르고, 그 위에 더 큰 글씨로 '북방왕'이라고 쓴다.
b. 왼쪽 아래 알렉산드리아에 사각을 두른 후, 아래에 '프톨레미'라고 적고 사각을 두르고, 그 아래 큰 글씨로 '남방왕', 알렉산드리아 위에 작은 검정 글씨로 '70인경'을 쓴다.
c. 왼쪽 위 라오디게아 위에 '안티고누스',
d. 마게도냐 아래에 '카산더'라고 쓰고 사각을 두르라.
e. 아가야 오른쪽에 '리시마쿠스'라고 쓰고 파랑으로 두르라.
f. 초록으로 유다의 예루살렘을 사각으로 두르라.

마 게 도 냐
빌립보
데살로니가
비잔티움
흑 해
드로아
아가야(헬라)
델피
고린도
살라미
아덴
마라톤
미케네
스파르타
버가모
서머나
사데
에베소
리 디 아
고르디온
라오디게아
안디옥
이고니온
버가
바다라
다소
이수스
크노소스
그레데
카스피해
갈그미스
하란
안디옥
알레포
니느웨
갈라
아르벨라
앗 수 르
앗술
구브로
바보
대 해(지중해)
가데스
노보하맛
다드몰
마리
악메다
메 대
구 레 네
시돈
두로
톨레마이
다메섹
이스라엘
예루살렘
랍바암몬
가사
유 다
알렉산드리아
람세스
숙곳
온
바벨론
닙불
델아빕
우룩
우루
바 벨 론
수산
바 사(페르시아)
페트라
페르세폴리스
애 굽
아마르나
아 라 비 아
아비도스
노아몬
홍해

헬라 1

복음서 1 그리기

성경 역사 주도권 이동

01 검정으로 원문자(예: ①)로 성경의 역사 주도권 이동을 표시해 보라.

a. 애굽이라는 글자 아래 조금 크게 '① 남쪽 우세'라고 써라.
b. 예루살렘(Jerusalem)이라는 글자 아래 크게 '② 자주 국가'라고 써라.
c. 앗수르라는 글자 아래 '③ 북동쪽 우세'라고 써라.
d. 헬라라는 글자 아래 '④ 서쪽 우세'라고 써라.

02 지명에 노란색을 덧칠하라: 성경과 관계된 주요 도시다.

a. 애굽(이집트)의 수도 알렉산드리아
b. 메소포타미아의 니느웨(앗수르 수도), 바벨론, 수산(페르시아 수도)
c. 유다의 수도 예루살렘
d. 수리아의 수도 안디옥
e. 마게도냐(헬라)의 수도 빌립보
f. 로마의 로마

03 로마가 실질적으로 통제했던 지경은 주로 지중해 주변이었다. 빨강색 선은 그 경계를 보여 준다.

04 로마를 가장 힘들게 한 동방의 나라가 페르시아의 후예 파르티아(Parthia) 왕국이다. 성경은 '바대'라고 불렀다. 바사 왼쪽에 바대라고 써라.

로마
로 마
마게도냐
데살로니가
흑해
비잔티움/이스탄불
비두니아
본도
무시아
헷
앙카라
브루기아
아가야(헬라)
고린도
아덴/아테네
에베소
아시아
갈라디아
갑바도기아
카르타고
아프리카
멜리데
루기아
밤빌리아
다소
로도
가우다
그레데
안디옥
구브로
바보
대해(지중해)
구레네
방가지
베이루트
베니게
두로
수리아(아람)
다메섹
가이사랴
유대
예루살렘
블레셋
모압
에돔
페트라
알렉산드리아
라암셋
고센
온/카이로
시내반도
리비아
애 굽
아마르나
나일강
노아몬
홍해
구스
트빌리시
바쿠
예레반
아라랏산
카스피해
하란
니느웨
갈라
앗수르
메대
메소포다미아
바그다드
바벨론
수산
우르
(엘 람)
바사(페르시아)
페르세폴리스
아라비아
드단
메디나
메카
페르시아만
도하
아부다비
구약이름
신약이름
신구약이름
베니게 구약
구브로 신약
튀니지 / 현대
123 ABC 지명찾기(자간 500km)

복음서 2 그리기

지역 명칭(갈색)

01 예루살렘 아래 엔케렘 아래에 갈색으로 '유대'라고 크게 써라.

02 사마리아, 세바스테 오른쪽 아래에 '사마리아'라고 크게 써라.

03 왼쪽 해안가 게바 위쪽 산지에 '갈멜 산'이라고 써라. 욥바 위 안디바드리 왼쪽 아래에 '사론 평야'라고 써라. 해안 얍니아 항 위에 작은 글씨로 '블레셋 평야'라고 써라.

04 지도의 오른쪽 위 모서리 디본 위에 지도 밖을 향하여 검정 화살표를 한 후에 갈색으로 '아라비아'라고 써라.

05 지도 왼쪽 갈릴리 바다 아래 아르벨라 아래에 '갈릴리'라고 써라.

분리 통치 구역

01 검정 점선으로 표시된 통치 구역의 수도에 사각을 두르고 통치자를 써라.

a. 갈릴리라는 글씨 아래 빨강으로 '헤롯 안티파스'라고 쓰고 주황으로 사각을 두르라. 그의 수도 디베랴도 주황 사각을 두르라.

b. 왼쪽 상단 아빌레네 위에는 검정으로 '루사니아'라고 쓰고 주황으로 두르라.

c. 가이사랴 빌립보에 주황 사각을 하고 그 위에 '헤롯 빌립'이라고 쓰고 주황사각을 두르라.

d. 예루살렘에 초록 사각을 두르고, 사각 왼쪽 모서리에 '아켈라오, 빌라도'를 두 줄로 쓰고 파랑 사각을 두르라. 해안가의 가이사랴에도 파랑 사각을 두르라.

e. 예수님이 자라나신 나사렛도 초록 사각으로 두르라.

유년 시절에서 광야 시험까지

01 초록 화살표로 예수님의 유년 시절에서 공생애 전까지를 그려 보자.

a. 나사렛에서 위쪽 길을 따라 펠라까지, 펠라에서 오른쪽 길을 따라 율리아스 아래까지 선을 그린다. 그리고 아마두스 아래 검정으로 '요셉과 마리아 호적행'이라고 써라.

b. 율리아스에서 여리고-예루살렘을 지나 베들레헴까지 화살표하고, 검정으로 '1 탄생'이라고 써라.

c. 베들레헴에서 벧레테파를 지나 사아리스 오른쪽을 지나 애굽 쪽을 향하여 화살표 하고, 화살표 위에 검정으로 '2 피신'이라고 써라.
애굽 글씨 아래에서 들어오는 초록 화살표가 룻다 아래를 지나 날바타, 아마겟돈을 지나 나사렛까지 표시한다. 그리고 '3 목수'라고 써라.

d. 나사렛에서 시작한 초록 점선이 요셉과 마리아 호적행 길을 따라 가다가 여리고에서 예루살렘으로 향한다. 예루살렘 사각 아래 검정으로 '4 12세'라고 써라.

e. 율리아스 아래 검정으로 '5 세례'라고 쓰고 여리고 아래에 '6 시험'이라고 써라.

아빌레네
다메섹
이두래
드라고닛
헬몬산
가이사랴빌립보
파니아스
단
가믈라
소가네
아빌라
데가볼리
거라사
빌라델비아
에스부스
메드바
디본
바알므온
베레아
아그리피아
가도라
티로스
지아
라가바
아마두스
아빌라
율리아스
벨림린
막케루스
펠라
벳새다
겔게사
힙푸스
가다라
하맛가델
훌라
가버나움
필로테리아
K.할라위
헵타파곤
암마두스
아그립피나
카다사(가데스)
얍닛
악카바레
게네사렛
디베랴
막달라
에논?
살렘?
셉프
아르벨라
스키토폴리스
/벧산
코레아이
알렉산드리움
알케라이스
염해(사해)
기쉴라
메론
테고아
K.하나니야
아파라임?
여리고
키프로스
쿰란
파사엘리스
네아라
벨사베
벧네토파
다볼산
벧다곤
세라메
이타비리움
투ㅂ니
힐카니아
엔게디
바카?
가바라
엑살롯
나인
아크라베타
살렘?
애논?
게라사
에브라임
광야
소가네
가나
세포리스
나사렛
에스드렐론
긴내
야곱우물
믹마스
두로
벧하케렘
요타바타
야피아
탈베넷
세겜
그리심산
아누아두
벧엘
기뱟사울
베다니
헤로디움
베니게
아소비스
게바
게바
라마
예루살렘
카블론
시모니아스
아마겟돈
사마리아
/세바스테
고프나
라맛라헬
베들레헴
드고아
벧로내네아
가바온
엠마오?
엠마오?
엔케렘
유대
아루스?
엑딥파
가바?
베사라
아납타
사마리아
답나
위벧호론
테레빈도스
톨레마이오/악고
벧리마
기럇여아림
헤브론
스레다
삼포
아래벧호론
날바타
비랏 소레카
벧라반
아리맛데아
지노아
그일라
아도라
케팔
엠마오
벧레테파
게바
도라
아벡망대
하딧
이두매
시카미늄
룰가타
안디바드리
베토가브리스
벨세덱
가이사랴
룻다
오노
악카론
세라핀
아폴로니아
사아리스
욥바
얌니아
얌니아항
대해(지중해)
애굽
아소도/아스돗
아스칼론

복음서 2

복음서 3 그리기

공생애 1년 차 방문

01 공생애 1년 차에 예루살렘 방문 사건을 검정 글씨로 쓰고 파랑 사각을 두르라.

a. 성전 왼쪽 빨간 긴 지붕의 로열스토어 바로 오른쪽에 '8 성전 청결'이라고 쓰고 파랑 사각을 두르라.
b. 감람산 겟세마네 위에 '8 니고데모와 거듭남'이라 쓰고 파랑 사각을 두르라.

공생애 2년 차 방문

02 공생애 2년 차에 예루살렘 방문 사건을 검정 글씨로 쓰고 주황 사각을 두르라.

a. 검정으로 '안토니아 요새'라는 글자 오른쪽 베데스다 연못에 '13 38년 된 병자'라고 쓰고 주황으로 두르라.

공생애 3년 차 방문

03 공생애 3년 차에 예루살렘 방문 사건을 검정 글씨로 쓰고 초록 사각을 두르라.

a. 성전 건물 아래 '31 초막절, 32 수전절'이라고 쓰고 초록 사각을 두르라.
b. 실로암 위에 '31 맹인 고침'이라고 쓰고 초록 사각을 두르라. 맹인 고침 사건은 초막절에 일어났기에 동일한 번호를 사용했다.
c. 벳바게 아래 '34 나사로 부활'이라고 쓰고 초록 사각을 두르라.

04 지도 오른쪽 모서리에 범례에 해당하는 표시인 '파란색-첫번째 유월절 이후, 주황색-두 번째 유월절 이후, 초록색-세 번째 유월절 이후'라고 세 줄로 써라.

대해(지중해)
로열스토어
골고다
가야바집
힌놈의 골짜기
아겔다마
실로암
성전
이방인의 뜰
안토니아요새
기혼샘
베데스다 연못
멸망산
겟세마네
감람산
기드론골짜기
벳바게
베다니
여리고
유대 광야
복음서 3

복음서 4 그리기

사역 집중지

01 갈색으로 표시하라. 더 큰 그림은 [복음서 5] 지도에서 볼 것이다.

a. 지도 아래 오른쪽 나무와 왼쪽 길 사이에 크게 '갈릴리'라고 써라.
b. 그림 위 다메섹 위에 '수리아'라고 써라.
c. 오른쪽 강 위 평지에 '데가볼리'라고 써라.
d. 왼쪽 두로 방향 화살표 위에 '베니게'라고 써라.

02 가버나움, 고라신, 벳새다의 지명에 빨간 밑줄을 그어서 마태복음 11장에 근거하여 예수님이 저주하신 마을을 표시해 보라.

첫 번째 유월절 이후

01 검정으로 가버나움 오른쪽 바닷가에 '11 네 제자'라고 써라.
02 가버나움 왼쪽에 '12 귀신, 장모, 나병, 중풍 고침'이라고 써라.

두 번째 유월절 이후(주황 화살표와 글씨)

01 가버나움에서 거라사(겔게사) 방향으로 화살표(→)를 그려라. 돌아오는 화살표(←)도 그린다.
02 검정으로 12번 아래에 '14 안식일 논쟁-12제자-산상수훈'이라고 써라.
03 위 글씨 아래에 '15 백부장'이라고 써라.
04 주황색 선 가운데에 '17 풍랑'이라고 써라.
05 거라사라고 표시된 곳에 '18 군대귀신'이라고 써라.
06 백부장 아래에 '19 야이로의 딸'이라고 써라.
07 나인 성, 나사렛에 관계된 사건은 다음에 이어질 3년 차 사역을 표시한 [복음서 5] 지도에서 다시 다루자.

세 번째 유월절 이후(초록 화살표와 글씨)

01 3년 차 사역은 [복음서 5]를 그린 후 이 지도에 옮겨 놓으라.
02 지도 오른쪽 모서리에 범례에 해당하는 표시인 '파란색-첫 번째 유월절 이후, 주황색-두 번째 유월절 이후, 초록색-세 번째 유월절 이후'라고 세 줄로 써라.

헤르몬 산
다메섹
단
가이사랴빌립보
골란(바산)고원
가믈라
벳새다
거라사?
힙푸스
가버나움
엔고프라
고라신
팔복산
헵타파곤
가다라
가다라항
게네사렛
필로테리아
막달라/달마누다
디베랴
아르벨산
두로 방향
요단강
나사렛 방향
복음서 4

복음서 5 그리기

첫 번째 유월절(파랑 글씨)

01 가나 위에 '7 혼인잔치'라고 써라. 나사렛 아래 '10 배척'이라고 써라.

02 가버나움 아래에 '11 네 제자, 12 귀신-장모-나병-중풍 고침'이라고 두 줄로 써라.

두 번째 유월절 이후(주황 글씨와 화살표)

01 가버나움 아래 주황으로 12번 아래에 '14 안식일 논쟁, 12제자, 산상수훈', '15 백부장'이라고 써라. 이스르엘 골짜기 나인 성 위에 '16 부활'이라고 써라.

02 주황 화살표를 가버나움에서 거라사 방향으로 하라. 주황 화살표 위에 주황으로 '17 풍랑'이라고 써라. 거라사에 '18 군대귀신'이라고 써라.

03 거라사에서 다시 가버나움으로 돌아온다. 15 백부장 아래에 '19 야이로의 딸'이라고 써라.

04 가버나움에서 시작된 주황 화살표는 호숫가를 따라 막달라까지, 검정 길을 따라 루마 오른쪽 삼거리에서 오른쪽으로 돌아 나사렛으로 향하라.

05 나사렛에서 네 개 정도의 작은 화살표를 사방으로 퍼지게 하라. 제자들을 파송한 장면을 표현한다. 나사렛 아래 '20 두 번째 배척, 12제자 파송'이라고 써라.

세 번째 유월절 이후(초록 글씨와 화살표)

01 나사렛에서 시작된 초록색 점선을 일직선으로 벳새다 오른쪽 들녘을 향하고 가납 아래 빨강으로 '세 번째 유월절'이라고 쓰고 그 아래 검정으로 '21 오병이어'라고 써라.

02 벳새다에서 다른 화살표와 겹치지 않게 가버나움으로 향하라. 가버나움으로 향하는 화살표 오른쪽에 '22 물 위를 걸으심'이라고 써라.

03 가버나움에서 바다를 지나 게네사렛으로 향하라. 게네사렛 옆에 '23 책망'이라고 써라.

04 게네사렛에서 주황 화살표를 따라가다가 루마 옆 삼거리에서 왼쪽으로 돌아 두로 화살표 방향으로 향하라. 두로 옆에 검정으로 '24 수로보니게 여인'이라고 써라.

05 지도 왼쪽 가장자리를 따라 위로 올랐다가 지도의 가장 위를 따라 직선으로 하맛가델까지, 그 아래 검정 길의 사거리까지 그려라. 사거리 아래에 '25 칠병이어'라고 써라.

06 갈릴리 남쪽 해변에서 시작된 화살표는 바다를 가로질러 막달라 앞까지 가라. 막달라 아래 '26 요나의 표적'이라고 써라.

07 막달라에서 벳새다 항구까지 직선 화살표를 그리라. 화살표 중간 지점 오른쪽에 '27 누룩, 맹인'이라고 써라

08 벳새다에서 검정 길을 따라 가이사랴 빌립보 방향으로 화살표를 하라. 가이사랴 빌립보 아래 '28 신앙고백'이라고 써라.

09 가이사랴 빌립보에서 헤르몬 산까지 짧은 화살표를 하라. 헬몬 산 오른쪽에 '29 변화산 별세'라고 써라.

10 변화산에서 가버나움으로 향하는 화살표를 하는데 알마까지 직선으로 내려와서 거기서부터 지그재그로 가버나움까지 내려온다. 가버나움 위에 '30 반 세겔'이라고 써라.

부활 이후(검정 글씨)

01 예수님은 부활 이후 헵타파곤(=타브가)에서 베드로를 만나 '48 네가 나를 사랑하느냐'고 물으셨다. 헵타파곤 오른쪽에 기록하라.

헤르몬 산
가이사랴 빌립보
다부라
가납
벳새다
벳새다항
거라사?
힙푸스
람바락
리온
하맛가델
가다라
케팔하룹
케팔세마?
필로테리아
센납리스?
게셀
K. 하라위
고라신
가버나움
헵타파곤
게네사렛
암마두스
케팔메노리
디베랴
키사온
로쉬피나
얌닛
케팔네보라야
달톤
비리
셉
악카바레
알마
막달라
탈마누다
마가단
벧마우스
셀구닌
사니다타
케팔얌마
울라마
후곡
아르벨라
사로나터
켈팔힛타야
칼네힛딤
아다마
메롯?
삽소파
기샬라
메론
드고아?
마믈랴
케팔사타이
아라바
케팔니므라
루비야
벨사베
케팔하나니야
케팔바람
메아라야
케팔우지엘?
마스카나
애라보
다볼산
네오란
사사
벤다곤
셀라메
벤넵도바
엔돌
다바리테
레마
케팔요하난나
투란?
모레산
엔테에나
엔탑?
나인
세죨
카플카나
이스르엘 골짜기
바카?
가바라
가드헤벨
아벨?
엑사롯
림몬
라니?
긴내
마프세타
파라시마
나사렛
두로
시돈
소가네
가나
루마
세포리스
복음서 5

복음서 6 그리기

공생애 3년 차 하반기

01 검정으로 요단 강 건너편 평지 베시못 아래 요단 강변에 '베다니'라고 써라.

02 마캐루스 아래에 '세례 요한 죽음'이라고 써라. 세례 요한이 죽은 곳으로 추정된다.

03 예루살렘 아래에 파랑으로 '첫 번째 유월절', 그 아래에 검정으로 '8 성전 청결, 거듭남'이라고 써라.

04 예루살렘 아래에 주황으로 다시 '두 번째 유월절'이라고 쓰고 그 아래에 검정으로 '13 38년 된 병자, 14 안식일 논쟁'이라고 써라.

05 그리심 산 옆 세겜 아래에 '9 우물가 여인'이라고 써라.

06 예루살렘 아래에 초록으로 '세 번째 유월절'이라고 쓰고 그 아래에 '31 초막절, 70인 파송'이라고 써라. 그 아래에 '32 수전절'이라고 써라.

07 베레아 옆에 '33 물러나심-잃은 것을 찾으심'이라 써라.

08 예루살렘 근처 베다니에 '34 나사로'라고 써라.

09 예루살렘 왼쪽 에브라임에 '35 피신'이라고 써라.

10 왼쪽 끝 스키토폴리스 아래에 '36 열 나병환자'라고 써라.

11 여리고 위에 '37 부자 청년'라고 써라.

12 여리고 아래에 '38 바디매오와 삭개오'라고 써라.

거라사
빌라델비아
에스부스
메드바
디본
페트라
데가볼리
티로스
가도라
지아
라가바
베레아
율리아스
아빌라
벧엔나브리스
마캐루스
바아라스
아마두스
타라라
베시못
스키토폴리스
염해
알케라이스
코레애
알렉산드리움
파사엘리스
네아라
여리고
키프로스
쿰란
엔게디
힐카니아
맛사다
아크라베타
거라사
에브라임
페레타에
광야
밧단
세겜
야곱의우물
네압볼리
그리심산
아누아두
믹마스
베다니
벳바게
예루살렘
헤로디움
베멜라
기뱃사울
게바
고프나
드고아
베들레헴
유대
사마리아
세바스테
가바온
엠마오
십
갈멜
아납타
사마리아
딤나
위벧호론
아래벧호론
알루로스
테라빈도스
아랏
벧라마
옛탄
케팔아지즈
에스드모아
아내아
비랏소레카
티베타
벧라반
아라마데아
카발토바
사노아
그일라
아도라
카베드라
말라타
케팔카셈
엠마오
벧레토파
이두매
아벡망대
아디다
카파라비스
불가타
안디바드리
아납
가이사랴
룻다
베토가브리스
벧제덱?
욥바
악카론
아소도
아스글론
달라
엔림몬?
복음서 6
브엘세바

복음서 7 그리기

예루살렘 9일

검정 볼펜으로 예수님이 머물던 예루살렘 9일 간을 장소와 사건으로 기록해 보자.

01 베다니에 '39 토요일-기름 부음'이라고 써라.
02 벳바게에 '40 주일-입성'이라고 써라.
03 성전 안 이방인의 뜰 한쪽에 '41 월요일-성전 청결'이라고 써라.
04 성전 안 이방인의 뜰 한쪽에 '42 화요일-논쟁, 심판'이라고 써라. 41번과 겹치지 않게 아래에 써라.
05 베다니 위에 '43 수요일-침묵, 배신'이라고 써라
06 성안에 있는 마가 다락방에 '44 목요일-최후의 만찬, 기도'라고 써라.
07 안토니아 요새에 '45 금요일-고난, 죽으심'이라고 써라.
08 성전 옆의 골고다에 '46 토요일-무덤'이라고 써라.
09 골고다에 '47 주일-부활'이라고 써라.

사도행전(검정색)

01 오른쪽 아겔다마 위에 '50 가룟 유다'라고 적어라.
02 마가의 다락방 오른쪽에 '51 성령 강림'이라고 써라.
03 그 아래 '53 바나바-아나니아와 삽비라'라고 써라.
04 '성전' 글자 오른쪽에 '52 미문-일어나 걸으라'라고 써라. 미문은 성전 동편 문이다.
05 성전 밖 산 아래 오른쪽 골짜기 여백에 '54 일곱 집사-스데반'라고 써라.

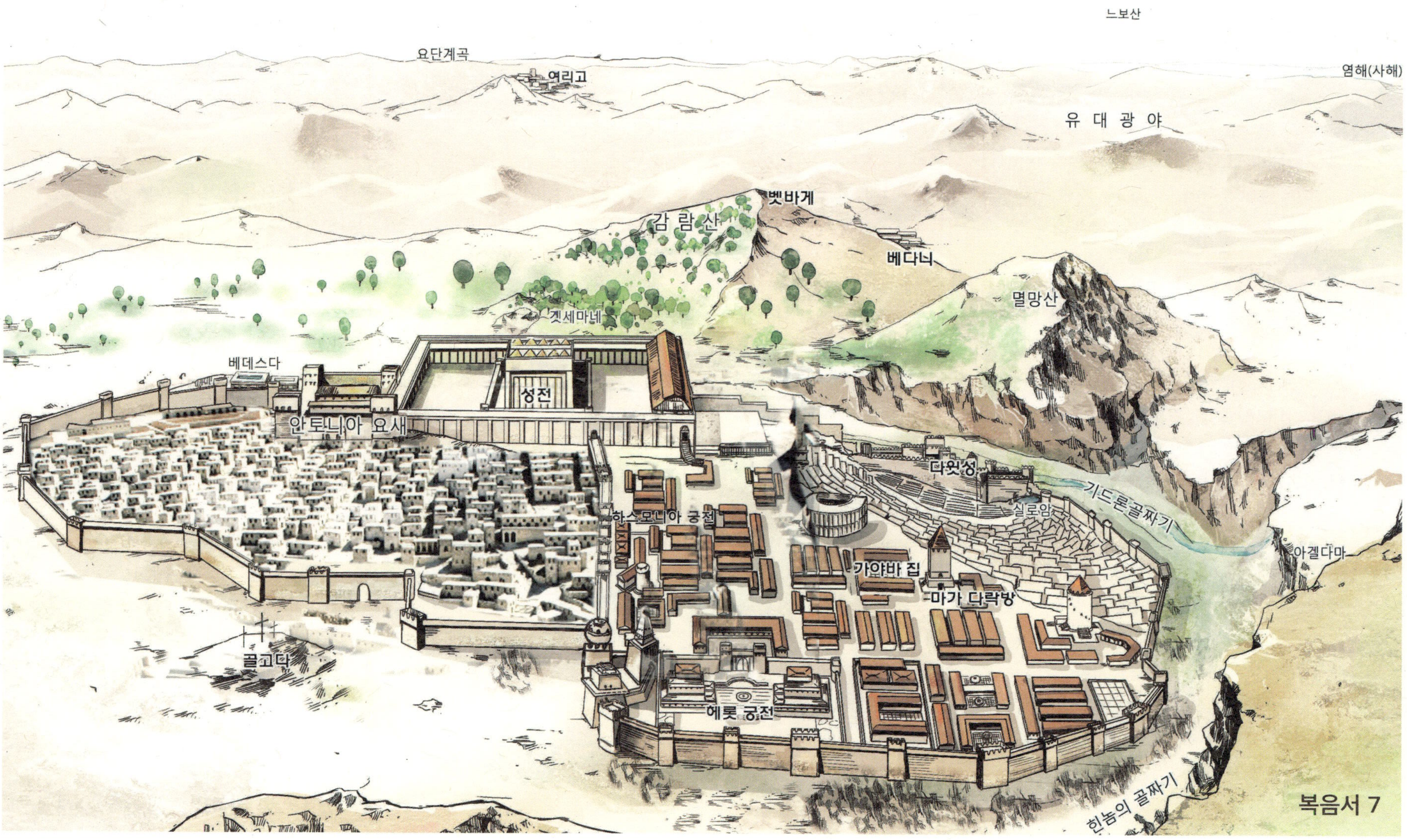

느보산
요단계곡
여리고
염해(사해)
유 대 광 야
벳바게
감 람 산
베다니
멸망산
겟세마네
베데스다
성전
안토니아 요새
다윗성
실로암
기드론골짜기
하스모니아 궁전
가야바 집
마가 다락방
아겔다마
골고다
헤롯 궁전
힌놈의 골짜기
복음서 7

사도행전 1 그리기

지역 명칭(갈색)

01 예루살렘 아래 엔케렘 아래에 갈색으로 '유대'라고 크게 써라.

02 사마리아, 세바스테 오른쪽 아래에 '사마리아'라고 크게 써라.

03 왼쪽 해안가 게바 위쪽 산지에 '갈멜 산'이라고 써라. 욥바 위 안디바드리 왼쪽 아래에 '사론 평야'라고 써라. 해안 얍니아 항 위에 작은 글씨로 '블레셋 평야'라고 써라.

04 지도의 오른쪽 위 모서리 디본 위에 지도 밖을 향하여 검정 화살표를 한 후에 갈색으로 '아라비아'라고 써라.

05 지도 왼쪽 갈릴리 바다 아래 아르벨라 아래에 '갈릴리'라고 써라.

복음의 확장

01 빨강으로 사도행전 1:8을 표현한다. 예루살렘이 중심이 되는 원을 그린다. 지름은 여리고를 포함하는 정도로 동그랗게 그린다. 왼쪽으로 그리심 산을 포함하지 않는 원을 그려라. 예루살렘에서 유대까지 복음이 전파된다.

02 사마리아에 복음이 전파된다. 예루살렘과 사마리아를 포함하는 더 큰 원을 그린다. 다만 해안의 가이사랴는 포함하면 안 된다.

03 이제 제일 크게 가이사랴를 포함하는 원을 그려라. 이방인 고넬료가 전도되므로 복음이 땅 끝까지 나아간다.

빌립의 전도여행(주황색)

01 주황 화살표를 예루살렘에서 라마-게바를 거쳐 세겜까지 와서 서쪽으로 돌아 사마리아까지 가게 하라. 검정으로 '55 빌립'이라고 써라.

02 사마리아에서 시작된 주황 화살표가 불가타 쪽으로 내려가다 안디바드리를 지나 아소도 위까지 가라.

03 파란색 점선 화살표가 예루살렘에서 시작하여 벧호론과 엠마오, 악카론을 지나 주황 화살표의 끝과 만나게 하라. 빌립과 에티오피아 내시가 만난 지점이다. 파랑 점선은 다시 오른쪽 지도 밖을 향한다.

04 검정 화살표 위에 검정으로 '에티오피아 내시'라고 써라. 만난 화살표 지점에 다시 '55 빌립'이라고 써라.

05 다시 주황 화살표를 아소도 지명(남쪽 해안가)을 향하게 하라. 그곳을 지나 얍니아-룻다-안디바드리-가이사랴까지 오게 하라.

베드로의 전도여행(초록색)

01 예루살렘에서 시작한 화살표를 룻다까지, 이곳에 검정으로 '애니아'라고 써라.

02 룻다에서 욥바로 화살표를 향하라. 이곳에 검정으로 '도르가'라고 써라.

03 욥바에서 안디바드리, 불가타를 지나 가이사랴 항으로 이르게 하라. 그리고 이곳에 '56 고넬료'라고 써라.

04 파란색 굵은 글씨로 예루살렘에 '1'이라고 쓰고 사마리아에 '2'라고 써라. 가이사랴 위에 '3'이라고 써라. 성령님이 임하시는 순서를 표시한다.

바울의 회심(검정색)

01 왼쪽 위 모서리 다메섹이라는 글씨 옆에 '① 바울-회심'이라고 써라.

02 지도의 오른쪽 위 모서리 아라비아 글자 위에 '② 바울 3년'이라고 써라.

03 다메섹 옆에 '③ 바울-광주리 탈출'이라고 써라

04 예루살렘 옆에 '④ 바울-사도 만남'이라고 써라.

05 가이사랴 옆에 '⑤ 바울-다소행'이라고 써라.

사도행전 1
다메섹
가이사랴빌립보
빌라델비아
거라사
아빌라
가믈라
소가네
겔게사
힙푸스
가다라
하맛가델
벳새다
델라
K.할라위
고라신
가버나움
헵타파곤
게네사렛
디베랴
암마두스
막달라
아르벨라
얌닛
악카바레
셈프
기솰라
메론
테고아
벨사베
벤다곤
세라메
벧네토파
가바라
바카?
소가네
가나
요타바타
벧하케렘
카블론
셉포리스
나사렛
야피아
아소비스
시모니아스
엑살롯
이타비리움
다볼산
나인
투바니
에스드렐론
탈베넷
아마겟돈
필로테리아
아그립피나
아파라임?
스키토폴리스
벧산
펠라
살렘?
애논?
아그리피아
라가바
아마두스
지아
가도라
티로스
에스부스
메드바
디본
바알므온
아빌라
율리아스
벧림린
막케루스
코레아이
알렉산드리움
알케라이스
파사엘리스
네아라
여리고
키프로스
쿰란
엔게디
힐카니아
애논?
살렘?
아크라베타
게라사
에브라임
믹마스
세겜
수가
야곱우물
그리심산
아누아두
게바
벧엘
라마
기밧사울
베다니
벧바게
예루살렘
라맛라헬
헤로디움
드고아
베들레헴
고프나
가바온
엠마오?
엠마오?
엔케렘
게바
세마스테
사마리아
긴네
벧토내네아
아루스?
벧리마
스레다
답나
위벧호론
아래벧호론
삼포
기럇여아림
테레빈도스
헤브론
벧라반
아리맛테아
엠마오
지노아
그일라
벧레테파
아도라
두로
엑딥파
돌레마이
악고
가바?
베사라
아납타
날바타
비랏 소레카
시카미눔
게바
도라
가이사랴
불가타
케팔
아벡망대
하딧
안디바드리
룻다
오노
세라핀
아폴로니아
욥바
얌니아
얌니아항
악카론
베토가브리스
벧세덱
사아리스
아소도
아스돗
아스칼론

사도행전 2 그리기

1차 전도여행(초록 화살표, 검정 글씨)

먼저 1차 전도여행에 긴요하게 사용된 도로를 그려 보자. 빨강 점선으로 앗달리아-버가-비시디아 안디옥-이고니온-루스드라-더베를 이으라. 사도 바울은 이 길을 따라 1차 전도여행에 집중한다. 여기는 갈라디아 지역이다.

01 안디옥에서 실루기아까지 짧은 화살표를 하고 그 아래 검정으로 '57 그리스도인'이라고 써라.

02 실루기아에서 구브로의 살라미로 화살표를 하고, 살라미에서 바보로 화살표를 한 후 바보 왼편에 '58 바울'이라고 적으라. 총독 서기오 바울을 전도하였고 사울에서 바울로 이름이 바뀌었다. 바울이 전도 주도권을 갖게 되었다.

03 바보에서 밤빌리아 버가로 화살표 한 후 밤빌리아 아래 '59 마가 떠남'이라고 기록하라.

04 버가에서 비시디아 안디옥으로 화살표 하고, 그곳에 '60 첫 교회'라고 써라.

05 이고니온까지 화살표 하고 '61 박해'라고 써라.

06 이고니온에서 루스드라로 화살표 하고 '62 돌 맞음'이라고 써라.

07 더베까지 화살표 한 후 '63 제자'라고 써라.

08 더베에서 루스드라, 이고니온, 비시디아 안디옥, 버가, 앗달리아로 복귀하는 화살표를 하여 심방을 표시한다. 이후 앗달리아에서 실루기아를 지나 수리아 안디옥까지 화살표를 한다.

09 예루살렘 오른쪽에 '64 공회'라고 써라.

기오
사모
밧모
에베소
밀레도
아시아
빌라델비아
골로새
비시디아 안디옥
갈라디아
갑바도기아
이고니온
루스드라
더베
루기아
니도
로도
버가
앗달리아
밤빌리아
바다라
무라
다소
길리기아
수리아
갈그미스
실루기아
안디옥
알렙포
구브로
살라미
바보
시돈
두로
헬몬산
다메섹
돌레마이
가이사랴
사마리아
유다
예루살렘
랍바암몬/암만
알렉산드리아

사도행전 2

사도행전 3 그리기

2차 전도여행(초록 화살표)

01 수리아 위에 '65 분열'이라고 쓰고 수리아-(다소)-더베-루스드라까지 각각 화살표를 한 후, 루스드라 아래 '66 디모데'라고 써라. 1차 전도여행 지역을 심방 중이다.

02 루스드라에서 이고니온, 비시디아 안디옥, 브루기아를 지나 비두니아 쪽으로 향하려다 왼쪽 무시아의 드로아로 향하라. 드로아 위쪽에 '67 환상'이라고 써라.

03 드로아에서 배를 타고 유럽의 네압볼리, 빌립보로 향하라. 빌립보에 '68 감옥'이라고 써라.

04 빌립보-암비볼리-아볼로니아-데살로니가로 화살표를 한 후 데살로니가에 '69 저자'라고 써라.

05 데살로니가에서 베뢰아로 화살표를 한 후 '70 성경'이라고 써라.

06 베뢰아에서 해안으로 나와 배를 타고 해안을 따라 아덴으로 향하라. 아덴에 '71 아레오바고'라고 써라.

07 아덴에서 고린도로 화살표를 한 후 '72 갈리오'라고 써라. 고린도는 2차 전도여행 집중지다.

08 고린도에서 에베소로 향하라.

09 에베소에서 배를 타고 가이사랴-예루살렘-가이사랴로 와서 예루살렘으로 향하라. 이후 가이사랴로 와서 배를 타고(추정) 수리아 안디옥으로 향하라.

3차 전도여행(주황 화살표)

01 수리아 안디옥에서 출발하여 갈라디아, 브루기아, 아시아 글씨를 지나 에베소로 향하라. 에베소에 '73 두란노'라고 써라.

02 에베소에서 서머나, 버가모를 지나 드로아로 향하라. 드로아에 '76 유두고'라고 써라.

03 드로아에서 빌립보로 화살표를 하고 감옥 글씨 오른쪽에 '74 고후'라고 써라.

04 데살로니가에서 육로를 가로질러 고린도로 향하라.

05 고린도에서 '75 로마서'라고 쓰라. 바울은 살해 음모가 있어 육로를 통해(베뢰아-데살로니가) 빌립보에 도착한다.

06 빌립보에서 드로아로 간 후 '76 유두고'라고 써라. 일행은 배를 타고 앗소로 가고 바울은 개인적으로 걸어서 앗소로 향한다.

07 앗소에서 미둘레네 섬-기오 섬-사모 섬을 거쳐 밀레도에 이른다. 이곳에서 검정으로 '77 작별'이라 쓰고 로도 섬을 들러 바다라에 이른다.

08 루기아의 바다라에서 배를 갈아타고 구브로를 왼쪽에 두고 두로에 이른다. 이곳에 7일을 머문 뒤 돌레마이(악고)를 거쳐 가이사랴에 이른다.

09 가이사랴에서 빌립 집사 가족과 아가보를 만난다. '78 빌립'이라고 쓰고 화살표는 예루살렘을 향한다.

10 예루살렘에 '79 체포'라고 쓰고 화살표가 가이사랴로 내려온다. 이곳에 '80 재판'이라고 써라.

북
마게도냐
빌립보
네압볼리
암비볼리
아볼로니아
데살로니가
베뢰아
에그나티아길
비잔티움/이스탄불
본도
바리
트로아
드로아
무시아
비두니아
앗소
아드라뭇데노
아가야(헬라)
미둘레네
버가모
두아디라
사데
브루기아
앙카라
고린도
아덴
/아테네
미케네
스파르타
기오
서머나
아시아
빌라델비아
히에라볼리
에베소
라오디게아
갈라디아
갑바도기아
사모
밧모
밀레도
골로새
비시디아
안디옥
이고니온
세바스테길
루스드라
더베
버가
밤빌리아
길리기아
다소
니도
루기아
앗달리아
로도
바다라
무라
그레데
뵈닉스
미항
가우다
갈그미스
안디옥
수리아
실루기아
알렙포
구브로
살라미
바보
구레네
방가지
구레네
시돈
베니게
헬몬산
다메섹
두로
돌레마이
가이사랴
랍바암몬/암만
알렉산드리아
애굽
예루살렘
유대
가사
라암셋
길하레셋
사도행전 3

사도행전 4 그리기

4차 전도여행-로마 호송(초록 선과 검정 글씨)

01 가이사랴에서 아드라뭇데노(앗소의 동쪽 만)로 가는 배를 타고 시돈에 도착한다.

02 시돈을 출발하여 해안으로 붙어서 루기아의 수도 무라에 머문다. 거기서 이탈리아로 가는 알렉산드리아 배로 갈아탄다.

03 무라에서 니도 맞은편을 지나 그레데 남쪽 해안 쪽으로 접근한다. 그레데의 동쪽 살모네를 지나 미항에 간신히 도착한다. 미항에 '81 유라굴로'라고 써라.

04 미항에서 뵈닉스로 진행하려다 광풍을 만나 가우다 근처에 밀려가다 멜리데 섬 쪽으로 정처 없이 밀려간다. 가우다에서 멜리데 섬까지는 약간 지그재그 모양으로 화살표를 하라. 멜리데 근처에 '82 독사'라고 써라.

05 멜리데에서 수라구사-레기온-보디올-압비오 광장-트레이스 타베르네(삼관)을 거쳐 로마로 입성하라. 압비오부터는 육로를 통해서 들어간다. 로마 아래에 '83 옥중서신'이라고 써라.

바울 서신 보내고 받은 곳

01 바울의 서신을 받은 곳을 빨강 사각으로 두르라.

a. 갈라디아라고 쓴 곳을 네모로 두르라 : 1차 전도여행
b. 데살로니가 : 2차 전도여행
c. 고린도, 로마 : 3차 전도여행
d. 빌립보, 에베소, 골로새 : 4차 전도여행 후 로마 1차 투옥 시
e. 그레데 : 5차 전도여행

02 지역이나 도시에 보낸 편지 외에도 빌레몬은 골로새에, 디모데전후서는 에베소에, 디도서는 그레데에 사역하는 사람들에게 보내졌다.

03 바울 서신을 기록한 곳도 참고하면 다음과 같다. 아래 '도시'에 형광펜으로 덧칠하라.

a. 갈라디아서는 '안디옥'
b. 데살로니가전 · 후서와 로마서는 '고린도'
c. 고린도전서는 '에베소', 고린도후서는 '빌립보'
d. 빌립보서, 에베소서, 골로새서, 빌레몬서는 '로마'
e. 디도서는 로마로 향한 길에서, 디모데전후서는 다시 로마에서 기록했다.

로마
로 마
트레이스 타베르네
압비오광장
보디올
바리
이탈리아
레기온
수라구사
멜리데
세르비아
불가리아
알바니아
마게도냐
마케도니아
빌립보
네압볼리
데살로니가
뵈레아
아가야(헬라)
고린도
아덴 /아테네
미케네
스파르타
그레데
뵈닉스
미항
가우다
흑해
비잔티움
비두니아
본도
트로이
드로아
무시아
아드라뭇데노
미둘레네
버가모
두아디라
사데
브루기아
앙카라
기오
서머나
빌라델비아
아시아
히에라볼리
에베소
라오디게아
갈라디아
갑바도기아
사모
밧모
밀레도
골로새
비시디아 안디옥
이고니온
루스드라
더베
길리기아
니도
루기아
버가
밤빌리아
앗달리아
다소
로도
바다라
무라
안디옥
실루기아
수리아
구브로
살라미
바보
대해(지중해)
구레네
구레네
시돈
베니게
헬몬산
다메섹
두로
돌레마이
가이사랴
랍바암몬/암만
알렉산드리아
예루살렘
가사
유대
라암셋
고센
길하레셋
보스라
브엘세바
비돔
숙곳
애굽
가데스바네아
온/카이로
놉/멤피스
마라
시내반도
딤나
페트라
사도행전 4

사도행전 5 그리기

5차 전도여행-로마 순교(검정 선과 검정 글씨)

01 성경에는 여행 경로가 나오지 않았지만 바울의 언급과 서신을 통해 5차 전도여행의 경로를 추정할 수 있다.

a. 로마에서 화살표를 그리기 시작해 타라코를 지나 서바나 글씨 아래까지 가라. 글씨 아래 '84 전도'라고 써라.
b. 서바나에서 가데스 오른쪽에서 바다로 빠져 그레데까지 화살표를 하라. 그레데 아래 '85 디도'라고 써라. 그레데부터 밀레도까지, 밀레도에서 골로새, 골로새에서 에베소까지 각각 화살표를 한 후 에베소 글씨 바로 위에 '86 디모데'라고 써라.
c. 에베소에서 버가모, 버가모에서 드로아까지 그린 후 드로아 위에 '87 옷과 책'이라고 써라.
d. 드로아에서 빌립보로, 빌립보에서 니고볼리까지, 니고볼리에서 브룬니시움을 지나 로마까지 화살표를 하고, 로마 위에 '88 순교'라고 적으라.

전도여행 지역의 진행(빨강 or 흰색)

02 복음이 전파된 경로를 원으로 그려 보라.

a. '유대'를 위아래가 긴 타원형으로 두르라. 스데반의 순교로 선교가 확장되었다.
b. 수리아를 포함하는 원이 유대를 두른 원과 일부가 겹치게 그리라.
c. 구브로와 갈라디아, 길리기아를 포함하는 타원형을 수리아 원과 약간 겹치게 그려라. 가운데 '1차'라고 써라.
d. 마게도냐 아가야를 포함하는 타원을 그려라. 원 안에 '2차'라고 써라.
e. 에베소와 주변을 포함하여 1차와 2차 전도여행지를 고리로 연결하는 타원을 그려라. 밀레도 아래 '3차'라고 써라.
f. 로마를 포함하는 타원형을 2차 전도여행과 고리로 연결하여 그려라. 로마 부근에 '4차'라고 써라.
g. 서바나를 포함하는 원을 4차 선과 고리로 연결하여 그리고 가운데 '5차'라고 써라.

03 완성된 타원을 보라. 예루살렘에서 시작한 복음은 수리아를 거쳐 갈라디아-아시아-헬라-로마-서바나로 확장되었다. 이 흐름은 서쪽으로 계속 이어지고 있다.

서바나
타라코
가데스
팅기스
코르시카
살디니아
아달리아
로마
보디올
브룬니시움
일루리곤
마게도냐
빌립보
드라게
니고볼리
아가야
아프리카
구레네
구레데
지중해(대해)
흑 해
본도
비두니아
도로아
버가모
아시아
서머나
에베소
밀레도
갈라디아
골로새
갑바도기아
길리기아
수리아
구브로
유대
애굽

계시록 1 그리기

헨델의 〈메시아〉를 틀어 놓고 그리면 좋을 것 같다.

편지 기록 순서(검정 화살표와 글씨)

01 밧모 섬 아래 '계시록'이라고 적으라.

02 밧모 섬부터 에베소까지 화살표를 한 후, 에베소 위에 '첫사랑'이라고 적으라.

03 에베소에서 서머나로 화살표를 한 후, 서머나 왼쪽에 '충성'이라고 써라.

04 서머나에서 버가모로 화살표 한 후, 버가모 위에 '사탄 권좌'라고 써라.

05 버가모에서 두아디라로 화살표를 한 후, 도시점 오른쪽에 '이세벨'이라고 써라.

06 두아디라에서 사데로 화살표를 한 후, 점 왼쪽에 '깨어라'라고 써라.

07 사데에서 빌라델비아로 화살표를 한 후, 빌라델비아 위에 '성전 기둥'이라고 써라.

08 빌라델비아에서 라오디게아까지 화살표를 한 후, 점 왼쪽에 '미지근'이라고 써라.

요한의 환상 요약

01 요한계시록을 한눈에 볼 수 있게 밧모 섬 곁 적당한 공간에 요한이 본 환상을 요약해 보라.

4-5장	하늘 보좌
6-7장	일곱 인 재앙/하늘의 광경
8-9장	일곱 나팔 재앙
10-15장	하나님 나라와 세상 나라의 전쟁
16-18장	일곱 대접 심판
19-20장	최후의 심판
21장	새 하늘과 새 땅

앗소
버가모
미둘레네
두아디라
사데
기오
서머나
아시아
빌라델비아
에베소
카이스터 강
메안더 강
사모
히에라볼리
라오디게아
골로새
밀레도
밧모 섬
계시록 1

해답

마게도냐
빌립보
데살로니가
비잔티움
흑해
카산더
트로아
아가야(헬라)
안티고누스
고르디온
486 다리오
480 아하수에로
리시마쿠스
서머나
에베소
라오디게아
안디옥
이고니온
스파르타
고린도
버가
크노소스
그레데
바다라
다소
이수스
BC 333
갈그미스
알레포
북방왕
셀류쿠스
앗수르
니느웨
BC 331
갈라
아르벨라
앗술
구브로
바보
대 해(지중해)
카스피해
메대
구레네
가데스
다드몰
마리
시돈
두로
돌레마이
다메섹
이스라엘
70인경
알렉산드리아
예루살렘
랍바암몬
가사
유다
BC 323
알렉산더 사망
바벨론
닙불
수산
우룩
우루
바 벨 론
바 사(페르시아)
페르세폴리스
람세스
숙곳
온
페트라
남방왕
프톨레미
아마르나
아라비아
아비도스
노아몬
홍해
엘레판틴

헬라 1

로마
흑해
데살로니가
비잔티움/이스탄불
4
무시아
비두니아
헷
아가야(헬라)
아시아
에베소
멜리데
그레데
구브로
안디옥
다소
카스피해
니느웨
앗수르
3
메대
북동쪽
우세
대해(지중해)
구레네
베니게
두로
수리아(아람)
2
자주 국가
유대
모압
에돔
알렉산드리아
블레셋
바벨론
수산
(엘 람)
바사(페르시아)
리비아
애굽
1
남쪽 우세
아라비아
우르
페르세폴리스
페르시아만
홍해
구스

복음서 1

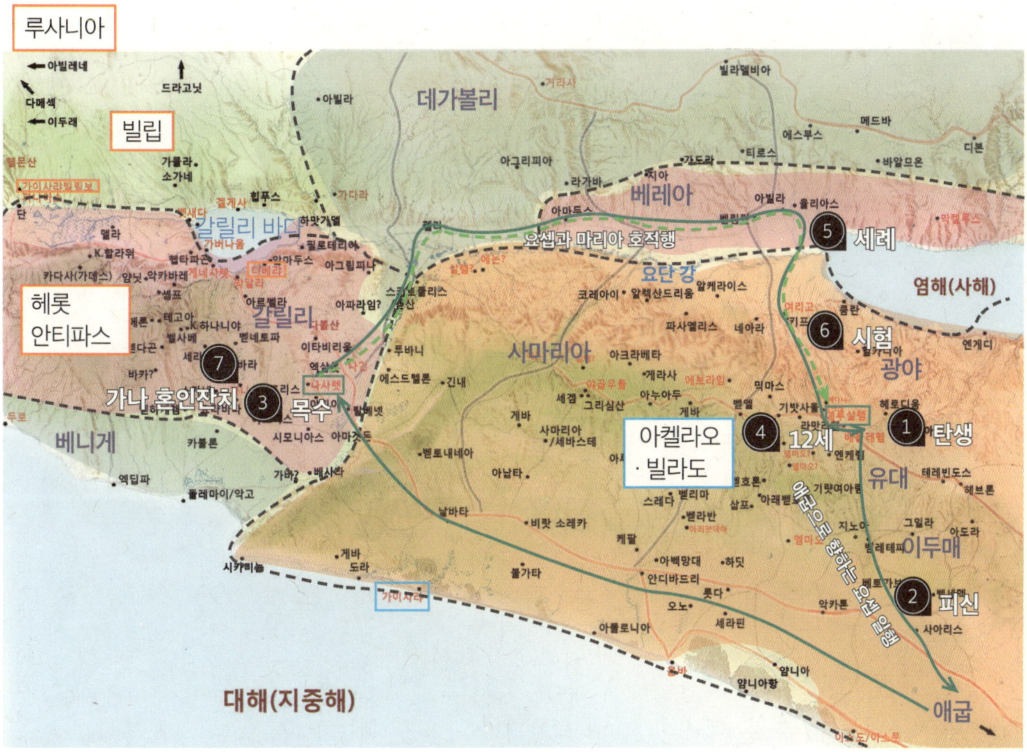
루사니아
빌립
헤롯
안티파스
데가볼리
베레아
갈릴리 바다
갈릴리
사마리아
요단 강
요셉과 마리아 호적행
5 세례
6 시험
염해(사해)
7
가나 혼인잔치
3 목수
베니게
아켈라오
· 빌라도
4 12세
1 탄생
유대
광야
이두매
2 피신
애굽으로 향하는 요셉 일행
대해(지중해)
애굽

복음서 2

파란색: 첫 번째 유월절 이후
주황색: 두 번째 유월절 이후
초록색: 세 번째 유월절 이후
대해(지중해)
로열스토어
골고다
31 맹인 고침
8 성전 청결
성전
아겔다마
31 초막절
32 수전절
13 38년 된 병자
베데스다 연못
멸망산
8 니고데모와 거듭남
감람산
벳바게
34 나사로 부활
베다니
여리고
유대 광야

복음서 3

파란색: 첫 번째 유월절 이후
주황색: 두 번째 유월절 이후
초록색: 세 번째 유월절 이후
(48): 부활 이후

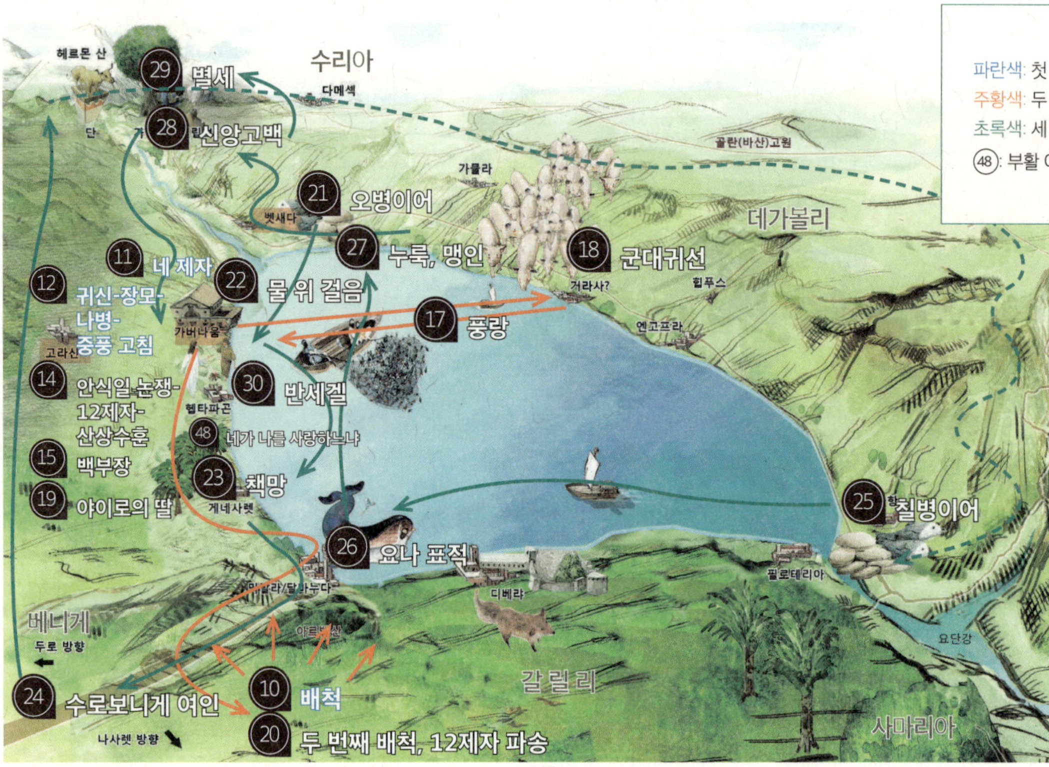

복음서 4

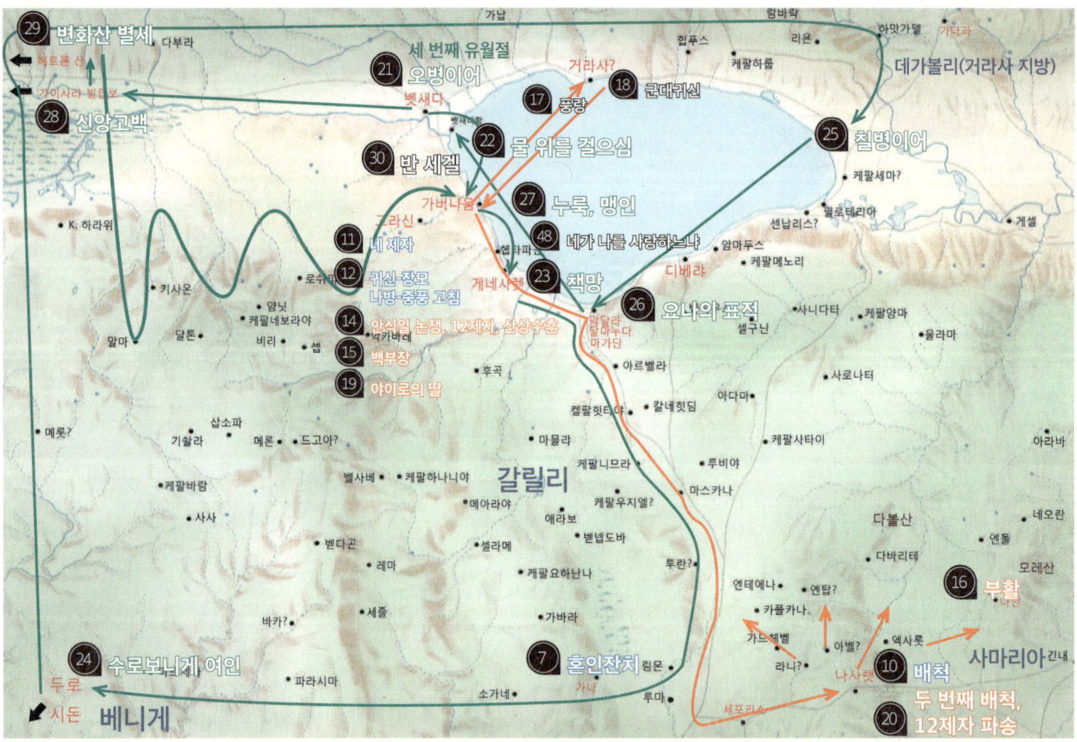

복음서 5

데가볼리
베레아
33 물러나심
잃은 것을 찾으심
36 열 나병환자
37 부자 청년
38 바디매오와 삭개오
6 시험
염해
세례 요한 죽음
35 피신
34 나사로
광야
9 우물가 여인
첫 번째 유월절
8 성전 청결 - 거듭남
두 번째 유월절
유대
사마리아
13 38년 된 병자
14 안식일 논쟁
세 번째 유월절
31 초막절, 70인파송
32 수전절
이두매
대해(지중해)

복음서 6

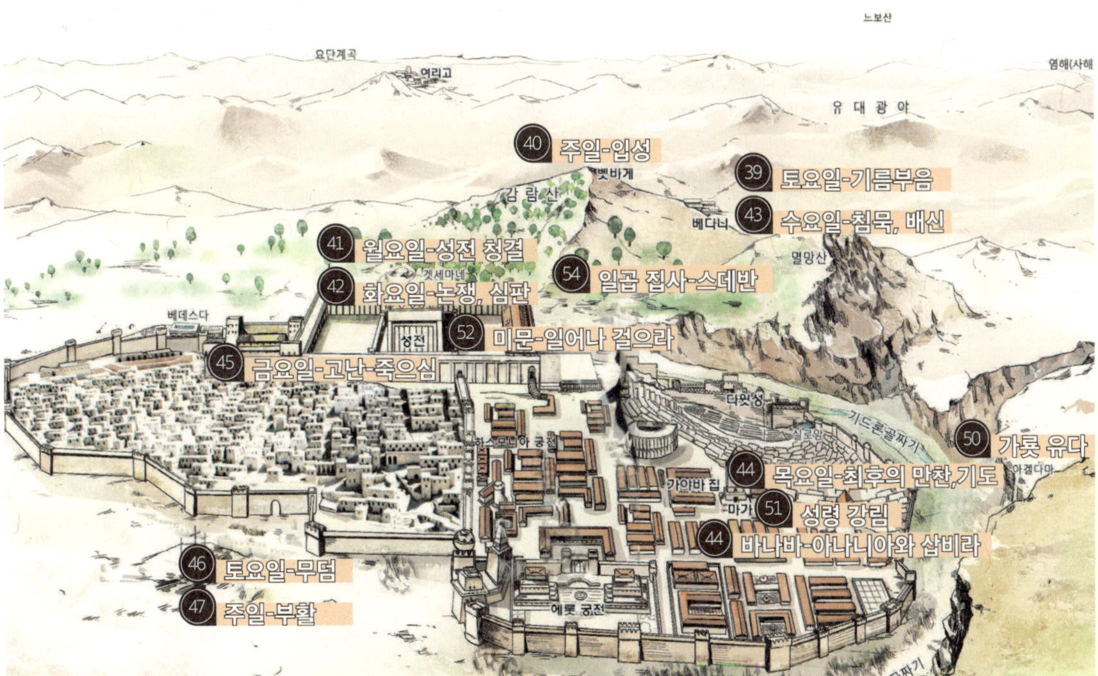
노보산
요단계곡
여리고
염해(사해
유 대 광 야
40 주일-입성
벳바게
39 토요일-기름부음
감 람 산
43 수요일-침묵, 배신
베다니
41 월요일-성전 청결
멸망산
겟세마네
42 화요일-논쟁, 심판
54 일곱 집사-스데반
베데스다
성전
52 미문-일어나 걸으라
45 금요일-고난-죽으심
다윗성
기드론골짜기
50 가룟 유다
44 목요일-최후의 만찬, 기도
가야바 집
51 성령 강림
44 바나바-아나니아와 삽비라
46 토요일-무덤
47 주일-부활
헤롯 궁전

복음서 7

1 바울-회심
3 바울-광주리 탈출
2 바울-3년
아라비아
1
유다산지
4 바울-사도 만남
2
55 빌립
사마리아
유대
3
베드로
56 고넬료
5 바울-다소행
사론 평야
애니아
블레셋 평야
도르가
55 빌립
갈멜산
베드로
에티오피아 내시
사도행전 1

60 첫 교회
비시디아
안디옥
61 박해
이고니온
루스드라
더베
63 제자
62 돌 맞음
59 마가 떠남
버가
밤빌리아
앗달리아
에베소
아시아
밀레도
골로새
빌라델비아
사모
밧모
기오
루기아
니도
로도
바다라
무라
갑바도기아
길리기아
다소
갈그미스
수리아
실루기아
안디옥
57 그리스도인
구브로
살라미
바보
58 바울
시돈
두로
다메섹
돌레마이
가이사랴
사마리아
유다
예루살렘
64 공회
랍바/암몬
알렉산드리아
사도행전 2

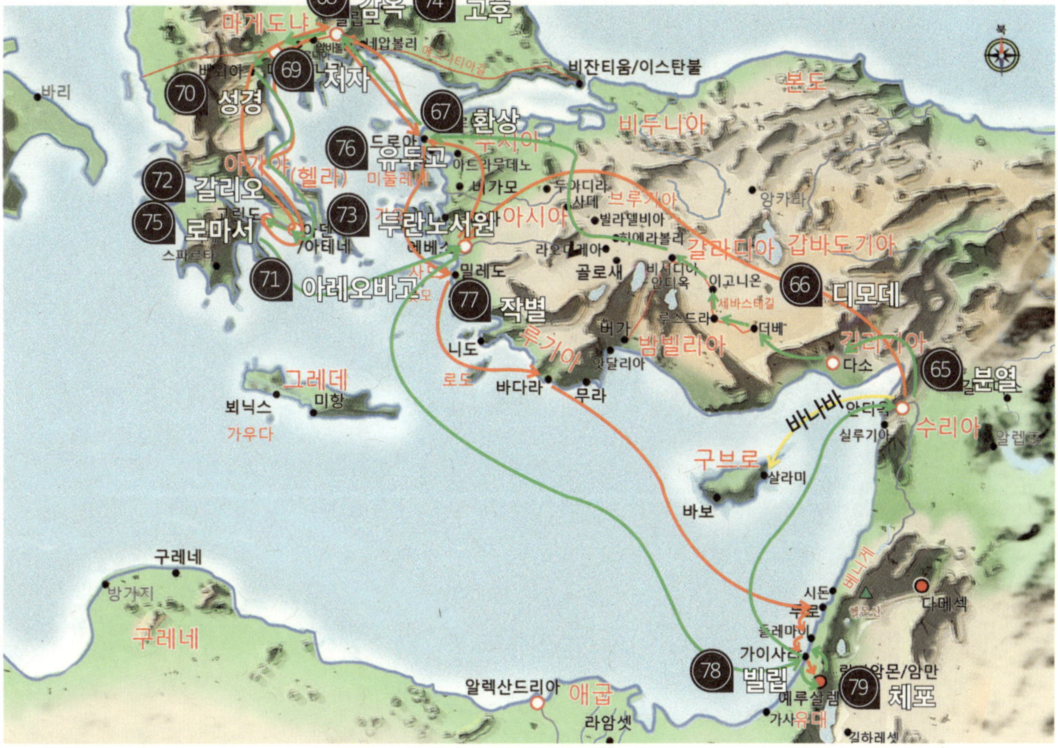
68 감옥
74 고후
마게도냐
빌립보
네압볼리
베뢰아
데살로니가
69 저자
70 성경
비잔티움/이스탄불
본도
바리
67 환상
비두니아
드로아
무시아
76 유두고
아드라뭇데노
미둘레네
아가야(헬라)
72 갈리오
75 로마서
버가모
두아디라
사데
브루기아
앙카라
빌라델비아
히에라볼리
고린도
아덴/아테네
73 두란노서원
아시아
에베소
라오디게아
골로새
갈라디아
갑바도기아
스파르타
71 아레오바고
사모
밀레도
밧모
비시디아
안디옥
이고니온
세바스테길
루스드라
더베
66 디모데
77 작별
니도
루기아
버가
밤빌리아
앗달리아
길리기아
다소
65 분열
그레데
로도
바다라
무라
뵈닉스
미항
가우다
바나바
안디옥
수리아
실루기아
알렙포
구브로
살라미
바보
구레네
방가지
시돈
베니게
다메섹
두로
돌레마이
가이사랴
78 빌립
예루살렘
79 체포
가사
유대
알렉산드리아
애굽
라암셋
길하레셋

사도행전 3

로마
83 옥중서신
트레이스 타베르내
압비오광장
로마
보디올
바리
이탈리아
레기온
수라구사
82 독사
멜리데
불가리아
마게도냐
빌립보
네압볼리
베뢰아
데살로니가
비잔티움
흑해
비두니아
본도
드로아
무시아
아드라뭇데노
버가모
아가야(헬라)
미둘레네
기오
두아디라
사데
브루기아
앙카라
서머나
아시아
빌라델비아
고린도
아덴/아테네
스파르타
에베소
사모
밧모
밀레도
라오디게아
히에라볼리
골로새
갈라디아
갑바도기아
비시디아
안디옥
이고니온
루스드라
더베
길리기아
다소
니도
루기아
버가
밤빌리아
앗달리아
그레데
로도
바다라
무라
뵈닉스
미항
가우다
81 유라굴로
안디옥
실루기아
구브로
살라미
바보
대해(지중해)
구레네
시돈
두로
돌레마이
가이사랴
80 재판
랍바암몬/암만
예루살렘
가사
유대
베니게
알렉산드리아
라암셋
고센
비돔
숙곳
브엘세바
길하레셋
보스라
애굽
온/카이로
가데스바네아
마라
시내반도
페트라

사도행전 4

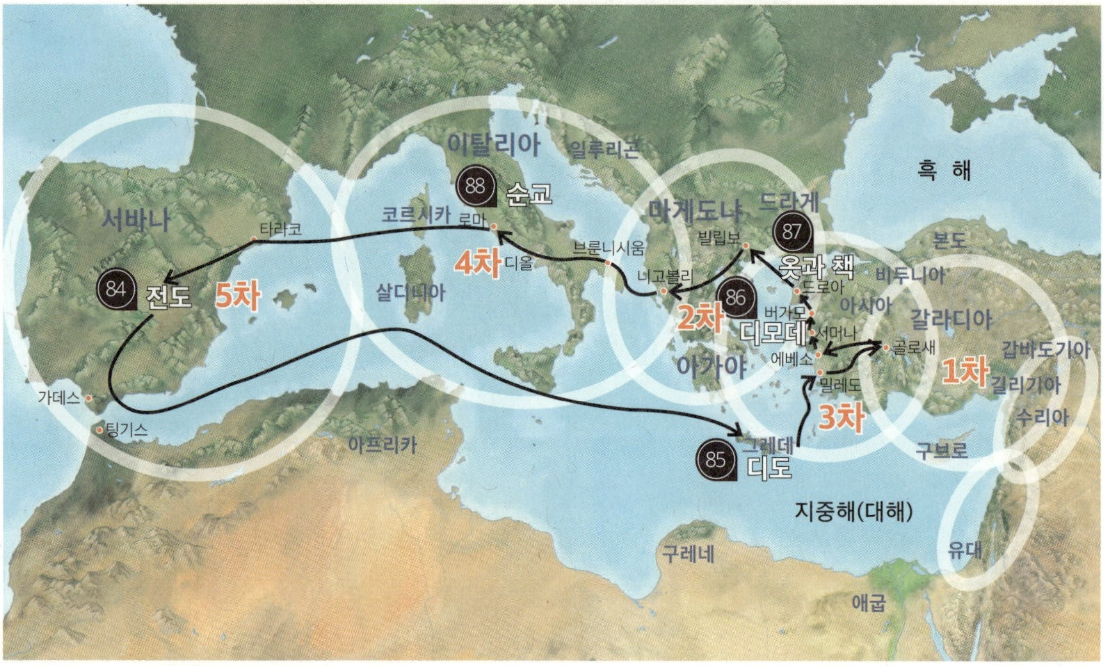
흑 해
이탈리아
일루리곤
88 순교
코르시카
로마
서바나
타라코
84 전도
5차
4차
디올
브룬디시움
마게도냐
드라게
87
빌립보
옷과 책
드로아
본도
비두니아
네고볼리
86
2차
디모데
살디니아
버가모
아시아
갈라디아
서머나
골로새
갑바도기아
아가야
에베소
1차
밀레도
길리기아
3차
수리아
가데스
팅기스
아프리카
그레데
85 디도
구브로
지중해(대해)
구레네
유대
애굽

사도행전 5

무시아
드로아
앗소
사탄 권좌
버가모
미둘레네
에게 해
두아디라
이세벨
깨어라
사데
성전 기둥
충성
기오
서머나
아시아
빌라델비아
첫사랑
에베소
카이스터 강
메안더 강
사모
히에라볼리
라오디게아
미지근
골로새
밀레도
92 밧모 섬
계시록
4-5장 하늘 보좌
6-7장 일곱 인 재앙/하늘의 광경
8-9장 일곱 나팔 재앙
10-15장 하나님 나라와 세상 나라의 전쟁
16-18장 일곱 대접 심판
19-20장 최후의 심판
21장 새 하늘과 새 땅

계시록 1